21世纪交通版高等学校教材
城市轨道交通系列教材

An Introduction to Urban Rail Transit
城市轨道交通概论

孙 章 蒲 琪 主 编
沈景炎 主 审

人民交通出版社

内 容 提 要

本书为城市轨道交通系列教材之一，内容包括引论，城市轨道交通的分类与制式选择，城市轨道交通工程项目的前期工作，轨道结构、线路、区间结构、供电系统、车站、车辆段、环控系统、防灾系统、售检票系统等城市轨道交通固定设施子系统，城市轨道交通移动设施子系统——车辆，城市轨道交通列车运行自动控制子系统，城市轨道交通运营管理。

本书可作为高等学校土木工程专业(轨道交通方向)、交通运输专业、交通工程专业本科生教材，同时也可供城市轨道交通设计、施工及运营管理等技术人员培训及学习参考使用。

图书在版编目（CIP）数据

城市轨道交通概论/孙章，蒲琪主编. —北京：人民交通出版社，2009.12

ISBN 978-7-114-07924-5

I.城… II.①孙…②蒲… III.城市铁路—概论—高等学校—教材 IV.U239.5

中国版本图书馆CIP数据核字(2009)第191950号

21世纪交通版高等学校教材
城市轨道交通系列教材

书　　名：城市轨道交通概论
著 作 者：孙　章　蒲　琪
责任编辑：沈鸿雁　刘永超
出版发行：人民交通出版社股份有限公司
地　　址：(100011) 北京市朝阳区安定门外外馆斜街3号
网　　址：http://www.ccpress.com.cn
销售电话：(010) 59757973
总 经 销：人民交通出版社股份有限公司发行部
经　　销：各地新华书店
印　　刷：北京市密东印刷有限公司
开　　本：787×1092　1/16
印　　张：23.75
字　　数：608千
版　　次：2010年1月　第1版
印　　次：2020年11月　第9次印刷
书　　号：ISBN 978-7-114-07924-5
定　　价：40.00元
(有印刷、装订质量问题的图书由本社负责调换)

序

我国的交通运输业目前正处在大发展、大建设时期，正在全面、协调地发展综合运输体系。在城市客运交通领域，在“以人为本、公交优先”方针指引下，为了给市民提供安全、便捷、环保、节能的交通工具，各大城市正在加快发展城市轨道交通。以北京、上海为例，目前城市轨道交通的运营里程都已达到和超过了 200 km。由于城市轨道交通具有运能大、速度快、安全准点、节约资源、对环境友好等优点，深受人民群众的欢迎，城市轨道交通已成为广大市民出行的首选。

现代城市发展和客流的轨迹是纵向和横向的双向运动。纵向发展的主要标志是市中心区的高层建筑林立及地下结构的深度开发；横向发展的主要标志是城市人口向周边地区扩散，上班时，城市人口向市中心聚集，下班时，城市人口向郊区扩散。聚集和扩散并存构成了当代城市的矛盾运动。而城市轨道交通则是这一矛盾运动的主要载体。

回顾 20 世纪的城市交通史，经历了分别以有轨电车、汽车、地铁轻轨为主的三个阶段。20 世纪初，有轨电车曾是城市交通的主角；从 30 年代起逐渐转为主要依靠汽车；从 70 年代开始，由于要应对能源危机、减少城市大气污染、缓解道路交通拥堵等原因，地铁和轻轨成为城市公共交通的骨干。有轨电车—汽车—地铁轻轨，这是个否定之否定过程，呈现出螺旋式上升的态势。

2008 年，铁道部与北京市政府合作，在北京奥运会开幕前夕，利用京张铁路开通了从北京市中心通往延庆的市郊铁路，为方便北京市民出行、为国内外游客游览八达岭长城提供了快捷的交通工具，促进了北京市中心城区与西北部远郊区之间的城乡统筹发展；从 2008 年 9 月 1 日起，上海铁路局开行从上海铁路南站经浦东铁路至南汇芦潮港的市郊列车，上海南站至金山的复线市郊铁路也即将开建。铁路部门参与城市轨道交通建设和服务，在大城市远郊线采用大站距、2.5 万 V 交流制供电是发展城市轨道交通的一种新思路、新体制。

十分可喜的是，在孙章、蒲琪主编的《城市轨道交通概论》一书中，上述新理念、新举措以及新技术(如基于通信的列车控制)都得到了及时地反映和概括。我想，作为一本面向现代化、面向未来的教材，资料新、数据新、理念新是必不可少的，这本教材应该说对此进行了有益的探索。

编写教材如何创新，是一个值得研究的问题。除了资料新、理念新之外，还应该做到体系新。本书将城市轨道交通看作一个大系统，分别就固定设施、移动设施和控制设施三个子系统分别进行论述，用系统论思想驾驭全书，也是本书的特色之一，颇有新意。

一本优秀教材不仅要反映新理论、新技术，同时要对学生进行基本原理、基本方法的熏陶。不仅授人以鱼，更要授人以渔。在本书中，只要一有机会，作者就会介绍有关学科的基本原理与科学方法，这样做能使学生在接受大量知识的同时不断提高自己的能力，十分可取。

教学相长。祝愿本书在使用过程中多多吸取广大老师和同学的意见，不断改进，争取成为精品力作。

中国交通运输协会常务副会长　王德荣

2009 年 9 月

前　言

在人民交通出版社和同济大学交通运输工程学院的主持下，我们成立了由教授、博士生导师、博士后、博士、硕士组成的产学研、老中青相结合的本书编写组，编写组由师生组合。我们想，要写好一本教材并非易事，所以首先从优化编写组成员结构做起。

本书共分八章，全书由孙章教授、蒲琪高工主编。各章的编写人员分别是：第一章由上海地铁运营有限公司李素莹、同济大学交通运输工程学院孙章编写；第二章由上海申通轨道交通研究咨询有限公司杨耀编写；第三章由同济大学铁道与城市轨道交通研究院李晓龙编写，其中第二节由上海市城市规划设计研究院胡志晖编写；第四章、第五章由同济大学交通运输工程学院顾保南编写；第六章由上海市交通运输和港口管理局张波编写，其中第五节由李晓龙编写；第七章由上海工程技术大学城市轨道交通学院徐金祥编写；第八章由李素莹、同济大学铁道与城市轨道交通研究院蒲琪编写。

书中标注有 * 号的内容为选学内容，由各高校根据课时情况在教学时选用。

本书在编写过程中，参考了国内外有关专著、研究报告和文献，也借鉴了在《城市轨道交通研究》杂志上发表的论文，虽然在书末列出了主要参考文献，但挂一漏万，在此，我们对广大作者表示衷心感谢。

中国交通运输协会常务副会长王德荣教授在百忙中为本书作序，谨向他深致敬意。本书的主审北京城建设计研究总院的沈景炎教授级高工为本书提出了很多有益的修改意见，在此一并表示谢意。

在本书编写过程中，《城市轨道交通研究》杂志社的柏雅琴、徐雷两位老师协助收集资料和进行图表制作，付出了辛勤劳动。

限于编写人员水平，书中定有不妥之处，恳请广大读者批评指正。

编　者

2009 年 9 月于同济大学

《城市轨道交通研究》杂志社

目　录

第一章 引 论

回顾我国城市30年来的发展历程,可以发现,随着城市化进程加快、城市规模扩大、经济发展和居民收入提高,城市人口和外来人员的流动性日益频繁,市内交通需求持续增长。为了适应城市迅速发展的需要,缓解城市交通日益紧张的状况,我国政府加大了对城市轨道交通建设的投入,加快发展运量大、污染小的大容量城市轨道交通。

我国城市人口的总量呈现集聚和持续增长趋势。截至2007年底,我国共有城镇人口5.94亿,设市城市655个,城镇化水平达44.9%,从1982年以来,年均增长0.95%。以上海市为例,全市常住人口1990年为1 334万人,2007年为1 858万人,18年间常住人口平均每年增长约30万人。

美国咨询公司麦肯锡全球研究所在2008年3月完成的一份研究报告中预测,从现在到2025年,中国城市人口还将增加3.5亿,其中包括2.3亿外来人口,将出现221座人口超过百万的城市(现在为118座——编者注);中国城市将建500万座新楼,其中将有5万座摩天大楼;中国将有170个城市新建轨道交通系统,铺设50亿平方米的城市道路。

可见,现代城市发展的几何轨迹是纵向和横向的双向运动。纵向发展的主要标志是,市中心区的高层建筑林立及地下结构的深度开发;横向发展的主要标志是,城市人口向周边地区扩散,上班时,城市人口向市中心聚集,下班时,城市人口从市中心分散到各个副中心、卫星城。聚集和扩散并存构成了当代城市的矛盾运动。客流的集散是这一运动的表现形式,而城市轨道交通则是这一矛盾运动的主要载体。

城市人口猛增仅仅是城市交通需求不断扩大的原因之一。由于城市社会经济发展和居民收入提高,人们上班、上学、出差、经商、购物、探亲访友、消闲旅游等出行需求越来越旺盛。以上海市为例,1986年OD调查结果是每人每天的出行次数为1.79人次/(人·日);1995年OD调查的结果为1.95人次/(人·日);2004年OD调查的结果为2.21人次/(人·日)。

然而,由于汽车生产的相对无限性与道路建设的相对有限性,人们的出行越来越困难,道路交通越来越拥堵。2007年我国汽车销量达到879万辆,2008年上半年汽车销量已超过500万辆。2008年我国汽车拥有量将跨上5 000万辆新台阶。根据1998年对世界各主要国家汽车拥有量和家庭收入的相关性研究,发现发展中国家城市平均家庭收入为3 197美元,平均每千人小汽车拥有量为41.2辆;而发达国家城市平均家庭收入为21 688美元,平均每千人小汽车拥有量为272.2辆。根据《2008中国统计摘要》提供的数据,2007年我国平均30.32人一辆汽车,相当于每千人33辆,还低于发展中国家的平均水平;但由于我国人口众多、土地相对短缺的基本国情,目前大城市交通拥堵已十分严重;如果我们的经济收入与汽车拥有量都达到发达国家水平,如果不独辟蹊径,那时交通拥堵之严重就更不堪设想了。

2006年,我国消费原油3.5亿吨,成为仅次于美国的世界第二大石油消费国;我国石油的对外依存度已由2000年的29.6%上升到目前的47%。在石油消费中,约60%的原油用于生产成品油,而75%左右的成品油用于交通运输,汽车又是交通运输业中的用油大户。根据日本的统计,小汽车的单位能耗是轨道交通的12倍,而且城市轨道交通使用的是电能,并非成品油。

汽车的迅速增长导致碳氢化合物、一氧化碳、氮氧化物、颗粒物的急剧增加,使我国的大气污染已从煤烟型污染转变为煤烟与机动车排放复合型污染;机动车排放污染已成为城市大气污染的主体,其中汽车废气铅污染占人类活动铅污染的60%以上。

我国是仅次于美国的世界第二大温室气体排放国,作为发展中国家,2012年前不必承担《京都议定书》中的减排义务,但随着"后京都时代"的到来,温室气体减排压力会不断增大。大约1/4的碳来自运输业,汽车运输又占了其中的绝大部分。据日本的统计,汽车的单位碳排放量是轨道交通的26.7倍。

因此,为了解决大城市的交通难题,必须走资源节约、环境友好的可持续发展之路,坚持"公交优先"的方针,发展以城市轨道交通为骨干、道路公共交通为基础、出租车为补充的大城市公共交通系统,尽可能将使用私人交通工具的市民吸引到公共交通上来,这是20世纪世界各国发展城市交通的共同经验,业已成为人们的共识。

城市轨道交通(Urban Rail Transit 或 Urban Mass Transit)是指利用轨道作为车辆导向的城市客运公共交通方式。城市轨道交通包括市郊铁路、地铁、轻轨、单轨、直线电机车辆、自动导向系统以及磁浮系统等。现代化的城市轨道交通,是一项集多种专业技术于一身的系统工程,在列车自动控制和集中调度指挥下,能迅速、安全地完成高运量市郊铁路、大运量地铁和中运量轻轨的旅客输送任务。

轨道交通推动城市科学发展。

轨道交通让城市生活更美好。

第一节　城市轨道交通的发展历程

一、城市交通和城市规模

从城市和交通的发展历史看,城市规模的大小与城市交通工具的技术进步密切相关,城市的直径一般就是当时最快交通工具1h走行的距离。美国科学史研究者屈菲尔(J. Trefil)提出:城市的规模取决于人们在其中移动的难易程度,即大部分人不愿意花1h以上时间在一次出行上。例如1819年时伦敦只有行人、手推车和数量不多的马车,因此当时城市半径不超过5km;今天伦敦有了快速轨道交通,城市直径扩大到了80mile(约合128km),如图1-1所示。东京城市规模的扩展过程也充分说明了这一点(图1-2)。

再以我国上海为例(图1-3),在19世纪中叶上海开埠之前,当时的主要交通方式是步行、马车和船运,城区面积不足$10km^2$;自从1908年上海第一条有轨电车投入运营,便成为主要公共交通工具,到1949年上海城区面积接近$100km^2$;1995年地铁1号线建成通车,城市快速道路也已投入使用,地铁的最高速度是80km/h,这时上海的建成区面积已超过$600km^2$;进入21世纪,上海城市化面积已超过$800km^2$。

法国高等社会科学院维列留(P. Virillio)教授甚至说:"20世纪欧洲的哲学史,基本上可以视为回应速度变迁冲击的历史，更简单地说，就是一部交通史。”可见，发展快速轨道交通不仅对城市发展，而且对整个社会进步都具有重要意义。

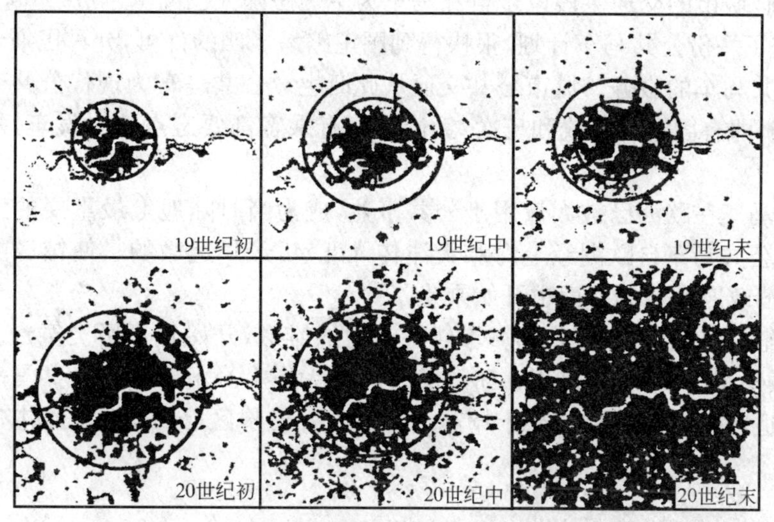

图 1-1　伦敦的变迁(左上角为 19 世纪初，右下角为 20 世纪末)

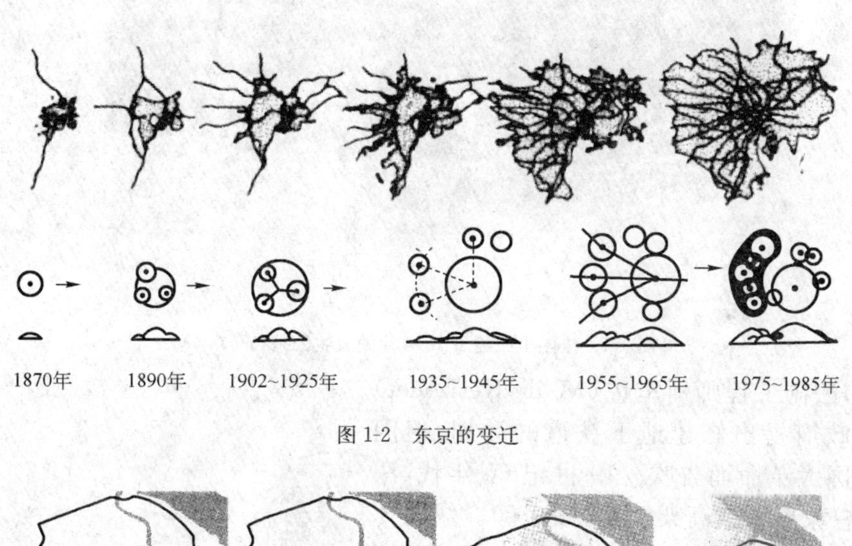

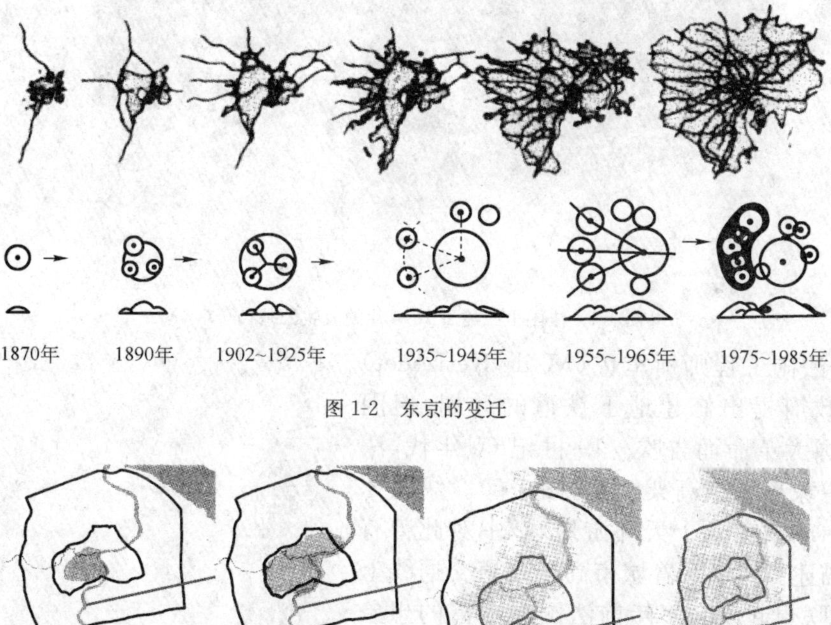

图 1-2　东京的变迁

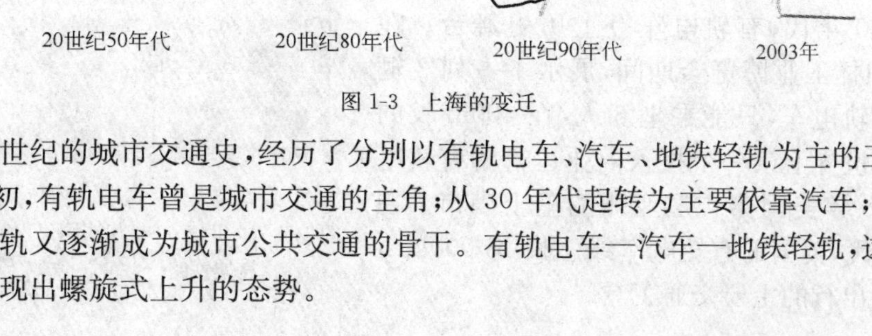

20世纪50年代　20世纪80年代　20世纪90年代　2003年

图 1-3　上海的变迁

回顾 20 世纪的城市交通史，经历了分别以有轨电车、汽车、地铁轻轨为主的三个阶段。

20 世纪初，有轨电车曾是城市交通的主角；从 30 年代起转为主要依靠汽车；从 70 年代开始，地铁和轻轨又逐渐成为城市公共交通的骨干。有轨电车—汽车—地铁轻轨，这是个否定之否定过程，呈现出螺旋式上升的态势。

二、从公共马车到有轨电车

19 世纪以前，城市的交通手段以步行和马车为主。法国人巴斯卡尔(B. Pascal)于 1662 年向法国政府提交了一份公共马车计划，很快得到国王路易十四的许可，允许巴斯卡尔在巴黎的 5 条街上提供公共马车的服务。城市公共交通从此诞生。公共马车为现代公共交通奠定了最基本的运营规则，即有固定的路线和班次，无论是否有乘客都要定点按时发车，乘客按里程付费等。

17 世纪末，马车在欧洲已被大量用于公共事业，成为当时陆地上最重要的大众化交通工具。20 世纪初，公共马车自欧洲经上海和天津传入北京，最早运载的是使馆区的西方外交人员和商人，后来清政府官员和富商也开始乘坐。

进入 19 世纪，有轨公共马车作为城市轨道交通的雏形，开始登上历史舞台。世界上第一条城市有轨公共马车于 1827 年出现在纽约的百老汇大街上。由于有轨公共马车比无轨公共马车更快、更舒适，因而大受欢迎。到 1879 年，法国大巴黎区已有 38 条公共有轨马车线路(图 1-4)。

图 1-4　法国里昂建于 1844 年的有轨公共马车

1845 年，法国工程师柯里佐(M. de Kerizouet)曾向巴黎市政府提出修建地下铁道的计划，但因 1848 发生法国大革命而告吹。19 世纪 60 年代，法国工程师又想象出城市高架铁路(图 1-5)。儒勒·凡尔纳(J. Verne)在《八十天环游地球》中对此曾有十分精彩的描述。如今看着城市高架轨道交通线上奔驰的列车，联想起 140 多年前法国人丰富的想象力，令人感叹。

图 1-5　19 世纪 60 年代法国工程师想象的城市高架铁路

19 世纪 80 年代，有轨电车登上历史舞台。在 1881 年德国柏林工业博览会期间，展示了一列 3 辆编组的小型有轨电车，只能乘坐 6 人，在 400m 长的跑道上演示。世界上第一个投入商业运行的有轨电车系统是 1888 年美国弗吉尼亚州的里士满市。在 20 世纪 20 年代，美国的有轨电车线总长 25 000km，成为当时市民出行的主要交通工具。

到20世纪30年代,欧洲、日本、印度和我国的有轨电车也有了很大发展。

19世纪末,有轨电车开始进入中国。1899年,德国西门子公司在我国北京修建了马家堡至永定门的有轨电车线路,并配备了数辆有轨电车。然而,1900年6月义和团大举进京,出于对外国入侵者的愤恨,刚刚建成的有轨电车线路和车辆顷刻之间都被拆毁、砸烂。

1904年,按照清政府和比利时政府的有关条约,比利时商人创办了"天津电车电灯公司",1906年,天津第一条有轨电车线路运营,成为我国第一个拥有有轨电车的城市。1908年3月5日,由英商"上海电车公司"经营的有轨电车线路(从静安寺到广东路外滩)投入运营,上海成为国内第二个拥有有轨电车的城市。同年,大连第一条有轨电车线路竣工运营。1924年12月17日,从北京前门至西直门的有轨电车线路开通,北京是继天津、上海、大连之后,我国第四座修建有轨电车的城市。随后,沈阳、哈尔滨、长春和香港等城市也相继修建了有轨电车线路。

有轨电车在中国投入运营后不久,无轨电车开始登上世界舞台。世界第一辆无轨电车是由德国人冯·西门子发明的。早期的无轨电车很像轮式马车,木制车厢、实心橡胶轮胎,从车顶上的高架电线获得电流作为驱动力,车身可左右移动一些位置,比行驶在固定轨道上的有轨电车有一定的灵活性,但后面的无轨电车不能超车。1911年,这种无轨电车在英国的布雷得福特市开始投入营运。无轨电车同样具有不排放有害气体、驾驶操作简便等优点。到20世纪30年代,无轨电车在世界上得到了广泛应用。英国还制造了双层无轨电车,20世纪40年代,意大利制造了铰接式无轨电车,到20世纪50年代,世界上大约有500多座城市拥有无轨电车。

1914年11月15日,英商"上海电车公司"在上海开通无轨电车线路,因此上海是国内最早使用无轨电车的城市。新中国建立后,1950年12月,国内第一辆自己研制的无轨电车,在天津试车成功;1951年10月1日,沈阳无轨电车投入运营;1957年投入批量生产;1957年2月26日,北京无轨电车在阜成门至北池子北口线路上投入试运行,此后不久,终点站延至朝阳门。阜成门至朝阳门是北京的第一条无轨线路。

三、公共汽车和无轨电车时代

随着汽车大量涌上街头,道路面积明显不够用。由于旧式有轨电车行驶在道路中间,与其他车辆混行,运行速度不高,又受路口红绿灯的控制,正点率低,因此,20世纪50年代开始,国外一些城市纷纷拆除有轨电车线路。从此,城市公共交通进入公共汽车加无轨电车时代。

1920年,当时的福特汽车厂已能实现每分钟生产一辆汽车。到20世纪30年代,美国由于已拥有3 000万辆小汽车而率先进入汽车时代。由于人们开始追求个性化、田园式的居住模式,房屋建设不再局限于有轨电车线路沿线,呈现出分散、蔓延扩张的态势,大量住宅被吸引到了轨道线路之间比较空闲的土地上。这种土地利用格局使得有轨电车的继续发展遇到了困难。到1939年,美国有轨电车线路的长度由原来的32 180km锐减为4 344km,有轨电车的萎缩反过来又促使人们更加依赖小汽车。

这股有轨电车拆除风也波及了中国。到20世纪50年代末,我国只剩下大连、长春、鞍山和香港4座城市还保留着传统的有轨电车交通方式。以大连市为例,大连早在1909年就有了有轨电车,到20世纪50年代总长已达50.2km,保有车辆144辆。受国际上拆除风的影响,大连只留下3条有轨电车线路,运营里程仅为15.2km。香港早在1904年就有了有轨电车,到1912年又开始使用双层有轨电车,是目前世界上唯一全部使用双层车辆的有轨电车系统。现在香港保有8条有轨电车线路，总里程约16km。这两个城市的有轨电车是我国保留下来最完整的有轨电车系统。

四、地铁发展历程

伦敦是世界上地铁的诞生地。一条由英国律师皮尔逊(Charles Pearson)鼓动并投资建设的地下城市铁路(Metropolitan Railway)于1863年1月10日正式通车运营。这条地铁线路从帕丁顿(Paddington)到弗灵顿(Farringdon)，总长6km。动力是向英国铁路公司租借的蒸汽机车。皮尔逊因此被誉为“地铁之父”。“Metro”也成了世界上绝大多数国家城市轨道交通的标志和代号。早期的地铁由蒸汽机车牵引，为了把烟雾排出，车站甚至没有顶棚。虽然当时地铁设施简陋，而且污染严重，但由于它不像地面道路那样拥堵，还是受到了广大市民的欢迎。

世界第一条地下铁道的诞生，为人口密集的大都市如何发展公共交通取得了宝贵经验。特别是1879年电力驱动的车辆研制成功，地铁开始进入电力牵引时代。由于环境条件大为改善，地铁显示出了强大的生命力。从此以后，世界上一些著名的大都市相继建造地下铁道。

1890年，第一条电气化地铁开通，在此之前，除伦敦的地下铁道外，只有纽约一个城市于1870年在第9大街上建造了高架城市铁路；而在1890年以后，建造地铁的城市就多了起来。

自1863～1899年，有英国的伦敦和格拉斯哥、美国的纽约和波士顿、匈牙利的布达佩斯、奥地利的维也纳以及法国的巴黎共5个国家的6座城市率先建成了地下铁道。

受伦敦成功建设地下铁道的影响，美国纽约也于1867年建成了第一条地铁。随着纽约城市规模的扩大，地铁建设也在不断发展。目前，纽约已发展成为世界上地铁线路最多、总里程最长的一座城市，2007年总客运量达15.6亿人次，日均427.4万人次。

巴黎地铁开通要比英国晚37年。为举办“凡尔赛展览会”而修建的巴黎第一条地下铁道从巴士底通往马约门，全长约10km，它为巴黎地铁网络的不断发展和完善打下了基础。

在进入20世纪的最初24年里(1900～1924年)，在欧洲和美洲又有9座大城市相继建成地铁，如德国的柏林、汉堡，美国的费城以及西班牙的马德里等。

1925～1949年间，经历了第二次世界大战，各国的地铁建设处于低潮，但仍有日本的东京、大阪，前苏联的莫斯科等少数城市在此期间修建了地铁。

第二次世界大战以后，1950～1974年间，世界上地铁建设蓬勃发展。在此期间，有加拿大的多伦多、蒙特利尔，意大利的罗马、米兰，美国的费城、旧金山，前苏联的列宁格勒、基辅，日本的名古屋、横滨，韩国的汉城以及中国北京等约30座城市相继建成了地铁。其中：中国北京的第一条地铁于1969年10月建成通车，线路长度为23.6km。

1975年以来，地铁建设在原有基础上取得了长足进步。20世纪70年代和80年代是世界各国建设地铁的高峰期。世界上超过30座城市建成或开始修建地铁。美洲有华盛顿、温哥华等9座城市，欧洲有布鲁塞尔、里昂、华沙等9座城市，亚洲则更多，有神户、香港、加尔各答以及天津、上海等城市。其中：上海地铁1号线于1995年5月建成通车。上海地铁引进了国际上20世纪80年代的先进技术，并由此形成了我国地铁行业的第二种技术标准。

据日本地铁协会统计，到1999年，全世界已有125个城市建成地铁，线路总长度超过7 000km，发达国家的主要大城市纽约、芝加哥、伦敦、巴黎、柏林、东京、莫斯科等已经完成了地铁网络的建设。到20世纪末，除上述城市外，华盛顿、马德里、斯德哥尔摩、大阪、汉城、墨西哥城的地下铁道运营线路也已超过了100km。

回顾20世纪的地铁建设，1900年世界上只有6条地铁线路，到2000年已增加到106条，百年建了百条(图1-6)。世界各国城市轨道交通的建设速度，大致上可以把第二次世界大战作为分界点，大战前每5年兴建2条线路，而战后是每5年12条。截至2000年，世界上80%的地铁线路是在第二次世界大战以后修建的。特别是从70年代开始，由于发生了两次能源(石油)危机，修建地铁的速度大大加快。

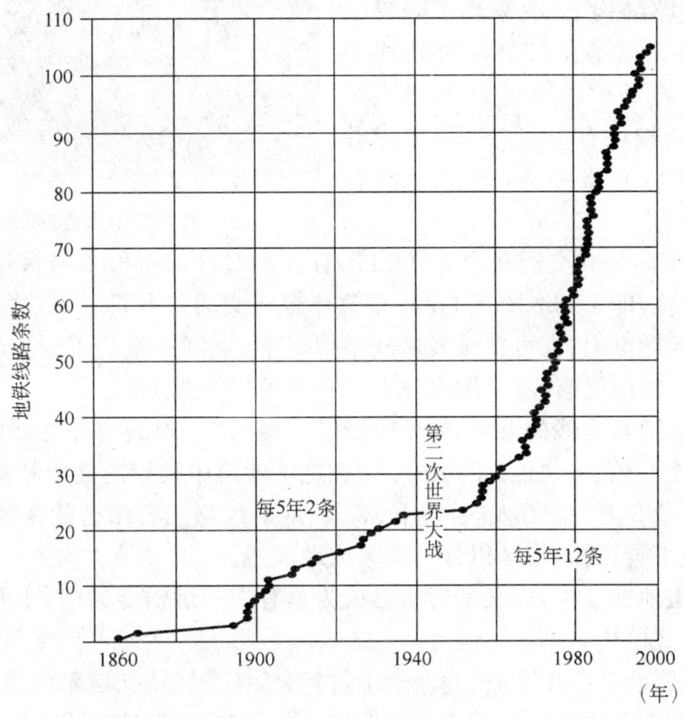

图1-6 20世纪建设的地铁线路条数

五、新一代有轨电车——轻轨

毫无疑问，汽车是人类最重要的技术成果之一，能给人们带来快捷、舒适的“门到门”现代交通文明；但毋庸讳言，汽车也带来了交通拥堵、事故频繁、能源过度消耗、尾气与噪声污染等一系列社会问题。20世纪下半叶以来，由于流动人口以及汽车保有量的猛增，城市交通量急剧增长，城市道路的相对有限性与汽车生产的相对无限性产生了尖锐矛盾：汽车可以用流水线生产，道路却不能；汽车可以进口，道路却不能。行车难、乘车难，不仅成为市民工作和生活的一个突出问题，而且制约着城市经济的发展。于是，世界各国纷纷探索和思考如何走出困境。

经过反思，人们逐渐形成了共识：大城市必须大力发展公共交通，特别是城市轨道交通，尽量把使用私家车的出行者，吸引到便捷、舒适的轨道交通方式上来，不必去限制人们购买小汽车；关键在于通过大力发展公共交通来改变小汽车的使用性质，小汽车并非上班、上学的通勤工具，而是休闲工具。大力发展城市轨道交通——这一反思的结果，导致地铁的大发展和新一代有轨电车——轻轨的兴建。

地铁列车在地下行驶无障碍，运量大、速度快，但造价昂贵，建设进度受财政和其他因素制约。因此欧洲的一些大城市在建设地下铁道的同时，又重新把注意力转移到地面轨道上，对老式有轨电车进行强化技术改造，使之现代化。经过现代化技术改造的有轨电车就是轻轨。今天的轻轨列车与100年前的有轨电车已不能同日而语，它速度快，运量大，乘坐舒适，而且节能环保，如图1-7所示。

图1-7　意大利佛罗伦萨的轻轨

20世纪70年代后，技术人员又开发出了噪声低、速度高、走行部转弯灵活、乘客上下车方便，甚至能照顾到老人和残疾人的低地板新一代轻轨车。在线路结构上，也采用了降噪减振的技术措施。在速度要求较高的轻轨线路上，采用专用车道；在繁忙道路交叉口，进入半地下或立体交叉，路权独有。在对速度要求并不高的线路，也可与道路平齐，和汽车混合运行。

1978年3月，国际公共交通联合会(UITP)在比利时首都布鲁塞尔召开会议，确定了新型有轨电车的统一名称，即Light Rail Transit，简称轻轨交通(LRT)。20世纪80～90年代，环保问题、能源结构问题突出，在可持续发展战略指引下，全世界掀起了新一轮的轻轨交通建设高潮。据粗略统计，目前已有50个国家建有360多条轻轨线路。

必须指出的是，随着实践的发展，如今“地铁”、“轻轨”的内涵与外延都已突破历史上原来的含义，有了相当大的拓展。“地铁”并不专指在地下隧道中运行的技术制式，而是泛指高峰小时单向运输能力在2.5万～5万人次，地下、高架、地面线路三者结合的大容量快速轨道交通。通常在市中心为地下隧道线，市区以外为高架或地面线。

同样，轻轨也跟地铁一样，广义的轻轨已成为具有中等运输能力(每小时1万～3万人次)的各种轨道交通方式的代名词。

国际公共交通联合会(UITP)曾为轻轨下过定义，认为轻轨交通车辆施加在轨道上的荷载重量，相对于干线铁路和地铁的荷载来说比较轻，因而称之为轻轨。

在欧洲，轻轨一般特指主要在地面行驶的现代有轨电车，因为轻轨的运量小于干线铁路和地铁，属于中等运量，随着轨道交通技术制式的多样化，轻轨渐渐成了中等运量轨道交通的代名词。中等运量的轨道交通系统不仅仅局限在传统的钢轮钢轨制式，而是形成了一个形式多样的全新集合，如直线电机车辆系统、橡胶轮体系的新交通系统，跨座式单轨交通以及悬挂式单轨交通等，如果从运输能力角度说，它们都属于轻轨范畴。因此，目前国内外都以客运能力或车辆轴重(每根轮轴传给轨道的压力)的大小来区分地铁和轻轨。轻轨现在指的是，运输能力或车辆轴重稍小于地铁的轻型快速轨道交通。在我国，《城市轨道交通工程项目建设标准》(建标104—2008)中，把每小时单向客流量为1万～3万人次的轨道交通定义为中运量轨道交通，即轻轨。狭义的轻轨车辆，即现代有轨电车，在我国的上述建设标准(建标104—2008)中用C型铰接车和D型铰接车表示，后者为低地板新一代轻轨车辆。狭义的轻轨车辆有4轴无铰车、6轴单铰接车、8轴双铰接车3种。

回眸20世纪城市交通的发展历程，不难看出是一个“否定之否定”的发展过程：有轨电车从大发展到大拆除；然后汽车登上历史舞台，逐渐成了城市交通的主角；到20世纪末，以地铁和轻轨为代表的城市快速轨道交通又恢复了它的主导地位。这是个螺旋式上升的过程。

六、单轨发展历程

单轨交通历史悠久。早在1821年，英国人P. H. Palmer就开始了单轨铁路的研究，并因此获得了发明专利。1824 年，在伦敦船坞为运送货物修建了世界上第一条单轨铁路，这比 1825 年开通的蒸汽机牵引的铁道线路还早。当时的单轨铁路采用木制轨道，用马来牵引前进。

1888 年，法国人在爱尔兰铺设了约 15km 的跨座式单轨铁路，用蒸汽机车牵引，从此单轨走向实用化阶段。

1893 年，德国人 Langer 发明了悬挂式单轨车辆，1901 年在伍珀塔尔开始运营，长度 13.3km，其中 10km 线路跨河架设，成为利用河道上空建设单轨铁路的先驱(图 1-8)。这条线路一直沿用至今，仍在交通系统中发挥着重要作用。它已成为伍珀塔尔市的一道历史景观(该市的市徽就是悬挂式单轨车辆)，在 2001 年，伍珀塔尔为悬挂式单轨安全运营 100 周年举行了隆重的庆祝典礼。

图 1-8　德国伍珀塔尔市的悬挂式单轨交通

第二次世界大战后，随着科学技术的发展，单轨铁路的技术逐步成熟。1958 年，瑞典出生的德国工业家 Axel Lennart Wenner-Gren 研制成功跨座式、混凝土轨道和橡胶充气轮胎的单轨交通制式。以后美国、日本、意大利等国都建有这种形式的单轨交通。

尽管单轨交通已经经历了一个多世纪的发展历程，但因为单轨铁路的导向、稳定及转辙装置等关键技术问题尚未完全解决，而且单轨交通的运输能力又与有轨电车不相上下，技术要求却高得多，因此在世界范围内没能得到广泛的应用。

七、磁浮交通发展简史

在轨道交通问世以来，磁浮技术成为轮轨系统靠黏着力驱动的重大突破。在磁浮交通研究中，德国和日本起步最早，但两国采用的制式却截然不同，德国采用常导磁吸式，而日本则采用超导磁斥式。这两种制式在车辆和线路结构上，在悬浮、导向和推进方式上虽各有不同，然而基本原理是相同的。

日本于 1972 年用 ML100 型试验车实现了 60km/h 的悬浮运行，1975 年着手修建宫崎试验线，1977 年开始对倒 T 形导轨和跨座式 ML500 型试验车进行了无人驾驶的试验，1979 年 12 月，在九州宫崎试验线上创造了 517km/h 的速度纪录，但因常温下的超导材料尚未出现，还未能投入商业性的载人运行。

德国从 1968 年开始研究磁浮列车，1983 年在曼姆斯兰德建设了一条长 32km 的试验线，已完成了载人试验。他们采用的 TR600 型试验车，在该线上创造出 412km/h 的记录，并打算进一步突破 500km/h。

英国于 1973 年开始进行磁浮铁路的研究，经过 20 多年的研究和试验，于 1984 年 4 月，从伯明翰机场至国际车站之间开通运行了低速磁浮列车，平均速度为 25km/h。这是目前世界上最早投入商业运行的磁浮线路。令人遗憾的是，在 1995 年，当时世界上唯一从事商业运营的磁浮列车在运行了 11 年之后宣布停止营业，其运送旅客的任务被机场班车所取代。

加拿大从 1970 年开始研究磁浮列车，目的是在多伦多—渥太华—蒙特利尔之间修建一条超高速磁浮铁路。他们的专家认为，在加拿大的气候环境条件下，采用超导磁浮系统比常导系统要优越。

前苏联从1976年开始进行磁浮交通的研究，在莫斯科附近一条长600m的试验线上，其05号磁浮车达到60km/h的速度；还计划在阿拉木图修建一条长14km、有7个小站的城市商业磁浮运输系统，速度也是60km/h。

经过了各国多年的试验以后，一般认为，磁浮交通系统的行车速度高于干线铁路，低于飞机，是弥补铁路与飞机之间速度差距的一种有效的运输工具，有朝一日可以部分代替飞机，以节约宝贵的石油资源。由缩短乘车时间而带来的社会效益是巨大的，因此得到不少国家的重视。法国、比利时、德国和荷兰四国商定，在巴黎、布鲁塞尔、科隆和阿姆斯特丹之间750km的线路上，采用磁浮高速列车的方案。

已经投入可行性研究的磁浮铁路有：美国的洛杉矶—拉斯维加斯（450km）、芝加哥—米尔沃基（120km）；加拿大的蒙特利尔—渥太华（193km）；欧洲的法兰克福—巴黎（515km）、布鲁塞尔—巴塞尔（500km）；澳大利亚的墨尔本—悉尼（810km）；沙特阿拉伯的里亚德—麦加（880km）；韩国的汉城—釜山（500km）等线。

2000年6月，中德两国政府正式签订合作开展上海磁浮快速列车运营线项目可行性研究协议。2003年12月，上海高速磁浮线路开通试运营，是目前世界上唯一一条投入商业运营的高速磁浮线路，如图1-9所示。

图1-9　上海浦东高速磁浮列车

上海浦东高速磁浮线从浦东机场至地铁2号线龙阳路站，全长30km，总投资100亿元人民币。它于2004年5月正式投入商业运行，最高运行时速430km，全程单向运行时间仅7min20s。

2005年爱知县世博会期间，日本第一条中低速磁浮交通线“东部丘陵线”投入运营，建在爱知县名古屋市。该线两端分别连接爱知环状铁路和名古屋地铁东山线，外来参观者可通过换乘直接到达世博园区。

东部丘陵线采用常导吸引式磁浮系统，设计最高时速为100km，线路全长8.9km，设9座车站，除一个区间为地下和地面过渡段外，其余线路和车站均采用高架形式。

第二节　城市轨道交通的社会功能

在城市已建成的轨道交通线路上，都承担了大量的客流；轨道交通在城市交通中逐步发挥了不可替代的作用，占公共交通运量的比重逐年上升。轨道交通既能方便城市居民出行，又能引导城市发展，在节约资源、能源与环保等方面也具有比较优势，还能促进沿线土地开发，加快城市发展，产生明显的国民经济效益、社会效益和生态效益。城市轨道交通的建设和运营实践都证明，轨道交通的发展对解决大城市交通拥堵，提高居民生活质量和环境质量，调整城市布局结构和产业结构以及拉动城市社会经济持续发展都具有重要意义。

为了保证我国城市轨道交通的又好又快发展，有必要对城市轨道交通的社会功能进行再认识。

一、城市轨道交通的基础性功能——缓解城市交通拥堵

我国大城市的交通拥堵日益严重，加快发展城市轨道交通是城市交通走出困境的必由之路。

20世纪下半叶以来，伴随着世界各国的城市区域不断扩大，城市经济日益发展，城市人口也逐渐上升。由于流动人口以及汽车保有量的猛增，城市交通量急剧增长，而城市道路的相对有限性与汽车生产的相对无限性产生了尖锐的矛盾。以上海为例，近十年间，上海道路面积增加了1.2倍，而机动车数量猛增了5倍。这5倍还是在采取诸如车牌拍卖等方式控制下增加的数量。国际上一般大城市人均道路面积都在20m^{2}以上，如巴黎的人均道路面积为30m^2，上海则不到8m^2。总之，汽车带来了交通拥堵、能源过度消耗、尾气与噪声污染、事故频繁等一系列"城市病"。行车难、乘车难，不仅成为市民工作和生活的一个突出问题，而且制约着社会经济的发展。诗人严力写过一首关于出行难的《无题》，诗中写道：

"曾经的出行难
难在没有现代化的交通工具
现在的出行难
难在交通工具太多
而生活
难就难在不出行不叫生活"
（原载2008年5月4日《新民晚报》）

2008年6月发布的"2008福田指数"显示，中国各大城市市民上下班因道路拥挤造成的经济损失，北京居首位，北京市民上下班拥挤成本每月人民币375元；其次是广州的273.8元；第三名上海，每月228.2元；拥挤成本最低的大城市是西安，每月69.4元。

这项调查是北汽福田公司与零点咨询集团共同进行的。"福田指数"是反映中国民众机动化生活品质的指数，表明中国居民在进行社会经济活动时，多大程度上可以借助机动化工具。该项目由福田汽车和零点集团于2005年首次发起，其数据来自于多阶段随机抽取对中国3个直辖市、5个省会城市、4个地级市、12个中小城市和12个农村地区的4 500多名18～60岁之间居民进行的访问，借助由宏观经济学家、城市发展专家、社会学家、交通专家等组成的专家团队，采用"德尔菲法"获得。

如何走出困境？世界各国纷纷进行探索和思考。反思的结果得出了一个结论：实施"公交优先"战略。大城市应建设以轨道交通为骨干、道路公交为基础、出租车为补充的公共交通系统。

2000年全国城市居民出行量已在1 800亿人次以上，年公交量达600亿～700亿人次。单一结构（即地面公交汽车和无轨电车）的城市公共交通已无法承受城市交通需求的增长压力，因此，在大城市大力发展快速轨道交通势在必行。

城市快速轨道交通是一种大运量交通工具。由于轨道交通有利于实现自动控制，地铁最高速度可达80km/h，平均速度为40km/h；轻轨的最高速度可达70～80km/h，平均速度为30km/h；而公共汽车的平均速度仅为20km/h左右。因此，在城市道路公交客运方式中，公共汽车、电车的客运能力较小，每小时单向运送能力为3 000～5 000人次，使用公交专用道路最大可达1万人次；轻轨交通每小时单向客运能力为1万～3万人次；地铁每小时单向客运能力可达3万～6万人次；在理想的地铁网络和市郊铁路上，每小时单向客运能力最大可达6万～8万人次。国外许多大城市轨道交通系统所承担的客运量占整个城市客运量的50%甚至80%以上。

［案例1-1］ 巴黎通过先行发展轨道交通来抑制小汽车的发展，并且有效引导城市拓展。巴黎市区人口密度较高，交通出行需求较大，为了保护位于巴黎市中心的历史名城，巴黎在小汽车时代到来之前就超前发展市区高密度地铁系统。这样做的结果是先期引导了居民出行方

式的转移,减缓了小汽车的增长速度,避免了城市道路交通拥挤和恶化;同时也有利于城市用地结构的优化调整,使城市用地布局紧凑,节省了土地资源。当然,超前发展城市轨道交通需要大量建设资金,代价昂贵,投资压力较重;正因为资金有限,所以早期巴黎城市轨道交通的覆盖范围有限,主要在市中心区,郊区的覆盖率较低。

二、城市轨道交通的先导性功能——优化城市布局结构

随着可持续发展战略的实施,人们对修建城市轨道交通的意义有了新认识:一是认识到城市轨道交通对城市规划的导向作用;二是认识到修建城市轨道交通有利于建设资源节约型、环境友好型社会,有利于生态文明建设。

城市轨道交通规划虽然是城市规划的子系统,但城市规划与城市轨道交通规划之间的关系,并不是一般意义上的包含与被包含关系,更有互动关系,后者对前者具有强大的反作用,这就是城市轨道交通规划对城市规划的导向作用。由于轨道交通可以为中长距离的上班族提供快速和低成本的交通工具,因此,城市轨道交通的建设必将促进居民沿轨道线向城郊扩散。

毛泽东在《论十大关系》中说过:农业是基础、工业是先导。这一辩证关系可以帮助我们认识城市轨道交通的社会功能。

缓解城市交通拥堵是城市轨道交通的基础性功能;而引导城市布局结构的优化则是它的先导性功能。当前世界各国修建城市轨道交通的目的,除了缓解交通拥挤外,还有一个更重要的目的,就是引导城市发展的结构性优化,从摊大饼式的浸润型发展转变为伸开的手掌型的组团式轴向发展(图 1-10)。组团式发展的骨架就是城市轨道交通线路,在这样的发展模式下,在市中心区与副中心、卫星城镇之间可以是草坪、树林、甚至农田,从而形成生态城市的格局。

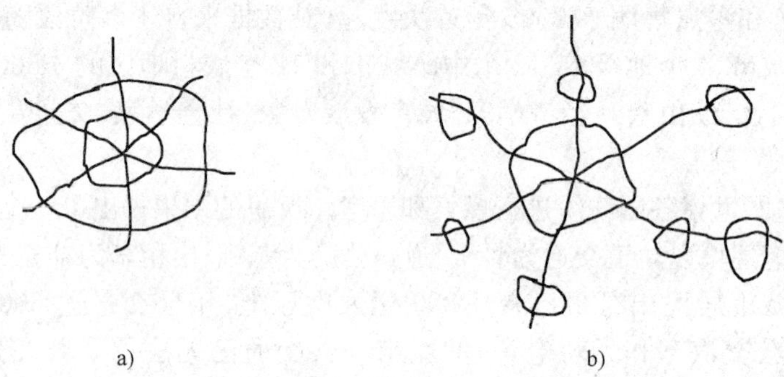

图 1-10　从摊大饼式发展转变为组团式轴向发展

a)弥漫式发展;b)组团式轴向发展

城市交通方式是改变城市空间结构和土地利用形态的重要因素。从城市发展历史看,人类先后经历了步行和马车时代、有轨电车时代、汽车时代、快速轨道交通时代。与此相应,城市的布局结构先后经历了单中心轴向发展、分散低密度弥漫式发展、多中心轴向发展等不同的城市形态。

轨道交通对城市发展的导向作用起源于有轨电车的发明。1882 年,西班牙工程师马塔(Arturo Soria Y Mata)提出了“带形城市”(Linear City)理论,主张在 40m 宽的干道上设置有轨电车,两旁是方格状的街坊和绿地(图 1-11)。

马塔认为,“带形城市”可以无限延伸发展,并在马德里周围规划了一个马蹄形的带形城市。他还设想用带形城市把西班牙的港口城市加的斯同俄国的圣彼得堡连接起来。带形城市理论尽管存在许多问题,但对近现代城市规划影响很大。

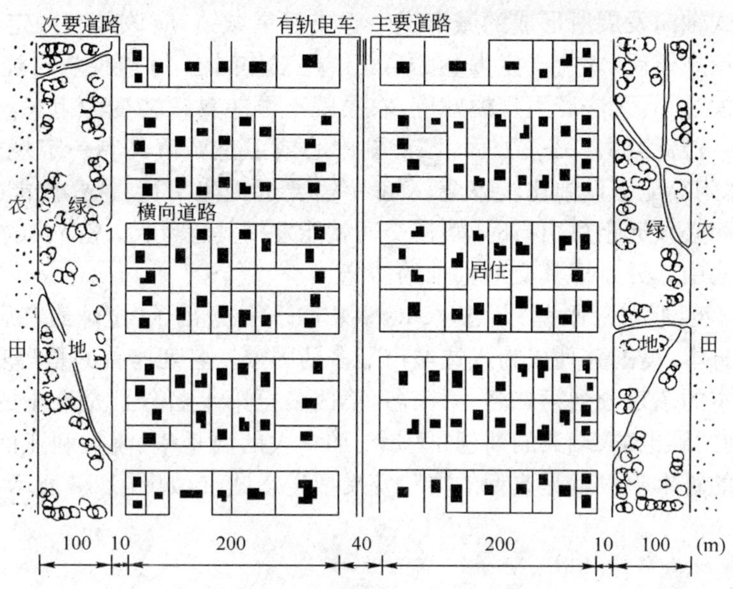

图 1-11　马塔的“带形城市”理论

现代城市规划发展了带形城市理论，出现了沿主要交通轴线发展的现代带型城市。现代城市可以采取沿两条主要交通干道发展的模式：一条是位于居住区和管理服务区之间的客运交通干道；一条是为工业区服务的货运交通干道，设在工业区的外沿。此外还可以有两条平行的辅助道路：一条作为居住区的发展轴；一条作为工业区和管理服务区之间的发展轴（图 1-12）。

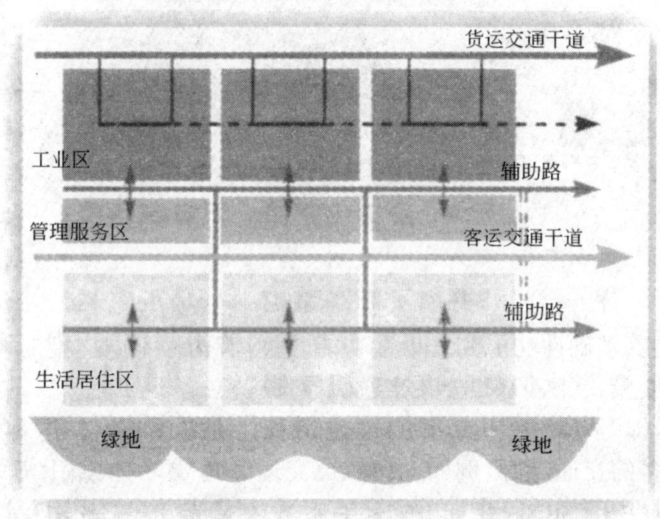

图 1-12　现代带形城市

现代带形城市理论的具体应用就是经济带，如拉动了日本经济的东京—大阪经济带，韩国汉城—釜山经济带，我国长三角的沪宁、沪杭甬经济带等。在经济带上的各城市间通过快速城际轨道交通加以连接。由于轨道交通具有运量大、速度快、方便舒适等比较优势，各城市间大大缩短了时空距离，这样就有利于人才、技术、资本、信息、物资等生产要素的顺畅流动，从而突破行政区划的羁绊，使各城市间优势互补，以实现资源配置的优化和区域经济的一体化。

大城市组团式轴向发展所形成的城市副中心或卫星城镇，应该具有一定的规模。因为只有达到一定的城市规模后，才能产生大量的第三产业工作岗位，才能使农村经济转变为城市经济。如果城镇规模过小，无法产生规模效应，农民就不可能真正转变为市民，这样的城市化是不巩固的，也是不可持续的。另一方面，城市副中心或卫星城镇具有一定规模后，其工作、居住、采购、教育、休闲等配套设施比较齐全，一般不需要远距离出行，这样就能适当抑制大城市的交通总需求。而必须远距离出行时，轨道交通就能发挥其运量大、速度快的优势，在生态型、哑铃状的城市结构中充分发挥其交通主轴的功能。

2008 年 6 月，英国《单片眼镜》杂志(《MONOCLE》)评选出了“全球最宜居的 25 城市”，其中 14 座在欧洲，日本、美国并列成为入选城市最多的国家。名列榜首的是丹麦的哥本哈根，德国的慕尼黑和日本的东京分列第二名、第三名，第四名至第十名分别是瑞士的苏黎世、芬兰的赫尔辛基、奥地利的维也纳、瑞典的斯德哥尔摩、加拿大的温哥华、澳大利亚的墨尔本、法国的巴黎。位居第一的哥本哈根就是典型的指状发展型生态城市，如图 1-13 所示。

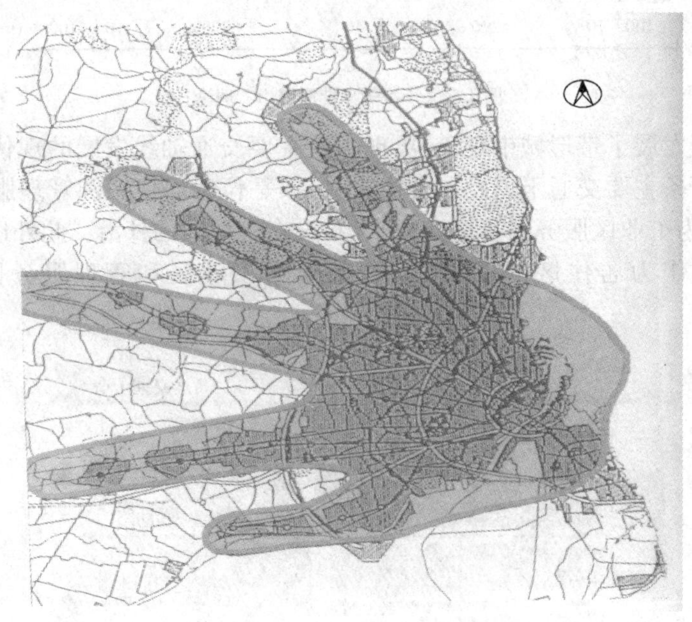

图 1-13　哥本哈根的指状发展

上述这两种功能(基础性功能和先导性功能)对应着两种不同类型的城市轨道交通发展模式——服务引导发展模式(SOD)和公共交通引导发展模式(TOD)。

服务引导发展，即 Service Oriented Development，简称 SOD。在这种模式下，轨道线路的走向是沿着行人最多的交通走廊，例如上海轨道交通 1 号线，从铁路上海站通往徐家汇、铁路上海南站。如何选择中间的线路走向？曾经有过 3 个可选方案，最后选定了在淮海中路的地下，这样能最大限度地吸引客流，满足更多人的出行需要，充分发挥轨道交通的客流效益。

公共交通引导发展，即 Transit Oriented Development，简称 TOD。在这种模式下，将公共交通系统作为城市发展的骨架，引导城市沿公共交通走廊有序扩张，从而避免摊大饼式的无序蔓延。公交引导城市发展是城市可持续发展的一种理想模式。丹麦首都哥本哈根利用轨道交通来引导城市发展取得了良好的效果，为我国城市发展提供了一个很好的案例。在哥本哈根，轨道交通系统的建设先于沿线土地开发，或者与沿线土地开发同时进行。这样做有利于从城市扩展之初就利用轨道交通系统来引导城市发展，塑造以轨道交通车站为中心的紧凑、多功能的用地开发形态。

随着我国城市化进程的加快，城市规模不断扩展，郊区新城和卫星城在不断发展。例如，在《上海市近期建设规划(2006—2010年)》中，作出了“1个中心城、9个新城、60个新市镇”(简称“1960”)的战略布局。9个郊区新城和卫星城都规划有市郊铁路或地铁轻轨直通中心城区。

在新城和卫星城的建设中实施TOD模式具有以下优势：公交主导的出行模式会有效控制小汽车出行，建立合理的城市出行结构；大容量的公交能提供足够运力，满足新城与中心城区之间的出行需求；从郊区房价和公交出行费用较低角度，体现了社会公平，促进了郊区城市化。为建设生态城市、促进城市的可持续发展，中国城市应大力推广TOD模式，引导城市合理扩展。

轨道交通系统为什么能有效地引导城市发展？第一，轨道交通能快速、可靠地运送大量乘客，它既能满足周边高密度用地所产生的大量市民的出行需要，同时能够为沿线的商业设施提供足够的客源；第二，轨道交通系统建设成本高昂，具有大量的固定设施，这些都带有永久性，容易吸引开发商在沿线进行大量投资；第三，和常规道路公交相比，轨道交通系统具有先进、科技含量高的象征意义，这也利于吸引投资。相比之下，公交专用道路系统由于设施相对简单、运送能力较小等原因，在以上三个方面都稍逊一筹。然而，在我国并不是每个城市都能承担得起轨道交通高昂的建设资金和运营维护成本，各城市应考虑采用不同模式的大容量、高品质的公共交通模式来实现TOD模式，因此，可以先建设快速公交道路系统，到远期条件成熟时再升级换代，用轨道交通来替代快速公交专用道系统。

国内一些大城市目前已存在客流量很大的交通走廊，目前大多数走廊都是由常规公交提供服务，道路交通严重拥堵，不可能像哥本哈根那样一开始就利用轨道交通来引导开发。但可以在这些既有的交通走廊先建设快速公交专用道系统，最终再发展成大容量快速轨道交通系统。

对于不同规模的城市，应选择适合自身特点的公共交通模式，而不是盲目追求大容量、高标准的快速轨道交通系统。特大城市、大城市可以建立大容量轨道交通和快速公交专用道为骨架，常规公交等其他公交方式为补充的多层次公共交通体系；对于小城市，常规道路公交就足以满足市民出行的需要。

2005年9月，国务院办公厅发布《关于优先发展城市公共交通的意见》，提出各城市应进一步加大政策扶持力度，有序发展城市轨道交通和适度发展大运量的快速公交系统，促进城市健康协调发展。目前，国内许多城市正在规划和建设轨道交通以及快速公交专用道(BRT)系统。BRT是英文“Bus Rapid Transit”的简称，意为大容量快速公共汽车交通。

［**案例1-2**］ 北京在11个新城的总体规划中，贯彻了TOD的发展理念，构筑了新城与新城之间的快速轨道交通线网与快速公交(BRT)线网，以支持新城的发展。2005年年底，北京第一条快速公交线路——南中轴线开通运营，由此北京掀开了我国城市交通的新篇章。BRT以大容量、快速、舒适等特点成为我国城市交通系统的“后起之秀”，也有人称之为“准轨道交通”或“地面上的地铁”。和轨道交通相比，BRT又拥有投资成本低的巨大优势，因此，成为各个城市的新宠。此后，昆明、杭州、常州、厦门等城市纷纷开通BRT线路。2008年7月31日，北京又开通两条大容量快速公交(BRT)线路，其中BRT2号线从东二环朝阳门向东延伸至通州区杨闸，全长16km；BRT3号线从北二环安定门一直向北延伸到昌平区宏福苑小区西，全长20余公里。加上2005年开通的南中轴BRT1号线，北京的BRT已经有3条，线路总长50余公里，北京由此成为全国BRT线路最长的城市。北京即将建设通向西郊的第4条BRT线路，从西二环阜成门到石景山区西五环。到时北京通向东西南北郊都有快速公交专用道通达。

广州的轨道交通衔接规划同样体现了交通服务发展(SOD)和交通引导发展(TOD)理念。1号线、2号线主要贯穿城市中心区，沿线用地开发较成熟，属于“SOD”发展模式，3号线走向与新城市中轴线和“南部转移带”重合，其南段主要体现“TOD”发展模式，侧重建立换乘枢纽，形成“P+R”系统(Parking and Rriding，即在郊区停车场停下私家车转乘公交车进入市中心)，以延伸轨道交通车站的辐射范围，培育沿线客流。

三、有利于节约资源、改善环境

党的十七大明确提出了建设生态文明的重大任务，我们必须把建设资源节约型、环境友好型社会放在工业化、现代化发展战略的突出位置，并落实到各个领域、每个部门。

按照科学发展观的要求，城市社会经济的发展，需要有安全、高效、节能、环保、经济的交通运输系统提供支持；建设资源节约型、环境友好型社会，需要制定有利于资源节约和环境改善的交通政策。城市交通发展目标必须与城市的社会经济发展目标相协调，与城市可持续发展目标相一致。

用轨道交通作为城市公共交通的骨干，使它成为市民出行的首选，就能减少在市中心运行的汽车数量，将在很大程度上节省能源并减少市区汽车尾气的排放，改善空气质量。国外研究表明，轨道交通单位运输量的二氧化碳排放量仅为小汽车的10%和公共汽车的25%。

西欧、北美引进城市轨道交通系统的主要原因，是为了改善公共交通的服务品质，以此吸引小汽车使用者乘坐轨道交通工具，从而适当限制小汽车的使用。以瑞士为例，全国人口仅700万，而每年使用轨道交通工具出行的高达2亿5千万人次。

快速大容量轨道交通在140多年的发展中，显示出了一系列优越性。首先，城市轨道交通运量大、速度快。由于采用全封闭专用通道，组织高密度、列车化运行，加上技术不断进步，因此车速大大提高、运量大大增加。高峰小时单向客运量地铁可达6万人次、市郊铁路可达8万人次。例如，在有3 000多万人口的东京都市圈里，每天通勤交通量的90%以上是由12条地铁线和20多条地面、高架轨道交通线承担的。在客运高峰时段，东京、伦敦、纽约和巴黎的城市轨道交通分担率已分别达到了91%、76%、75%、75%。

城市轨道交通与汽车交通相比，环境污染小，能源和土地资源消耗少，也更加安全。汽车的发明使交通工具的机动化程度有了极大的提高，实现“门到门”运输，人们的活动范围有了极大的扩展，然而汽车交通所带来的负面影响也不可忽视，主要有以下几个方面。

(1)道路、立交桥、停车场等需要占用大量的土地资源。发达国家城市道路和停车场的面积占城市总面积的比例高达30%～50%。这一点对于以占世界7%的可耕地养活占世界20%人口的中国来说，尤其值得注意。我国人均耕地面积只有美国的1/6，印度的1/2。各种城市交通方式占用土地面积比较见表1-1。

各种城市交通方式的客运量和所占用的土地面积 表1-1

比较项目	客运量(人/h)	占用道路面积(m^2/人)	运输速度(km/h)
自行车	2 000	6～10	10～15
小汽车	3 000	10～20	20～50
常规公交	3 000～5 000	1～2	20～40
轻轨	10 000～30 000	0.25(高架)，0.5(专用道)	40～60
地铁	30 000～60 000	0.25(高架)，不占用(地下)	40～80
市郊铁路	60 000～80 000	0.5(专用道)，0.25(高架)	50～100

从客运能力和土地资源的利用率看，每小时运送5万人所需的道路宽度：小汽车为180m，公共汽车为9m，轨道交通为3m；地下或高架制式的轨道交通占地更少。在繁华的城市中心区，由于轨道交通多敷设在地下或高架上，这节省了宝贵的都市空间。

(2)能源消耗大。目前全世界汽车保有量大约为6亿5千万辆，运输业所消耗的能源约占全球石化燃料消费量的一半。从单位能耗看，我国轨道交通、公共汽车、飞机、私人汽车的能耗比为1∶1.8∶4.1∶5.9，如图1-14所示。各种交通方式能源消耗、环境污染比较见表1-2，地铁、轻轨由于车体轻、路况好，单位能耗更低于市郊铁路。据日本统计资料，运送每1人次的能源消耗量，城市轨道交通仅为私人汽车的15%、公共汽车的40%。

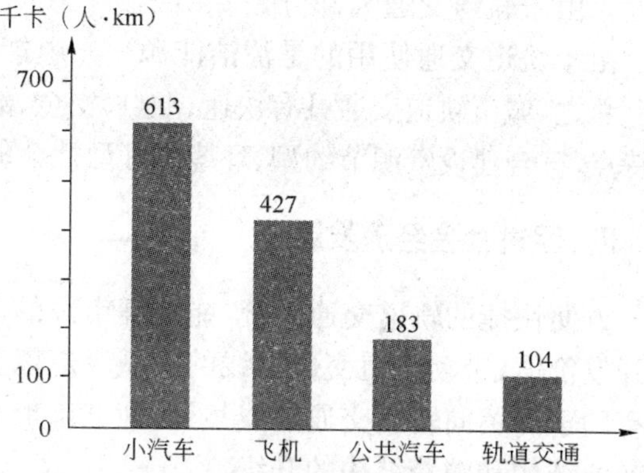

图1-14 各种交通工具的单位能耗比较图

以2020年我国国民经济发展预测值估算，轨道交通运量每增加1个百分点，将少占用333.4km^{2}土地，同时减少能耗2Mt标准煤。

(3)严重污染环境。汽车不仅是最大的石化燃料消耗者，也是城市环境污染的主要来源。据统计，来自机动车的尾气排放和噪声对城市环境的污染占污染源的50%～70%。各种交通方式的环境污染比较见表1-2。

各种交通方式的能源消耗、环境污染比较表(以市郊铁路为基准) 表1-2

比较项目	市郊铁路	航空	汽车	地铁轻轨
能源消耗比	1.0	5.3	4.6	0.8
人均CO_2排放量	1.0	6.3	4.6	1.0
人均噪声污染	1.0	1.5	0.7	0.4

以北京为例，其汽车排放的一氧化碳、碳氢化合物、氮氧化物已占总排放量的40%～70%。而被称为“绿色交通”的城市轨道交通，由于采用电力牵引，可以在城区实现大气污染的零排放，人均噪声污染也是各种交通方式中最低的。

(4)道路交通的安全性差。我国拥有全世界1.9%的汽车，但汽车引发的交通事故却占了全球的15%，成为交通事故最多发国家。国家公安部发布的全国道路交通事故统计数据显示，2007年全国共发生道路交通事故32万多起，造成8万多人死亡，38万多人受伤，直接财产损失12亿元。据联合国估计，道路交通事故大多发生在发展中国家的城市地区，道路交通伤害还是全球10～24岁人口的首要死亡原因。第62届联合国大会就全球道路安全问题举行全体会议并通过决议，呼吁世界各国重视道路交通安全问题并加强国际合作。

轨道交通的安全性要比小汽车和公共汽车的安全性高出若干倍。其原因是路权独用和沿轨道行驶。

地铁每公里地下线造价约为5亿元，若为街面轨道线路，造价较低，可能为地下线的1/3，若为高架线，则为地下线的1/2。虽然轨道交通的投资较大，但由于它的运输能力大，其高峰小时每位乘客的平均建设费用并高不出多少，而且它的运营费用要比公共汽车低。根据日本的统计资料，地铁的高峰小时每位乘客的平均建设费用为36万日元/人，公共汽车为31万日元/人；而地铁的运营经费为78～90日元/人，公共汽车的运营经费则为133日元/人。

由于在轮对、转向架上采用了弹性车轮、橡胶弹簧等减振、消声新技术，在轨道上采用无缝线路，在高架或地面轨道两侧设置吸声挡板，从而降低了轨道交通的噪声，也增加了乘客的舒适度。由于轨道交通大部分是专用线路，安全性大为增加，还能保证准点运行。

由于轨道交通使用的是清洁能源——电能，没有尾气污染，因此被称为“绿色交通”。

总之，城市轨道交通具有快速、准点、安全、舒适、运量大、能耗小、节约土地资源、对环境友好等特点，符合建设资源节约型、环境友好型社会的要求，它应该成为大城市公共交通网络的骨干。

四、促进社会经济发展

方便快捷的轨道交通系统，能提高市民的流动性和机动性，并大大提升沿线物业及房地产的开发价值，带动轨道交通沿线的旧城改造以及新城区的开发。轨道交通还具备发展轴作用，即有助于商贸向轨道交通沿线集聚，使城市形态发生积极变化，资源配置更加合理，并且有利于产业结构和消费结构的升级。

五、人防功能

我国对于轨道交通人防功能的定位是：“以交通为主，实现人防及地下空间综合开发等多功能结合”。在地铁设计、规划以及建设过程中，遵照“平战结合”的总体原则，按国家有关标准，强制性规范，以达到兼顾人防的标准。建设时通过与周边的人防工程和人防通道合理连通，纳入人民防空体系。平时主要以交通功能为主，在战时等特殊情况下，可作为市民的避灾避难场所，也可作为战备物资的运输通道。

由于轨道交通庞大的地下网络不仅增加了整个城市区域人防系统的连通性，而且连接车站的众多出入口又能够增加网络的辐射范围，形成了大面积的人防功能网，从而提高了大城市的总体防灾减灾能力。

六、文化功能

地铁车站建筑、站内装饰等都可以是文化的载体，最有名的要数莫斯科地铁和蒙特利尔地铁。伦敦地铁被认为是最有电影缘的地铁之一，曾有100多部电影和电视剧在这里取景。

巴黎利用夜间地铁开行仿古游，重现几十年前的站台和列车，用那时的炊具品尝咖啡，欣赏那时的音乐，如同在时间隧道里旅行。纽约利用废弃的地铁车站和区间线路，通过电视屏幕发出指令，玩起警察抓罪犯的仿真游戏，惊险异常。伦敦地铁和上海地铁之间开展文化交流，在上海的地铁车厢里挂有英国诗人的名句，在伦敦的地铁车厢里饰有中国的唐诗。

莫斯科地铁在2007年推出了“水彩画文化地铁”专列，2008年又推出了“爱阅读的莫斯科”地铁专列。文化专列不仅可以使人忽略地铁内刺耳的噪声，而且能获得有益的信息，愉悦眼睛，给人以力量。

第三节　我国城市轨道交通发展概况*

1905年，英商上海电车公司成立，着手铺设从静安寺至广东路外滩的电车轨道。该线于1908年3月5日正式建成通车，全长6.04km。到1911年，上海共开通8条有轨电车线路，总

---

*本节为选学内容。

里程为 41.1km，电车总计 65 辆。这不仅是上海，也是中国的第一条有轨电车线路，我国的城市轨道交通从此诞生，至今正好百年。

在我国，最早建设有轨电车的城市是上海，而最早建设地铁的城市是北京。

一、我国城市轨道交通百年回眸

自 1908 年上海在我国率先开通第一条有轨电车，至 2008 年 8 月 8 日北京奥运会开幕，北京、上海的城市轨道交通运营里程分别达到了 200km 和 234km，我国的城市轨道交通建设经历了曲折的过程，目前正处在大发展、大建设时期。

1.1908～1949 年——有轨电车时代

从 1908 年至 20 世纪 50 年代，是我国城市轨道交通的有轨电车时代。在这期间，北京、上海、天津、沈阳、大连、鞍山、长春、哈尔滨、武汉等城市，先后建成了多条有轨电车线路。这一期间，我国城市轨道交通不仅数量少，而且技术标准低，质量低，布局也不合理。

2.1949 年至 20 世纪 80 年代末——缓慢发展期

从 1949 年新中国成立到 1978 年的 30 年间，有轨电车渐行渐远，纷纷退出历史舞台，地铁建设处于起步阶段，我国的城市轨道交通处于时断时续的缓慢发展期。

一方面，由于机动性强的汽车大量涌上街头，大部分城市的老式有轨电车线路被相继拆除，至今，我国内地只有长春和大连等少数城市仍保留着有轨电车交通；另一方面，北京在 20 世纪 60 年代开始兴建具有交通和人防双重功能的中国第一条地铁线路，并于 1969 年 1 月投入运营，从而开创了我国地铁建设的先河。但这一阶段地铁建设基本处于起步阶段，形式比较单一，贯彻以战备为主、兼顾交通的指导思想，建设以人防设施为主的地铁。

进入 20 世纪 80 年代，北京建设了第二条地铁线，运营里程达到 54km，天津建设了地铁 1 号线 7.4km，于 1980 年 8 月投入运营，在一定程度上缓解了城市道路交通的拥堵，但尚未形成城市轨道交通网络。

3.20 世纪 80 年代末至今——快速发展期

改革开放以来，我国国民经济保持持续快速增长，城市化进程明显加快，对城市运输的需求日益增加。进入 20 世纪 90 年代，随着改革开放的逐步深入，社会和经济迅速发展，城市居民收入水平不断提高，居民出行次数逐年增加，我国城市交通需求剧增，导致道路交通供给能力严重不足，交通拥堵已成为城市社会经济发展的一个制约因素。

为适应城市发展的需要、缓解城市交通的紧张状况，从 20 世纪 90 年代开始，我国政府加大了对城市交通基础设施的投入，强调轨道交通对解决城市交通问题和引导城市发展的作用，城市轨道交通开始进入能力扩张与质量提高并进的发展阶段。加快建设以大容量轨道交通为骨干的公共交通系统，成为这一阶段城市发展的主要特点。在 20 世纪 90 年代末，轻轨交通也开始得到了发展。

由于地下铁道造价昂贵，很多城市的经济实力还难以承受；而轻轨交通具有“造价低、用得起、见效快”的优点，对于经济实力不很雄厚的大、中城市而言，发展轻轨交通是非常适当的。

我国现有百万以上人口的城市 30 多座，其中非农业人口数约占全国非农业人口总数的 50%。这些百万人口以上的大城市中，不少公共交通线路上的单向小时运量已超过 1 万人次，有的甚至达到近 2 万人次。因此，在百万人口以上的大城市中，发展轻轨交通具有广阔的市场前景。轻轨交通单向高峰小时客运量为 1 万～3 万人次，足以大大缓解我国大、中城市的交通拥挤状况。

改革开放以来的快速发展期，我国城市轨道交通发展大致经历了 3 个阶段：

(1)第一阶段为开始建设阶段,从20世纪80年代末至20世纪90年代中期。

以上海地铁1号线(21km)、北京地铁复八线(13.6km)、北京地铁1号线改造、广州地铁1号线(18.5km)建设为标志,我国真正以交通为目的的地铁项目开始建设,随着上海、广州地铁项目的建设,包括沈阳、天津、南京、重庆、武汉、深圳、成都、青岛等在内的大批城市开始上报建设轨道交通项目,纷纷要求国家进行审批。

(2)第二阶段为调整整顿阶段,从1995年至1998年。

我国的城市轨道交通在20世纪60年代起步后,由于种种原因,中间停顿了很长一段时间,因此我国城市轨道交通的有关技术发展缓慢,离世界先进水平有相当距离,特别在车辆、信号以及自动售检票等专业领域尤其明显。因此,20世纪90年代前期,上海、广州等地开始修建地铁时,技术装备基本依赖进口,产生了造价高(初期估算地铁每公里造价达8亿元,工程实际核算为6.7亿元/km)、建设周期长,维护费用高等负面影响。

另一方面,由于地铁建设发展迅猛,许多地方不考虑经济的承受能力和社会发展的实际需要,城市轨道交通建设带有很大盲目性。针对工程造价高、轨道交通车辆全部引进、大部分设备大量引进等问题,1995年12月国务院办公厅发出60号文件,通知除北京、上海和广州的在建地铁外,所有地铁项目一律暂停审批,并要求做好轨道网络发展规划和高新技术装备的国产化工作。在这一期间的近3年时间内,国家暂停了对城市轨道交通项目的审批。

(3)第三阶段为蓬勃发展阶段,从1999年至今。

1997年年底,国家发展和改革委研究了城市轨道设备国产化实施方案,提出深圳地铁1号、4号线一期工程(19.5km),上海明珠线(即现在的3号线24.5km),广州地铁2号线(23km),南京地铁1号线(17km)一期工程作为国产化的依托工程,于1998年批复上述4个项目立项,轨道交通项目重新开始启动。

在这一阶段,随着国家积极财政政策的实施,国家从资金上给予城市轨道交通建设以有力支持;同时通过技术引进,国际先进制造企业与国内企业合作,实现了城市轨道交通车辆与设备的本土化、国产化,使城市轨道交通工程的造价大为降低。由此,国家先后批准了深圳、上海、广州、重庆、武汉、南京、杭州、成都、哈尔滨、沈阳、西安、苏州、宁波等10多个城市的轨道交通项目开工建设,并投入40亿元国债资金予以支持。我国轨道交通建设从此进入高速发展期。

中共中央在《关于"十一五"规划的建议》中提出:"加快发展铁路、城市轨道交通"。截至2008年年底,我国内地有城市轨道交通运营线路的城市已有北京、天津、上海、广州、大连、长春、武汉、深圳、重庆、南京10座,共计30条线路,总长813.7km。特别是在2008北京奥运会开幕前夕,北京、上海这两个特大城市都开通了8条轨道交通线路,总运营里程分别达到了200km和234km,日最高客流量都在400百万人次左右。

至今,北京、上海、广州等特大城市的轨道交通已从单线建设转向进入网络化建设新阶段,不仅路网规模不断扩大,轨道交通服务质量也明显提高。

除了线路和运营里程大幅增加外,我国的轨道交通也由原先只有地铁一种形式向多样化发展。已建成的轨道交通系统中,不仅有天津、长春的轻轨,还有北京、上海的郊区铁路,重庆的跨座式单轨,广州的直线电机列车,上海的高速磁浮列车,北京首都机场的旅客自动输送系统(PAM)等。

目前,全国十几个城市的在建轨道交通项目达数十项,线路里程、投资规模、建设速度都大大超过以往。以北京市为例,2008年有11条轨道交通线路同时在建,这不仅在北京交通建设史上绝无仅有,在世界城市轨道交通建设史上也极为罕见。

目前在建或将建城市轨道交通的城市，除了直辖市、省会城市、计划单列市之外，还包括若干地级市，如苏州、东莞等城市。这些城市有一个共同特征，就是经济发展水平高，并在区域经济中占有重要地位。

目前全国又有十多个城市上报了城市轨道交通建设规划，可以预测，未来几十年间将在我国掀起城市轨道交通建设的新高潮。国家计划到 2015 年城市轨道交通的总建设里程达 2 500km，投资规模将超过 1 万亿元。

由于国家发展和改革采取有效措施，扶持国内轨道车辆制造企业，并通过引进、消化吸收、再创新，大力开展国产化工作。近十年来，我国城市轨道交通技术装备国产化取得了明显的成效，特别是在车辆领域，出现了如北车集团长春轨道客车股份有限公司、南车集团株洲电力机车有限公司、南车集团四方机车车辆股份有限公司等具有设计、制造、集成能力的轨道车辆生产基地。

二、投入运营的城市轨道交通系统

近几年来，在科学发展观的指引下，我国大城市为了解决道路交通拥堵、环境污染、能源过度消耗等问题，在财力逐渐增强的情况下，开始实施以城市轨道交通为骨干的公交优先战略，几个特大城市已经开始了城市轨道交通的网络化建设。截至 2008 年年底，我国共有北京、上海、广州、天津、重庆、南京、深圳、武汉、长春、大连 10 个城市拥有城市轨道交通运营线路，总长 813.7km。

1.北京地铁

北京地铁是中国最早的地铁系统，其首条线路建成于 1969 年。

1965 年 2 月 4 日，毛泽东主席亲自在北京地下铁道建设方案的报告上作了批示："精心设计，精心施工，在建设过程中一定会有不少错误、失败，随时注意改正。"并确定了北京地铁"适应军事上的需要，兼顾城市交通"的建设方针，成立了以杨勇同志为首的国务院北京地铁领导小组。1965 年 7 月 1 日北京地铁第一期工程开工，经过 4 年的艰苦奋战，全长 23.6km 的地铁一期工程于 1969 年 10 月 1 日建成通车。从此，结束了中国没有地铁的历史。

2 号线为环线，全长 16.1km，于 1971 年 3 月开工，1984 年 9 月建成，并于 1987 年实现了两线的联网运营。"复八线"全长 12.7km 的地铁于 1989 年 7 月动工，1999 年 9 月 28 日通车运营。地铁 13 号线于 1999 年 12 月开工，全长 40.95km，用了 3 年多时间实现了全线贯通试运营。"八通线"18.95km 于 2001 年 12 月开工，用了 2 年时间投入运营。随着一条条新线的落成，地铁运营线路也在迅速延伸，从 1987 年的 40km、1999 年的 54km，迅速上升为 2003 年的 114km。

截至 2008 年 8 月 8 日北京奥运会开幕，北京市轨道交通线路总长度达 200km，共有 8 条线路（1 号线、2 号线、13 号线、八通线、5 号线、10 号线、奥运支线、机场快速线），123 个运营车站，乘客可以在 16 个换乘点实现不同线路间的换乘。2008 年 5 月，北京轨道交通日客流量达 340 万人次，2008 年 8 月奥运会期间，日均客运量达 400 万人次。8 月 22 日，地铁迎来了北京奥运会开赛以来的客流最高日。地铁全路网当天客运量达到 492.2 万人次，达到历史最高值。图 1-15 为 2008 年 3 条新线开通后地铁运营网络图。

按照规划，2015 年北京轨道交通运营线路将达到 19 条，561km，形成"三环、四横、五纵、七放射"线网格局，主要服务于市中心区的线路里程为 406km，三环路以内平均步行 1km 即可到达地铁站。届时北京轨道交通运营线路日客运量将提高到 880 万人次左右，轨道交通占公共交通出行量比例也将提高到近 50%。图 1-16 为 2015 年北京城市轨道交通规划图。到 2020 年，北京地铁线路总长度将达到 850km。

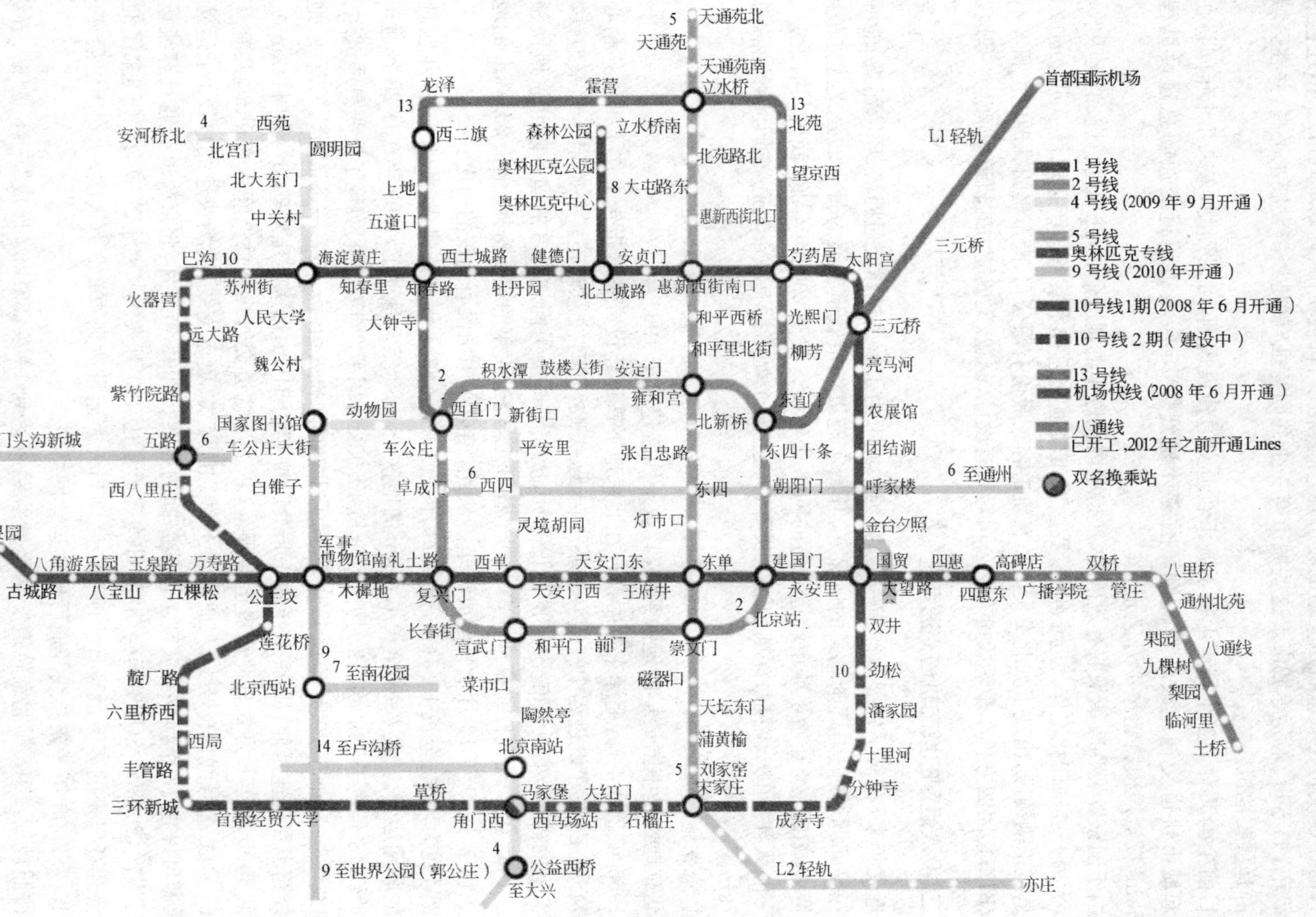

图 1-15 2008 年北京城市轨道交通运营网络图

2. 上海地铁

上海的城市轨道交通规划始于 1956 年，到 1958 年完成了以人民广场为枢纽，由 3 条直径线加 1 条环线构成的地下铁道规划方案。1964 年、1965 年、1973 年对地下铁道路网进行了局部调整。1986 年结合居民出行调查，编制了由 4 条直径线、1 条半径线、1 条环线、1 条半环线、1 条浦东线共 8 条线路组成的地铁网络。1996 年，基于第二次居民出行调查，结合城市在发展中出现的问题与需要，提出了加密线网、增加运量、延伸到市郊、地铁与轻轨相结合的规划方案，由 10 条地铁、11 条轻轨组成上海轨道网络。1999 年起，又进行了上海城市轨道交通系统规划方案的征集，初步确定了新一轮轨道交通系统规划。

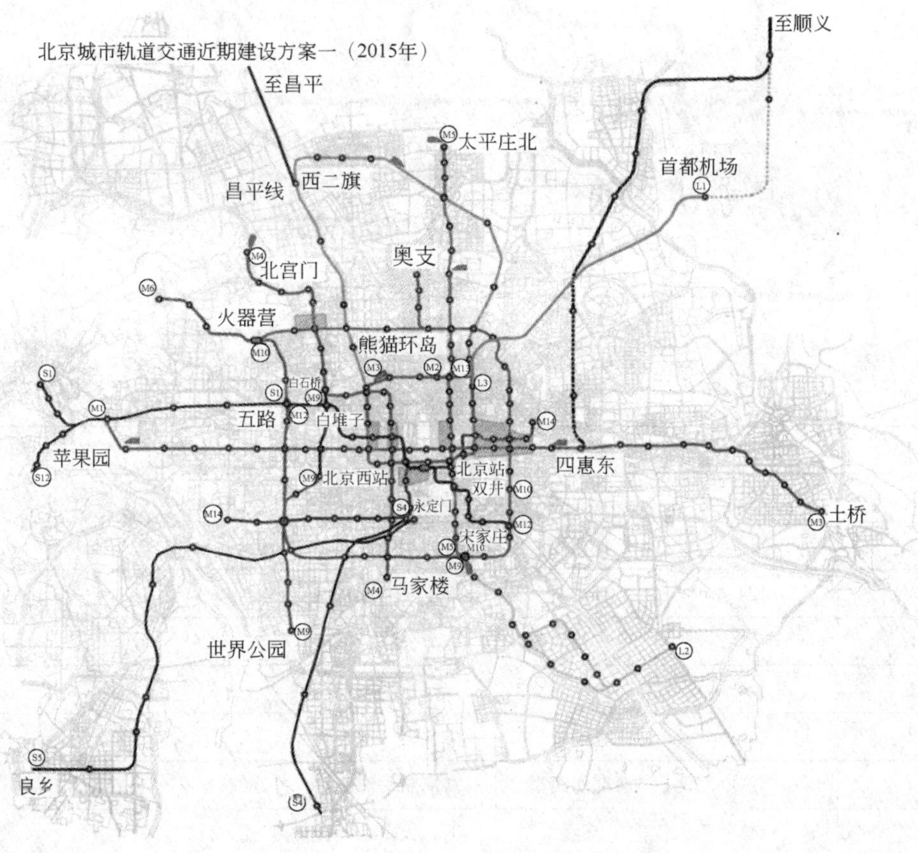

图 1-16　2015 年北京城市轨道交通线网规划图

2008 年，上海城市轨道交通运营线路共 8 条，运营线路总长 234km，共 186 座车站，形成了网络运营格局，日均客运量达到 300 万人次，占全市公共交通客运总量的 23%左右，日益发展成为公共交通的骨干。图 1-17 为 2008 年上海轨道交通运营网络图。

按照上海轨道交通建设规划，到 2010 年上海“世博会”举办之际，轨道交通运营里程将达到 400km，客流占公共交通客运总量的 40%左右。2012 年，将计划建成由 13 条线组成、运营里程超过 500km 的轨道交通基本网络。图 1-18 为 2012 年上海轨道交通规划图。

上海市轨道交通线网远期规划共包含 17 条线路，全长 780km，其中市域线 4 条(总长为 428km)，市区级地铁线 8 条(总长为 264km)，市区级轻轨线 5 条(总长为 118 m)。如表 1-3所示。

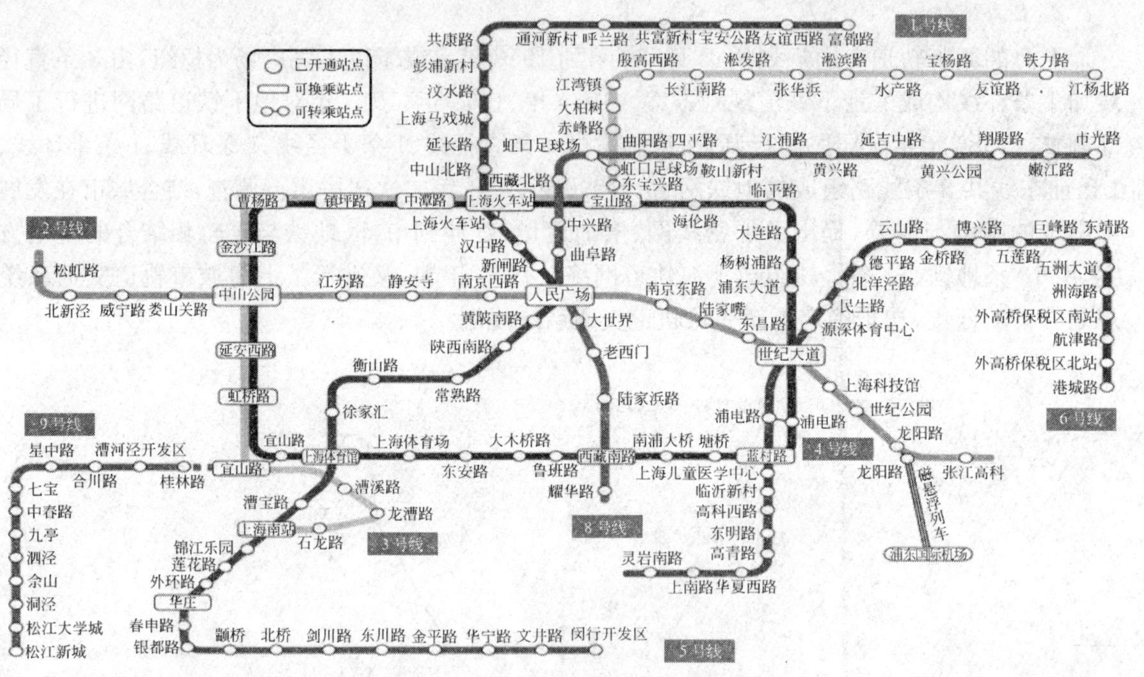

图 1-17　2008 年上海轨道交通运营网络图

上海城市轨道交通线网远期规划　　表 1-3

线　路	长度(km)	线 路 类 型	线 路 走 向	车　站　数
R1	101	直径线	宝山—金山新城	37
R2	110	直径线	青浦新城—浦东国际机场	36
R3	124	直径线	嘉定—海港新城	32
R4	87	直径线	陈海公路—枫泾	30
M1	39	直径线	虹桥机场—外高桥	32
M2	33	直径线	漕宝路—巨峰路	23
M3	39	西部切线型	富锦路—沪闵路—外环线	28
M4	22	环线	上海火车站—虹桥路	18
M5	31	直径线	环西一大道—华夏路	25
M6	31	直径线	环西二大道—金桥出口加工区	26
M7	34	直径线	环西二大道—浦东火车站	26
M8	35	直径线	江湾新城—上南路—三林	29
L1	22	西环线	上海西站—环西二大道	19
L2	14	北环线	陈太路—虹口公园	15
L3	19	北环线	上海西站—申江路	16
L4	33	东环线	外高桥保税区—环南一大道	31
L5	30	东部切线	长江西路—华夏中路	26

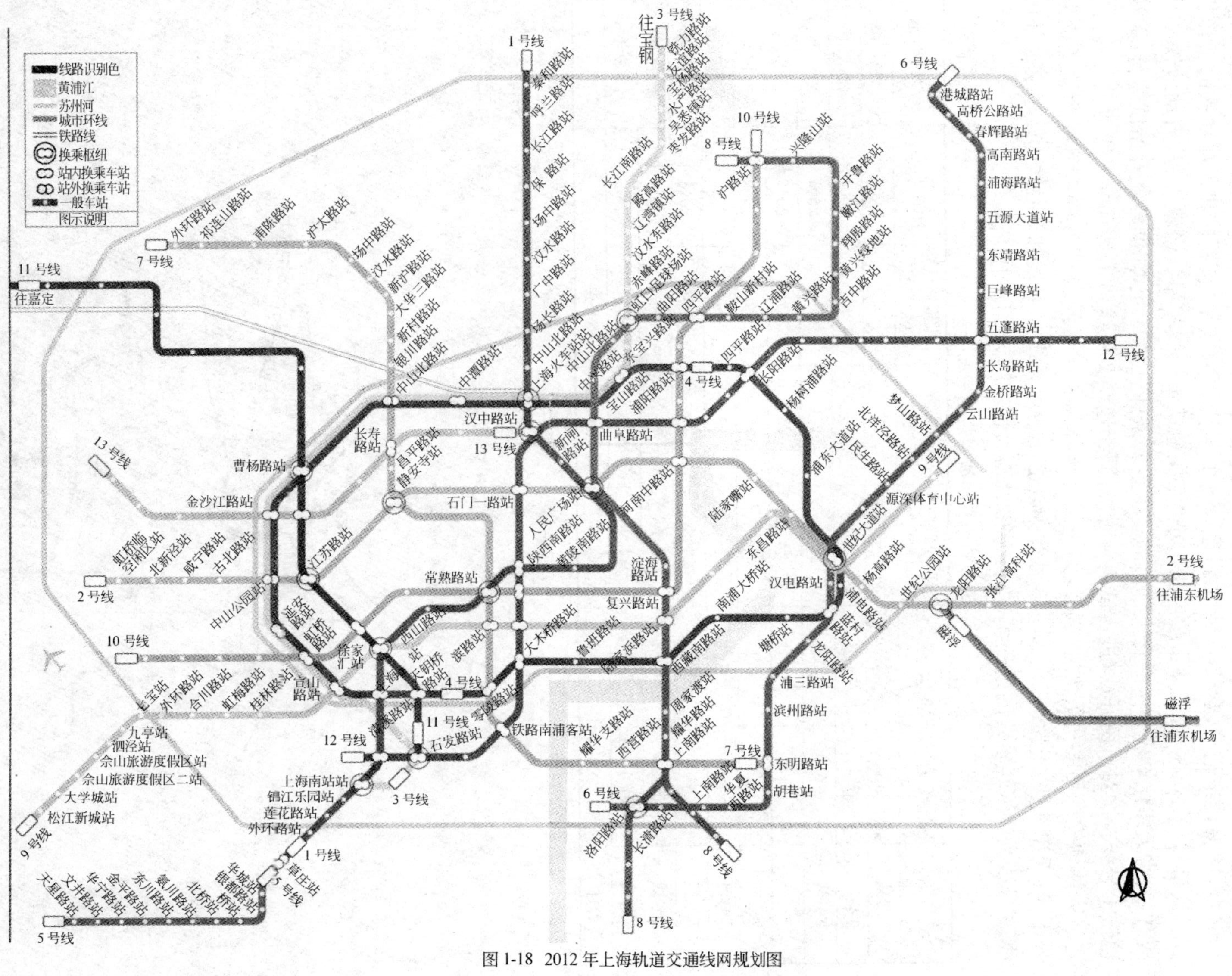

图 1-18 2012 年上海轨道交通线网规划图

3. 天津地铁

天津是继北京之后中国大城市中建成地铁的第二个城市。天津地铁始建于1970年6月，1984年12月建成通车，全长7.4km，沿途设8个车站。2002年，重新修建天津地铁的工作提到了议事日程；2003年，天津市政府指出把“完成地铁1号线和津滨轻轨工程，启动地铁2号线”作为将天津建设成为国际化大都市的一个重要条件。2004年，津滨轻轨开始试运行；天津地铁1号线首次对市民开放，进入试运营阶段；同年地铁2号线、3号线和9号线建设启动。

天津地铁规划由9条轨道交通线路组成。天津地铁1号线、2号线和3号线为轨道交通骨干线；天津地铁4号线、5号线和6号线为轨道交通填充线；7号线和8号线为轨道交通外围线；9号线为津滨轻轨线的延长线，总长为227km，如表1-4和图1-19所示。

天津轨道交通线网规划情况

表1-4

项　　目	线路起点	线路终点	线路全长(km)	车站数量(座)	投资估算(亿元)	计划开工日	计划竣工日
1号线	刘园	双林	26.2	22	78.7	2002年	2005年
2号线	曹庄	李明庄	22.7	19	99.8	2004年	2007年
3号线	华苑	小淀	28.4	23	109.9	2004年	2007年
4号线	引河北	张贵庄	30.5	23	120	2017年	2020年
5号线	大寺	北仓	35.5	25	120	2009年	2012年
6号线	李七庄	大毕庄	28.6	23	110	2009年	2012年
7号线	大毕庄	于台	24.2	20	85	2013年	2016年
8号线	小淀	大稍直口	23.7	13	85	2013年	2016年
9号线	张贵庄	中心广场	14.9	12	31.7	2003年	2006年
合计			234.7	180	840.1		

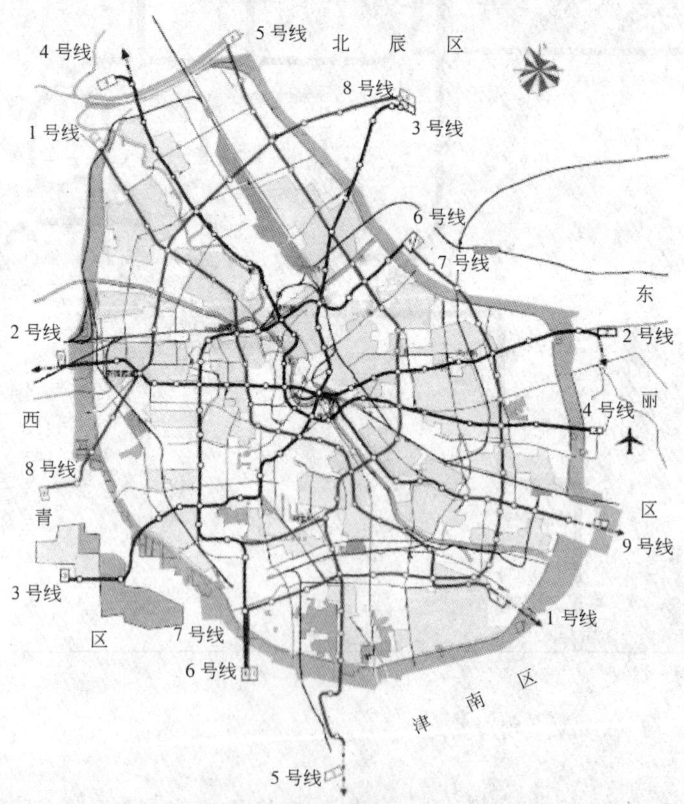

图1-19　天津市快速轨道交通线网规划图

4. 香港地铁

中国香港特区的地铁是世界上运营效率最高、盈利情况最好的地铁系统。香港地铁自1979年底起逐段投入运营，12年后(2000年)开始转亏为盈，是目前世界上为数不多的盈利企业之一。

香港地铁系统由7条线路组成，首条线路建成于1979年。线路总长度约91km，53座车站，日客运量250万人次，是世界上最繁忙的地铁系统之一。图1-20为香港地铁网络示意图。

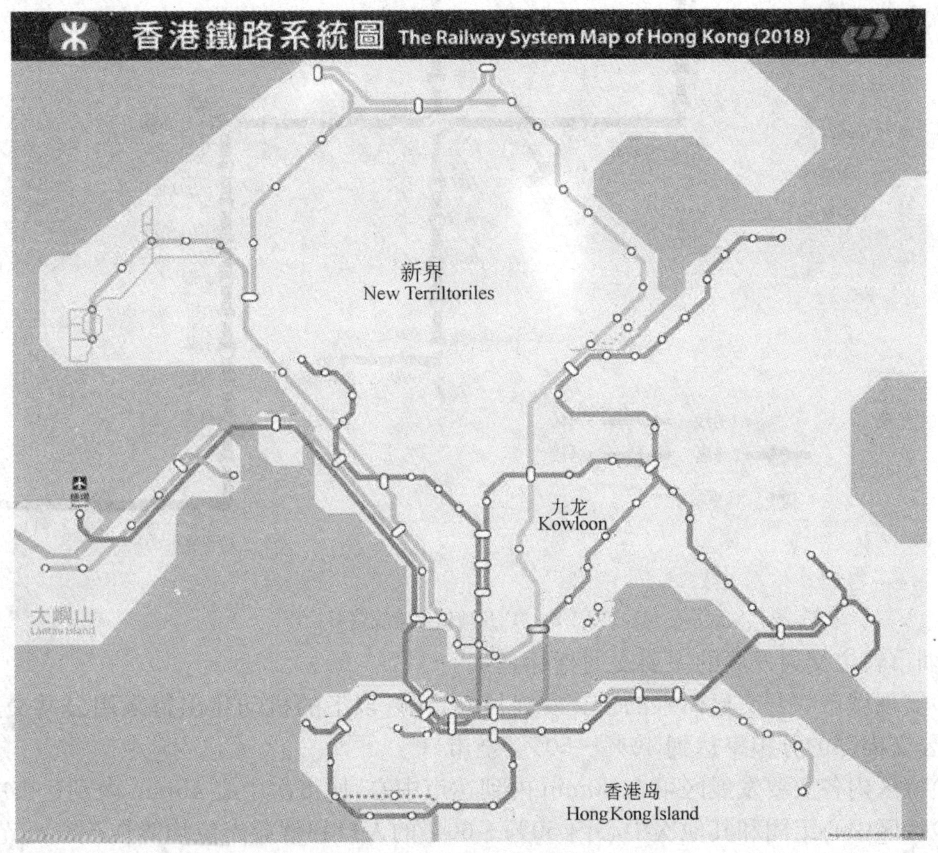

图1-20 香港地铁网络示意图

5. 广州地铁

广州地铁1号线1997年6月1日西朗至黄沙段投入试运营，1999年6月28日全线开通运营。目前，广州地铁已建成开通4条线路，总里程116km，运营日均客运量超过100万人次，如图1-21所示。

国务院于2005年以"珠江三角洲地区城际轨道交通网规划(2005—2020年)的通知"批复了包括广佛线在内的轨道交通线网规划。广佛线城际轨道交通线路由广州沥滘站至佛山魁奇路站，全长37km，试验段已开工建设。如图1-22所示，在建线路包括广州市轨道交通4号线、5号线、6号线、2—8号线延长线、3号线北延段，珠江新城旅客自动输送系统，珠江三角洲城际快速轨道交通广佛线等。

6. 深圳地铁

深圳地铁于2004年12月28日开通试运营。

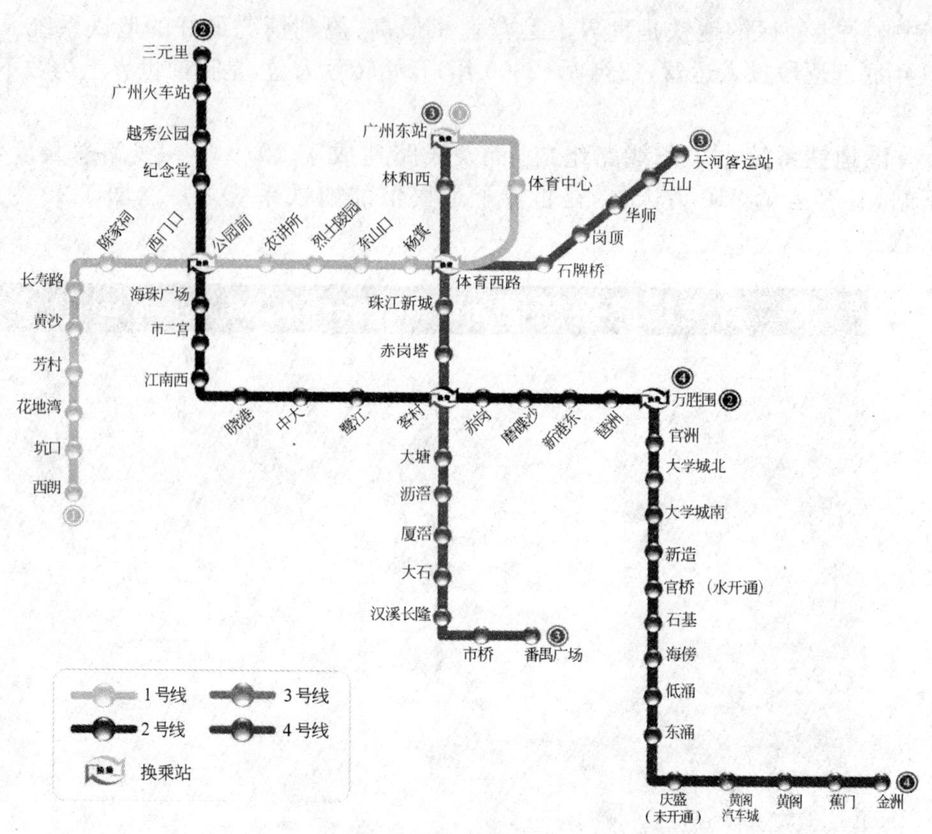

图 1-21 广州地铁运营线路图

深圳市轨道交通发展的主要交通指标是：

(1)实现城市综合交通体系的公交发展目标，50%以上的机动化出行采用公共交通，轨道交通在公交内部的分担率达到40%～50%(全市)；

(2)特区内各主要发展区可在30min内到达市中心，城市次中心45min内到达市中心；

(3)特区中心组团和其他次中心内50%～60%的人口和就业岗位均能在500 m范围内到达轨道交通站点。

图 1-23 为深圳城市轨道交通规划方案。该线网分为区域线(连接城市各区域)、市区线(连接市区副中心、开发区)、郊区线(连接市区与郊区)、支线等，共13条。全网络地下轨道总长为80～100km，地面和高架轨道总长250～300km。

7. 大连轻轨

大连市已有100年轨道交通建设运营的历史。1908年9月25日大连市第一条有轨电车竣工运营，至1950年市内有轨电车线路达11条、总长65.9km，日平均客运量38.17万人次。当时的有轨电车在城市客运交通中占据了主导地位。随着现代科技的发展，20世纪70年代后，公共汽车逐渐取代老式有轨电车。2001年初，大连市仍保留着3条有轨电车线路；2001年开始将其中一条改造为轻轨3号线；201路和202路两条低地板有轨电车线路至今仍在运营，总计22.3km。地铁、轻轨属于城市快速轨道交通，而有轨电车属于一般城市轨道交通。大连市这两种类型都有了。

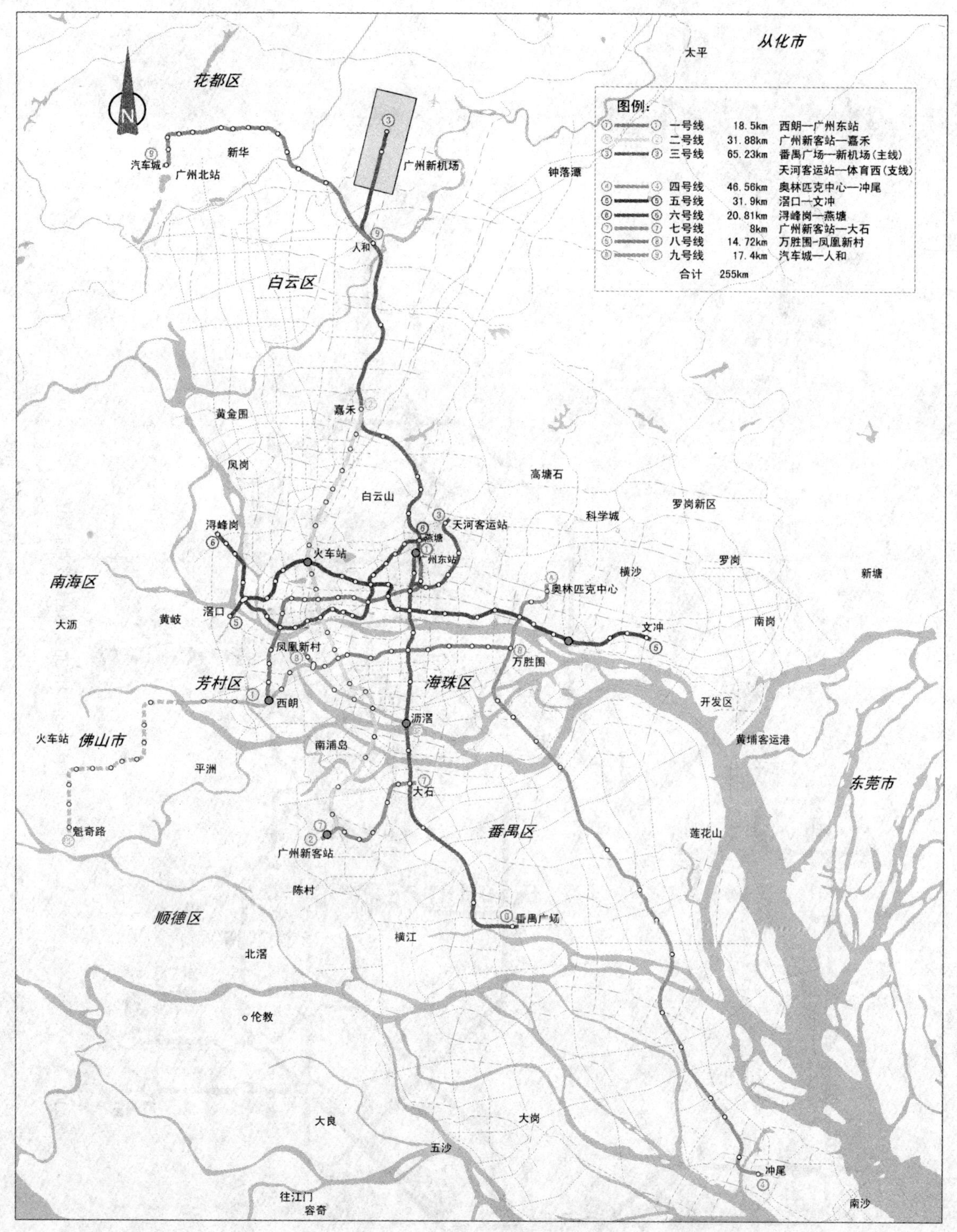

图 1-22　广州轨道交通规划线网图

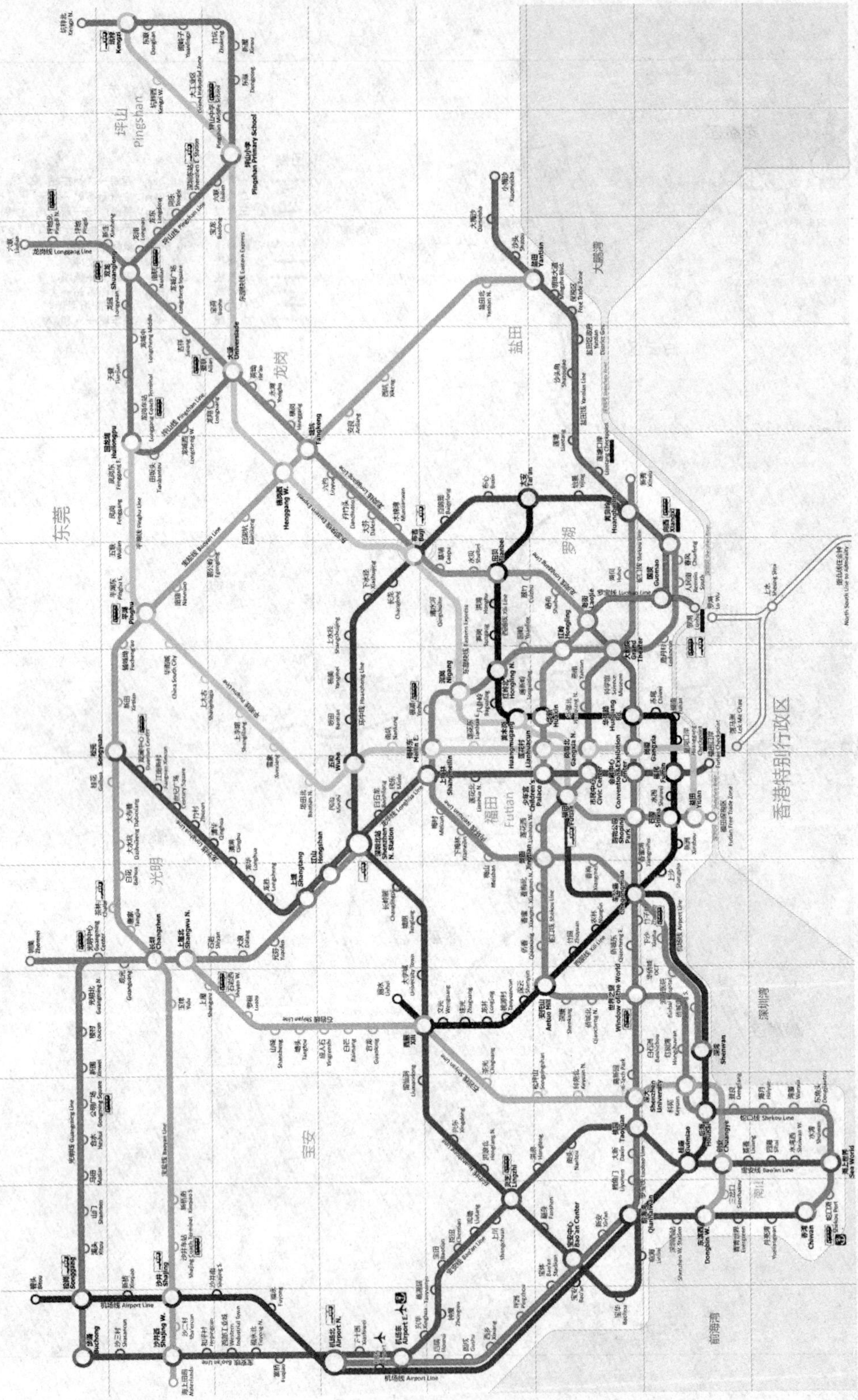

图1-23 深圳轨道交通网络规划示意图

大连轻轨 3 号线全长 49.15km，如图 1-24、图 1-25 所示。全线共设 11 座车站，采用国际最先进的快轨车型。该线东起大连最繁华的商业区火车站，西至国家级旅游景点金石滩，由于该线主要在郊区运行，所以站间距较大；沿线贯穿中山区、西岗区、沙河口区、甘井子区，开发区。该线日均客流量有 5 万人次，旅游季节达 8 万人次。大连轻轨 3 号线的建成，不仅缩短了市区与经济技术开发区的距离，促进了大连经济走廊的开发建设，同时优雅舒适的乘车环境、快捷高效的运行速度也使人们从交通拥堵的困扰中解放出来，使出行成为一种享受。

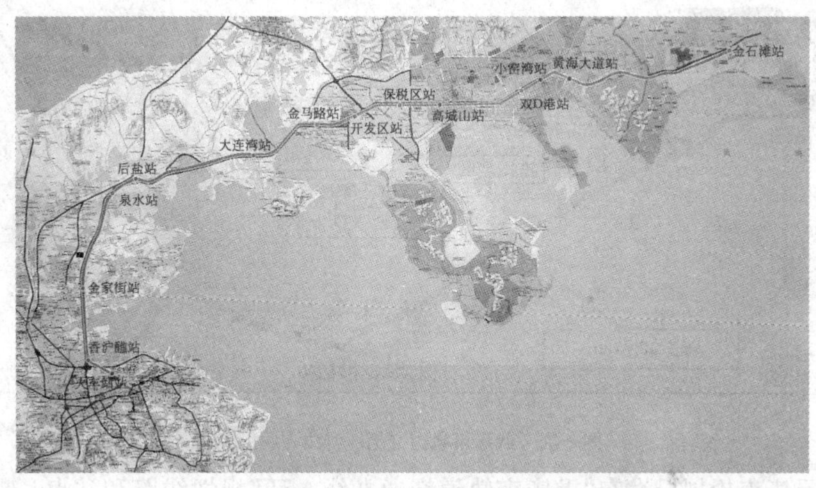

图 1-24　大连轻轨 3 号线线路示意图

大连轻轨车辆宽 2.8m，高 3.7m，长 19m，轴重 14t，每辆车有 4 节车厢，设计最高时速 100km，旅行时速不低于 60km/h，为国内先进车型。

8. 武汉轻轨

武汉市轨道交通 1 号线是武汉市轨道交通线网规划中第一条全高架的快速轨道线路。1 号线位于汉口地区，东西方向横穿汉口，西起吴家山，东至堤角。全长 28.27km，设 26 座车站，如图 1-26 所示。

武汉市城市轨道交通建设规划已经通过中国国际工程咨询公司评审。规划近期（2010 年）建成轨道交通 1 号线、2 号线一期和 4 号线一期 3 条线路，形成约 70km 的工字形线网骨架，如图 1-27 所示。

图 1-25　大连轻轨 3 号线金家街站

9. 重庆跨座式单轨

重庆市轨道交通 2 号线（较新线）于 2006 年 7 月 1 日开通试运营，它是我国第一条跨座式单轨线路，具有一定的示范性。该线东起重庆市区商业中心较场口，西至大渡口区的新山村，线路全长 19.15km，共设 18 座车站。工程分两期建设：一期工程长 14.35km，设车站 14 座，此段中有 2.48km 为地下线路。一期工程自 2000 年 12 月动工兴建，2004 年 12 月建成并投入试运行，见图 1-28。这条新型轨道交通的建成，不仅是我国城市轨道交通建设中的又一新的光辉成就，而且也开创了我国城市轨道交通建设制式选择的新领域。

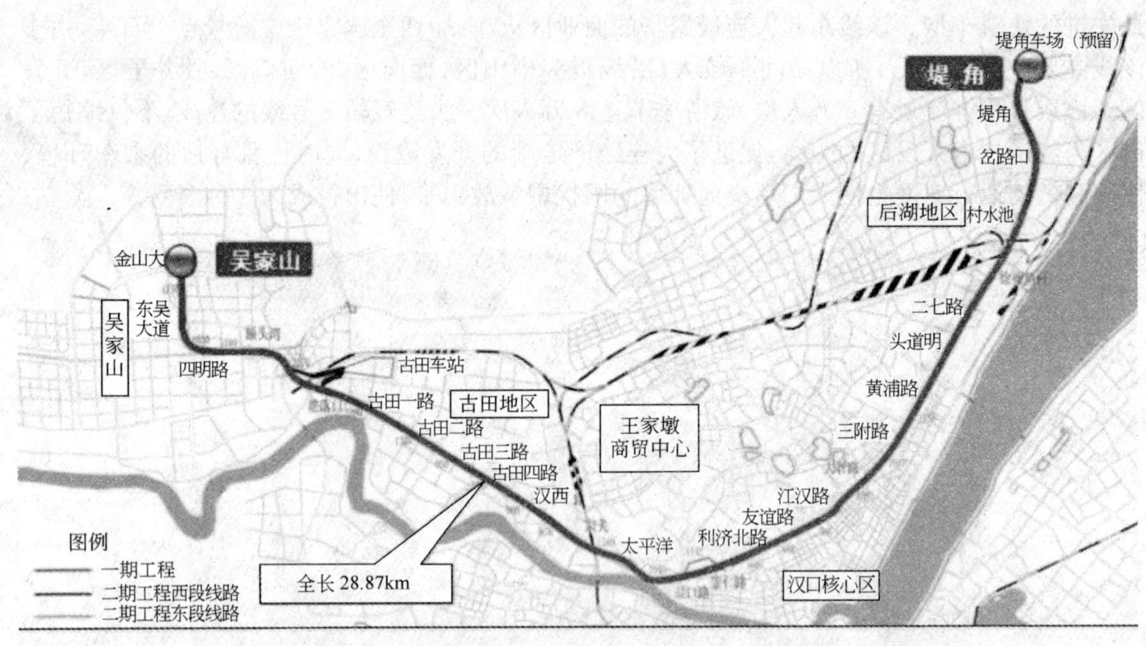

图 1-26　武汉市轨道交通一号线走向图

2007 年，重庆市规划局发布“重庆市轨道交通九线一环”规划线路和站点。根据《重庆市主城区轨道交通线网控制性详细规划》，远景线网“九线一环”共 10 条轨道交通线路总长 513km，共设 270 座车站。

10. 南京地铁

2005 年 9 月，全长为 21.72km 的南京地铁 1 号线正式投入运营。总投资为 85 亿元的南京地铁 1 号线工程，南起河西新区奥体中心，经小行、中华门、新街口、珠江路、鼓楼、玄武门、南京火车站，止于迈皋桥站，沿线设有地下车站 11 座，地面及高架车站 5 座，全线贯穿主城区的中心腹地，把南京中心区商业、金融、文化、综合服务等繁华区域及对外交通枢纽等客流集散点连接起来。

与国内其他已经开通地铁的城市相比，南京地铁 1 号线（地下线占 70%，高架线占 30%）具有国产化率高、科技含量高以及造价低、票价低、用工人数低等“两高三低”的特点。据了解，1 号线每公里造价为 3.9 亿元人民币，投入运营后确定起步票价 2 元，每公里使用员工定编 45 人，均为全国最低；而国产化率则超过 70%。

据南京市的城市规划，到 2050 年，南京市的轨道交通线网将由 10 条地铁线、4 条轻轨线构成共计 433km 的网络。其中，地铁 1 号线是贯穿主城南北中轴线最重要的客流走廊，沿途经迈皋桥、南京火车站、玄武门、鼓楼，穿越新街口中央商务区，向南途经三山街、中华门等车站，再向西接河西新城城市副中心至奥体中心。2 号线是贯穿主城东西中轴线的客流走廊，东连仙林大学城，西通河西新城区，中间穿过新街口中央商务区，途经孝陵卫、中山门、明故宫、新街口、汉中门、莫愁路、纬九路等车站。3 号线是又一条南北客流主干线，贯穿大江南北、连接主城江北新市区和东山新市区，连接禄口机场、铁路南站、铁路南京站及江北火车站等最重要的对外交通枢纽。4 号线是另一条东西客流主干道，贯穿主城、仙林新市区和江北新市区。5 号线是贯穿主城东南和西北的加密线，分流 1 号线和市中心区的客流量。6 号线为主城内的

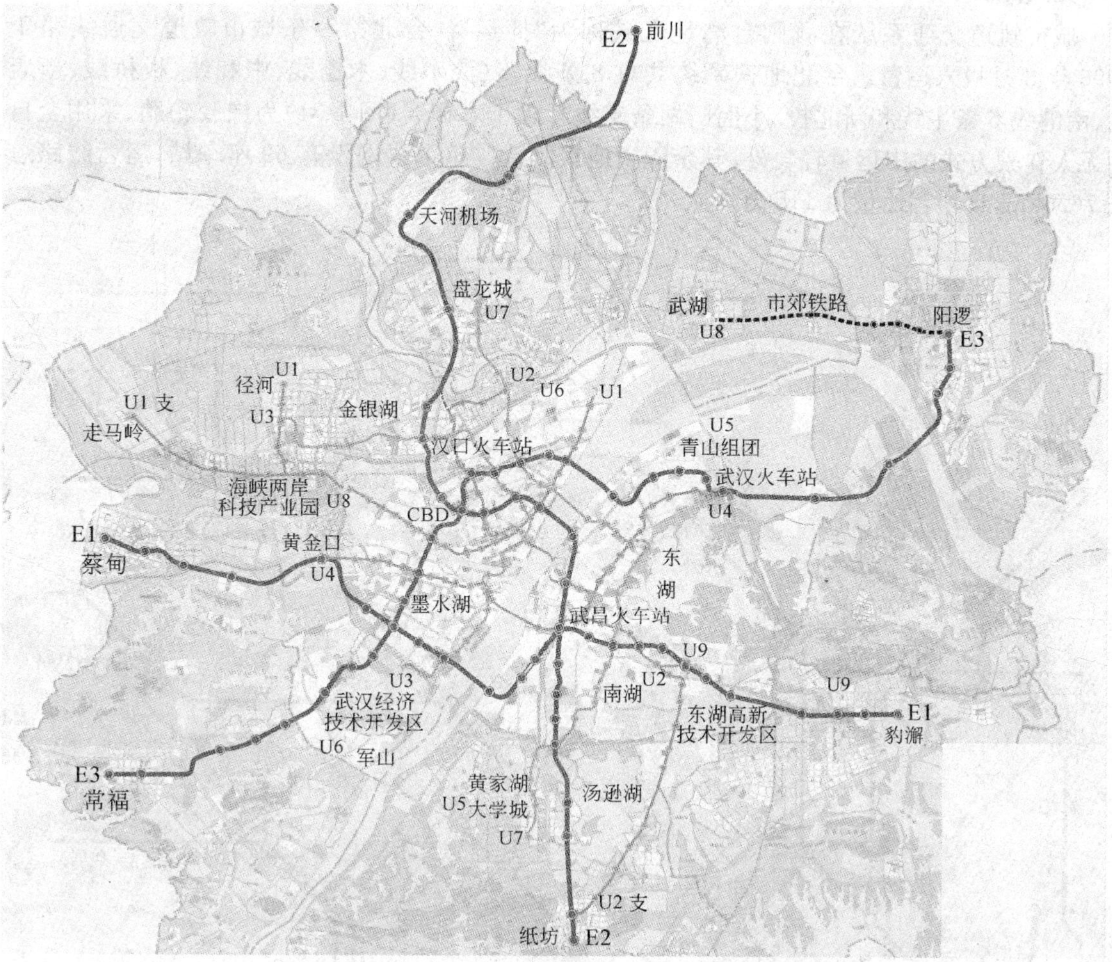

图 1-27　武汉市城市快速轨道交通网络规划图

环线，平衡主城内轨道线网客流，并带动沿线一些主要地区再开发。7 号线是主城西部南北向的预留线，分流南北向主干线的客流量。线网建成后，南京市中心区线网密度将达到1.2km/km²；主城的线网密度达到 0.63km/km²；都市发展区线密度达到 1.13km/km²，如图 1-29 所示。

图 1-28　重庆跨座式单轨

11. 长春轻轨

长春轻轨 1 号线于 2000 年 5 月开工建设，2002 年 10 月底投入试运营，全长 10.17km。每天的平均客运量达 1.5 万人次。

在远期规划中，长春快速轨道交通网络还将新建 5 条主要线路，总长度将达 180km。这 5 条线路是：人民大街南北向的地铁 1 号线，解放大路东西向的地铁 2 号线，汽车厂西南东北向的地铁 3 号线，轻轨 3 号线，以及临河街南端经长春站至长春市西部的轻轨 4 号线。图 1-30 所示为长春市中心城区远期轨道交通线网规划图。

12. 台北地铁

城市轨道交通系统在我国台湾地区被称为“捷运”。台北第一条城市轨道交通线路于1996年3月投入运营。台北地铁系统共有8条线路(淡水线、木栅线、中和线、板桥线、新店线、南港线6条主线和新北投、小南门两条支线),除了木栅线(图1-31)为橡胶轮胎、采用全自动无人驾驶方式的中运量轻轨外,其余皆属地铁制式。整个线网设有69座车站,运营线路总长76.6km,日均客运量为115万人次。

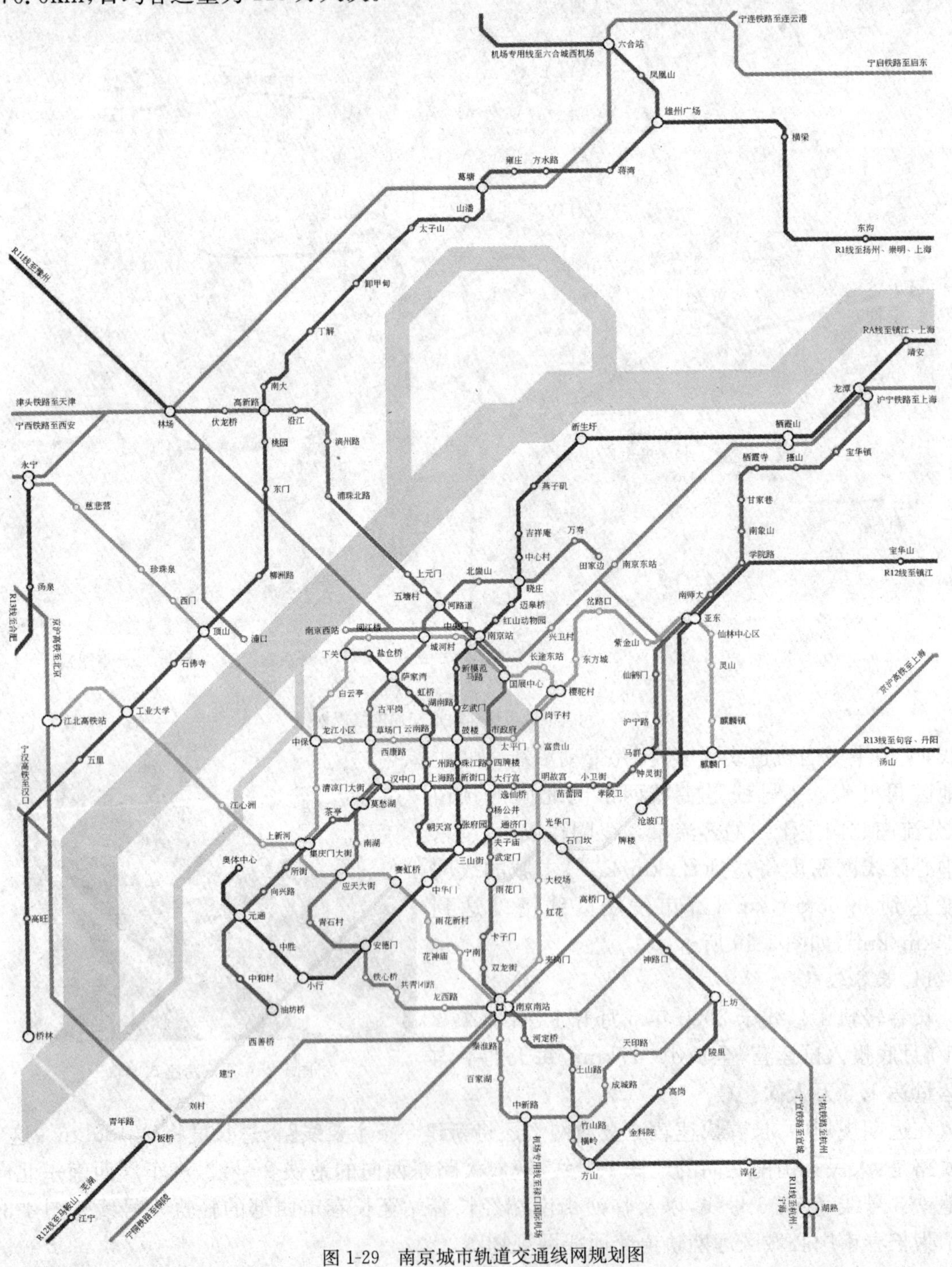

图1-29 南京城市轨道交通线网规划图

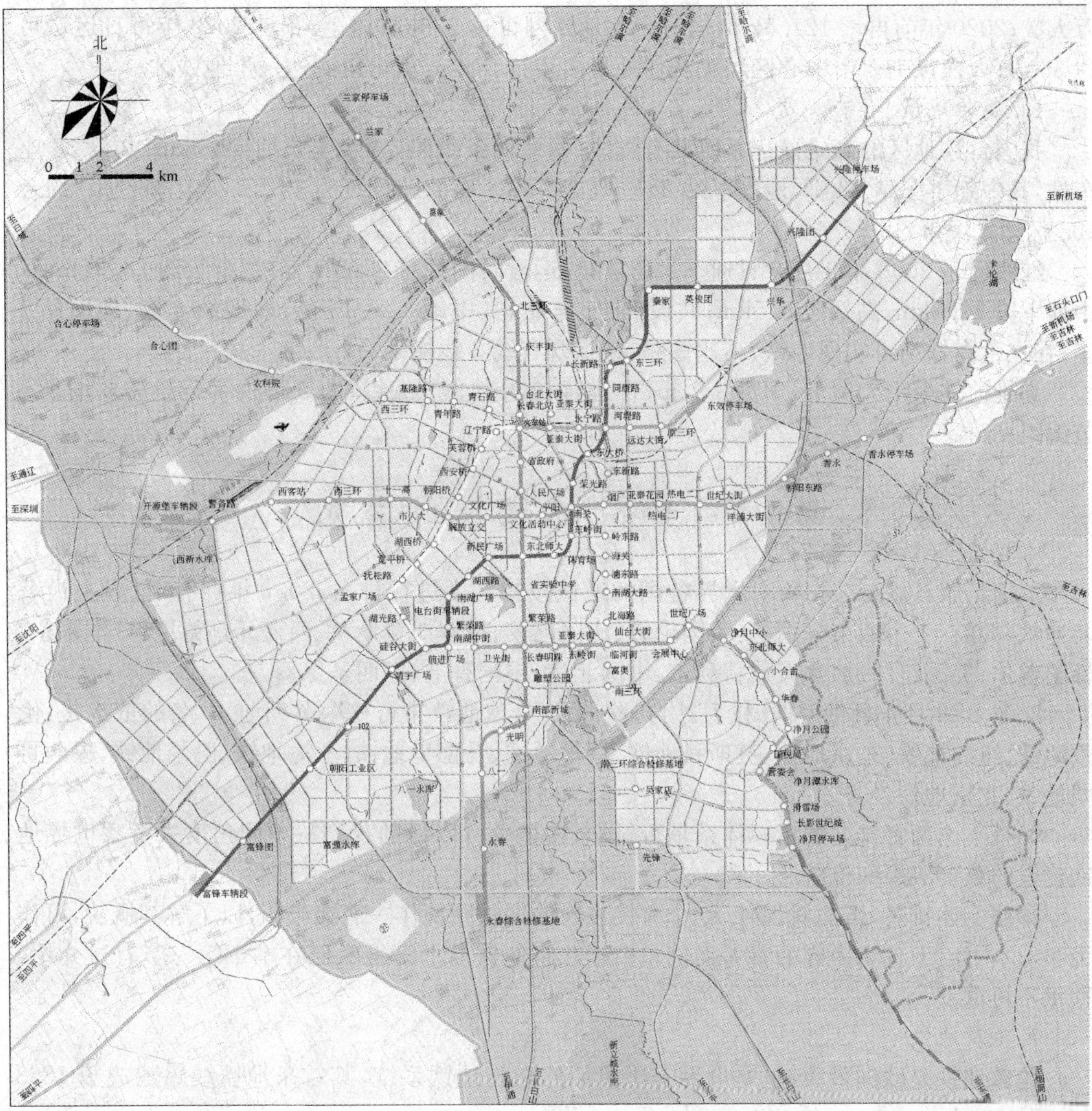

图 1-30　长春市中心城区远期轨道交通线网规划区

其中有条淡水线值得一提。它是一条郊区线，线路出了市中心区后即跃上高架，到了郊区又改为地面线，沿着淡水河铺设，直至终点淡水。这样的项目设计既节约了投资，又不会影响地面交通，十分可取。

为提供舒适安全的搭乘环境，台北地铁车站内全区禁烟，在禁食区内还禁止饮食及嚼食口香糖。

图 1-31　台北市木栅线

根据台北市线网规划，2014 年地铁线网将从目前的 76.6km 倍增为 156.3km，每日运量也增加 1 倍，将从现今的 115 万人次增加为 230 万人次；2020 年前再增 121.5km，届时台北地铁网可达 270km 以上，预计 2020 年每日运量可达 360 万人次以上。市中心区居民从住处最多步行 500 m 就可以到达一个地铁站。

13. 高雄地铁

我国台湾地区的高雄捷运系统共有红线、橘线两条线路，两线全长约 42.7km，共设 38 座车站，其中地下车站 28 座，地面车站 2 座，高架车站 8 座。总投资为 1 813.79 亿新台币（约合 453 亿元人民币）。

红线已于 2008 年 3 月 9 日通车运营，单程运营时间约需 25min。红线全长约 28.3km，其中地下段 19.8km，高架段 8.5km；共设 24 座车站，其中地下站 15 座、高架站 8 座、地面站 1 座；在左营高铁站可实现地铁、高速铁路、铁路既有线 3 线换乘。

高雄地铁采用大型车，车宽 3.1 m；在运营初期为 3 节编组，未来可视客运量需要增至 6 节编组。

第四节　世界十大城市地铁概览*

英国新假日旅游公司曾对世界各国的地铁按知名度进行排名，2007 年拥有“世界上最著名地铁”的前 11 个城市分别是：英国伦敦、法国巴黎、俄罗斯莫斯科、西班牙马德里、日本东京、韩国首尔、美国纽约、加拿大蒙特利尔、中国北京、中国香港、巴西圣保罗。

2008 年 8 月 4 日俄罗斯《权力》周刊发布了“全球地铁排行榜”，名列前 10 名的依次是：伦敦地铁、纽约地铁、东京地铁、莫斯科地铁、首尔地铁、马德里地铁、上海地铁、巴黎地铁、墨西哥城地铁、北京地铁。

姑且不论两者排名的指标体系是否科学，它至少可以帮助我们从不同角度去考察世界地铁建设的重要成果和概貌。

参照上述排名，下面对国外 10 个有代表性的地铁系统作一简要介绍，以了解其概貌，可作为学习本书以下各章内容的参考案例。由于北京地铁与上海地铁已在本章第三节有过介绍，这里不再重复。

1. 伦敦地铁

伦敦地铁是欧洲最大、也是世界上历史最悠久的地铁系统，其首条地铁线路建成于 1863 年 1 月 10 日。

1863 年，世界第一条地铁线——伦敦“大都市铁路”（Metropolitan Railway）建成通车，成为当时轰动世界的大新闻。伦敦地铁初期用蒸汽机车牵引，从 1890 年开始，蒸汽机车逐渐被电力机车取代。

在 2008 年北京奥运会的闭幕式上，伦敦作为下届奥运会的举办城市，将一辆双层巴士公交车开进“鸟巢”，作为一大亮点介绍给世界，耐人寻味。伦敦确实是世界上实施“公交优先”最成功的城市之一，有 8 成市民出行乘坐公共交通工具。

伦敦有 12 条地铁线路，总长 408km，设有 275 个车站，其中 3 线及 3 线以上换乘枢纽共 17 个。2007 年总客运量达 10.14 亿人次，日均 277.8 万人次。

表 1-5为每条运营线路的基本情况。由于有共线运营区段和公用车站，因此运营总量超

---

*本节为选学内容。

过了土建工程总量。

伦敦地铁各运营线路里程和车站数 表 1-5

线　　路	运营公司	长度(km)	车站数
Bakerloo line	BCV	23.2	25
Central line	BCV	74	49
Circle line	SSL	22.5	27
District line	SSL	64	60
East London line	SSL	8	9
Hammersmith and City line	SSL	14.5	19
Jubilee line	JNP	36.2	27
Metropolitan line	SSL	66.7	34
Northern line	JNP	58	50
Piccadilly line	JNP	71	52
Victoria line	BCV	21	16
Waterloo & City line	BCV	2.37	0
总计		461.47	368

在地铁线路布局上，伦敦地铁各条线路间的长短差距很大，如最长线路 Central line 长达 74km，而最短线路 Waterloo & City line 只有 2.37km。伦敦的地铁线路有不少断头线，这主要是由伦敦郊区有很多卫星城镇、其向心交通量很大所决定的。另有一些地铁线路拥有很多支线，如 District line 西端有 5 个支线段，支线上采用 C 型车，与主线使用的车型不同，行车安排比较复杂。

伦敦地铁乘客的平均乘距为 7.7km，可见地铁的服务范围主要在市区范围内。

伦敦地铁行驶的全是电动车组，每列 6～8 节编组，非高峰时段 4 节编组。市中心高峰时段的行车间隔为 90～120s，每站停车 20～25s。

同一个公司下的 District line 支线、Circle line 和 Hammersmith and City line，都使用 C 型车，便于实现资源共享。这 3 条线路共享车辆和车辆段，能充分利用既有的车辆资源和维修资源，统一进行调配。

伦敦地铁的管理体制属于公私合作型。伦敦地下铁道公司(London Underground)成立于 1985 年，负责所有地铁线路的运营。和世界上大多数运营公司一样，伦敦地下铁道公司没有足够的收入来维持整个网络的运营和维护。1998 年，伦敦市政府提出要实施公私合作(Public Private Partnership，简称 PPP)战略，以确保地铁运营的可持续发展。2003 年，伦敦地下铁道公司运营机构重组完成。

在 PPP 的框架下，伦敦地下铁道公司只负责在管理层面上，负责长期规划和整体网络协调，保持地铁运营的社会公益性。而与运营有关的核心部分，如轨道、信号、桥梁、隧道、电扶梯、车站、列车等设施及运营职责全部下放给下属的 3 个私营企业：BCV、JNP 和 SSL。这 3 个公司负责提供车站、列车服务，以满足乘客需求。在这 3 个公司下，还有 10 个线路经理，专门负责运营所管辖线路，改造和更新线路基础设施，直接负责列车、车站的管理。

伦敦的城市轨道交通系统除地铁外还包括轻轨和市郊铁路。伦敦都市圈整个轨道交通系统的日均客运量约有 672 万乘次。

伦敦的轻轨——在伦敦市区东部有 3 条轻轨线(由道克兰兹铁路公司运营),总长 26km,共设 33 座车站。高峰期运行间隔为 2min,平均日客运量为 8.0 万人次/日。

伦敦的市郊铁路——目前伦敦铁路枢纽的铁路线有 20 条,其中大部分为复线和多线,主要铁路干线有 10 条。大部分线路目前已实现电气化,线路网十分稠密,呈放射状,且均以客运为主。在大伦敦 13 665km^2 范围内,市郊铁路营业里程超过了 1 000km,铁路密度为 0.62km/km^2,铁路车站 550 余座,日均 411 万人次(包括城市间客运量)。实际上,伦敦市郊铁路的辐射范围覆盖了英国东南地区 2.7 万 km^2 的范围,相应的市郊铁路长度近 3 500km。请读者特别注意:在一个发达的、成功的城市轨道交通网络中,市郊铁路的地位举足轻重。这一点,本书将在第二章中加以论述。

2. 纽约地铁

纽约的城市轨道交通包括地铁和市郊铁路两种制式。

纽约地铁是全世界唯一全天 24h 运营的地铁系统,其首条线路建成于 1904 年。纽约地铁线路总长 371km,其中 219km 位于地下。纽约地铁共有 27 条线、468 个车站(其中 60%为地下车站);2007 年总客运量达 15.6 亿人次,日均 427.4 万人次;工作日的日均客流量为 450 万人。

纽约地铁分成 3 大系统:一是纽约 5 个行政区之间的区间快速线路 IRT(Interborough Rapid transit),二是独立经营的地铁 IND(Independent subway),三是布鲁克林、曼哈顿系统 BMT(Brooklyn ManhattanTransit)。

纽约中央车站是世界上规模最大、最繁忙的铁路、地铁换乘枢纽站,每天大约有 500 多个班次列车到发、50～60 万人次进出。高峰时段发车间隔为 2～4min,非高峰为 15～20min。部分线路 24h 昼夜服务。

纽约地铁的另一特色就是同一区段内有好几股道,大部分线路是 3～4 线平行布置,只有少数的线路是双线形式。这些区段可在一对线路上行驶普通地铁列车(站站停),而在另外的线路上行驶快车,这些快车仅在部分车站停靠。

从 1940 年至今,纽约的地铁系统都在纽约市运输局(MTA)的管理下运营,MTA 的主要任务是通过纽约轨道交通系统的预算并争取政府的资金补助。

纽约的市郊铁路主要用于上下班的通勤客运。纽约市郊铁路系统由 8 个铁路公司经营,共拥有线路 3 630km。其中长岛铁路公司及北方铁路公司拥有 19 条线(共计 1 057km),254 个车站,发挥着主要作用,承担着纽约大城市区近一半的通勤客流,如图 1-32 所示。

图 1-32　纽约长岛的市郊铁路

纽约地铁属于线路富余型。纽约地铁是世界上最大最复杂的地铁系统之一,其地铁线路非常富余,运营里程为 385km,但是线路的建设总长度却达到 1 100km 左右。这是因为大部分线路是 3～4 线平行布置,只有少数的线路是双线形式。另外,3 个站之间至少有一处设置配线(渡线、折返线或存车线),且绝大多数采用双向道岔。这样的线路设计,对实施复杂多样的行车方式提供了保障,且最大限度地减少了由于某线路出现故障所引起的综合网络效应。

例如曼哈顿区是纽约的中心地区,大多数地铁线路都经过该区。为了避免线路资源的浪费,在2条及2条以上线路重合区段,采用快速线行车方式。因此,线路设计时,将所有从布鲁尼斯区(曼哈顿区的北部)延伸过来的10条线路(在布鲁尼斯区均为站站停),集中到3个换乘点(125st、145st、96st),以方便乘客换乘。进入曼哈顿区后开始采取快慢线相结合的行车方式。这就是说,一般以区域为界限开行快慢速列车,如3号线在曼哈顿区是快速线(只停靠大站),到布鲁克林区则为慢速线(站站停靠)。

有的线路以运营时段区分快慢速;有的线路(如7号线)只在高峰小时开行,且只在一些既定的车站停靠,属于快速线。有的线路每天运行18个小时以上,且停靠在途经的每个车站,属于慢速线。

与此相适应,车站类型具有多样化的特点。车站类型的多样化可以方便列车越行、开行大站车,也可以减少运营延误的扩延。纽约地铁车站以侧式车站为主,有的车站两站台间有2条线路,有的车站两站台间有3～4条线路,中间的线路为越行线。岛式车站均采用双岛式形式:2站台2线路,或2站台3线路。少部分车站采用混合式:3站台2线路,或3站台3线路,中间的线路为越行线。

停车场、车辆段的布置,为了实现资源共享而统一设置。27条线路有22个综合基地,其中6个仅作为停车场,多布置在线路末端。平均3～5条线路共用一个车辆段(综合维修中心),一般布置在距离线路端部3～5个车站处。部分线路的末端设置2～4根折返线(存车线),有的线路中部也设有存车线,这样做可以在一定程度上缩小停车场或车辆段的规模。

按运营时间的不同,纽约地铁有4种类型线路:(1)全天24h运营;(2)拥挤时段运营(工作日上午6:30～9:30,下午3:30～8:00);(3)除深夜外的其余时段运营(上午6:30～午夜12:00);(4)双休日运营时段(上午6:30～午夜12:00)。

与此相适应,行车间隔也不尽相同。在运输高峰时段,列车运行间隔为1.5～5min,一般时段为6～15min,在午夜至凌晨5点之间为20min。

在不同时段,同一条线路的停站类型也可以不同:全天都站站停;拥挤时段开行大站车;除深夜外所有时段站站停;除深夜及拥挤时段外站站停。

3. 东京地铁

日本东京地铁是亚洲建设最早的地铁系统,其首条线路建成于1927年。

东京地铁线路总长度约292.2km,共有13条线、274个车站;2006年总客运量21.17亿人次,日均580万人次。此外,东京还有两条轻轨线——都电荒川线和上野动物园线。

在东京的13条地铁线路中,日客流量超过100万人次的线路有5条:东西线、丸之内线、日比谷线、千代田线以及银座线。这些线路都经过市中心繁华地段,线路开通时间较长,线路长度也较长,有很强的辐射能力。

东京是世界上典型的以轨道交通为主导的大都市。东京的轨道交通属于资源节约型,设计线路时充分考虑了不同的运营状况,因此线路设置非常合理,几乎不存在线路能力浪费,甚至配线的设计也一丝不苟,能做到既不缺也不滥。

著名的东京轨道站地下共有6层,地铁车站与地面火车站浑然一体,是亚洲最大的地铁枢纽站。东京站的停车场规模很大,为了节约市中心的土地资源,采用上下两层的停车场布置形式。东京站共有28个站台,其中地面站台20个(铁路既有线10个、新干线10个),地下站台

10 个(地铁和快速铁路线使用)。通过地下的人行通道将这些站台连接,还很好地进行了车站周边的商业开发。因此,东京站不仅仅是一个换乘站,还是一个综合商业中心,如图 1-33 所示。

图 1-33 东京铁路和地铁的综合枢纽站——东京站

东京的轨道交通包括地铁、民铁(JR)、私铁三种方式。东京地铁现有 13 条线路,总长 292km,其中绝大部分位于市区。此外,有公交化的普通铁路 JR 线路 10 余条,私铁线路 20 条。市区的轨道交通线路除地铁外,还有 JR 180km、私铁 200km。

轨道交通是东京客运交通的主导方式。大东京圈轨道交通出行比重达 58%,早高峰时段进入东京市中央 3 区的机动化出行方式中,轨道交通所占比例超过 80%。

东京地铁由东京地下铁株式会社和都营地下铁两家公司分别负责运营管理。

(1)东京地下铁株式会社(Tokyo Metro Co., Ltd.)负责东京都 8 条地铁线路的运营,运营里程为 183.2km,168 座车站,拥有车辆 2 515 辆,2004 年的日均客流量为 568 万人次,下属有 9 个子公司,雇员 8 847 人。

(2)都营地下铁负责运营东京的 4 条地铁线路,运营里程为 109km,车站 106 座,拥有车辆 1 094 辆,日均客运量为 202 万人次,雇员 3 833 人。

东京的地铁线路几乎没有断头线,其端部都与铁路相连接;而且制式能相互兼容,铁路线还可以与部分地铁线路共线运营,直接进入市中心。

在东京最繁华的市中心,地铁线路长度为 270km,铁路总长度为 50km,以地铁为主;在东京市域的 23 个区范围内,地铁线路长度为 292km,铁路总长度为 380km,以铁路为主。可见地铁绝大部分线路位于东京的市中心,地铁在市中心区域公共交通中所占比例非常大,每天利用地铁进入东京市中心的通勤客流占总客流的 80%以上,而进入最繁华地带(市中心的 3 个区)的比例更是高达 95%。

铁路包括民铁(JR)和私铁,主要承担东京市中心和副中心、城区与郊区之间的通勤通学交通。

在东京的城市轨道交通系统中,铁路环线山手线最为著名。在日本国铁民营化之前,国铁全面亏损,只有运量巨大的山手线盈利。山手线与所有径向辐射线都能直接换乘,整个网络的连通性非常好,线路间换乘方便,而且能使市郊间乘客的流动十分方便。山手线以内区域属于东京的市中心。在山手线的 29 个车站中有 23 个车站和铁路或地铁相连,因此,山手线上的换乘客流非常大。

资源共享是日本轨道交通的一大特色,包括线路的共线运营、车辆的共同使用、停车库的合用等。东京的地铁和铁路共同承担城市交通,通过换乘枢纽实施网络的连接。

东京的铁路线在进入市中心以后,可以行驶在地铁线路上,但采用快速行车即只停大站的方式，而地铁线路则采用站站停靠的行车方式，这样可使近郊、远郊的乘客快速地到达市中心。

东京地铁和铁路之间，运营地铁的两个公司之间，都严格划分服务范围，所有进入对方领域的车辆必须更换乘务员和驾驶员，周转量和成本也按这种简单的方式进行划分。

4. 莫斯科地铁

莫斯科地铁的首条线路——索科尼利线于1935年5月15日投入运营。而最新的昆采夫站则于2008年1月7日正式运营。根据莫斯科2009～2014年的建设规划，还将开通17个站点。

莫斯科地铁总长292.2km，有12条线路，176个车站。莫斯科地铁大部分是地下车站。地面车站只有15个。2007年运量达25.29亿人次，日均692.9万人次。

莫斯科地铁是世界上规模最大的地铁系统之一，更以其宏伟的车站建筑闻名于世。每个车站都由建筑师和艺术家精心设计，以不同的历史事件或人物为主题，采用五颜六色的大理石、花岗石、陶瓷和彩色玻璃镶嵌出各种浮雕和壁画装饰，辅以华丽的照明灯具，富丽堂皇的大理石地面，因此素有“地下宫殿”之美誉，如图1-34所示。

图1-34　莫斯科地铁的库索摩尔斯卡雅站

莫斯科地铁的布局由莫斯科市中心呈放射状向四周延伸，间以环形线路，密布于城市地下，见图1-35。莫斯科地铁沟通了市中心和郊区的绝大部分住宅区，并将莫斯科市内的7个火车站和10多个广场串联起来(莫斯科市内共有9个火车站)。

莫斯科地铁许多线路的列车运行间隔只有90s，它也是世界上速度最快的地铁系统，列车最高速度可达120km/h。

值得一提的是，在第二次世界大战期间，莫斯科地铁曾被当做防空洞使用。有报道称，莫斯科地铁中有一条名为“地铁2号”的绝密地铁支线，直接通往克里姆林宫。

近年来，莫斯科地铁出现了一些专题列车，如画廊专列、阅读专列等，可见地铁也可作为文化的载体。

5. 首尔地铁

韩国首尔地铁是世界上最繁忙的地铁，其首条线路于1974年8月15日投入运营。

首尔地铁线路总长度约286.9km，共有10条线，298个车站；2006年总客运量达16.54亿人次，日均453.2万人次。

20世纪90年代，首尔实施了大规模的地铁扩展计划，将地铁总长度延长了近160km，并增设了4条线路，目前，还有2条新线路和一部分老线路的路段正在建设中。首尔地铁超过70％的部分都在地下。

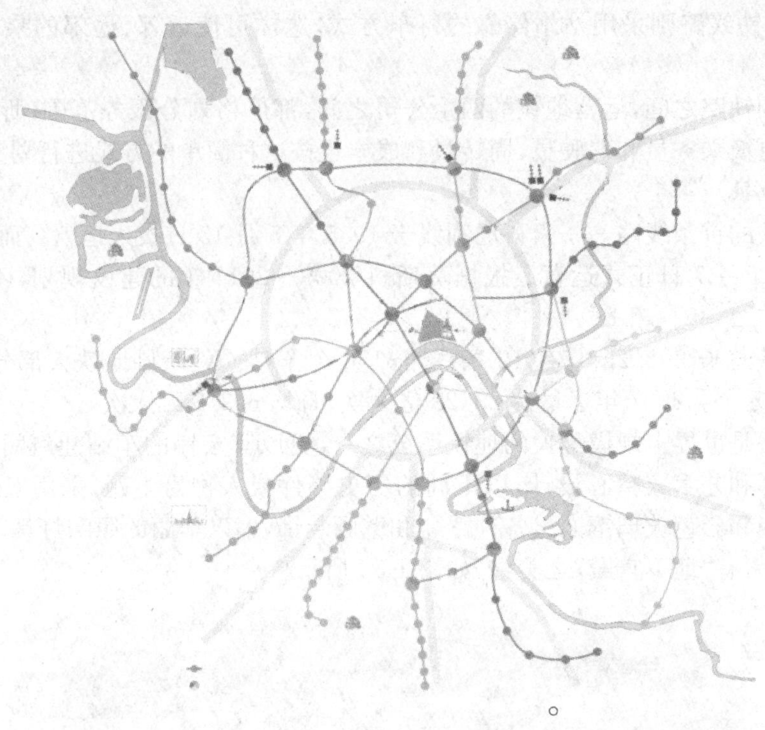

图 1-35　莫斯科地铁网络示意图

不同的线路用不同的号码和颜色来标记。方便的标识系统不会让你迷路，不仅每条线路有自己的号码，就连每个站点也都进行了标号，且所有站点的标识都有英文版本。

首尔地铁车站大厅里挂着一张照片，首尔市长在地铁车厢里站着乘车上班。

6. 马德里地铁

西班牙马德里地铁的网络规模居欧洲第二、世界第六，也是世界上线网密度最高的地铁网络，其首条线路建成于 1919 年，开通之初是以西班牙国王阿方索十三世的名字命名的，他是修建地铁的积极倡导者。1931 年西班牙共和国成立后，这个名字便不再使用。地铁近 90%的线路位于地下。不同的线路以不同的号码和颜色来区分，同时，根据站台的长度和车厢的宽度，还分为宽线和窄线。

马德里地铁线路总长度约 282.5km，13 条线路，231 个车站；2007 年总客运量达 6.9 亿人次，日均 189 万人次。

马德里地铁是欧洲发展最快的地铁。从 20 世纪 90 年代中期开始，政府先后实施了 3 个大型扩建项目，1999～2003 年间共建造了 75km 新地铁线路，铺设了机场支线和 3 条轻轨线路，建成了 12 号环线，把马德里及其 5 个卫星城连接了起来。12 年中，地铁延长了将近 1 倍。仅 2003～2007 年的地铁建设改造项目就投资 43 亿欧元。

7. 巴黎地铁

法国巴黎的首条地铁线路建成于 1900 年 7 月 19 日。巴黎地铁的开通是为了迎接 1900 年在巴黎举行的世博会。地铁最初的法文名称是从伦敦"大都市铁路"(Metropolitan Railway)的英文名直译过来，后来缩短成 Metro，现在世界上很多城市的轨道交通系统都称"Metro"。

巴黎地铁分为两部分：运行范围在巴黎二环之内的，叫做 Metro，该系统共有 14 条地铁线和两条轻轨线；运行范围超出二环的，称作"区域快速轨道线"(简称 RER)，共有 5 条线，分别用字母 A、B、C、D、E 表示，即从 RER A 至 RER E。

巴黎市中心区地铁(Metro)线路总长度约 215km，共有 384 个车站，2006 年总客运量达 14.09 亿人次，日均 386 万人次。RER 运营线路总长约 363km，其中 114km 与地铁共线运营，249km 为 RER 专线。RER 的年客运量约 4 亿多人次，日均 109.6 万人次。

巴黎地铁的一大特点是线网密度高，站间距短，因此覆盖率高，市区居民步行不超过 500 m就能到达一地铁站。

巴黎城市轨道交通的另一特点就是具有发达的市郊铁路网，它能将居住在巴黎近郊和远郊的上班族快速送达市中心。巴黎郊区铁路网的总长度为 970km。

RER 线路的建设充分利用了既有铁路线路，大部分线路采用既有郊区铁路线，只是在市中心区新建地下线将两端的市郊铁路地面线连接起来，这些新建地下线的站间距比地铁长，以保持 RER 的快速特性；同时，RER 路网中市中心区新建的地下线大多与市区既有地铁线相交，可以使郊区乘客方便地换乘市区地铁；RER 线路也可以在市中心地区老地铁的底下铺设线路运行，可称之为深层地铁，从而缓解巴黎地面交通和老式地铁线路的压力。RER 线路支线多，所以可覆盖较大的郊区面积。

在巴黎市郊铁路网的形成过程中，重新使用了很多法国最古老的铁路线路，这也是巴黎 RER 线目前由巴黎公共交通公司(RATP)和法国国有铁路公司(SNCF)联合经营的原因之一。

如果对巴黎地铁与市域快速轨道 RER 线之间进行“同中求异”的比较，对于我们认识巴黎城市轨道交通的特色、了解轨道交通引导城市发展的功能都大有裨益，其结果如表 1-6 所示。

巴黎地铁与市域快速轨道 RER 线比较表 表 1-6

比较项目	地铁	区域快速轨道 RER 线
经营单位	RATP	RATP 和 SNCF 联合经营
站间距(km)	0.58	2～6
运营类型	全部地铁	市域快速轨道交通线
日均客运量(万人次/日)	330～390	110
线路数量	14 条	5 条并有几条支线
车站数量	300 余座	近 200 座
平均出行距离(km)	4.8	10.5
轨距(mm)	1 435	1 435
供电方式	DC750V，第三轨 (相当于我国的 B、C 型车)	DC1500V，架空线 (相当于我国的 A 型车)
车辆	MF88，MP89CA 等	MS61，M12N 等
服务面积	大部分在市区范围内， 仅后期建设的几条向近郊延伸	扩展到 8 400km^2
每条线的平均长度(km)	15	＞100

表 1-6 说明，首先，大巴黎地区的轨道交通系统由巴黎公共交通公司(RATP)和法国国有铁路公司(SNCF)联合运营。RATP 负责整个巴黎地区的地铁网络、部分 RER 线路和两条轻轨线路的运输工作；SNCF 负责部分 RER 线路和区域铁路的运营。这两个公司通过与巴黎公共交通联合管理委员会(STP)签订租约获得线路的经营权。

其次，地铁和RER的站间距离差异很大。地铁平均站间距为579 m，极大地方便了乘客，这也是巴黎市中心以地铁为主要交通方式的重要原因；相比之下，RER线车站距离较大，如A线西支线的站间距达到5.6km。这是由市郊的交通布局、交通需求、城镇布置等决定的，轨道交通市郊线的主要功能是将近郊和远郊的居民快速送达市中心。

巴黎轨道交通属于方便宜人型，其地铁线网车站多，站间距离较小，最小站间距不足200 m，平均站间距为579 m。巴黎地铁在规划时就确定了这样的一个理念：在巴黎市区任一处只需步行5～8min就能到达一个地铁站，十分方便。

巴黎地铁大部分线路分布在市区，网络密度大。地铁线路离中心区最大辐射半径仅11.5km；地铁网络呈蛛网状，主要分布在巴黎市区，市区线路占到了地铁网络总长度的80%。

巴黎中心城区（$105km^2$）的轨道交通线网长度达到260km，轨道交通线网密度为$2.47km/km^2$；巴黎市区$762km^2$内的轨道交通线网长度达到551km，线网密度为$0.72km/km^2$。

巴黎地铁的换乘十分方便。中心城区几乎所有的径向线路都可与RER换乘，其中有4条地铁线路与所有的RER线都能换乘。

巴黎地铁线路在主要换乘站通过地下通道连接相邻的换乘系统（包括铁路车站），构成大型的换乘枢纽。在换乘枢纽，乘客可以直接进行地铁之间、地铁与RER、地铁与国有铁路三者之间的换乘。但是，巴黎的每一条地铁线路都有独立的车站，即使在换乘站，线路之间也不会共享同一站台。巴黎地铁的主要换乘枢纽见表1-7。

巴黎地铁的主要换乘枢纽表　　表1-7

主要换乘枢纽	衔接线路
夏特莱站(Chatelet)	1,4,7,11,14,A,B
北站(Gare de Nord)	2,4,5,B,D
歌剧院(Auber)	3,7,8,9,A
戴高乐广场(Charles de Gaulle Etoile)	1,2,6,A
圣米歇尔站(St-Michel)	C,B,4,10
巴士底广场(Basfille)	1,5,8
里昂站(Gare de Lyon)	1,14,A,D
民族广场(Nation)	1,2,6,9,A

巴黎地铁的行车方式单一，所有地铁线路均采用站站停的行车方式，这极大地方便了乘客，减少了步行距离和换乘时间，但也导致乘客旅行时间较长，线路周转时间较长，需要的车辆数目较多。

地铁列车的编组数目为3～6节不等，依据客流量决定；但是，在既定的线路上采用的编组数目不会随着运营时段的改变而改变。

巴黎地铁1、4、6、11号线采用橡胶轮胎车辆，它的特点将在本书第二章中加以论述；14号线采用全自动驾驶方式。

相比较而言，RER线路的运输组织方式灵活，为了适应郊区各区段客流不均衡的特点，在距离市中心15km半径范围内，每15min发一列车，距离市中心30km范围内每30min发一列车。在高峰时段内，列车数量根据运量的需求来决定，一般为平常时段的2倍，有时达到4倍。

8.墨西哥城地铁

墨西哥城第一条地铁线路于1969年9月投入运营。目前，墨西哥城地铁网络全长201.38km，共11条线路，175座车站。图1-36为墨西哥城地铁的基本网络图。

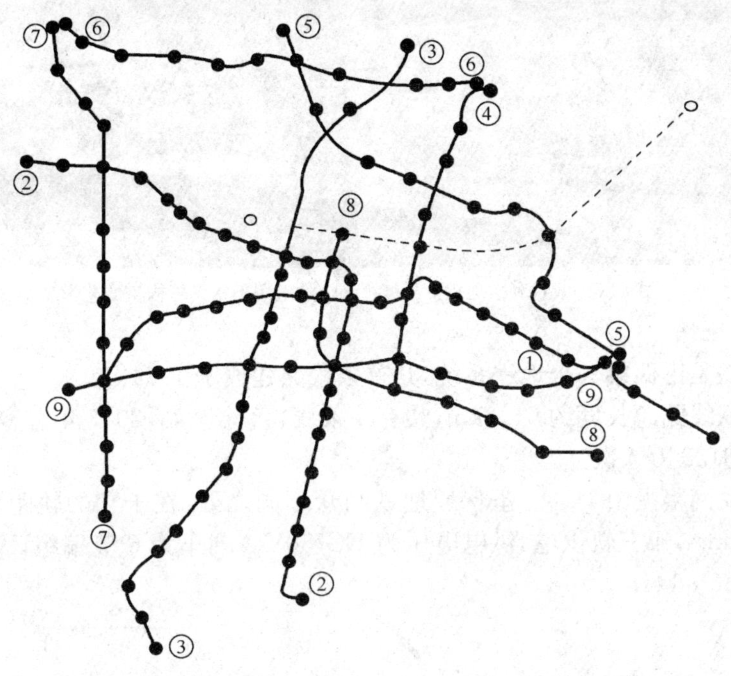

图 1-36　墨西哥城地铁的基本网络图(网格状结构形态)

墨西哥城地铁开始建设于 1968 年，4 年后第一阶段完工时，已经建成 48 个站，41.4km 的线路。计划到 2010 年铺设 12 条新线路。每个地铁站都有与其站名或所处位置有关的特定标识。这是为了帮助那些不懂西班牙语的人判定方位。例如，理工学院站的标识就是不远处国家理工学院的校徽；而萨帕塔站的标识则是 1910 年墨西哥农民运动领袖萨帕塔的头像。此外，地铁内还展出当初在建设过程中发掘出的考古文物，例如在塔利兹曼站能看到猛犸象遗骨。

墨西哥城地铁在 1985 年 9 月 19 日的强烈地震(8.1 级)中完好无损，证明地铁可以成为安全可靠的城市交通工具。

9. 蒙特利尔地铁

加拿大蒙特利尔地铁的首条线路建成于 1966 年。

蒙特利尔地铁线路总长度 69.2km，共有 4 条线、68 个车站，年总客运量约 3.5 亿人次，日均 95.9 万人次。

蒙特利尔地铁规模虽小，但车站建筑风格深受巴黎地铁的影响和熏陶，每条线由不同的建筑师设计，风格独特而现代。该市市长坚持把艺术作品融入每座地铁车站之中，而且让每座车站风格独一无二，使市民不仅能在博物馆，还能在地铁车站欣赏到艺术作品。许多艺术作品不仅具有装饰作用，还具备实用功能。如地铁 5 号线 Febre 站上的不锈钢管不仅是艺术品的构造材料，而且起到了扶手杆和座椅杆的作用，如图 1-37 所示。

蒙特利尔 4 条地铁线路中共有 50 多个车站装饰了 100 多件魁北克著名艺术家的雕塑、彩玻璃、壁画等艺术作品。如果说蒙特利尔市堪称“北美的巴黎”，那么，蒙特利尔的一个个地铁车站，串联成了一个地下的卢浮宫。

蒙特利尔地铁使用的橡胶轮车辆，能减少振动、降低噪声，减轻了对环境的干扰，乘坐起来也比较舒适。

图 1-37　蒙特利尔地铁 5 号线 Febre 站上用不锈钢管构筑的艺术品

10. 圣保罗地铁

圣保罗地铁是巴西第一个地铁系统，其首条线路建成于 1974 年。

圣保罗地铁线路总长度约 61.3km，共有 4 条线、55 个车站，2007 年总客运量达 8.45 亿人次，日客运量 231.5 万人次。

圣保罗地铁网络见图 1-38。圣保罗地铁与众不同之处，在于它的轨距为 1 600mm，并非标准轨距 1 435mm，第三轨供电，供电电压为 DC750V。列车为 6 节编组，大多数车站是侧式站台，站台长 136～141m。

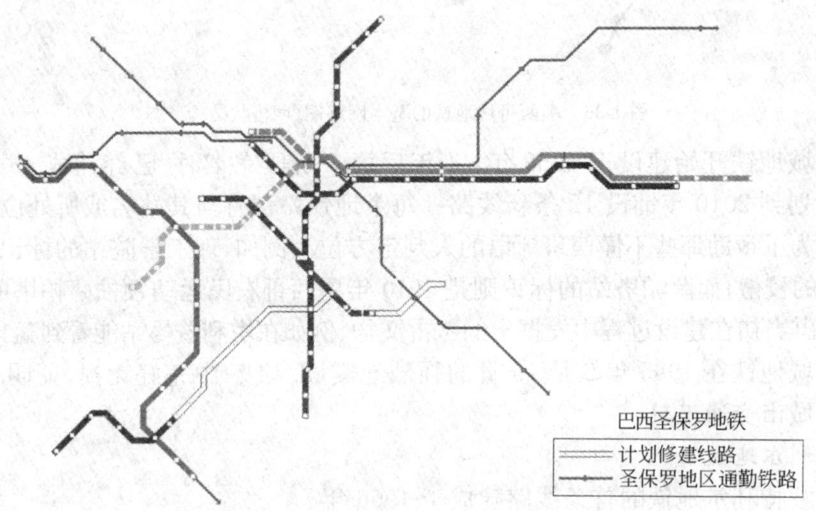

图 1-38　巴西圣保罗地铁网络图

圣保罗的城市轨道交通网络也是由地铁和市郊铁路网共同组成，如图 1-39 所示。地铁 1、3、5 号线组成的地铁网总长 61.3km，在市中心区地铁走地下线路，此外多为地面或高架线路；而由铁路部门负责运营管理的市郊铁路共有 6 条，即 A～F 线，总长 270km。

值得关注的是，这两个子系统之间并非截然分开，而是相辅相成。例如，为了减少投资，有些市郊铁路经过技术改造，提高了发车密度，运营模式类似于地铁，服务于东部郊区的 E 线与服务于西南部郊区的 C 线都属此种类型。它们的功能与法国的 RER 线很类似。这些线路虽然都完成了升级换代，但依然归铁路部门管理，与地铁分开运营。

圣保罗地铁虽然网络规模不大，但上述体制、机制有一定的创新性，因此被认为是世界上最年轻、最现代的城市轨道交通系统之一。

本章通过回顾城市交通，特别是城市轨道交通的发展历程，全面论述了城市轨道交通的社会功能；本章所评价的国内外著名城市的轨道交通系统均可看做案例，是学习本书以下各章的基础。

第二章　城市轨道交通的分类与制式选择

“优先发展公共交通”是解决当前我国城市交通问题的必由之路，也是世界各国的共同经验。在有条件的大中城市中，应鼓励发展城市轨道交通；但由于各城市经济实力、地理环境等诸多因素不同，在选择城市轨道交通形式时，应该从实际出发，因地制宜。

本章论述互相关联的两个问题：一是城市轨道交通的分类，二是城市轨道交通的制式选择。

第一节　城市轨道交通的分类

交通运输是一个复杂的大系统，任何系统都有其层次结构。

交通运输系统可分为国际交通、国内交通两个基本层次。国际交通的客运主要依靠航空，货运主要依靠远洋海运。

国内交通又可以分为三个层次：长距离、跨省市干线交通，中距离地区交通，短距离城市交通或村镇交通。三者类似血液循环中的主动脉、动脉、微循环。以轨道交通而论，与之相对应的就是干线铁路（含高速铁路）、地区性城际铁路或城际轨道交通、城市轨道交通。

铁路和轨道交通是两个相近的概念，它们之间的边界是模糊的。如果硬要进行“同中求异”，主要区别在哪里？在我国，在现阶段，如果投资、经营管理主体（控股者）是铁道部的就称其为“铁路”；如果投资、经营管理主体（控股者）是地方政府的就称其为“轨道交通”。

城市交通有几种不同的分类方法。按运输对象的不同可分为客运交通和货运交通；按交通工具的社会属性可分为公共交通和私人交通，出租汽车介乎其中，为半公共交通；按交通工具的技术特性可分为机动化交通和非机动化交通，后者如行人与骑自行车者。

城市公共交通又可分为道路公共交通和城市轨道交通两大类，由于城市轨道交通不允许私人拥有车辆，因此，城市轨道交通都是公共交通，也就不必特别加以说明了。

在城市发展的不同时期，城市公共交通系统出现不同的形式，相继经历了公共马车时代，有轨电车时代，公共汽车、无轨电车时代，现在正在步入快速轨道交通时代。

所谓城市快速轨道交通统称为地铁和轻轨。即地铁为高运量、大运量轨道交通，轻轨为中运量轨道交通，并不包括速度较低的、不具有独立路权的地面有轨电车。显然，后者也属城市轨道交通范畴，但不能算是快速轨道交通工具。

随着城市轨道交通技术的不断进步，出现了许多新的城市轨道交通制式，一般可以分为市郊铁路、地铁、轻轨、单轨、自动导向系统、线性电机车辆、有轨电车、磁浮列车等几种。

可以采用不同方法对城市轨道交通进行分类。

1. 按运能分类

线路运能即交通容量，也就是线路输送客流的最大能力，其指标是某断面单向每小时最大的乘客通过量。根据《城市轨道交通工程项目建设标准》规定，按照不同的线路运能，城市轨道交通可以分为高运量、大运量、中运量三种类型，四个等级（中运量又可分为全封闭和部分平交道口两个等级），详见本章表 2-1。

2. 按路权分类

路权是指城市轨道交通运行线路与其他交通的兼容程度。以此为依据，轨道交通系统可分为独有路权、半独立路权和共有路权三种基本类型。

独有路权的城市轨道交通系统，与其他交通方式完全隔离，不受平交道、人与车的干扰，一般用于高运量、大运量及 1.5 万人次/h 以上的中等运量轨道交通系统。

半独立路权的城市轨道交通系统，车辆在专用隧道或高架桥上运行；在地面上行驶时，采用路堑、路堤、隔离栅等方式与其他交通工具隔离，但在交叉路口仍与横向道路的人与车平交混行，受色灯信号控制，一般用于 1.5 万人次/h 以下的中运能轨道交通系统。

共有路权即地面混合交通，例如，有轨电车可以与汽车等地面交通工具共享路面，混合出行，在十字路口都按照所显示的交通信号行车；为贯彻公交优先方针，有轨电车也可享有一定的优先权，诸如采用道路标线保留车道在上下班高峰时段独用、有轨电车驾驶员可用遥控装置，在规定条件下，控制信号灯信号优先通过十字路口等。

3. 按敷设方式分类

根据不同的敷设方式，城市轨道交通系统可分为地下隧道、高架和地面三种形式。大运量轨道交通在交通繁忙的市中心区多采用地下形式，在城市郊区可采用高架和全封闭的地面形式；中运量城市轨道交通可兼有三种敷设形式，且通常不与道路机动车混行，但可以有部分平交道口；小运量轨道交通系统一般采用地面形式，可与道路机动车混行，大多是平交道口，运行效率较低。

按敷设方式分类的方法，往往被人们绝对化。例如，列车在地下行驶的就是地铁，这在绝大多数情况下是正确的；但反之则不然，在高架上行驶的列车未必一定是轻轨，如果其每小时运量在 3 万～5 万人次之间，就应归入地铁这一类别。上海轨道交通 3 号线（明珠线）主要在高架上行驶，但它的运量大，所以是地铁，并非轻轨。实际上，“地铁”已成为一历史名词，地铁不一定都建在地下。随着城市规模的扩大，为了节省投资、降低造价，现在通行的做法是：市中心区线路建在地下，延伸到郊区时，则建在地面或高架上。正因为此，现在人们不再以敷设方式作为分类的主要依据了。

4. 按轮轨关系分类

根据轮轨关系的不同，城市轨道交通系统可分为钢轮钢轨系统、橡胶轮系统和磁浮系统。地铁、轻轨、有轨电车等属于钢轮钢轨系统。橡胶轮地铁、单轨、无人驾驶的自动导向系统等属于橡胶轮系统。利用电磁力导向、浮起、驱动的则为磁浮系统；线性电机车辆属于中间状态，驱动靠的是电磁力，但车体并不浮起，承重钢轮凭借钢轨导向。这充分说明了分类的模糊性：大体如此，定体则无。

5. 按技术特征分类

城市轨道交通按其技术特征可分为市郊铁路、地铁、轻轨、单轨、线性电机系统、自动导向系统、有轨电车等类型。

城市轨道交通种类繁多，技术指标差异较大，各国标准不一，因此无法进行严格的分类。例如，德国和奥地利将城市轨道交通简单地分为两大类：U-bahn 和 S-bahn，前者为市区轨道交通，主要指地铁；后者主要指市郊列车，或称市域线，也包括干线铁路在城市郊区的延伸线等。

上述 5 种分类互有交叉，只有按运量分类不仅可以量化，而且是有序的，因此置于首位。在日常生活中也是如此，按身高排队简单易行，如果要同时考虑胖瘦、年龄、性别等因素就使人无所适从了。

第二节　城市轨道交通的技术制式

一、多样化的系统模式

我国已建和拟建轨道交通的城市中，城市轨道交通的系统模式呈现多样化的特点。

(1)地铁模式：是国内城市轨道交通的主要模式，钢轮钢轨制式车辆是主要的车型。我国南方几个客流量较大的线路采用 A 型车，主要集中在上海、南京、广州和深圳等城市。其余线路采用 B 型车，客流是主要原因；但也有像北京这样的大城市，客流量相当大，使用 B 型车，主要是因为早期建设的地铁 1、2 号线的隧道适用 B 型车，从网络优化考虑，尽可能采用同样制式的车辆，以便于管理，也可减少维护费用。

国家发展和改革委批准建设城市轨道交通的城市，第一批有 15 个，基本上都采用钢轮钢轨车辆制式的地铁模式。另有一些城市已在做前期的规划工作和可行性研究，也不乏采用钢轮钢轨地铁模式。

(2)轻轨模式：比较适合中小城市，且对于大城市用于近郊或与地铁接驳的次级线路也是非常合适的。

目前国内的大连市于 2003 年建成 49km 长的轻轨线，采用钢轮钢轨制式车辆。在长春也建有一条轻轨线路，长 14km，采用国内试制的 70%低地板、铰接式车辆。另外，天津于 2004 年建成的滨海线，全长 49km，也属于轻轨模式。

我国的重庆市素有“山城”之称，市内建筑密集，城市道路狭小，坡度大，因此比较适宜采用单轨模式。目前重庆已建成我国首条跨座式单轨线(较新线)，全长 17km。线路采用预应力混凝土轨道，车辆采用橡胶轮。

根据广州市的线网规划，拟建 4 条线性电机系统的轨道交通线路，其中 4 号线已于 2005 年建成并投入正式运营；北京的轨道交通机场线也采用线性电机系统。

广州正在修建 1 条连接 2 个中央商务区的自动导向轨道系统(AGT 制式)，线路较短，基本采用进口车辆；北京拟建连接各个航站楼的 AGT 制式线路；天津市在 2007 年建成带中央导向轨的橡胶轮制式线路，并已经投入运营。

我国除了上海建有一条 30km 长的高速磁浮线外，国内尚无中低速的磁浮线。目前磁浮技术尚处于研究开发阶段。

纵观国内城轨交通的现状可知，我国城市轨道交通的模式是多样的，但应用最为广泛的仍然是地铁模式，而且车辆以钢轮钢轨制式为主。轻轨模式一旦被人们所认识，应该会得到较多的应用。至于其他模式，只是在特殊线路条件、特殊应用环境下才是可选的模式。

我国城市轨道交通发展较晚，因此使我们有可能采用最新的技术，以提高系统的安全性、可靠性，缩短列车运行间隔和乘客的旅行时间。

车辆的电气传动，我国除 1960 年代建成的地铁外，基本上均采用当代先进的交流传动系统。交流电机与直流电机相比，具有结构简单、质量轻、维护少、可靠性高等优势，因此国内几乎均采用交流电机牵引的制式。车体材料已不再使用普通钢，而代之以薄型不锈钢或铝合金型材，质量轻又耐磨蚀，正常使用寿命可达到30年，而且不需要维修。

信号及列车控制系统是保证列车运行安全和提高线路通过能力的重要设施。我国绝大多数新建的项目，均采用列车运行自动控制系统（ATC，包括ATS——列车自动调度系统，ATP——列车自动防护系统，ATO——列车自动驾驶系统）。近年来又有一些项目采用世界最新的信号技术，即所谓“基于无线通信的移动闭塞系统”（CBTC），从而使列车行车密度进一步提高。

自1980年以来，通信技术领域发展迅速，国内各个城市的城轨交通系统的通信系统紧跟通信发展的步伐，采用更先进、更适用的光纤传输系统。国内在通信传输系统中，主要采用的是SDH、OTN、ATM以及基于SDH的多业务传输平台MSTP等的传输技术构成传输网络，采用具有比存储程序控制交换机更优越的数字程控交换机，同时还设有无线通信系统、广播系统和闭路电视监控系统。

我国的轨道交通供电系统，运行A型车的线路均采用DC1500V供电制式，架空线受流；运行B型车的线路主要采用DC750V供电电压，第三轨受电。变电所基本上实现无人值班，应用遥控、遥测、遥信和遥调等远动技术，采用远动装置实现变电所与调度所之间远距离信息的实时自动传输。由于在直流牵引供电系统中存在地下迷流，因此在供电系统中采取不同措施进行迷流防护。

最近，我国在积极引入和研究新型的无人驾驶技术。无人驾驶模式技术的特点主要体现在，有人驾驶时驾驶员的职能完全由自动化的技术来替代。其在车辆的设计制造、可靠性、可使用性和安全性方面等级提高，自动化程度大幅上升，通信的信息量大幅增加，与信号及综合监控系统的技术接口更加紧密和复杂。在车辆上增加火灾探测与烟雾报警系统、轨道障碍物探测、脱轨检测以及CCTV视频系统，车门不再由驾驶员控制，而是由ATC进行控制；列车各主要系统都由OCC远程监控。无人驾驶模式中，对系统设备的监控不再是分散的、个体的，而是将电力监控、环境与设备监控、电视监控、乘客信息系统、广播系统、防灾报警和门禁系统等纳入一个高度集中的综合监控系统中。

全自动无人驾驶模式的安全性和可靠性高，利于实现列车高密度运行，适应大客流运营需要。这种模式代表了国际上的一种潮流，上海正在建设的轨道交通10号线，就是采用全自动无人驾驶的模式，它标志着我国轨道交通的技术进步又进入了一个新的发展阶段。

二、我国城市轨道交通的分类

国际上有关的专业委员会制订的一些标准，如国际铁路联盟（UIC）标准、国际标准化组织（ISO）标准、国际电工委员会（IEC）标准以及一些地区性标准，如欧洲（EU）标准等可适用于城市轨道交通。

国家有关部门为城市轨道交通行业也制订了一些规范和标准，用以指导和规范有关的规划、设计、施工、生产制造和运营。例如：《地铁设计规范》、《城市轨道交通技术规范》、《地下铁道车辆技术条件》、《轻轨交通车辆通用技术条件》，以及《城市轨道交通工程项目建设标准》等土建工程、施工等标准。这些规范和标准多年来为我国城市轨道交通的发展起到了很好的作用。

近年来，国家又陆续制订了一些标准、规范和政府文件，成为行业中规划、建设的准则。国务院办公厅文件《国务院办公厅关于加强城市快速轨道交通建设管理的通知》（国办发[2003]81号）规定，“现阶段申报发展地铁的城市应达到基本条件：地方财政一般预算收入在100亿元以上，国内生产总值达到1 000亿元以上，城区人口在300万以上，规划线路的客流规模达到单向高峰小时3万以上；申报建设轻轨的城市应达到下述基本条件：地方财政一般预算收入在60亿元以上，国内生产总值达到600亿元以上，城区人口在150万以上，规划线路客流规模达到平均高峰小时1万人以上。"

建设部关于《城市轨道交通工程项目建设标准》(建标104—2008)中，将城市快速轨道交通线路运能等级分为高运量、大运量和中运量三种(低速城市轨道交通如有轨电车未包括在内)，各级线路相关技术特征见表2-1。

各级线路相关技术特征 表2-1

<table>
<tr><td rowspan="3">线路运能分类</td><td>I</td><td>II</td><td>III</td><td>IV</td></tr>
<tr><td>高运量</td><td>大运量</td><td colspan="2">中运量</td></tr>
<tr><td colspan="2">(钢轮钢轨)</td><td colspan="2">(钢轮钢轨/单轨)</td></tr>
<tr><td>线路形式</td><td colspan="3">全封闭型</td><td>部分平交道口</td></tr>
<tr><td>列车最大长度(m)</td><td>185</td><td>140</td><td>100</td><td>60</td></tr>
<tr><td>单向运能(万人次/h)</td><td>4.5～7</td><td>2.5～5</td><td>1.5～3</td><td>1～2</td></tr>
<tr><td>适用车型</td><td>A</td><td>B或L_b</td><td>B、C、L_b及单轨</td><td>C或D</td></tr>
<tr><td>最高速度(km/h)</td><td colspan="3">80～100</td><td>60～80</td></tr>
<tr><td>平均站间距(km)</td><td colspan="3">1.2～2</td><td>0.8～1.5</td></tr>
<tr><td>旅行速度(km/h)</td><td colspan="3">35～40</td><td>20～30</td></tr>
<tr><td>适用城市城区人口规模(万人)</td><td colspan="2">≥300</td><td colspan="2">≥150</td></tr>
</table>

注：①I、II、III级线路是全封闭快速系统，采用独立的专用轨道和信号、高密度运行。IV级线路具有专用轨道和部分信号的中低运量系统，但部分路段设置平交道口；

②"适用城市城区人口规模"系指人口规模能达到或超过此限的城市轨道交通线网中的主干线等级，其余线路可根据运量选用较低等级；

③旅行速度指一般情况下的特征数据。当车辆最高速度大于100km/h时，有关技术标准应另行研究确定。

2007年6月13日，建设部又发布了《城市公共交通分类标准》(CJJ/T 114—2007)，标准定义城市轨道交通为采用轨道结构进行承重和导向的车辆运输系统，依据城市交通总体规划的要求，设置全封闭或部分封闭的专用轨道线路，以列车或单车形式，运送相当规模客流量的公共交通方式。

世界上轨道交通的制式种类繁多，为了介绍方便，本书将轨道交通制式分为地铁系统、轻轨系统、单轨系统、磁浮系统、自动导向轨道系统、市域快速轨道系统和索轨系统共7大类、14小类(表2-2)。

城市轨道交通系统各模式的技术特点如下所述。

1. 地铁系统

地铁系统(Metro)是一种大容量的城市轨道运输系统，也是世界各个国家城市轨道交通的主要模式。按照我国的建设标准，地铁系统采用钢轮钢轨导向，标准轨距为1 435mm，主要在大城市地下空间修筑的隧道中运行，当条件允许时，也可穿出地面，在地上或高架桥上运行。

地铁车辆的基本车型为A型车、B型车和直线电机B型车三种。A型车车辆基本宽度3 000mm；B型车车辆基本宽度2 800mm；直线电机B型车车辆基本宽度2 800mm。每种车型有带驾驶室和不带驾驶室、动车和拖车的区分。

我国城市轨道交通分类表　　表 2-2

城市轨道交通	地铁系统	A 型车辆
		B 型车辆
		直线电机 B 型车辆
		胶轮地铁
	轻轨系统	C 型车辆
		直线电机 C 型车辆
		现代有轨电车
	单轨系统	跨座式单轨车辆
		悬挂式单轨车辆
	磁浮系统	中低速磁浮车辆
		高速磁浮车辆
	自动导向系统	橡胶轮特制车辆
	市域快速轨道系统	地铁车、市郊铁路或专用车
	索轨系统	悬挂车辆

地铁系统的列车编组通常由 4～8 辆组成，列车长度为 70～190m，要求线路有较长的站台相匹配，最高行车速度不应小于 80km/h，主要标准及特征见表 2-3 和表 2-4。

地铁系统主要标准及特征表　　表 2-3

项　　目		标准及特征		
车辆	车型	A 型	B 型	直线电机 B 型车
	车辆基本宽度(mm)	3 000	2 800	2 800
	车辆基本长度(m)	24.4/22.8	19.0	16.8
	车辆最大轴重(t)	≤16	≤14	≤13
	列车编组(辆)	4～8	4～8	4～8
	列车长度(m)	100～190	80～160	70～140
线路	类型、形式	地下、高架及地面，全封闭型		
	线路半径(m)	≥300	≥250	≥100
	线路坡度(‰)	≤35	≤35	≤60
客运能力(万人次/h)		4.5～7.0	3.0～5.0	2.5～4.0
供电电压及方式		DC1500V 接触网供电	DC1500/750V 接触网或第三轨供电	DC1500/750V 接触网或第三轨供电
旅行速度(km/h)		≥35		

各类车型主要技术规格 表 2-4

<table>
<tr><td colspan="3">项目名称</td><td>A型车</td><td>B型车</td><td>C型车</td><td>D型车</td><td>L_b型车</td><td colspan="2">单轨车</td></tr>
<tr><td colspan="3" rowspan="2">车辆驱动特征</td><td colspan="5">钢轮/钢轨</td><td colspan="2" rowspan="2">胶轮—跨座单轨</td></tr>
<tr><td colspan="4">旋转电机</td><td>直线电机</td></tr>
<tr><td colspan="3">车轴数</td><td>四轴</td><td>四轴</td><td colspan="2">4、6、8 轴—铰接车</td><td>四轴</td><td colspan="2">四轴</td></tr>
<tr><td colspan="3">车辆轴重(t)</td><td>≤16</td><td>≤14</td><td colspan="2">≤11</td><td>≤13</td><td colspan="2">≤11</td></tr>
<tr><td rowspan="2">车厢基本长度(m)</td><td colspan="2">单驾驶室车厢</td><td>23.6(24.4)</td><td>19(19.55)</td><td>—</td><td>—</td><td>17.2</td><td colspan="2">14.6(15.5)</td></tr>
<tr><td colspan="2">无驾驶室车厢</td><td>22.0(22.8)</td><td>19(19.55)</td><td>—</td><td>—</td><td>16.84</td><td colspan="2">13.9(14.6)</td></tr>
<tr><td colspan="3">车辆基本宽度(m)</td><td>3.0</td><td>2.8</td><td>2.6</td><td>2.6</td><td>2.8</td><td colspan="2">2.9(车门踏板处 2.98)</td></tr>
<tr><td rowspan="4">车辆高度(m)</td><td rowspan="2">受流器车</td><td>有空调</td><td>3.8</td><td>3.8</td><td>3.7</td><td>3.7</td><td>≤3.625</td><td colspan="2" rowspan="4">车辆总高≤5.53
轨面以上高 3.84</td></tr>
<tr><td>无空调</td><td>3.6</td><td>3.6</td><td>—</td><td>—</td><td>—</td></tr>
<tr><td colspan="2">受电弓车(落弓高度)</td><td>3.81</td><td>3.81</td><td>3.7</td><td>3.7</td><td>3.560</td></tr>
<tr><td colspan="2">受电弓工作高度</td><td>3.9~5.6</td><td>3.9~5.6</td><td>3.9~5.6</td><td>3.9~5.6</td><td>—</td></tr>
<tr><td colspan="3">车内净高(m)</td><td colspan="2">2.10~2.15</td><td>≥2.1</td><td>≥2.1</td><td>≥2.1</td><td colspan="2">2.2</td></tr>
<tr><td colspan="3">地板面高(m)(车门处)</td><td>1.13</td><td>1.10</td><td>0.95</td><td>0.35</td><td>0.93</td><td colspan="2">1.13</td></tr>
<tr><td colspan="3">转向架中心距(m)</td><td>15.7</td><td>12.6</td><td>11.0</td><td>10.70</td><td>11.140</td><td colspan="2">9.6</td></tr>
<tr><td colspan="3">固定轴距(m)</td><td>2.2~2.5</td><td>2.2~2.3</td><td>1.8~1.9</td><td>1.7~1.8</td><td>1.9~2.0</td><td>走行轮 1.5</td><td>导向轮 2.5</td></tr>
<tr><td colspan="3">车轮直径(mm)</td><td colspan="2">ϕ840</td><td>ϕ760 或 ϕ660</td><td>ϕ660</td><td>ϕ660~ϕ730</td><td>走行轮 ϕ1006</td><td>导向轮、稳定轮 ϕ730</td></tr>
<tr><td colspan="3">车门数(每侧)(个)</td><td>5</td><td>4</td><td>—</td><td>4</td><td>3</td><td colspan="2">2</td></tr>
<tr><td colspan="3">车门宽度(m)</td><td colspan="2">≥1.3~1.4</td><td>1.3~1.4</td><td>1.3~1.4</td><td>1.4</td><td colspan="2">1.3</td></tr>
<tr><td colspan="3">车门高度(m)</td><td colspan="2">≥1.8</td><td>≥1.8</td><td>≥1.8</td><td>1.86</td><td colspan="2">1.82</td></tr>
<tr><td rowspan="4">定员</td><td colspan="2">单驾驶室车厢</td><td>310
(超员 432)</td><td>230(327)</td><td>—</td><td>双驾驶室
238</td><td>217</td><td colspan="2">151(211)</td></tr>
<tr><td colspan="2">其中:坐席</td><td>56(48)</td><td>36</td><td>—</td><td>66</td><td>28</td><td colspan="2">32</td></tr>
<tr><td colspan="2">无驾驶室车厢</td><td>310
(超员 432)</td><td>250(352)</td><td>—</td><td>—</td><td>242</td><td colspan="2">165(230)</td></tr>
<tr><td colspan="2">其中:坐席</td><td>56</td><td>46</td><td>—</td><td>—</td><td>32</td><td colspan="2">36</td></tr>
<tr><td colspan="3">车辆最高速度(km/h)</td><td>80~100</td><td>80~100</td><td>80</td><td>80</td><td>90</td><td colspan="2">80</td></tr>
<tr><td colspan="3">启动平均加速度(m/s^2)
(0~35km/h)</td><td colspan="2">0.83~1.0</td><td>0.85</td><td>0.85</td><td>0.95~1.0</td><td colspan="2">≥0.833</td></tr>
<tr><td colspan="3">常用制动减速度(m/s^2)</td><td colspan="2">1.0</td><td>1.1</td><td>1.1</td><td>≥1.0</td><td colspan="2">≥1.1</td></tr>
<tr><td colspan="3">紧急制动减速度(m/s^2)</td><td colspan="2">1.2</td><td>1.5</td><td>1.5</td><td>≥1.3</td><td colspan="2">≥1.25</td></tr>
<tr><td rowspan="3">等效噪声
dB(A)</td><td colspan="2">驾驶室内</td><td colspan="2">≤80</td><td>≤75</td><td>≤75</td><td>—</td><td colspan="2">≤70</td></tr>
<tr><td colspan="2">客室内</td><td colspan="2">≤83</td><td>≤75</td><td>≤75</td><td>75</td><td colspan="2">≤75</td></tr>
<tr><td colspan="2">车外</td><td colspan="2">80~85</td><td>≤80</td><td>≤80</td><td>80</td><td colspan="2">≤75</td></tr>
</table>

注:①车辆基本长度、无驾驶室的为标准车辆长度；

②有驾驶室的车辆加长长度部分，应满足标准车的曲线地段限界；

③( )内的数字为车辆两端车钩连接中心点之间的距离；

④C车为低地板车，D车为高地板车，均分为4、6、8轴的铰接车。详见《城市轻轨交通铰接车辆通用技术条件》(GB/T 23431—2009)；

⑤双铰六轴——70%低地板车辆、全长28.76m，已在长春运行；

⑥表中客运能力按行车间隔2 min和列车额定载客量(站立6人/m^2)计算；

⑦平均运行速度即旅行速度，系指起点站至终点站间全程距离除以全程运行时间(包括沿途停站时间)。

1)地铁A型车和B型车

A型车、B型车分别如图2-1、图2-2所示。

图2-1 上海4号线上行驶的A型车

图2-2 北京八通线上行驶的B型车

(1)主要优点

①应用范围广,技术成熟。地铁A型车和B型车在伦敦、巴黎、莫斯科等国外发达城市具有较长的应用历史,同时A型车在我国上海、广州已具有10余年的应用历史,B型车在北京的应用历史更长,技术性能成熟、可靠。

②运量大,超载能力强。与其他城市轨道交通车辆相比,地铁A型车和B型车的车厢容积较大,载客量较大,故运输能力较强;同时,由于车辆轴重也相对较大,具有较强的超载能力。

③运行速度较快。地铁系统的最高运行速度通常采用80km/h,但根据线路实际需求也可以采用更高的速度,如100km/h、120km/h,甚至可达140km/h,以缩短乘客的旅行时间,提高乘客出行的快捷性。

列车速度大于等于80km/h,旅行速度可大于35km/h,行车间隔最小可达90s左右。根据工程和线路要求,列车编组可由全动车或按不同动车、拖车比组成。

④国产化程度高。国内铁路钢轮钢轨系统的运营应用历史较长,并通过上海、北京、广州地铁多年的使用,使A型车和B型车的车辆和部件制造以及轨道线路和机电系统积累了一定的技术基础。其中,2007年9月,国内首列具有自主知识产权的地铁A型车在上海下线,目前正在试运行中,这标志着我国地铁A型车的国产化水平大大提高。而B型车更是早于地铁A型车具有国内自主知识产权。

(2)主要缺点

①性能受黏着条件限制。轮轨系统牵引/制动力是靠钢轮与钢轨之间的黏着力来实现的,计算时一般采用0.15～0.17黏着系数。黏着系数受天气、轨面清洁状况等因素影响,数值不稳定,变化较大,列车容易发生空转或打滑,给控制和安全带来隐患。

②噪声、振动较大。地铁A型车和B型车自重较大,且载客能力强,但列车在运行过程中,钢轮与钢轨存在着明显的摩擦和撞击,噪声和振动较大,对沿线的环境具有一定的影响。

③转弯半径较大。根据地铁A型车和B型车的技术标准,正线最小曲线半径分别为300m和250m,相比其他轨道交通车辆转弯半径较大,对线路条件的要求较高。

④投资大,建设周期长。由于地铁系统大都在地下运行,因此建设投资额相对较大,从我国建设的实际情况来看,一般都在6～7亿元/km,而且建设周期大都在4～5年以上。

⑤地下区段救援难度大。由于隧道是一个封闭的距离很长的狭小空间，如果发生火灾、地震、洪水等自然灾害或人为、机械故障时，列车应尽量行驶至车站，否则，列车将被迫停在区间隧道内，乘客逃生比较困难。

(3)适用范围

通过对主要技术特点的分析，采用 A 型车或 B 型车的地铁系统比较适用于以下范围：

①客流较大、中心城地下线路；

②客流较大、环境条件要求相对宽松的城市外围区域与中心城之间的联络大站距，速度高的地下线路。

2)直线电机 L_b 型车

广州地铁 4 号线所采用的直线电机 L_b 型车如图 2-3 所示。

图 2-3 广州 4 号线的直线电机 L_b 型车

(1)主要优点

①运量较大。直线电机 L_b 型车宽 2.8m，长 16.8m，车厢容积相对较大，载客量较多，以广州地铁 4 号线为例，4 辆编组列车载客量达 918 人/列，客运能力达到 2.5～4 万人次/h，可适应中、大运量等级的客流运输需求。

②加减速快、转弯半径小、爬坡能力强。直线电机 L_b 型车依靠直线电机所产生的电磁力推动列车前进，车辆车轮仅起到支撑承载作用，不受到轮轨黏着因素的制约。因此，车辆可以获得很强的启动、加速和减速动力性能，使得系统能够适应车站较为密集的线路、频繁加速减速，也能适应对旅行速度要求较高的线路；具有突出的爬坡能力，同时由于车辆转向架安装直线电机，省去了旋转动力源及齿轮箱等一系列传动设备，有利于采用径向转向架，且轴距较小，使正线最小曲线半径可达 100m 甚至更小，结合国内的具体情况，广州 4 号线正线最小曲线半径为 150m，最大坡度可达 6%，可以大大缩短地下至地面的过渡平面距离，使线路的选择更容易避开地下构筑物和高架地面建筑物，有效地节省征地费用，并减少对景观的影响。

③振动小、噪声低。首先，直线电机车辆没有齿轮传动机构的啮合振动和噪声；其次，车轮也不是驱动轮，没有动力轮对与钢轨蠕滑滚动产生的振动和噪声；另外，径向转向架具有良好的曲线通过性能，有效减少了通过曲线时轮轨冲角带来的振动和噪声。因此，直线电机车辆在运行时有效降低了噪声和振动，有利于环境保护。

④工程造价相对较小。对于地下线路，由于直线电机车辆可降低地板高度，且不牺牲车内的空间，使其轮廓尺寸较传统的采用旋转电机的钢轮钢轨车辆小。因此，隧道直径可以减小，可大大节省区间土建的工程投资。

对于高架线路，由于直线电机车辆尺寸小、重量轻，可使高架桥设计成轻型的结构，大幅度地降低工程造价，土建基本费用可以节省 30%左右。

由于直线电机车辆转弯半径小，车场咽喉区有效长可明显缩短，车辆段设置更加紧凑，对于车辆基地的土建投资也可有所降低。

⑤人员及维修成本较低。由于采用高度自动化和无人驾驶技术后，工作人员能够大幅度减少。以温哥华 ALRT 系统为例，平均 15.7 人/km，大约为国内地铁系统的 1/4～1/7。

由于直线电机车辆车轮仅仅起到支撑和导向作用，故轮缘和轨道的磨耗大大减少，转向架和直线电机结构都比采用旋转电机的钢轮钢轨车辆简单，因此车辆维修工作量可明显减少，同时维修人员数量也相应减少，维修成本较低。

⑥良好的编组灵活性和运营适应性。由于直线电机车辆具有比传统车辆更强的加速减速性能、更高的停车位置控制精度，因此更容易实现小编组、高密度、自动驾驶的运行模式，可以实现 2～10 辆的灵活编组，适应不同的客运量需要，发车间隔可达 60s。同时，由于直线电机车辆仍采用钢轮和钢轨来支撑和引导车辆运行，所以仍可采用长期运用的、技术成熟的、安全可靠的轨道电路信号系统来实行对列车的信号传输、运行监控和集中调度，运营适应性较好。

(2)主要缺点

①磁浮技术不如钢轮钢轨技术成熟。目前，在温哥华、蒙特利尔、多伦多、东京、大阪、吉隆坡、纽约等十多个城市修建了直线电机轨道线路，已投入运营的线路超过了 100km，一些新线仍在建设之中。在国内，目前广州地铁 4 号线采用了直线电机 L_b 型车的地铁系统，成为国内首条采用直线电机车辆的轨道交通线路。自 1985 年世界上第一条采用直线电机车辆的加拿大多伦多 Scarborough 线开通运营至今，也只有 20 余年的应用历史，技术不如钢轮钢轨技术成熟。

由于直线电机车辆采用常导磁浮技术进行载重，仍存在一些技术上的难题。例如，对直线电机气隙的安装、运行、维护较为困难，以及如何确保运行中气隙的精度，目前仍是直线电机车辆的技术难题，容易引发安全性问题。

②运营能耗大。由于直线电机定子和转子之间有较大的空气间隙，直线电机效率比旋转电机低。在相同的转差率条件下，直线电机的效率接近 70%，而旋转感应电机与其相适应的变速器的效率接近 90%。因此，直线电机每吨公里需要多消耗 20%的能量，相比钢轮钢轨车辆运营能耗较大。

③国产化水平较低，车辆造价较高。目前，世界上只有日本和加拿大具有直线电机车辆的设计制造能力，主要包括加拿大的 MK1、MK2 型车以及日本的 70 系和 12-000 系等车辆类型，供应厂商数量少，且主要生产中小运量的直线电机车辆。

广州轨道交通 4 号线作为全世界首条中大运量的直线电机线路，车辆主要借鉴加拿大温哥华"空中列车"直线电机系统的相关技术标准，由青岛南车集团四方机车股份公司通过引进消化吸收与自主创新相结合的技术路线进行制造，国产化水平相对较低，车辆整体造价相对较高。

(3)适用范围

通过对主要技术特点的分析，采用直线电机 L_b 型车的地铁系统一般适用于以下范围：

①客流较大、构筑物密集、线路转弯半径小、坡度大的，环境条件要求较高的中心城地下或高架线路；

②客流较大、线路条件较差、联络中心城与外围区域的地下或高架线路，如丘陵复杂地段等。

3)胶轮地铁

胶轮地铁虽然应用较少，没有被纳入我国规范，但在国外、境外少数国家、地区也有采用，且仍被当地定义为地铁系统，如法国巴黎 1 号线(图 2-4)和 14 号线、我国台湾地区台北的木栅线等，因此这里也作一论述。

(1)胶轮地铁的走行系统

传统的橡胶轮制式车辆在基本原理和设计上并无太多的特殊之处，只是在普通车辆的钢轮转向架上增加了驱动和导向橡胶轮(图 2-5)。

胶轮地铁车辆的走行轮，行驶在一对平行的采用宽翼工型钢或混凝土筑成的带形平板轨道上，两条平板轨道分别设在左右两条钢轨的外侧。列车运行依靠各转向架前后的一对水平胶轮紧抵道床两侧的导向轨滚行实现导向运行。

列车正常运行工况下，利用橡胶轮与混凝土或钢制轨道梁的接触摩擦来实现列车驱动；在橡胶轮漏气的紧急情况下，由钢轮来替代实现黏着驱动；在列车通过道岔区段时，因侧向导向轨中断，钢轮也承担导向和走行的功能。因此对于胶轮地铁来说，虽有两套系统，但钢轮只作为安全备用装置，并不作为主要的走行系统。

图 2-4 巴黎地铁 1 号线的胶轮地铁系统

图 2-5 Mp89 型车辆的转向架

(2)胶轮地铁的优点

橡胶轮制式车辆具有较高的黏着系数，能发挥较大的启动牵引力和制动力，爬坡能力也高于常规的钢轮制式车辆，运行时的噪声也相对低些，乘坐舒适性也较好。随着技术进步，胶轮地铁也实现了现代化的改造。如巴黎 1998 年开通的地铁 14 号线胶轮地铁，已实现了列车的无人驾驶。

(3)胶轮地铁的缺点

胶轮车辆的走行部结构较为复杂、运行阻力较大、能耗相对较大，橡胶轮磨损带来的粉尘会污染环境，胶轮的承载能力相对较小、使用寿命也短；同时，与传统的钢轮地铁相比，胶轮承载力低，负荷受限。因此，这种胶轮地铁在世界各地使用不多，除因旧线改造创造了这种制式的法国外，只有日本的札幌和南美洲的少数城市采用。但札幌的胶轮地铁与法国的有所不同，虽然主要还是依靠胶轮驱动，但导向系统采用设在道床中央的倒 T 形(早期采用工形)钢质导向轨，列车水平导向轮夹行于导向轨的两侧，实现导向行驶，且完全摒弃了钢轮系统，实现了构造的简化。

(4)胶轮地铁的适用范围

胶轮制式车辆适用于线路坡度大，沿途环境对噪声较敏感的线路，如居民区、学校、医院以及办公场所等附近的地区及高架线路。

2. 轻轨系统

轻轨系统(Light Rail Transit)是一种中运量的轨道运输系统，采用钢轮钢轨导向，标准轨距(1 435mm)，主要在城市地面或高架桥上运行，线路采用地面专用轨道或高架轨道，遇繁华街区，也可进入地下或与地铁接轨。

根据我国《城市轨道交通工程项目建设标准》，轻轨是泛指中运量的城市轨道交通系统；而欧洲所说的“轻轨”LRT(Light Rail Transit)是特指现代有轨电车。因此，在我国“轻轨”一词所涵盖的范围比欧洲的定义更宽泛，一般包括使用小型地铁车辆 C 型车的准地铁(图 2-6)、使用 C 型车的

图 2-6 武汉轻轨

直线电机系统以及现代有轨电车(图 2-7)。这里需要说明的是,地铁和轻轨按运输能力的分类只具有相对意义,并无精确的界限,这也符合模糊聚类分析的一般原理。因此,在《城市轨道交通工程项目建设标准》(建标 104—2008)中,只按运输能力将城市快速轨道交通分为三大类:高运量(单向运能 4.5 万~7 万人次),大运量(单向运能 2.5 万~5 万人次),中运量(单向运能1 万~3万人次)。这里并未指明高运量一定是市郊铁路,大运量一定是地铁,中运量一定是轻轨,其边界是有搭接的,以适应具体线路的客运能力。

图 2-7　现代有轨电车

轻轨和地面公交相比,轻轨的造价高,但人均运营费用低,生命周期长,运营速度高,污染小;和地铁相比,轻轨的建造费用和运营成本低,但运营速度相对较低。因此为了定义兼容,本书的轻轨包含准地铁 C 型车、直线电机 C 型车和新型有轨电车。

由于轻轨造价低、建设速度快,是世界各国轨道交通建设的首选。目前世界上拥有轨道交通的城市中,拥有轻轨系统的占到了 90%以上。总体看来,国外轻轨的发展有三种模式:改造旧式有轨电车为现代化的新型有轨电车,这种模式以德国、前苏联以及东欧各国为典型代表;利用废弃铁路线路改建成轻轨线路,这种方式以美国圣迭戈(San Diego)轻轨交通为代表,瑞典的哥德堡和德国的卡尔马克思州也采用了这种方式;新建轻轨交通线路,以马尼拉、鹿特丹等城市为代表。

轻轨车辆的基本车型为准地铁 C 型车、直线电机 C 型车和现代有轨电车。前两种车辆的基本宽度都是 2 600mm。上海 5、6、8 号线采用的就是小型地铁车,根据其车辆宽度和运载能力,属中运量轻轨系统。根据我国《轻轨交通车辆通用技术条件》(CJ/T 5021—95)的规定,现代有轨电车分 C-I 型、C-II 型和 C-III 型三种,如表 2-5 所示。其中与地铁车辆(轴重为 14t 和 16t)的最大差别是轴重,轻轨车轴重在 11t 以内。

现代有轨电车分类表　　表 2-5

类　型	车　体	低地板车型	高地板车型
C-I 型	单节 4 轴轻轨车	C-I(D)	C-I(G)
C-II 型	单铰双节 6 轴轻轨车	C-II(D)	C-II(G)
C-III 型	双铰三节 8 轴轻轨车	C-III(D)	C-III(G)

表中所示的现代有轨电车的列车编组,通常由 1~3 辆组成,列车长度一般不超过 90m,最高行车速度应大于等于 60km/h,站台最大长度应小于等于 100m。

直线电机 C 型车,通常可采用 2 辆、4 辆或 6 辆编组,站台长度应小于 100m。当前,采用直线电机 C 型车的轻轨系统,在我国尚无应用实例。

上述三大类轻轨的主要技术标准如表 2-6 所示。

轻轨系统主要技术标准表 表 2-6

	车　　型	C-I 型	C-II 型	C-III 型	直线电机 C 型	小 型 地 铁
线路	车辆基本宽度(mm)	2 600	2 600	2 600	2 600	2 600
	车辆基本长度(m)	18.9	22.3	30.4	16.5	19.49/19.44
	车辆最大轴重(t)	11	11	11	11	≤14
	列车编组(辆)	1～3	1～3	1～3	2～6	4～7
	列车长度(m)	60	70	90	99	80～140
车辆	形态、形式	高架、地面或地下,封闭或专用车道			封闭	高架、地面或地下,封闭
	线路半径(m)	≥50			≥60	≥140
	线路坡度(‰)	≤60				≤30
客运能力(万人次/h)		1.0～3.0				2.0～3.5
供电电压及方式		DC750V/1500V、架空接触网或第三轨供电				DC1500 接触网供电
平均运行速度(km/h)		25～35				

由于准地铁车辆特性与地铁车辆类似,而采用 C 型车的直线电机轻轨系统在我国尚无应用实例,所以下面只重点讨论现代有轨电车的轻轨模式。此外,为了进行比较,附带对属于低运量的有轨电车(并非属于轻轨)也一并加以论述。请注意,有轨电车在“城市轨道交通”范畴之内,但并不属于“城市快速轨道交通”,后者只包括高运量、大运量、中运量城市轨道交通系统,并不包括低运量的有轨电车。

1)现代有轨电车(铰接车)

(1)主要优点

①运行速度较快。现代有轨电车最高运行速度 80～90km/h,有的甚至可达 100km/h,便于缩短乘客的旅行时间,提高乘客出行的快捷性。

②转弯半径小,爬坡能力较强。现代有轨电车一般采用铰接车,其宽度、长度较地铁系统车辆小,能够适应较小的转弯半径。同时由于编组较小,动拖能力比一般的较高,列车具有较强的爬坡能力,可以适应线路条件较差的线路。

③运营相对灵活。现代有轨电车转向架布置具有较大的灵活性,列车长度可根据断面客流灵活配置,从而提高了运营的灵活性,加强了车辆的满载率,保证了较高的客流效益。

④整体造价相对较低。车辆轴重较轻,土建造价较低,相比同等规模的地铁系统,工程前期整体造价只有地铁系统的 1/5～1/2。

⑤车辆采用低地板,方便乘客上下。采用低地板的 C 型车技术比较成熟,车辆地板距轨面高度较小,可有效降低站台高度,方便乘客上下车。

⑥振动和噪声相对较小。传统车辆同一车轴两侧车轮固定压装在车轴上,两侧车轮一直保持同步转动状态,在直线上运行时,线路的不平顺使其产生蛇行运动;在曲线上运行时,轮对在同步转动条件下,内外轨上行走的不等距离不能完全依靠车轮不同半径的滚动圆来弥补,因此在轮轨之间产生很大的滑动、磨耗和噪声。

而应用大量现代技术使现代有轨电车适用性能得到较大提升,例如独立车轮技术的应用,使两个车轮能够分别独立旋转,在理论上不存在纵向蠕滑力,不会产生蛇行,可有效减少振动和噪声,对环境的影响较小。

(2)主要缺点

由于C型车的宽度、长度一般相对地铁车辆较小，且编组也较小，使其客运能力较小，一般只可满足中小运量等级的客流运输需求。

(3)适用范围

通过对主要技术特点的分析，采用现代有轨电车的轻轨系统一般比较适用于以下范围：

①客流较小、构筑物比较密集、线路条件一般、环境要求较高的中心城地下或高架线路；

②联络中心城与城市外围区域之间、客流较小、线路条件一般的线路，敷设方式以地面和高架为主；

③联络城市外围区域内部客流集散点、客流相对集中、线路条件一般的线路，敷设方式以地面和高架为主；

④联络新城内部客流集散点的接驳线路，敷设方式以高架或地面为主；

⑤旅游区域景点之间的联络线路或旅游观光线路。

2)有轨电车

有轨电车属于低运量的城市轨道交通系统，电车轨道主要铺设在城市道路路面上，车辆与其他地面交通混合运行，根据街道条件，又可分为三种情况：①混合车道；②半封闭专用车道——在道路平交道口处，采用优先通行信号；③全封闭专用车道——在道路交叉口采用立体交叉方式通过。

有轨电车以单车运行为主，车辆基本长度为12.5m，也可联挂运行，但不宜超过2辆车联挂。当前有轨电车的车型发展趋势为低地板车厢，车站可考虑设在街道两旁人行道上的单侧布局或设在道路中央分隔带上的中央布局，具体选用应与地区规划、周围地形和环境密切配合，形式可灵活多样；有轨电车线路站间距通常不超过1.0km，适用于线路较短、客流较小、线路条件较好、交通干扰较小、环境要求较高的城市外围区域，新城内部的地面线路，以及观光旅游等具有特殊服务需求的线路。我国大连市目前运营的有轨电车如图2-8所示。

图2-8 大连有轨电车

3.单轨系统

单轨系统从运输能力角度讲，虽然同属中运量的轻轨系统，但由于其走行方式和结构形式比较特殊，近来人们更倾向于将它单列出来，以区别于一般以轮对(双轨)为支承和导向的轨道交通系统。在此，我们再次见证了轨道交通分类的模糊性。

单轨交通(Monorail Transit),又称为独轨交通,车辆在高架线路上运行,轨道为一条带形的梁体。车辆跨坐于其上或悬挂于其下行驶,按此单轨系统分为跨座式单轨(Straddle Monorail)和悬挂式单轨(Suspended Monorail)两种类型。跨座式单轨系统,如图2-9、图2-10所示,车辆骑行于轨道梁的上方,车辆除底部的走行轮外,在车体的两侧下垂部分尚有水平安装的导向轮和稳定轮,夹行于轨道梁的两侧,保证车辆沿轨道安全平稳地行驶(图2-11)。悬挂式单轨交通,车辆悬挂于轨道梁下方行驶,如图2-12所示。轨道梁为下部开口的箱形钢梁,车辆走行轮与导向轮均置于箱形梁内,沿梁内设置的轨道行驶。单轨系统主要技术标准见表2-7。

图2-9　日本冲绳的跨座式单轨

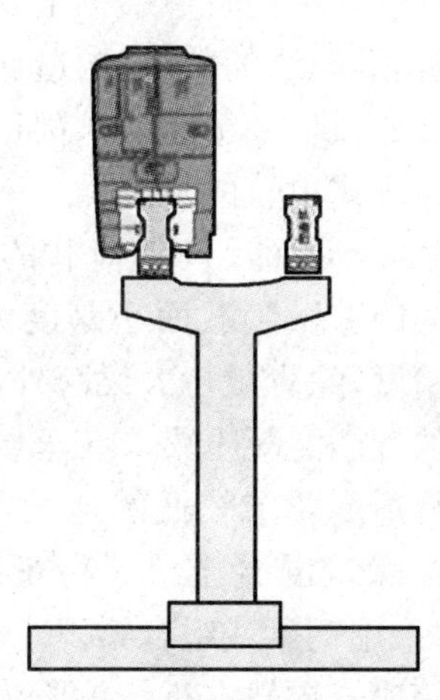

图2-10　日立1000型跨座式单轨示意图

图2-11　跨座式单轨系统的走行装置

图2-12　德国wuppertal市的悬挂式单轨

单轨系统主要技术标准表　　表2-7

项　目		标准及特征
车辆	列车编组(辆)	4～6
	列车长度(m)	60～85
线路	形态、形式	高架
	线路半径(m)	≥50
	线路坡度(‰)	≤60

续上表

项　目	标准及特征
客运能力(万人次/h)	1.0～2.5
供电电压及方式	DC750V或1500V,接触网或三轨供电
平均运行速度(km/h)	20～35

1)轨道

单轨系统的轨道结构主要为轨道梁,它不仅是列车的承重结构和运行轨道,也是供电、信号、通信等缆线的载体,构造比较复杂。为保证列车安全和乘行舒适的需要,梁体的制作和施工安装的质量及精度要求都很高。

跨座式单轨的轨道梁,一般为工字形截面或矩形截面,截面尺寸随荷载的不同而改变。为使轨道梁能够做到截面小跨度大,且保证较高的质量和精度,除少数特大梁跨外,一般都采用在工厂预制的钢筋混凝土梁。在车场内的地面线路等对行车舒适度要求较低的地段,通常采用精度略低的现场浇筑混凝土梁。在正线上桥跨很大的地方,常采用钢梁或组合梁。

图2-13　跨座式单轨的道岔结构

跨座式单轨在正线地段为保证车辆的平顺通过,采用关节可挠型道岔,即曲线道岔(图2-13);在车场内等低速和无乘客乘坐的车辆通过的道岔,一般采用关节型道岔,即折线型道岔。道岔由多节钢制道岔梁联结组成,前者构造较后者复杂。悬挂式单轨车辆改变行车方向时,通过箱形梁内可动轨的水平移动实现。

跨座式单轨轨道梁的支柱通常采用钢筋混凝土结构,依据线路途经道路条件的限制,外形主要有T形、倒L形、门形以及叠式T形等。悬挂式单轨轨道梁的支柱有T形、倒L形、门形、球拍形等多种形式,如图2-14所示。

图2-14　悬挂式单轨轨道梁支柱的三种类型

2)车辆

跨座式单轨交通的车辆是跨骑于轨道梁上行驶,车辆上部乘坐乘客的厢体与一般轨道交通的车辆构造基本相同,只是根据客运要求对车辆的尺寸采用不同的设计。由于车辆采用充气橡胶车轮,承载力受到制约,一般采用铝合金焊接结构来减轻车体重量。

3)单轨系统的技术特点

(1)单轨系统的优点

①行驶速度快、运量大。单轨系统是立体型交通，不会受到地面其他交通工具和行人的干扰，因此可以快速行驶，车辆运行的最高速度可达 80km/h，平均运速为 20～35km/h，略低于地铁及轻轨的速度。

②转弯半径小，爬坡能力强。单轨交通由于车辆采用橡胶轮胎，具有较强的爬坡能力，最大坡度可达 10%，车辆能够通过最小曲线半径为 30m，这是一般钢轮钢轨系统无法达到的。

③建设工期短、造价低。单轨系统结构构造比较简单。跨座式单轨交通的混凝土支柱通常采用现场浇筑，但主要部件轨道梁则在工厂预制，现场架设安装；悬挂式单轨交通的工程结构基本为钢结构，更利于采用工厂预制、现场组装的方式，因此建设速度快、工期短。

④占地面积小、空间体积小。由于承受的荷载比其他轨道交通相对要小，单轨系统高架结构支柱的柱径一般为 1.0～1.5m，占地面积不大。支柱通常又设置在城市道路中央隔离带内，对地面交通和景观影响都比较小。有的城市如马来西亚的吉隆坡和我国重庆单轨的支柱柱面还布置了灯饰、广告及垂直绿化等，使柱体成为街景的有机组成部分。

⑤乘行安全、舒适。单轨系统为立体交通，路权专有，因此不会因与其他交通系统冲突而危及安全。跨座式单轨的车辆由于有两侧稳定轮夹行于轨道梁上，而悬挂式单轨车辆走行于箱形梁内，因此均无脱轨危险。走行轮、导向轮、稳定轮均配有辅助车轮，当充气轮胎爆裂或泄气时，也可保证行驶车辆安全。雪天，跨座式单轨轨道梁面窄小，积雪容易清除，而悬挂式单轨走行系统均内嵌在箱形梁内，不会受到雨雪影响。此外，单轨交通车辆和道岔系统均有自动保护和自动控制系统，可防止发生意外、保证安全。

由于车辆采用充有惰性气体的橡胶车轮，转向架又配有空气弹簧，因此乘坐舒服。同时，单轨交通基本多为高架结构，车厢视野开阔，乘客可凭窗眺望，观赏城市市容和周边景色。

⑥对环境污染较小。现代单轨系统均采用电力牵引，不会产生废气污染周边环境。高架线路的结构顶部仅为两根细长的纵梁，透空性好，不像地铁、轻轨和公路的板块式高架桥那样，影响地面机动车废气的排散和地面绿化的采光，被板块式高架桥折返的各种回声也会增强噪声污染。

由于单轨交通系统采用胶轮车辆，产生的噪声和振动都比较小，车辆行驶振动激发梁柱形成的二次辐射噪声也很小。

⑦对居民正常生活干扰小。许多城市交通的高架桥，由于大型的实体结构遮挡阳光，以及车辆运行产生的电磁波和夜间头灯强光照射都会给沿线居民的正常生活带来影响，而单轨系统在这些方面的干扰影响都比较小。

(2)单轨系统的缺点

①事故救援较困难。列车在空中行驶，在区间万一发生故障，虽然事故列车可采用其他动力牵引至邻近车站，或采用本线或相邻线路列车将乘客接走等方式解救乘客，但救援工作毕竟复杂，而且乘客只能被动等待救援。不过由于当代技术可靠性高，安全保障系统一般都很可靠，正常状态下事故发生的几率是极小的。日本单轨系统已运行 40 年，从未发生过重大安全事故；德国乌伯塔市的悬挂式单轨已运营 100 多年，也未发生过重大事故，2002 年乌伯塔市隆重纪念悬挂式单轨安全运营 100 周年。

②道岔构造比较复杂。跨座式单轨道岔形体比较笨重，转换一次道岔的时间一般都需要 10s 以上，而且列车还须减速通过道岔，降低了列车平均运速和延长了折返时间，使增加行车密度受到了制约。单轨系统的行车间隔难以低于 2.5min，因此增加运量只能靠加大列车编组。比较而言，悬挂式单轨的道岔转换要比跨座式单轨简单。

③能耗大,寿命短。单轨交通由于采用橡胶轮胎在混凝土梁上行驶,其滚动摩擦阻力约为钢轮钢轨的5~8倍,故能耗相对较高。同时,胶轮耐磨性差,使用寿命比钢轮短。另外,单轨系统受轮胎承载力的限制,每一橡胶车轮的承载力不超过5.5t,其载客量和车辆长度均受到一定的限制。

④有粉尘污染。胶轮行驶磨耗下的橡胶粉尘,及集电器与导电轨滑行摩擦产生的金属粉尘,对大气也会产生微量的污染。

4)跨座式单轨与悬挂式单轨的比较

跨座式单轨交通和悬挂式单轨交通在构造等方面尚有许多其他差异,主要区别如表2-8所示。

跨座式单轨交通和悬挂式单轨交通的比较 表2-8

比较内容	跨座式	悬挂式
工程结构	车辆形式在轨道梁上,梁下最小净高满足街道车辆限界尺寸即可; 轨道梁等可采用预应力混凝土及钢筋混凝土结构,造价低; 支柱及部分轨道梁采用现场浇筑的钢筋混凝土结构,施工工期较长	车辆行驶在轨道梁下,故桥梁结构抬起高度大; 轨道梁等采用钢结构,造价高; 钢梁等工厂制作,现场拼接建设速度快
维护保养	混凝土结构维护工作量小; 轨道梁、导电轨,道岔均显露于外部,检查方便	钢结构维修养护工作量大; 导电轨,走行系统等均藏于钢梁内部,不能直观检查
站台安全	站台面距道床底板高约3m,需考虑防跌落措施	站台面距道床底板面约0.5m,比较安全
线路曲线	最小曲线半径受到一定制约(因车辆构造与轨道梁的关系等)	最小曲线半径受限制极小,可平顺通过
气候影响	轨道梁面易受雨、霜、雪影响虽易于清除,但也影响黏着力,有些地方需考虑防滑措施	走行系统均在钢梁内部,不受气候影响,钢结构受气温影响大,在气温变化剧烈地区,要采取相应措施
胶轮磨耗	混凝土梁面(一般经耐磨处理)摩擦力大,胶轮磨耗相对大	轨道面为模制或用树脂、砂浆制成,与胶轮磨合性能好,磨耗小。胶轮使用寿命约比跨座式长1倍

5)单轨系统的适用范围

单轨系统是一种组成比较灵活的轨道交通系统,根据需求其系统规模可以设计成从小型到大型的各种尺寸,设备配置也可以采用简单或复杂,又具有爬坡能力强、转弯半径小等特点,所以能够满足各类城市的不同交通量需求,适应不同地形及道路条件。从使用功能方面区分,可以作为中运量城市客运交通系统和低运量短途客运交通工具。

(1)中运量城市客运交通

单轨系统是多节车辆编组成列运行的立体型轨道交通,因此运量和平均运速高于在地面行驶的公共汽、电车,单轨交通由于走行系统用充气橡胶车轮,承载力受到一定的限制,又因基本沿城市街道上方空间走行,车站长度不宜过长,以免对城市景观环境带来较大的负面影响(在日本,规定高架车站站台长度不得超过100m),因此列车编组的车辆节数受到限制,加之道岔转换时间较长,制约了行车密度。

因此，依据单轨系统的运送能力，可以作为大城市轨道交通网络中的中运量交通线路，如日本东京的多摩线、中国重庆的较新线、马来西亚吉隆坡市的单轨交通线(KL monorail)。在中等城市，单轨系统则可作为主要交通干线，如德国乌伯塔市的悬挂式单轨交通、日本冲绳那霸市的跨座式单轨交通等。

(2)低运量短途客运交通

由于单轨系统构造灵活，建设简单，规模大小又可根据需要选择，因此在城市短途、低运量客运交通中也得到广泛应用。

①市区通向机场、码头等对外交通枢纽的专用线，或者范围较大的机场内部交通线。

这种交通线路通常不长，一般为几千米，大机场内部联络的线路则会更短，这类客流不是很大，而且性质比较单一，基本是两点间交通，但服务质量要求较高，乘客都期望乘行快速、准时、舒适、安全的交通工具，单轨系统能很好地满足这些要求。

②大型游乐场所、博览会等内部客运专用线。

大型游乐场所和博览会，场地范围一般都很大，而且这些场所的景点、展馆多而分散，为满足游客和参观者的交通需求和增加观光游览的乐趣，许多地方都采用系统较简单、规模较小的单轨交通。如日本东京的上野公园、名古屋东山动物园、向丘乐园，都分别建有长度为 0.5km 或 1km 左右的单轨系统。我国深圳"世界之窗"游乐园也建有游览兼代步的简易单轨系统。

4. 自动导向系统

自动导向交通(Automated Guideway Transit，简称 AGT)是一种车辆采用橡胶轮胎在专用轨道上运行的中运量旅客运输系统，其列车沿着特制的导向装置行驶，车辆运行和车站管理采用计算机控制，可实现全自动控制和无人驾驶，通常在繁华市区线路可采用地下隧道，在市区边缘或郊外宜采用高架结构。

这种交通模式最早出现在美国，当初多为一种穿梭式往返运送乘客的短距离交通工具，故曾被称为"水平电梯"(Horizontal Elevators)，因轨道线路一般采用高架形式，也称为"空中巴士"(Sky Bus)或"快速交通"(Transit Expressway)。在逐渐发展成一种城市客运交通工具后，一般便统称为"客运系统"(People Mover System)。法国与日本将 AGT 技术进一步发展并应用于城市地区的中运量大众运输，在法国称 Vehicule Automatique Leger，简称 VAL；日本则以"新交通系统"(新交通システム)统称 AGT 技术类型的中运量运输系统。

1)自动导轨系统的分类

当前，作为客运交通工具的自动导向系统在不同的国家被分为多个类别。

(1)美国的客运系统(People Mover System)

①穿梭/环形短途运输系统(Shuttle/Loop Transit，简称 SLT)。这是 AGT 系统中最简单的一种，分穿梭与环形运输两种。穿梭式系统使用较大型车厢(容量约 100 人)，通常具有站位，沿固定路线行驶；从甲地驶到乙地，再从乙地驶回甲地，如此来回输运，其作用如同高楼中的自动电梯，故又称水平电梯。除可做两点间直接输运外，中途亦可设站。环路式则沿环状路径绕圈行驶，中途设站停留。

②团组快速交通(Group Rapid Transit，简称 GRT)。这种系统的主要服务对象为具相同出发地点与目的地的团组型乘客，通常使用载运量为 12～70 人之中型车厢，故可视为一种自动行驶的公共汽车(Automated Bus)。其与 SLT 不同之处：因容量较小，除可有较密的班次外，还可设置分岔路线，以便选择性地绕行主线，收集支线的乘客。运行班次间隔可从 3s～1min，服务方式可分定时排列班次或中途不停留的区间快速运输。1974 年 1 月启用的美国德

州达拉斯机场的 PMS 系统(图 2-15)以及 1975 年通车的西弗杰尼亚大学摩根镇(Morgantown)运人系统(图 2-16)均属 GRT 的应用例子。2008 年投入运营的我国北京首都机场第三航站楼也已开通了 PMS 系统,如图 2-17 所示。

图 2-15　美国德克萨斯州达拉斯机场的 People Mover System

图 2-16　美国 Morgantown 的 GRT 系统

图 2-17　北京首都机场的 PMS 系统

③个人快速交通(Personal Rapid Transit,简称 PRT)。从技术层次及载运形态而言,这种系统才是真正的运"人"系统(True Personal Rapid Transit)。其主要特色为在精密电脑自动化控制系统的管制下,使用 2~6 人容量的小型车厢,在复杂的路网中运载乘客,并经由岔道(Switch)转出或进入主干线。

通过以上分析可知,穿梭/环路式短途运输系统(SLT)虽然在技术应用层面上较简单,但它可提供机场或都市特定区内的往复或环流交通功能,也可以在各种活动中心(如购物中心、运输中心、娱乐园区等)间做串联式的联络服务,因此其运载容量不但高于团组快速交通(GRT)与个人快速交通(PRT),且可以通过联挂成列车的方式来适应中运量的运输需求。

(2)日本的新交通系统(新交通システム)

自动导轨运输系统(Automated Guideway Transit,简称 AGT)在日本被称为"新交通系统"(新交通システム),主要取意于这种系统是最近几十年间研发的成果,凭借高度自动化的新颖科学技术,所以有别于传统的运输技术。20 世纪 60 年代后期,当美国极力发展 AGT 技术时,日本已开始注意这种新技术的研究。1968 年,首先由东京大学着手进行一个类似美国 PRT(Personal Rapid Transit)的"CVS(Computer-Controlled Vehicle System)计划",CVS 即"计算机控制的车辆系统"。这种新型交通工具的开发,还引起钢铁、汽车制造、通信、机电等各行业企业的广泛兴趣，纷纷独立或联合美国公司合作试验，积极开发。图 2-18 是日本关西机场的新交通系统。

(3)法国的 VAL 系统(Vehicule Automatique Leger)

"VAL"系法文"Vehicule Automatique Leger"的缩写，英文字义为"Light Automated Vehicle"，意即"轻型自动化运行车辆"，如图 2-19 所示。另外一种非正式的说法是，因为这种自动导轨系统首先用于连接里尔南方新镇 VilleNeuve D Ascq 及 Lille 市区的轨道交通，故取地名缩写"VAL"作为系统名称。不管怎样，VAL 现在已成为法国中运量自动导轨运输系统的代名词。我国台湾地区台北木栅线采用的就是 VAL 系统(图 1-32)。

图 2-18　日本关西机场的新交通系统

图 2-19　法国 OrlyVal Orly 的 VAL 系统

2)自动导轨系统的技术特点

自动导轨系统的线路通常都采用高架形式，也有因城市地形、地貌、已有建筑物等原因，部分走行于地面或地下隧道内，其支撑或维护结构，如高架桥、隧道等与常规的城市轨道交通采用的结构没有实质区别。

自动导轨交通的轨道，一般采用两条平行的钢筋混凝土长条形板带，供车辆橡胶走行轮在上面行驶。导向轨则有两种布置形式，一种布置于轨道线路的两侧，车体侧向的水平轮沿导向轨铅垂面导向运行；另一种是导向轨设于两条轨道之间。有的采用在线路中心线处设工字形钢质导轨，两水平导向轮夹其腹板导向行驶；有的为两条行车轨道间的中央沟槽中，导向轮沿行车轨道侧壁导向行驶。

自动导轨交通改变行驶路线时采用的道岔，有水平移动式道岔和竖向沉浮式道岔两种，普遍采用的是水平移动式道岔。

车辆走行轮和导向轮均采用橡胶车轮。

车辆行驶通常采用直流 750V 电源，自动控制、无人驾驶，也有的采用在一名驾驶员监护下自动控制运行。

(1)优点分析

自动导轨交通由于全自动化运作，以及车辆体型相对短小、重量轻和其构造具备的特点，使其具有许多一般中运量轨道交通难以相比的优点。计算机控制的自动导轨交通，可以使行车间隔缩小至 1min，实现高密度、小编组、安全快速运行，克服了常规地面交通运行密度高但速度不快，地铁等轨道交通速度快而难以达到高密度运行的缺点，可使乘客快速、准点、安全地到达目的地，并且可以缩短乘客候车时间，舒适乘行，从而进一步提高了客运服务质量。从功能角度分析，自动导轨交通还具有以下优点。

①自动化驾驶可以准确地按运行指令运作，反应快速，准确度很高，可以避免人工驾驶因长时间操作而引起的疲劳和思维迟钝，造成驾驶失准和失误；而且自动化控制有一系列安全保障配置，可以防超速、防追尾等，安全性高。

②自动化运行可以使行车安排和调度具有很强的科学性和灵活性，能够恰当、经济地满足运营需求。特别是对客流变化幅度很大的线路，如沿线有突发性客流的场所，像剧院、展览会等，此系统可以迅速补添车次或改变列车编组，以满足和适应及时运送乘客的需要。

③在行车指挥、车站管理、电力调度、防灾报警、售检票及数据统计等方面广泛采用了计算机系统，不仅极大地提高了功效，而且由于列车无驾驶人员，车站及许多设备无人或只需要很少人员值守，大大节省了人力，这对于人力占成本比例很高的经济发达国家具有更重要的意义。

④基于应用高水平自动化技术，列车可以采用高密度、小编组运行。由于列车节数少，所需站台长度短，因此可以减少车站建设费用，对于地下车站还可以减少通风、空调、照明等设备的数量及能源消耗。

自动导轨交通不仅车辆体型小，而且车体材料采用轻质金属，因此重量也很轻，可采用较小的隧道断面和较窄的高架桥体，由于减轻了高架结构的负荷，因此可以较大幅度地降低土建工程造价，车体的重量轻还能节省牵引动力的能耗。

⑤列车采用电力牵引，不会产生废气污染；同时，又因采用橡胶车轮，对车内和周围环境产生的噪声和振动影响都非常小，噪声值一般不超过 75dB，在线路附近往往感觉不到列车通过，因此采用这种交通方式有利于环境保护。从景观看，由于车辆体型不大，地面工程结构体量相对也较小，如外观造型设计得当，易融入周围环境，产生较好的景观效果。

⑥车辆采用橡胶车轮，车轮与轨面的黏着性能好，与钢轮钢轨相比能产生较大的摩擦力，可缩短加减速度时间，增大爬坡能力，使车辆最大爬坡能力高达 7%，无乘客的情况下可达 10%。

⑦列车最小平面曲线半径仅为 30 m，又具有较大的爬坡能力，因此可以适应较为复杂的地形。在城市内易于避开现有的建筑物，减少拆迁工程量，可降低建设成本和有利于保护有价值的历史文化建筑。

⑧自动导轨交通行车密度调节范围大，并能以极高的密度运行，车体大小和列车编组又可以在一定范围内改变和调整，所以使用范围较大。除可作为城市中运量轨道交通外，还可用于运行距离短、行车密度高、客运量较大的接驳运输，如用于机场、博览会和游乐园等场合的内部交通等。

(2)自动导轨系统的缺点

自动导轨系统这种交通制式也存在一些缺点，由于采用橡胶车轮在表面粗糙的板式轨道上行驶，磨耗较大，不如一般轨道交通采用的钢轮钢轨那样经久耐用，车轮使用寿命相对较短，同时运行能耗也相应加大。此外，该系统采用充气橡胶车轮，还需要有预防爆裂和发生爆裂后的安全措施和装置。露天的线路，在雨雪天行车易打滑。自动导轨交通采用的充气橡胶车轮，其载客能力相对较低，使这种交通制式扩大载运量也受到了一定限制。

5. 磁浮系统*

磁浮列车是根据电磁学原理，利用电磁铁产生的电磁力浮起列车，也以电磁力推动列车前

---

*本部分内容为选学内容。

进的现代交通工具。由于它运行时悬浮于轨道之上，因而轮轨之间没有摩擦，这就能突破轮轨黏着极限速度的限制，可填补火车和飞机之间的速度空白，可望创造出地面交通的最高速度。

1)磁浮技术的发明

磁浮技术的研究源于德国。1922 年，工程师开普尔(H. Kemper)提出了磁浮原理，并于 1934 年获得了“没有车轮的磁悬浮车辆”的专利。由于战争，这一发明被拖延。进入 20 世纪 70 年代，日本、德国开始研究开发磁浮列车技术。

磁浮列车主要由悬浮系统、推进系统和导向系统三大部分组成。尽管可以使用与磁力无关的推进系统，但在目前的绝大部分设计中，这三部分的功能均由电磁力来完成。磁浮列车基于电磁铁同性相斥、异性相吸的原理，实现列车的浮起、推进和导向。它与轮轨铁路的根本区别在于，列车悬浮在轨道之上，运行时没有轮轨接触，不存在黏着极限速度，这就为不断提高地面交通工具的速度提供了可能。铁路列车主要靠钢轨与钢轮之间的黏着力向前推进。速度越快，黏着力越小，列车牵引力也越小，同时速度越快，空气阻力越大。根据理论公式推算，轮轨时速很难超过 375km/h。尽管 2007 年 4 月 3 日法国高速铁路“V150”试验列车以 574.8km/h 的铁路最高时速冲破了上述极限，但这一黏着极限速度肯定存在。

日本于 1972 年成功进行了 22 t 重的超导磁浮列车试验，时速达到 50km。1977 年 12 月，在宫崎磁浮试验线上，列车最高时速达到了 204km；1979 年 12 月又进一步提高到 517km；1982 年 11 月，磁浮列车的载人试验获得成功。1995 年，载人磁浮列车试验的最高时速达到 411km。为了进行东京至大阪间修建磁浮线路的可行性研究，1990 年又着手建设山梨磁浮试验线，首期 18.4km 长的试验线已于 1996 年全部建设完成。2003 年 12 月，日本铁道公司在山梨试验线上创造了时速 581km 的陆上列车速度世界纪录。

1984 年，德国在埃姆斯兰德建成一条全长 31.5km 的常导磁浮列车试验线，至今磁浮列车已更新了三代。近几年研制成功的 TR—08 型磁浮列车其最高速度可达每小时 450km。在这条试验线上，磁浮列车已累计运行了 67 万 km，有 26.3 万人乘坐过这种列车。1992 年，德国政府接受了柏林至汉堡间修建磁浮线路的计划，但由于建设资金来源、沿线居民不愿拆迁等问题久拖不决，2000 年 2 月被德国议会否决。

苏联曾研制出一辆 18 t 的磁浮车，并在一条 600 m 长的线路上进行运行试验。中国于 1991 年开始对磁浮列车进行有计划的研究，目标是中低速列车。国防科技大学、西南交通大学、铁道科学研究院、中国科学院电工所等单位独立或合作研制出了小型试验样车。

磁浮交通速度快，占地少，使用电能，对环境友好，这些优势与高速铁路类似；此外，由于列车悬浮在轨道上，所以对轨道冲击小、振动小、噪声低，也比高速铁路更节能；列车爬坡能力强；由于不存在黏着极限速度，从长远看，可代替飞机以避免空中线路过于繁忙，并节省汽油。

2)磁浮技术的分类

磁浮技术按是否利用超导电磁铁分为超导和常导两类：超导以日本的 MLX 型为代表；常导以德国的 TR 型和日本的 HSST 型为代表，如图 2-20 所示。电磁铁在通电时产生磁性：当两块电磁铁的磁性相同时，它们之间产生斥力；当磁性相异时则产生吸力。这种电磁力就是磁浮列车得以浮起的原动力。日本的中低速磁浮 HSST 型采用的是常规电磁材料所构成的两大电磁铁之间的吸引力使列车浮起，所以称为“常导”磁浮技术，此系统由车上的支持磁铁(定子)及轨道上的转子组成。这种悬浮方式具有自动恢复车辆悬浮高度的功能，不用控制就可以稳定悬浮。超导按温度不同又可以分为两种，日本研究的 MLX 型是低温超导(−269℃，液氦冷却)，利用浸入低温槽内的超导材料制成电磁线圈，由于此时电阻为零，可产生更强磁场，然后依靠两大电磁铁之间的斥力使列车浮起，所以称为“超导”磁浮技术。美欧等国有专家在研究相对高温超导的新技术（液氮冷却），这种超导磁浮技术可望在10年后进入实用化阶段。

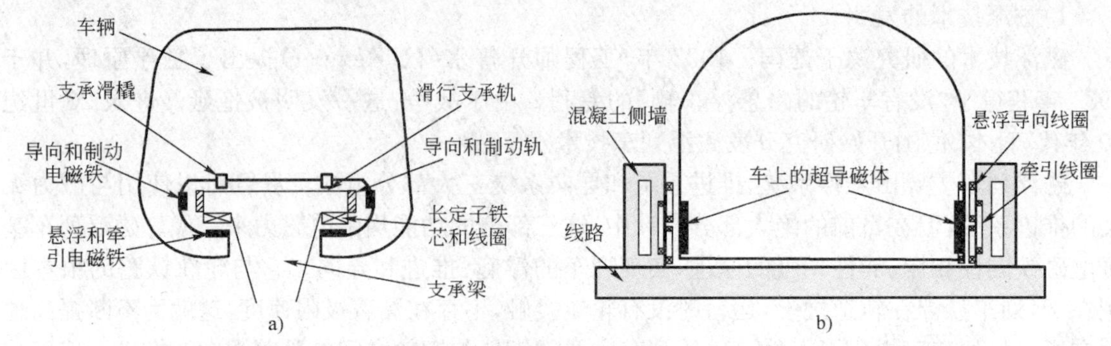

图 2-20

a)常导吸引式悬浮；b)与超导排斥式悬浮

磁浮技术按速度可分为高速磁浮（时速约500km/h）和中低速磁浮（时速约100km/h）两类，前者用于干线交通与地区交通，后者用于城市交通。由于超导磁浮列车只有当时速超过150km/h才能浮起，所以超导都是高速磁浮。常导磁浮包括高速和中低速两种类型，上海浦东磁浮线采用的是常导高速磁浮技术，最高运行速度为430km/h（图2-21），日本名古屋东部丘陵线采用的是常导中低速磁浮技术，最高运行速度为100km/h。超导磁浮列车的悬浮高度约100 mm，常导磁浮列车只有10 mm，超导对轨道的精度要求低于常导，但低温超导应用难度大，常导容易实现。超导磁辐射对人体有害，需进行磁屏蔽，常导不需要磁屏蔽。

图2-21 上海浦东高速磁浮线

高速磁浮与中低速磁浮的比较见表2-9。中国北车集团唐山轨道交通装备公司与国防科技大学合作研制的中低速磁浮样车如图2-22所示。

高速磁浮与中低速磁浮的比较 表2-9

比较项目	高速磁浮	中低速磁浮
线性电机	长定子、短转子	短定子、长转子
转向与稳定	有专门的转向控制系统	依靠自稳
供电	不需向车辆供电（定子在轨道上）	需向车辆供电（定子在车上）
适用范围	超长距离运输	城市轨道交通
最高速度（km/h）	500	120

3)磁浮列车工作原理

磁浮列车前进的动力也是电磁力,它是由直线电机提供的。直线电机的工作原理如同将旋转电动机的定子和转子剖开展平,即把转子与定子的半径想象为无穷大,这时转子的转动就改变为向前推进的平动了。

图 2-22 我国研制的中低速磁浮工程化样车下线

电磁力不仅能支承车体重量、推动列车前进,而且能用来导向。当车体没有左右位移时,导向线圈内无电流流通,也没有能耗;如果车体有左右偏移时,在导向线圈内则有与左右位移成比例的电流流通,产生复原力,从而保证磁浮列车在前进过程中始终与导轨的方向保持一致。磁浮列车工作原理见图 2-23。

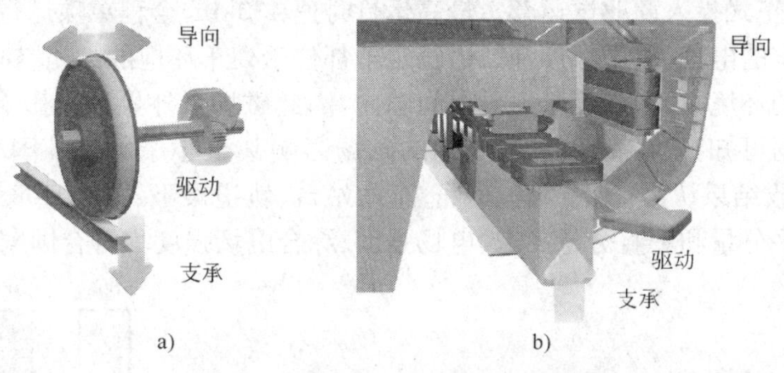

图 2-23 磁浮列车工作原理(比照轮轨系统)

a)轮轨系统;b)磁浮系统

从以上磁浮列车工作原理的简介中可知,悬浮、导向、直线电机等系统及其控制机构是磁浮技术的核心,无论在常导及超导磁浮系统中,这些技术还在不断发展、进步。

4)磁浮技术的应用

世界上正式投入运营的磁浮线有三条,即英国伯明翰线、日本名古屋东部丘陵线和上海浦东磁浮线。前两条是中低速磁浮线,上海磁浮线是世界上第一条投入商业运营的高速磁浮线。

(1)英国伯明翰线

英国进行过时速为 50km 的低速磁浮列车试验,并建设了一条从伯明翰火车站至国家展览中心的 600 m 长的运营线路。该系统于 1981 年初开工,1984 年 5 月竣工,列车最高时速 54km,最大运量每天 5.1 万人次。但因故障率高、维修成本高等原因,于 1996 年停止使用。

(2)日本名古屋东部丘陵线

东部丘陵线(Linimo)是日本第一条商业运营的磁浮交通线,建在爱知县名古屋市。名古屋是爱知县的首府和对外交通枢纽,铁路运输发达,2005 年爱知县世博会期间有大量乘客通过干线铁路经由名古屋市到达世博园区。爱知县的地方铁路——爱知环状铁路,连接了两条重要的干线铁路,是名古屋的重要对外运输通道。但是,爱知环状铁路和距世博园区最近的名古屋市内地铁东山线,都不能直接到达世博园区,为提供直接到达园区的轨道交通服务,爱知县新建了东部丘陵磁浮交通线。该线两端分别连接爱知环状铁路和名古屋地铁东山线,通过换乘形成直接到达世博园区的轨道交通系统。在高峰时段，客流从两条线换乘东部丘陵线进入世博园区，两个方向的客流较为均衡，很好地利用了该线的运输能力。

东部丘陵线采用常导吸引式磁浮系统，设计最高时速为 100km，线路全长 8.9km，设 9 座车站，除一个区间为地下和地面过渡段外，其余线路和车站均采用高架形式。工程总投资约 1 075 亿日元(约合人民币 84 亿元，每公里造价约合人民币 9.4 亿元)。东部丘陵线噪声和振动较小，乘坐舒适，车体采用大开度的车窗立面，通透感强，景观效果较好。车辆采用 HSST-100L 型，简称 TKL Linimo，3 辆车固定编组，悬浮高度 8 mm。每列车额定载客 244 人，实际载客约 360 人，其中坐席 104 人，设计最小行车间隔 5min，每小时单向额定运能约 3 000 人。目前高峰时期行车间隔为 6min，非高峰时期行车间隔为 10min，每小时单向额定运能约 2 400 人。虽然全线车站多为高架形式，但都采用了全封闭式的屏蔽门，提高了安全度，也改善了候车环境。

(3)上海浦东磁浮线

上海浦东磁浮线从浦东机场至地铁 2 号线龙阳路站，全长 30km，总投资 100 亿元人民币。它于 2004 年 5 月正式投入商业试运营。最高运行时速 430km，全程单项运行时间 7min20s。

由于磁浮列车的电气、电子部件和轨道长定子都位于列车环抱的封闭空间内，强大的磁力线是处于自封闭的环境中，即处于悬浮导向间隙内，因此磁场对外界环境影响极小，如图 2-24 所示。由测试数据可知，磁浮列车乘客受到的磁场影响甚至小于电视。国家环境保护总局 2005 年 8 月的验收结果认为：磁浮列车车厢、车站站台、轨道梁下、沿线环境敏感点、变电站，其工频磁感应水平分量和垂直分量、工频电场强度、综合电场强度均符合国家有关标准要求。

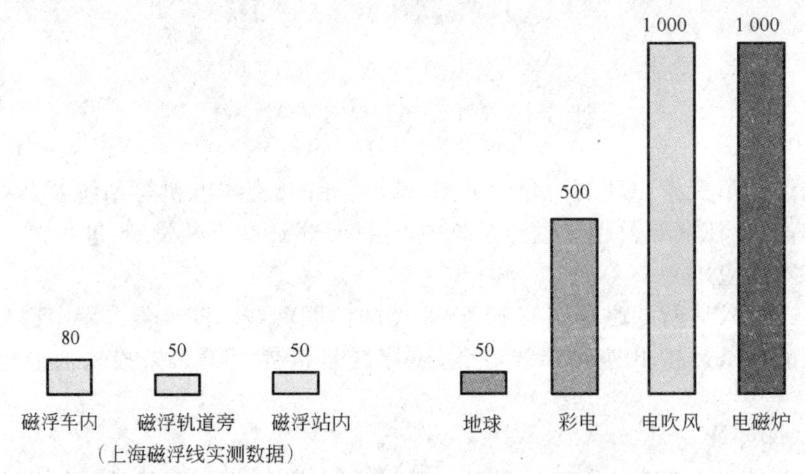

图 2-24　磁浮列车与其他场合的电磁辐射强度(单位：μT)

截至 2006 年 3 月底，上海浦东磁浮线已累计安全运行里程超过 240 万 km，运送乘客 623 万人次，并经历了积雪、大风等恶劣气候的考验。2006 年 4 月 26 日，上海浦东磁浮线正式通过国家竣工验收。

5)磁浮系统的展望

相对于高速铁路而言，磁浮列车的特点是速度更快，能耗则增加不多，很适合成为接近飞机速度的陆上交通工具。在不影响乘客舒适性的情况下，从 0 加速至 300km/h 只需要 5km 的路程。时速为 450km 的磁浮列车的气动阻力和能耗大致相当于时速为 300km 的高速轮轨列车。磁浮技术的不足之处主要是当前造价偏高。以日本为例，东京—大阪超导磁浮线每公里造价预计约合人民币 11 亿元，东部丘陵线每公里造价约合人民币 9.4 亿元，而新干线高速铁路每公里造价约合人民币 5 亿元。在日本，磁浮线路的造价大约是高速铁路的 2 倍。

从安全性角度来看，相关研究表明，德国磁浮系统的安全性大约是飞机的 20 倍、传统铁路的 250 倍和汽车的 700 倍。

交通工具的速度是乘客考虑的关键因素之一，由于各种交通工具的速度排列往往是不连续的，有些存在断档，有些存在交叠，而交叠的部分就呈现相互竞争的态势。磁浮作为陆地上最高速的运输工具，其主要功能是与飞机竞争。以日本为例，东京—大阪间的新干线铁路票价为飞机的 93%，而乘客比例却为 84%和 16%。日本市民认为，旅行时间如果在 3h 内，铁路运输相对其他运输方式就有充分的竞争力，所以 3h 内能够行驶的路程越长，这个距离带中铁路运输市场的占有率就会越高。而以磁浮系统的速度来看，3h 能够行驶上千公里，而这恰恰是飞机的适应距离。

一个国家的交通可以分为干线交通（长距离）、地区交通（中距离）和城市交通（近距离）三个层次。中国沪杭磁浮线于 2006 年 3 月获得国家批准立项，符合从城市交通到地区交通再到干线交通的稳步推进原则。美国 1/6 的企业和 1/7 的职工与汽车、公路有关，可见现代交通工具可以形成一个国家的支柱产业。中国需要加快发展铁路和城市轨道交通，中国又是第一个将高速磁浮技术投入商业运营的国家，高速铁路和磁浮技术可望孵化出一大批创新型企业，带动冶金、机电、车辆、建筑等装备制造业和信息产业，足以形成高速轨道产业链。

6. 市域快速轨道交通

市域快速轨道交通系统是一种高运量轨道运输系统，高峰小时单向客运量可达 4.5～7 万人次/h。市域快速轨道交通适用于城市大区域内重要经济区、新区或卫星城之间中长距离的客运交通系统。市域快速轨道列车主要在地面或高架桥上行驶，必要时也可采用地下隧道方式。当采用钢轮钢轨系统时，由于线路较长，站间距相应增大，必要时可不设中间站，因而可选用最高运行速度在 120km/h 及以上的快速特种车辆，也可选用中低速磁浮列车。

市域快速轨道交通是用于连接市中心区和远郊区的各种快速轨道交通工具的总称，可以包含多种制式，如地铁、市郊铁路、磁浮列车等。

1)案例分析

市郊铁路是指建在城市郊区，把城市与郊区，尤其是与远郊联系起来的铁路。市郊铁路不同于地铁，因为它的站间距比地铁长，车体比地铁车大，列车速度也比地铁快，市郊列车主要在地面或高架桥上行驶，它的投资和管理主体往往是铁路部门，它和干线铁路相连，或者就是干线铁路的一部分；市郊铁路也不同于干线铁路，因为它属于城市公共交通范畴，主要满足市民在市域范围内的出行需求，所以常被称作“通勤铁路”或“月票铁路”。

(1)纽约通勤铁路

纽约的通勤铁路(commuter rail)公司主要有两个：美国最大的通勤铁路公司——长岛铁路公司(LIRR)，该公司有 11 条线路，总长约 957km，设有 134 个车站，拥有 1 086 辆车，其中 134 辆为双层客车，日均运送客流约 27 万人次；美国第二大通勤铁路公司——北方铁路公司(MNR)有 6 条支线，轨道延展长 758km，设有 117 个车站，拥有 850 辆车，日均运送乘客 22.3 万人次。纽约通勤铁路覆盖整个大纽约地区，包括新泽西、纽瓦克和长岛地区，服务于大都市区（861 万人口，19 740km^2），承担外围区居民至市中心区上下班的客运任务。纽约通勤铁路（图 1-33）的客流主要集中在上下班高峰期间，其他时段利用率则相对较低。其客流主要在市中心区与外围远郊区之间流动，因此通勤铁路具有线路长、站距大、速度快等特点，以保证远郊居民能快速到达中心区。

(2)伦敦市郊铁路

伦敦的市郊铁路由英国铁路公司负责管理，主要为伦敦东部、东北部及地铁设施较少的泰晤士河南部地区市民服务。其大部分线路已实现电气化，线路网呈放射状，十分稠密，线路总长640km左右，设有550个车站，市中心有15个终点站，大多数分布在地铁内环线上。市郊铁路的客运量很大，每天早高峰期间到达市中心的通勤人员中有35%乘坐市郊铁路，年客运量达15亿人次，即日均411万人次(包括城市间客运量)，其辐射范围覆盖了英国东南地区2.7万km^2的范围。

目前，伦敦市郊铁路与伦敦区域交通管理局的地铁系统正在进一步完善和整体化。为方便乘客，乘坐市郊铁路除可使用一般的铁路车票外，还可以使用一种通用车票——首都卡。凭首都卡在划定的区域内可乘坐地铁、公共汽车或市郊铁路。现在，英国铁路公司正在研究如何进一步将市郊铁路与伦敦交通局的地铁线路联为整体，进一步完善伦敦地区的公共交通体系。

(3)莫斯科市郊铁路

1993年，莫斯科的市郊铁路客运量已占各种交通方式客运量的20%。莫斯科轨道交通的网络结构是典型的“放射+环形”，其轨道线网由放射状线网和内、外环线共同组成。放射状线网及外环线的一部分为市郊铁路。放射状结构的市郊铁路网为城市发展提供了发展轴，加快了城市边缘集团和卫星城的发展，使城市土地利用的空间结构趋于合理。分布在市中心区附近的内环线，可截流到市中心区进行换乘的客流，这样可以大大减少市中心区的客流，缓解市中心区的交通压力。分布在城市边缘的市郊铁路外环线显著加强了市郊的可达性，特别在外环线和放射线的交叉点上，一批分区中心迅速成长。这些分区中心吸引大量的城市活动场所分布于此，如区域性购物中心、医院、剧场、饭店、公司、企业总部等，从而引导和加快了城市副中心的形成。这种“放射+环形”的轨道线网，促使城市改变了原来单中心浸润式的发展模式，加快了多中心、团块状城市结构的形成，为城市发展进入稳定期打下基础。

在莫斯科2020年城市总体规划中，仍旧强调莫斯科地铁的发展和新型城市快速交通的建设，把它们作为整个城市客运交通的基础。莫斯科在城市综合交通体系中，规定了将铁路用作城市快速轨道交通的具体措施，其中包括改造铁路的某些区段，修地下隧道使铁路穿过市中心区，修建立交线路、高架桥、联络线、辅助线，发展和完善换乘中心，实行统一票价等。

(4)法国巴黎的RER制式

RER是巴黎的快速铁路网交通系统。它是在巴黎既有的地铁系统之外，为了适应巴黎的发展，密切巴黎郊区与巴黎市中心区的联系，并且方便郊区与市区的交通联系而修建的。RER是连接巴黎市中心区与郊区的主要纽带。RER线呈放射状分布，全线采用穿城而过的形式。RER-A、RER-B等几条市域快速轨道交通线，通过少量分支的形式将郊区新城、主要城镇和重要活动场所与市中心直接相连。借助于RER线，乘客在巴黎与郊外的往来十分方便快捷，特别是前往戴高乐机场、圣日耳曼、安雷、迪斯尼乐园、凡尔赛等场站，乘坐十分方便。

随着巴黎城市化进程的加快，城市不断地向外扩张，原来局限于中心区的地铁网络已无法适应城市的发展，20世纪60年代，巴黎市在网状结构地铁网络的基础上，修建了放射网状结构的市郊铁路，从而形成由两个子系统组成的混合型结构的城市快速轨道网。市郊铁路不仅通达巴黎大区各个城镇集聚区，并与巴黎市区各条地铁线路连接，换乘十分方便，从而为巴黎市提供了新的发展轴，从而加快了巴黎市的边缘集团和卫星城镇的发展，避免了巴黎市摊大饼式的蔓延发展，形成了多中心的城市结构。

巴黎的市域快速轨道交通RER线是与郊区新城同步成长的。随着20世纪50年代末城市人口的迅速增长和郊区的城市化，市郊人口上升，1965年巴黎进行了第一次城市总体规划，提出了在距市区25～30km外建设5个人口规模约50万左右的新城，这一规划奠定了今天大巴黎地区的城市发展格局；1994年的新规划将新城规模控制在15万～20万人。RER线就是为支持新城的兴建和发展开始建设的，是通过连接几条较短的线路和既有铁路实现电气化而逐步形成的。位于巴黎中心的Ch ătelet-Les-Halles中心站将以前建的或是合适的线路连接起来，标志着RER线的正式诞生。20世纪80年代末相继建成了4条RER线并形成网络，线路长度超过了400km，并以支线形式不断向远郊延伸。

RER线在市中心区范围内设置的车站，其站间距很大，相当于5～6个地铁车站之间的距离(约2.5～3.3km)，其功能只考虑与市区地铁之间的换乘。在郊区，由于缺乏地铁线路，站间距反而相对较小，目的是为了加大轨道交通的吸引范围。由于RER系统的混合性，巴黎市内运营的RER线由巴黎公共交通公司(RATP)管理，其余部分则由国有铁路公司(SNCF)负责运营管理。

RER车辆采用376辆MS61型列车、273辆M179型列车、65辆M12N型列车，编组从5节、6节到8节不等，有一部分为双层列车，如图2-25所示。其中M12N型双层EMUs列车最高时速达140km/h，供电采用1.5kV DC和25kV AC、50Hz架空线双压制式，信号采用SCAEM移动闭塞系统。

图2-25　巴黎RER的双层列车

(5)德国的S-Bahn系统

德国的许多城市的快速轨道交通系统都分为U-bahn和S-Bahn两个子系统，前者相当于地铁，后者相当于市郊铁路。这里以慕尼黑S-Bahn的发展为例，介绍该系统在德国的发展和应用。

慕尼黑地下铁道最早立项于1928年的一份叫做“交通中心重布置”(Relocation of Traffic Centres)的报告中，地下线路使得长距离的交通能够直接穿越市中心。在1938年5月22日，作为“南北线”线路一部分的第一条隧道在Lindwurmstraβe建成，它位于Sendlinger Tor和Goetheplatz站之间。在一次演说中，被称作S-Bahn的计划首次被提出，但由于第二次世界大战爆发，该计划被搁置。

到1965年，前联邦德国、巴伐利亚自由州、慕尼黑和Deutsche Bundesbahn签署了一份慕尼黑S-Bahn的建设合同。而1966年，国际奥委会确定慕尼黑作为1972年夏季奥运会的举办地，使得慕尼黑必须在短短6年内完成整个S-Bahn网络的建设计划，以应对奥运会的大客流，从而大大加快了S-Bahn的建设速度。慕尼黑不仅需要建设一条穿越市中心的隧道，而且其整个地铁网络的线路也被扩展，既有的市郊线路也被重建和改造，使其实现现代化。因此大量车站被翻新，站台被加长至210 m，以便能够停靠更大编组的列车。站台高度也被升高至96 cm。在1971年5月，第一列S-Bahn的ET420型列车投入运营。1972年5月，整个360km长的S-Bahn网络建成，共有101列列车投入使用。在奥运会其间，全新的S-Bahn列车开行7 138次，共运送旅客318万人次。2005年，德国批准了一项花费26.6亿欧元的计划，S-Bahn网络得到了进一步的改造和扩展，如部分线路改为辐射双线，投入使用新型列车等。至今，慕尼黑的 S-Bahn 网络已经被多次扩展。

最近投入运营的 474 型 S-Bahn 车辆，最高速度达 100km/h，1 200V DC 第三轨受电，列车全长 65.56 m，如图 2-26 所示。部分列车被改造成双流制（除直流供电外还增加 15kV AC 接触网受电），以实现与地区铁路共线运营。

图 2-26　德国最新的 474 型 S-Bahn

（6）日本东京的城市铁路

日本东京的城市轨道交通网络构成如表 2-10 所示。

东京城市轨道交通的网络结构*　　表 2-10

类　型	长度（km）	网络份额（%）
公交型普通铁路	1 846.1	82.2
地铁	276.2	12.3
直线电机小断面地铁	12.9	0.6
单轨	54.7	2.4
AGT 自动导向系统	39.3	1.7
有轨电车	17.2	0.8
合计	2 246.4	100

注：*引自[日]冈田宏：东京城市轨道交通系统的规划、建设和管理，《城市轨道交通研究》2003 年第 3 期第 4 页。

由表 2-10 可知，在东京城市轨道交通网络的组成部分中，普通铁路线占到整个网络长度的 80%以上，例如由东日本铁路（私有化以后日本国家铁路的继承公司）或私人铁路公司经营的铁路环线山手线和主要放射线。东京地铁线有近 300km，占整个路网的 13%，大部分集中在山手线以内的市中心区。可见，认为东京的城市轨道交通系统主要采用地铁制式，是一种误解。

在东京大都市的中心区域，由于城市的快速发展以及因此导致的自 1960 年以来的房地产猛涨，居民区不可避免地向城市郊区迁移，逐渐与市中心的商业区分离开。这意味着每个工作日的早晨，大量上班族会从郊区涌入城市。到 1995 年，每天进入东京市中心 10 个区的上班族平均客流量达 404.8 万人，实际上，其中的 90%是由城市轨道交通承担的，特别是城市铁路的运能更是大得惊人，如表 2-11 所示。

东京城市轨道交通子系统的运能和实际运量比较*　　表 2-11

类　型	运能（人次/h）	实际运量（人次/h）	线 路 名 称
公交型普通铁路	49 056	92 760	中央线
地铁	41 296	79 732	千代田线
单轨	10 512	11 763	羽田线
AGT	2 964	3 808	Ina 线
有轨电车	1 920	2 398	世田谷线

注：*引自[日]冈田宏：东京城市轨道交通系统的规划、建设和管理，《城市轨道交通研究》2003 年第 3 期第 4 页。

2)市域快速轨道交通的特征分析

在我国,一些大城市正在兴建城市轨道交通市域线,市域线将大大改善市中心与卫星城的联系,推动市域经济的联动。随着我国大城市郊区的城市化,卫星城越来越多,规模越来越大,城市轨道交通市域线的作用将更充分地显示出来,因此,很有必要对其功能和技术特征进行探讨。

城市轨道交通的市域线是指从市中心通往近郊和远郊的轨道交通线路。如天津市已建成天津市中心至滨海新区的津滨快线;大连市已建成大连火车站至金石滩全长 49km 的都市快轨 3 号线,目前正在修建至金州开发区的支线;上海 2007 年已建成 9 号线的市郊段(市区至松江),长约 30km,并将建设市区至临港新城、市区至崇明岛、市区至嘉定的市域线;北京市 2007 年提出了"三环、四横、五纵、七放射"的城市轨道交通网络规划,其中 7 条放射线都是市域线;广州也已建成市中心至佛山的 3 号线,并将建设市中心至花都区的市域线。

地处大城市郊区的城市轨道交通线路,在经济发达国家都是按照干线铁路的标准进行建设的;在我国至今没有建立起城市轨道交通郊区线路的相关标准及技术规范。目前,国内大城市几乎都按市区地铁线路的技术制式进行郊区轨道交通建设,或者把市区地铁线直接延伸到郊区去。然而,城市轨道交通郊区段在功能定位、客流特征、运营组织、信号制式等方面都与市区地铁线路不同。为此,有必要对城市轨道交通市域线的功能及技术特征进行分析和探讨。

(1)国外大都市:市郊线数量大大超过市区线

凡地铁发达的国外大城市均有更发达的郊区轨道交通网作为支撑,而且市郊轨道交通线路长度都远大于市区的地铁线路长度。

为吸引居民到郊区居住,也为优化产业结构布局、减少城市污染,纽约有地铁 400 余公里,其郊区铁路有 1 200 多公里;伦敦市区地铁 400 余公里,大伦敦地区铁路有 3 000 余公里;莫斯科也有发达的郊区铁路与地铁相接。

大巴黎是以巴黎为中心、加上若干个卫星城市和地区组成。人口有 1 100 万,其中市区人口 200 万人,近郊 400 万人,远郊 500 万人;巴黎市区地铁有 211km,共 11 条线路,平均每条线长 19.2km,平均站间距为 800 m;市郊铁路 1 286km(其中含市域快线 562km),每年运量 5.48 亿人次,每天开行约 5 000 次列车,乘客 150 万人次。为了使郊区居民在 1h 内抵达市中心,20 世纪 70 年代在郊区线基础上建了 5 条市域快线穿过市区地下,把两端的郊区线连接起来,即郊区线在地面运行,进入市区后转入地下。由于市域快线市区地下线的站间距大于 2km,所以在市区地下仍能以 120km/h 运行,以保证郊区乘客快速到达市中心的目的地。市域快线停车站可与相应的小站距地铁线进行换乘。

日本东京都市区以皇宫为中心大体分成三个圈,内圈半径为 15km,即东京中心城区,以地铁为主要交通工具,地铁总长 327km;中圈半径为 30km,即近郊圈;外圈半径为 50km,即远郊圈。东京圈共有轨道交通线路 2 300 多公里,其中公交化的普通铁路近 2 000km,是东京城市轨道交通网络的重要组成部分。其中部分线路为快线,类似巴黎的市域快线,但东京均采用高架方式。筑波快线也是郊区市域线,同样采取高架方式。

国外市郊的轨道交通线路一般为地面线或高架线。只要事先规划得好,建地面线或高架线可大大节省建设成本。市域快速线的规划,应同样遵循市民出行一次到达目的地不超过 1h 的原则,并据此设计合理的站间距、车站形式和运营模式,确定旅行速度和最高运营速度。由于乘客乘坐时间较长,宜采用与市区地铁不同的、以坐为主的、比较舒适的车辆,因此其定员小于地铁车辆。

(2)同中求异:市域线市郊段与市区段的比较

①主要任务不同。

市域线市郊段是为市域范围内中长距离乘客服务的。市中心区乘客乘坐轨道交通的平均运距在7～10km,而郊区段的乘客平均运距在15～20km以上。市域线郊区段的主要目标是把居民集中地卫星城的居民尽快地送达市中心,其次是解决沿线相对集中居住的居民出行问题。现在有些城市受到沿线居民的压力把市郊段按照市中心区地铁模式来修建,规划的站间距离偏小,增加了市域线的全程旅行时间,旅行速度下降,这就失去了建设市郊轨道交通的意义——将卫星城居民快速、舒适地送达市中心,这正是轨道交通的优势。

市域线的主要任务是让郊区卫星城居民能快速进入市中心,从而减少郊区居民驾私家车或乘坐公共汽车直接进入市中心区,以间接减轻市中心区的道路交通压力,缓解市中心区的交通拥堵。为吸引更多的郊区居民乘坐市域快线,市域快线的设计仍应遵循居民出发地到达目的地不超过1h的原则,尽可能提高列车最高运营速度和旅行速度。如果要更多地照顾沿线居民的需要,则可在部分车站设置待避停车股道,实现快慢车混合运营。这在发达国家郊区线的设计和运营中已有成熟的模式。如日本东京中央线全长53km,设站24个,普通列车站站停,全程运行71min,旅行速度44.9km/h,快车只停9站,运行53min,旅行速度可达60.1km /h。

发达国家大城市市域线郊区段的长度及数量远超过市区地铁线,其技术制式和车辆均按郊区段的特征来选型,既不同于市中心区的地铁,也不同于干线铁路。从长远来说,我国大城市域线有很大的发展空间,未来的郊区轨道交通线也会成网。但我国还没有适宜于市域线郊区段的设计规范和技术标准,需要组织各方面专家,对市域线郊区段的规划、技术规范、列车选型等做深入研究。

随着城乡一体化的进展,我国大城市行政区域范围越来越大,不仅有市属郊区的卫星城镇,而且有地级市下属县级市,这些城市在进行轨道交通规划时,也做了各县级市之间的轨道交通规划。因此,有些大城市在规划市域线时应考虑到与相邻城市之间、与所属经济区域内邻近城市轨道交通的连接。例如,上海轨道交通11号线已达嘉定,是否有可能用轨道交通市域线与邻近的太仓市相连;上海轨道交通9号线已达松江,是否有可能用轨道交通市域线与邻近的嘉兴市相连,这对上海市与长三角区域经济的一体化发展十分有利。

②市域线郊区段宜采用地面或高架方式。

如果在城市规划中能事先留出通道,市郊段宜采用地面或高架方式。地面或高架线可大大节省基建投资,仅为地铁基建投资的1/3～1/2;而且,车站可设停站股道和越行股道,为郊区线组织快慢车运营创造条件;地面、高架车站还有个优点,即有可能进行技术改造,为以后建设支线等创造条件。

发达国家大城市郊区的轨道交通线路几乎全部是地面线或高架线,采用接触网供电的电动车组被认为是轨道交通现代化的标志。在我国也有专家认为市域线郊区段也建在地下为好,原因是地面或高架线接触网影响城市环境和景观。但更多专家认为,郊区线改成走地下是极大的浪费。事实上,地面和高架线产生的噪声,采用现代技术完全可以降低到符合环境标准之内。在欧洲,许多大中城市,包括环保要求严格、环境优美的城市,如维也纳、日内瓦、苏黎世、法兰克福、巴黎等,为了减少城市污染和降低噪声总体水平,都在大力发展采用接触网的地面轻轨列车(即现代有轨电车);设计得好,地面和高架线有可能成为一道流动的风景线。

③近郊线与远郊线的速度目标值应分别达到100～120km/h与120～160km/h。

当前，我国城市轨道交通中列车一般都是追踪运行，没有快慢车的越行，一样的速度，一样的停站。但随着市域快线的修建，列车速度将发生很大变化。和市中心区的地铁线路相比，市域线郊区段的站间距普遍较大。为保证位于距市中心 40～50km 边缘的郊区卫星城镇至市中心出行时间控制在 45min 之内，需要充分发挥市域快线郊区段站间距大、列车速度快的优势，以保证良好的乘客服务水平。国外资料显示，适用于郊区的电动车组（电力牵引或内燃机车牵引）最高运营速度应达到 100～160km/h。建议距市中心小于 30～40km 的近郊线路，选择最高运行速度 100～120km/h，旅行速度 45～60km/h；距市中心大于 40km 的远郊线路，最高运行速度宜采取 120～160km/h，旅行速度可达到 60～70km/h，远郊线可采用 25kV 交流供电。

④市域线郊区段的站间距宜为 2～4km。

市郊线与市区线的最大不同就在于站间距大，市区地铁线站间距一般为 1～1.3km，最大不会超过 1.5km，近郊线的站间距应定为 2～3km，远郊线的站间距可定为 3～4km。如果郊区线站间距偏小，列车运行速度就提不上去。如果郊区间旅速仅达到 40km/h 左右，卫星城居民就可能放弃乘坐轨道交通，仍通过私家车或直达大巴士到达市中心。这样通过市郊线的建设引导卫星城发展的主要目标就难以实现。可见，合理选取郊区线的站间距具有十分重要的意义。

⑤比较舒适的市域线郊区段车辆。

由于市域线乘客乘坐时间较长，宜采用与市区地铁不同的、乘客以坐为主的、比较舒适的车辆，因此其定员小于地铁车辆，并在车上附设厕所。车厢内一般采用横列式座椅，而不是像地铁那样纵向排列并以站为主。每节车厢车门的数量比地铁车辆少、但比干线铁路多，地铁车辆每侧有 4～5 扇门，市域线郊区段车辆一般每侧为 2～3 个。

3）市郊铁路

市郊铁路是建在城市内部或内外结合部，线路设施与干线铁路基本相同，以方便市民出行为目的城市轨道交通。如果把城市作为一个单元来看，干线铁路形成对外客货运输网络，而市郊铁路则承担市内客运任务。

市郊铁路能把城市与地处远郊的卫星城镇连接起来，距离可长达 40～50km，一般和干线铁路设有联络线，而且设备与干线铁路相同，线路大多建在地面，其运行特点接近干线铁路，只是服务对象不同。市郊铁路的运行速度远远大于其他城市交通工具，平均运行速度可达 40km/h 以上，最高可达到 160km/h。如前述的法国巴黎 RER 就属于这种类型，远郊的乘客只用半小时就可以到达市中心，如此快捷的运输速度吸引了大量客流。虽然市郊铁路采用干线铁路的技术标准，但其功能与干线铁路不同，导致在技术性能上也略有差别。市郊铁路运行速度比干线铁路低；但其启动、制动加速度远高于干线列车，略低于地铁列车；站间距离为 1～3km，甚至 4km。日本研究资料表明，市郊铁路的运营效率、能源消耗、投资费用以及土地利用等指标明显优于其他交通方式，市郊铁路的投资额大约是地铁的 1/10～1/5，1 人·km 的能源消耗是汽车的 1/7 左右，而且运送能力单向每小时可达 6 万～8 万人次，是一种经济可行的交通方式。

在欧美、日本等轨道交通运输发达的国家，市郊铁路被广泛使用，案例如前所述。因此，建设城市轨道交通并不限于地铁、轻轨、单轨、自动导向系统等形式。市郊铁路制式有以下特点。

（1）可承担的客运量大

市郊铁路可以承担大量的客流。如 1983 年美国纽约市成立北线市郊铁路公司，接管 5 条铁路，总长 546km，位于市中心的纽约总站为 3 条主要市郊线的终点，每天到发客车 233 对，旅客 20 万人次。纽约长岛铁路局管内 11 条市郊线总长 600 多公里，满布全岛，持通勤月票者逾 10 万人，客运繁忙程度居全国首位。

市郊铁路客运量占城市轨道交通总客运量的比例：巴黎占 67%，东京占 64%，伦敦占 70%；莫斯科早高峰(7:00～9:00)期间，到达市区的市郊列车占全部到达火车的 88.8%；印度每天运输的市郊客流量占全国旅客总运量的 54.3%；波兰全国市郊客运量的比重为 68%。

相关资料表明，在欧洲，铁路的区域通勤客流占到整个铁路客运(含长距离客运)的 90% 以上，每年承担的客流达 6.8 亿人次。

(2)运行速度较快

由于市郊轨道交通线的站间距比地铁的站间距明显要大，且列车设计时速也比地铁高，因此行车速度要远比地铁快。例如巴黎 RER 列车的旅行速度为 50km/h，而巴黎地铁列车的旅行速度仅为 25km/h。

(3)装备专门化，并且不断更新

许多国家把市郊铁路从干线铁路系统中分出来，并成为独立系统。市郊铁路设有专门市郊车站，即使是与干线铁路合用的客运站，也辟有专门的市郊候车室和市郊通道。同时也建设专门的市郊列车到发线，这些都是由于市郊列车到发量特别巨大的缘故。

在设备更新和采用先进技术方面，许多国家的市郊铁路实现了电气化，并采用先进的通信信号设备、电动车组和双层客车。例如：德国、法国都建有专用的市郊快速铁路；莫斯科和华沙的市郊铁路都是电气化铁路；美国旧金山的市郊海湾快速运输系统享誉世界，最高速度达每小时 120～140km，它设备新、速度高、行车密度大。

(4)不同轨道交通方式之间的共轨运营

共轨运营是指通过列车改造或者线路改造，使不同定位、不同制式的列车能在同一线路上运营，具有延长列车运营里程、减少乘客换乘次数、节约旅行时间等优点。国外的共轨运营大致可以分为城市地铁与市郊轻轨的共轨运营、轻轨与市郊客运铁路的共轨运营、轻轨与货运铁路的共轨运营、通勤铁路与地面有轨电车线路的共轨运营、轻轨与路面有轨电车线路的共轨运营等多种方式。

附带说明一下，属同一种技术制式，但线路不同的列车在同一线路上运行通常称为“共线运营”，如上海市轨道交通 3 号线、4 号线同属地铁制式，在宝山路站至虹桥路站之间实现共线运营，如图 2-27 所示。共线运营的优点是乘客换乘方便，由于两线换乘可分散在多个站点进行，可减轻对换乘车站的压力。缺点是对共线的各方来说，客运能力、发车频率等受到一定限制。

(5)运营组织形式多样

由于市域轨道交通郊区段大部分线路都在地面上，因此其线路附设形式简单多样，利于运营组织的灵活安排。如纽约通过快速线和普通线列车运营组织，实现地铁系统快速化和大容量两大交通功能。纽约地铁通过两条途径实现快速列车和普通列车两种服务，一是轨道线路双复线化，即同一条线路由四条轨道线构成，中间两条线开行仅停主要站的快速列车，两侧轨道开行站站停的普通列车，快速线和普通线可通过同站台换乘；另一种是同一条线路开行越站快速列车和普通列车，当然这需要在越行车站增建避让线。

市郊铁路的投资和经营管理主体通常是国家铁路部门。铁路部门与地方政府合作，将干线铁路的一部分或支线，在大城市市域范围内开行公交化的客运列车，为城市居民在市域范围内的出行服务。因此，市郊铁路按其功能应属于城市轨道交通的范畴。

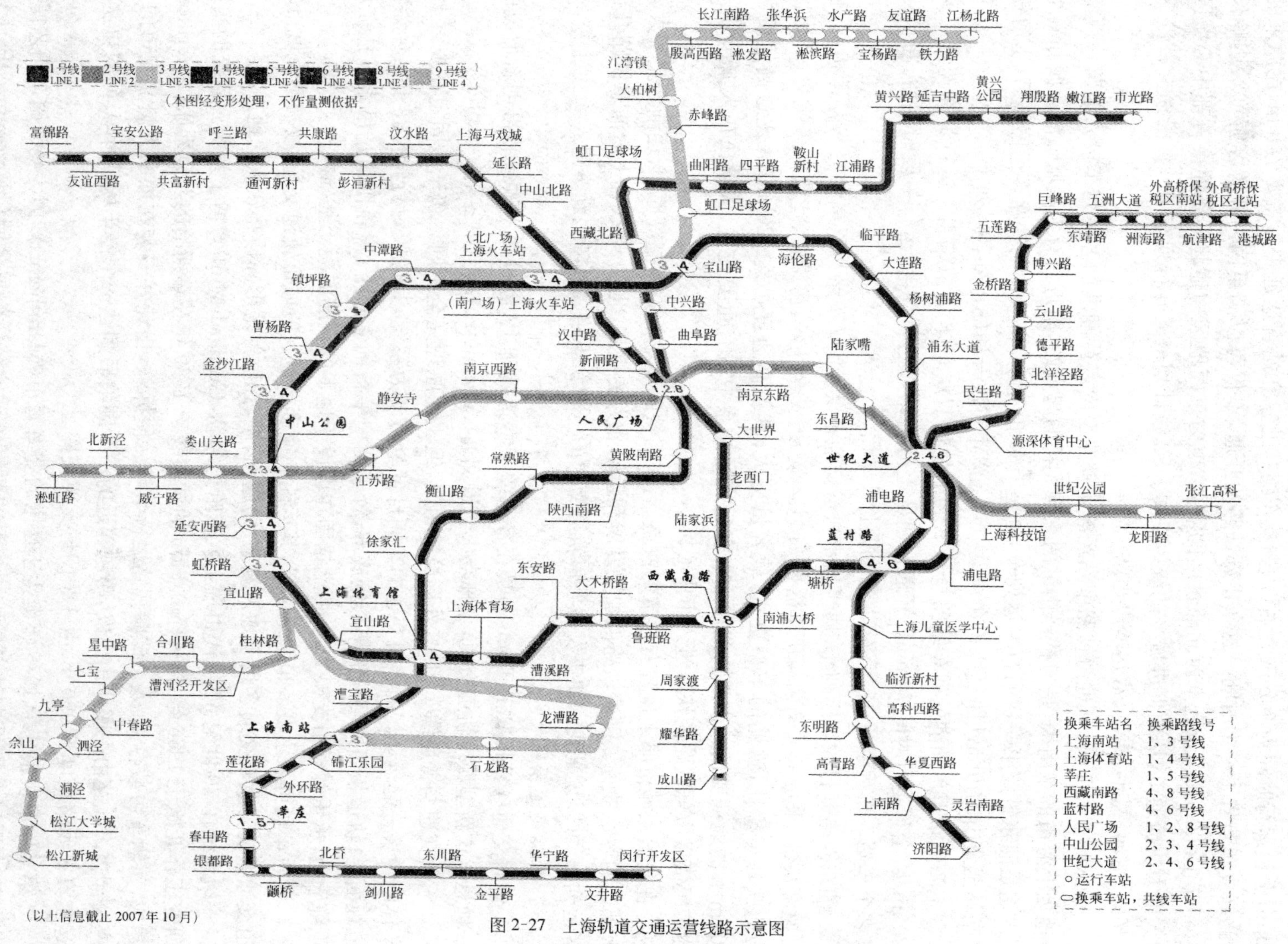

（以上信息截止2007年10月）

图2-27 上海轨道交通运营线路示意图

2008年8月1日，铁道部与北京市合作，利用京张铁路开行内燃动车组，开通了一条北京市的市郊铁路线——S2线。S2线从北京铁路北站（西直门）到北京市西北郊延庆，全长82km，全程运行时间为80min左右，内燃动车组从北京北站直达延庆只需要74min，比原来的铁路绿皮车节省了一半时间。这条市郊铁路的开通，不仅可以满足国内外游客游览八达岭长城（每年1 000万人）及北京西北部景区的需要，也为京西地区构建起一条连接首都中心城区的大能力快捷通道，从而促进城乡的统筹发展。S2线计划全天开行列车16对，沿途交替停靠清华园、清河、昌平、南口、八达岭等车站。

2008年9月1日，从上海铁路南站经浦东铁路至南汇芦潮港的客运列车投入运营。芦潮港地处上海市的东南端，是通往洋山港的东海大桥的起点站，附近建有卫星城临港新城和滴水湖。这是浦东铁路第一次通行客运列车，也是上海市区到南郊金山的铁路客运停止后（上海铁路南站至金山的市郊铁路复线正在建设中），上海市首次开通的市郊客运列车。

上海南站至芦潮港的列车线路全长93km，使用双层车体，8节编组。运行最高速度可达120km/h，全程运行时间70min。开通初期从上海南站直达芦潮港，运行一段时间后，将会停靠多个车站。单程票价17元，定期通勤票价14元。

浦东铁路开行的客运列车，属于城市轨道交通范畴，市郊铁路与原来的汽车客运相比，有着速度快（原来员工乘坐公司班车需要2h）、运量大、安全性好、污染轻、造价低等优势；和市区的地铁列车相比，铁路的车型更宽，载客量更大；其最高速度可达120km/h，比最高速度为80km/h的地铁要快。市郊铁路在城市客运交通体系中占有重要位置，大量住在大城市郊区的市民依靠市郊铁路能快速进入市中心区。

在我国大城市原来也曾有过市郊铁路，后来因铁路运输能力限制等原因，逐渐停止了大城市郊区的客运业务。随着铁路的加快发展和运输能力的提高，北京S2线和上海浦东铁路开行客运列车，可以说是我国加快发展城市轨道交通的一种新思路、新体制、新举措。

7. 索轨交通系统*

索轨交通（Cable Rail Transit）是在普通缆车索道基础上，经过技术改造和再创新形成的一种悬索式新型城市轨道交通，也称空中轨道交通（Aerometro）或空中客车（Aerobus）。

索轨交通与普通缆车相比，外形虽然相似，但驱动原理完全不同。缆车是固定在缆索上，车体随缆索一起运动。而索轨交通的车辆自带牵引动力系统，其橡胶走行轮行驶于铝合金轨道板面上；轨道板面即倒放的槽形钢底部，置于两根平行的索轨上；索轨则通过吊索悬挂在承重缆索上，承重缆索由支架支起，两端锚固在埋设于地下的钢筋混凝土基础内。

索轨车辆可采用多节车编组运行，其运能和速度接近一般城市轨道交通，故被纳入城市轨道交通系统。索轨交通多用于地形复杂、跨越河、湖、丘陵等地形障碍物较大的地方。

轨系统在20世纪60年代由瑞士人吉哈德缪勒（Gerhard Muller）博士发明。系统的实际研究工作开始于1966年，第一条0.6km的试验线于1969年在瑞斯哈的斯迈列康（Smerikon）建成，每辆车可载客40人。试验线路运行半年后便拆除，出让并安装在加拿大魁北克市的一座公园内。线路由一座小山出发，跨越邻近的一个湖泊后到达一个停车场，用作其间的短途客运工具。线路长度为950 m，由3个门形支架支撑。

第二代索轨系统于1975年诞生于德国的曼海姆市（Mannheim）。因为曼海姆市园艺博览会的两个展区分别设在纳卡（Neckar）河的两岸较远的赫泽根尼公园（HerzogenriedPark）和

* 本部分内容为选学内容。

路易森公园(Luisen Park),因此为了连接两个展区而建立了一条采用索轨系统的线路。线路全长3km,于1975年4月18日建成通车,如图2-28、图2-29所示。该系统的列车由9节车厢联结而成,单向小时理论运量为3 600人次/h,实际单向最大运量为1 440人次/h。该线在展会期间的6个月内共运送258万人后,按照原计划拆除,未发生任何安全事故。

图2-28 德国曼海姆市索轨交通

图2-29 德国曼海姆市索轨系统的站台

1983年,在瑞士进行了第三代索轨交通系统的开发;1987年,又在美国进行了第四代系统的开发,但都停留于研制阶段。美国新奥尔良市、马来西亚吉隆坡市以及我国香港、重庆等地曾计划应用索轨系统,但由于种种原因都未能付诸实施。

现代化的索轨系统可由2～9节车辆编组而成,设计定员40～222人不等。最大型的可载客222人的列车满载后可达30 t,最小发车间隔90s,单向输送能力可达10 000人次/h。

索轨交通在一般线路上的轨道采用柔性复合索轨,每条索轨由两根并列的缆索上部覆盖槽形铝合金轨道板构成,车辆的橡胶走行轮行驶于轨道板面上;在转弯区段、道岔段和车站段,索轨则改用钢型材焊接成的刚性轨道,即硬轨。在曲线段采用硬轨可平衡离心力,增加车辆行驶的平稳度和轨道的耐磨能力。车站区段采用刚性硬轨可保证车辆在站内平稳停靠。

由缆车索道技术基础发展起来的索轨交通,完全摆脱了普通缆车索道的运行速度低、车辆无动力不能自动运行,索道的缆索垂度大,以及难以通过弯道等低技术水平状态。索轨交通是普通索道在技术上的一种突破,技术上的改进与创新使其具备了纳入城市轨道交通的基本条件。

1)索轨交通的优点

(1)工程结构简单,施工速度快

车辆走行的索轨及悬吊索轨的缆索,其主件和配件均可在工厂生产,在现场快速组装。支架一般都采用箱形截面的钢构件组成,结构比较简单,架设技术也不复杂,支立很快。又由于支架间距大,数量少,所以索轨交通系统建设速度快。根据国外资料介绍,一般支立一处支架不超过4d,10km的索轨交通的轨道系统可以在10个月内建成,而且施工时对地面交通和城市居民生活的干扰也非常小。

(2)能够适应各种复杂地形

索轨交通由于轨道悬吊于承重索下,承重索又具有高承拉力,因此索轨交通支架间可以采用较大的跨度。两支架间的距离,标准的经济跨度为300 m,需要时也可以增至450 m,最大跨度可达800 m。因此索轨交通可以从空中跨过江河、湖泊、丘陵、山谷以及地面低层结构和其他障碍物,建设时不会受到这些自然或人工的地形、建筑物的阻隔。由于系统构造和配置的动力特性,索轨交通的最大爬坡能力可以达到7%,短距离(200m内)的坡度可以达到9%,其平面曲线半径正线一般不小于 300 m,最小半径可为 50 m。当然,和其他城市轨道交通工具一样,在小半径曲线地段需减速通过。索轨交通车库线路最小平面曲线半径允许采用 15 m。

(3)工程造价低

索轨交通工程结构是一种构造简单的悬索系统,不像其他城市轨道交通方式,在地面要建设庞大而笨重的钢筋混凝土桥梁,在地下要建造费用很高的隧道。同时索轨交通工程在建造时,极少会引起地面建筑和地下管网的拆迁,而且占地极少,因此建造费用比后两者低很多。据美国 20 世纪 80 年代的统计资料,每 1km 索轨交通的综合造价为 0.1 亿~0.2 亿美元,相似的条件同期建设的轻轨交通,包括地面和高架线路,每公里的综合造价为 0.48 亿美元,处于地下的地铁工程为 1.53 亿美元,即索轨交通的造价分别为后两者的 1/3 和 1/10。

(4)对城市环境影响小

当代城市对环境保护十分重视,因此对城市交通所产生的噪声、振动、废气等均有严格的控制。

索轨交通采用的电力牵引,不会产生废气污染大气。索轨交通的驱动和走行系统产生的噪声很小,其驱动的动力为采用分散在各节车厢顶部的小型电动机;此外走行系统采用充气橡胶车轮在金属板轨面上行驶也非常安静。根据对曼海姆空中客车线路的噪声实测,常速运行时为 60 dB,最大速度为 74 dB。同时车辆又是行驶在柔性轨道上,几乎对周围环境不会产生振动影响。因此,索轨交通实为一种"环保型"城市轨道交通方式。

(5)优化城市景观

一座横跨城市江河两岸的悬索桥,其轻盈的曲线造型,会增添城市的美感。同样,索轨交通的结构形态,与悬索桥十分相近,在弧状的缆索下悬挂着平直简洁的轨道系统,于其上行驶着动态的车辆,只要支架结构选型得当和注意车辆的造型和色彩设计,索轨交通同样不仅不会影响城市景观,而且会为城市增添新的景色。此外,索轨交通轨道纤细,支架间跨距大,柱式结构很少,不会像一般高架城市轨道交通,其桥面和林立的柱体会给城市景观和生态带来负面影响。

(6)灵活性大,易于扩建和迁移

索轨交通构造简单,施工简便,速度快,干扰少,易于扩建和迁移。当线路需要扩建延长时,很少受到客观条件的限制,快速地加以延长。或当需要拆除或移建别处时,也非常灵活方便,而且这种移建也不会造成过大的损失。这种工程建设的灵活性是其他城市轨道交通方式难以比拟的。

2)索轨交通的缺点

(1)速度较低

据国外一些空中客车提供的资料,列车设计的最高速度为 73km/h(即 45mile/h),可能的更高速度为 116km/h。平均速度一般为 40km/h。但在曼海姆索轨交通开通时,原采用的最高速度为 40km/h,后为安全考虑,此速度值又有所降低。因此,采用这种类型的交通,其最高速度虽在理论上可以达到近 80km/h,但未见有实践证明。

(2)乘客有颠簸感觉

索轨使用均匀分布的吊索,吊结在其上空的承重悬索上。索轨与吊索联结的节点处刚度较大,而跨间索轨较柔,列车近似走行在波形索上,因此当列车快速驶过各节点时,乘客会有颠簸感觉,犹如行走在洗衣搓板上,这就是所谓的"搓板效应"。经研究,表面采用加密吊索,改变吊索与轨索联结方式可大大弱化这种影响;采用索轨上覆盖槽形金属轨面,也是为了有效地减弱搓板效应。

(3)大风、雷电影响运行

因索轨交通车辆悬吊在空中，运营会受风速和雷电影响。当风速较大时，不仅会引起车身摇晃，而且也不安全，故索轨交通规定当风速大于 80km/h 时，必须停运。同样，有雷电的天气也不宜运行。

(4)发生事故时救援较困难

索轨交通高悬于城市上空，又是基本行驶在柔性轨道上，万一列车在区间发生断电、机械故障或其他灾害时，救援工作比较困难。虽然可采用类似单轨交通发生事故时停留在区间的救援方式，但是由于索轨交通采用的是柔性悬索结构，并非固定式承重结构，因此无法在同一线路上采用与救援车对接，或与另一侧线路上的救援列车通过门对门搭桥等方式来疏散乘客。当索轨交通在城市道路上空走行、其高度又不大时，采用由地面救援的方式，则与单轨交通没有什么不同。

(5)车厢弃物和配件松脱危及地面安全

走行在城市市区上空的索轨交通无论是乘客丢弃任何废物或车辆任何配件的脱落，都会危及地面行人和车辆的安全。因此，需要在索轨车辆的设计上防止出现这种情况，如采用密封车窗，紧固零配件等。另外，必须通过严格管理和加强维护等措施以杜绝此类现象的出现。

(6)道岔结构较复杂，转换时间长

道岔区段的轨道必须采用刚性硬轨，道岔转换尚须配置专门的控制系统、动力系统和特制道岔轨结构。转换道岔时必须完成解锁、位移和锁闭三个过程，需要花费较多的时间，有的长达 25s，影响通过能力的提高。

第三节　城市轨道交通的制式选择

城市轨道交通的制式选择是确定轨道交通工程建设标准和总体方案的核心环节，关系到工程审批、运营服务、维护保障等方面，制式选择的合适与否还关系到未来轨道交通带动城市发展的程度。因此，城市轨道交通的制式和技术标准的选择，应当根据各城市不同的经济基础、城市布局、线路特征、客流性质、客流强度等因素，通过充分、全面的技术经济比较后才能确定其最终方案。制式选择的基本原则是，在满足客流需求、引导城市合理发展的基础上，尽可能节约投资。

一、线路功能定位

建设一条轨道交通线路的根本目的，是为了满足该方向客流、城市发展的特定需要，因此，该线路的功能定位是城市轨道交通系统制式选择的首要考虑因素，功能定位直接影响着线路的客流特征和客流的服务需求。

一般来说，根据线路所在的城市区域空间便可以基本判断该线路的功能定位。如线路全线位于市区，则该线以缓解市内交通拥堵为主，线路客流量较大，客流出行目的以上下班、上学、商务、采购、探亲访友、休闲娱乐活动等为主，且全日客流强度较高，平均出行距离相对较短，线路站间距较小，且需要注意环保要求；如线路连接市区和郊区，则主要承担向心客流，兼有引导郊区和卫星城发展功能，客流往往以上下班、上学为主，平均出行距离较长，全日客流时段性明显，对旅行速度、舒适性、换乘等要求较高，因此需要注意与市内其他线路的衔接，且在市区段可以采用较小站间距，在郊区段可以适当延长站间距以提高旅行速度，还需采用速度较高的车辆，注意在高峰、低谷时段列车的合理组织调配；如全线在郊区，则是为了支持郊区新城的自身客流的小运转、微循环，因此对速度等的要求相对较低，可采用造价相对较低的系统制式；另有一些满足特定功能需求的线路，如连接机场、大型赛场、展馆会、港口等特定区域的线路，则需要综合考虑其功能的特殊性，选择相应的制式。

二、线路工程条件

轨道交通线路的工程条件一般包括地形地质条件、线路的平纵断面条件、线路敷设方式以及沿线景观建筑条件等方面内容，它们对于城市轨道交通系统的制式选择具有重大影响力。

不同的系统制式对线路工程条件的适应性大不相同，如钢轮钢轨驱动的系统对转弯半径、线路坡度等方面的要求相对较高，但对线路平顺度的要求相对较低，但在高架区段的噪声污染较严重；胶轮驱动的系统对线路的坡度、平顺度适应性较强，对环境噪声污染小；直线型电机驱动的系统可以适应较小的转弯半径和较大的线路纵坡，噪声污染小；磁浮系统对线路的平顺度要求相当高，且对转弯半径要求也高，但可以适应较大的坡度。

三、经济性

城市轨道交通是一项耗资巨大的建设工程项目，一条线路的建设成本往往达到数十亿元，甚至上百亿元。因此，必须在进行系统制式选择时，充分考虑到经济因素。这就要求在满足线路功能和客运服务水平的基本前提下，要尽量采用经济性较好的系统制式，以降低工程建设投资，促进城市轨道交通的可持续发展。

不同系统制式的经济性比较须在同一标准前提下进行，同时结合前期建设与建成后运营维护两个阶段，引入生命周期成本(LCC)理念，即不仅要考虑建设成本，同时要衡量投入使用后的运营与养护维修成本，以保证经济性比较的科学、合理。

建设阶段的投入应包括土建、机电设备、通信信号、车辆采购等费用；运营维护阶段的成本包括列车运行能耗、照明能耗、环控能耗、列车维修及更新、设备更换费用等，因此必须注意列车与其他设备的使用周期。

四、技术可靠性

技术可靠性会影响到系统的故障水平、维护费用、乘客的安全水平等。各系统制式的发展阶段、发展历程、应用范围、科技含量不同导致了各类制式在技术可靠性上的差异。

一般来说，应用范围广、应用时间长的系统制式技术可靠性较高，因为在多年的应用中经受了实践的检验，这种系统制式往往会成为各大城市的首选。但从促进科技进步和鼓励自主创新角度出发，新型的集成了大量高新技术的系统制式只要满足了一定的试运行时间和试运行里程，也应当选择采用。

五、网络资源共享

城市轨道交通往往不是作为单线或相互孤立的多线存在，而是作为一个网络系统存在。一般来说，网络的资源共享包括场地的资源共享，如线路、车站、车辆段等；移动设备的资源共享，如列车；固定设备的资源共享，如备品备件、维修机械等；以及人员的资源共享等。在制式选择时，应该推进某些制式的规模化，因为相对统一的制式能够使轨道交通网络中的资源实现优化配置，减少不必要的设备储备，提高资金使用效率，促进轨道交通网络的可持续发展。网络制式的相对统一，还能够为轨道交通网络的互联互通创造有利条件。

六、国产化水平

提高城市轨道交通先进技术装备的国产化率，有利于降低轨道交通造价、缩短轨道交通建设周期、提高我国轨道交通技术水平，也能降低运营和维护成本，并带动相关产业发展，能提高我国城市轨道交通装备制造业的国际竞争力。因此，选择国产化程度较高的制式，可以在降低系统投资的同时，加强对国内产业的支持力度，促进国产化水平的不断提升。

可见，在进行系统制式选择时，应在保证技术装备可靠性的基础上，尽量采用国产化程度相对较高的制式。

七、节能环保

为了建设资源节约型、环境友好型社会，我国越来越重视工程项目中的节能减排工作。因此，在我国城市轨道交通的工程可行性研究报告中必须含有节能环保章节。轨道交通的能源消耗主要是电能的消耗；对环境的影响主要在噪声、振动、粉尘、辐射、景观等方面。在进行系统制式选择时，应该优先选择节能、环境污染小的制式。

总之，影响城市轨道交通线路系统制式选择的因素很多，主要包括线路功能定位、客流特征、工程条件、服务水平、经济性、技术可靠性、国产化水平、网络资源共享、网络发展弹性、运营组织模式、节能减排以及车辆供应周期等方面，因此在制式选择时需要充分考虑各种影响因素，结合各城市的发展规划与自身特点，对各种系统制式进行综合分析比较，最终确定适合远期网络各条线路的制式方案。

本章重点论述城市轨道交通的各种技术制式。作为这一论题的基础，首先在第一节讨论城市轨道交通的一般分类方法；作为它的实际应用，第三节讲述如何选择城市轨道交通的合适制式。

第三章　城市轨道交通工程项目的前期工作

作为重要的城市基础设施，城市轨道交通工程项目具有投资大、建设周期长、对城市布局影响深远、投资回收期长等特点。就城市轨道交通工程项目的建设而言，从建设项目的整个寿命周期来看，主要包括项目前期研究工作、建设、生产运行和淘汰处置等4个阶段。工程项目的前期工作具有宏观性、整体性的特点，就方法论而言，是一个科学决策过程，其目的是为立项决策提供科学依据，并对项目建设的规模、与其他系统的关系和宏观技术指标等提出要求。鉴于每一个城市轨道交通工程建设项目自身的独特性，每个工程项目的前期工作都有其特殊性，因此前期工作说到底是一项研究工作，带有创新性。

项目前期研究阶段是指为了使项目批准立项而开展的开工建设之前的规划和研究工作。这些规划和研究工作都是在城市总体规划和城市综合交通规划已经确定的基础上进行的，工作内容主要包括城市轨道交通规划（含远景线网规划、近期建设规划）和工程可行性研究（含工程预可行性研究、工程可行性研究）两个方面。

第一节　城市轨道交通规划

城市轨道交通建设是一项投资大、周期长、影响深远的大工程。轨道交通的建设会对城市土地利用、交通结构、经济发展及城市环境产生深远的影响。尤其是地下线路，一旦建成，就很难再进行改造、扩建。因此，作为城市轨道交通建设的前期工作——规划，极端重要。规划是保证城市轨道交通建设科学、合理、经济、可持续发展的关键环节。

城市轨道交通系统是城市交通系统的子系统，而城市交通系统又是城市这个开放系统的子系统，因此城市轨道交通的发展必须和城市的总体发展目标相适应。目前，我国正处于城市化初期，考察发达国家城市化进程中的经验教训不难发现，一个没有统一规划的盲目发展的城市，势必带来一系列难题和"城市病"，如交通阻塞、环境污染、能源过度消耗、生活质量下降等，这些"城市病"日益引起世界各国的广泛关注。经过反思，人们开始认识到造成这些恶果的最根本原因在于只重视短期效应，没有从可持续发展的角度来看待城市的发展，缺少长远的、宏观的、统一的规划。因此，世界各国越来越重视城市的规划问题。一个没有规划蓝图的城市被认为是一个没有发展潜力的城市。现代都市的一个显著特征是公共交通方式正逐步成为城市交通的主流，尤其是大容量快速轨道交通，因为具有节能、污染小、速度快、安全正点等优势，越来越得到人们的青睐，发展前景广阔。因此，科学合理的城市轨道交通规划对未来的城市发展具有重要意义。

一、城市轨道交通规划的目的和意义

"规划"是研究如何从全面和长远的角度确定发展目标，并对现有资源进行优化配置，从而

达到目标的理论和方法。

城市轨道交通规划是城市交通规划的一个分支。城市交通规划的目的是了解城市现有的交通形态和土地使用状况，根据城市未来发展蓝图，模拟反映城市未来的交通发展状况、预测交通需求，进而设计科学合理的交通系统——既要满足居民的出行需求，又要使资源得到合理配置，减少城市交通规划过程中的盲目性，按照城市的发展规律和市场经济规律，规划城市交通未来的发展。城市轨道交通规划则是在城市交通规划的基础上，科学分析客流发展趋势和不同交通方式在未来城市中的发展比例，同时结合城市的自然地理条件，合理规划线网，确定轨道交通发展规模并制定相应的实施对策以及交通政策，为城市轨道交通的发展铺画蓝图。

城市轨道交通规划与城市其他交通方式的发展规划是一个有机整体，它们是互补、互动的关系，缺一不可。只有各种交通方式发挥各自优势、合理分工、协调发展，整个城市的交通发展才能步入全面、协调、可持续的轨道。

城市轨道交通规划既然是城市交通规划的重要组成部分，在规划制定过程中两者应该保持同步。城市轨道交通规划原则上可分为两个阶段，即战略规划阶段和项目规划阶段。

城市轨道交通战略规划是关系到城市轨道交通全局和长远的指导性规划，其主要内容包括：土地的使用，交通网络及交通政策的重大发展方向，交通需求与交通设施之间的供求关系（并提出达到动态相对平衡的方案），规划期的发展目标，达到目标的方针、政策和行动方案，以指导城市轨道交通的又好又快发展。城市轨道交通战略规划年限一般为20～30年。

城市轨道交通项目规划是根据城市轨道交通战略规划的要求，对5～10年内应进行的项目作出实施性规划。它包括土地利用规划、项目详细规划和系统管理3部分。

制定城市轨道交通规划是一个连续的动态过程，各阶段、各层次之间都要相互衔接，而且每个阶段都必须和与其相对应的城市规划及城市交通规划相适应，并构成一有机整体。

科学合理地制定城市轨道交通规划对于城市发展具有重要意义。

(1)城市轨道交通规划为城市的未来发展模式提供借鉴。著名的《雅典宪章》明确了城市的4大功能：居住、工作、游憩和交通；《马丘比丘宪章》提出城市规划必须适应时代变化，强调城市交通运输以公共交通为主，把公共交通作为城市发展规划和城市成长的基本要素；科学发展观认为，未来城市应该是一个以人为本，环境优美，交通便利，资源合理使用，人与自然协调，可持续发展的生态城市。轨道交通污染低、能耗低、容量大、速度快、安全好，是公共交通的首选方式，城市轨道交通的发展程度从某种程度上说是城市发展程度的标志。

(2)城市轨道交通规划使解决城市交通问题成为可能。城市交通问题是困扰城市发展的“瓶颈”，是城市经济发展的制约因素。要解决城市交通运输能力紧张状况，仅仅依靠增加道路面积、提高交通管理水平是不能奏效的，必须从人、车、路、环境、能源等方面综合考虑，制定一个全面的、有科学依据的交通规划并付诸实施，才能从根本上解决问题。

(3)城市轨道交通规划能为有关决策部门制定政策和发展规划提供科学依据。城市的功能定位、城市的发展模式、城市的生存环境与城市高层决策者的理念休戚相关。合理的规划、严密的论证和科学的方法可以帮助决策者对城市发展进行前瞻性的科学思考。

二、城市轨道交通规划的原则和步骤

城市轨道交通规划是建设城市轨道交通的蓝图，是未来城市交通的发展目标，对城市交通发展具有导向作用，因此城市轨道交通规划必须建立在以下各项原则的基础之上。

1. 可持续发展原则

自然界原本是一个无垃圾的生态系统，而作为人造自然的城市，它的数量增加和范围扩大都影响着生态环境的自组织发展，发达国家的城市消费方式和产生的废物严重破坏着人类的生存环境，发展中国家的城市则面临着强大的人口压力、能源约束和环境污染。如何使城市走上可持续发展道路，已提到了我们的议事日程上。1992年召开的联合国环境与发展大会对世界城市的可持续发展给予了特别关注，提出未来城市可持续发展的目标是改善城市社会、经济和环境，改善城市居民的生活质量和工作环境，其中最重要的一条就是促进发展人类居住区域可持续发展的能源配置和运输系统，并建议采取以下措施：城市土地利用与运输规划相结合，采取减少运输需求的发展模式；发展公共交通；改善交通管理。由此可见，城市可持续发展应重视公共交通，公共交通首选轨道交通，而城市轨道交通规划作为未来城市轨道交通发展方向的指南针，就必须符合可持续发展的原则，用最小的自然资源作代价来换取最大的社会效益。

2. 协同性原则

交通与社会经济的发展密切相关，社会经济的发展变化影响着交通结构的发展变化，两者处于相对动态平衡的协同状态。因此，城市交通规划必须与城市社会经济发展规划相适应。交通应与社会、经济协同发展，否则只能再次滞后于经济发展，成为制约经济发展的“瓶颈”。

城市轨道交通规划还要与国家的路线、方针、政策，尤其是城市发展方针、目标相一致；与城市总体规划、土地利用规划、产业布局规划相一致，并且应该结合地方特色，统筹兼顾，注重保护历史文物、城市传统风貌和自然景观等。

3. 整体性原则

城市交通规划是一个大系统，城市轨道交通规划是其子系统。城市凭借四通八达的线网和各种现代化的交通工具把居民点和工作地区联系起来，把生产和消费联系起来，构建成一个立体化交通网络。每种交通方式都有不同的吸引范围、不同的技术特性。城市交通系统的优化就是要求各种运输方式合理配置，协调发展，最终达到满足城市居民出行的需求。因此要把城市交通系统作为一个整体，应在城市总体交通规划的基础上，结合各种交通运输方式的发展规划，制定城市轨道交通的发展规划。

4. 动态性原则

城市的发展是动态的，城市交通的发展也是动态的。从古代集镇的步行交通发展到畜力交通，直至产业革命后发明了蒸汽机、电动机、内燃机等动力机，应用在轨道交通领域，先后出现了蒸汽机车、电力机车、内燃机车、电动车组等新型交通工具，带动了社会经济的迅猛发展。从城市和交通的发展历史看，城市规模的大小与城市交通工具的技术进步密切相关，城市的直径一般就是当时最快交通工具1h走行的距离。例如1819年时伦敦只有行人、手推车和数量不多的马车，因此当时城市直径不超过10km；今天伦敦有了快速轨道交通，城市直径扩大到了80mile(约合128km)，这在本书第一章中已有所论述。在城市化进程中，各种现代化交通工具随着科技进步和社会经济的发展应运而生，极大地拓宽了城市交通的发展空间，也大大改变了人们的时空观。动态的发展需要动态的规划来适应，一成不变的交通规划是不符合科学发展观的，也不可能适应现代城市发展的需要。

5. 客观性原则

规划必须客观，要建立在翔实资料的基础上，并采用科学的理论和方法来指导规划工作，务必使城市轨道交通规划能够反映客观事实，提出未来城市交通发展模式和方向，从而为城市决策者提供真实、可靠的决策依据。

6. 可操作性原则

规划的目的是为了实施，一个可以实现的规划就是在需求与各相关制约要素之间相互协调，取得某种统一。从决策理论上讲，一项满意决策就是目标和约束的统一。用集合论公式来表示，即：

$$D^* = G \cap C \tag{3-1}$$

式中：D^*——选中的满意方案；

G——符合目标的可选方案；

C——符合约束条件的可选方案。

轨道交通规划既要满足社会经济发展的需要，同时又会受到客观存在的社会建设能力的制约，所以需要在两者之间寻求一个平衡点，以保障规划有最大的实现可能，这就要对需求根据各子系统的支撑条件作出自调整反应，以保障系统的协调运转。

7. 经济性原则

轨道交通建设投资巨大，需要有足够的社会资金投入，这在一定程度上要求政府投入大量的人力、物力和财力来建设轨道交通。因此，轨道交通规划应本着经济、节约的原则，最大限度地挖掘交通潜力，有步骤、有目的地在财力允许的基础上逐步建设轨道交通网络，而不能不顾经济实力盲目发展。

规划的核心内容是确定目标。目标决定规划，规划服务于目标。城市轨道交通规划的目标在于，建立合理的轨道交通网络，使之对现有城市结构的不利影响减至最小，对未来城市可持续发展最为有利，能够最大限度地运送来往客流，满足居民的出行需求。

城市轨道交通规划流程如图 3-1 所示。

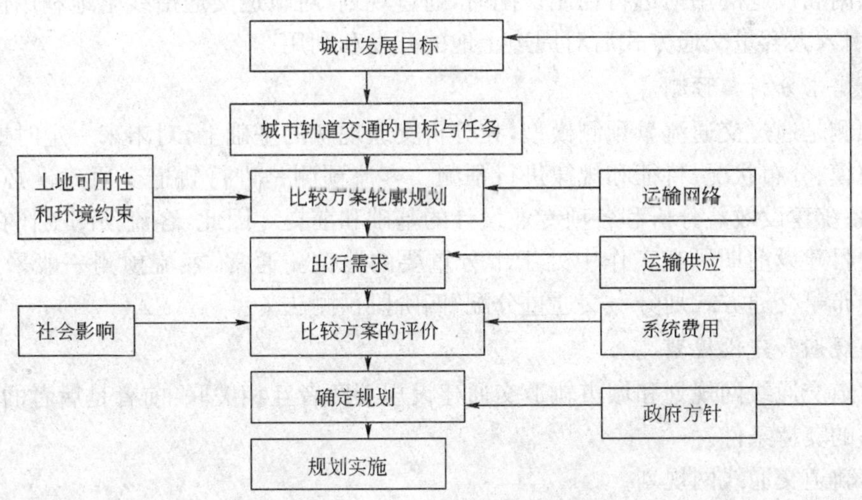

图 3-1　城市轨道交通规划流程图

三、城市轨道交通规划的内容

城市轨道交通规划的内容包括：社会经济调查、土地使用规划、交通需求的分析与预测、线网规划和建设规划。

1.社会经济调查

社会经济调查的目的是针对交通规划的要求，对指定范围的社会经济状况进行全面的了解，收集详尽的资料，通过分析和整理以供规划中使用。按规划阶段不同，社会经济调查可分为综合经济调查和个别经济调查。

综合经济调查是对一个城市以至整个区域的社会经济现状和发展远景进行全面调查，主要任务是收集编制交通网规划所需的全部资料。

个别经济调查是按某一个工程项目需要所进行的调查，主要任务是为规划设计的线路确定位置、标准、施工程序，并为经济评价提供依据。

社会经济调查内容涉及面广，大致可分为以下几类：

(1)城市自然条件、自然资源方面的资料，包括地理位置，周围区域的自然环境，矿产资源、能源、水源、气候、土地、生物等自然条件，了解它们的数量、质量、分布和利用价值，还包括历史文物与名胜古迹等；

(2)城市经济与社会方面的资料，包括人口状况(总人口、年龄组成、职业组成、密度分布、出行习惯等)，用地状况(各类用地所占百分比、建筑密度、居住现状等)，城市经济结构、经济规模和经济规划；

(3)城市环境资料，包括环境质量、环境污染以及环境治理等；

(4)城市交通资料，包括道路交通网现状、对外交通现状、各种交通运输方式现状与发展趋势，以及城市交通规划等。

社会经济调查的步骤一般为准备调查、实施调查、资料分析3个阶段。

2.土地使用规划

土地控制规划是为了保证未来的工程项目能顺利进行，必须在线网规划完成之后对线路、车站、站场、附属设施的用地进行控制。同时，通过规划，对轨道交通沿线土地利用性质进行调整，以适应引入大容量交通方式后对周边土地的开发和利用。

3.交通需求分析与预测

客流预测是通过交通流量预测模型，在分析交通现状的基础上，对未来一定时期内轨道交通的客流规模、分布状况、特征和规律进行预测。客流预测是进行轨道交通建设必要性、系统规模选择、系统建设效益分析和各项专业设计的基础和前提。因此，客流预测工作在城市轨道交通工程项目建设前期研究工作中处于十分重要的地位。通常，客流预测一般采用“出行产生—出行分布—交通方式划分—交通量分配”四阶段预测法。

4.线网规划和建设规划

城市轨道交通线网规划和城市轨道交通建设规划两者互相关联：前者是后者的前提，而后者又是前者的支持条件。

1)城市轨道交通线网规划

城市轨道交通线网规划就是要根据城市现有条件、总体规划以及城市综合交通规划，在详细分析城市交通发展规律和影响因素的基础上，确定能适应未来城市交通需求的轨道交通总体规模、线网结构、线路走向、技术制式和建设时序等。线网规划属于宏观性、长期性、控制性、指导性规划，其主要任务是协调城市总体规划和综合交通规划对城市轨道交通的总体要求，对城市轨道交通线网起到宏观控制作用。线网规划工作的具体内容包括：

(1)对城市现状、远景发展规划和综合交通体系进行分析，了解城市轨道交通线网建设的各项前提条件和边界条件；

(2)对城市轨道交通线网合理规模进行研究，确定合理的规模和可能的变化范围；

(3)对线网方案与客流情况进行分析，规划科学的线网构架方案和交通走廊；

(4)进行一定深度和广度的专业研究，开展线网的实施性规划，如确定线路敷设方式、车场选址、联络线分布和运营方式等；

(5)对影响因素进行分析，制定线网修建计划；

(6)协调城市轨道交通与其他交通系统的关系，进行线网与其他交通方式的衔接规划。

根据线网规划所需要研究的内容，一般研究过程大致可分为三个阶段，即基础工作研究、线网构架研究和实施规划研究。根据研究内容和阶段划分，一般需要提出三个报告，即初始报告、中间报告和最终报告，详细内容在本章第二节展开。

2)城市轨道交通建设规划

城市轨道交通建设规划是重要的前期工作，主要研究内容包括：城市轨道交通近期建设的必要性、发展目标、建设方案和资金筹措计划等，是指导城市近期轨道交通建设的纲领性规划。

城市轨道交通建设规划是在OD调查(对市内各交通小区进行出发和到达客流调查)、客流预测、线网规划、城市总体规划、综合交通规划的基础上提出近期轨道交通建设规模和时序、系统制式、工程方案、投融资安排及经济评价等。编制城市轨道交通建设规划需要的支撑性文件有：城市总体规划、综合交通规划、公共交通规划、城市轨道交通线网规划、客流预测报告、地质灾害评价报告、地震安全性评价报告、环境影响评价报告、土地控制规划、文物保护规划、电力保障规划、国民经济和社会发展预测报告、资金筹措与平衡研究报告等。

建设规划需上报国家发展和改革委、住房和城乡建设部，由国务院审批。根据国内各城市的经验，建设规划一般研究城市今后10～15年内的建设项目。城市轨道交通建设规划的研究内容主要有：

(1)城市轨道交通建设和发展的环境分析；

(2)确定近期建设城市轨道交通的目标及其作用分析；

(3)城市轨道交通的远景线网分析；

(4)城市轨道交通近期建设线路的选择；

(5)近期建设方案的可行性分析；

(6)近期建设线路的系统制式及主要工程方案；

(7)城市轨道交通修建时序研究；

(8)城市轨道交通建设管理；

(9)城市轨道交通运营及经营设想；

(10)安全保障措施；

(11)建设投资匡算和投资计划；

(12)资金筹措方案；

(13)债务及盈利能力分析；

(14)资金平衡方案。

根据建设规划需要研究的内容，一般可按照如下的技术路线开展建设规划的研究工作，如图 3-2 所示。

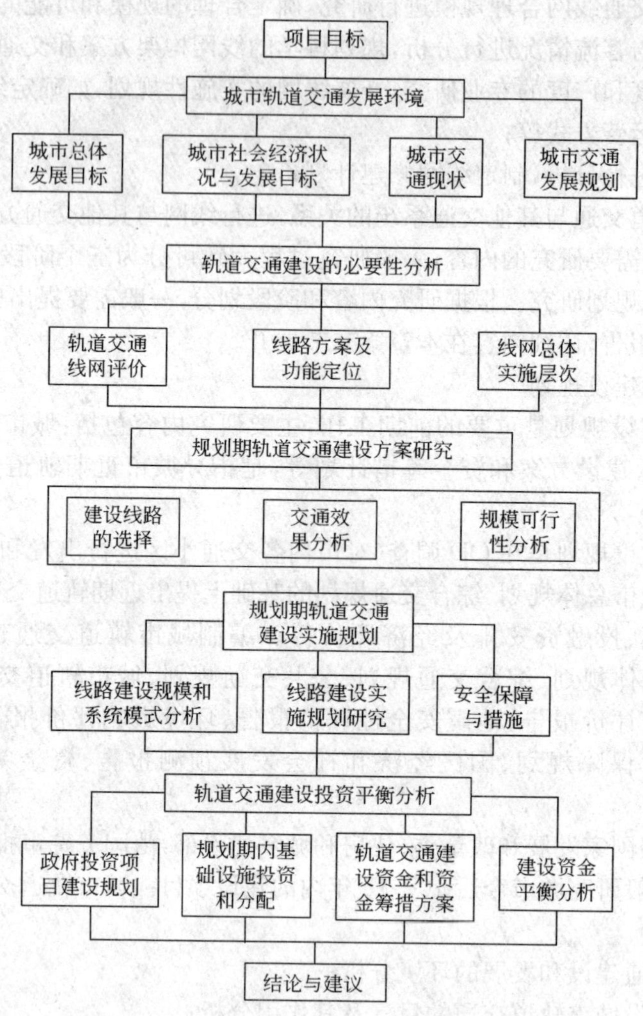

图 3-2 城市轨道交通建设规划技术路线图

第二节 城市轨道交通线网规划

线网规划也称网络规划，是城市轨道交通规划的核心内容和主要成果。

城市轨道交通线网规划大致可分成三个层次：一是城市轨道交通线网规划，主要是规划、编制整个城市轨道交通线路总图，包括车辆段、停车场布局规划；二是轨道交通线路实施规划，就是针对线网中具体线路的走向、站点设置、敷设方式、换乘节点等作控制性规划设计，达到"规划落地"的目标，同时进行项目选择和建设时序规划，支持和落实线路建设的可实施性；三是轨道交通线网相关设施的布局规划，主变电所、控制中心和公交接驳等建设用地布局规划以及车辆与设备，进行线网资源共享规划。

本节主要讨论城市轨道交通线网和线路的规划思路和方法，对车辆段、停车场以及控制中心的规划布局仅作简要介绍。

一、线网规划的内容与步骤

1. 线网规划内容

城市轨道交通线网规划主要是根据城市的发展形态，综合经济发展情况，从长远的角度系统地研究城市市域范围或市区的轨道交通网络。具体地说，线网规划主要包括以下几方面内容。

1)必要性研究

轨道交通是一种安全、环保、便捷、高效的客运交通工具，应积极推广应用，这毋庸置疑。但同时，轨道交通的初始投资巨大，而且需要很大的运营维护成本，如果没有足够的客流需求，轨道交通系统的建设和运营可能面临巨额亏损，对此务必有充分的认识。轨道交通网络规划的第一步应详细地分析轨道交通建设的必要性。

需要指出的是，研究分析轨道交通建设必要性时，既要考虑建设及运营成本，也要充分考虑轨道交通的社会效益。城市轨道交通线路建成通车后，可大大缩短乘客的旅行时间，提高出行的便捷性，而且站点周边由于提高了可达性，促使土地升值，周边企业的效益也会有所提高。因此，在论证建设轨道交通的必要性时，轨道交通的社会效益是需要重点考虑的内容。

2)确定规划目标

这里所指的规划目标分两个层次。一是宏观层面，即轨道交通网络在城市综合交通系统中的目标定位。如北京、上海这样的特大城市均将轨道交通定位为城市公共交通中的骨干。二是微观层面，明确轨道交通远景年承担全市客运量的百分比。不同的规划目标，轨道网络有不同的规模和形态。高目标指导下的轨道网络规模会很大，低目标指导下的轨道网络规模较小。确定规划目标是规划工作的首要任务，需结合城市的经济社会发展水平、城市交通发展战略，采用定性分析与定量分析相结合的科学方法，经反复论证才能确定轨道交通在整个城市交通中的定位和所占的百分比。例如，上海市在轨道交通网络规划中确定的目标是远景年公交出行占全方式出行的46%，轨道交通客运量占公共客运交通客运量的51%。(参阅上海市城市规划设计研究院·上海市轨道交通系统规划，2000年)

3)线网规模研究

在进行城市快速轨道交通线网规划中，一个十分重要的问题就是，如何根据城市的现状及其发展规划、城市的交通需求、城市的经济社会发展水平等，确定轨道交通网络的规模。不同的网络规模会产生不同的网络规划方案，合理的网络规模是轨道交通网络规划方案设计及方案选择的前提和依据。由于线网规模并未与具体的轨道交通线路的布线等联系起来，只是在宏观上给出轨道交通合理规模的上下限。线网规模是否真正合理，最终应放入交通模型中进行需求和供给的动态检验并调整。在进行方案构架研究之前，应对线网规模进行约束，以使多个方案有共同的比较基础。

4)线网结构研究

轨道交通网络结构是指网络的形态结构。一般可分成网格式、放射式、环形放射式等。不同的线网结构，有着不同的特点。线网结构对城市发展形态的形成、轨道网的工程投资、运行效率等都会产生很大的影响。

5)线路规划

线路规划主要指网络中各条线路的具体走向、车站设置及线路敷设方式等。

城市轨道交通线路的技术标准比较高，而且线路一经建成，其改造、调整的难度相当大。

因此在规划初期需要对线路走向作较为细致的规划研究，这有利于轨道交通网络的稳定。

线路走向的选择，一般应与城市的主要客运走廊相结合，尽量经过城市的公共活动中心，如商业中心、文化娱乐中心、大型交通枢纽和居住区等。具体的线路选择宜以次干路为主，次干路的宽度相对轨道交通需要建设的用地基本一致，而且次干路的机动车流量相对较少，可以避免城市车流通道与客运通道重合，减少人车之间的冲突。

轨道交通的服务主要是通过站点来实现，站点位置的选择关系到整个线路效率的发挥。站点选择一方面要考虑周边土地利用关系，同时要兼顾站间距的控制。一般来说，地铁的站间距为 1.2～1.8km，轻轨站间距相对较小，一般为 0.8～1.2km。站间距的控制，关系到整条线路运行效率的发挥。站间距过密，运行速度下降，影响轨道线路的效率；站间距过大，轨道交通站点少了，其服务范围也相对缩小。站点的设置一方面要考虑站点与周边土地利用的结合，同时也要考虑合适的站间距。

敷设方式指线路位于地面、地下或高架。不同的敷设方式造价有很大差别，对周边环境的噪声、振动和景观影响也不相同。敷设方式的选择要考虑工程投资、周边环境的功能要求等方面。一般城市中心区选择地下线路，城郊结合部选择高架线路，郊区可采用地面线路。

6)车辆段、控制中心基地规划

车辆段是车辆的维修保养基地，也是车辆停放、运用、检查、整备、修理的管理单位。车辆段的规模一般较大，因此在规划初期要做好车辆段的选址工作。避免线路规划好了，却由于选不出合适的车辆段基地，而影响车辆的检修和运营。

控制中心是实现轨道交通运行管理智能化的重要设施，运行的自动控制有利于提高整个轨道网络的服务水平，并确保系统的安全。控制中心作为城市轨道交通设施的重要组成部分，要做到布局合理、技术标准统一，要从全线网的角度考虑控制中心布局的科学性和合理性，从而进一步完善和补充城市轨道交通线网的功能，提高整体线网的运输能力和使用效率，并为实现建设和运营等方面的资源共享和科学化管理打下基础。

7)网络的建设时序

轨道交通网络投资大、建设周期长，大面积的轨道网建设不可能全面铺开、一气呵成。在确定建设时序时要与城市的发展水平相结合，分期分批建成轨道交通线路，以减轻资金压力，用少量的资金获得最大的收益，实现滚动发展。

2.规划步骤

城市轨道交通网络规划采用通用的系统工程方法，即需经历提出和分析存在问题、明确规划目标、制定备选方案、评价备选方案、提出推荐方案、实施和修订规划等阶段。

轨道交通网络规划涉及轨道交通需求预测、流量预测、城市轨道交通线网规模分析和估算、城市轨道交通线网方案设计和线网方案的评价和选定等步骤。

(1)收集和调查历年城市社会经济资料，如 GDP、人均收入、常住人口、流动人口、岗位分布、土地利用、全方式 OD 流量及流向资料等，为分析现状及客流预测提供基础。

(2)根据路段交通量、拥挤度、车速、行程时间、出行距离等指标，分析城市交通现状并预测按目前发展趋势可能发生的问题，为制订规划目标提供基础性资料。

(3)分析未来城市结构形态、经济发展态势、人口分布、出行特征、交通结构等，结合目前交通存在的问题，制定远景综合交通发展战略，明确轨道交通在城市综合交通系统中的定位，论证轨道交通的规划目标。

(4)根据轨道交通规划目标，结合人口、岗位分布情况、出行特征、交通结构等，进行轨道交通远景年的客流需求预测。

(5)根据城市的经济发展、交通发展战略等初步拟定城市轨道交通线网的总体规模。

(6)在轨道交通线网规模的指导下,结合城市结构、道路网形态及重要集散点编制多个网络方案。

(7)对线网方案进行客流预测,校验线网规模的合理性,并进行适当调整,再重新编制多个备选线网方案。

(8)制定综合评价体系,对各方案进行定性与定量的分析比较,形成推荐方案。

(9)在推荐方案的基础上作进一步细致的规划研究,如选择大型枢纽点、优化个别线路的局部路段等。

需要指出的是,上述各个步骤间有着相互作用,都可能反复循环。一个好的规划方案是在不断反复的过程中逐步完善的,通过这种反复循环的过程使得规划方案更加科学、合理。城市轨道交通线网规划总体流程如图3-3所示。

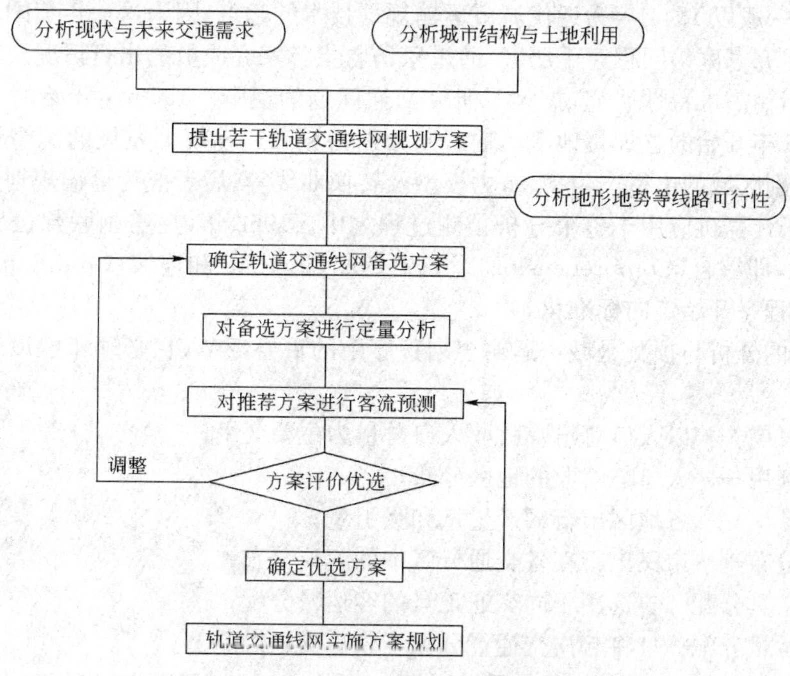

图3-3 轨道交通线网规划总体流程图

二、客流需求预测

客运需求预测是城市轨道交通规划的基础之一,影响整个规划过程,既是前期轨道交通投资决策的基础,又是轨道交通网络规模拟定的依据,也是网络客流预测的直接工具,还是多方案评选过程中的重要因素。具体地说,轨道交通客流需求预测主要在以下几方面参与网络规划设计。

(1)论证本城市建设城市轨道交通的必要性;

(2)确定城市轨道交通的规划目标;

(3)拟定城市轨道交通网络的规模;

(4)预测城市轨道交通整个网络的客流量。

上述仅列出了客流预测在轨道交通网络规划层面所参与的几个主要阶段。实际上,在轨道交通线网的其他设计阶段,仍有很多方面需要利用客流预测的数据,如在轨道交通系统的能力设计、列车编组、行车密度、车站规模与站台长度、出入口数量、换乘通道宽度等方面,都离不开客流预测的支撑。

国内外在规划重大交通运输建设项目时所使用的方法大致相同,即采用 20 世纪 50 年代在美国发展起来、60 年代成熟并实现标准化的城市运输规划程序(Urban Transportation Planning Progress)。该程序包括问题分析、目标确定、需求分析、方案拟订、评估决策及反馈调整等一系列作业。其中需求分析又包括客流产出、出行分布、运具分配及交通量分配四个步骤。

1. 四阶段法

40 多年来,虽规划程序在总体上无显著改变,但在具体环节上已有不少创新和改善,特别是电脑套装软件的普遍使用,大大提高了城市运输规划的工作效率。

业内人士一般以 1944 年为近代城市运输规划技术的起点,因为这一年美国公路局出版了第一本《交通研究家庭访问程序手册》。通过家访收集各家庭成员的出行情况及其他社会经济资料,开创了运输需求特性研究,扩大了研究交通问题的视野。1953 年开始的底特律地区交通研究与 1955 年开始的芝加哥地区运输研究分别为城市运输规划发展的两个里程碑。前者提出了不同类别区域的出行产生率、重力模型及转换曲线等;后者成为运输规划方法上之集大成者,并将电子计算机应用于整个分析预测过程之中。1962 年,在美国联邦公路法案中提出了"3C"新概念,即综合(Comprehension)、协调(Coordination)和连续(Continuing),由此导致城市运输规划程序开始走向标准化。

运输需求的分析与预测是城市运输规划程序中的重要环节,它必须考虑以下几个重要因素和步骤。

(1)城市发展——以人口总量及就业人口总量为主要变量;

(2)土地利用——人口与就业的地区分布;

(3)出行产生——各地区出行的产生量和吸引量;

(4)出行分布——市民出行在各交通分区中的起讫分布;

(5)交通工具分配——选用不同交通工具的客运量分配;

(6)线网运量分配——将起讫交通量分派至轨道交通线路上。

交通需求预测系统一般由上述步骤中的后四项构成,即出行产生、出行分布、交通工具分配、线网运量分配。图 3-4 通过举例说明这四阶段工作的具体内容:假定一个小城市在作线网规划时将市区划分为 3 个交通小区,市民日出行总量为 221 万人次。G_i 表示从第 i 小区出发的人次,A_j 表示到达第 j 小区的人次,各小区所产生的交通出行量、吸引量分别如图 3-4a)所示;三个小区之间的出行分布如图 3-4b)所示;再以第 3 小区至第 2 小区的出行量 50 万人次为例进行交通工具分配,如图 3-4c)所示;最后以轨道交通所承担的客运量 18 万人次为例进行线网运量分配,如图 3-4d)所示。

反复进行类似的分配与计算,最后可叠加得到每条轨道交通线路各方向的预测运量。下面分别对这四阶段所采取的方法加以说明。

1)出行产生和吸引量的预测方法

统计分析表明,每个交通小区产生或吸引量的多少与该区的规模及其社会经济发展程度正相关。影响出行产生的因素主要有:人口数量及其收入水平,个人交通工具的拥有量等。交通小区的吸引量主要与该小区建筑物的面积及其使用性质有关。由于两者的影响因素不同，所以要分别加以预测。下面分别介绍两种常用的方法。

i	G_i	j	A_j
1	43	1	51
2	65	2	92
3	113	3	78

a)

小区	1	2	3	G_i
1	11	12	20	43
2	32	30	3	65
3	8	50	55	113
A_j	51	92	78	221

b)

轨道交通	18
公共汽车	32

c)

线路1	5
线路2	10
线路3	3

d)

图 3-4　轨道交通需求预测四阶段法示例(万人次)

a)产生与吸引量生成；b)出行分布；c)交通工具分配；d)运量分配

(1)出行率法。为了使问题简化和便于计算，首先假定某些社会经济单位指标(如单位面积、每户等)所产生的交通量是一定的，根据调查统计的结果，其出行率常数如表 3-1 所示；某交通小区各类土地利用的平均出行产生率如表 3-2 所示。

不同交通目的的出行产生率　　表 3-1

交 通 目 的	比例(%)	出行率(人次/户)
上下班	43.9	1.010
业务	6.8	0.155
社交	21.4	0.490
购物	11.9	0.275
上学	4.8	0.110
其他	11.2	0.260
合计	100.0	2.300

某交通小区各类土地利用的平均出行产生率　　表 3-2

序号	土地利用分类	面积 Q_{ij} (10^6m^2)	平均出行产生率 U_j (人次/m^2)
1	住宅	1.0	0.013 17
2	商业	0.8	0.060 15
3	娱乐	0.2	0.059 17
4	医疗卫生	0.2	0.023 04
5	交通运输	0.1	0.004 51
6	机关	0.1	0.026 39
7	文教	0.4	0.046 93
8	工厂	1.2	0.009 00

以 G_i 表示某交通小区 i 所产生的交通量，Q_i 表示该小区的某个社会经济指标值，则有：

$$G_i = U_i \cdot Q_i$$

式中，U_i 为出行产生率(或吸引率)，是常数。如果所有交通小区 $i=1\sim n$，U_i 都不变，那么 U_i 的下标可以略去，上式可写作：

$$G_i = U \cdot Q_i$$

这就是出行率计算的基本原理。

事实上社会经济指标远不止一个，如使用面积、人口数等。显然每个社会经济指标的出行率都不会相同，因此需要进行分层处理。例如，“人口”这一指标可按年龄、性别、职业分层；“面积”这一指标可按土地利用的类别分层。先求出各层次的交通发生率，经整合可得到出行总量。如以 U_j 表示 j 层($j=1\sim k$)的出行产生率，那么：

$$G_i=\sum_{j=1}^{k}U_jQ_{ij} \tag{3-2}$$

显然

$$Q_i=\sum_{i=1}^{k}Q_{ij} \tag{3-3}$$

按以上分类和分层方法，可以通过对将来人口及土地利用面积的预测，乘以相应的出行产生率或吸引率，即可分别求出各交通小区未来的出行产生量和出行吸引量。

(2)回归模型。除了出行率法以外，也可以用统计数学方法来预测交通小区的出行产生量。其方法是把影响出行量的所有社会经济指标作为自变量，把出行产生量作为应变量，再根据现状数据资料进行回归分析，从而得到出行量产生的统计规律性，并据此进行预测。这种统计分析的模型称为回归模型。

设第 i 小区内第 j 个社会经济指标值为 Q_{ij} ($j=1\sim k$)，则 i 小区的出行产生量 G_i 与 Q_{ij} 间的关系可以表示为：

$$G_i = f(Q_{i1},Q_{i2},\cdots,Q_{ik}) \tag{3-4}$$

一般可以认为社会经济变量与出行产生量之间为正相关，因此可以把这一模型设定为线性模型：

$$G_i=b_0+\sum_{j=1}^{k}b_jQ_{ij} \tag{3-5}$$

其中，b_0 为回归常数；b_j($j=1\sim k$)为回归系数。

将所有小区的现实出行量 G_i($i=1\sim n$)及相应的社会经济指标 Q_{ij} ($i=1\sim n,j=1\sim k$)分别代入上述模型，可得到 n 个线性方程式，便可利用最小二乘法求出相应的回归常数与回归系数。将求得的回归常数与回归系数代入上式，便可得到出行产生的回归预测模型。根据同样的原理，采用同样的方法，可以得到交通小区的出行吸引回归预测模型。

2)出行分布的预测

有了各个交通小区的出行产生量和吸引量后，接着需要预测的是各个小区之间的出行情况，即求出各个交通小区之间的客流出发和到达(OD)量，即 OD 矩阵，表 3-3 提供了一个实例。

各交通小区之间的 OD 表 表 3-3

起点＼终点	1	2	3	产生 G_i
1				43
2				65
3				113
吸引 A_j	51	92	78	221(合计)

出行分布的预测，就是要得到 OD 表中所有 T_{ij}，即求得从 i 小区到 j 小区的出行人次；若 $i=j$，表示客流在本小区内流动。

(1)平均增长系数法。增长系数法假定将来的交通小区之间的出行分布模式与目前的分布模式基本一致，只是分布量按比例系数增加，其预测的步骤如下。

①以 t_{ij}、$G_i^{(0)}$、$A_j^{(0)}$ 分别表示现实 OD 表中 i、j 小区之间的交通量、i 小区的产生量及 j 小区吸引量，如表 3-4 所示。

三个交通小区的现状 OD 表 表 3-4

O \ D	1	2	3	产生合计
1	4	2	2	8
2	3	5	4	12
3	2	3	3	8
吸引合计	9	10	9	28

②首先用上述出行率法或回归模型法求得的规划年度 i 小区的出行产生量和 j 小区的吸引量，分别记为 G_i、A_j。如表 3-5 所示，因为此时其分布途径未知，所以表中间是空白。

规划年度预测到的出行产生、吸引量 表 3-5

O \ D	1	2	3	产生合计
1				20
2				20
3				25
吸引合计	25	18	22	65

③各小区的产生量、吸引量的增长系数 F_{gi}、F_{aj} 由下式求得：

$$F_{gi}^{(0)} = G_i / G_i^{(0)} \qquad F_{aj}^{(0)} = A_j / A_j^{(0)} \tag{3-6}$$

④分布交通量的预测值的第一次近似 $t_{ij}^{(1)}$ 为：

$$t_{ij}^{(1)} = t_{ij} \times f(F_{gi}^{(0)}、F_{aj}^{(0)}) \tag{3-7}$$

在平均增长系数法中：

$$f = 1/2(G_i / G_i^{(0)} + A_j / A_j^{(0)}) \tag{3-8}$$

⑤第一次近似 OD 表的产生量 $G_i^{(1)}$、吸引量 $A_j^{(1)}$ 按下式计算：

$$G_i^{(1)} = \sum_j t_{ij}^{(1)} \qquad A_j^{(1)} = \sum_i t_{ij}^{(1)} \tag{3-9}$$

一般来说，$G_i^{(1)}$、$A_j^{(1)}$ 与 G_i、A_j 并不相等，所以需要进一步将(3-1)式中的 $G_i^{(0)}$、$A_j^{(0)}$ 置换成 $G_i^{(1)}$、$A_j^{(1)}$，重新计算比例系数，并得到第二次计算值：

$$t_{ij}^{(2)} = t_{ij}^{(1)} \times f(F_{gi}^{(1)}、F_{aj}^{(1)}) \tag{3-10}$$

⑥反复进行以上调整过程，当：

$$F_{gi}^{(k)} = G_i / G_i^{(k)} \qquad F_{aj}^{(k)} = A_j / A_j^{(k)} \tag{3-11}$$

均非常接近于 1 时，该预测过程结束，其最后所得的 $t_{ij}^{(k)}$ 即为所求的分布交通量的预测值。

[算例 3-1] 已知表 3-4 所示的现状 OD 表及如表 3-5 所示的规划年度的产生、吸引交通量，要求用平均增长系数法预测将来的 OD 表。

首先，根据平均增长系数法，最初通过式(3-6)计算得到增长系数：

F_{gi}分别为 2.500，1.667，3.125

F_{aj}分别为 2.778，1.800，2.444

将上述数值代入式(3-8)、式(3-7)得到第一次近似值，如表 3-6①所示。从表中可以看出，第一次产生、吸引交通量的近似值与将来的产生、吸引交通量不一致(参照表 3-5)，所以需利用新得到的数据重新进行系数调整，进行反复的迭代计算。通过 6 次循环迭代，最后得到表 3-6②所示的结果，数值与表 3-5 中的数值几乎取得了一致。因此该结果可作为出行分布预测值的最终数据。

平均增长系数法的计算结果 表 3-6

①第一次近似值					②最 终 结 果				
O＼D	1	2	3	合计	O＼D	1	2	3	合计
1	10.5	4.3	5.0	19.8	1	11.3	3.8	5.0	20.1
2	6.7	8.7	8.2	23.6	2	6.2	6.6	7.2	20.0
3	5.9	7.4	8.3	21.6	3	7.4	7.7	9.8	24.9
合计	23.1	20.4	21.5	65.0	合计	24.9	18.1	22.0	65.0

(2)重力模型法。分布交通量的预测方法，一般采用重力模型法。

重力模型就是把牛顿万有引力定律形式应用于交通量分布的预测。其基本假设是：交通小区 i、j 之间的分布交通量与小区 i 的产生交通量及小区 j 的吸引交通量成正比，而与两小区之间的距离成反比。

以 G_i、A_j、R_{ij} 分别表示 i 小区的出行产生量、j 小区的出行吸引量以及小区 i、j 之间的距离，则小区 i、j 之间的分布交通量为：

$$t_{ij} = k \cdot G_i^{\alpha} \cdot A_j^{\beta} / R_{ij}^{\gamma} \tag{3-12}$$

其中，k、α、β、γ 均为系数。当 t_{ij}、G_i、A_j、R_{ij} 为已知时，例如通过现状调查可得到目前的 OD 表，那么，就可以通过最小二乘法来确定各系数。如对上式两边取对数，可得如下线性方程组：

$$\lg t_{ij} = \lg k + \alpha \lg G_i + \beta \lg A_j - \gamma \lg R_{ij} \tag{3-13}$$

这样，线性多元回归分析即可得到系数 k、α、β、γ。求得系数后，便可利用式(3-12)预测相应的 OD 分布交通量。

由于这是多元回归所得到的结果，所以这样计算出的 OD 交通量 t_{ij} 按产生量、吸引量合计得到的 $\sum_j t_{ij}$ 和 $\sum_i t_{ij}$ 并不能保证与给定的 G_i、A_j 相一致。因此，这样求得的 t_{ij} 可以认为是所求结果的第一次近似值，有必要通过渐次逼近的方法使它逐步收敛而取得一致。

该模型可以看成由分子 $G_i^{\alpha} \cdot A_j^{\beta}$ 和分母 R_{ij}^{γ} 两部分组成：分子表示产生交通分布的动力；分母表示产生交通分布的阻抗，γ 称为分布阻抗系数。根据经验，α、β 往往取 0.5～1 之间的值，如 $\alpha=\beta=1.0$，或 $\alpha=\beta=0.5$，这样就使得求解非常容易。

经验证明，通常将距离作为分布交通阻抗不一定是最优的，分布阻抗也可以采用以下几种形式：

①交通小区之间出行所需的时间；

②交通小区之间出行所需的费用(票价、燃料价等)；

③综合距离、时间、费用诸因素，并将其换算成费用或时间同一量纲。

其中①、②两项与使用何种交通工具有关，有必要分别求出其数值，并取其平均值来代替该指标。

［**算例 3-2**］ 仍以表 3-4 给出的交通小区出行现状 OD 表为例，各小区之间的分布阻抗以时间距离给出，如表 3-7 所示。为使模型简化，取 $\alpha=\beta=1.0$，试进行分布预测。

交通小区之间的时间距离表(min) 表 3-7

O \ D	1	2	3
1	14	32	40
2	32	16	22
3	40	22	12

分别将所有 t_{ij}、G_i、A_j、R_{ij} 的值代入式(3-13)，因为所有的 OD 元素为 $3\times3=9$，可得关于 k、γ 的 9 个方程式，用最小二乘法求出 $k=0.182$、$\gamma=0.52$，从而得到重力模型为：

$$t_{ij}=0.182(G_iA_j)/R_{ij}^{0.52} \tag{3-14}$$

将表 3-5 中的将来产生、吸引量和表 3-7 中的时间距离代入上述模型，便可求得各小区之间的交通分布量 t_{ij}，如表 3-8①所示。

采用重力模型法的计算结果 表 3-8

①基于重力模型的第一次近似值					②基于平均增长系数法的第一次收敛结果				
O \ D	1	2	3	合计	O \ D	1	2	3	合计
1	23.1	10.8	11.8	45.7	1	10.4	4.6	5.0	20.0
2	15.0	15.5	16.0	46.5	2	6.7	6.6	6.6	19.9
3	16.7	16.4	27.5	60.6	3	7.3	6.8	11.1	25.2
合计	54.8	42.7	55.3	152.8	合计	24.4	18.0	22.7	65.1

由于表 3-8①中的 G_i、A_j 与表 3-5 中的不一致，所以需要用平均增长系数法进行收敛计算，通过平均增长系数法的收敛计算，一次收敛计算的结果如表 3-8②所示。

重力模型法原理简单，通用性强，在实践中还在不断发展。

3)运输工具分配

运输工具分配就是要把交通分区之间的出行量分配给各种交通工具。城市客运交通一般分为两种形式：公共交通和个人交通。公共交通一般指公共汽车、电车以及快速轨道交通；个人交通工具在发达国家主要是家用小轿车，我国目前是混合型的个人交通，包括二轮车、步行和家用小轿车；出租车可以看做半公共交通(应鼓励多人合伙搭乘出租车上下班)，如图 3-5 所示。

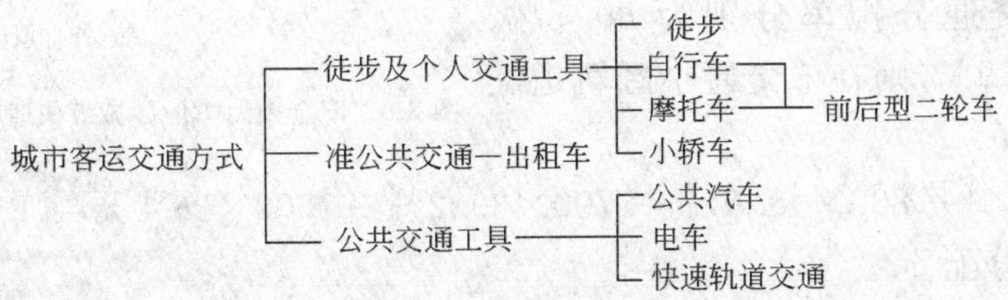

图 3-5 城市客运交通方式

运输工具分配可使用分担率曲线法。可根据个人调查的结果，以横轴表示影响运输工具分担率的某个主要因素，如距离、时间等，以纵轴表示各交通工具的分担率，如图 3-6、图 3-7 所示。图 3-6 以出行距离为自变量，制成了机动车(助动车、摩托车除外)的分担率曲线。这一曲线将两种方式的分担率分为上下两部分，非常简明易懂。图 3-7 则是通过几条曲线将纵向高度分为几段，表示各种运输工具的分担率。当然，分担率之和均为 100%。

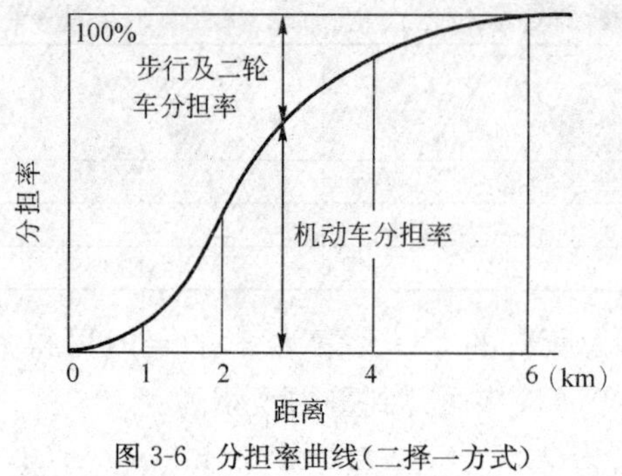

图 3-6 分担率曲线(二择一方式)

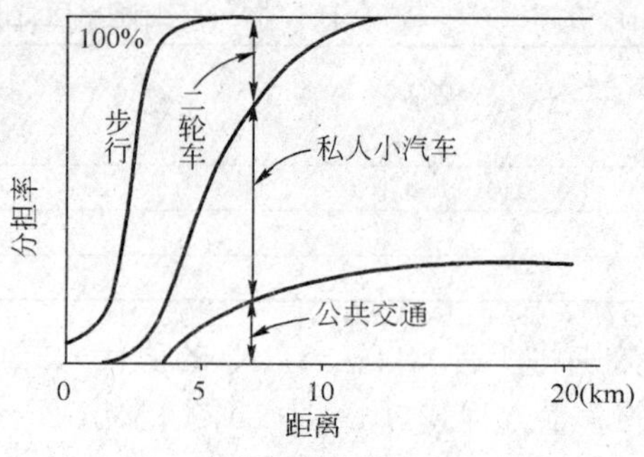

图 3-7 分担率曲线(多择一方式)

由于分担率的变化曲线往往随交通目的或出行阶层的不同而不同。在这种情况下，就需要在一张图中画出几种不同曲线图。此外，影响分担率的因素一般有多个。这时就需要先将影响因素进行分类，然后分类制作分担率曲线。

[**算例 3-3**] 美国旧金山海湾地区交通研究所制作了图 3-8 所示的分担率曲线。它是以旅行时间比(快速轨道交通所需时间与其他交通方式，如私人小轿车所需时间的比值)为自变量，可求出城市快速轨道交通分担率的一组曲线。

曲线按是否通向市中心、是否为高峰时段的通勤出行分成四种。通过该组曲线，可以按出行的四种情况，分别求得各类情况下快速轨道交通的分担率，再乘以各类相应的出行数，然后合计即可得轨道交通量。

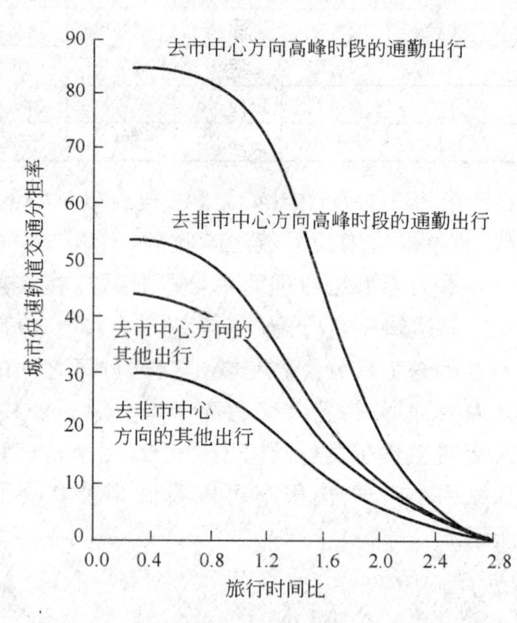

图 3-8 旧金山海湾地区城市快速轨道交通分担率曲线

设旧金山某 i 交通小区去市中心方向高峰时段通勤出行数为 1 000 人次，去非市中心方向高峰时段通勤出行数为 800 人次；去市中心方向的其他出行数为 700 人次，去非市中心方向的其他出行数为 500 人次，假设轨道交通与其他交通方式之间的旅行时间比为 0.8，求 i 交通小区轨道交通的分担交通量。

根据图 3-8，当旅行时间比为 0.8 时，四种情况下相应的轨道交通分担率分别为 80.8%、48.5%、39.2%、26.9%，则在 i 交通小区轨道交通的分担交通量为：

$$1\,000\times80.8\% + 800\times48.5\% + 700\times39.2\% + 500\times26.9\% = 1\,605(\text{人次})$$

4)轨道交通量分配

下一步工作是要把运输工具分配阶段所得到的各小区之间的轨道交通量分配到将来的轨道交通路网上去，以求得路网中的各轨道交通线路应承担的交通量，从而为确定城市轨道交通的类型和规模提供依据。

轨道交通量分配常用的方法有最短路径法，即将 OD 间的轨道交通量全部分配到相应的最短路线上。

在OD间同时选定多条路径，按各条路径的特性值（如时间、所需费用等）的大小比例，将各OD间的轨道交通量分配到各条轨道交通线上去。

最短路径法实际上是在进行交通量分配时用得最多的方法。其原因是由于城市轨道交通容量大、造价高，路网不像道路网那样密，路径选择自由度小，且旅行所需时间基本上不受拥挤程度的影响，所以最短路径法比较符合实际；而且最短路径法的思路清晰易懂。因此我们重点介绍最短路径法。

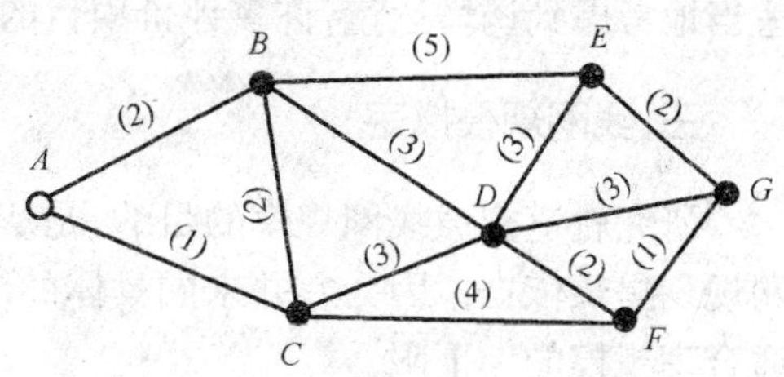

图 3-9　用最短路径法求解的线网

最短路径法是由莫尔（R. F. Moore）于1975年首先提出，经改进后被称为Dijkstra法。该方法可以用图解法来做说明，以图3-9为例。

图中各条链（两节点间的连线）上都标有权值。所谓链的权值，泛指链的长度，但作为实际指标，它既可以是实际距离，也可以是所需费用、所需时间或由它们复合而成的指标。最短路径法可以同时求出一个节点到其他所有节点的最短路径。第一个节点称为根。现在就来寻求以节点 A 为根的最短路径。

为了求解，需要在图3-9的基础上加些标注，如图3-10所示。在各节点加上一个标记栏“[,]”，栏内前一项标记与该节点相连、至根距离最短的前一节点的标号，后一项用于标记该节点到根之间的累计最短距离。方括号中的第一项若是一负号，则表示该节点无前节点，说明它是根。

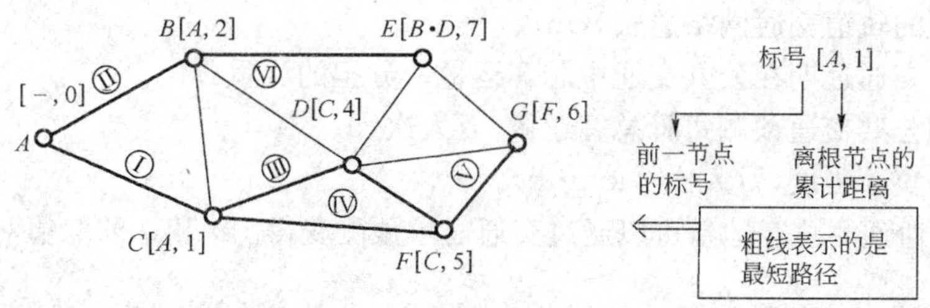

图 3-10　寻求最短路径的过程

D 能与 A 节点相连的可能节点为 B 和 C，距离分别为2和1，所以标记栏内记入 C，以此类推，可逐　把最短距离记入它们的标记栏内，到最后所有的节点都被标记，并与根节点联系。根据这些标记，从各节点反推回去，即可得到最短路径。例如，G—A 的最短路径是 G—F—C—A，其距离为6。有了 G—A 的最短路径，则 G 所在的交通小区与 A 所在的交通小区之间的轨道交通量将全部分配到 G—F—C—A 路径上。在图3-10中，粗线所表示的就是最短路径。

2. 诱增运量

轨道交通客流量可划分为趋势交通量、转移交通量（从公共汽车或私人交通方式那里吸引过来）和诱增交通量三个组成部分。上述客流预测的四阶段法，是基于现状客流分布（OD分布）的预测模式，其中已经包含了趋势交通量和转移交通量两部分。然而，四阶段法很难对由于出行条件改善而引起的出行变化做出反应。正如Litman所指出的，如果一条交通走廊的旅行时间在原有基础上降低20%，那么就能在短期内诱增10%的出行量。有关研究指出，在法国和日本的高速铁路系统已经新产生或诱增了高达35%的客流量。可见，在作轨道交通的客流预测时，应该尽可能考虑到诱增运量的影响。

由于诱增运量是难以估计或计算的，因而许多项目都回避了诱增运量的计算问题。但有专家指出，项目评价如果不能适当地考虑诱增运量，则以运量预测为基础的经济评价、环境评价、工程设计等都将失真。1988 年，英国国家审计委员会(NAO)在其审计报告中指出，如果适当地考虑到诱增运量，许多评价项目的预测精度都将大大提高。

三、线网规模拟定

研究轨道交通线网规模的目的，是从宏观上把握对象城市的轨道交通合理规模，为制定线网规划提供依据。因为它并未同具体的线路走向等联系起来，所以只是在宏观上给出轨道交通合理规模的上下限。

城市轨道交通线网规模对线网建设的效益及城市交通状况的改善有着极大影响。网络规模太小，远期城市交通问题不能得到根本解决；网络规模过大，不仅增加初期投资，而且会增加运营负担。一个城市究竟需要多少轨道交通线路才算合理，目前国内外还没有统一的标准，一般可用负荷强度法和网络密度法来推算网络的合理规模。

1. 负荷强度法

负荷强度是指某条轨道交通线路每日单位长度(双线 km)的平均客流量，单位为万人次/(km・d)。

负荷强度法是利用远期的城市公共交通客流量为基数，根据轨道交通规划目标(远景承担公共交通的百分比)，除以线网平均负荷强度来估算线网规模的上下限。计算公式如下：

$$L = aQ/q \tag{3-15}$$

式中：L——规划的轨道交通网络总长，km；

a——轨道交通远期在公共交通中总客运量中分担的比重；

Q——远期公共交通预测每日总客运量，万人次/d；

q——线路负荷强度，万人次/(km・d)。

远期公共交通预测总客运量可以通过交通需求预测获得。a 和 q 的取值对轨道交通线网总长影响很大。

a 的取值与城市规模、综合交通发展水平、轨道交通的规划目标有关。一般来说，城市越大该值越大。我国城市根据自身的实际情况，在 0.3～0.6 间取值。实际上，2000 年东京实际值达到了 0.88，纽约达到 0.7，巴黎是 0.65。表 3-9 列出国内一些城市规划中轨道交通方式占公共交通方式的比例。

国内城市规划轨道交通方式占公共交通方式的比例(%) 表 3-9

城市	北京	上海	广州	沈阳	青岛	长春	大连
a 取值	50～55	50～55	45～50	60～88	60～65	21	70.3

世界几大城市轨道交通网络的负荷强度，一般可分为两种模式，见表 3-10。一种是线网密度高，但负荷低的模式，如巴黎、伦敦等城市的轨道网络；这种类型的轨道交通线网经济效益差，政府要进行大量补贴。另一种是线网密度低，但负荷高的模式，如莫斯科、东京、香港等城市的轨道交通系统。

世界几大城市轨道交通负荷强度的两种模式(万人次/(km・d)) 表 3-10

城市	东京	莫斯科	香港	伦敦	柏林	纽约	巴黎
q	3.17	3.32	4.56	0.32	0.85	0.71	1.64

我国属发展中国家，城市轨道交通建设当然应该采用低密度、高负荷模式，只有这样才能以最少的资金获得较大的经济效益。我国的 q 值一般在 2.5～4 之间选取。

例如，某城市规划区域内的规划常住人口 800 万人，流动人口 200 万人，规划期末常住人口、流动人口的平均出行次数分别是 2.54 人次/(人·d)和 3.2 人次/(人·d)，公共交通客运量占 56%，轨道交通客运量占公共交通客运量的 62%，平均运载强度取 3.0 万人次/(km·d)，则轨道交通网络的规模计算如下。

远景日出行总量：800×2.54＋200×3.2＝2 672(万人次/d)；

公共交通客运量：2 672×0.56＝1 496(万人次/d)；

轨道交通客运量：1 496×0.62＝928(万人次/d)；

网络规模：　　928÷3.0＝309(km)。

2. 线网密度法

城市轨道交通的线网密度指单位指标的轨道交通线网长度。单位指标可以是面积、人口数量或其他经济指标，一般常采用的是面积和人口数量。与此相对应的有人口线网密度和面积线网密度。

1)面积线网密度

利用面积线网密度估算线网规模的公式为：

$$L = A\delta_1 \tag{3-16}$$

式中：L——轨道交通网络总长，km；

A——规划区域面积，km^2；

δ_1——面积线网密度指标，km/km^2。

世界几大城市轨道交通面积线网密度如表 3-11 所示。

世界几大城市轨道交通面积线网密度(km/km^2)　　表 3-11

城　市	莫斯科	东　京	巴　黎	伦　敦	墨西哥	纽　约	香　港
面积线网密度	0.21	0.39	0.73	0.24	0.12	0.44	0.36

2)人口线网密度

利用人口线网密度估算线网规模的公式为：

$$L - P\delta_2 \tag{3-17}$$

式中：L——轨道交通网络总长，km；

P——规划人口，万人；

δ_2——人口线网密度，km/万人。

我国城市人多地少，轨道交通的发展刚刚起步，人口密度指标取值不能过高，各城市可根据具体情况，酌情考虑。表 3-12 列出了世界上几大城市的人口线网密度值。

世界几大城市轨道交通人口线网密度(km/百万人)　　表 3-12

城　市	莫斯科	东　京	巴　黎	伦　敦	柏　林	纽　约	香　港
人口线网密度	26.5	25.3	90.9	140	43.7	61	9.73

线网密度法的关键在于对线网密度进行合理取值，获得合理线网密度的一个有效途径是类比分析。针对研究对象城市，选择国际上发展较好的同类城市作类比，对其城市轨道交通网络密度进行分析。

需要指出的是：无论负荷强度法还是线网密度法，计算出来的规模大小只能用作参考，而不能作为硬性指标。实际做法应该是：先计算网络规模；再以该规模为指导，编制轨道交通网；随后对该网络进行流量预测，将预测结果与前述的规划目标（轨道交通分担公共交通的百分比）进行对比分析。如吻合，则该计算结果可靠，值得信赖；若不一致，则可能是规划目标过高，或轨道交通网络规模偏小。这时需要对规划目标或网络规模进行调整，经过反复调试，最后确定能适应规划城市发展需要的轨道交通网络规模。

四、网络结构

轨道交通网络受城市的布局结构、自然地理环境等因素的影响，形成了千姿百态的网络形态。在各种网络形态中，最常见、最基本的有星形、网格式、放射网状和有环放射式，如图 3-11 所示。

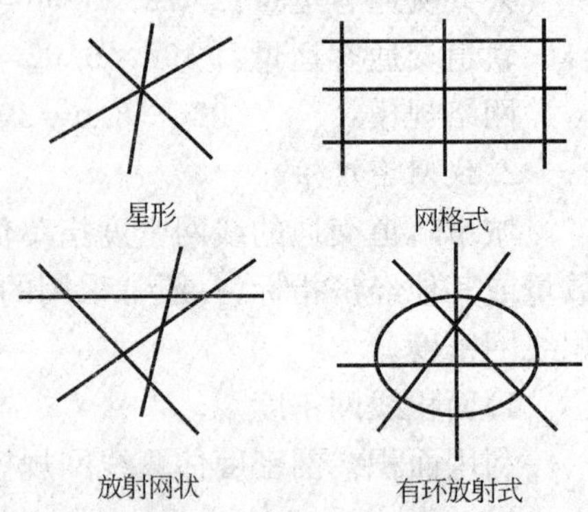

图 3-11　轨道交通网络结构的四种基本形态

不同结构形态的网络有着不同的特点，以下分别介绍各种网络结构的几何特征。

1. 星形结构

星形结构是指网络中所有线路只有一个交点的结构。其唯一的换乘站一般都位于市中心的客流集散中心，如目前的布达佩斯地铁系统（图 3-12）。这种结构中所有线路间都可以直接换乘，但换乘枢纽的客流量大，换乘客流间相互干扰大；除容易引起混乱与拥挤外，换乘枢纽的设计与施工难度也很大。一般多采用分层换乘，因而车站的埋深加大，车站的建设费用增加，乘客换乘时间延长。这种线网结构由于线路都通达市中心，使得市郊与市中心间联系便利，市中心的可达性极好；但市郊间联系不便，必须经过市中心换乘。

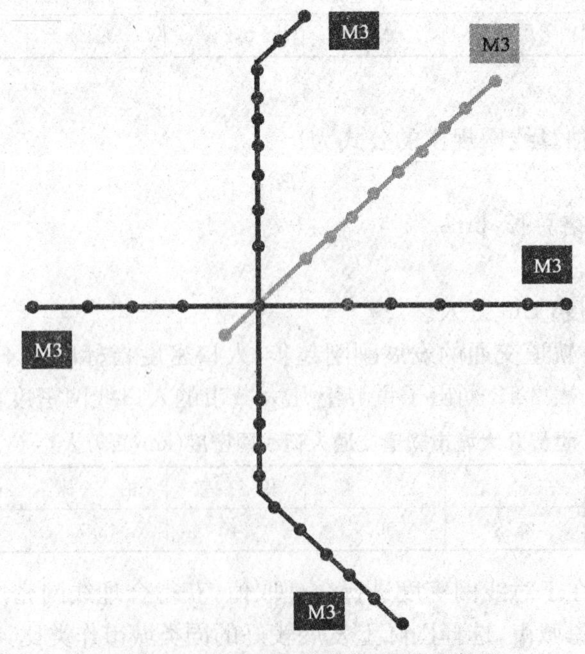

图 3-12　布达佩斯轨道交通网络示意图

星形结构的轨道交通网适用于单中心城市，且轨道交通网络规模不大，轨道交通线路条数不超过3条。

2. 网格状

网格式线网的各条线路纵横交叉，形成方格网，呈棋盘状。网格式线网中的线路走向比较单一，大多呈平行四边形。采用这种结构形态的有大阪和墨西哥城，见图3-13。

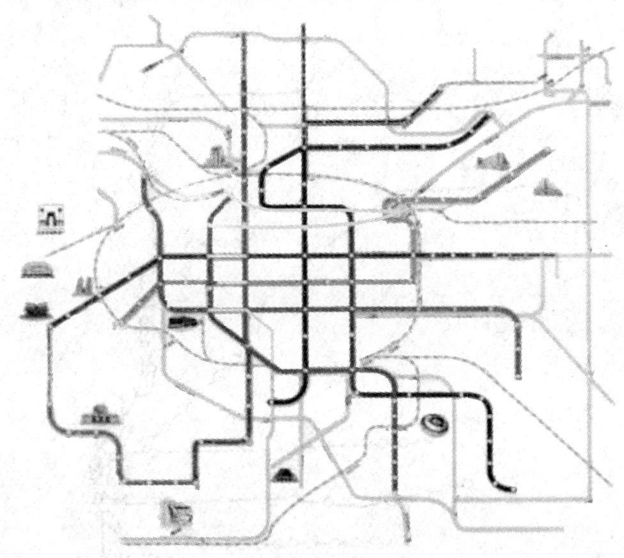

图3-13 大阪市的网格状轨道交通线路分布示意图

网格状轨道网线路分布比较均匀，客流吸引范围大；线路多为纵横两个方向，乘客辨认方向简单；换乘站多，纵横线路间换乘便捷，线网连通性好。但由于线网走向比较单一，多为纵横两个方向，因此对角线方向的出行距离较长；市中心与郊区间的出行常需要换乘，有些地方可能需要换乘多次；平行线路间换乘也很麻烦，一般需要换乘2次以上，当网络密度小、平行线间距离大时，平行线间的换乘是很费时的。

网格状的轨道交通网一般适用于规模不是很大、开发强度较低、中心区发展比较均匀的城市。

3. 放射网状

放射网状结构由多条径向线交叉所形成，多为三角形的网络结构。采用这种线网结构形态的有芝加哥(图3-14)、慕尼黑和名古屋等城市。放射网状多数线路在城市中心区域发生三角形交叉，市中心区线路和换乘枢纽密集而均匀，网络连通性好，乘客换乘方便。任意两条线路间都可以实现直接换乘，路网中深入市郊的放射线很长。由于各个方向都有线路通达城市中心区，市郊到城市中心的出行方便，市中心区对市郊的经济辐射距离远。缺点是市郊间发生联系时必须到市中心区的换乘枢纽换乘，导致乘客绕弯路。

总体来说，在放射线不是很长的情况下，或在轴向发展的城市内采用该结构是很有利的。一方面，城市各郊区、各发展轴与市中心联系便捷，另一方面，中心区的换乘枢纽布置均匀，有利于扩大市中心区的范围和提高服务水平。

4. 有环放射状

有环放射状是在放射网状的基础上增加环形线而形成的网络结构，线网由多条径向线及环绕市区的环线共同构成。在轨道交通网络规模不大的一些城市，如新德里、巴黎等，环线一般只有一条；而在一些轨道交通线网规模较大的城市，如莫斯科、东京等，会出现两条或两条以上轨道交通环线，如图 3-15 所示。

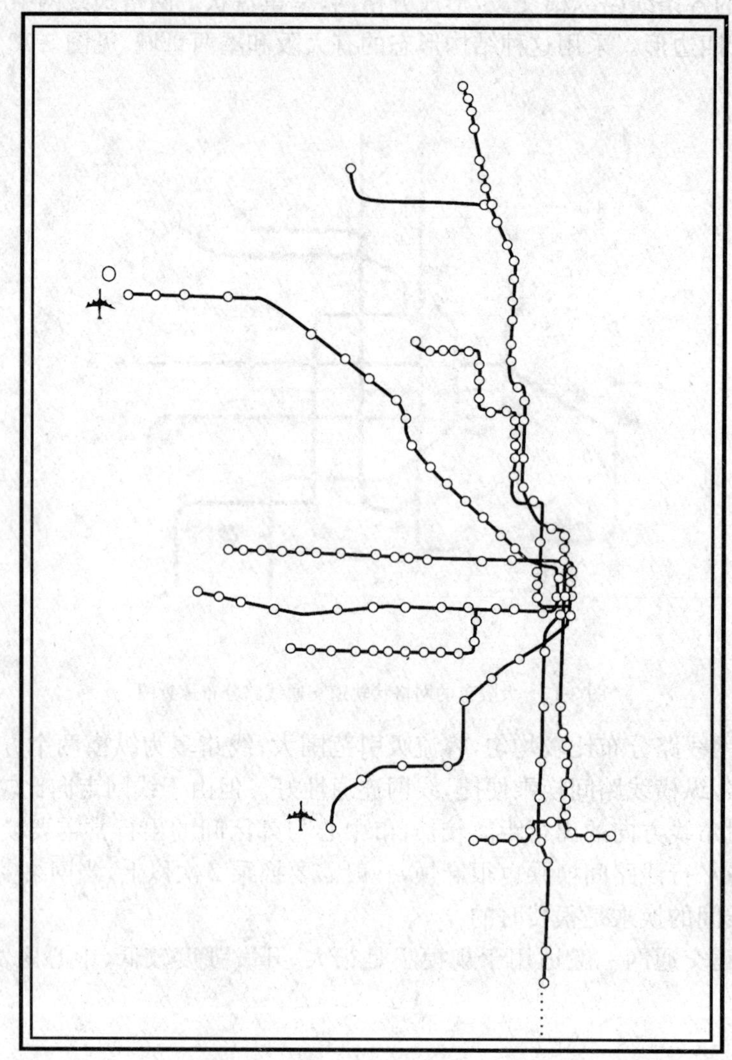

图 3-14　芝加哥轨道交通线网示意图

有环放射网状结构由放射网状结构增加环线而形成，因此具有放射网状结构的全部优点，同时由于环线与所有径向线都能直接换乘，整个网络的连通性更好，线路间换乘更方便，而且能有效地缩短市郊间乘客利用轨道交通的出行距离和时间。当城市因其郊区发展成市区后，这种形式的网络便于线网有效的扩展。

五、我国的城市轨道交通线网规划

自 1863 年伦敦建设世界上第一条地铁以来，世界上城市轨道交通建设已有 140 多年的历史，有一批大城市已经形成了比较完善的轨道交通网络系统，但各个城市对轨道交通网络规划的认识是不完全相同的。

欧美国家由于其城市的结构、规模比较稳定，加上受建设、投资体制的影响，因此他们的城

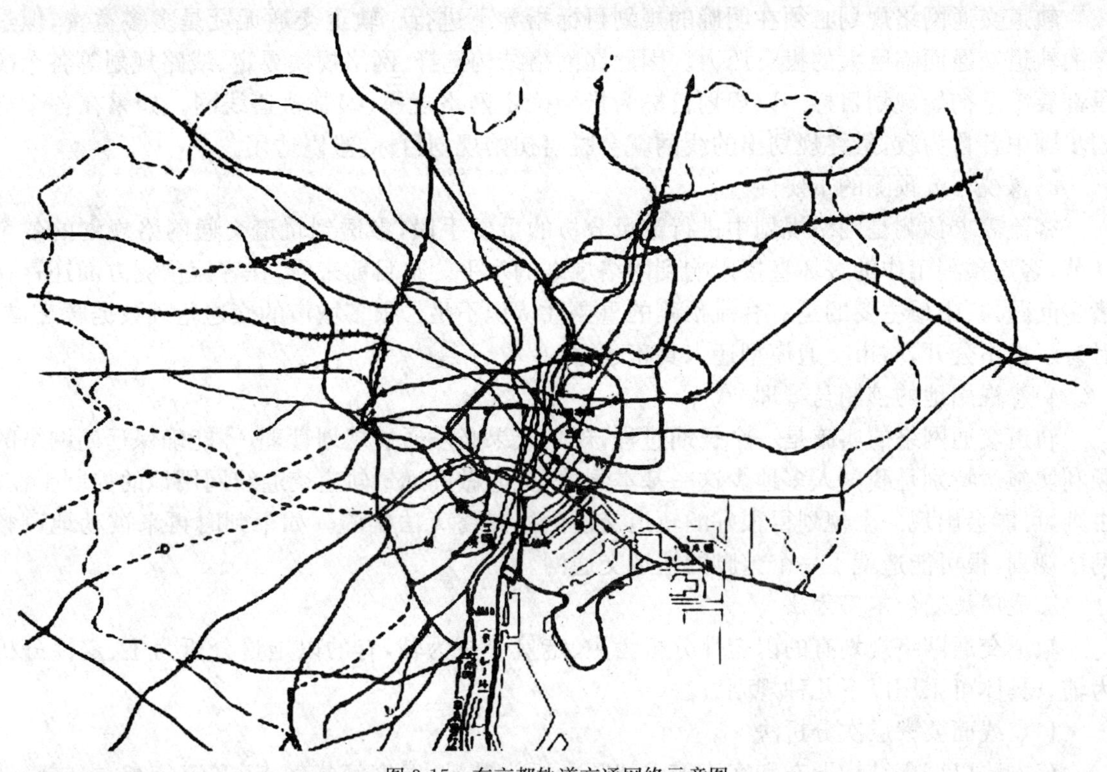

图 3-15 东京都轨道交通网络示意图

市规划理念强调短期性、实效性和可实施性,往往忽略长远规划的意义,基本上是“建设一条线,研究一条线”,强调本线的合理性,忽视线网整体的科学性。这些城市目前已经意识到没有长远规划所带来的后遗症,近年来开始对线网整体进行合理性研究,但限于网络已经形成规模,这种完善往往是“补丁”式的。而对于前苏联等计划经济体制国家,比较注重长远性的网络规划研究,在此领域的技术积累也比较丰富。现在,莫斯科的轨道网是世界上公认的规划得最合理、最有效率的网络[10]。

1. 我国线网规划现状与问题分析

由于我国城市轨道交通线网规划工作起步较晚,因此存在问题较多,以下列举其中比较突出的几个问题。

1)忽视城市总体规划

在我国城市规划体系中,总体规划是一切规划研究的指导性、纲领性文件,所有专项规划都应纳入总体规划的框架之下。轨道交通网络规划的内容应纳入城市总体规划当中,作为总体规划的一部分。轨道交通网络对城市的土地利用格局、交通发展、经济发展等方面都会产生强大的促进作用和引导作用。如果轨道交通规划与城市总体规划衔接不够紧密,可能引起整个规划体系的混乱,同时给轨道交通网络本身留下缺陷。因此,轨道交通网络规划必须依据和支持总体规划,尤其在土地利用、城市发展结构、交通发展战略上应与城市总体规划保持一致。

在现实中,由于一些城市的总体规划与轨道交通网络的编制时间不一致,两方面的内容衔接不够紧密,且彼此间均未作相应调整,从而形成了两个相对独立的规划,这就很难指导城市朝着统一的目标建设发展。轨道交通规划是城市总体规划的重要内容之一,轨道交通网络规划应与城市发展布局、土地利用紧密衔接。

2)规划目标界定不明确

轨道交通网络规划必须在明确的规划目标指导下进行。轨道交通无疑是多多益善,但过多的轨道交通面临巨大的投资压力。因此在网络结构选择、网络规模界定、线路规划等各个阶段都要牢记初始规划目标。以规划目标为指导确定网络规模、编制轨道线网。如果在各个规划步骤中各自为政,最终规划出的线网就会脱离初始规划目标,难以适用。

3)忽视客流预测的重要性

客流需求预测是网络规划中进行定量分析的重要手段,参透到轨道交通网络规划的各个环节,客流预测工作的好坏直接影响到网络规划的水平。从目前来看,在客流预测方面还存在诸多问题,其中最主要的是对客流预测的重要性认识不足。很多城市的交通基础数据匮乏,或者有了也不公开,城市交通模型还未真正建立。

4)忽视用地的控制与管理

轨道交通网络的实施是一个长期过程,规划成果必须通过规划管理,才能确保远期网络的顺利实施。特别是我国人多地少这一基本国情,更应做好远景轨道交通线网用地的控制工作;否则,可能会出现一个规划得很好的轨道交通网络最终无法实施。如果到时再来被动地调整网络规划,很可能造就了一个蹩脚的轨道交通网。

2.线网规划的不同方法

轨道交通网络规划有的以定性分析为主、定量分析为辅,有的以定量分析为主、定性分析为辅。具体可采用以下几种规划方法。

1)点线面要素层次分析法

该方法以城市结构形态和客流需求特征分析为基础,对客流集散点、客流分布、主要对外辐射方向及线网结构形态,进行分层研究。"点"、"线"、"面"既是三个不同的类别,又是三个不同层次的研究要素。"点"是局部、代表个体性的问题,即在规划时考虑客流集散点、换乘节点的分布;"线"代表方向性问题,即在规划时考虑轨道交通走廊的布局;"面"代表整体性、全局性的问题,即线网的结构和对外交通出口的分布形态。

2)功能层次分析法

这种方法根据城市结构层次和组团划分,将整个城市的轨道交通网络按功能分作三个层次,即骨干层、扩展层和充实层。骨干层与城市基本结构形态吻合,是基本线网骨架,扩展层在骨干层基础上向外扩展,充实层是增加线网密度,进一步提高服务水平。

3)主客流方向线网规划法

该方法的要点是根据城市居民的交通需求特点,以及近期最大限度满足干线交通需求、远期引导城市合理发展和实现交通结构功能的需要,进行近期和远期的交通需求空间分布特点的量化分析,并结合定性分析与经验,提出若干轨道交通线网规划方案。具体做法是在现状与未来道路网上进行交通分配,按照确定的原则绘制客流期望线路图,根据客流预测期望线路图确定主客流的方向,然后沿主客流方向布线,提出若干轨道线网规划方案。

4)逐线扩充规划法

这种方法是以原有轨道交通网络为基础,进行线网规模扩充以适应城市发展的需要。为此,必须在已建线路的基础上,调整已有规划中的其他未建线路,扩充新的线路,将每条线路依次纳入网络后,形成最终的网络方案。

3.从无到有线网的规划方法

在轨道交通线网规划过程中,往往需要同时应用上述几种方法,特别是特大型城市进行轨道交通线网规划时更是如此。

轨道交通线网规划在总体上可以分成两大类:一类是原先没有轨道交通,新规划轨道交通网络;另一类是已有轨道交通网络,对原有轨道交通网络进行优化和完善。本节主要介绍从无到有的轨道交通线网规划方法和工作内容。

1)"面"的分析

所谓面的分析,就是在整体上把握结构形态,拟定轨道交通网络的基本构架。根据已有的城市总体规划、城市发展结构、发展规模等,拟定轨道交通的网络结构。

如前所述,若城市规模不大,城市轨道交通线路条数少于3条的可选用星形结构;城市规模大、发展比较均匀的,可选用方格网状;规模大、城市中心与副中心相配合、组团式发展的城市,可考虑放射网状;特大城市则宜采用有环放射状轨道交通网。

目前,我国在城市化过程中,城市规模呈现出越来越大的趋势。1978~2006年,城市人口在50万以上的大城市从40个增加到140个。相比较而言,放射网状和有环放射状结构更有利于适应城市的远景发展和扩展,网络优化调整的灵活性较好。因此,作者认为在大城市的轨道交通网络中,可优先选择放射网状和有环放射状[11]。

2)"点"的分析

点的分析主要是甄别城市的大型客流集散点、重要的政治经济中心,大型换乘枢纽以及其他需要轨道交通服务的区域。

具体地说,对于以下几类"点"需要特别关注。

(1)大型对外交通枢纽,如机场、火车站、客运码头、大型长途汽车客运站等;

(2)重大功能集聚区,如城市中心、副中心、地区中心、大型文体中心、政治中心、经济中心、商贸中心、娱乐中心等。

(3)市内原有的大型换乘枢纽。

上述"点"是轨道交通线路必须经过的区域。

在上述"点"的研究中,应注意特大型客流集散点和大量突发客流集散点,如火车站、城市中心、副中心及大型文体中心。这些"点"需要的轨道交通线路多,可能3条、4条甚至更多。因此,在分析这些关键点时,最好能先作粗略的交通分析,判断需要的线路条数。避免出现轨道交通网络规划后,由于发现难以满足其交通需求,再来调整轨道网的尴尬局面。

如上海的金融贸易区——浦东小陆家嘴地区(图3-16),规划面积1.7km^2,建筑总量455万m^2,规划期的就业人口密度将达到12~15万人/km^2。预测远景年轨道交通需求量是70~80万人次/d,但网络中仅有两个轨道交通站点能直接服务于该地区,难以满足远期的交通需求。当然浦东陆家嘴地区有着其自身的特殊性。该地区地处黄浦江河湾的尖角

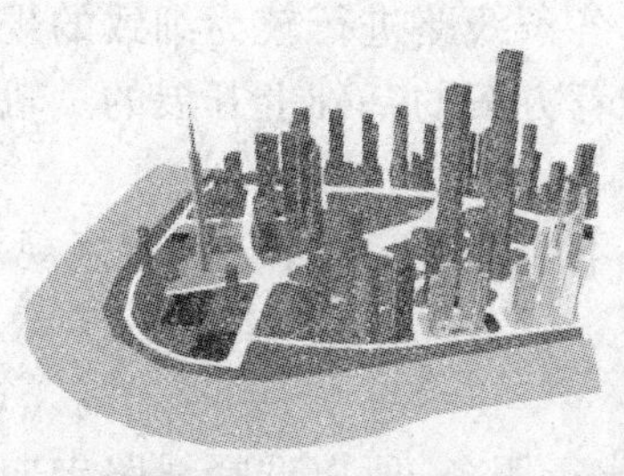

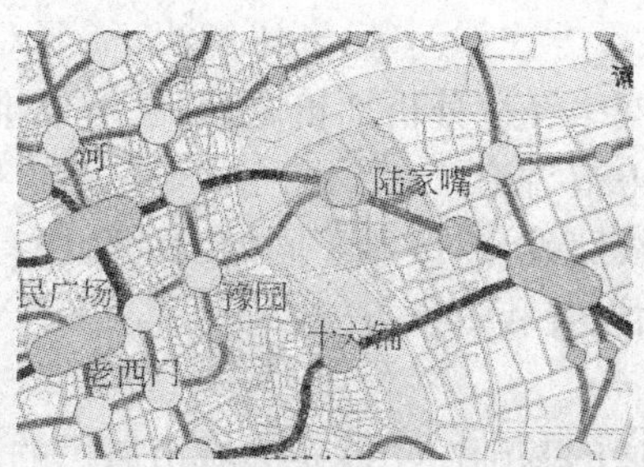

图3-16 小陆家嘴地区的开发强度及轨道网络示意图

处,越江设施多,可利用的越江通道少,难以规划多条轨道交通线进入其核心区。不过目前上海市有关规划部门正在研究如何增加陆家嘴金融贸易区的轨道交通线路、站点,以应对

将来的交通压力[12]。

3)“线”的规划

面和点两个层面分析、甄别之后，各点之间缺乏联络，还没有形成网络，这就需要用线来沟通。

线路选择也可通过定性分析和定量分析相结合的方法进行。首先，通过定量分析，进行交通预测(远景年在无轨道交通的情况下建模)，寻求城市的主要公交客运走廊，将高峰小时客运量大于1万人次的路段标示出来。随后，通过定性的判断，遵循放射环状结构(或预测时设定的其他网络结构形态)，勾勒出线路的初步走向。

在规划线路走向时，建议采用以下方法并遵循相关原则：

(1)线路走向与城市主要公交走廊相吻合；轨道交通是大容量的运载工具，要充分发挥其性能，线路经过区域应有大量客流，所以线路走向应与城市的主要交通走廊相吻合。

(2)网络中单条线路的大致走向应与数值较高的期望线(有大量居民出发和到达的出行路线)方向保持一致。贯彻这一原则的目的是提高轨道交通的效率，尽量减少多数市民出行的换乘次数。线路的总体走向与数值高的出行期望线一致，则该方向出行的市民就减少了换乘次数，网络的整体效率就可提高。

(3)多条线路间，选择合适的位置规划大型换乘枢纽，并以此锚固整个网络。轨道交通线路的锚固点——大型换乘枢纽，一方面能将多条线路联系在一起，增加乘客换乘的便捷性，提高轨道交通的运行效率；另一方面，大型枢纽具有大客流集散功能，可带动周边地区的开发建设，实现轨道交通与城市规划的紧密衔接、联动发展。

大型枢纽锚固点的选择，一方面根据城市的布局结构，选择大客流集散点；另一方面可根据所规划的轨道交通线路，在几条线间选择一个合适地点加以锚固。当选择锚固点时应特别注意，此时枢纽周边地区的土地利用，甚至更大范围内的总体规划都需作相应调整，因为轨道交通网络的规划与城市总体规划必须紧密衔接。

(4)规划轨道交通线网，在有条件的情况下，应充分体现线网的编织理念；线路间宜有交织，原则上网络中任意两条线路间均有交叉，有的可以交叉两次，甚至个别路段可以重复设置线路。之所以这样规划的目的是为了提高网络的运行效率，尽量减少乘客换乘次数、缩短绕行时间。

六、线路规划

通过“面”、“点”、“线”的分析，已经有了一个粗略的网络。但网络中各条线路是否走得通、站点如何布置、敷设方式如何等，还未解决，需要对各条线路进行较为细致的规划设计。当然这是在轨道交通网络经过分析评价之后，已形成推荐方案的基础上开展的。轨道交通网络的分析与评价将在下节讨论。

轨道交通的线路设计，按照不同的设计阶段有不同的深度要求。在网络规划层面，主要考虑线路走向、车站设置和敷设方式。

1. 线路走向

城市轨道交通的基础性功能是为城市居民的出行服务，所以选择线路走向的基本原则是沿客流方向布置，同时考虑有效利用土地、节约建设投资、方便乘客使用等方面，市区线路绝大多数选择在城市道路干道下方。由于轨道交通一旦建成，改造十分困难，而且费用昂贵，所以线路走向应在慎重研究、反复比较后选定。城市轨道交通选择线路走向时应体现以下原则。

(1)应符合城市轨道交通网络规划和城市发展总体规划要求，沿主客流方向布置，并选择商业文化中心、交通枢纽、火车站、大型住宅区等作为大客流集散点，以便乘客直达目的地。

(2)尽量避开地质条件差、地面或地下有重要建筑物和历史文物的地域；在市中心、老城区应选择地下线路。

(3)线路车站设置在客流量大的集散点和各类交通枢纽上。

(4)线路尽量设在城市干道上，一方面便于吸引沿线客流，另一方面便于施工。需要指出的是，线路不宜选在快速路或主干路上。快速路与主干路一般是城市的机动车主要通道，轨道交通是客运通道，轨道交通设在快速路或主干路上，一定程度上会造成机动车与人流的冲突。

2.站点设置

车站设置一般要考虑四方面因素：一是站点与周边地块的衔接是否紧密；二是站间距是否合适；三是车站的工程实施难度如何；四是与其他线路的换乘便捷与否。

1)站点与周边地块紧密结合

站点与周边地块衔接紧密，体现在两个方面：一是与周边地块的土地利用性质的衔接，例如，站点周边的土地使用性质如果有居住、绿化、工业等几种，站点设置时宜将站点布设在居住用地旁边；另一方面体现在车站与周边其他交通设施的衔接上，包括与地面道路、公交站点、停车场等的紧密衔接。轨道交通的站点原则上应跨马路设置，以减少行人过街乘轨道交通，减少行人与机动车的冲突。如图 3-17b)所示为车站不跨马路设置，A、B 地块的居民必须穿过马路才能进入地铁站乘车；图 3-17a)为车站跨马路设置，A、B 地块的居民可直接进入地铁车站。

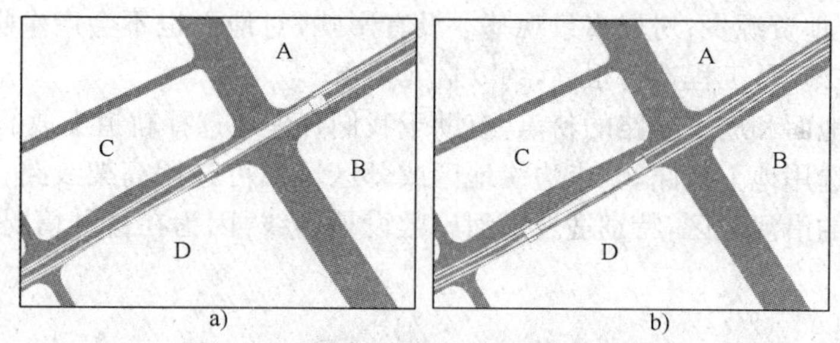

图 3-17　车站跨路设置与不跨路设置的比较

a)跨路设置；b)不跨路设置

2)站间距设置恰当

一般来说，地铁的站间距为 1.2～1.8km；轻轨的站间距是 0.8～1.2km；市域快速轨道交通线郊区段的站间距是 3～5km。

站间距的控制应灵活掌握，不能僵化地按照上述概念来设置轨道交通站点。对于地下线路，一般可按 1～1.5km 站间距设置轨道交通车站，有时个别地段确需设置站点，且与相邻车站的站间距只有 700～800 m 时，也可考虑设站。因为地下线路一经设置，在线路中间加站的难度很大，因此在规划初期对确需设站的可适当放宽站间距的控制要求，但要经过充分论证。对于高架和地面线路站点设置，有时可突破上述站间距的上限，这是因为高架和地面线路在工程实施后加站的难度相对较低，因此初期有些地区可超过站间距设站，但要留有远期加站的接口。

3)站点工程实施难度的大小

轨道交通线路一般经过城市的中心城区。中心城区到处高楼林立,道路下方市政管线密布,有的地方还建有立交道路,因此中心城区的轨道交通站点设置还必须考虑到工程实施难度的大小。当站点位置移动对其他方面影响不大时,可选择工程实施难度小的位置设站。

上述的站点设置一般针对单个中间站,对于换乘枢纽的站点布置,则要复杂得多。除了考虑上述因素外,特别要注重轨道交通线路间换乘的便捷性。

3.敷设方式

轨道交通具有运量大、速度快、安全好、节能环保等优点,但建设轨道交通工程耗资巨大;然而,由于轨道交通线路不同敷设方式之间的投资差别也很大,所以可以在规划初期大致确定线路的敷设方式,来控制轨道交通工程的总投资规模。

根据轨道交通线路工程与地面的关系一般可分为地下线、地面线和高架线三类,三种敷设方式各有其特点。

高架线路:高架线路一般采用桥梁形式,故称为"高架桥",这种敷设方式基本不影响地面道路交通;其造价相对于地面线和地下线,处于居中位置,约 2.8 亿元/km;由于线路采用高架形式,可能会对地区景观、道路沿街界面有一定的负面影响,高架线路上列车运行时所产生的振动和噪声也是对环境的负面影响。

地面线路:由于地面线占用道路面积,因此占用城市土地资源比较多,而且在道路交叉口平面相交,对道路交通有很大影响;但另一方面,由于直接敷设在路面上,即不用造高架桥,也不用在地下掘进,因此工程造价最低,约 1.8 亿元/km;此外列车运行所产生的噪声和振动也不可忽视。

地下线路:由于列车在地下运行,与地面道路交通互不干扰,对道路交通几乎没有影响;地下线占用的城市土地资源少;对城市景观基本没有影响,对地面也不会产生噪声污染;但由于车站和线路都设在地下,工程造价很高,约 6 亿元/km。

了解了高架、地面和地下线路的特点,有助于我们合理地选择轨道交通的敷设方式。一般来说,在中心城区选用地下线路;城市边缘地区或郊区城镇可选用高架线路;其他区域可选择地面线路;在郊区的沿河地区,特别适合沿河岸敷设地面线,因为在这种情况下对地面交通的影响最小。

4.联络线规划

轨道交通系统中的很多线路是各自独立运行的子系统。为了保证网络的完整性,能机动灵活地调用网络各线路的车辆,也为了能将不同线路的车辆运到共同的车辆基地进行架修、大修,这就需要做好联络线的规划。所谓联络线是指各自独立运营线路之间的辅助线,它也是调度线路间车辆的通道,或可作为临时运营线和后期其他线路建设时的设备运输通道。

1)联络线的用途

(1)运送车辆厂修。为了资源共享,节省工程投资,往往一个城市只设置一处或少量大型车辆修理厂。网络中各线路的车辆需要架修、大修时,可通过联络线将待修车辆运进厂修车间。

(2)走行运营车辆。当多条线路共用一处停车场时,由车场向线路发车时,除需通过停车场的进出场线外,还需通过联络线抵达自己的线路。

(3)运送新购车辆。新购车辆一般通过干线铁路运输到使用城市,多线路组成的轨道网往往不可能每条线的车场都能设置铁路专用线与干线铁路连接。当某条城市轨道交通线路不能与干线铁路接轨时，该线路所需的新车可通过其他有铁路联络线的线路运送到位。

2)联络线的设置原则

联络线按下列原则设置：

(1)联络线由于其使用频率不高，所以一般设置为单线。

(2)联络线的设置要考虑网络的建设顺序，使后建线路通过联络线能将车辆从既有线运送到新建线路上。

(3)联络线的布局，应从网络的整体性、灵活性和运营需要等方面综合考虑，使之能兼顾多种功能，以发挥最大的经济效益。

七、网络评价

网络评价的目的是为了进行网络比选，以从若干个可选方案中选出比较满意的轨道交通线网方案。

1. 网络评价指标

网络比选的指标体系包括技术、经济、社会诸方面。

1)技术性能指标

技术指标包括对交通功能、城市发展等方面的评价。交通功能的评价指标有线网客运量、网络饱和度、线网总出行时间、换乘率等，城市发展功能的评价指标包括网络覆盖人口、综合交通网总出行时间指标等。

(1)线网客运量。线网客运量是指一段时间内城市轨道交通网络运送的乘客总数，一般按日计算。该指标反映城市轨道交通网络发挥功能的大小。

(2)网络饱和度。网络饱和度是网络中各条线路的线路饱和度按里程的加权平均值。该指标用来反映轨道交通网络供需平衡度。如果饱和度大于1，则说明网络规模不足，或者某些线路的系统制式需要改变。一般来说，每条线路的饱和度都不应该大于1。

(3)网络总出行时间。网络总出行时间是指1d内城市轨道交通网络中所有乘客的出行时间总和，包括乘客乘车时间和换乘时间。

(4)换乘率。换乘率是指出行乘次与出行次数的比值。换乘率低，说明轨道交通网络的效率高；换乘次数多则相反。在规划中不能一味地追求低换乘率，因为低换乘率往往需要大量的交通设施来满足。在规划中要选择适当的换乘率，换乘率高了，线网效率低下；换乘率低可能需要过多的轨道交通线路。无疑，同样规模的轨道交通网，换乘率越低，网络的效率越高。上海市在轨道交通网络规划中，参考的换乘率指标是1.6。

(5)网络覆盖人数。网络覆盖人数是指网络所有站点步行范围内(一般以车站为中心、半径为600m的圆形区域)的所有居住人口的工作岗位数量。

(6)综合交通总出行时间。综合交通总出行时间是指1d内，包括道路网、轨道交通网在内的综合交通网络中所有乘客的出行时间总和，包括乘车时间及中途换乘时间。

2)经济效益指标

经济效益指标是能够直接用简单货币来描述的指标。主要有网络建设成本、网络运营成本和运营收入等。

(1)网络建设成本。网络建设成本是指轨道交通网络工程建设工程的总成本。该指标反映城市轨道交通运营主体的投入。

(2)网络维护及运营成本。网络运营成本是指城市轨道交通网络在运营、维护过程中，每年支出的维护及运营成本。

(3)运营收入。指网络运营中的票务收入。

3)社会效益评价

从城市全社会、长远的角度进行全面的效益评价，其中很多指标是难以定量描述的。这类效益主要对以下几方面进行评估：

(1)市民出行时间的节省。

(2)居民出行条件的改善，居民生活方式的提升。

(3)缓解城市交通拥挤，减少交通事故。

(4)节省城市土地资源，节约交通能源。

(5)促进轨道交通沿线不动产的升值。

(6)促进旧城改造和城市规划目标的实现。

(7)轨道交通将市区与郊区紧密联系起来。

2. 网络评价方法

网络评价、比选方法可以分为两类，一是同规模、不同结构的网络间的评判比较；二是不同规模网络间的评价、分析。

对于相同规模但形态不同的轨道交通网络进行评比、分析比较简单。因为线网规模相当，网络的经济指标的情况基本一样，因此只需要通过某些技术指标来进行评判分析，主要考虑网络总客运量、网络覆盖人数、线路负荷强度、换乘率等技术指标。

而对不同规模轨道交通网络进行评价时，由于考虑的因素多，且其中有些因素难以定量描述，就需要特殊的方法来进行综合评价。如层次分析法和模糊决策法。这里主要介绍层次分析法的基本概念。

层次分析法简称 AHP 法(Analytical Hierarchy Process)，是美国著名数学家萨蒂教授在20世纪70年代提出的。它是一种定性分析与定量分析相结合的决策方法，其主要思想是，根据问题的性质和要求达到的目标，将问题按层次分解成不同的因素。在同一层次内各个不同因素的权重(重要程度)，通过它们两两之间进行成对判断比较确定。下一层次的因素的重要程度，既要考虑本层次，又要考虑上一层次的权重因子。因此一般要计算组合权重，并一层一层往下算，直到最后一层。由于它们的相对重要性都已计算得出，因而就容易分清哪一个方案较好。层次分析法通常包括明确问题、建立分层结构、同层次求单权重、同层次求组合权重等步骤。

第一步，明确问题。指出涉及的相关影响因素以及各因素间的相互关系。

第二步，建立分层结构。将各种影响因素，根据性质分成若干层次，构建分层结构图。

第三步，同层次求单权重。同层次单权重表示本层次诸因素对上一层次单因素的相对重要性，同时它又是计算各层次的诸因素相对于总目标组合权重的基础。可以按一定的准则对该层次的因素进行一对一的比较，构造出判断矩阵。再通过计算判断矩阵的最大特征根及其相对应的正交化特征向量，得出该层因素对于该准则的权重。

第四步，同层次求组合权重。上一层次可能有多个因素，对于上层次每一个单因素，求出本层的相对权重后，再结合上层次的权重，求出本层次的组合权重。如此一层一层自上往下求下去，一直到底层所有因素权重都求出为止。

八、资源共享

随着我国城市轨道交通由“从无到有”发展到“从有到多”，并逐步形成了规模较大的城市轨道交通网络，这时很多在单线阶段不需考虑的问题已凸现出来，城市轨道交通网络的资源共享、综合利用就是其中最为突出的问题。

城市轨道交通系统的资源共享作为一种先进理念，有利于实现城市轨道交通资源的优化配置和管理的集约化、规模化、社会化，也有利于控制建设规模和投资规模，对轨道交通网络建设具有十分重要的意义，日益受到轨道交通规划、建设、管理等部门的普遍重视并付诸实践。

轨道交通资源共享和综合利用的范围很广，主要涉及人力资源、土地资源(例如多线共用占地较多的车辆段和停车场)、运营设备与设施、检修设施、施工机具等多个方面。这里主要讨论在轨道交通网络规划时，需要规划和控制的车辆段、停车场以及控制中心的资源共享问题。

1. 车辆段、停车场资源共享

轨道交通的车辆基地由车辆运用检修、综合维修、物资仓库三个系统构成。上海市根据功能和规模将车辆基地划分为车辆段、定修段和停车场。

1)车辆段、停车场的定义及主要功能

(1)停车场。停车场是城市轨道交通车辆停放的场所，承担城市轨道交通车辆的停放、清洁、列检、维护和乘务工作。一般每条轨道交通线按线路长度及其配属车辆的多少，设置一处或多处停车场。规模较小的停车场仅设置停车、列检设施，规模较大的停车场还承担周检、月检、临修任务。停车场设置的综合维修工区还承担部分运营线路和其他运营设施的综合维护、抢修任务。与定修段、车辆段相比，停车场的投资和占地都相对较小。

(2)定修段。定修段除了具有停车场功能外，一般承担本线轨道交通车辆定修、临修和月检任务，具有通信信号、机电、工务系统的综合维修功能以及救援、抢修功能。

(3)车辆段。车辆段是城市轨道交通车辆进行较大修程的场所，在定修段的基础上增加车辆架修、大修设施。同时，根据工艺要求，有一定的部件检修能力。车辆段还包括综合维修中心和物资仓库，具有综合维修、储存备品配件以及救援、抢修功能。

2)车辆段、停车场的布局规划原则

(1)车辆基地布局规划应符合城市总体规划、城市轨道交通网络规划；

(2)车辆基地的用地范围按照轨道网络远期设计规模进行规划控制；

(3)车辆基地选址原则：为方便运营应减少列车空走距离，尽量选址在市郊，并靠近线路两端；

(4)当一条线设有车辆段和停车场时，一般将定修功能集中设在车辆段；当一条线路仅设一处停车场时，或无车辆段而设有多个停车场时，可在一处停车场内增加车辆定修、临修和月检的功能。

(5)车辆段架修、大修的资源共享应按车型进行分类，一个车辆段原则上只检修同一种车型的架修、大修车辆。车辆段架修、大修的资源共享，通常以三条线路远期的配属列车数进行规模控制。

(7)车辆基地的布局规划，应具有可行性、实用性、可操作性。近期车辆基地布局规划应力求满足近期实施要求、近期资源共享要求、远期规划分期实施要求。对远期实施的车辆基地、车辆通道，其规划布局允许有一定的调整弹性。

3)车辆段、停车场的资源共享

网络车辆基地资源共享的内容多，涉及面广，具体包括架修、大修资源共享，定修资源共享，段场合建资源共享，专用设备资源共享，突发大客流配属列车资源共享等方面。

(1)车辆架修、大修资源共享。车辆架修、大修资源共享是从整个网络出发，将各条线路所配属的列车，按照车型进行分类，同类型车归口到网络中的某几个车辆段进行架修、大修，从而减少车辆段的架修、大修列位，减少整个网络车辆段的设置数量，实现节省用地和投资，提高车辆架修、大修设施设备利用率的目标。上海市轨道交通车辆段大修资源共享设计见表3-13。

上海市轨道交通近期网络车辆段一览表

表3-13

序　号	名　　称	车　型	面　积(ha)	服务线路	备　注
1	新龙华车辆段	A型	28.1	1号线	已建
2	北翟路车辆段	A型	34.0	2、7、10、13号线	在建
3	宝钢车辆段	A型	46.2	3、4号线	在建
4	港城路车辆段	C型	46	6、10号线	在建
5	九亭车辆段	A型	38.3	9、12、14号线	在建
6	赛车场车辆段	A型	26.8	11、18号线	在建

(2)定修资源共享。定修资源共享是针对长距离线路，需要设置几个车辆基地时，力求将定修规模集中设置在1个或2个车辆基地内，以减少定修段的设置数量，节省定修要求配备的试车线、静调库、清扫库等设施，减少用地、节省投资。有条件时，力求将不同线路的定修规模也集中设置。

(3)不同线路的段场合建。段场合建资源共享指的是在规划网络车辆基地的布局时，力求将不同线路的车辆基地(车辆段、停车场)规划布局在一起，以实现段场合建资源共享和实现城市规划的整体性。实现不同线路的段场合建以后，段场之间的车辆通道，通过在地面上的段场之间设置联络线或渡线就能解决，比在运行线路间设地下联络线可大大节省投资。段场合建以后，车辆基地的检修、运用设施，如列车转向设施(灯泡线、三角线)、试车线、洗车线、镟轮线、临修线、救援、供电、信号楼、上下水等设施都可以共用。同时，车辆基地的食堂、浴室等生活设施和办公设施也能做到共用。

上海市近期轨道交通车辆段、停车场合建情况如表3-14以及图3-18所示。

上海轨道交通近期车辆基地合建情况表

表3-14

序　号	名　　称	共址情况	占地面积(ha)
1	北翟路基地	2号线车辆段和13号线停车场	34
2	龙阳路基地	2号线定修段和7号线停车场	21.6
3	川杨河基地	11、13、21号线停车场	46.2
4	港城路基地	6号线车辆段和10号线停车场	30+16=46
5	陈太路基地	7号线定修段和15号线车辆段	22.6+35.74=58.4
6	金桥基地	12号线定修段和14号线停车场	33.2
合计			239.4

(4)专用设备资源共享。专用设备资源共享是指从整个网络出发，统一配备专用设备，并将专用设备在整个线网中统一调度使用。可以统一配备的专用设备有：网轨检测车、钢轨打磨车、隧道清洗车、救援设备等，它们的特点是投资高、利用率低，但又是必须配备的设备。这些专用设备的制造，必须按照小型车限界的要求进行制造，以满足整个网络的所有大、小型车线路

都可以使用该专业设备。另外，各线路配备的救援设施，在事故救援中也应能统一调度使用。

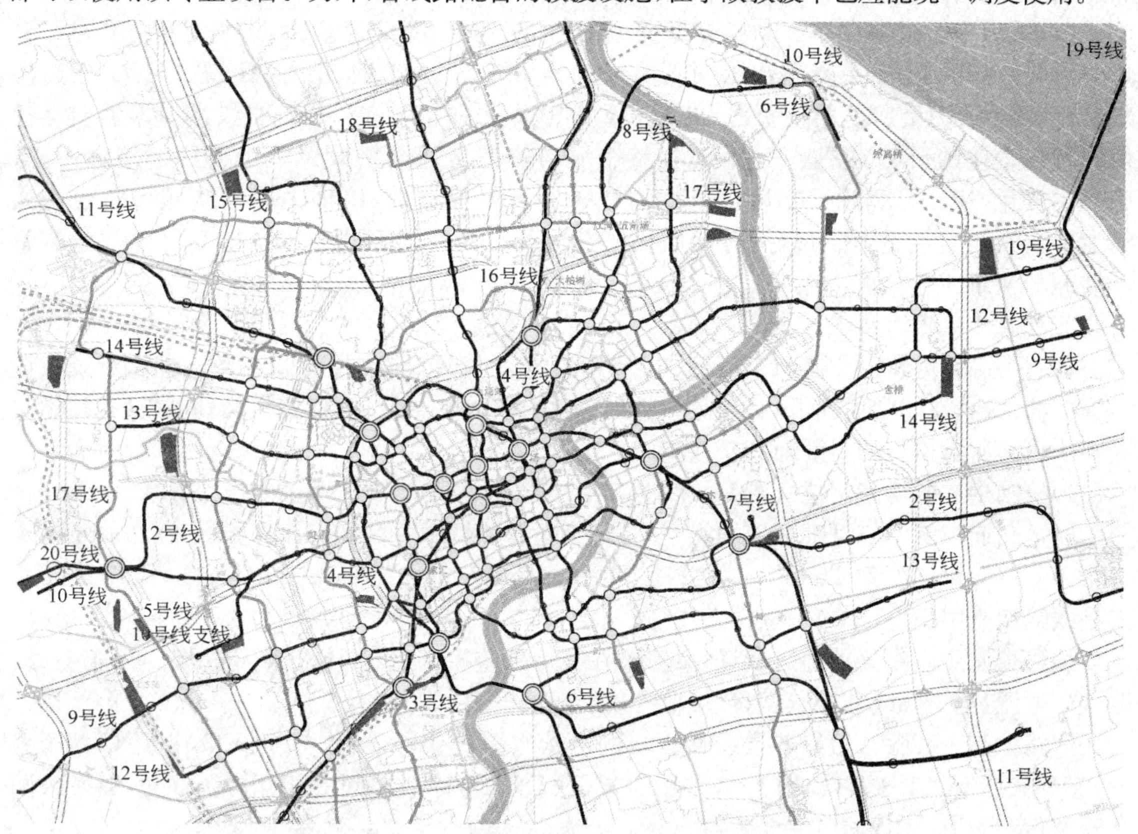

图 3-18 上海市轨道交通车辆段、停车场布局规划

轨道交通的救援设施，每条线路均需要配置，一般都配备在车辆段、停车场，如果线路长度过长可以在该线的段和场重复设置。对于几条线路合建的段场，由于同时需要兼顾多条线路的救援，更应配备救援设施。对于网络救援设施的资源共享，需要就整个网络的救援工作中统一进行调度。在发生重大事故、重大灾害事件时，应集中网络的主要救援设施，特别是就近的救援设施及救援人员，快速到达事故现场对受伤人员进行救助，对事故设备进行抢修，以最快的速度恢复运营。

(5)车辆资源共享。车辆是城市轨道交通的主要运输设备。实现车辆共享的前提是车辆类型相同、信号制式相同、供电方式相同。

突发大客流时的列车资源共享，是指在举行大型比赛、大型集会时突发大客流的情况下，提前将网络中相同车型、相同信号制式的列车调度到突发大客流的线路上，以应对突发大客流的运输需求。

(6)综合维修基地资源共享。综合维修中心分别由机电、通信信号、工务三个子系统组成，各自承担系统的运行、检修任务。机电包括供电、接触网、牵引供电控制、环境控制、给排水、电梯等；通信信号包括通信、信号、自动售检票系统、车站屏蔽门等；工务包括建筑、隧道、桥梁、线路、轨道等。综合维修的部分业务可以实行社会化，由社会专业队伍承包，专业性强的由维修中心自行承担。通常一条线路设置一个综合维修中心，包括机电段、通信信号段、工务段，线路的其他基地只配备相应的工区。对于线路长度较短的综合维修工作可以由相近线路的综合维修中心兼管，也可以几条短线合并设置一个综合维修中心。备品总库的设置，通常分为车辆和综合维修两个子系统，按子系统分别设置备品库。

(7)培训中心资源共享。轨道交通是现代化的企业，技术含量高、专业性强、协同配合十分重要。因此，有必要对首次上岗人员或在岗人员进行培训，开展继续教育。从更高层次看，根据“人力资源是第一资源”的理念，实施“人才强企”战略，提高员工的基本素质是任何现代化企业的迫切需要。因此，应在整个城市轨道交通网络设置一个共用的培训中心；为提高效益，应充分利用社会培训机构力量来进行一般培训，培训中心围绕城市轨道交通的专业培训添置设备，还可以充分利用轨道交通既有线路的不同类型设备和先进技术装备开展现场培训工作。

2.控制中心资源共享

控制中心是对轨道交通列车运行、电力供应、车站管理、防灾报警和票务管理实行统一调度指挥的机构；在非常情况下，它还是事件处理、协调各线路运行的指挥机构，同时又是轨道交通整个线网所有信息的集散地和交换枢纽。

1)控制中心的功能定位

轨道交通控制中心可细分成两类，一是综合运营协调中心(Comprehensive Operation Coordination Center，简称 COCC)＋应急处理中心(Emergency Treatment Center，简称 ETC)，二是线路控制中心。

线路控制中心主要承担运营计划编排、在线运营监控、在线客流监管、票务统一及清分、线路应急处置、电力系统监控、运营环境监控、信息处理等功能。

线路控制中心除了做好各条线路自身的运营组织优化外，还作为 COCC 和 ETC 的子系统，充分支持 COCC＋ETC 的工作。由 COCC＋ETC 考虑线路间的相互协调优化，以发挥网络整体运营效率，体现城市综合效益。

2)控制中心的布局

控制中心的布局有两种方式，即**紧密型方式和松散型方式**。

紧密型布局方式是先建立线路及其控制中心，在路网形成后，再通过改建或新建方式，将相关各线的控制中心合并在一处，形成服务于多线路日常运营管理的控制指挥中心。成功的案例有 6 线合 1 的香港青衣控制中心、8 线合 1 的日本东京营团控制中心和美国纽约地铁控制中心等。

松散型布局方式的主要特点是在每一条线路中均设置独立的控制中心。当需要统一管理多个控制中心时，再按紧密型布局方式落实部分控制中心的合并。

紧密型布局方式在土地、设备和人力资源的集约化使用上效率较高；但紧密型布局方式相对于松散型，也存在以下问题：

当轨道交通网络规模较大时，将对所有线路的控制都集中在一个控制中心内，致使距离控制中心较远的线路和车站其接线距离过长；当轨道交通网络达到一定规模时，会存在不同的制式，这对于采用紧密型布局方式就增加了技术难度。此外，从安全和反恐的角度考虑，将轨道交通控制中心高度集中的做法风险比较大。因此，在做特大城市轨道交通的控制中心布局规划时，宜选用分散式布局方式。

控制中心的选址一般应遵循以下原则：

(1)控制中心的规划应以城市轨道交通网络为基础，全面系统地进行思考，并充分考虑到其他后建线路的接口条件，做到近、远期结合，为城市轨道交通网络的统一管理打好坚实基础。

(2)尽量位于轨道交通相交线路的换乘车站附近。

(3)为便于采用多种交通方式,控制中心宜靠近道路干道。

(4)选址应避免强电磁干扰、噪声及过剧的振动等。

(5)个别线路的控制中心可设于停车场内。

上海市轨道交通控制中心的布局如图 3-19 所示。

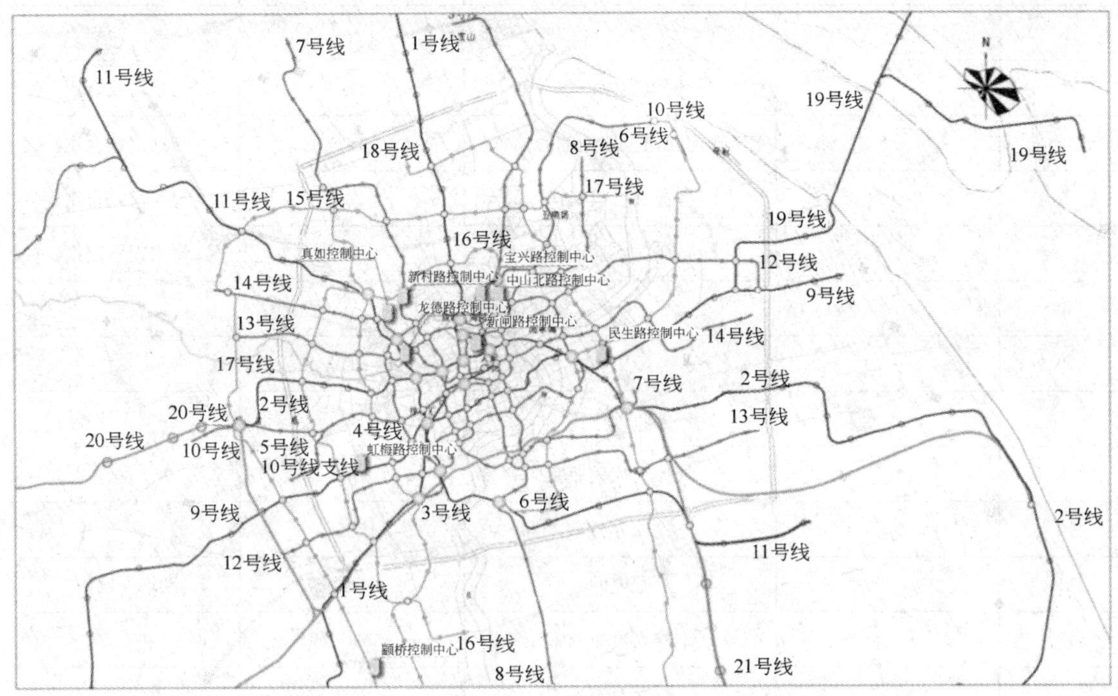

图 3-19　上海市轨道交通控制中心的布局示意图

3)控制中心的资源共享

控制中心的资源共享可以在两个方面进行规划:一是基于整体的网络规划,将控制中心按一定模式规划到相对集中的几个点上,实现土地、人员等资源的共享;二是将线路机电系统进行系统整合,实现以控制中心为单元的设备资源、管理资源的共享,如表 3-15 所示。

轨道交通控制中心可共享内容列表　　表 3-15

序号	项 目 名 称	共 享 描 述
1	调度大厅	指物理空间、综合显示、综合操作等的共享
2	线路应急中心	实现多线路的综合指挥、协调和决策等资源共享
3	调度员	实现多线路间、线路系统间的统一调配
4	正线系统	在统一规划后,实现系统中心设备建设、管理、维护以及优化升级等的共享,如信号通信、电力监控、票务等
5	建筑	占地、附属设施、设备用房统一使用、与线路连接的通道、建筑物管理等的共享;附属设施包括风、水、强弱电等
6	弱电电源	包括不间断电源设备、蓄电池以及相关电力监控的共享
7	管理机构	可实现基于中心的调度所等统一建设
8	信息共享	基于正线系统的共享,实现中心级多线路相关信息共享

无论是单线使用或是多线共享同一控制中心，表 3-16 所列用房是必不可少的，而且需要有足够的使用面积。

控制中心必需设备及其使用面积概况表 表 3-16

序 号	类 别	用房名称	使用面积(m^2)	备 注
1	共享部分			
2		弱电类电源室	180	与预留线合用
3		基于轨道交通上层网的通信机房	150	与预留线合用
4		程控交换机机房	100	与预留线合用
5		备用技术层面积	1 200	将来设备倒换
6	大楼共享附属设施			
7		门卫室	10	
8		消防控制室	20	
9		气体灭火钢瓶室	60	
10		物业办公室	15×2	
11		配电间	15	每一层
12		维修人员更衣室	20	
13		餐厅及厨房	150	
14		变电所	200	可在地下一层
15		水泵房	30	可在地下一层
16		消防水泵房	35	可在地下一层
17		空调机房	60	可在地下一层
19		系统线缆室	30	可在地下一层
20		调度大厅空调机房	60	可在地下一层
		合计	2 350	

4)控制中心的规模

(1)COCC+ETC 的规模。我国目前 COCC+ETC 的建设尚处于规划阶段。结合 COCC+ETC 的功能设定，参照国内外相关案例，建议的建设规模应控制在用地面积为 15 000 m^2左右。

(2)控制中心的规模。目前上海市参照已建、在建控制中心的基本情况，按照目前技术、管理水平，建议轨道交通控制中心规划管理的量化指标为：

单线控制中心的建筑面积≤3 000m^2；

双线控制中心的建筑面积≤5 500m^2；

三线控制中心的建筑面积≤8 000m^2。

第三节　城市轨道交通建设项目的可行性研究*

可行性研究是随着技术进步和经济发展而出现的，早在20世纪30年代，美国在开发田纳西河流域时首先采用，现已在世界范围得到广泛应用。我国于1981年将可行性研究作为建设项目的一个重要技术经济论证阶段纳入基本建设程序，并不断发展和完善，广泛应用于各种工程建设项目，城市轨道交通建设项目也不例外。我国城市轨道交通建设项目的可行性研究工作始于1984年上海地铁1号线工程。目前，已投入运营的城市轨道交通工程项目，如广州地铁、南京地铁、沈阳地铁和重庆单轨等都进行过可行性研究。

一、可行性研究的内容

可行性研究就是在投资决策前对与拟建项目有关的社会、经济和技术等方面情况进行深入细致的调查研究；对各种可能拟定的技术方案和建设方案进行认真的技术经济分析与比较论证；对项目建成后的经济效益和社会效益进行科学的预测和评价。在此基础上，综合研究建设项目的技术先进性，并为投资决策提供科学依据。

可行性研究工作具有很强的技术性、政策性和经济性，应本着科学、公正、严肃的态度对待，“报实情、讲真话”，在实践中不断深化和完善这项工作。可行性研究的工作内容可从以下几个方面展开。

1.论证内容

城市轨道交通建设项目的可行性研究从论证内容上看，应包括3部分。

1)论证轨道交通项目建设的必要性

主要根据城市现状与未来发展对交通的需求，结合城市现有道路交通状况与远期路网发展规划，从经济、社会、资源、人口、环境、能源等方面论证修建轨道交通的必要性。

2)论证轨道交通建设项目的可行性和技术先进性

城市轨道交通建设项目是一项复杂的系统工程，涉及的专业领域多，既相互独立，又相互联系。在可行性研究过程中，要在严格执行总体设计原则的基础上，开展各专业的设计工作，密切注意当前世界轨道交通技术的发展动态，重视采用先进的技术设备，提高系统的先进性和可靠性。一般应根据设计年度的预测客流量，对线路、车站等土建工程和车辆、供电、环控、通信信号、给排水等设备工程以及防灾、行车组织等形成多个设计方案，经过反复比选，最后推荐出技术上先进、工程上可行、经济上合理的满意方案。

3)论证轨道交通建设项目的经济合理性

可行性研究最后要根据推荐方案进行工程投资估算和经济预测分析工作，从该项目促进、推动国民经济和社会发展角度考察其社会效益，从企业自身角度考察其财务效益，从而论证该项目的经济合理性。只有经济上合理、可行的建设项目，才能吸引投资者，激发他们的投资热情，促进项目的尽早建成。

2.工作程序

可行性研究的工作量大，需要耗费大量的人力、物力、财力，因此，有效地开展这项工作，必须严格遵守一定的工作程序。

---

*本节为选学内容。

1)资料收集

对可行性研究有用的资料都要收集，内容包括城市的经济、政治、文化、自然地理环境等许多方面，着重收集建设项目所在城市的总体规划、经济发展水平及远景规划、居住人口数量及构成分布、城市公共交通现状和公交客流量、城市交通发展规划等。同时，在勘测资料基础上，弄清轨道沿线的自然环境条件，水文地质状况，城市各种管网线路的分布以及征地拆迁条件等。

2)市场调查及预测

在充分收集资料的基础上，调查研究城市的社会、经济发展方向和发展模式，以及居民的出行方式、出行习惯，应用科学预测方法预测城市的经济发展水平和规划年的客流量，为确定项目的建设方案提供可靠的依据。

3)方案论证

根据经济预测以及客流预测结果，充分考虑当地的自然环境、水文地质情况，依据经济上合理的原则确定项目的建设规模，提出多个比选方案，结合实际条件反复进行方案的比较论证，从若干可选方案中选出推荐方案，并进一步深化对该推荐方案的技术和经济论证。

4)评价与分析

项目可行与否，不仅要考虑技术上的可行性，更要考虑经济上的可行性。项目建成后可改善城市交通，有利于居民出行，社会效益十分明显；但同时必须考虑交通企业是否能够在项目建成运营后按期还清贷款，而且有所盈余，有一定的财务效益，都需要在可行性研究阶段做出评价和分析。只有财务评价和国民经济评价都可行的方案才有可能立项，进入技术设计和施工准备阶段。

3. 工作阶段

根据联合国工业发展组织编写的《工业可行性研究手册》规定，在建设前期，可行性研究工作一般可分为 4 个阶段：机会研究（亦称投资机会研究）；初步可行性研究（亦称预可行性研究）；详细可行性研究（也称最终研究或可行性研究）；评价和决策。各阶段的目的、任务、要求、所需费用和工作耗时各不相同，如表 3-17 所示。

可行性研究的阶段划分和工作步骤 表 3-17

工作阶段	目的任务	研究费用		
		估算精度	占投资的百分比(%)	需用时间(月)
机会研究	选择项目，寻求投资机会，包括地区、行业、资源和项目的机会研究	+30%～−30%	0.2～1.0	1～3
初步可行性研究	对项目初步估价，作专题辅助研究，广泛分析，筛选方案，为下一步研究打基础	+20%～−20%	0.25～1.25	4～6
详细可行性研究	对项目进行深入细致的技术经济论证，重点是财务评价、经济评价，需作多方案比选，提出结论性的报告，这是关键步骤	+10%～−10%	1.0～3.0	8～12
评价和决策	对可能性研究报告提出评价报告，最终决策	+10%～−10%	—	—

1)机会研究

机会研究，亦称投资机会研究，即将一个项目由意向变成概略的投资建议。其目的是根据国民经济发展的长远规划和地区、行业计划，经济建设方针和建设布局等选择建设项目，寻求最有利的投资机会。机会研究阶段的工作比较粗略，精度要求不高，一般可根据相关项目来估算投资和建设方案，初步分析建设和投资效果，提供一个可能的项目建议。

就轨道交通建设项目而言，这一阶段的工作应由国家或有关城市的计划部门或交通主管部门承担，在综合考虑各种因素后，将项目设想转变为概略的投资方案，并编制项目建议书。

2)初步可行性研究

初步可行性研究，亦称预可行性研究。轨道交通建设项目经机会研究，如果认为初步可行，值得继续研究，但尚不能确定是否值得进行详细可行性研究时，就需作初步可行性研究。主要工作是分析机会研究的结论，并在拥有较详细资料的基础上分析投资机会的前景，决定是否需要进行下一步的详细可行性研究，并考虑是否需要对一些关键问题进行辅助性的专题研究。

预可行性研究报告可作为项目建议书，由建设单位根据发展规划要求，结合自身各项资源条件，向上级主管部门提出具体项目建议。项目建议书由上级主管部门审查、批准后，即可列入建设前期工作计划。

3)详细可行性研究

详细可行性研究，也可称最终研究或可行性研究。它是建设项目投资决策的基础，为项目决策提供技术、经济、社会和财务方面的评价依据，为项目的具体实施奠定基础，需要进行详细深入的技术经济分析和论证。

轨道交通建设项目可行性研究的具体任务包括：进行客运量预测和系统规模研究，总体布局及建设条件研究，车辆、通信信号和供电设备的选型与设计分析，行车组织与运营管理研究，投资测算与筹资方案比选，财务评价，国民经济评价，环境影响评价，不确定性分析等。通过以上各项工作，进行系统、全面、准确的分析计算，选择具有最佳技术经济效果的建设方案，以达到确定项目的目的。这一阶段的研究工作是轨道交通建设项目投资决策的基础。这一阶段的工作成果为可行性研究报告。

4)评价和决策

项目评估是由决策部门组织或委托投资银行、咨询公司或有关专家，在可行性研究报告编制好以后，中央或地方的主管部门和计划部门未作决策之前，对可行性研究报告进行评估，提出最后的评价报告。其目的是为投资者提供决策文件。在评价报告中应做出项目是否可行的结论和建议。

二、可行性研究的方法

轨道交通建设项目的可行性研究工作是一项系统工程，涉及范围广，工作量大，可信度要求高。研究结论是否可靠，项目建议是否合理，主要取决于研究方法的科学性和先进性。只有科学、可靠，经得起实践检验的研究方法，才能令投资者和决策者理解和接受。可行性研究在进入我国十几年后，经过管理者、规划设计工作者的不断研究和摸索，已形成了一套科学完善的研究体系和方法。

1. 系统方法

系统研究方法就是用系统的观点研究问题、分析问题、解决问题。一个项目就是一个系统，是由相互独立、相互联系的不同要素构建成的有机整体。每个要素都有不同的功能和特性，但组合起来却是为了共同的目标——实现系统最优化。要素优秀不等于整体优秀，因此要把系统论、控制论、运筹学理论贯穿于研究工作始终，把握总体，协调整体与要素、要素与要素、整体与大环境之间的各种关系，实现总体优化的目标。

2. 定量分析与定性分析相结合，以定量分析为主

众所周知，在技术经济比较论证阶段，定量分析比定性分析更具说服力，更可信，因此在可行性研究中，可把项目建设和运营过程中的许多影响因素量化，通过明显的、精确的数学计算进行分析和比较，确定方案的优劣。随着电子计算机及计量经济学、运筹学等学科的兴起和发展，定量分析的范围日益扩大，许多过去只能定性分析的事物和过程如今都可进行定量计算了。尽管如此，在可行性研究过程中，总会有一些社会和环境因素难以量化，不能直接进行定量分析比较，还只能做定性分析。因此，定量分析与定性分析相结合，以定量分析为主，是可行性研究的重要方法。

3. 动态分析与静态分析结合，以动态分析为主

市场是运动变化和发展的，城市是运动变化和发展的，城市的交通需求也是运动变化和发展的。可行性研究只有用发展的、动态的观点去研究和考察建设活动及相应的管理问题，才能科学地预示其发展趋势和前景，做出正确的判断和规划。当然，可行性研究也不排斥静态分析，由于静态分析具有简单方便的优点，在一些具体设计领域也会广泛应用。

4. 预测分析与统计分析结合，以预测分析为主

这种方法是可行性研究的传统方法，也是比较成熟的方法。具体做法是对建设项目从市场、技术、财务、经济、环境等方面在现有水平基础上，采用科学的预测方法，进行预测分析，并对某些不确定性因素和风险做出估计。近年来，随着信息技术和预测技术的不断创新，预测分析方法更趋完善，在可行性研究中的应用也更为广泛。统计分析在可行性研究中也占据重要地位。美国未来学家奈斯比特说过："了解未来的最好方法是了解现在。"预测结果准确与否，在很大程度上取决于统计资料的全面、准确和及时。

5. 技术分析与经济分析并重

为了使可行性研究所选定的方案做到在技术上先进适用、经济上合理可行，这就要求在可行性研究中做到技术分析与经济分析相结合。技术上先进适用是目标，经济上合理可行是约束条件，目标与约束必须统一，才能做出科学决策。

6. 方案比较方法

这种方法通过对实现同一项目的几个技术方案进行分析计算和比较，从中选择满意方案。方案比较法的关键环节，是要使各比较方案初始条件等同，把不可比因素化为可比因素，只有这样才能保证比较结果的准确。这种方法简便且易于掌握，是技术经济分析的传统方法。

可行性研究是在现代技术、经济学、管理学的基础上发展起来的，它在技术经济论证和评价中广泛运用管理和工程经济的理论以及先进的数理统计方法，并借助于电子计算机达到预期的目的。因此，从事可行性研究的设计人员必须具备一定的经济管理和计算机知识，并且应该不断学习和消化吸收国外的先进技术和设计方法，从而不断提高可行性研究的工作水平。

三、项目建议书与预可行性研究

城市轨道交通建设项目的项目建议书是项目投资者向国家提出要求建设某一轨道交通建设项目的建议性文件，主要从拟建项目的必要性和可能性加以考虑，对建设项目的轮廓进行描述。客观上，这个建设项目要符合国家和城市的宏观经济规划、综合交通规划和轨道交通建设规划的要求。它实际上是一个机会研究文件和预可行性研究文件。

1. 项目建议书

一般来说，项目建议书是在政府政策的指引下，建设管理部门根据企业投资战略，对具体投资项目的识别，即指出具体的投资机会，并将项目的设想转变为投资方案，引起投资者注意，使其从多个投资项目中进行选择，并做出投资响应。

轨道交通项目建议书是项目投资者根据国家政策和相关规划要求，对某具体轨道交通项目提出建设建议的文件。

为了识别投资机会，需要对下列各方面进行调查、预测和分析：

(1)需求分析和预测；

(2)自然地理和社会条件等；

(3)国家的产业政策和投资政策，相关规划等；

(4)技术条件，技术的先进性、成本要素、经济规模等；

(5)项目总投资估算和对效益的判断。

项目建议书一般包括如下内容：

(1)对投资者(投资主体)的说明，包括企业名称、法定注册登记、法定地址等；

(2)投资目的：项目建设的必要性和依据；

(3)项目规模和范围：能力和规模、建设地点等；

(4)投资总额，包括固定资产和流动资产投资总额；

(5)资金来源和筹资设想；

(6)生产技术和主要设备，解释生产技术和设备的先进性；

(7)所需的主要原材料，以及水、电、煤气等能源；

(8)组织管理和定员；

(9)预期的经济效益；

(10)项目的经营期等。

就轨道交通项目而言，对项目进行预可行性研究是编制项目建议书的必要条件，同时预可行性研究的内容和成果也是项目建议书的主要内容。

2. 工程预可行性研究报告

根据城市轨道交通建设规划所确定的建设线路顺序，选择相应的线路进行工程预可行性研究。同时，前述城市轨道交通建设规划中的近期建设方案可行性、近期建设线路系统制式及主要工程方案、资金筹措以及安排和资金平衡方案等要点都需要提供《工程预可行性研究》的研究成果予以支持。另外，城市轨道交通建设规划要求对轨道交通沿线用地进行控制，也需要《工程预可行性研究》提供轨道交通的建设方案，两者是相互支持的。

一般城市轨道交通建设项目的立项都是一期工程的立项，工程预可行性研究的重点在《城市轨道交通建设规划》审批后确定的一期工程。目前的通常做法是，城市轨道交通建设规划和工程预可行性研究同时进行，对建设规划确定的近期建设项目均做预可行性研究。

预可行性研究重点是阐明项目建设的必要性，提出工程建设范围和规模、系统运能和水平，进行投资估算、资金筹措和经济分析，为项目建议书的编制、报批、项目立项提供依据和技术支持。根据预可行性研究所要达到的目标，其研究内容主要如下。

1)工程建设必要性分析

(1)交通功能分析；

(2)网络功能分析；

(3)城市发展功能分析。

2)工程规模分析

(1)交通制式及运营规模；

(2)土建规模。

3)设备系统分析

(1)通信信号系统；

(2)环境控制系统；

(3)供电及其他设备系统。

4)工程实施性研究

(1)工程实施方案研究；

(2)工程进度计划。

5)经济分析

(1)工程投资估算；

(2)项目资金筹措分析；

(3)经济效果分析。

在审批工程预可行性研究时，一般还需要以下两个文件作为主体报告的技术支持性文件：

(1)客流预测专题报告；

(2)环境影响评价大纲。

根据工程预可行性研究的内容分析，一般可按照图 3-20 所示的技术路线开展预可行性研究工作。

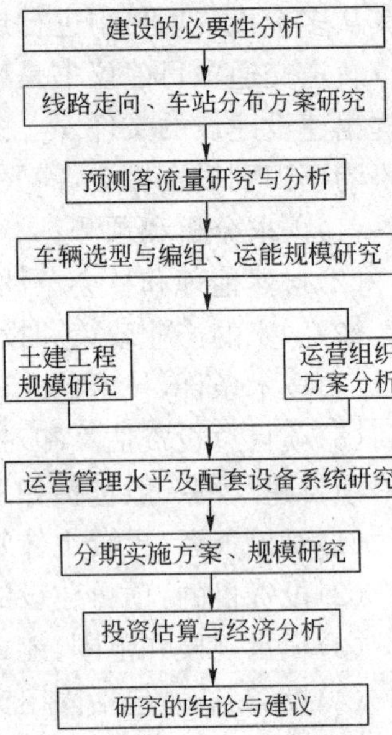

建设的必要性分析

线路走向、车站分布方案研究

预测客流量研究与分析

车辆选型与编组、运能规模研究

土建工程规模研究

运营组织方案分析

运营管理水平及配套设备系统研究

分期实施方案、规模研究

投资估算与经济分析

研究的结论与建议

图 3-20 城市轨道交通建设工程项目预可行性研究技术路线图

四、项目建设的技术、经济、环境可行性研究

在城市轨道交通项目建设的可行性研究中，最重要的是要对项目的技术、经济和环境是否可行进行研究，这也是项目可行性研究的核心。

1. 技术可行性研究

城市轨道交通系统的建设涉及土木工程、机电工程、交通工程、计算机、控制与通信工程等众多的技术领域，因此，在城市轨道交通工程项目建设中，必须保证所采用的技术能满足项目建设的需要。技术可行性研究就是要从技术方面对城市轨道交通建设项目的可行性进行研究，能在技术上保证建设目标的实现。

针对项目不同的建设和运行阶段，项目的技术可行性分析可分为：

(1)建设技术可行性分析；

(2)运行系统技术可行性分析；

(3)维护技术可行性分析。

城市轨道交通建设项目的技术可行性研究的内容主要包括：

(1)技术路线的确定和评价；

(2)技术风险分析；

(3)技术安全性分析；

(4)技术先进性分析；

(5)技术经济分析；

(6)标准化技术分析；

(7)部件和设备国产化分析；

(8)技术和系统的可靠性分析；

(9)系统的可维护性和维护技术分析；

(10)备品配件的供应渠道分析。

城市轨道交通建设项目的技术可行性分析是一项系统工程，是在综合考虑系统的经济、环境指标后的一个妥协的结果。不同的系统功能指标、经济指标和环境指标都会对系统的技术可行性分析的结果产生重大影响。

城市轨道交通项目的技术可行性分析需要一个包含多个专业的专家组成的专门组织进行研究，通过对系统关键技术进行评价，完成对整个项目的技术可行性研究。

2.经济可行性研究

项目经济可行性研究的主要任务是对城市轨道交通项目进行投入产出分析，判断其经济上的可行性，为项目决策提供依据。由于城市轨道交通项目的投资大、工期长，经济可行性研究对项目决策起着至关重要的作用。轨道交通作为城市基础设施建设，经济可行性应以国民经济评价、社会效益为主，其费用和效益的确定应做到科学、合理、全面。

1)经济可行性研究的原则

城市轨道交通建设项目经济评价包括财务评价和国民经济评价，应遵循效益与费用计算口径对应一致的原则。项目经济评价以动态分析为主，静态分析为辅；以定量分析为主，定性分析为辅。财务评价只计算项目本身的直接效益和直接费用；国民经济评价从国家整体角度，运用"有—无"对比法分析、计算项目对国民经济的净贡献，评价使用影子价格(指运用线性规划数学方法计算出来的一种反映资源最优分配方案的虚拟价格，犹如商品市场价格背后的影子)。一般取定计算基准年，计算期各年都不考虑物价总水平的上涨因素。

2)基础数据

进行经济可行性分析时的基础数据主要有：

(1)建设期和经营期；

(2)客流量预测及配车计划；

(3)建设期人民币贷款利率、外币汇率——根据计算基准年实际水平确定；

(4)财务基准收益率——由于轨道交通项目属社会公益项目，经济收益不高，一般取3%；

(5)社会折现率——根据国家公布的数值取定；

(6)总投资——分初期和远期，初期总投资包括固定资产投资、建设期利息和铺底流动资金，近远期因客流增长，需要扩大运力规模和增添设备，并对折旧期满的固定资产进行更新，还需追加固定资产投资、流动资金；

(7)资金筹措——不同的资金筹措方案会导致注入项目的资产方案不同，因此其经济评价也将有所不同。

3)财务效益的评价

将项目总的资金投入与产出相减，就可得出项目的财务效益。在进行财务效益评价时，要考虑如下的资金。

(1)运营收入及税金：根据票价政策，拟定各站间票价，根据客流预测，按照各站间距离及各站间客流量计算出年运营收入；税金包括营业税、城市建设维护税及教育费附加3项。

(2)成本估算：运营总成本包括经营成本、固定资产折旧及费用摊销、财务费用。

另外，不同的融资方案可能会使得注入项目的资产有所不同，例如有时可能会将沿线的部分土地注入项目进行开发，这时土地开发的收益也应算入项目的收益。

4)国民经济效益的计算

国民经济效益是由于项目的建设给社会带来的收益，包括以下内容。

(1)投资乘数效益计算：根据经济学理论，直接关系国计民生的基础设施投资能有效突破经济发展中的“瓶颈制约”，有效改善基础设施状况，大力优化投资环境，产生直接和间接的“诱发性投资”，因而具有巨大的投资乘数效益。按国际上通用的投资系数来分析投资效益(用上年的全社会固定资产投资总额和本年度国内生产总值的增加额之比来衡量)，在我国现有的经济条件下，对城市轨道交通投资 1 元钱可直接新增加 GDP1～4 元。

(2)间接社会效益：城市轨道交通项目的建设，可以改善城市交通状况，因此会带来一系列社会效益。

①节约在途时间；

②提高劳动生产率；

③减少交通事故；

④代替道路公交车；

⑤改善交通结构，减少能耗和对城市的污染；

⑥节省在途时间，提高道路通过能力；

⑦促进城市合理布局；

⑧促进城市经济发展；

⑨增加就业，稳定社会等。

由于城市轨道交通项目工程投资数额庞大，一般投资财务效益不太理想。但作为社会公益性项目，只要其财务内部收益率大于 3%，净现值大于零，且具有一定抗风险能力，除能做到资金收支平衡外还略有盈余，具备一定的更新改造能力，在财务上就是可行的。

从国民经济的角度来看，城市轨道交通项目的效益明显，经济内部收益率、经济净现值一般都较好，与其社会公益性项目的性质相吻合。同时项目还具有较大的不可量化的社会效益，项目的建成，将加快城市的有序发展，改善投资环境，对经济发展的影响产生级数效应，它对社会总体效益的贡献值，将是其本身投入的数倍。

3.环境影响评价

城市轨道交通工程建设项目的环境影响评价，就是针对项目在建设施工阶段以及投入运营后可能对周围环境造成的影响、拟采取的防治对策及其效果，进行分析、预测与评价，并选择经济、技术可行、布局合理的环境保护措施，以预防或减轻项目对周围环境所产生的不良影响，为城市规划提供科学依据。

城市轨道交通工程建设项目环境影响评价应结合工程项目的特点，以及沿线、地区的环境特征与敏感程度，在工程污染源和环境影响分析的基础上，对可能产生的环境影响进行预测与评价，并充分考虑建设期和运营期的全过程和全部范围。

在进行城市轨道交通工程项目环境影响评价时，应从环境保护的角度论证工程选线、选址，设备选型、布置以及建设方案的合理性，对不同方案进行环境对比分析，明确提出推荐方案。推荐方案的评价应按评价工作程序进行。

城市轨道交通工程建设项目环境影响评价的成果是环境影响报告书，城市轨道交通工程建设项目环境影响评价工作程序见图 3-21。

1)评价依据

城市轨道交通建设项目环境影响评价依据包括环境保护法律法规、国家与地方环境保护相关标准、行业技术规范、城市建设与城市环境规划资料、建设项目工程资料,以及建设项目环境影响评价相关文件等。

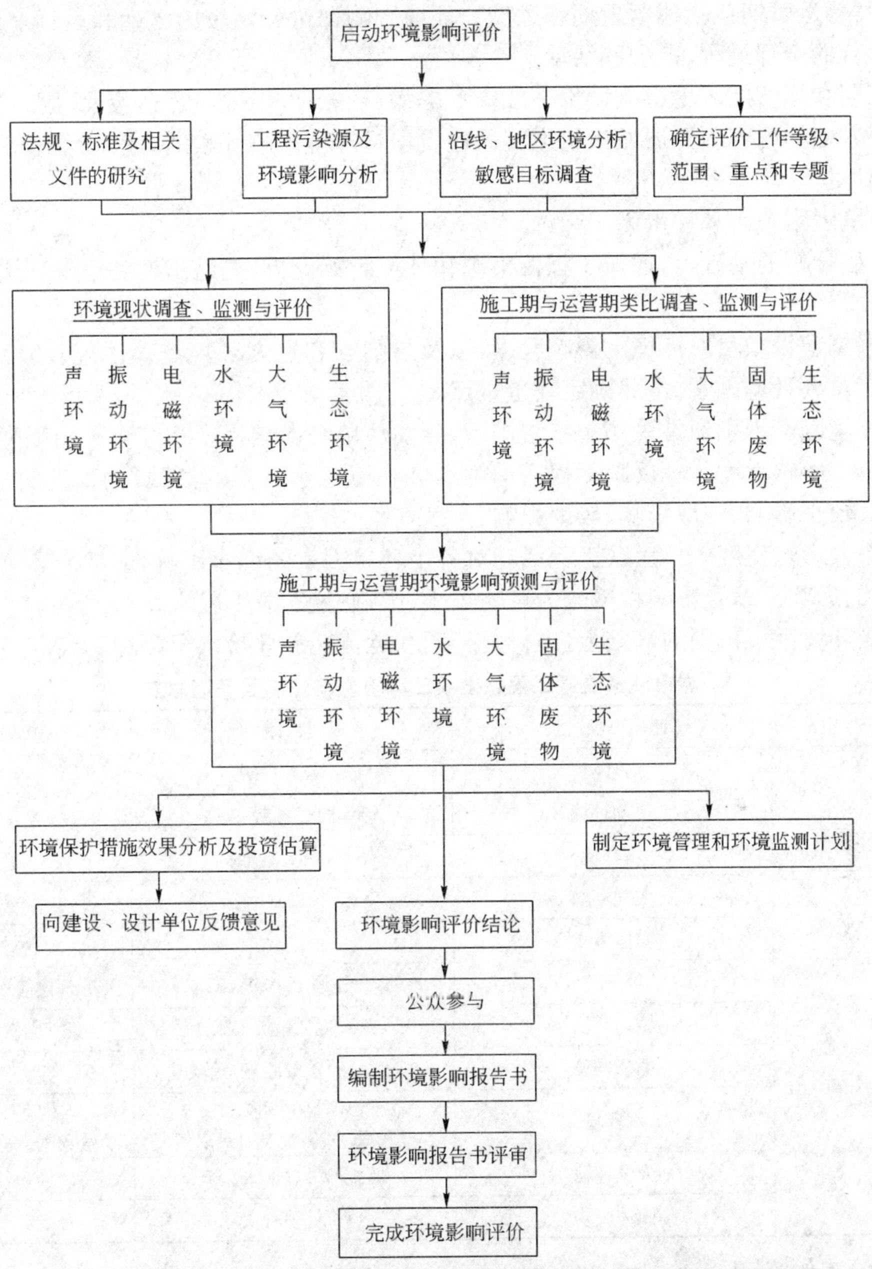

图 3-21　城市轨道交通工程建设项目环境影响评价工作程序图

环境保护法律法规主要包括环境保护、环境影响评价、污染物防治等国家法律法规,以及相关地方法规或部门规章。环境保护标准是指环境影响评价技术导则、国家环境质量标准、国家与地方污染物排放标准,以及环境测量等相关标准。城市建设与城市环境规划资料包括城市发展总体规划、城市轨道交通建设规划、城市环境功能区划等,以及地方环境保护主管部门关于环境功能区及适用标准的确认文件。

另外，轨道交通工程项目建议书的审批文件、轨道交通工程研究报告、环境影响评价任务委托书等资料也是进行环境评价的依据。

2)评价内容

城市轨道交通工程环境影响评价应包括建设期和运营期。建设期包括施工准备阶段和工程实施阶段；运营期包括运营近期和远期。环境影响评价分别按施工期和运营期进行，并覆盖施工与运营的全部过程、范围和活动。

施工期和运营期环境影响评价一般应考虑噪声、振动、电磁、废气、废水、固体废物，以及生态环境等方面的内容。开展城市轨道交通建设项目环境影响评价时，应进行正面、负面环境影响的全面评价。

3)环境因素识别和评价因子筛选

在工程分析的基础上，通过工程污染源和环境影响分析，按施工期和运营期进行环境因素识别：

(1)根据建设项目对环境的影响程度，以及与国家和地方环境法律法规、环境标准的符合程度，确定重要环境因素，进而确定评价重点。

(2)环境因素识别通常采用矩阵法进行，分别从单一影响程度和综合影响程度进行判定。

(3)单一影响程度——反映工程活动对单个环境因素的影响，其影响程度分为正面影响、负面影响、较小影响、一般影响、较大影响。

(4)综合影响程度——反映工程活动对各个环境因素的综合影响，或某个环境因素受所有工程活动的影响。综合影响程度分为影响较小、影响一般、影响较大。

(5)在环境因素识别的基础上，进行施工期和运营期的评价因子筛选，见表 3-18。

城市轨道交通工程建设项目环境影响评价因子汇总表 表 3-18

评价时段	评价项目	现状评价	预测评价
施工期	声环境	等效连续 A 声级，L_{Acq}	等效连续 A 声级，L_{Acq}
	振动环境	铅垂向 Z 振级，VL_z	铅垂向 Z 振级，VL_z
	水环境	SS、COD、石油类	SS、CD、石油类
	大气环境	TSP	TSP
	固体废物	—	—
运营期	声环境	等效连续 A 声级，L_{Acq}	等效连续 A 声级，L_{Acq}
	振动环境	铅垂向 Z 振级，VL_z	铅垂向 Z 振级，VL_z
	电磁环境	工频电场/工频磁场/信噪比	工频电场/工频磁场/信噪比
	水环境	COD、BOD_5、动植物油、石油类、LAS、镉	COD、BOD_5、动植物油、石油类、LAS、镉
	大气环境	烟尘 SO_2、NO_x、TSP	烟尘 SO_2、NO_x、TSP
	固体废物	—	—

4)评价工作等级

评价工作等级应根据建设项目规模、工程特点、环境影响程度、沿线和地区的环境特征，以及环境标准要求来确定。

城市轨道交通工程环境影响评价划分为三个评价等级，即一级评价、二级评价、三级评价。一级评价最详细，二级次之，三级较简略。低于三级评价的专题可根据工程具体情况，进行环境影响分析。

不同评价专题的评价工作等级不一定相同。

5)评价范围

城市轨道交通工程环境影响评价范围为项目涉及的范围,取决于工程特点、环境特征以及环境保护要求,并与评价工作等级相适应。

第四节　城市轨道交通的投融资模式*

城市轨道交通建设项目投资大、建设工期长,资金问题往往是一个城市建设轨道交通的"瓶颈"。因此,提出项目的投融资方案是轨道交通建设前期工作不可或缺的内容。

具有公益性的城市轨道交通项目,它的直接经济收益十分有限,所以目前世界上大多数城市轨道交通系统都处于亏损状态;但是它带来的社会效益是毋庸置疑的。从投资者角度讲,这种情况并不公平,因为是他们的投资给轨道交通周边土地和房产等资产的拥有者带来了巨大的无风险收益,而投资方却处在微利甚至亏损状态。

为了对投融资体制进行改革和创新,有必要先对城市轨道交通的产品属性及其外部收益的内部化问题进行探讨。

一、城市轨道交通的半公共产品属性

现代经济学认为,社会生产消费的物品可根据其消费、供应的特征,划分为公共物品、准公共物品和私人物品。公共物品是社会(或集体)共同使用的产品和服务,具有消费的非竞争性与非排他性;私人物品是个别主体使用和消费的产品和服务,具有消费的竞争性和排他性;准公共物品是介于公共物品和私人物品之间的产品或服务。

消费的非竞争性是指对于给定的公共物品产出水平,每增加一个消费者时的边际成本为零。即任何一个人对某种物品的消费不会减少别人对这种物品的消费;相反,若只有获得某种物品的人才能消费该物品则表现为消费的竞争性。

消费的非排他性是指某人消费某种公共物品无法排除其他人也消费该种物品,或者是虽然在理论上可以达到排他效果,但代价极高,实际不可行;相反,若可以通过一定手段限制他人消费则表现为排他性。准公共物品消费的排他性介于公共物品和私人物品之间。

城市轨道交通是城市公共交通的一个重要组成部分,它所提供的产品(即客运服务)可通过设置收费口轻易地排除不付费的消费者,而在运能以内增加一个消费者的边际成本几乎为零。显然城市轨道交通具有排他性和非竞争性,因此,可以视其为准公共物品或半公共产品。

二、城市轨道交通的外部收益及其内部化

1. 城市轨道交通的外部效应和外部收益

外部效应是指一个经济单位的活动对其他经济单位所产生的影响。外部效应可能是有益的,也可能是有害的,即有正外部效应和负外部效应之分。

城市轨道交通的建设运营能够明显改善沿线区域的交通状况,提高企业和商家收益,增加土地和不动产价值,促进区域经济发展并增加地方税收,即具有显著的正外部效应。

城市轨道交通的正外部效应带来了属于轨道交通沿线经济单位的外部收益。虽然这种外

---

*本节为选学内容。

部收益是由城市轨道交通投资方带来的，但并不属于他们，因此，从公平正义的角度看，这种现象的存在是不合理的。

例如，由于轨道交通的建设，毗邻轨道交通的土地和房产增值，其流向有3个：①政府部门（增加税收）；②该土地上已有房地产的所有人；③将要在该土地上建造物业的开发商。据有关研究，日本名古屋市一条市郊轨道交通延伸线上土地所有者、居民和商业企业等的收益情况表明，城市轨道交通所带来的土地和房产的增值，70%以上被土地所有者占有，如表3-19所示。

轨道交通沿线各主体的收益情况(亿日元)　　表3-19

收益主体	线路开通后0～5年	线路开通后5～10年	线路开通后10～15年
土地所有者	1 301(70%)	1 465(73%)	1 515(73%)
商家企业等	246(13%)	283(14%)	312(15%)
居民	296(17%)	262(13)	259(12%)

2.城市轨道交通外部收益的内部化

为促进城市轨道交通的发展，同时也为了给城市轨道交通投资方创造一个公平的环境，政府部门应该通过一定的手段和方式将城市轨道交通外部收益的一部分返还给投资方——这就是城市轨道交通外部收益的内部化。

城市轨道交通外部收益内部化的方式大致可分为两种：财政管理和城市开发。

1)财政管理方法

这种方法主要是通过财政和法律手段还原轨道交通的外部效益，包括直接财政补贴、征集税费和其他强制性征集费用三种方式。

(1)直接财政补贴。这是一种以财政补贴的形式资助轨道交通建设和弥补经营亏损的做法，比较常用。严格来说，这也体现了间接受益者承担建设成本，因为城市财政通过税收、土地使用权出让以及房地产开发商的税收中取得了间接产出的实际收益。

通常可以采取固定资助的方式。比如，政府负责车下设施的基本建设（包括前期拆迁费用、线路、车站、车辆段、通信信号设备、供电设备等）投资；社会资本负责购置车辆、线路维护、运营管理并享受收益。政府的投资主要从土地增值、税收增加等渠道回收；社会资本的投资从经营收益中进行回收。这样，政府对车下设施的基本建设投资就成为一种固定的财政补贴。

(2)征集税费。征集税费的方式是依靠政府将对土地的增值或其他相关行为主体的增值收益以征收税费的方式还原给轨道交通的出资建设者。这是一种带有强制性的措施，需要以立法的形式规范后才能实施。

主要包括税收负担、基金和其他征集费用方式。

①税收负担方式。政府把向不动产所有者征得的不动产价值增加部分的税收，按一定比例还原给轨道交通的出资建设者和经营者。如加拿大蒙特利尔将地铁影响的地块定义为“收益控制区”，从当地的商业增长率提取资助地铁建设的费用。

洛杉矶是美国第一个采用征税还原方法修建地铁的城市。具体做法是：地方政府负担的资金额度以营业税的一部分来解决；州以下政府承担的部分（占总额的11%），则通过对车站周边土地的所有者征集收益税的方式来解决。

在土地私有制的国家，实施这种策略存在一定的困难。首先，征集税收的区域如何划分，需要征得大多数土地所有权人的同意，并以政府立法的方式才能实行；其次，具体的征收标准很难确定，因为轨道交通的收益和其他收益如何区分开来是个难题；第三，在低收入地区实施这一策略，会影响到该地区的经济增长，容易受到抵制。

②基金方式。国外许多城市设立了轨道交通建设基金。基金的来源多种多样，如财政拨款、征集的税收等。基金经过长期的积累，能够稳定地提供轨道交通的建设资金。日本的东京、名古屋、仙台等城市都设立了轨道交通建设基金。其中，仙台市于1977年3月在城市财政调整基金中开始积累地铁建设资金，并于1980年正式设立地铁建设基金，次年5月就开始将该基金用于地铁建设。

从政府财政中设立轨道交通基金可以使轨道交通建设不给其他行政费用的正常支出带来影响。

③其他征集费用方式。其他征集费用方式包括多种根据城市具体情况而制定的强制性收费措施，由政府以法律或条例的方式予以规定。如强制性地规定，车站邻近土地拥有者必须缴费后才能换取建设许可证等。

在美国，广泛应用交通分析和影响费政策，即要求开发商对其开发行为而带来的交通和环境影响承担直接的经济责任。这种方式不但为城市交通设施改善提供了资金来源，更重要的是促使土地利用更加有效。

2)城市开发方法

城市开发的方法，是将邻近车站的土地划拨给轨道交通建设企业，由其组织开发，开发所得利益通过内部转化的方式直接转化为轨道交通建设资金。这种方法有三种方式。

(1)由轨道交通企业自行组织地块开发，并将其资产价值上升部分内部转化为轨道交通的建设资金。

(2)由轨道交通企业和开发商合作开发。由轨道交通企业和合作开发商签订合作开发合同，轨道交通企业提供用地，开发商提供资金，并负责具体操作，双方按协议的规定分享增值利益。轨道交通企业将通过合作开发得到的开发利润内部转化为轨道交通的建设投资。

香港地铁是采用这种策略的成功典范。至1998年底，地铁公司从沿线物业开发项目中累计分享开发利润40亿港元，占地铁早期系统总投资260亿港元的16%；在机场快线建设期间，从沿线房地产开发项目分享的利润预计超过该线建造费用的50%。

(3)开发商承担设施建设。在轨道交通企业无法取得土地的情况下，可以以政府条例的形式，要求这些用地的开发商负责轨道交通的工程设施或承担建设费用。如负责修建进入该地块的出入口通道或其他设施，提供建设用地(包括结构用地和临时施工用地)。当一个新发展区的开发商要求轨道交通线延伸到其开发地块时，则延伸部分的工程费用可由该开发商承担。例如在渥太华，一些轨道交通的延伸线，就是由计划在该地块开发的开发商出资修建。上海地铁1号线的征地拆迁按地段由所在地区政府负责，2号线的车站由所在地区政府负担土建工程费用，这也是一种开发商承担设施建设费用的方式，只不过政府扮演了开发商的角色。

三、城市轨道交通的投融资模式

城市轨道交通具有部分公共产品和私人产品的特性，属于准公共产品，如前所述。作为重要的城市基础设施，城市轨道交通项目的建设占用资金量大、工期长、技术含量高、对市民生活及城市经济影响深远；同时，项目的开发成本高、投资回收期长、收益模式单一，对投资者而言经济效益不十分明显，所以如何获得建设资金就成为城市轨道交通项目成败的一个关键因素。此外，融资方式，即不同的资金来源对城市轨道交通系统建成后的经营方式、运行效率和服务质量也会产生深远影响。

1. 城市轨道交通投融资的基本模式

城市轨道交通建设项目不同的融资模式决定了不同的投资主体构成与经营方式。从国际上看，城市轨道交通系统的经营一般有以下几种基本形式：

(1)政府投资，由政府行政机构直接经营管理；

(2)政府投资，设立国有独资企业进行经营管理；

(3)政府投资，通过招标以签订租赁合同或特许合同的方式，委托专业公司经营管理；

(4)项目融资，特许经营；

(5)多元化市场融资，由股份制公司进行经营管理。

其中第(1)和(2)属于政府投资、政府运作(简称A模式)。第(3)种方式称为政府投资下的市场化运作(简称B模式)，如英国曼彻斯特地铁、上海地铁等。第(4)种是项目融资，特许经营(简称C模式)，如泰国曼谷和马来西亚吉隆坡的轻轨项目(采用BOT方式项目融资)。第(5)种方式统称为投资主体多元化下的市场运作(简称D模式)，如目前的香港地铁。

1)A模式——政府财政投资，政府经营

这里的政府投融资包括政府财政直接投资和政府债务融资，政府经营包括政府公共部门和国有公司对城市轨道交通的经营管理。A模式可以分为两种形式：政府财政投入，政府经营；政府债务融资，政府经营。

(1)政府财政投资，政府经营。采用这种模式的城市轨道交通工程项目全部由政府投资，经营也由国有企业进行垄断经营，依靠政府财政补贴来达到盈亏平衡。同时，政府也不提供或很少提供包括沿线土地开发权等外部效应内部化的政策支持。

在我国，只有在完全计划经济体制下建设的北京、天津地铁采用的是这种方式。

这种投融资模式的主要优点是，投资结构单一、操作成本低、运营后财务费用少。缺点是，仅仅靠政府的资金投入往往无法满足地铁发展的需要，同时政府补贴长期存在，对运营企业缺乏有效的激励机制，运营效率和服务水平较低。

(2)政府债务融资，政府经营。政府债务融资其本质是利用政府的信用进行融资，主要方式有：利用政府基本建设基金或国债资金、境内外发行债券、向国外政府或国际金融机构贷款等。

这种模式虽然可以在较短时期内筹措到足够的资金，缓解城市轨道交通建设投资对地方财政的压力，但其融资成本高，巨额债务会进一步加大政府和企业的财务负担，无法从根本上减轻政府负担；同时这种方式投资主体单一，不利于提高运营效率和服务质量。

2)B模式——政府财政投资，市场化运作

B模式就是由政府出资进行城市轨道交通路网的建设，在路网建成后，通过租赁和特许经营等方式，吸引私人部门参与城市轨道交通的运营管理。这种运作模式通过运营主体多元化和市场化，在很大程度上提高了城市轨道交通的运营效率和盈利水平。该模式在很多国家都被采用，如日本地铁采用上下分离方式实现运营企业独立核算，即将路网项目建设和运营分离开，用公共资金负担地铁项目中投资巨大的基础设施建设，而把运营分离出来，确保运营部分的核算。

这种模式的主要优点是，通过对地铁运营管理的市场化运作，可以减少政府占用地铁运营资金，有利于提高地铁运营效率和服务质量。但是由于地铁运营的低盈利性，很大程度上限制了私人部门参与的积极性，因此必须通过提供相应的优惠政策加以推动。

3)C模式——项目融资，特许经营

项目融资是指以项目的预期收益和参与人对项目风险所承担的义务为担保，以项目的资产作为贷款的抵押物，并以项目的运营收益和盈利来偿还贷款的融资方式。常见的运作方式包括 BOT、PPP 等。

政府通过特许权合同给予合同持有人一定期限，自主经营和管理某一项目并从经营中获利的排他权。项目融资在一定程度上实现了所有权的多元化和经营运作的市场化。

在融资结构上，项目由政府和企业共同投资，政府投资额由企业所要求的回报率来决定。如果政府投资额无法满足企业投资回报率的要求，则在项目运营过程中对企业进行投资补偿，即政府对项目进行运营补贴。项目投资的缺口部分以项目融资方式解决。项目建成后由合资公司负责运营，正常情况下运营公司要自负盈亏，当出现票价调整、电价调整等特殊情况时，产生的亏损部分由政府给予财政补贴。政府根据项目所提供的服务质量、效益等情况对企业进行考核，采取相应的激励与约束措施。

4)D 模式——投资主体多元化下的市场运作

D 模式是通过组建股份公司引入多种不同性质的社会资金，实现投资主体多元化，并在运营中引入市场竞争机制，实现政府调控下的市场化运作。

这种模式可以通过投资主体的多元化和经营运作的市场化，改善城市轨道交通投资和经营的效率，也能减轻政府的财政负担，有利于城市轨道交通建设的大规模建设需要；另外，随着城市轨道交通投融资主体多元化格局的形成，市场化运作环境将逐步形成，有利于提高城市轨道交通系统的运行效率和服务质量。

2.我国城市轨道交通建设中的几种投融资模式

当前，随着经济、社会的进步和城市轨道交通建设事业的发展，我国城市轨道交通的投融资模式也在不断发展变化；我国在吸取其他国家经验的基础上，结合我国实际，先后形成了多种不同的投融资模式。

1)上海采用的“四分开”模式

上海市轨道交通建设采用的是商业化模式，其主要做法是将项目的投资、建设、运营和监管分配给不同的主体。

2000 年 4 月，上海市政府对轨道交通建设领域实行建设、管理、运营和监管四分开。首先，撤销地铁总公司，把久事公司和城投公司的 260 亿元资金作为注册资金，划拨原地铁总公司的一部分人员并独立出来，筹建申通集团公司，该公司专门负责轨道交通建设资金的筹集、投资以及资源的开发利用，并代表市国资办行使出资人的各项权利；第二，组建上海地铁建设有限公司，负责地铁的建设业务，以总包的身份，具体负责独立招标选择施工单位，提供工程材料，检查监督工程质量和安全等各项事务；第三，将原地铁总公司下属的运营公司和其他子公司划拨成立地铁运营公司，负责地铁的运营管理；第四，在城市交通管理局下面设立了轨道交通管理处，进行相关的行业性管理。上述各家单位相互之间非常独立，不存在投资、被投资及业务上的关联关系，实现了“四分开”。

2001 年，申通公司借壳“凌桥股份”在上海 A 股市场上市，开辟了在金融市场募集城市轨道交通建设资金的新渠道。

上海的“四分开”模式引进了市场机制，成功地降低了造价。例如，在上海轨道交通建设领域，目前已由上海地铁建设公司、久创建设管理公司、上海港铁建设管理公司、中国铁道建筑总公司四家总承包商共同竞争，其中上海港铁的投资方之一是香港地铁有限公司，这意味着上海轨道交通建设向境外资本敞开了大门。在地铁运营管理领域，2002 年 8 月现代轨道交通运营股份公司获得了轨道交通5号线(莘闵轻轨)的经营资质,打破了上海地铁运营公司独家运营的垄断局面。上海在实施“四分开”体制后,建设成本下降,平均每公里轨道交通的建设成本下降了1亿元左右。

上海实施的“四分开”模式,还在实践中不断发展和完善。

2)北京地铁奥运支线的BT模式

北京地铁奥运支线工程采取的是BT(建设—转让)模式运作,即由政府指定的业主单位通过公开招标的方式确定建设方,由建设方负责项目资金筹措和工程建设,项目建成竣工后由政府指定的业主单位进行回购。奥运支线项目以初步设计概算24.2亿元为基础,划分为BT工程和非BT工程两部分。BT工程主要包括土建工程及车站机电设备工程等。中标的投资者负责组建“奥运支线项目公司”,负责奥运支线BT工程的投融资、建设和移交。工程施工由中标的投资者以工程总承包的方式承担。非BT工程主要包括前期征地拆迁、通信信号及车辆购置等工程,建设资金由10号线公司负责筹措。项目公司的注册资金比例不能低于BT工程总投资的35%。项目公司可采用股东担保贷款或利用项目回购承诺函进行质押贷款,也可以利用自有资金或其他合法融资渠道筹集资金,其融资方案及协议报招标人备案。项目公司按BT协议的约定对BT工程的投资、质量和工期全面负责。工程建成、验收合格后,项目公司将符合BT协议和建设标准的工程移交给业主公司。业主公司按合同约定向项目公司支付回购款,完成工程回购。

采用BT模式可吸引社会资金进入轨道交通建设领域,缓解政府资金压力,同时通过招标可以锁定建设成本,适当转移建设风险。

3)北京地铁4号线PPP模式

城市轨道交通PPP投融资模式(Public-privatepartnership)是指基于轨道交通准公共产品的经济特点,在投资上将公益性与盈利性部分适当分开,由政府负责公益性部分的投资,由社会投资者负责盈利性部分的投资并负责地铁的经营管理,通过科学合理的风险分担和收益调节,建立适度的市场竞争机制。同时,政府部门通过采取针对性、契约化的监管方式,确保轨道交通项目的持续性、安全性、公益性。最终通过地铁项目投资、建设、运营效率的提高,实现政府部门为市民提供优质公共产品、企业获取合理收益的双赢。

北京地铁4号线是国内轨道交通建设中首个以PPP模式进行建设运营的项目。该工程项目分为两个子项目,A项目包括洞体、车站等土建工程的投资和建设,B部分包括车辆、信号等设备资产的投资、运营和维护。其中政府负责项目A部分的投资和建设,并享有所有权,即北京市政府通过北京市基础设施投资有限公司负责征地拆迁和土建工程方面的投资建设。项目B的建设由社会投资方和政府投资方组建的特许经营项目公司来完成。项目竣工验收后,特许公司根据与4号线公司签订的《资产租赁协议》,取得A部分资产使用权。特许公司负责地铁4号线的运营管理、全部设施的维护和除洞体外的资产更新,以及站内商业经营,通过地铁票款收入及站内商业经营收入来回收投资。

特许经营期结束后,特许公司将B部分项目设施完好、无偿地移交给政府指定部门,将A部分项目设施归还给4号线公司。

2005年2月,北京市基础设施投资有限公司、北京首创集团公司和香港地铁公司签署了北京市地铁4号线特许经营项目三方合作经营协议,共同出资组建PPP模式的公司——北京京港地铁有限公司(期限30年),PPP合作公司总投资为46亿元,注册资本15亿元,其中香港地铁公司和北京首创集团公司各占49%股份,北京市基础设施投资有限公司占2%股份。总投资的其余约 2/3 资金采用无追索权银行贷款。北京市政府与投资三方签订《北京地铁 4 号线特许经营协议》，授予特许经营公司特许权，同时明确政府与特许经营公司的权利与义务，其中包括 4 号线的建设标准、运营标准和特许期结束后项目设施移交标准。

为保证特许经营公司顺利进行建设和运营，同时建立相关的监管和激励机制，特许权不得转让。如果特许经营公司严重违反有关法律法规和《特许协议》，市政府授权部门可以采取收回特许权在内的措施。按照 PPP 方案，政府不需要对 4 号线运营进行补贴，只需对所承担的土建部分投资还本付息，从而减少了市政府的财力投入。

4)深圳地铁 4 号线 BOT 模式

BOT 通常直译为"建设—经营—转让"，BOT 实质上是基础设施投资、建设和经营的一种方式，以政府和私人机构之间达成协议为前提，由政府向私人机构授予特许经营权，允许其在一定时期内筹集资金建设某一基础设施并管理和经营该设施及其相应的产品与服务。政府对该机构提供的公共产品或服务的数量、价格进行监管，但保证私人资本具有获取利润的机会。整个过程中的风险由政府和私人机构分担。当特许期限结束时，私人机构按约定将该设施移交给政府部门，转由政府指定部门经营和管理。

近年来，BOT 项目在世界各国得到了较快发展，被当作一种各国通用的模式而广泛运用于大型项目，特别是在城市基础设施领域。深圳地铁 4 号线一期工程已经由深圳市政府投资建设完成，二期工程采用 BOT 模式，确定香港地铁公司完成 4 号线二期工程。根据签署的协议，香港地铁公司在深圳成立项目公司，以 BOT 模式投资建设 4 号线二期工程，具体经营模式是"地铁＋沿线物业综合发展经营"模式。深圳市政府将 4 号线一期工程在二期工程通车前(2007 年)租赁给香港地铁的深圳项目公司，香港地铁的深圳项目公司负责二期工程的建设和全线的运营。4 号线二期通车之日始，4 号线全线将由香港地铁公司成立的项目公司统一运营，该公司拥有 30 年的特许经营权。此外，香港地铁还获得 4 号线沿线 290 万 m^2 建筑面积的物业开发权。在整个建设和经营期内，项目公司由香港地铁公司绝对控股，项目公司自主经营、自负盈亏，运营期满，全部资产无偿移交给深圳市政府。

第四章　城市轨道交通固定设施子系统之一

城市轨道交通是在固定导轨上运行的城市交通系统，因此，具有固定导轨是轨道交通区别于其他交通方式的一个根本特征。本章由固定导轨的结构切入，简述典型轨道结构的功能与组成，然后介绍轨道交通的线路总体特征、区间结构及供电系统等轨道交通固定设备。车站也是轨道交通的固定设备，由于其内容较多，故另列第五章论述。

第一节　轨 道 结 构

如今的城市轨道交通已有多种固定导轨形式，由此派生出轮轨系统、单轨系统、磁浮系统等多种类型，如第二章所述。不同的轨道交通系统有着不同的轨道结构。

一、轮轨系统的轨道结构功能与组成

不同轨道交通系统的轨道结构功能不尽相同。在轮轨系统中，轨道结构的功能有以下几点：

(1)导向。引导轨道交通列车沿固定的路线行驶，这是各类轨道交通系统轨道结构共有的功能。轨道交通车辆没有类似于汽车的转向盘，其运行依靠轨道来导向。列车在曲线段运行时，装配在车辆底部转向架上的车轮会冲击钢轨，固定的钢轨会迫使车轮朝钢轨行进方向转向，引导列车沿钢轨延伸方向行驶；在直线段，钢轨与车轮之间的契合关系在一定程度上限制了车辆的横向移动。

(2)减小荷载作用强度。列车荷载通过车轮传递到钢轨，然后通过轨枕、道碴等传递到路基。由于传递过程中力的作用面不断扩大，因而至路基面的压强大大减小，承载力有限的路基不会产生明显变形。钢轨受到的集中荷载一般会大于 60kN，轨面压应力超过 40 000kPa，而最后传递到路基顶面上的均布荷载强度一般不超过 100kPa。

(3)减振降噪。轨道结构中介于钢轨与轨枕之间的垫圈、有碴轨道结构的道碴等都具有一定的弹性，这对减少列车及轨道结构的振动有一定作用；通过改善钢轨平顺度、轨面平滑度等可以降低轮轨摩擦引起的噪声。

轮轨系统是发明最早、应用最广泛的轨道交通系统，其轨道结构已经经历了许多变化。1801 年查理德·特里维西克(Richard Trevithick)制造了第一台机车，早期的轮轨关系是把槽状的车轮与槽状的路轨吻合在一起。1813 年威廉·赫德利(William Hedley)设计出如图 4-1 所示的轮轨形状，光滑的车轮和光滑的铁轨无需槽沟就能充分地嵌接起来。现代轨道结构可分为有碴轨道与无碴轨道两大类，其横断面如图 4-2 所示。

轨道结构一般由钢轨、轨枕、连接零件、道床、道岔及其他附属设备组成。

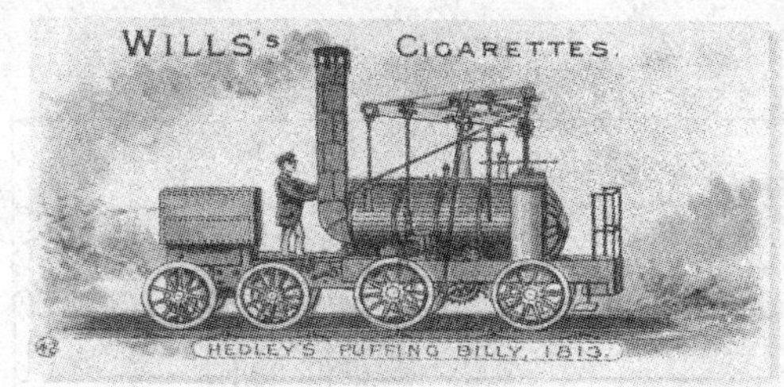

图 4-1　轮轨系统的轨道结构示意图

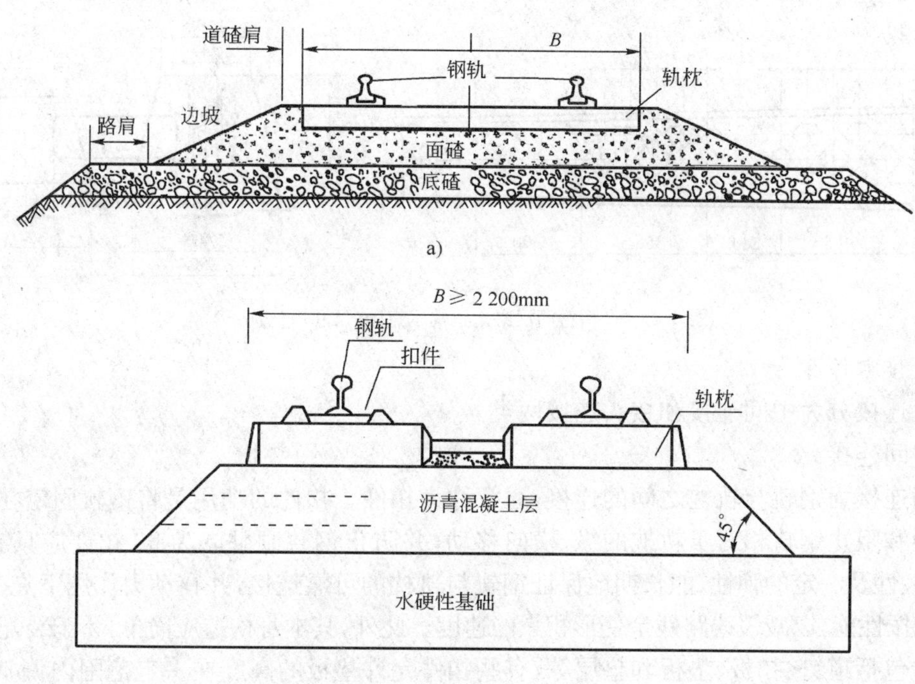

图 4-2　轮轨系统的轨道结构组成

a)有碴轨道结构；b)无碴轨道结构组成

1. 钢轨

钢轨的功用在于引导轨道交通列车的车轮，直接承受来自车轮和其他方面的力并传之于轨枕，同时为车轮的滚动提供小阻力的表面。在电气化铁道或自动闭塞区段，钢轨还可兼作供电电路、轨道电路之用。

图 4-3 是我国轨道交通的钢轨标准断面，它由轨头、轨腰和轨底三部分组成。习惯上用每延米钢轨的质量来称呼不同等级的钢轨，我国常用的钢轨质量等级有 50kg/m、60kg/m。对于 60kg/m 钢轨，$H=176\text{mm}$，$B=150\text{mm}$。

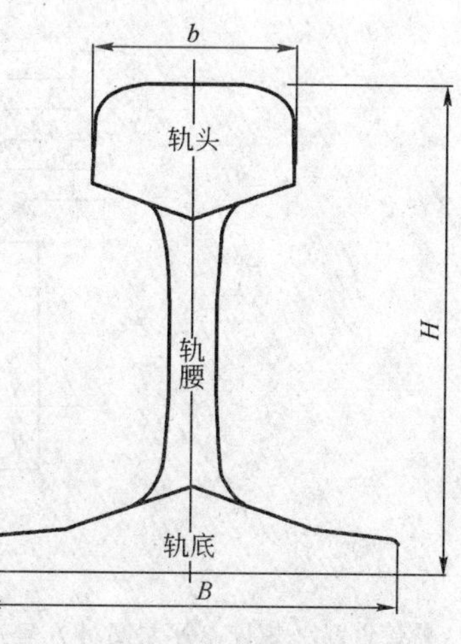

图 4-3　钢轨标准断面示意图

2. 轨枕

轨枕的功用是支承钢轨，保持轨距和方向，并将钢轨对它的各种压力传递到道床上。

图 4-4 是有碴轨道结构中常用的 J-2 型钢筋混凝土轨枕。

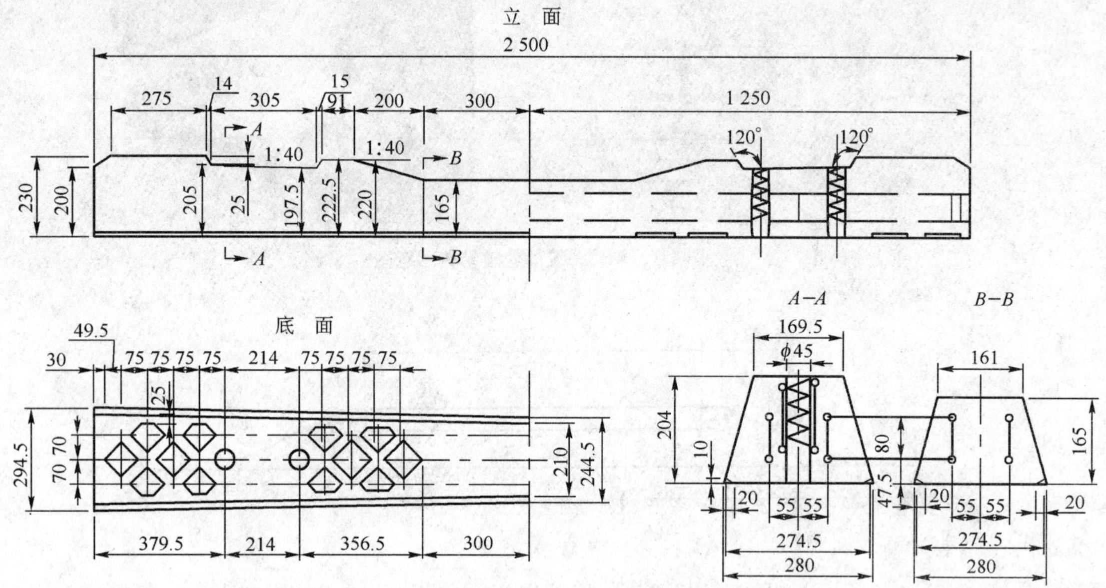

图 4-4　J-2 型钢筋混凝土轨枕示意图(尺寸单位:mm)

3. 连接零件

钢轨连接分为中间连接和接头连接两类。

1)中间连接

中间连接为钢轨与轨枕之间的连接,通常称为扣件。扣件的功用是将钢轨固定在轨枕上,保持轨距和阻止钢轨相对于轨枕的纵、横向移动,并防止钢轨倾翻。为此,扣件应具有足够的强度、耐久性及一定的弹性,能长期地保证钢轨与轨枕的可靠连接,并在动力作用下充分发挥其缓冲及减振性能,以减缓线路残余变形积累的速度。此外,其本身构造应简单,易于装配及卸除。

扣件包括道钉、扣板、垫板和垫层等,有些扣件允许垫板的高度在一定范围内调整。图4-5所示为我国城市轨道交通常用的弹条Ⅰ型调高扣件,它由螺纹道钉、螺母、弹条、轨距挡板、挡板座、平垫圈、橡胶垫板、调高垫板等组成。调高垫板的材料为胶合竹、木,调高量可达 20mm。

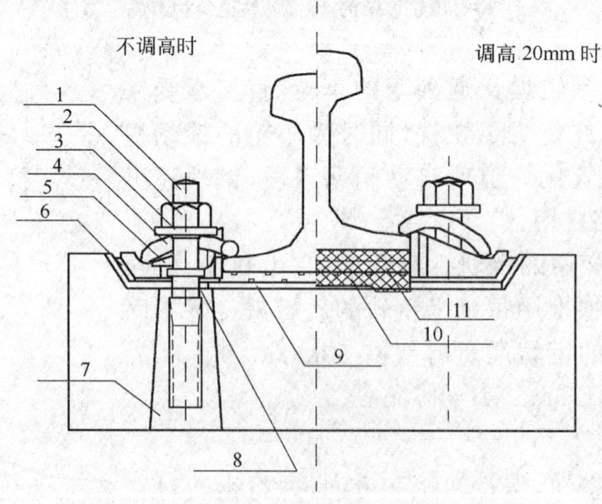

图 4-5　弹条Ⅰ型调高扣件

1-螺旋道钉;2-螺母;3-平垫圈;4-A 号弹条;5-轨距挡板;6-挡板座;7-硫磺锚固剂;8-绝缘防锈涂料;9-塑料垫板;10-绝缘缓冲垫板;11-调高垫片

2)接头和接头连接

一定长度的钢轨连接成连续的轨线，才能供列车运行。在两根钢轨之间用接头夹板连接。城市轨道交通中，由于行车、环境以及舒适度的要求，采用无缝线路，因此钢轨接头大为减少。但在缓冲区、轨道电路绝缘区、道岔区等地段仍有接头。

按两股钢轨接头相互位置分为对接和错接两种。我国铁路、城市轨道交通钢轨接头均采用对接方式。其优点是运行中车轮同时冲击钢轨接头，减少冲击次数，改善运营条件，列车运行平稳，铺轨时也有利于机械化施工。

接头连接零件包括夹板、螺栓和弹簧垫圈等。

(1)接头夹板。夹板是钢轨接头零件的主要部分，其作用是夹紧钢轨，通过螺栓等零件将两根钢轨牢固地连接起来。目前，我国标准钢轨采用斜坡支承型双头对称式夹板。其优点是在竖直荷载作用下，具有较大抵抗弯度和横向位移的能力。

(2)接头螺栓、螺母及垫圈。接头螺栓、螺母是用来连接夹板、钢轨的主要配件，拧紧后使夹板与钢轨连接密贴牢固。弹簧垫圈是防止螺栓松动。我国目前采用高强度接头螺栓、螺母。钢轨每一接头安装 6 个螺栓。

为了使钢轨能随温度升降而伸缩，钢轨两端的螺栓孔，或做成长圆形，或做成大于螺栓直径的圆形。在无缝线路中，为了减小因温度变化产生的钢轨内应力，通过对扣件设置合适的扣压力、在长钢轨接头处设置钢轨伸缩器等措施使得钢轨接头处可以有较大的伸缩量而不影响列车安全行驶。钢轨伸缩器是将连接处的两个钢轨均做成角度很小的尖轨，它们在钢轨伸缩时能够合成支撑车轮的完整踏面。

(3)缩短轨。城市轨道交通的钢轨采用对接方式。曲线地段和直线地段相同，都应使两股钢轨的接头对齐。但曲线上的外股轨线比内股轨线长，如果铺轨时采用相同长度的钢轨，内外股钢轨接头必然错开。为使曲线上的钢轨接头对接，需在曲线内股铺设一定数量的厂制缩短轨。

4. 道床

道床是轨枕的基础，其主要功用有：

(1)均匀传布轨枕荷载于较大的路基面上。

(2)提供纵、横向阻力，阻止轨枕纵、横向移动，保持轨道的正确位置，这对无缝线路尤为重要。

(3)使轨道具有必要的弹性及缓冲性能。在有碴轨道中，道床利用碎石颗粒之间存在的空隙和摩擦力，使轨道具有一定的弹性和阻尼，起到了缓冲和减振的作用。

(4)排水作用。路基将因含水而使其承载力大大下降，因此，保证轨道通畅排除地表水对减轻轨道的冻害和提高路基的承载能力非常重要。

(5)便于校正轨道的平面和纵断面。轨道不平顺可以通过捣固枕下道碴加以操平，轨道方向错乱可以通过拨道予以拨正。

用做道床的材料应满足上述功能要求。

在有碴轨道中，道床材料以质地坚韧、吸水度低、不易风化的碎石为好；为保持道床弹性、排水通畅和进行捣固作业，道床石碴应具有一定的颗粒级配，面碴颗粒较细些，底碴颗粒较粗些。道床断面包括道床厚度、顶面宽度及道床边坡三个主要特征，见图 4-2a)。通常，道床厚度 30～50cm，道床顶面宽度 300～310cm，道床边坡 1∶1.5～1∶1.75。

在无碴轨道中，用混凝土板基础取代传统轨道中的轨枕和道床，见图 4-2b)。混凝土板基础不仅要考虑强度及变形要求，而且要考虑弹性及排水问题。通常采用由聚合物或水泥沥青混合物灌注的特制垫层作轨下基础，使其既有足够的强度和稳定性，又有一定的弹性，残余变形的积累甚小，可大大减少轨道的维修工作量。

5.道岔

道岔是列车从一股轨道转入或越过另一股轨道时的线路设备。从广义来说，道岔包括线路的连接与交叉。它的基本形式有连接、交叉、连接与交叉三种基本形式。轨道交通常用的线路连接设备有各种类型的单式道岔和复式道岔；交叉设备有直角交叉及菱形交叉；连接与交叉设备的组合有交分道岔及交叉渡线等。

根据用途和平面形状，道岔的标准类型有普通单开道岔、单式对称道岔、三开道岔、交叉渡线、交分道岔等，见图 4-6。

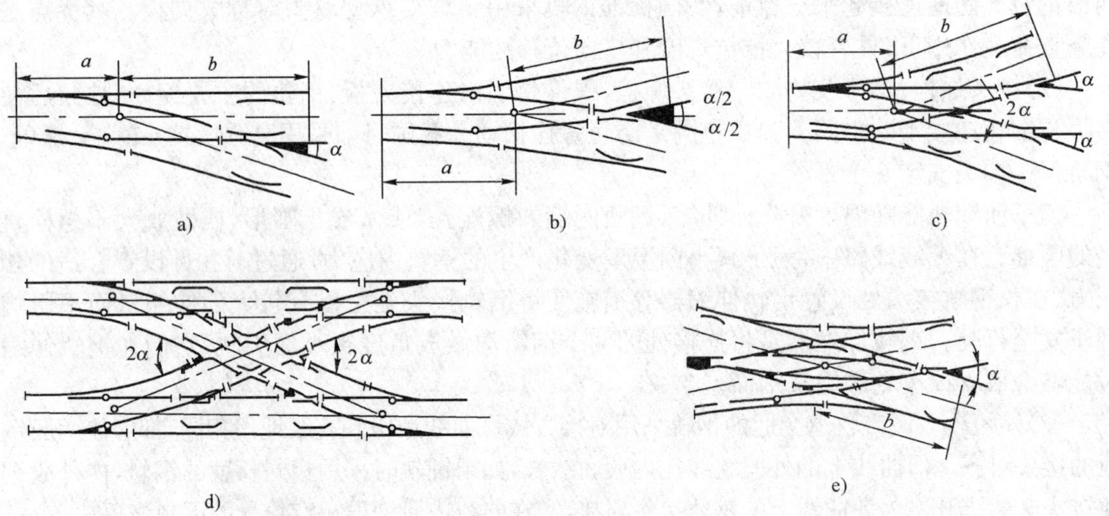

图 4-6　道岔标准类型

a)普通单开道岔；b)单式对称道岔；c)三开道岔；d)交叉渡线；e)交分道岔

普通单开道岔也叫单开道岔，由转辙器、辙叉及护轨和连接部分组成，见图 4-7。

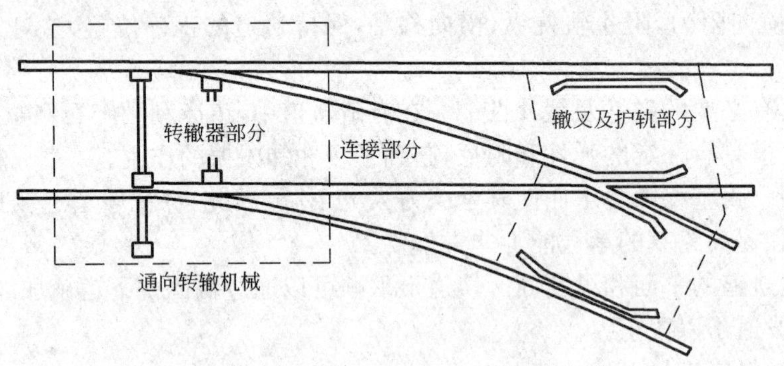

图 4-7　单开道岔的组成

道岔号数为辙叉角余切的取整值，常用的道岔号数有 9、12、18 号等。号数越大的道岔，允许侧向通过的列车速度越大。例如 18 号道岔的允许侧向通过速度为 45～80km/h，而 12 号道岔的允许侧向通过速度只有 30～45km/h。

转辙器是道岔最复杂的部分，单开道岔转折器如图 4-8 所示，其辙叉及护轨部分的组成如图 4-9 所示。

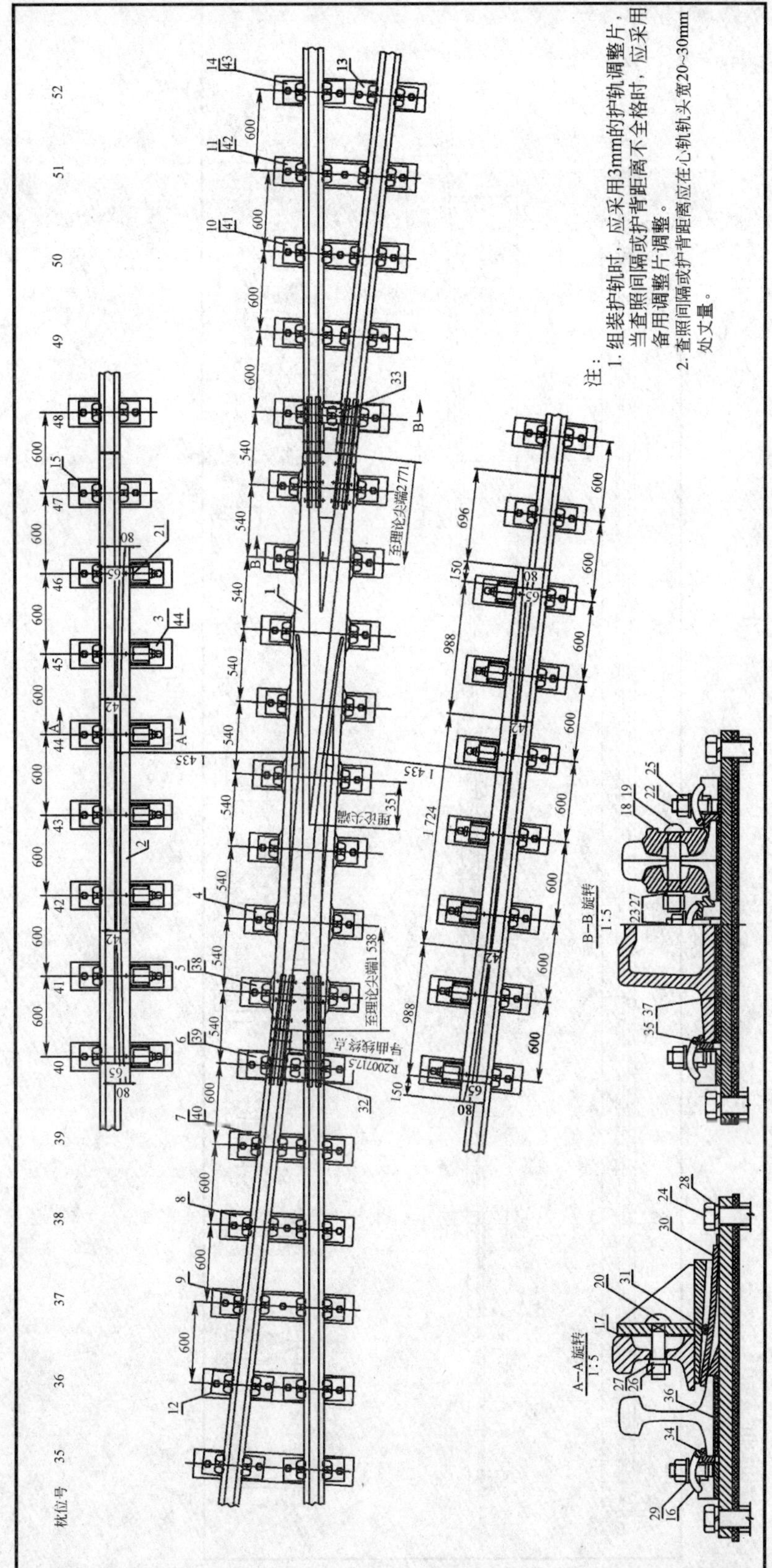

图4-8 单开道岔辙叉及护轨构造图

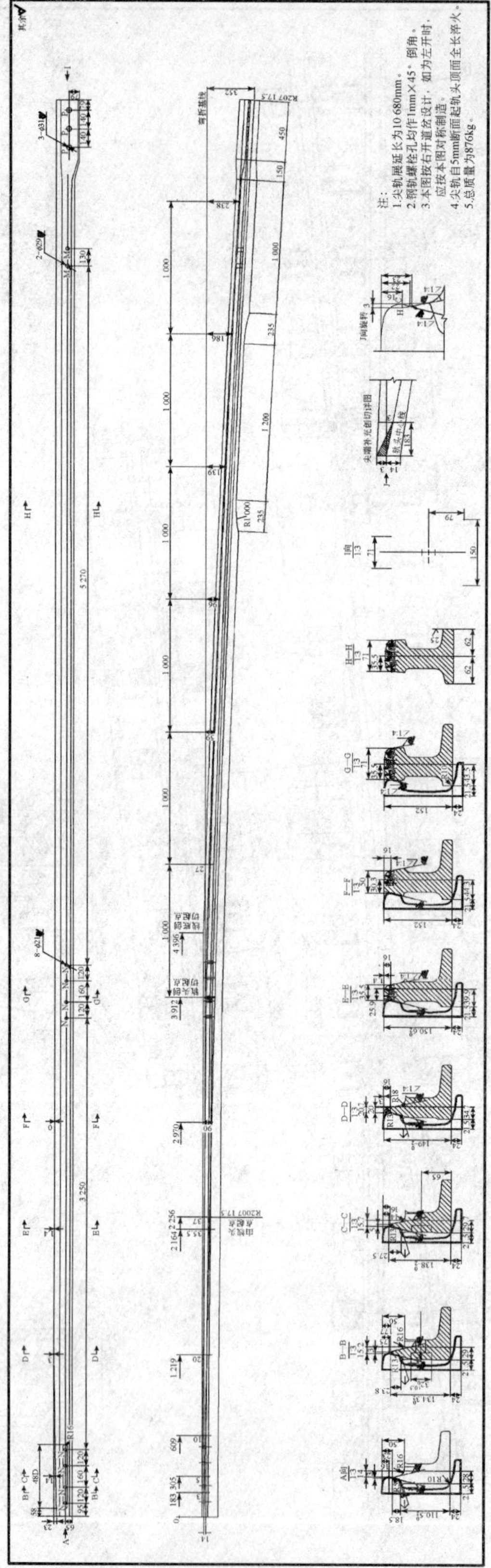

图4-9　单开道岔尖轨部构造图

二、其他系统的轨道结构功能与组成

1.单轨系统

单轨系统分为悬挂式与跨坐式两种，见图4-10。

a)

b)

图4-10　单轨系统示意图

a)悬挂式；b)跨坐式

1)悬挂式单轨

悬挂式单轨系统的轨道结构由轨道梁、支架、道岔等组成。轨道梁由支架、基础等支撑。轨道梁位于列车的上方，起着支撑列车转向架、引导列车前进方向的作用。

悬挂式单轨的轨道梁一般为钢制，轨道梁呈箱形断面，底部有开口，供转向架在梁上走行，并使车辆悬挂在转向架上。轨道梁构架内部每隔2～2.5m加设固环，用来加固走行梁、导轨和轨道梁外部，见图4-11。

2)跨坐式单轨

跨坐式单轨系统的轨道结构由轨道梁、支柱、道岔组成。轨道梁由支柱、基础等支撑，位于列车的下方，起着支撑列车荷载、引导列车前进方向的作用。

跨坐式单轨系统的轨道梁一般采用预应力钢筋混凝土结构，结构断面形式多为矩形，这样做的成本较低。当轨道梁跨度很大或建筑高度很高时，轨道梁也可采用钢梁结构。列车车轮为橡胶轮胎，列车车轮与轨道之间的摩擦阻力较轮轨系统大，但噪声相对较小。跨座式单轨系统的轨道断面见图4-12。

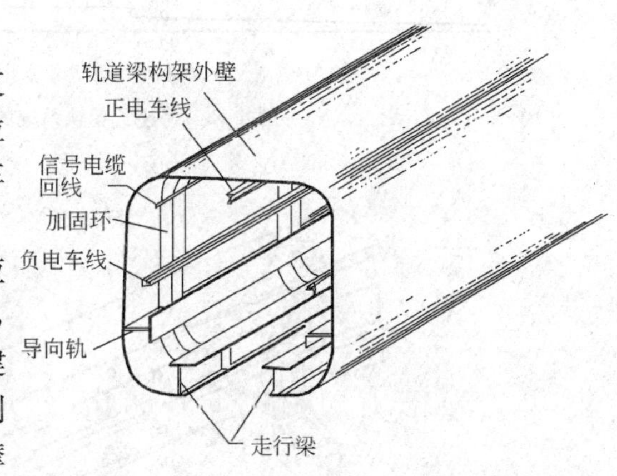

图4-11　悬挂式单轨系统的轨道梁断面图

跨座式单轨系统的道岔较有特点，它也是轨道梁，其一端可以移动。道岔轨道梁固定在其下方的台车上，台车由电动机驱动。轨道梁道岔分为柔性铰接型和简易铰接型。图4-13为柔性铰接型轨道梁道岔。根据连接线路的数量和形式，道岔可分为单开、交叉、三开类型。图4-14为单开道岔。

2.磁浮系统

磁浮系统突破了传统的钢轮钢轨系统的技术界限，是一个无车轮、无接触的轨道交通系统。

磁浮系统的轨道结构由轨道梁、支架、道岔等组成。轨道梁不仅起支撑列车荷载、引导列车前进方向的作用，而且还是列车动力产生的要素之一。磁浮系统轨道梁的结构形式与磁浮系统类型有关。

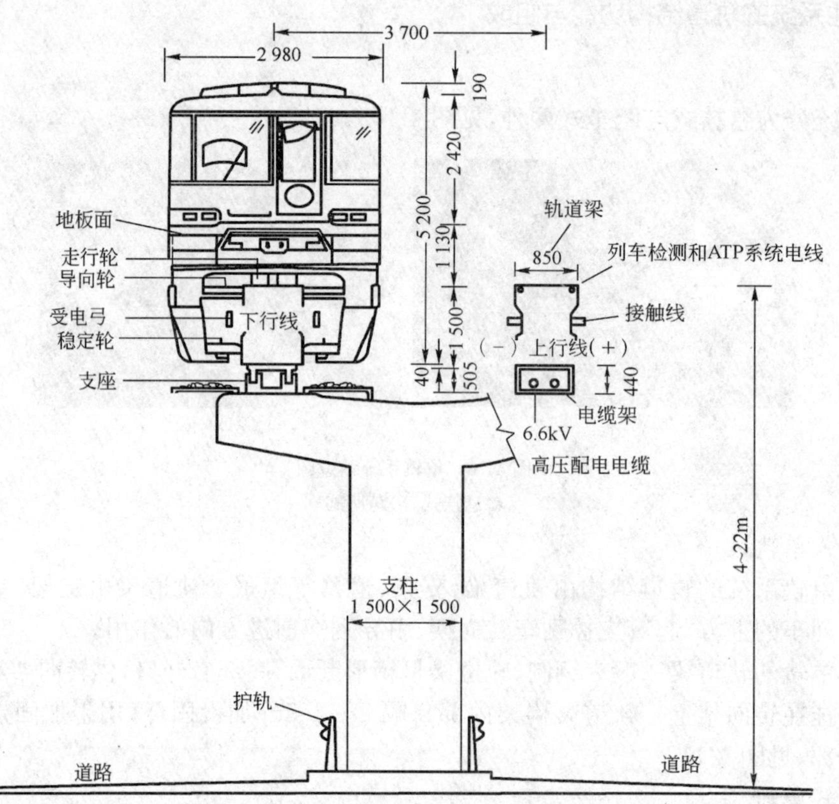

图 4-12 跨座式单轨系统的轨道断面(尺寸单位:mm)

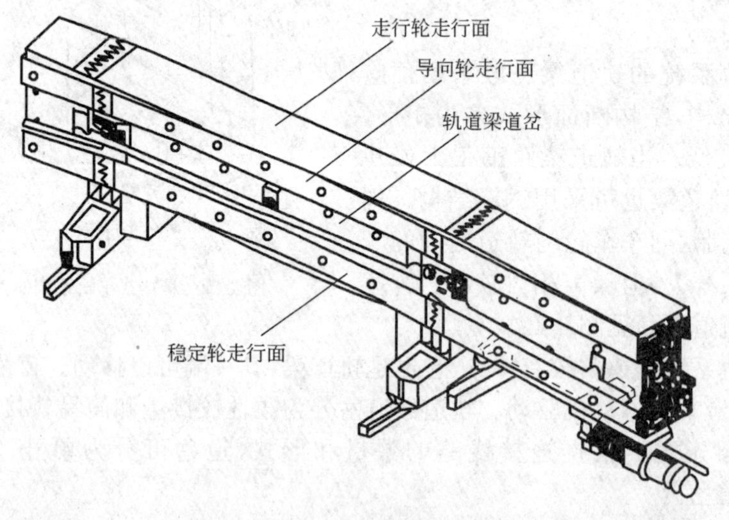

图 4-13 柔性铰接型轨道梁道岔

磁浮系统有高速、中低速之分。高速磁浮系统的定子架设在轨道上,供电系统直接对绕在轨道梁定子上的电缆供电;而中低速磁浮系统的定子安装在车辆上,转子位于轨道梁上,供电系统通过接触轨对车辆上的定子供电。

图 4-15 为上海高速磁浮线的轨道梁结构。轨道梁可采用钢梁或混凝土梁，轨道梁架在混凝土支柱上。道岔为钢弯曲道岔，是一根具有一定长度的钢梁，借助机电扳道装置使钢梁弹性弯曲达到换道目的。

图 4-16 为我国国防科技大学研制的中低速磁浮系统的轨道结构。轨道结构包括轨道梁、轨道、支柱、基础等。轨道梁一般为预应力钢筋混凝土梁；轨道由倒 U 形导磁轨和铝反应板组合而成，轨道通过轨枕与轨道梁连接。

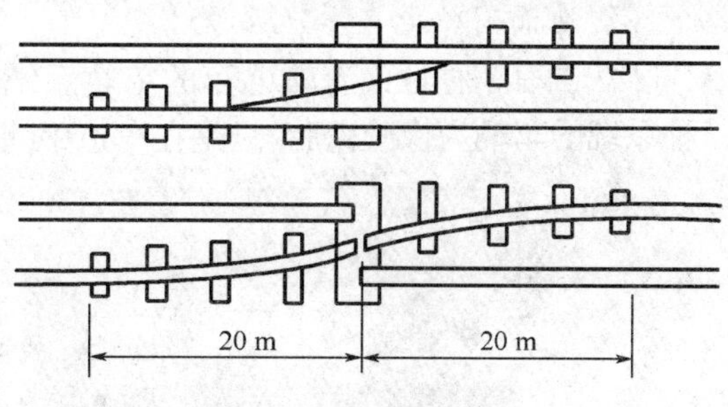

图 4-14　单开道岔示意图

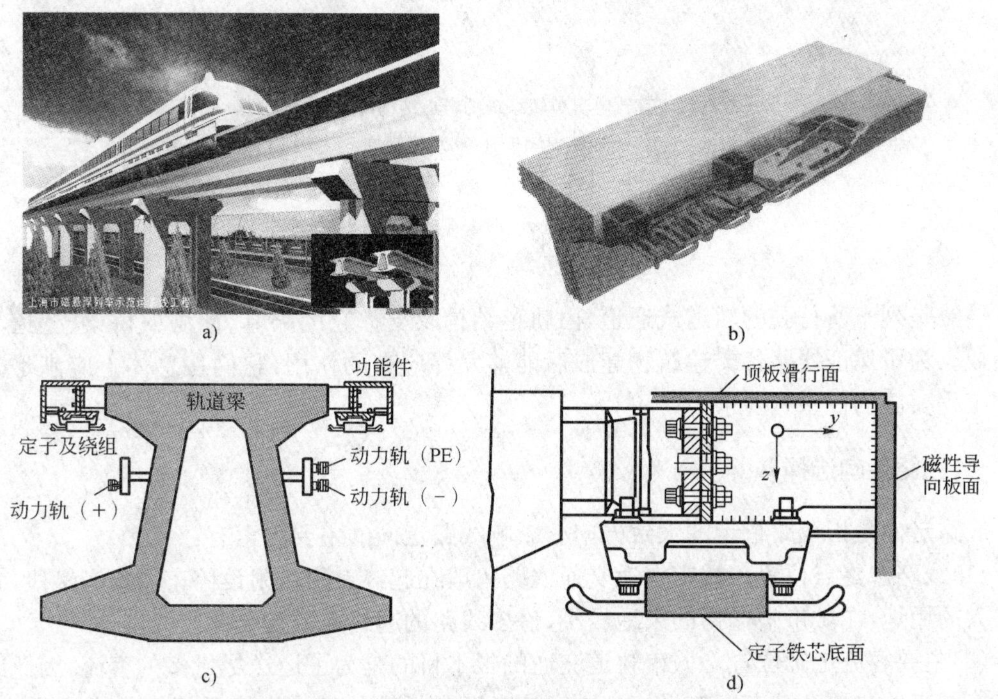

图 4-15　上海高速磁浮线轨道结构示意图

a）系统全貌；b）轨道梁与连接件及功能件；c）轨道梁断面；d）功能件断面

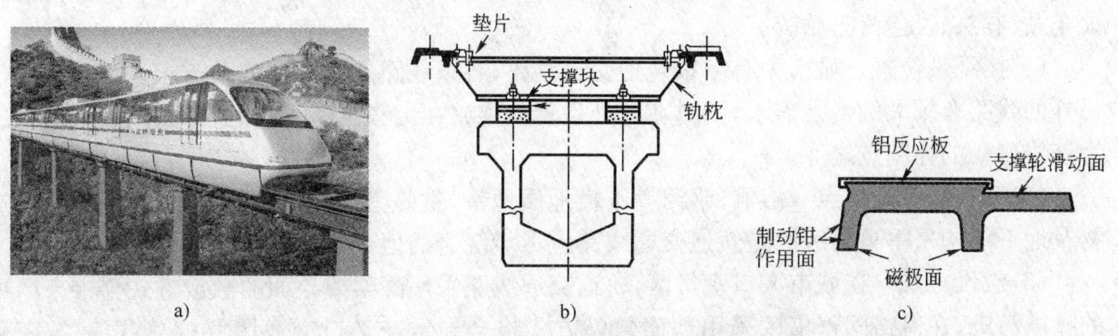

图 4-16　中低速磁浮线轨道结构示意图

a）系统全貌；b）轨道梁与轨道的横断面；c）轨道的横断面

3. 地面有轨电车单轨系统

法国有一种地面有轨电车的单轨系统——Translohr 系统，其轨道结构如图 4-17 所示。这种系统的车辆为橡胶轮胎，只是在车道中间增设了一条导轨，用来限制车辆横向移动并导向。

a)

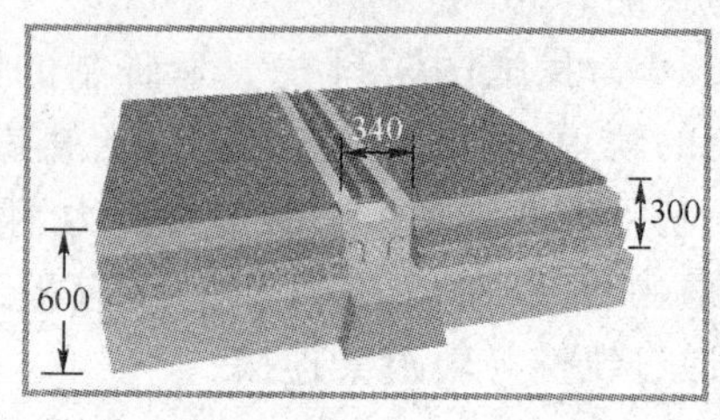

b)

图 4-17　有轨电车单轨系统的轨道结构(尺寸单位:mm)

a)轨道路面;b)轨道横断面

第二节　线　　路

线路是列车所行驶的轨道式通道，由轨道结构及支撑它的路基、涵洞或桥梁、隧道等建筑物组成。为了保证线路各类建筑物建成后能够发挥应有的作用，它们在总体上应满足客运需求和工程实施的一系列要求。

一、线路走向选择

线路走向是指线路行走的大致方向。影响线路走向的主要因素有：

(1)线路起终点位置。城市轨道交通线路一般在起终点附近附设停车场或车辆段，它们需要较大的用地，在城市中选择的余地较小，许多线路的起终点位置受此制约。

(2)主要客流走廊位置。城市轨道交通的根本目的是为了运送尽量多的客流，因此线路走向应按城市的主要客流走廊布设。主要客流走廊包括现状客流走廊及规划的客流走廊，后者以引导城市合理发展为出发点。

(3)沿线的大型客流集散点。例如，线路附近的城市商业中心、副中心、工业区、公交枢纽、火车站、码头、长途汽车站等。

(4)换乘站位置。城市中有多条轨道交通线路，各条线路之间存在换乘需求。如果本线与另外的线路有较大的换乘需求，同时在该处设置换乘站在工程上是可行的，那么该换乘站将成为该线途经的控制点之一。

(5)不宜经过的地点。溶洞、暗河等不良地质地带，重要历史文物保护对象(包括地面建筑物及地下结构)、军事禁区等是轨道交通线路应尽量绕避的地点。

(6)敷设方式。在城市人口密集区，轨道交通线路采用高架或地面的敷设方式会带来严重的噪声污染；在道路网密集区采用地面敷设方式将会导致交叉口交通堵塞；在高层建筑密集区，由于地下桩基础密而深，采用地下敷设方式也很困难。线路敷设方式的选择需要综合考虑环保、城市交通、施工技术、动拆迁等各方面因素，注意工程的可行性及经济性。

二、线路平纵横断面

实际的轨道交通线路是一条长长的交通走廊，它是立体的，需要用三维图画才能准确描述。用立体表现很不方便，不仅费时费力，而且细部尺寸难以标注，因此，工程中一般采用平面、纵断面、横断面三种两维图画组合起来表现。平面图是线路轨道中(心)线在水平面上的投影；纵断面是把线路中心线展直后投影到垂直面上；横断面是线路实体及运营所需空间在线路中线法平面上的投影。

1. 线路平面

城市轨道交通的线路平面是由直线、圆曲线和缓和曲线组成。为了使线路平面圆顺且符合运营要求，设计时需要遵循一定的技术要求。线路平面设计的主要技术要素包括：最小圆曲线半径、缓和曲线线形和长度、最小夹直线长度、最小圆曲线长度等。

1)最小圆曲线半径

圆曲线的设计要素是曲线半径。列车在圆曲线段行驶时，会受到离心加速度的作用。离心加速度与速度的平方成正比，而与曲线半径成反比。离心加速度太大，对行车安全、乘客舒适度、钢轨磨耗等均产生不利影响。为了减小离心加速度的作用，一般在圆曲线路段对外轨设置超高，但受列车倾覆、偏压内轨等条件的制约，外轨超高不宜超过 120mm。

曲线段的最高速度通常受未被平衡的离心加速度限制，而离心加速度与行车速度及圆曲线半径 R 相关。城市轨道交通的最高行车速度一般在 80km/h 以内，当未被平衡横向加速度最大值取 0.4m/s^2 时，相应的曲线限速为 $3.9\sqrt{R}$km/h。当 $R=350$m，线路允许通过的最大行车速度约为 73km/h；当 $R=250$m，线路允许通过的最大行车速度约为 62km/h。

因此，线路设计时需要根据行车速度等条件确定线路的最小圆曲线半径。目前，我国轨道交通正线设计中，最小曲线半径标准为：A 型车 300～350m，B 型车 250～300m。

2)缓和曲线线形及长度

圆曲线与直线直接相连时，存在两个问题：一是 ZY(直圆点)处的平面曲率有突变；二是 ZY(直圆点)处的外轨超高有突变。设置缓和曲线的目的就是要解决这两个问题，即实现平面曲率的渐变及外轨超高的渐变。配置缓和曲线后的曲线段如图 4-18 所示。

缓和曲线的技术要素有线形及长度两项。

在城市轨道交通中，由于列车速度只有 70～120km/h，缓和曲线线形一般采用三次抛物线，长度则根据圆曲线半径及列车行车速度不同而变化，为 25～140m。

3)最小圆曲线长度

城市轨道交通圆曲线长度短，对改善条件、减少行车阻力和养护维修有利。但当圆曲线长度小于车辆的全轴距时，车辆将同时跨越在三种不同的线形上，会危及行车安全，降低列车的稳定性和乘客的舒适度。因此，我国地铁设计规范规定，正线及辅助线的圆曲线最小长度，A 型车不宜小于 25m，B 型车不宜小于 20m，在困难情况下不得小于车辆的全轴距。

4)最小夹直线长度

当相邻曲线距离较近时，可能会出现两曲线(有缓和曲线时，指缓和曲线；无缓和曲线时，指圆曲线)相邻两端点间的夹直线过短的情况。夹直线短于车辆的全轴距时，会出现一辆车同时跨越两条曲线的情况，引起车辆左右摇摆，影响行车平稳性；夹直线太短，也不易保持夹直线的方向，增加养护困难。因此，我国地铁设计规范规定：正线及辅助线上相邻曲线间的夹直线长度(不含超高顺坡及轨距递减段的长度)，A 型车不宜小于 25m，B 型车不宜小于 20m，在困难情况下不得小于一个车辆的全轴距；车场线上的夹直线长度不得小于 3m。

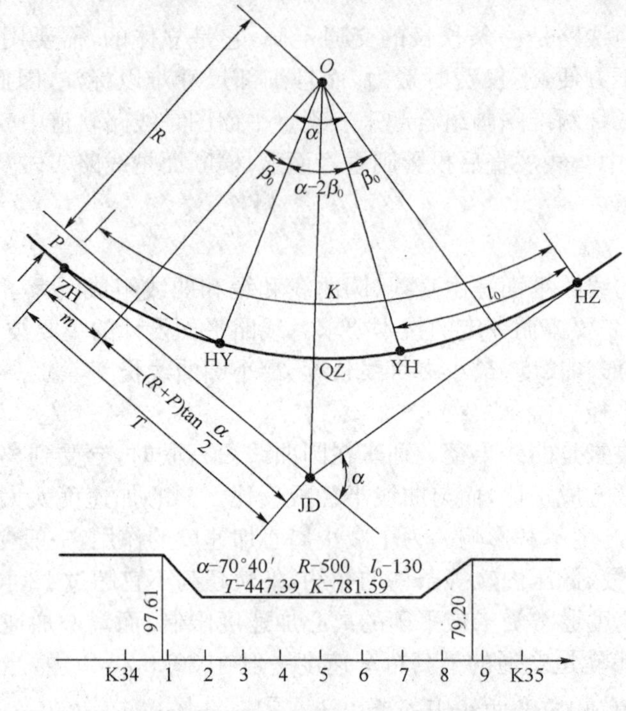

图 4-18 配置缓和曲线后的曲线段

5)其他

(1)道岔应设在直线上。在困难情况下，道岔也可设在曲线上，但道岔端部至曲线端部的距离不宜小于 5m，车场线可减少到 3m。道岔宜靠近车站位置，但道岔基本轨端部至车站站台端部的距离不小于 5m。

(2)不同号数道岔的导曲线半径和长度也不同，会影响线路线间距和线路长度。正线和辅助线上为保证必要的侧向过岔速度，宜采用 9 号道岔；车场线因过岔速度要求低，可采用不大于 7 号的道岔，以缩短线路长度，节省造价。设置交叉渡线两平行线的线间距宜按规定采用：12 号道岔采用 5.0m；9 号道岔采用 4.6m 或 5.0m；6 号、7 号道岔采用 4.5m 或 5.0m。

(3)城市轨道交通线路不宜采用复曲线。在困难地段，有充分技术依据时可采用复曲线。当两圆曲线的曲率差大于 1/2 500 时，应设置中间缓和曲线，其长度根据计算确定，在困难情况下不得小于 20m。

(4)折返线的有效长度，宜为远期列车长度加 40m(不含车挡长度)。

2. 线路纵断面

轨道交通线路的纵断面是由坡段和连接相邻坡段的竖曲线组成的。坡段的特征用坡段长度和坡度值来表示。

坡段长度 L_i(m)为该坡段前后两个变坡点之间的水平距离。

坡段坡度 i 为该坡段两端变坡点的高程 H_i(m)除以坡段长度 L_i(m)，其值以千分数表示，(图 4-19)。坡度值上坡取正值，下坡取负值；如坡度为 30‰，即表示

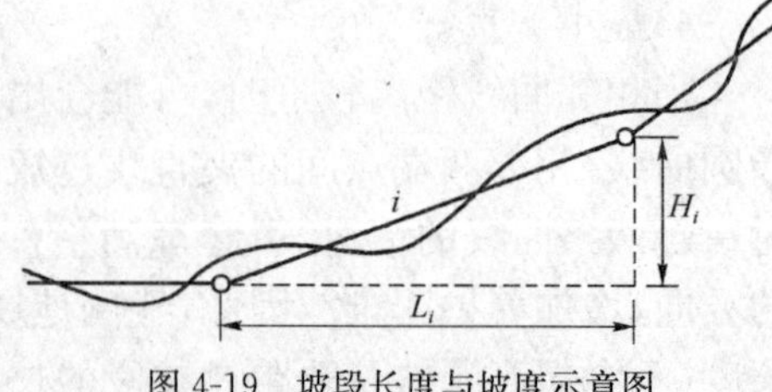

图 4-19 坡段长度与坡度示意图

每千米高差为 30m。其计算公式为

$$i=\frac{H_i}{L_i}\times 1\,000(‰) \tag{4-1}$$

轨道交通线路纵断面设计的主要技术要素有最大坡度、最小坡段长度及坡段连接。

1)最大坡度

正线最大坡度是线路的主要技术标准之一,对线路的埋深、工程造价及运营都有较大的影响。因此,合理地确定线路最大坡度具有重要意义。

城市轨道交通由于载重量小、运距短,坡度已不是限制列车牵引质量的主要因素。城市轨道交通线路纵断面的最大坡度值,不包含曲线阻力、隧道内空气阻力等附加当量坡度,与我国干线铁路设计中的限制坡度值定义有区别。

城市轨道交通列车为了适应小站距的频繁启动、制动,具有良好的动力性能,一般采用全动轴或 2/3 动轴列车,启动加速度要求达到 $1m/s^2$ 及以上,这就意味着列车可以爬 100‰及以上的当量坡度(最大坡度加上曲线阻力坡度、隧道附加阻力坡度)。

在实际设计纵断面时,线路坡度在满足排水及高程控制要求的前提下应尽可能平缓,一般应在 20‰以下。正线允许的最大坡度值,主要受行车安全(与制动设备性能有关)、旅客舒适度、运营速度三方面影响,从保证行车安全出发,要求列车在失去部分(最大可达到一半)牵引动力的条件下,仍能用另一部分牵引动力,将列车从最大坡度上起动,因此最大坡度阻力及各种附加阻力之和,不宜大于列车牵引动力的一半。我国地铁设计规范规定,正线的最大坡度不宜大于 30‰,困难地段可采用 35‰,联络线、出入线的最大坡度不宜大于 40‰(均不考虑各种坡度折减值),已经考虑了列车动力的丧失及各种附加阻力和黏着力的影响。但随着各种城市轨道交通车辆的改进,允许的最大坡度值也正在增大。例如,新型的线性电机车允许的正线设计最大坡度可以达到 60‰。目前日本东京都营地铁 12 号线路(线性电机系统线性电机车)的正线设计最大坡度已经达到 50‰。

2)最小坡段长度

两个坡段的连接点,即坡度变化点,称为变坡点。一个坡段两端变坡点之间的水平距离称为坡段长度。如果坡段长度小于列车长度,那么列车就会同时跨越 2 个或 2 个以上的变坡点,各个变坡点所产生的附加应力和局部加速度会因叠加而加剧,影响列车的平稳运行和旅客的舒适。因此,线路坡段长度不宜小于远期列车计算长度。按每节车厢 19.11m 计算,当列车编组为 8 节车厢时,约为 150m;当列车编组为 6 节车厢时,约为 115m;当列车编组为 4 节车厢时,约为 75m。与干线铁路不同,城市轨道交通线路不要求坡段长度取整为 50m 的整倍数。

3)坡段连接

(1)坡度代数差。列车通过变坡点时,车钩产生附加应力,并致使车辆的局部加速度增加,其值与相邻两坡段的坡度代数差成正比。坡度代数差太大,会影响旅客舒适度。虽然我国地铁设计规范没有对坡度代数差加以限制,但根据国内外积累的经验,如两反向坡段的坡度值均超过 5‰时,通常采用一段坡度不大于 5‰的坡段连接。

(2)竖曲线。在纵断面上,若各坡段直接相连则形成一条折线。列车运行至坡度代数差较大的变坡点处,容易造成车轮脱轨、车钩脱钩等问题。为避免这类情况发生,当坡度代数差等于或大于 2‰时,应在变坡点处设置竖曲线,把折线断面平顺地连接起来,以保证行车的安全和平稳。竖曲线有抛物线形和圆曲线形两种。抛物线形曲率是渐变的,更适宜列车运行,但由于铺设和养护工作较复杂,因城市轨道交通的最高运行速度并不高,故基本上不采用。另一方面,圆曲线形竖曲线具有便于铺设和养护的优点,且当竖曲线半径较大时,近似于抛物线形。因此,我国城市轨道交通线路采用圆曲线形竖曲线。

我国地铁设计规范规定:对正线的区间线路,竖曲线半径一般取 5 000m,困难情况下取 2 500～3 000m;车站两端因行车速度较低,其线路的竖曲线半径可取 3 000m,困难情况下可取 2 000m。对辅助线和车场线,竖曲线半径可取 2 000m,而对于 C 型车,竖曲线半径可以取1 000m。

车站站台和道岔范围不得设竖曲线,竖曲线离开道岔端部的距离不应小于 5m。渡线应设在 5‰以内的坡度上,而且竖曲线不应伸入道岔范围之内。竖曲线起点至道岔基本轨起点的距离,或距辙叉跟端以外短轨端点的距离,均不应小于 5m。

(3)竖曲线夹直线。由于允许的坡段长度较短,而允许的坡度值又较大,因而实际设计时常会出现两条竖曲线重叠或相距很近的情形。为了避免或减轻列车同时位于两条竖曲线而产生的振动叠加,地铁设计规范规定,两条竖曲线之间的夹直线长度不宜小于 50m。

4)其他因素

地下隧道车站的纵断面设计,除了满足相应的坡度、坡段长度、坡段连接要求外,还要综合考虑隧道类型、拟采用的施工方法及运营特点等因素。

对于浅埋隧道,一般采用明挖法施工,宜接近地面,以减少土方工程量,简化施工条件。同时,又要考虑在隧道上面预留足够的空间来设置城市地下管道线,并有足够厚度的土壤层来隔热,使隧道内不受地面温度变化的影响。通常浅埋区间隧道衬砌顶部至地面距离不小于 2m。由于车站本身要求的净空高度大于区间,因而浅埋车站一般位于凹形纵断面的底部。这种纵断面形式是进站下坡、出站上坡,导致列车进站制动和出站加速都需要耗费更多的能量,不利于运营。

对于深埋隧道,通常位于比较稳定的地层内,其顶部以上的地层厚度要能够形成承载拱,为此应埋深一些。在保证车站净空要求的前提下,深埋隧道的车站应埋浅一些,尽量接近地面,因为这样设计的车站土建工程量较少,还可节省升降设备投资,乘客上下地面的时间也相应减少。在这种情况下,车站位于线路凸形纵断面顶部,便于进站减速、出站加速,利于节省电能和降低运营成本。

3.线路横断面

线路横断面必须满足线路各个断面列车通过的限界要求。

1)限界

城市轨道交通列车是沿固定轨道快速运动的物体,它需要在特定的空间中运行,根据各种参数和特性,经计算确定的、足以保证列车安全运行的空间尺寸称为限界。为保证安全,各种建(构)筑物和设备均不得侵入其中。

限界是确定行车轨道周围构筑物净空大小和管线、设备安装位置的依据,也是设计与施工必须共同遵守的技术规定。限界设计的任务是在满足城市轨道交通车辆安全运行的前提下,合理地选择桥梁、隧道等结构的有效断面尺寸,以节省工程投资。

城市轨道交通的限界主要包括车辆限界、设备限界和建筑限界。它们是根据车辆外轮廓尺寸及技术参数、轨道特性、各种误差及变形,并考虑列车在运动中的状态等因素,经科学分析计算确定的。

(1)车辆限界(图 4-20～图 4-22):它是根据车辆的轮廓尺寸和技术参数,并考虑其静态和动态情况下可能产生的横向和竖向偏移量,按可能产生的最不利情况进行组合计算确定的空间尺寸。车辆限界详见本书第六章第四节。

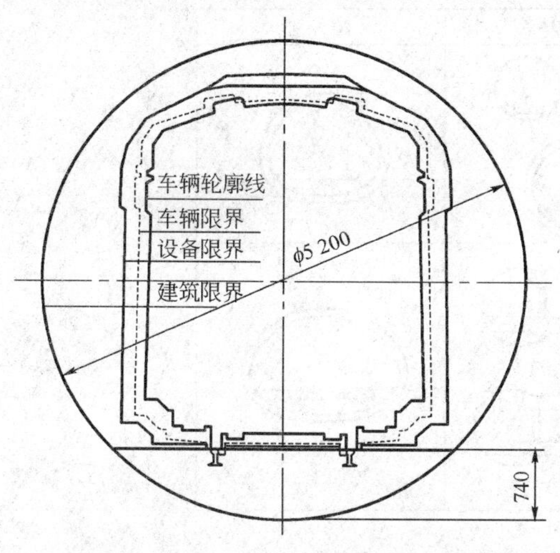

图 4-20 区间直线地段圆形隧道限界(尺寸单位:mm)

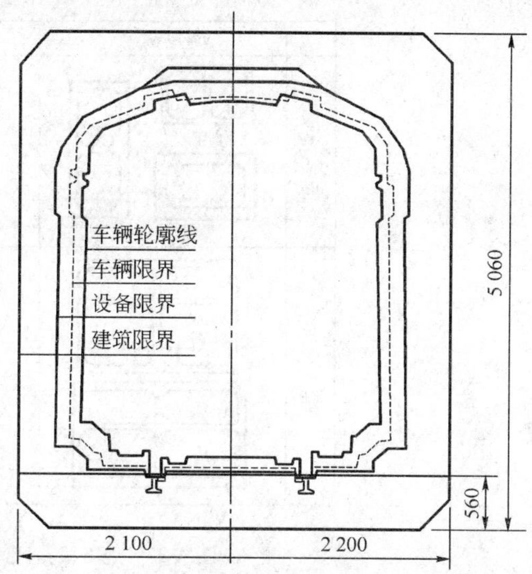

图 4-21 区间直线地段矩形隧道限界(尺寸单位:mm)

(2)设备限界(图 4-20～图 4-22):它是在车辆限界基础上计入轨道出现最大允许误差时引起车辆的偏移和倾斜等附加偏移量,以及在设计、施工、运营中考虑难以预计的因素在内的安全预留量后确定的空间尺寸。它是一轮廓线,所有固定设备及土木工程(接触轨及站台边缘除外)的任何部分都不得侵入此轮廓线内。因此,对设备选型和安装都应分别考虑其制造和安装误差,才能满足设备限界的要求。曲线地段设备限界应在直线地段设备限界基础上,考虑平面曲线几何偏移量、过超高或欠超高引起的设备限界加宽和加高量、曲线轨道参数及车辆参数变化引起的设备限界加宽量计算确定。

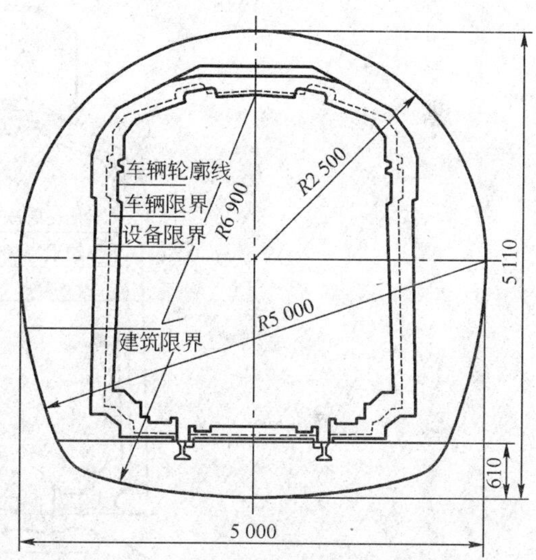

图 4-22 区间直线地段马蹄形隧道限界(尺寸单位:mm)

(3)建筑限界(图 4-20～图 4-22):它是行车隧道和高架桥等结构物的最小横断面有效内轮廓线。在建筑限界以内、设备限界以外的空间,应能满足固定设备和管线安装的需要。在设计隧道及高架桥等结构物断面时,必须分别考虑其施工误差、测量误差、结构变形等因素,才能保证竣工后的隧道及高架桥等结构物的有效净空满足建筑限界的要求,以保证列车安全快速通过。

2)地下隧道的横断面

地下隧道的单线区间横断面的常用形式有圆形、矩形和马蹄形,其具体尺寸应根据运营时所采用的车辆及设备的尺寸所决定的各种限界来设计。在双线地段,区间和车站地段的横断面有许多形状,其典型形状如图 4-23 所示。曲线地段应根据限界规定相应加宽。

3)地面及高架桥上的横断面

当线路位于地面或高架桥上时,其轨上部分的横断面需要满足如图 4-24 所示的限界要求,轨下部分的横断面形状视轨下结构而定。曲线地段应根据限界相应加宽。

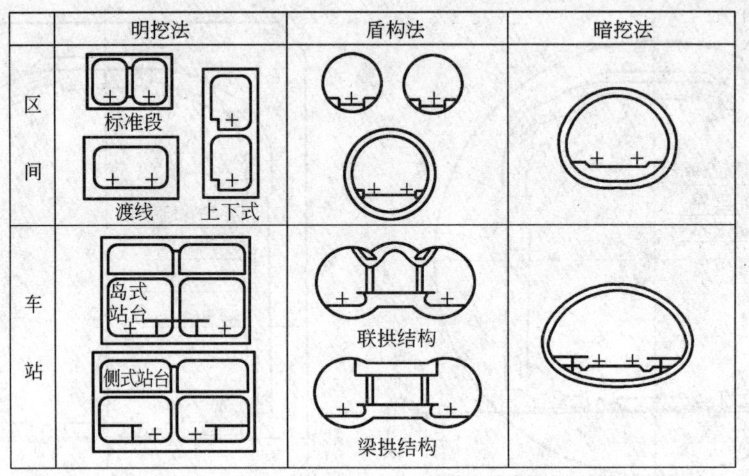

图 4-23　地下线路区间及车站典型横断面形状示意图

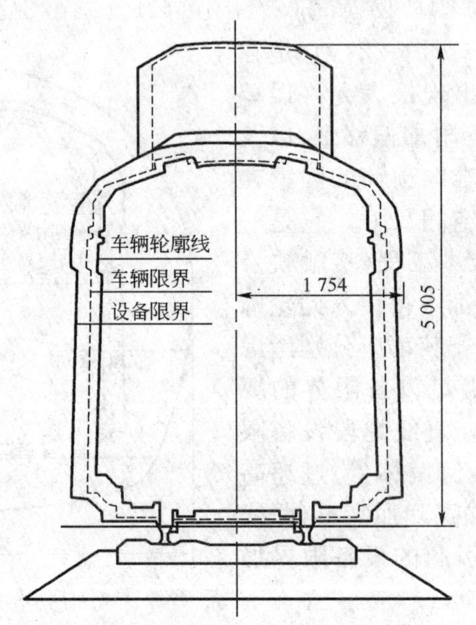

图 4-24　区间直线地段地面、高架限界(尺寸单位:mm)

第三节　区 间 结 构

一、区间隧道结构

1. 区间隧道结构形式

区间隧道为连接两个地下车站的建筑物,应根据沿线地段不同的工程地质和水文地质条件、埋深、城市规划以及工程投资等具体条件来选择其相应的施工方法和结构形式。修建区间隧道一般采用的方法有矿山法、浅埋暗挖法、盾构法、明挖法;而采用的结构形式有矩形、拱形、圆形及 U 形等。

1)盾构法隧道结构形式

在地下铁道中采用盾构法始于1874年,当时在伦敦地铁修建区间隧道中采用了气压盾构以及向衬砌背后注浆的工艺。我国在上海地铁1号线中正式采用盾构法修建区间隧道,该线于1994年投入运营。

盾构法是在盾构机钢壳体的保护下,依靠其前部的刀盘或挖掘机开挖地层,并在盾构机壳体内完成出渣、管片拼装、推进等作业。盾构法施工的概貌如图4-25所示。其主要施工步骤如下:

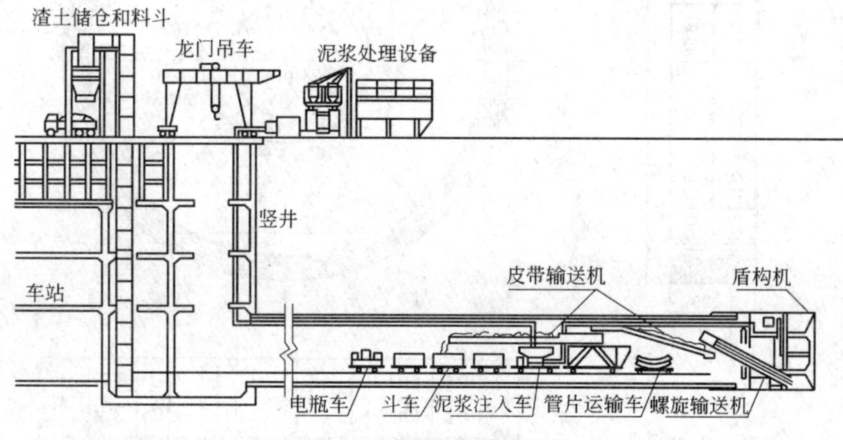

图4-25 盾构法施工概貌

(1)在盾构法隧道的起始端和终端建工作井或者利用车站的端头井;

(2)盾构在起始工作井内安装就位;

(3)依靠盾构千斤顶推力(作用在已拼装好的衬砌环和工作井后壁上)将盾构从起始工作井的墙壁开孔处推进;

(4)盾构在地层中沿设计轴线推进,在推进的同时出土和安装管片;

(5)及时向衬砌背后的空隙注浆,防止地层移动固定衬砌环的位置;

(6)盾构进入终端工作井,在终端工作井内盾构可以被拆除,吊出工作井;也可在井内掉头,或穿越工作井(车站)继续推进第二条区间隧道。

盾构法施工易于管理,施工人员少,工作环境好,同时还具有衬砌精度高、衬砌质量可靠、防水性能好、地表沉降小、不影响城市交通等优点。但也存在施工设备复杂、断面形式变化不灵活、盾构选型与地层条件密切相关等缺点。

盾构隧道的衬砌可以分为一次衬砌和二次衬砌。一般来说,一次衬砌是将管片组装成环形结构,也有代替管片而直接浇注混凝土形成一次衬砌的方法(压注混凝土施工法)。二次衬砌是在一次衬砌内侧修筑,一般采用现浇混凝土施工。

盾构隧道拼装的管片一般是由钢筋混凝土或钢材制成,将分割为数个管片组装成圆形、复圆形等环形结构形成衬砌。因此,采用盾构法修建的隧道一般为单圆或者多圆隧道。目前国内采用较多的为单圆盾构隧道,利用修建的两条单圆隧道作为地铁的上、下行线。该施工方法目前已比较成熟,在上海、广州、南京、深圳等地的地铁区间隧道建设中,被广泛采用,如图4-26所示。在上海轨道交通8号线中,也采用了双圆盾构隧道,如图4-27所示。双圆盾构的优点在于:两区间隧道总宽度从原来的约18m(或更大)减小为现在的11m左右,缩小约40%。这样,一方面大大缩小了双区间隧道所占用的地下空间,增加了地铁选线的灵活性,并显著减少了工程量;另一方面,还可使区间隧道沿线地面构筑物的影响控制范围大为缩小,更有利于城市的地面规划和建设。日本还开发了“多圆型盾构”，利用该盾构还可以直接建造地铁车站。

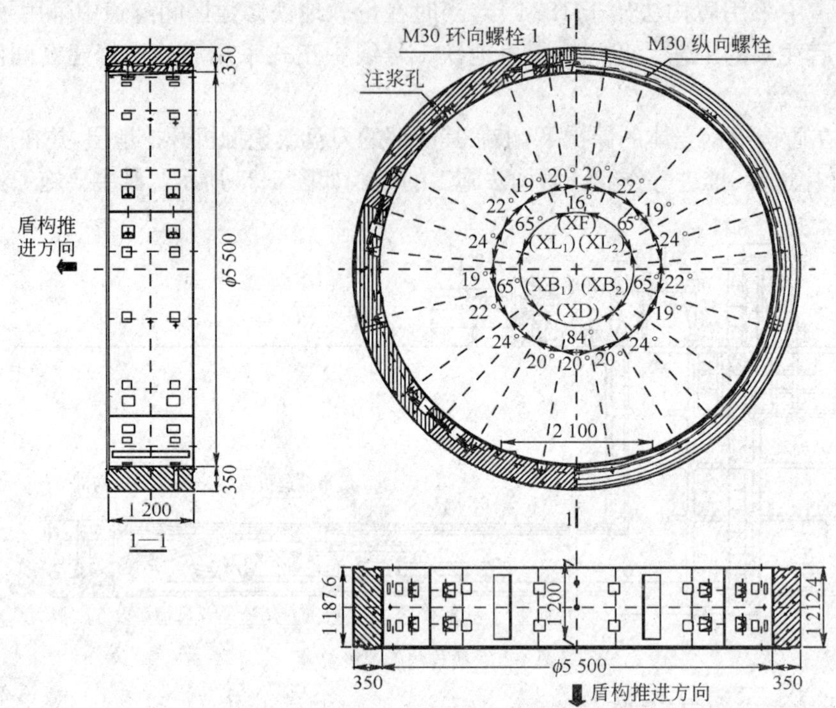

图 4-26 单圆盾构隧道断面(尺寸单位:mm)

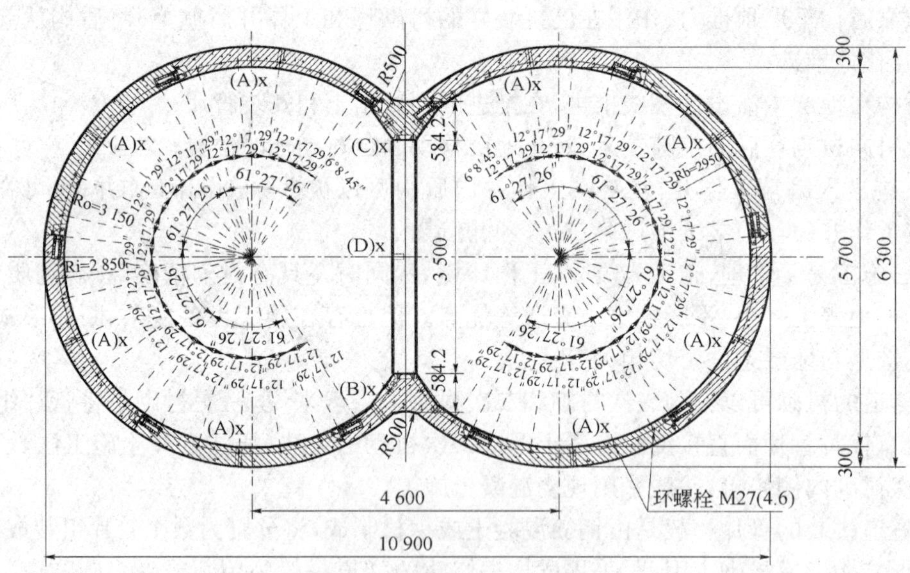

图 4-27 双圆盾构隧道断面(尺寸单位:mm)

2)暗挖法隧道结构形式

采用暗挖法修建的区间隧道一般为拱形，如图 4-28 所示，隧道的衬砌一般是由初期支护、防水层和二次衬砌组成的复合式衬砌结构。初期支护采用锚喷支护，对围岩起加固作用，并控制围岩的变形，防止围岩松动失稳。由于地铁区间隧道一般位于市区，为了减少地层变形，减小对地面道路和建筑物的影响，在开挖后应该立即施工初期支护，并应该与围岩密贴。根据土层和环境的具体情况，初期支护可以选用锚杆、喷射混凝土、钢筋网和钢支撑等。初期支护结束后施工防水层，其作用除防水外，还可以减少二次衬砌因混凝土收缩而产生的裂缝。材料一般选用抗渗性能好、化学性能稳定、耐久性好，并有足够的柔性、延伸性和抗拉性能的塑料或橡胶制品。二次衬砌为模筑混凝土或喷射混凝土，通常在初期支护封闭后尽快施工。

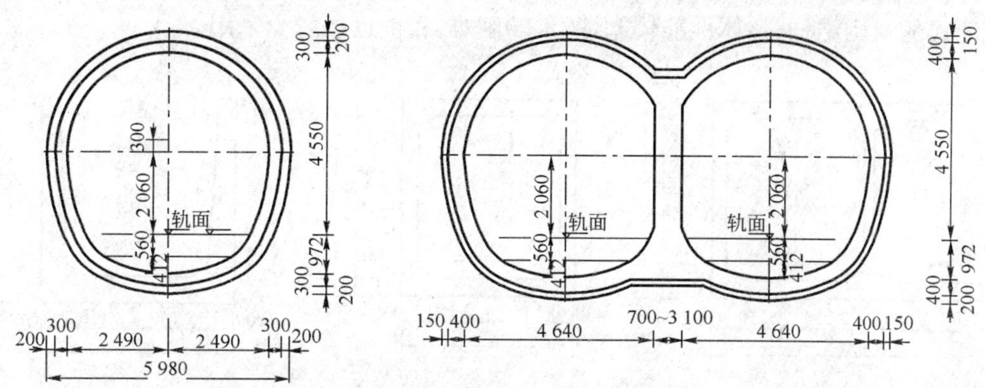

图 4-28 暗挖隧道断面(尺寸单位:mm)

暗挖法施工适用的基本条件为:不允许带水作业，开挖面土体应具有相当的自立性和稳定性。当土体难以达到所需的稳定条件时，必须通过地层预加固和预处理等辅助措施，以提高开挖面土体的自立性和稳定性。由于暗挖法断面变化比较灵活，在设置渡线的区间结构施工具有独特的优势。图 4-29、图 4-30 为渡线范围内隧道断面的转换。

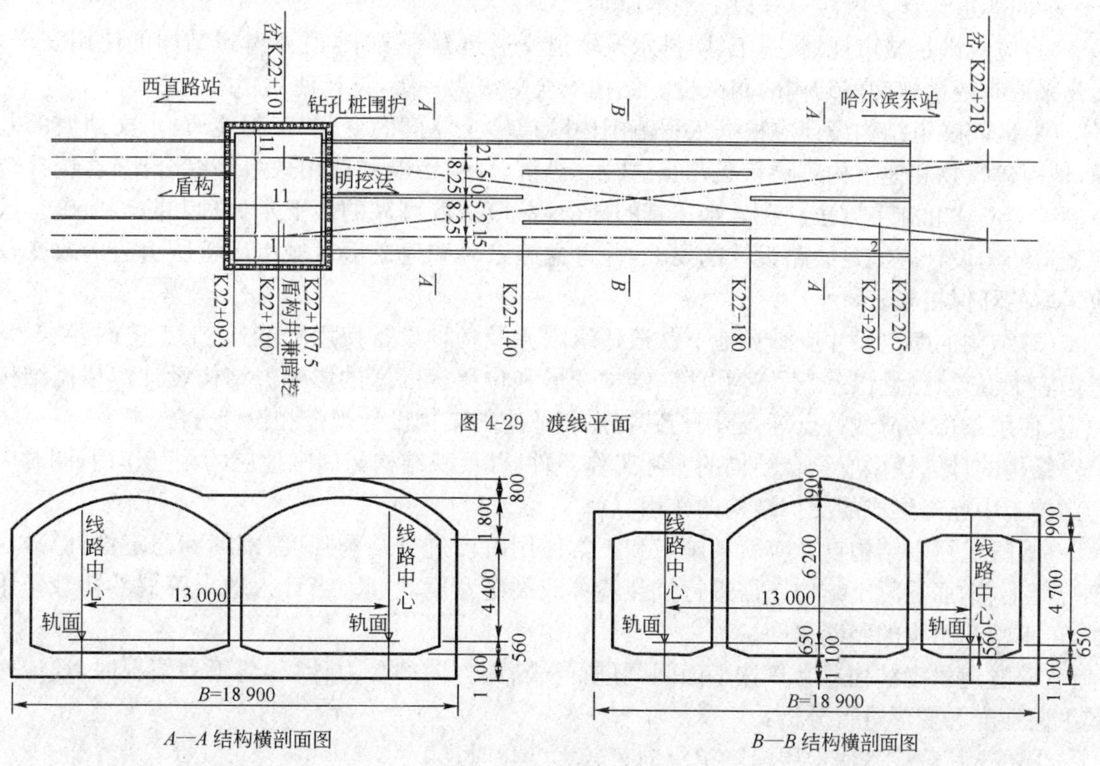

图 4-29 渡线平面

A—A 结构横剖面图

B—B 结构横剖面图

图 4-30 渡线范围隧道横剖面(尺寸单位:mm)

3)明挖法隧道结构形式

明挖法是一种造价经济、施工快捷的施工方法，适用于各种不同的地质条件，施工工艺简单安全，技术成熟，质量可靠，因此在有条件的地方，应优先考虑明挖法施工。采用明挖法修建的区间隧道结构，在暗埋段的结构形式一般为矩形，在敞开段的结构形式一般为U形，如图4-31所示。明挖法隧道结构衬砌可以采用现场整体浇筑式，或者采用预制结构进行装配。整体浇筑的衬砌结构整体性能好，防水性能容易得到保证，适用于各种工程地质和水文地质条件；而装配式的衬砌结构，整体性能较差，防水较困难，目前已经较少采用。

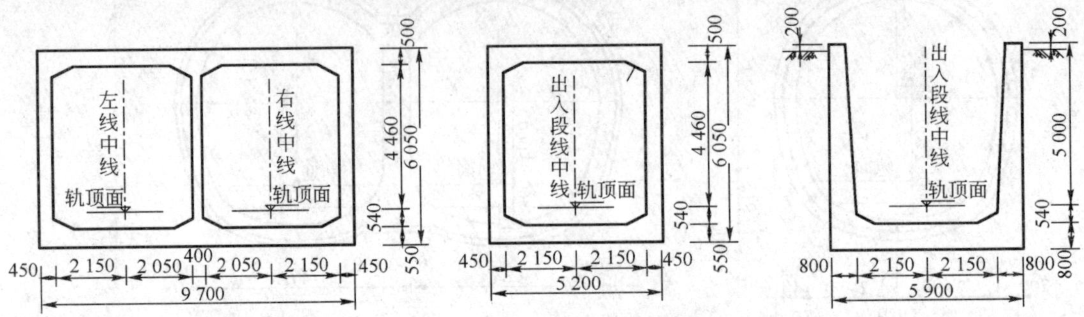

图4-31　明挖区间结构类型(尺寸单位:mm)

但是，明挖法对城市的道路交通影响较大，有时候为了进行明挖法施工，需要进行建筑物的拆迁。因此，采用明挖法施工隧道的适用条件为：在基坑开挖范围内无重要的市政管线或市政管线可以改移；施工期间对城市道路交通和周边的商业活动影响较小。

2. 区间隧道设计原则

区间隧道设计一般应遵守以下基本原则。

(1)应能满足城市规划、施工、防排水及轨道交通运营等要求，既要考虑结构的使用安全，又要采取有效措施确保结构的耐久性。结构安全等级为一级，设计使用年限为100年。

(2)区间隧道结构设计应根据工程范围内隧道覆土厚度的变化，工程地质、水文地质的差异，地面建筑物和地下构筑物状况，通过技术、经济、环境影响和使用效果等综合比较，选择合适的结构形式和施工方法。在含水丰富的地层中，应采取可靠的地下水处理和防治措施。区间隧道结构设计应满足线路设计的要求，并考虑施工时和建成后对城市环境所引起的改变及应采取的环保措施。

(3)结构的净空尺寸应满足地下铁道建筑限界及各种设备使用功能、施工工艺的要求，并考虑施工误差、测量误差、不均匀沉降、结构变形和位移等因素的影响。结构设计应根据结构类型、使用条件及荷载特点等，选用与其特点相适应的结构设计规范和设计方法。

结构的计算模型应符合结构的实际工作条件，并反映结构与周围地层的相互作用，同时应考虑施工中已经形成的支护结构的作用。

(4)隧道衬砌结构设计应就其施工和正常使用阶段进行结构强度、刚度和稳定性计算，对于混凝土、钢筋混凝土结构还需进行抗裂验算或裂缝宽度验算。当计入地震等偶然荷载作用时，可不验算结构的裂缝宽度。

(5)隧道衬砌结构通常只按平面问题进行横断面方向的受力计算，遇下列情况时，还应对其纵向强度和变形进行分析：

①覆土荷载或基底地层沿隧道纵向有较大变化时；

②圆形隧道穿越重要建、构筑物或直接承受其较大局部荷载时；

③沿线地层变化显著时；

④地基沿纵向产生不均匀沉降时。

(6)区间隧道在结构、地基、基础或荷载发生显著变化的部位，或因抗震要求必须设置变形缝时，应采取必要的构造技术措施。同时，应合理设置施工缝、变形缝的位置和构造。结构的施工缝和变形缝应尽量避开可能遭受最不利局部侵蚀环境的部位。一般情况下，明挖区间现浇框架结构的变形缝在隧道中每隔60m左右设置一道。

(7)结构设计在满足强度、刚度及耐久性的前提下，应同时满足防水、防腐蚀、防迷流以及各设备工种的埋件设置等要求。

(8)隧道施工引起的地面沉降和隆起均应严格控制在环境条件允许的范围内，并根据周围环境、建筑物基础和地下管线对变形的敏感度，采取稳妥可靠的措施。当地铁穿越重要建筑物、地下管线、河流时，应根据实际情况确定允许沉降量，并因地制宜，采取有效措施。

二、区间高架结构

1.区间高架结构形式

1)桥梁结构体系与跨径

根据国内城市高架结构及国外高架轨道交通线路的设计经验，可供高架区间桥梁结构选用的标准桥梁结构体系主要有简支梁体系和连续梁体系。简支梁是一种最常用的桥梁结构体系。简支梁静定结构的特点决定它结构简单，同时支座不均匀沉降、收缩徐变等因素都不会引起内力的变化，也不会产生因预应力引起的次内力。特别是在软土地区，不均匀沉降相对较大，采用简支梁是较经济合理的方案。标准跨径的简支结构易于实现标准化、规模化的设计与施工，当局部墩位需调整时影响范围小，施工组织灵活。

高架区间的标准跨径由经济和景观要求确定。从经济性而言，根据轨道交通高架结构的上下部工程费用确定的经济跨径为25～32m。从景观要求而言，由于轨道梁的竖向刚度要求较高，需采用较大的梁高，适当加大跨径可以使梁高、桥跨与桥下净空之间比较协调，并提高桥下的通透性，改善景观。

2)梁型方案

高架区间结构采用的梁型有箱形梁、板梁、T形梁和下承式槽形梁等基本形式。

(1)箱形梁。箱形梁简称箱梁，箱梁是比较先进且被广泛采用的梁截面形式。箱梁截面整体刚度大，景观效果好，梁底所占空间尺寸小，下部工程量较省，是轨道交通高架结构常用的形式；同时其截面特性对曲线地段及在跨越较大的路口、河道时需采用的连续结构也更为适合，并且施工方法多样，可以就地现浇或预制节段整体拼装。箱形梁可选用的断面形式主要有单室双箱、双室单箱、单室单箱三种。

单室双箱断面桥梁结构的施工方法多为现场预制(沿线路设多处预制场地)，采用架桥机沿某一路方向架设预制箱梁，见图4-32。

双室单箱亦是国内外常见的断面形式，如图4-33所示。这种形式将左右两线的上部结构合二为一，整体性好，充分地利用了材料的受力性能，工程量较单室双箱方案为省，且上部质量的减轻对改善下部结构的受力也能起到一定作用。在景观方面，如采用斜腹板式的双室单箱截面，梁底宽度和墩顶盖梁的宽度都相应减小，视觉效果也优于单室双箱形式。

单室单箱形式的梁其受力性能不及双室单箱形式的梁优越，由于取消中间的腹板，顶板的弯矩增加，剪滞效应更为明显，外观也不及双室单箱形式流畅、舒展，见图4-34。

(2)板梁结构。板梁结构建筑高度低，外形简洁，结构简单，便于安装施工。预应力板梁的经济跨度为16～20m。板梁截面主要有空心板(图4-35)、低高度板(图4-36)和异形板。空心板梁每跨可以根据桥面宽采用4～8片拼装而成,而低高度板梁采用两片拼装,相对来说吊装

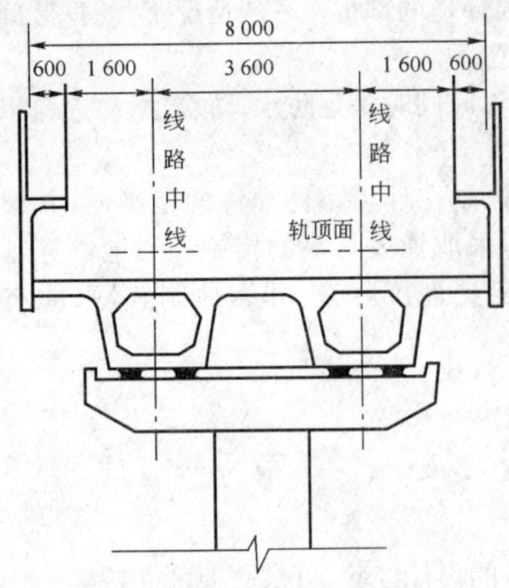

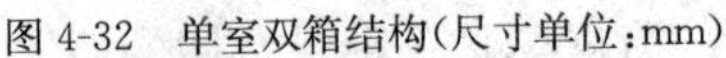

图4-32　单室双箱结构(尺寸单位:mm)

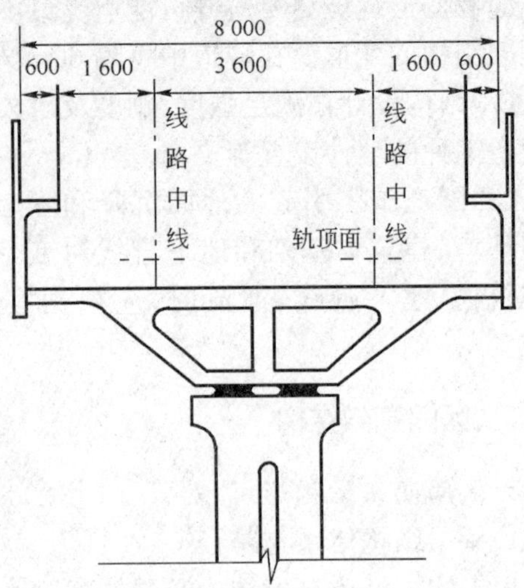

图4-33　双室单箱结构(尺寸单位:mm)

质量大。异形板梁在美观上占有优势,它采用单片梁形式,一般采用现浇施工,工期较长。从受力上讲,板梁的抗扭刚度小,对抵抗列车的偏载不利。

(3)T形梁结构。T形梁与箱形梁同属肋梁式结构,主梁一般采用工厂或者现场预制,可提高质量,减薄主梁尺寸,从而减轻整个桥梁的自重。每跨梁由多片预制主梁相互联结组成,吊装质量小,构件容易修复或者更换。同时,T形截面又是最经济的桥梁截面形式,该结构与箱梁相比可以减少25%左右的工程数量,经济效益显著。该结构形式如图4-37所示。

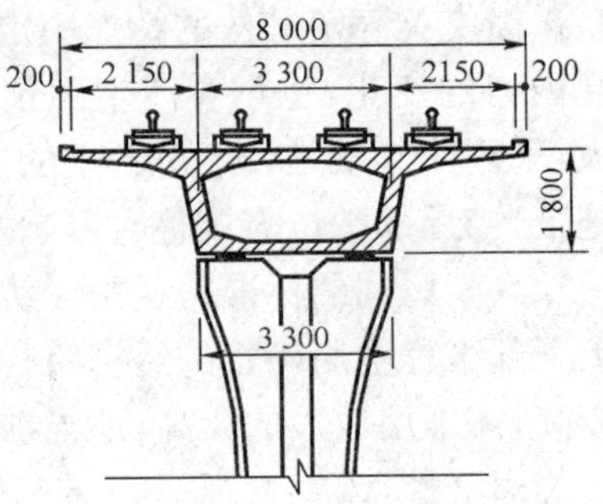

图4-34　单室单箱结构(尺寸单位:mm)

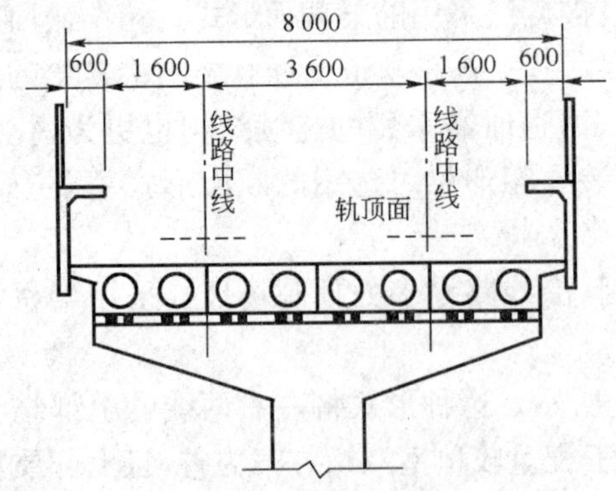

图4-35　空心板梁(尺寸单位:mm)

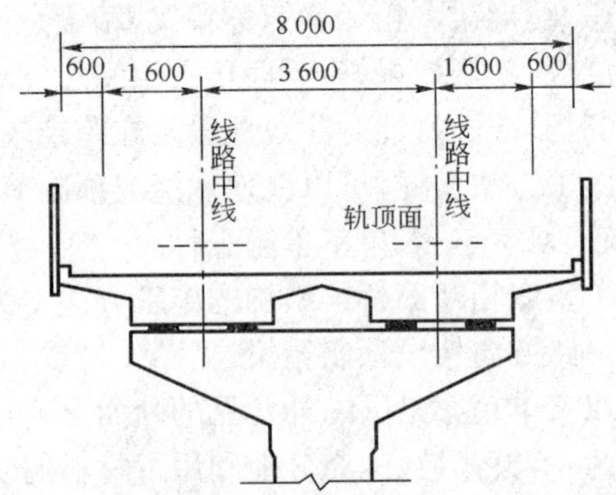

图4-36　低高度板梁(尺寸单位:mm)

(4)下承式槽形梁简支梁。图4-38为上海轨道交通4号线采用的下承式结构形式之一,其最大的优点是建筑高度低,且与跨度无关。在跨越横向道路而建筑高度又受到限制时,其特点尤为突出,可降低线路高程,而且两侧主梁可以作为电缆支架的基础并起到声屏障的作用,

所以截面综合利用率较高。但由于该截面形式不十分适宜承受正弯矩的作用，因此主体结构工程数量指标较高。根据上述特点，这种结构宜用于由地下转入高架的两端高架区间及建筑高度受限制的地段，其理由如下：

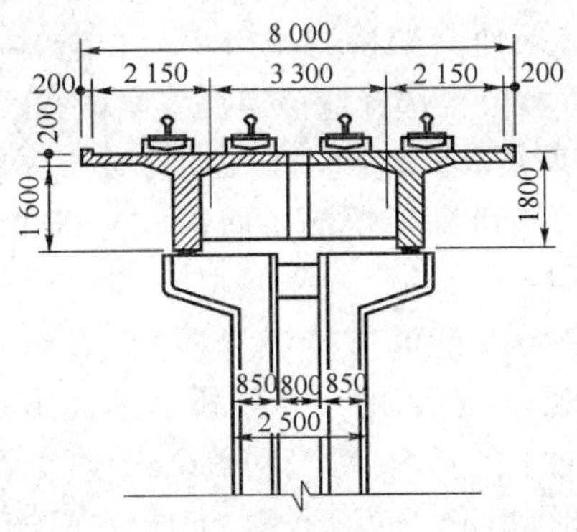

图 4-37 T 形梁(尺寸单位:mm)

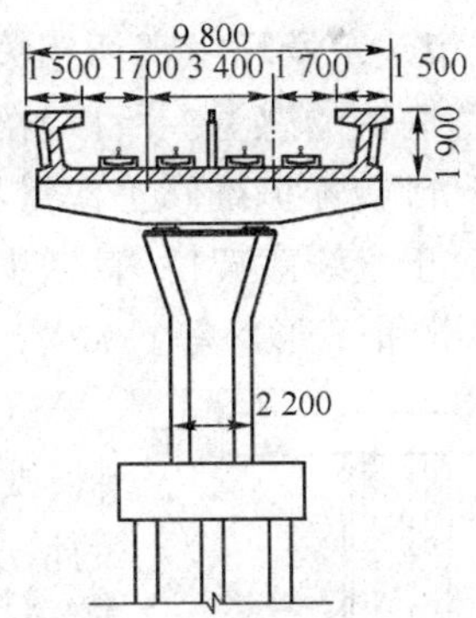

图4-38 槽形梁(尺寸单位:mm)

①由地下转入高架区间的区段位置靠近上海内环线高架道路，环保要求较高；

②该结构轨下建筑高度低，可以减少敞开段的填土高度及早进入高架区间，平面布置与敞开段匹配，过渡自然平顺；

③在由地下转入高架的区段中，由于受到横向道路的净空要求，一般都需尽快达到预定高度，因而造成纵坡较大，甚至限制了该区段桥下的净空，而槽形梁结构可以较好地缓解这一矛盾。

3)一体化高架结构

一体化的高架结构是指轨道交通与公路高架一体化的高架结构，如图 4-39 所示。其中间为轨道交通列车走行结构，上部为高架道路汽车走行结构。上海的共和新路高架是国内第一条一体化的高架结构，中间轨道交通区间结构梁采用单室单箱梁，上部道路高架区间采用的是 T 形梁。

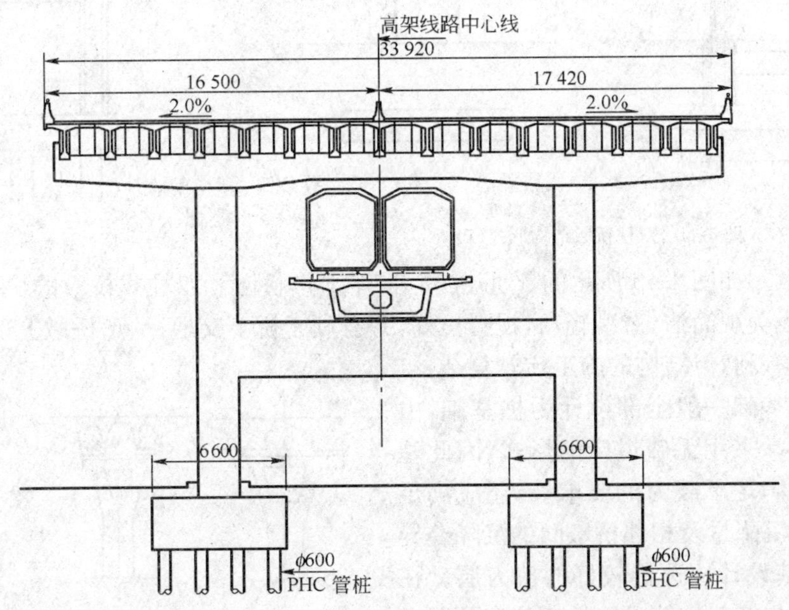

图 4-39 一体化高架结构(尺寸单位:mm)

4)桥墩基础结构形式

城市轨道交通高架桥的桥墩除必须承受上部结构的荷载外，还应考虑选择受力合理、体量较小，并与上部建筑风格相协调的形式。特别是高架桥多为跨线桥，常受地形、地貌、交通等限制，又与城市建筑及环境密切相关，其造型格外重要，必须使高架桥与城市环境和谐、协调，使行人能产生愉快的感觉。所以，桥梁下部结构形式及桥墩位置选择应该遵循安全耐久、满足交通要求、造价低、养护维修工作量小、预制施工方便、工期短、多留空间、少占地、城市环境和谐等原则。对于全线高架桥，宜减少桥墩的类型。适用于城市高架桥的桥墩形式有T形墩、双柱墩、V形墩和Y形墩等。

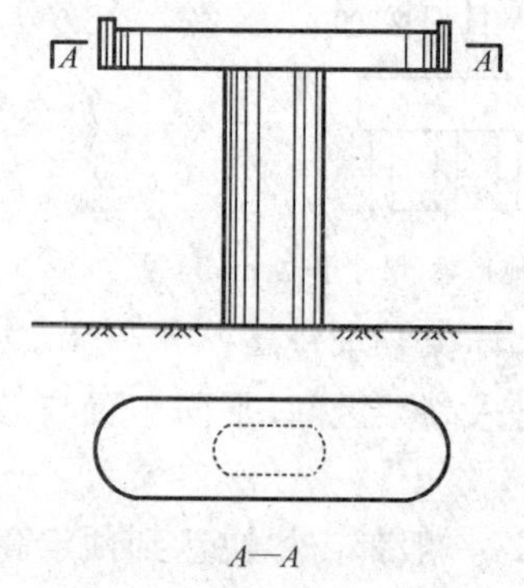

图4-40　T形桥墩

(1)T形墩台。T形墩台既能够减轻墩身质量、节约工程材料、减少占地面积，又较美观，特别适用于高架桥与地面道路斜交的情况。T形桥墩由基础之上的承台、墩身和盖梁组成，如图4-40所示。墩身截面一般为圆形、矩形、六角形等。大伸臂盖梁因承受较大的弯矩和剪力，可采用预应力混凝土结构。如将T形墩与区间T形梁、箱形梁、槽形梁等上部结构相结合，则上下部结构的轮廓线可平顺过渡、受力合理。

(2)双柱墩。采用双柱墩的桥墩质量轻，工程材料省，且承载能力和稳定性均较强，其盖梁的工作条件比T形桥墩的盖梁有利，无须施加预应力，常用的形式如图4-41所示。上海轨道交通3号线的双柱式桥墩设计为无盖梁结构，上部结构T形梁直接支承在双柱上，双柱上部设一横系梁，如图4-42所示。但是，双柱墩的美观性较差，透气性不好，占地范围大。

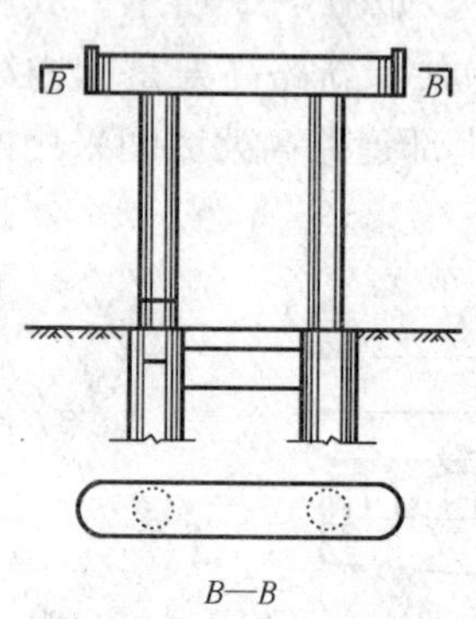

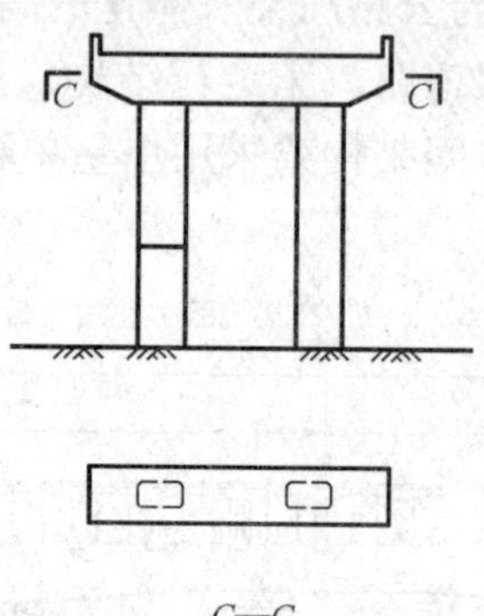

图4-41　双柱桥墩结构形式(1)

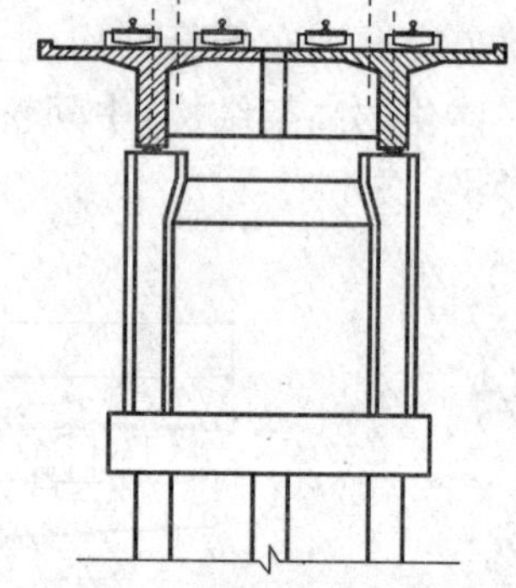
图4-42　双柱桥墩结构形式(2)

(3)Y形墩。如图4-43所示的Y形桥墩，兼有T形桥墩和双柱式桥墩的优点，质量轻，占地面积少，外表美观简洁，造型轻巧，视野良好，并有利于桥下交通；Y形桥墩上部呈双柱式，对盖梁工作条件有利，但结构的施工比较复杂。

高架工程基础一般全部设计为桩基础，由于轨道结构通常采用无碴道床的形式，因此基础的设计除应满足承载力的要求外，还应满足对桥墩基础的沉降量及相邻桥墩间的沉降差异值的控制；桩基设计应选择较好的持力层。在上海地区设计与施工均较成熟的桩基有预制方桩、PHC管桩及钻孔灌注桩等几种类型，选择

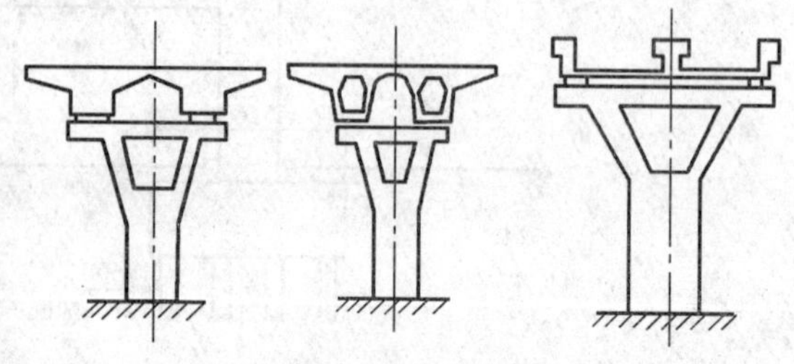
图4-43　Y形桥墩

时应根据周边环境的特点、持力层的深度、经济指标等因素加以综合考虑。由于PHC管桩具有工程造价低，施工速度快，质量易保证的优点，因此通常为设计桩基形式时的首选。但由于其施工作业时对周围环境会产生较大影响，特别是有重要地下管线及对施工振动和噪声有控制要求的区域往往考虑采用钻孔灌注桩。

对于墩台基础的沉降量及相邻墩台沉降量之差，不应超过下列容许值：

①墩台总沉降量50mm；

②相邻墩台沉降差20mm。

2.区间高架结构设计原则

区间高架结构的设计原则如下：

(1)高架结构设计应符合安全适用、经济合理、美观耐久、施工简捷的要求。

(2)高架结构设计应结合工程沿线区域规划、道路交通、周围环境、地下管线、工程地质条件等选择合理的结构体系，同时选用的结构应尽量减少运营中的维修和养护。

(3)结构设计力求工厂化、标准化、系列化。简化结构种类形式，方便设计和施工。桥梁跨径及形式的选择应根据城市景观、经济指标及施工条件等因素确定。

(4)高架结构的桥梁应考虑无碴、无缝长钢轨的轨道结构与桥跨相互约束而产生的纵向附加力。

(5)高架结构跨越道路或通航河道时，桥下净空应满足有关规范和相关专业技术标准的要求。

(6)单体高架的抗震设计应满足现行铁路的抗震规范。

(7)高架结构应满足供电、通信、信号、轨道、给排水、声屏障等有关工种工艺设计及埋件设置等要求，采取必要的构造措施，满足防水、防迷流、防锈等要求。

(8)桥梁总体设计要符合建筑原理，注意空间比例，建筑美学考虑要服从于结构的受力合理性。

(9)桥梁设计应因地制宜，积极采用新结构、新工艺，并广泛吸取国内外先进技术，便于机械化施工。施工方法应经济合理、成熟可靠，尽量减少对周边环境的影响。

第四节　供 电 系 统

一、电力牵引的电流制

城市轨道交通线路一般运行电力牵引的列车。从列车运行的技术要求来看，牵引列车的电动车辆或电力机车应具有如下特性：

(1)启动加速力(度)大而平稳；

(2)列车轻载时速度高，重载时速度低，使得列车无论是轻载还是重载都可以充分利用牵引电动机的功率；

(3)列车运行时容易调速，且由此引起的能耗较小。

电力牵引的技术质量和经济性，在很大程度上取决于电流制的选择。电流制的选择还影响到电气化轨道交通的应用范围和规模。

现有的电流制，按接触网的电流性质可分为4种：直流制、低频(率)单相交流制、工业频率单相交流制、三相交流制。各种电流制的频率与电压如表4-1所示。

各种电流制的频率与电压　　表 4-1

电气制		频率(Hz)	电压(V)
直流制		直流	600,750,1 200,1 500,3 000
交流制	单相	16(2/3)	11 000,15 000
		25	66 000,11 000
		50	6 600,16 000,20 000,25 000
		60	20 000,25 000
	三相	16(2/3)	37 000
		25	6 000

世界各国城市轨道交通系统的列车牵引主要采用直流制。

直流制的主要优点在于:电动车辆可以采用直流牵引电动机。直流牵引电动机构造简单,且运行可靠;采用再生制动也简单易行,更重要的是其牵引性能良好。现在广泛使用的直流串激电动机,在低速时牵引力大,高速时牵引力小,启动和调速均易实现,非常符合运营的需要。因此,各国城市轨道交通绝大部分采用直流制。

直流制的缺点:首先是由于电压较低,在输送较大功率时,接触网需要输送很大电流,这就会造成导线截面增大,牵引变电所间距缩短,变电所数目增加;其次是直流牵引变电所内机组设备复杂,单个变电所的造价较高,加上变电所数目增加、有色金属用量增加等因素,使得供电设施的工程造价显著增高。

二、供电系统的构成

城市轨道交通的供电系统是列车运行的动力源,它是由电力源、供电线路、主(降压)变电站、牵引变电所、降压变电所、接触网、电力监控系统、车站及区间动力照明系统、杂散电流防护系统、防雷设施和接地系统等部分组成。

城市轨道交通的供电系统各个组成部分关系如图 4-44 所示。

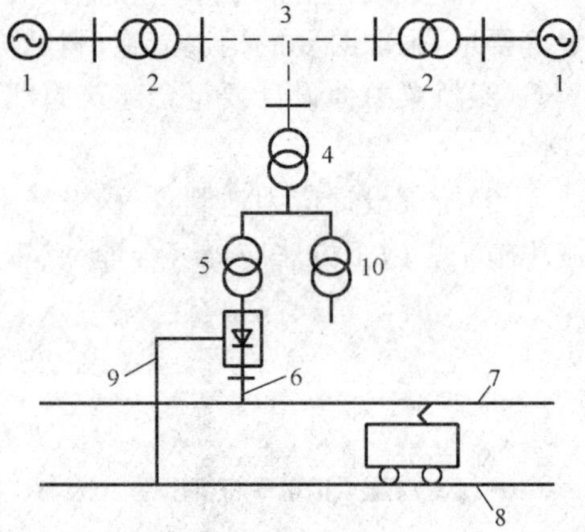

图 4-44　城市轨道交通供电系统

1-电力源;2-升压变压器;3-输电线;4-主(降压)变电站;5-牵引变电所;6-馈电线;7-接触网;8-走行轨道;9-回流线;10-降压变电所

1. 电力源及主变电站

城市轨道交通的电源可以来自国家电网或发电站(厂)。由于城市轨道交通系统位于城市区域内,这里有国家电力系统的区域变电站,因此多数城市轨道交通系统可从区域变电站得电,其电压一般为 10～35kV。

如果区域变电站的负荷有限,则需为城市轨道交通系统专设主(降压)变电站,将国家电网的高压(110～220kV)降为中压(10～35kV),并通过牵引供电网络将电能分配到每一个牵引变电所和降压变电所。

从发电厂(站)经升压、高压输电线到区域变电站(如可供轨道交通使用)或主(降压)变电站的部分,通常被称为供电系统的"外部供电系统",也称"一次供电系统";从主(降压)变电站及其以后的部分统称为"牵引供电系统"。

2. 输电线

电流经输电线从电站传送到用电地区。

电流 I 传送过程中会因导线电阻 R 的存在而产生能量损失(I^2R)及电压损失(IR)。如果功率不变,电压增加,电流就减小,所以,高压传输能量损失小;但是,电压提高,也会提高电线绝缘、支柱、升压变电所和降压变电所的费用。因此,传送电压需要进行综合技术经济比较。我国国家电网的传送电压为110~220kV。

输电线分为地下线与架空线两种。在设置架空线有困难的城市里,一般采用地下电缆。架空线是把裸导线悬在瓷瓶上,架在混凝土、金属或木制的电杆上。

架空输电线的悬挂高度最低要在地面上5~7m,以免造成危险。架空线跨越铁路和通信线路等时,悬挂高度应适当增加并采取防护措施。

两条输电线间的距离与电压大小有关。当电压为600~1 000V时为1m,电压为35kV时为2.4m。架空线电杆之间的距离随电压提高而增加。

3.牵引变电所

牵引变电所的任务就是将电力系统提供的三相工频交流电通过变压、变相或变流转变为本线电动车辆可用的电源。

根据电流制的不同,牵引变电所又分为直流牵引变电所和交流牵引变电所。城市内的地铁、轻轨网络多采用直流牵引制式,只有少数延伸至远郊的城市铁路(如中国香港九广铁路、日本东京常盘线等)为了与地区铁路共线运营则会采用交流牵引制式。

直流牵引变电所将中压电降压整流后变成供轨道交通列车使用的直流电源,再通过沿线架设的接触网供给运行中的列车,保证其运行安全、可靠。直流牵引变电所输出的电压取决于电动车辆类型,一般为550~1 500V,各国在不同时期形成了各种电压标准。现在,国际电工委员会拟定的直流电压标准为600V、750V和1 500V三种,后两种为推荐值。我国国标也规定为750V和1 500V,不推荐现有的600V。北京地铁采用的是750V直流供电电压,上海地铁采用的是1 500V直流供电电压。

4.降压变电所

城市轨道交通系统中,除了电动列车需要用电外,还有其他动力照明设备,如通风、空调、自动扶梯、排水、电灯等,都需要用电,它们需要的是工频220~380V的交流电。这些电则是通过降压变电所获得。每座降压变电所引入两路10~35kV电路,经配电变压器降压成0.4kV后,向车站的动力、照明负荷供电。

一般每个车站需设一座降压变电所,对于规模较大的车站、车辆段、停车场,可根据具体情况增设跟随式降压变电所。

在有牵引变电所的车站、车辆段、停车场,降压变电所与牵引变电所合建成牵引降压混合变电所。

每个降压变电所内设两台配电变压器,工作正常时轮换使用。当任何一台配电变压器发生故障时,另一台变压器能承担本所供电范围内的全部一、二类负荷。

在动力照明负荷中,按用途及重要性分为三类。

一类负荷:事故风机、消防泵、主排水泵、售检票机、防灾报警、通信信号、事故照明等。采用双电源、双电缆、供电末端自动切换、来电自动复位装置。

二类负荷:自动扶梯、局部通风机、普通风机、排污泵、工作照明、节电照明等。采用双电源、单电缆。

三类负荷:空调、冷冻机、热风幕、广告照明、维修电源。采用单电源、单电缆。

5.接触网

接触网是将牵引变电所的电源传送给电动车辆的导体。电动车辆通过受电弓(或受流器、集电靴)获得电能,驱动牵引电动机使列车运行。

为了保证列车可靠运行,接触网应满足以下要求:

(1)在任何气象条件下及最大行车速度时,都能够正常取得电流;

(2)接触网设备的构造要简单,损坏时能很快修复,损坏区域不致蔓延扩大;

(3)接触网要有高度的抗磨性及抗腐蚀性,使用年限长,以减少运营维修费用;

(4)能节省稀有金属,降低初期投资。

广义的接触网大体可分为接触导线(习惯称为接触网)及接触轨两大类。接触导线悬挂于轨道上方,接触轨位于轨道中部或侧面。

从安装形式上分,接触网可分为架空式和非架空式。从结构形式上分,接触网可分为刚性接触网和柔性接触网。刚性接触网又包括架空刚性悬挂、第三轨、第四轨等接触轨。

图 4-45 是架空式接触网的例子。上海地铁采用这种方式受电。

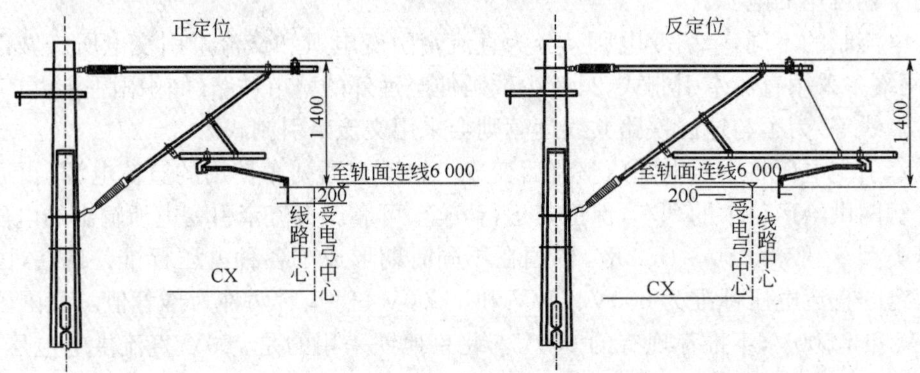

图 4-45 架空式接触网(尺寸单位:mm)

图 4-46 是接触轨的一种形式。北京地铁采用这种方式受电。接触轨安装于线路行车方

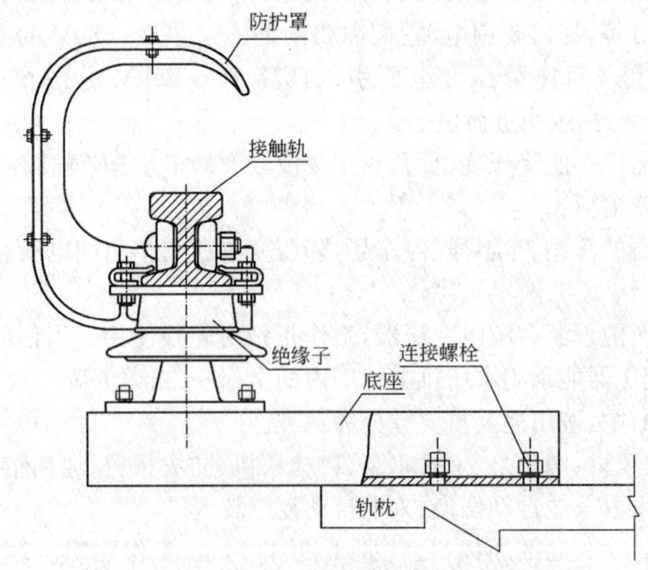

图 4-46 接触轨的一种形式(上部受电)

向的左侧,集电靴采用上部接触方式。此外,接触轨还有别的安装形式,集电靴可以从钢轨下部或侧面受电。

6. 电力监控与数据采集系统

电力监控与数据采集系统,也称SCADA(Supervisory Control and Data Acquisition),简称电力监控系统。它由设在控制中心的电力调度系统、通信通道和设在牵引降压混合所及降压所的综合自动化系统3部分构成。该系统主要完成对供电系统及设备运行状况的实时监控,为电力调度提供自动化管理手段,保证供电系统安全可靠地运行。

电力监控系统由控制中心电力调度系统(主站)、通信通道、变电所综合自动化系统(被控站)3部分构成(图4-47)。

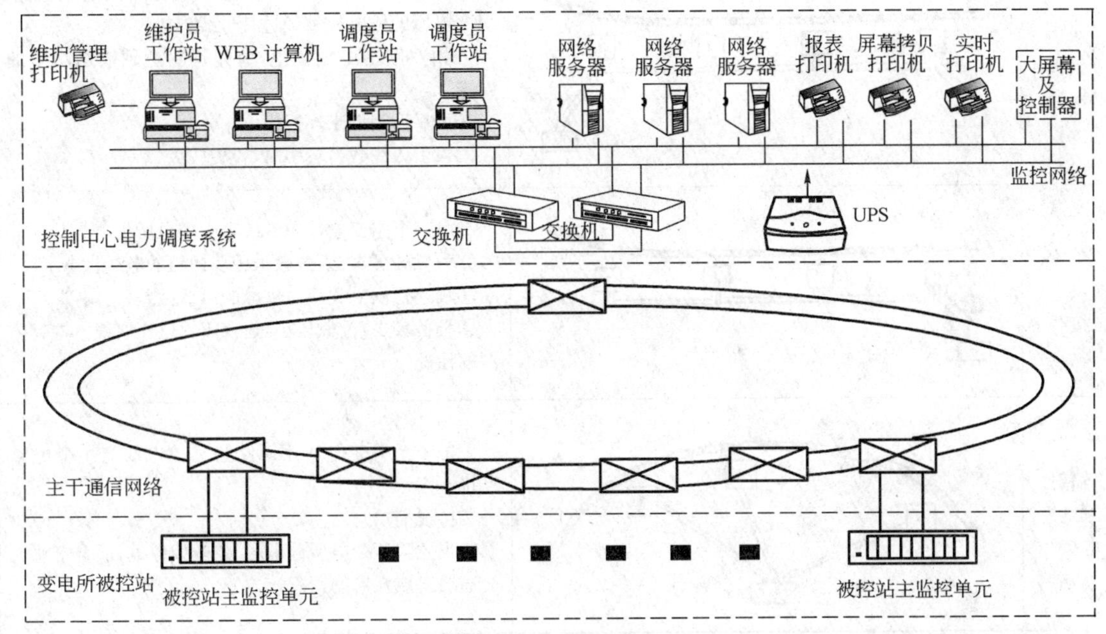

图4-47　电力监控系统示意图

电力调度包括模拟操作、遥控、遥信、遥测、调度事务管理、供电系统运行情况的数据归档和统计等;变电所综合自动化系统包括继电保护、自动装置和测量、控制、所内通信、远程通信、系统维护等。

三、供电系统的接线方式

1. 向牵引变电所供电的接线方式

由于城市轨道交通是大容量客运系统,中断运行会产生不良社会影响及巨大经济损失,因此所有城市轨道交通的牵引供电都属于电力部门供电的一级负荷,必须确保供电的可靠性。所以,牵引变电所均由两个独立的电源供电。

由于城市轨道交通线路较长,通常需要设置多个牵引变电所供电,加上沿线电源(区域变电站或主变电站)的分布情况不同,因此电源向牵引变电所供电的接线方式可有多种,一般可分为环行供电接线、双边供电接线、单边供电接线、辐射形供电接线4种基本类型。其接线图式及主要特点如表4-2所示。向牵引变电所供电的实际接线方案通常是这些基本接线图式的组合。

向牵引变电所供电的基本接线方式 表 4-2

类型	基本接线图式	特　点
环行供电接线	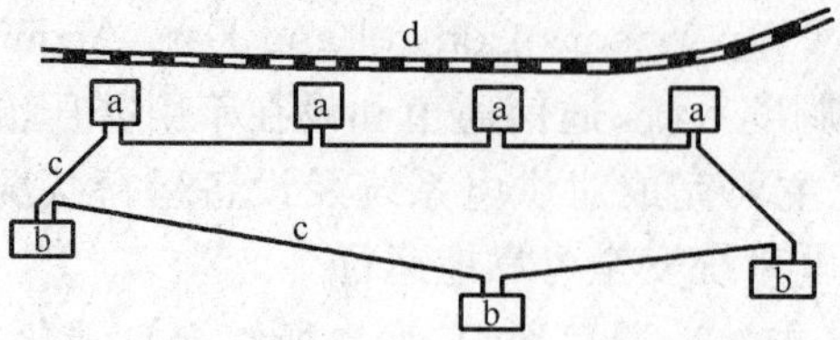	①由两个或两个以上主变电站和所有牵引变电所用输电线连成一个环 ②可靠度高。当一路输电线和一个主变电站同时停止工作时，只要其母线仍保持通电，就不致中断任何一个牵引变电所的正常供电 ③投资较大
双边供电接线	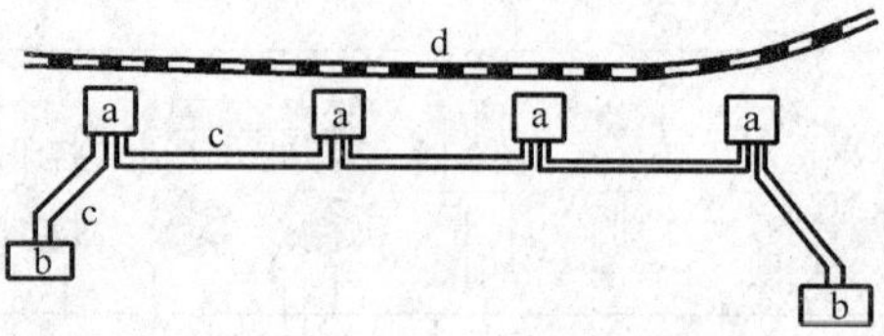	①由两个主变电站向沿线牵引变电所供电，通往牵引变电所的输电线都经过其母线连接 ②用双路输电线供电，每路均要达到输送功率的要求 ③可靠性稍低于环行供电 ④当引入线数目较多时，投资较大
单边供电接线	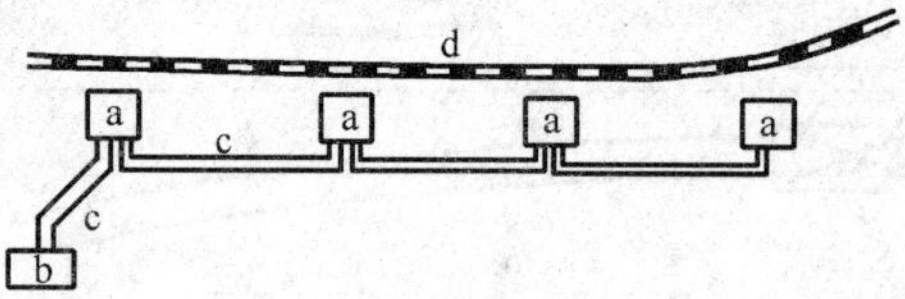	①由一个主变电站向沿线牵引变电所供电 ②为提高可靠性，一般采用双回路输电线供电 ③较环行供电和双边供电的可靠性差 ④设备较少，投资较小，适合于轨道交通线一端有电源的情况
辐射形供电接线	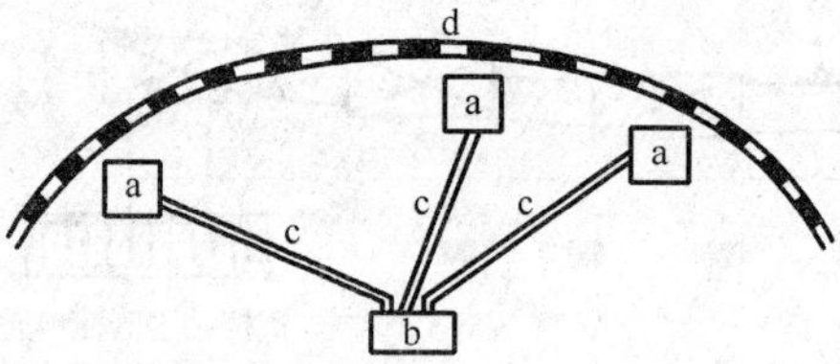	①每个牵引变电所用两路独立输电线与主变电站连接 ②接线简单 ③当主降压变电所停电时，将全线停电，适合于轨道交通线路成弧形的情况

注：图中符号 a-牵引变电所；b-主变电站；c-三相输电线；d-轨道交通线。

2. 向接触网供电的接线方式

与向牵引变电所供电的接线方式一样，向接触网供电的接线方式也有多种。常用的基本形式有单边供电、双边供电两种。

(1)接触网单边供电。如图 4-48 所示，电流沿接触导线及走行轨流过，列车全部由一个变电所供给电流。供电区段长度与电压大小有关，电压越高，供电区段距离越长。

(2)接触网双边供电。如图 4-49 所示，每个接触网分段由两个分布在两端的牵引变电所供电。列车电流来自两个变电所，因此变电所负荷比较均匀。

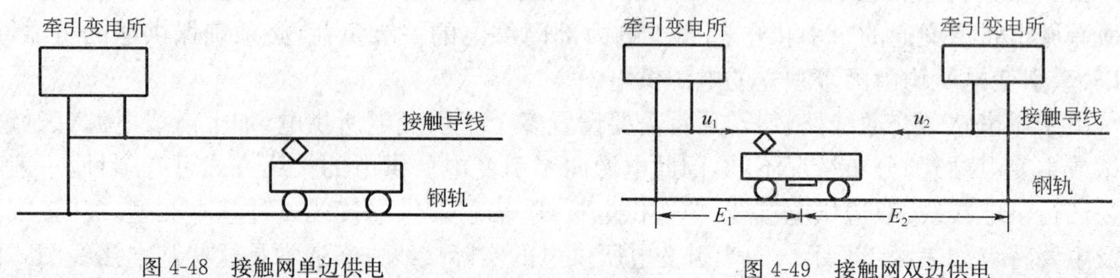

图 4-48 接触网单边供电　　图 4-49 接触网双边供电

四、牵引变电所的间隔和位置

牵引变电所的配置随轨道交通种类、电动车组功率、线路条件和运行状况等而不同,需要解决选址、间距、负荷量等问题。

1. 牵引变电所的间距

决定牵引变电所之间的距离需要考虑以下几个方面:

(1)电压降要在容许范围以内。

(2)由于接触导线和电动车组造成的事故,在供电电路发生短路事故等情况下,要能迅速、正确地检测出来,并能够断路。

(3)根据全部的变电所数目和各个变电所选址条件等,对工程费、运营养护维修费和功率损失等进行综合经济比较。

缩小变电所间距有利有弊。缩小变电所间距的有利方面是:电压降、功率损失减少;如果在相同电压降的条件下,接触导线的电流负荷量小,因而可降低工程费;回流线的漏泄电流减少;供电电路的保护比较容易。

缩小变电所间距的不利方面是:因变电所数目增加而增大工程费;单台设备的负荷能力一般较小,从而导致设备效率损失增加、养护维修费用增加等。

因此,为获得经济有效的变电所间距和数量方案,应对变电所和接触导线的工程费、变电所的养护维护费、功率损失等因素进行综合比较。

目前我国城市轨道交通牵引变电所设置的间距一般为 1.5～2km(DC750V)、3～4km(DC1 500V)。降压变电所在每个车站均需设置。

2. 牵引变电所的位置

牵引变电所的位置,在能够保证计算出的标准变电所间距的前提下,主要考虑以下条件选定。

(1)靠近适用的电源,能保证所要求的变电所间距,且不会出现电压降故障。

(2)尽量靠近供电区域内负荷的目的地。

(3)便于大型电器搬运。

(4)对附近区域产生的噪声影响较小。

(5)地基牢固,不会发生水害和流沙。

(6)优先选择废气和盐类等侵害小、地价便宜、优质冷却水供应充分的地点。

但是,在城市内要同时满足这些条件有时十分困难,可根据实际情况选择变电所的位置;特殊情况下也可以把变电所设在高架桥下或地面以下,近年来国外已有不少这样的案例。

第五章　城市轨道交通固定设施子系统之二

城市轨道交通站场包括各种车站和场段。车站是供乘客出入的场所，乘客在此购票、上车或下车；场段是列车停放、检修的场所，列车在此停放或进行编组、检查、维修、试车等作业。

第一节　车　　站

一、站场类型

1.车站类型

城市轨道交通车站都是为客运服务的。

车站相对于地面道路的位置关系可以是地面、高架或地下，相应的车站分别称为地面站、高架站及地下站。

根据车站客运作业的不同，可分为中间站、换乘站、折返站、越行站、接轨站、终点站等类型。

(1)中间站：仅供乘客乘降车之用的车站，其设施比其他各类车站都要简单。

(2)换乘站：能够使乘客实现从一线换乘到另一线的车站。它除了配备供乘客乘降车的站台、楼梯或自动扶梯之外，还要配备供乘客由一线站台至另一线站台的换乘设施。

(3)折返站：在车站内有尽端折返设备的中间站，能使列车在站内折返或停车。在该站到达的折返列车上的全部到达乘客都要下车，列车掉头后从本站出发的乘客再上车。

(4)越行站：每个行车方向具有一条以上站线(含正线)的中间站，其中靠近站台的站线供本站停靠的列车使用，离站台稍远的站线供非本站停靠的越行列车使用。

(5)接轨站：位于轨道交通线路分岔处的车站，可以在两个方向上接车和发车。

(6)终点站：位于线路起、终点处的车站。在终点站，所有乘客必须全部下车；该站除了供乘客乘降车外，还用于列车折返及停留，因此终点站一般设有多股停车线。如果线路需要延长时，则终点站可作为中间站或折返站来使用。

上述各类车站如图 5-1 所示。

2.场段类型

城市轨道交通场段根据功能可分为运用停车场和检修车辆段。前者简称为停车场，后者简称为车辆段。车辆段根据其检修作业范围可分为定修段、架修段和厂修段。相关的作业内容见本章第二节。

二、中间站

1.功能与构成

中间站的基本功能是为城市轨道交通乘客提供乘(上)车、降(下)车服务。此外，根据车站所处位置的不同,还具有购物、城市景观等其他功能要求。

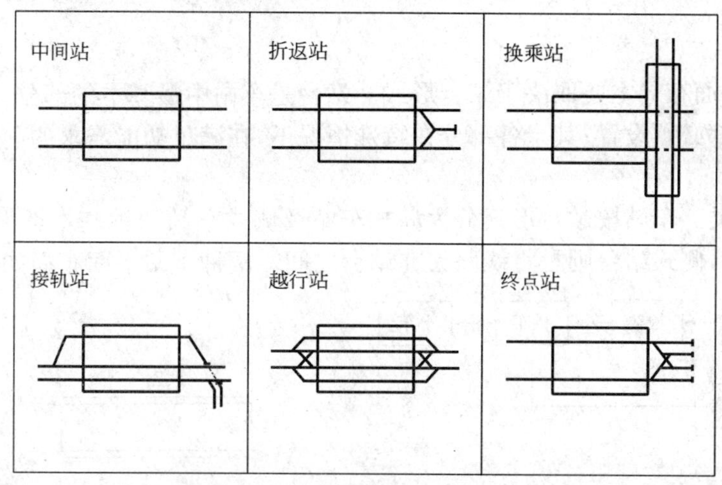

图 5-1 车站分类示意

中间站通常由 5 个基本部分构成。

(1)站台:供乘客乘、降轨道交通列车的场所,有些站台装有屏蔽门或安全门。

(2)车站大厅或广场:供乘客聚集或疏散的场所,有些车站还有相当规模的商业空间。

(3)售票厅:为乘客出售车票的场所。当采用自动售检票设施后,售票大厅可以化整为零,只需保留少数补票窗口即可。

(4)轨道交通企业专用空间:如车站办公室、仓库、维修设施及行车轨道等。

(5)出入口通道。

当车站位于地下时,还会有自动扶梯、楼梯、通风道、风亭和其他附属设施。

车站主体按功能的不同,通常在设计中分为两大部分。

(1)乘客使用空间

乘客使用空间又可分为非付费区和付费区。非付费区是乘客购票并正式进入车站前的活动区域,一般应有较宽敞的空间,根据需要可在这里设售检票设施、银行、公用电话、小卖部等设施。付费区包括站台、楼梯、自动扶梯、导向标志等。

(2)车站用房

车站用房包括运营管理用房、设备用房和辅助用房三部分。运营管理用房是车站运营管理人员使用的办公用房,主要包括站长室、行车值班室、业务室、广播室、会议室和公安保卫室等;设备用房是为保证列车正常运行、保证车站内环境条件良好和在发生灾害情况下乘客安全所需要的用房,它主要包括通风与空调用房、变电所、综合控制室、防灾中心、通信机械室、自动售检票室、冷冻站、配电室等;辅助用房是为了车站内部工作人员正常工作生活所设置的用房,主要包括卫生间、更衣室、休息室、茶水室等。

2. 总体布局

城市轨道交通中乘客在车站逗留时间较短,且没有行李积存与货物运输等业务。在中间站上,客流只有往返两个方向,因而乘客在站内活动形成的客流线及车站服务设施都比较简单。

车站总体布局应按照乘客进出车站的活动顺序,合理布置进出站的流线。流线宜简捷、顺畅，尽可能使流线不相互干扰，为乘客创造便捷的乘降环境。乘客进、出站活动流线如图 5-2 所示。

1)平面布局

中间站的平面布局主要取决于站台形式。站台是车站中最基本的部分，不论车站的类型、性质有何不同，都必须设置；其余各部分在特殊情况下，在满足功能需求的前提下，可能会被省略或部分省略。

(1)站台分类。车站按站台形式分为岛式车站及侧式车站两种基本类型。岛式站台位于上下行线路之间，侧式站台则是将线路夹在站台之间。两种车站平面布局如图 5-3 所示。

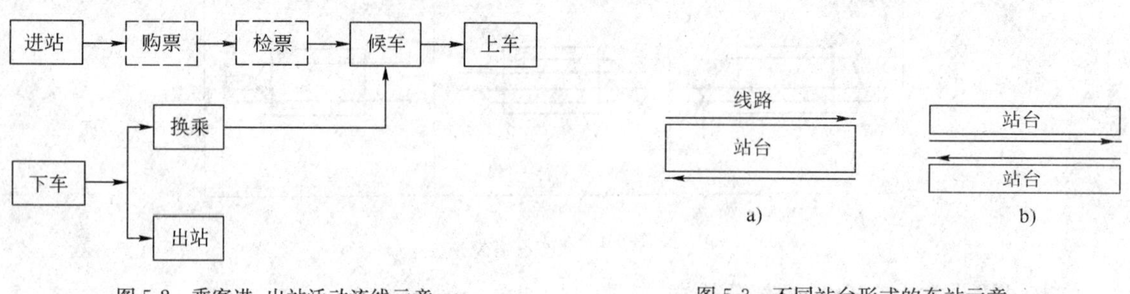

图 5-2　乘客进、出站活动流线示意

图 5-3　不同站台形式的车站示意
a)岛式车站；b)侧式车站

①岛式站台。岛式站台位于上、下行线路之间，可供上、下行线路同时使用。在站台两端或中部有供旅客上下的楼梯通至地面或站厅层。当升降高度大于 5.5m 时，一般要设自动扶梯。

当区间线路为深埋(埋设深度在 12m 以上)时，通常采取盾构等施工方法将一条线建成两条独立的单线隧道。如果车站采用岛式站台，车辆宽度为 2.8m，车站上线间距(M)由站台宽度(B)决定，$M=B+2.9$(m)，见图 5-4(左)。区间线路的线间距一般等于车站处的线间距，以使区间隧道与车站隧道顺接。

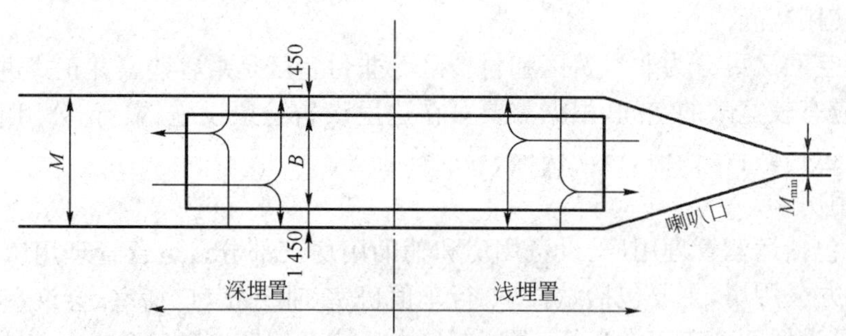

图 5-4　岛式站台与区间线路的连接示意(尺寸单位：mm)

当区间线路为浅埋(埋设深度在 12m 以内)时，区间隧道一般采用明挖或盖挖等施工方法建成双线隧道，这就要求区间采用线间距最小值。如果车站采用岛式站台，则靠近车站的地段必须将线间距加宽，形成一个喇叭状，见图 5-4(右)。

②侧式站台。站台位于线路两侧，线路一般采用最小间距在两站台之间通过。当区间线路为浅埋或高架时，因区间和车站处的线间距相同，故不需修建喇叭口，见图 5-5(右)。当区间线路为深埋时，由于区间两条单线隧道间要保持一定间距，此间距大于站上线间距，因此在车站两端需要修建渡线室，用来把车站处的最小线间距加宽到区间线间距，见图 5-5(左)。

侧式站台的最小宽度视其上有无立柱而定，一般为4～6m。因站台宽度较小，故不能在站台设置自动扶梯。因此，必须在车站的一端设置前厅，站台与前厅用楼梯相连，前厅的出口用自动扶梯与地面相联系；必要时，也可在站台中部设置出入口。

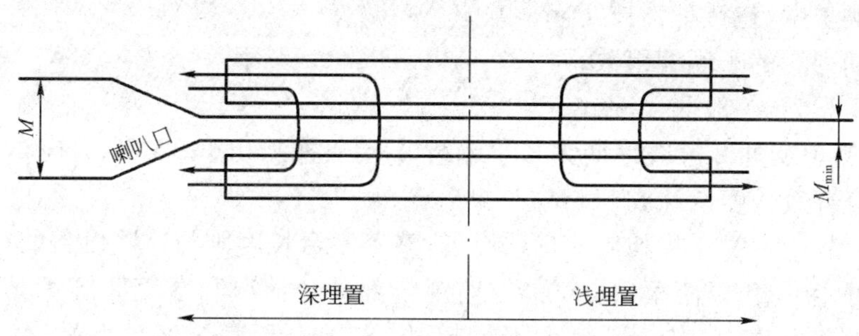

图5-5　侧式站台与区间线路的连接示意图

岛式站台与侧式站台相比较，在运营方面有以下优点：

①站台面积可以更充分地利用，因为当一个方向的乘客很多时，可以分散到整个站台宽度上；而侧式站台则不然，它会出现一个方向的站台很拥挤、另一方向的站台尚未充分利用的失衡情况。因此，两个侧式站台的宽度之和一般大于一个岛式站台的宽度。

②因所有的行车控制都集中在同一站台上，故运营管理比较方便。

③在站台的端部可借助于自动扶梯或楼梯直接通至地面，使得乘客上下很方便。

④对于乘错方向的乘客的折返也较为方便，若为侧式站台，则乘客折返时必须通过前厅或跨线设施转换。

⑤当车站的天花板为拱形时，站厅的最高部分正好在站台上方，故站厅在建筑艺术处理上较好；而用侧式站台时，站厅的最高部分位于线路上方，视觉效果受到影响。

由于岛式站台优点较多，因此国外现有的地下车站绝大多数都采用这种形式。例如，莫斯科地铁中除1座侧式站台以外，其余车站都采用了岛式站台。北京地铁1、2号线及上海轨道交通的绝大部分车站也都采用岛式站台。

然而，当车站位于地面或高架桥上时，修建侧式站台则是有利的。当车站位于地面时，站台上必须安装雨棚，站台外必须设围墙。在这种情况下，没有必要修建过渡线间距的喇叭口，同时，将乘客从站台上疏散出去也没有什么困难。当车站位于高架桥上时，将两条线路放在当中，可以使最大荷载位于桥梁结构的中间，便于增加结构稳定性及节省造价，旅客从两侧去站台也较方便。

在有些特殊的情况下，有可能综合上述两种形式，形成混合型的三站台式车站，即既有岛式站台又有侧式站台。从运营方面看，这种车站可以实现上、下客流的分流，即中央的岛式站台用于上车，而侧式站台用于下车。初看起来似乎应该能够大大缩短停车时间而提高线路通行能力，但由于乘客上车要比下车慢得多，因而停站时间减少量很有限，效果并不明显。从工程方面看，这种车站造价较岛式高出50%～100%，占地面积也明显增加，乘客的竖向输送设备布置尤其复杂。因此，三站台式车站用得极少。

(2)站台长度、宽度和高度。

①站台长度。站台是供乘客上、下列车的平台，设计中一般要保证所有车辆均在站台有效长度之内。站台有效长度是指乘客可以乘降的站台范围。站台有效长度由列车编组的计算长度决定。考虑到停车位置的不准确和车站值班员、驾驶员确定信号的需要，通常还预留一段停

车误差。随着车辆控制技术的进步，停车误差越来越小。其计算公式为：

$$L = nl + \Delta l \tag{5-1}$$

式中：L——站台有效长度，m；

l——车辆长度，包括车钩长度，m；

n——远期列车的车辆编组数；

Δl——停车误差，一般取 4～8m。

例如，上海轨道交通 2 号线远期为 8 节编组(4 动 4 拖)，动车 22.80m，拖车 22.14m，停车误差取 8m，站台有效长度设计成 186m。

站台两端一般还布置一些其他的车站设备，整个站台长度则与这些设备的布置方式有关。

站台应尽可能平直，以便车站员工能够监视全部站台情况和客流拥挤状况。站台边缘与车辆边缘的间距宜为 80～100mm，最大不得超过 180mm，以免乘客掉下站台。为此，站台乘降车部分的曲线半径一般不小于 800m。

②站台宽度。站台宽度应满足远期预测客流量、列车编组长度，站台上横向立柱数量，以及站台与站厅之间楼梯(自动扶梯)布置形式等因素的计算要求，并大于最小站台宽度。除了考虑正常的远期高峰小时客流使用空间要求之外，站台宽度还需要满足事故状态客流疏散时间小于 6min 的要求，相应的计算方法可参考《地铁设计规范》(GB 50157—2003)。

岛式站台宽度一般为 8～10m，侧式站台宽度一般为 4～6m。

③站台高度。站台高度是指站台面至钢轨顶面的高度，与车型有关。站台与车厢地板面等高，则称为高站台，一般 900mm；站台比车厢地板面低一两个台阶，称为中站台、低站台，一般为 650mm、450mm。采用高站台时，考虑到车辆弹簧的挠度，在车辆满载时，车厢的地板下沉量一般在 100mm 以内，故站台设计高度宜低于车厢地板面 50～100mm。

2)横断面形式

中间站横断面形式多种多样，见图 5-6。

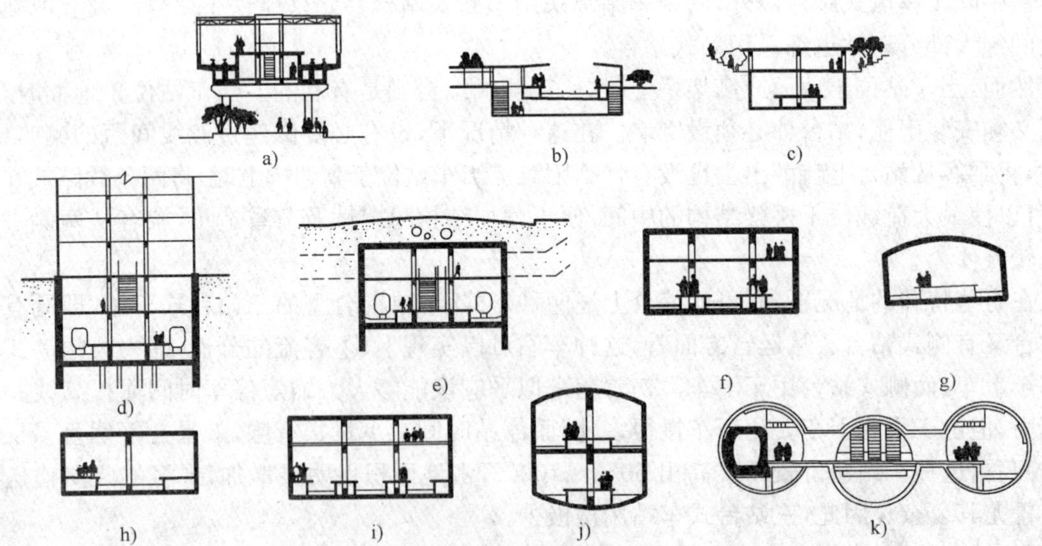

图 5-6　中间站横断面形式

a)高架式；b)地面式；c)半地下式单桩双跨；d)浅埋式；e)深埋，双柱三跨岛式；f)双柱三跨双岛式；g)单拱岛式；h)单层单柱双跨侧式；i)双柱三跨岛侧混合式；j)双层单柱双跨岛式；k)塔柱式地下中间站常用的两种横断面形式是矩形箱式和椭圆形，如图 5-7 所示。

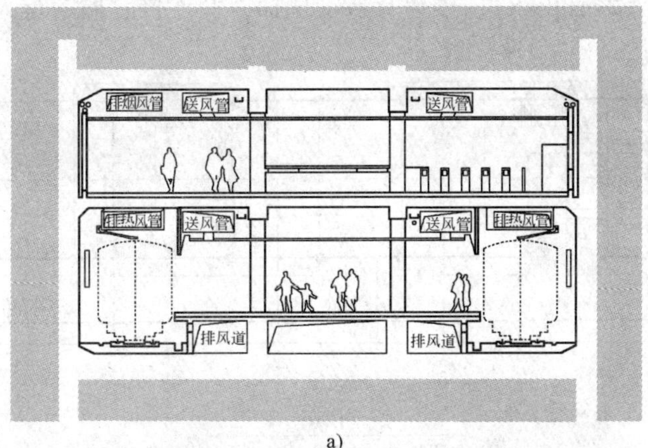

a)

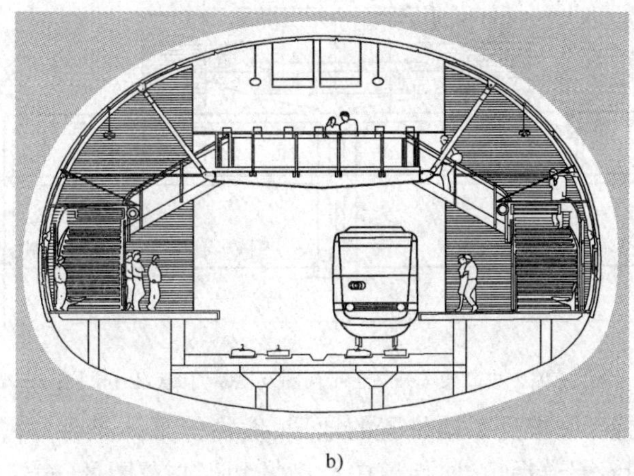

b)

图 5-7 矩形箱式和椭圆形车站横断面

高架车站的横断面形式一般要结合所在的道路及周围建筑物的情况综合设计。图 5-8 是道路中央高架车站平面图及横断面的一种图式。通常，为避免车站端部出现喇叭口和方便道路两侧乘客乘降，多采用侧式站台。

3)跨线设施及竖向交通

(1)跨线设施。由于城市轨道交通列车的速度快、密度高，要求整个线路封闭程度高。考虑乘客候车安全，侧式站台上、下行线间加防护栏杆隔开，所以有上下行越线问题。行人过街也同样有越线问题。

对地面站来说，除了客流量特别小的情况外，一般均需设跨线设施。地面站的跨线设施可以是天桥或地道两种方案。天桥方案较经济，施工方便，对交通干扰少，应优先采用。

地下站一般为岛式车站，这时没有跨线问题。如果为侧式车站或岛侧组合车站，则利用地下一层设置跨线设施，也可以利用站厅解决各站台的联络问题。

高架站应该尽量利用高架桥面以下的结构空间实现跨线功能，也可以在解决高架站的垂直交通时，同时解决跨线问题。但要注意避开道路的交会路口，以满足道路上空的限高要求。如在高架桥上再设天桥，对于乘客来说会加重负担，安全感差，又占用较多高架站台面积，增加高架站结构的复杂性，提高了造价，也影响景观。

(2)竖向交通。地下站和高架站与地面的联系必然通过竖向交通来疏导乘客，天桥或地道跨线设施也需要竖向交通。竖向交通的设计要求位置适宜，路线便捷，宽度合理。

竖向交通的设计要素有出入口、楼梯及自动扶梯以及连接它们的行人通道。

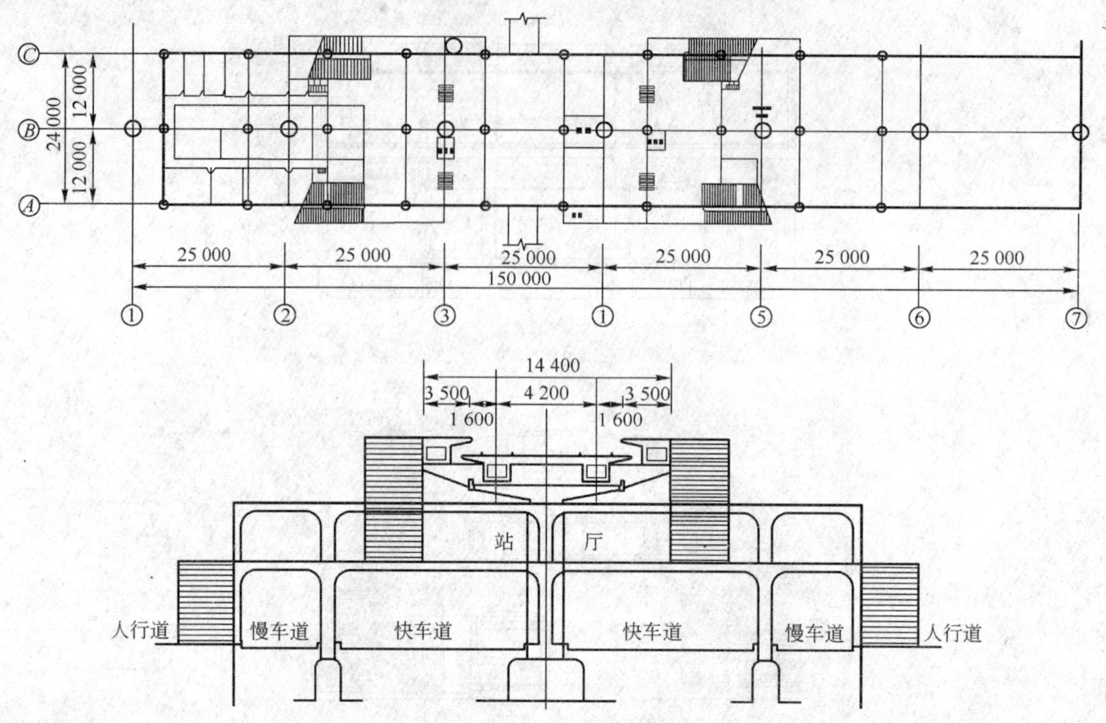

图 5-8　道路中央高架车站站台平面图及横断面图(尺寸单位:mm)

地下站的出入口位置，应根据车站位置的地形、地物等具体条件，并满足城市规划和交通的要求，可设在人行道上、街道拐角处、街道中心广场和街心花园处、建筑物内和建筑物边。地下站的出入口及通道的数目和宽度，应根据该地区的具体条件和客流量确定，并考虑紧急情况下，站台的乘客和停在列车内的乘客必须在 6min 内全部疏散出地下站并上到地面。出入口及通道宽度，应根据高峰小时客流量计算确定，采用宽度一般不小于 2m，最小不得小于 1.5m。地下通道净高一般为 2.5m 左右，见图 5-9。

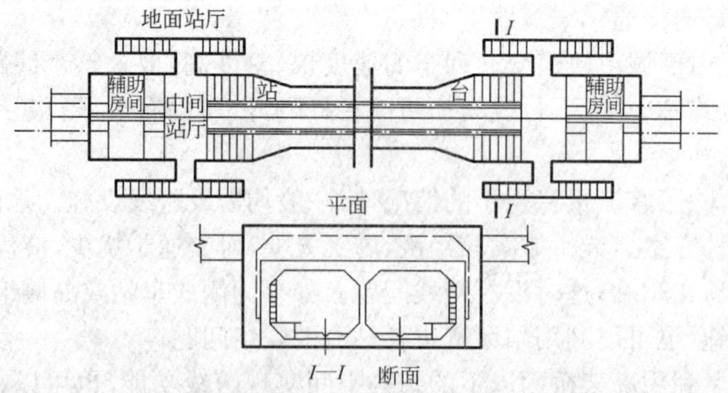

图 5-9　双跨地下侧式车站平断面图(浅埋地铁车站)

高架站的竖向交通布置，通常有两种方式：一种为街道两侧布置垂直交通，经天桥进入高架车站，即天桥进出方式，见图 5-10；另一种是利用桥下空间，由楼梯通向休息平台，再向两侧高架站台或通向岛式站台，即为桥下进出方式。

3. 站房及主要设备

车站站房的组成应根据运营管理的要求决定。如果运营管理采用上车购票或车站自动售票，则车站可为无人管理方式，车站可以不设站房，而只设风雨棚；否则，应设售票房。在无人管理的车站，通常需要配备集中监视的闭路电视系统，以弥补管理上的不足。当车站位于地下时，会增加环控、排水、防灾等设施，使得车站规模增大，设备布置也更为复杂。

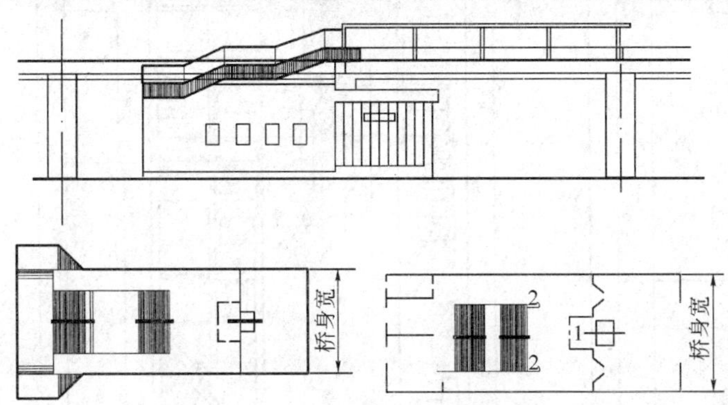

图 5-10　某高架车站天桥进出方案

1-售票处；2-检票处

图 5-11 为典型的地下站设备布置示意图。该例为二层的地下中间站，由于技术上的要求或为了运用上的便利，有些设备需要布置在站台层面上，而与运营管理不直接相关的设备可以布置在站厅层或地面。主要设备内容及其用房规模如表 5-1 及表 5-2 所列。

表 5-1 列出了站台层上的设备及其用房面积，合计面积约为 1 100m²，除了设在站台有效长范围内约 600m² 之外，站台之外约有 500m² 设备布设空间。表 5-2 列出了站厅层的主要设备及用房面积。

地下标准站站台层上主要设备及其用房面积参考表　　表 5-1

代号	名　称	面积(m²)	代号	名　称	面积(m²)
8	人行楼梯、电梯	100×4	46	电梯机房	7
25	1301(自动灭火系统)室	12×2	47	蓄电池室	30
26	配电室	12×2	48	SCADA(电力监控)室	12×4
35	清扫室	12	49	车站回排风室	30×2
40	库房	12	50	降压变电所	120+150
42	雨淋阀室	8×4	51	迂回风道断面	44×2
43	副值班室	20	53	废水泵房	30
44	站台服务室	20	54	残疾人专用电梯	5
45	污水泵房	25			

地下标准站站厅层主要设备及其用房面积参考表　　表 5-2

代号	名　称	面积(m²)	代号	名　称	面积(m²)
13	车站值班员休息室	12	30	区间通风机房	310×2
16	防灾报警室	20	31	设备、管理用通风机房	60×2
17	信号设备室	60	32	环控电控室	60×2
18	车票分类/编码室	25	38、39	冷水机组、消防泵房	150
20	警务室	12×2	52	推力风机	84×2
29	环控机房	390×2			

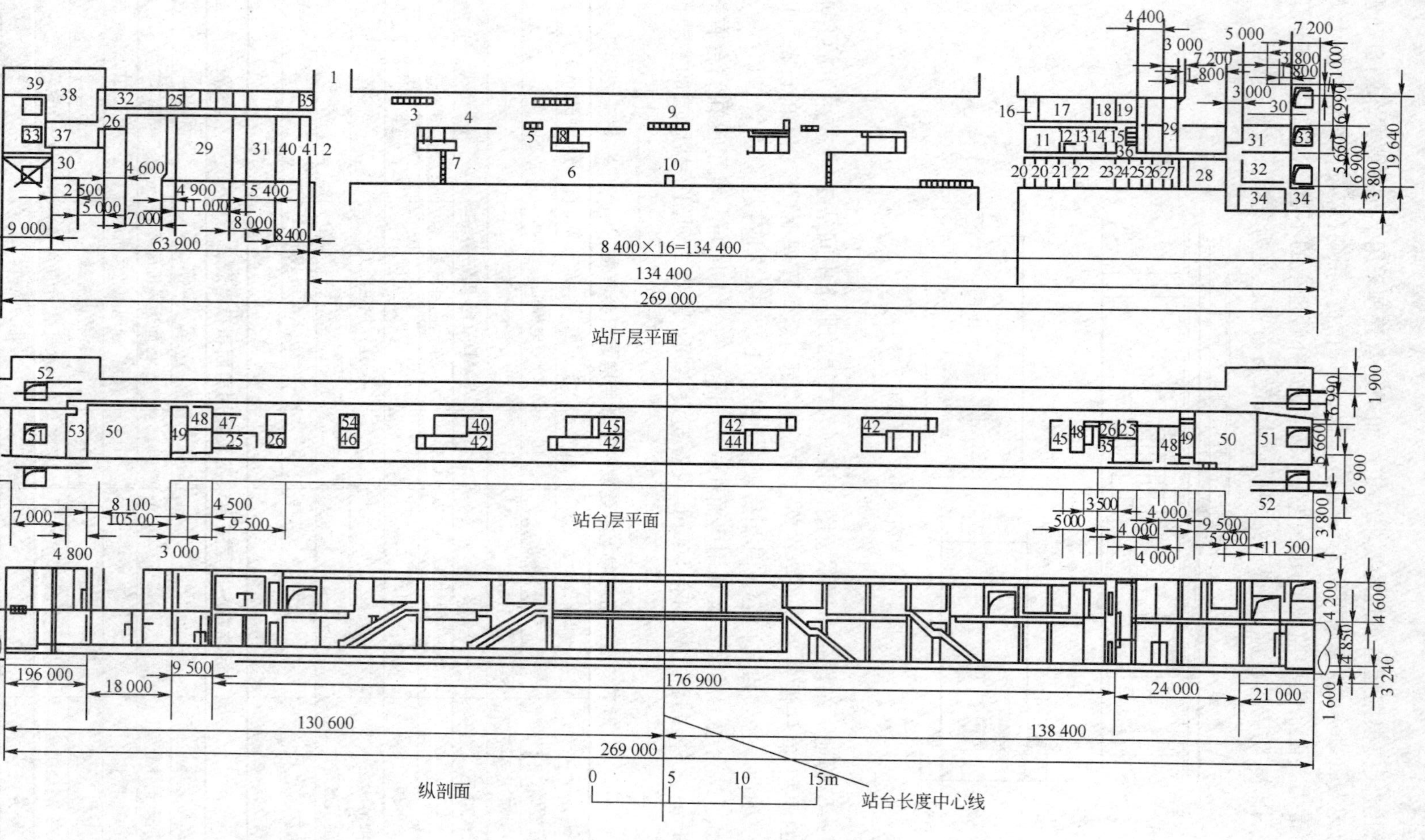

图 5-11　地下乙级标准站平面、纵断面示意图(尺寸单位：mm)

1-出入口通道；2-非付费区；3-自动售票亭；4-栏栅；5-自动检票机；6-付费区；7-自动扶梯；8-人行楼梯；9-监票厅；10-补票厅；11-车站控制室；12-站长室；13-车站值班员休息室；14-茶水；15-厕所；16-防灾报警室；17-信号设备室；18-车票分类编码室；19-票务室；20-警务室；21-通信仪表；22-电源设备；23- 通信设备；24-通信测试；25-1301 室；26-配电室；27-更衣室；28-会议、餐厅；29-环控机房；30-区间通风机房；31-设备、管理通风机房；32-环控电控室；33-吊装孔；34-站务；35-清扫室；36-管理人员专用电梯；37-消防泵房；38-冷水机组；39-水泵；40-库房；41-无障碍通道；42-雨淋阀室；43-副值班室；44-站台服务室；45-污水泵室；46-电梯机房；47-蓄电池室；48-SCADA 室；49-车站回排风室；50-降压变电所；51-迂回风道；52-推力风机；53-废水泵房

三、换乘站

换乘站是线网中各条线路的交叉点，是提供乘客转线换乘的场所。它除了供乘客乘降车之外，还要实现两线或多线车站站台之间的客流畅通。换乘站可以由中间站补充换乘设备而成，或者一开始就建成为供两条相交线路使用的联合车站。换乘站的形式与换乘方式密切相关。换乘方式分为同站台换乘、结点换乘、站厅换乘、通道换乘、站外换乘等类型。

1. 同站台换乘

同站台换乘是指乘客通过同一站台或相距很近的两个平行站台实现转线换乘，乘客只要走到车站站台的另一边即可换乘另一条线路的列车。对乘客来说，这当然是最佳方案，尤其是在客流量很大的时候。但这种车站往往要花费较大的工程投资。由于这种换乘方式要求两条线具有足够长的重合段，近期需要把车站预留线及区间交叉预留处理好，工程量大，线路交叉复杂，施工难度大，因此，应尽量选用在建设期相近或同步建设的两条线的换乘站上。

同站台换乘的基本布局是双岛式站台的结构形式，它可以在同一平面上布置，如图 5-12a)所示；也可以双层布置，如图 5-12b)所示。这两种形式的换乘站都只能实现 4 个换乘方向（A_1 与 B_1、A_2 与 B_2）的同站台换乘，而另外 4 个换乘方向（A_1 与 B_2、A_2 与 B_1）则要采用其他换乘方式。

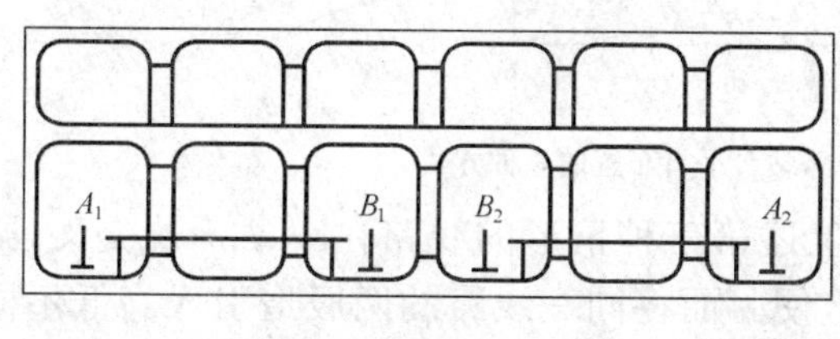

a)

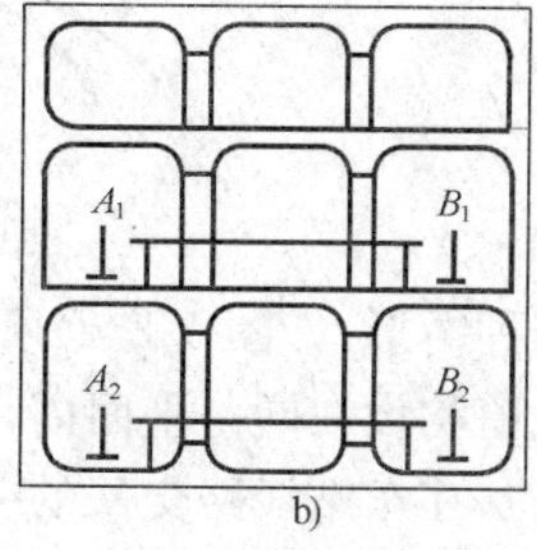

b)

图 5-12　同站台换乘车站形式示意图

a)同一平面布置；b)不同平面布置

将两条交叉的线路在站上设于彼此平行的位置，且运营时不相互干扰，就要求在出站时两线之间立体交叉。线路交叉的方式不同，会对线路长度、曲线数目及交角、线路坡度等产生不同的影响。线路交叉的方式很多，下面列举较常遇到的 4 种情况（图 5-13）加以分析。

第一种情况：如图 5-13a)所示。当线路在车站两端交叉时，则 A 线及 D 线的两个隧道必须在两处从 B 线、C 线的下方穿过，穿过地点离车站较远，故使线路延长较多。然而，由于在同一方向的两股道是并列设置的，并且在它们之间设置站台，这样就可以极方便地在最可能的换乘方向 A 线与 B 线之间或 C 线与 D 线之间进行换乘，

第二种情形：如图 5-13b)所示。若线路在车站一端交叉时，则相交线路的展线较短，路线运营指标较好，但 A 线与 B 线之间及 C 线与 D 线之间换乘均不方便，因为在同一方向的两股道之间，夹有一条另一方向的线路，为要跨越，必须用天桥或通行隧道跨过这一股道，当客流很大时这样做是不合适的。

第三种情形：如图 5-13c)所示。B 线及 C 线的两股道在车站范围内正好位于 A 线及 D 线两股道的上方，而且两个方向相同的股道正好位于同一竖直平面内。在这种方案中，线路在车站两端交叉没有任何困难，因为在车站上线路 A、D 及 B、C 的各股道之间高程差相当大，所以交叉点可在车站附近，展线不多。

朝最可能方向换乘的旅客，需要从车站的一层走行到另一层，但如果换乘设备布置得紧凑的话，这也不会引起太大不便。

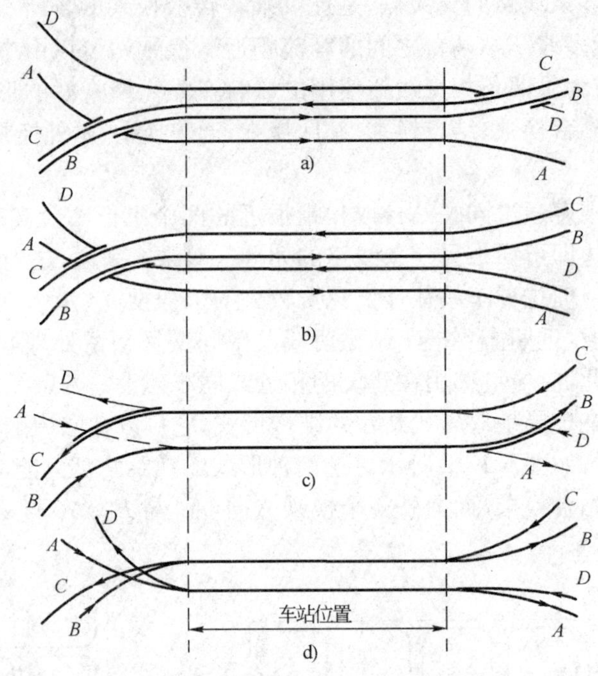

图 5-13　两条线路站台平行布置的 4 种方式

第四种情形：如图 5-13d)所示。如果上述第三种情形的线路在车站一端交叉，则同一方向的两股道均设在同一平面内，换乘较为方便。而将同一线路的两股道引入高低不同的两个水平面以及在车站线路交叉的一端上立体布置 4 条离站的股道，都是极端困难的。因此，这种交叉方式不予推荐。

两平行线路不构成交叉，但两线在某站处相距很近，如果两线之间存在大量换乘客流，则可将这两站拉近，并可设计成同站台换乘站。如东京地铁银座线与半藏门线的换乘站——表参道站，其布置形式如图 5-14 所示。莫斯科诺金娜广场站、列宁格勒工学院站等也都属于该类换乘形式。

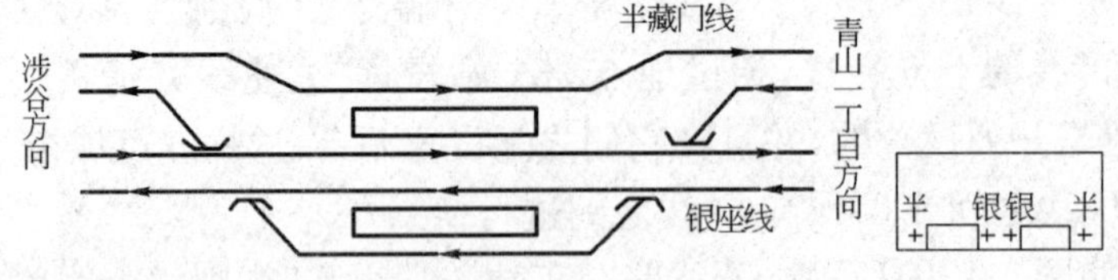

图 5-14　东京地铁表参道换乘站布置示意

由于每条轨道交通线路有上、下行两个方向，所以两条轨道交通线路之间的换乘组合有 8 个方向。在图 5-14 中，利用同站台可以实现的换乘方向只有 4 个，另外 4 个换乘方向则需通过高架桥或地下通道来实现，走行距离较远。为了使 8 个换乘方向都能进行同站台换乘，可以将两个同站台换乘站组合起来使用。其布置可采用图 5-15 的形式，让其中 4 个方向在一个车站同站台换乘，另外 4 个方向在下一个车站同站台换乘，这样 8 个换乘方向上的换乘距离都很短。例如，香港地铁荃湾线和观塘线，利用其共用的太子站和旺角站的组合实现了 8 个换乘方向的同站台换乘，其车站站台采用图 5-16 的布置形式，两条线路在站间设置立体交叉，从而使所有换乘方向都能实现同站台换乘。

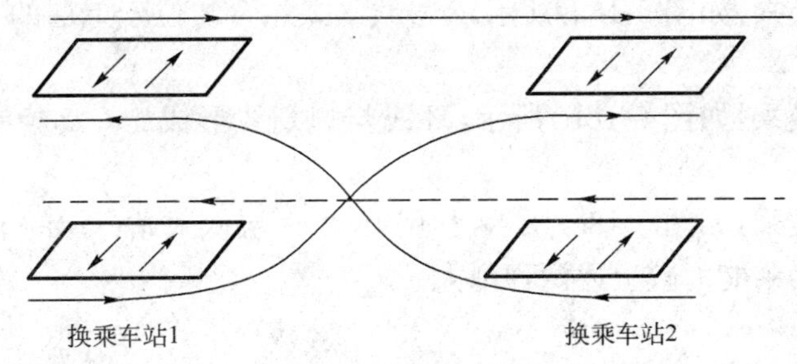

图 5-15　两个同站台换乘站的组合布置形式

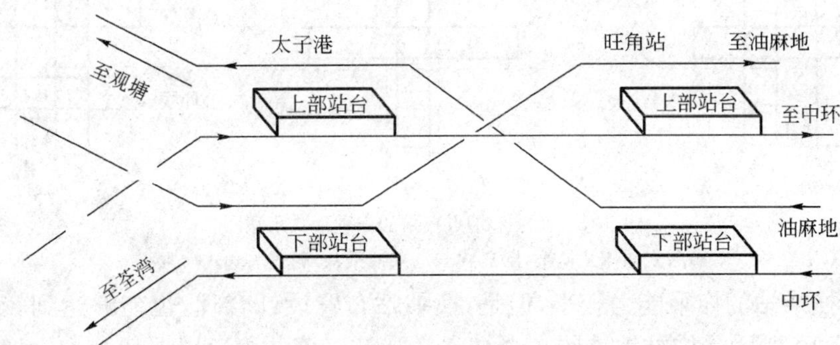

图 5-16　香港地铁太子站、旺角站的换乘布置示意图

2. 结点换乘

结点换乘是指在两线交叉处，将两线隧道重叠部分的结构做成整体的结点，并采用楼梯将两座车站站台连通，乘客通过该楼梯进行换乘，换乘高差一般为 5～6m。

结点换乘方式依两线车站交叉位置，有十字、T 形、L 形三种布置形式，见图 5-17。例如，北京西直门站为十字形，复兴门站为 T 形，积水潭站为 L 形。

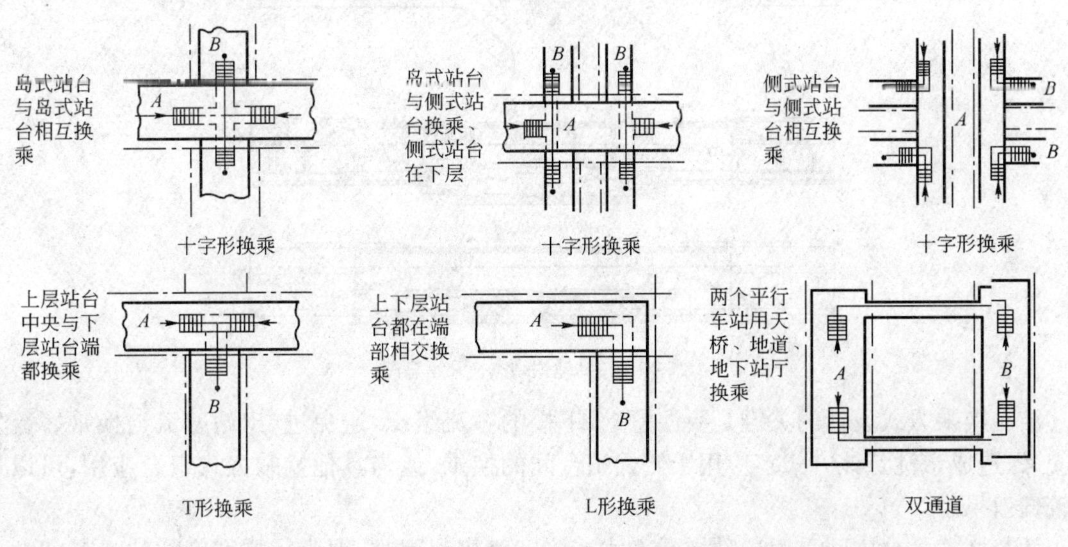

图 5-17　结点换乘形式示意图

结点换乘方式依两站的站台形式不同，有许多组合形式。以十字形换乘为例，常用的换乘站类型有：

(1)岛式与侧式换乘：如图 5-18a)所示，2 号线岛式站台与位于上层的 4 号侧式站台换乘，形成 2 个小换乘厅。

(2)岛式与岛式换乘：如图 5-18b)所示，环线与规划线形成岛—岛换乘，只有一个小换乘厅，换乘能力较小。

(3)侧式与侧式换乘：如图 5-18c)所示，利用上、下两层侧式站台层的十字交叉点形成 4 个换乘厅及换乘通道，换乘能力较上述两种都大。

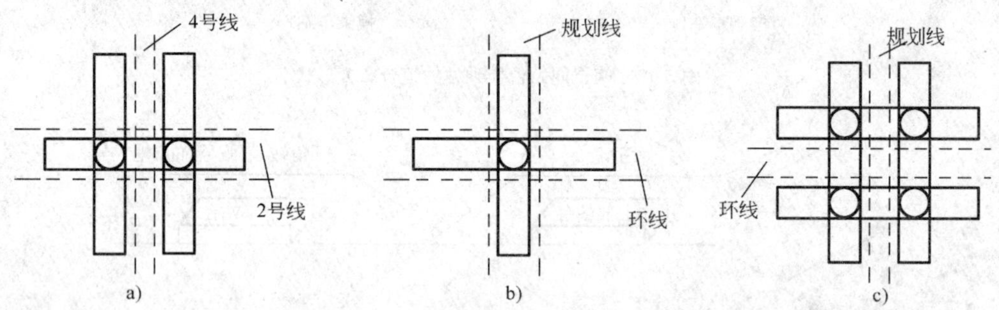

图 5-18　十字形结点换乘的三种形式示意图

a)岛式与侧式换乘；b)岛式与岛式换乘；c)侧式与侧式换乘

一般结点换乘站的换乘能力较小，但是，换乘站布置设计合理，也能够达到较大的换乘能力。例如，图 5-19 所示是柏林地铁的一个结点换乘站。该站为三层框架结构。地下一层设有 4 个通向地面的出入口，以吸引和疏散不同方向的客流，并设有直接通向地下二层站台和地下三层站台的自动扶梯。两条地铁线路呈十字形交叉，车站站台都采用岛式站台，两个岛式站台通过换乘楼梯相连接，实现不同线路之间的换乘。

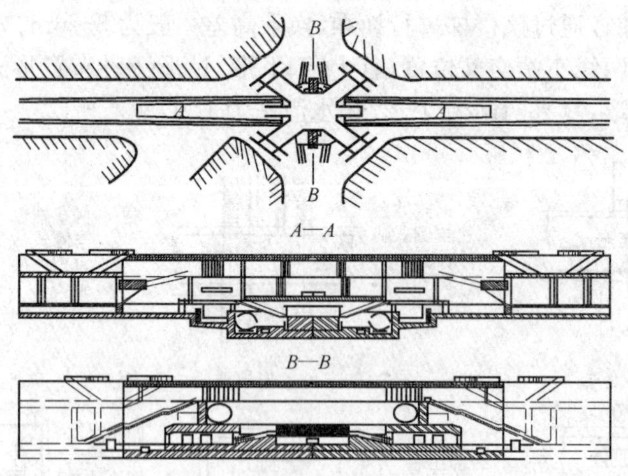

图 5-19　柏林地铁结点换乘示意图

结点换乘方式设计的关键是要注意上、下楼的客流组织，避免进、出站客流与换乘客流发生交叉、造成紊乱。该方式多应用于侧式站台间的换乘，或与其他换乘方式组合应用，可以达到较佳效果。

两个岛式站台之间采用这种换乘方式连接一般较为困难，因为楼梯宽度往往受岛式站台总宽度的限制，其通行能力难以满足换乘客流需求。如果两条交叉线路的高差足够大，那么可以采用两个车站十字形塔式交叉，两站台之间用双层式梯阶相连接。

结点换乘方式的结点要求一次做成，预留线路的限界净空及线路位置受到制约，这就要求预留线要有必要的研究设计深度，避免预留工程不到位或过剩等不良现象的产生。

3. 站厅换乘

站厅换乘是指乘客由一个车站的站台通过楼梯或自动扶梯经由另一个车站的站厅或两站的共用站厅到达另一车站站台的换乘方式。乘客下车后，无论是出站还是换乘，都必须经过站厅，再根据导向标志出站或进入另一站台继续乘车。由于下车客流只朝一个方向流动，减少了站台上人流交织，乘客行进速度快，在站台上的滞留时间减少，可避免站台拥挤，同时又可减少楼梯等升降设备的总数量，增加站台有效使用面积，有利于控制站台宽度规模。

站厅换乘方式与前两种方式相比，乘客换乘路线通常要先上(或下)、再下(或上)，换乘距离较大；若站台与站厅之间是自动扶梯连接，可改善换乘条件。

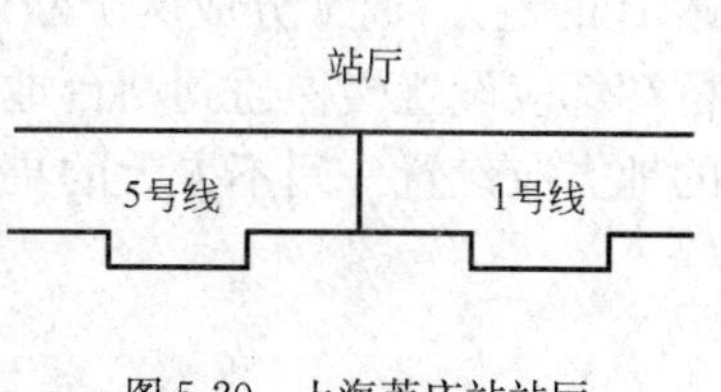

图 5-20　上海莘庄站站厅换乘形式示意图

上海轨道交通 1 号线及莘闵线(5 号线)的莘庄站，采用同层并列侧式站台形式，如图 5-20 所示，通过上一层共用站厅层来完成换乘。这种换乘方式有利于各条线路分期建设。

若浅埋线路与深埋线路交叉，则可按图 5-21 所示的方式修建换乘站。乘客换乘时可通过一个公用的地面站厅。这种换乘方式虽然较经济，但对乘客来说不方便，因为先要上升再要下降。较好的换乘方式是经过连接两个车站中心的一套换乘体系来换乘。此换乘体系包括：一座由浅埋车站至地下站厅的通行隧道，一个地下站厅(其地板下方为自动扶梯的机器房)，一座自动扶梯隧道及张拉室，一个小集散厅，几个通至深埋车站的通行隧道和通到车站股道上方的天桥，由天桥下至深埋车站站台的楼梯。这种换乘方式所经的距离最短，不必爬多余的高度。

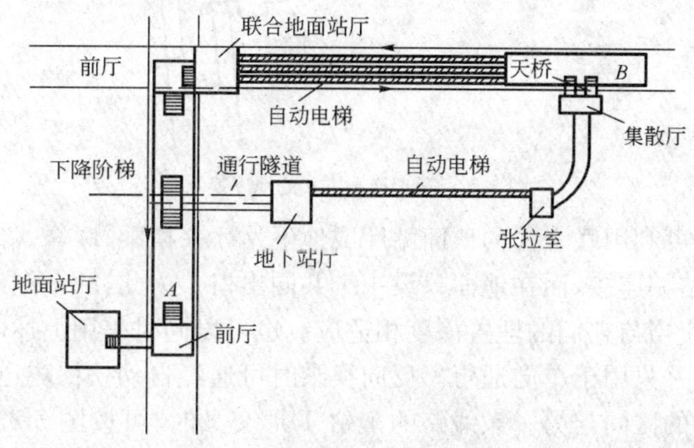

图 5-21　有联合地面站厅的换乘站

4. 通道换乘

在两线交叉处，车站结构完全分开，当车站站台相距稍远或受地形限制不能直接通过站厅进行换乘时，可以考虑在两个车站之间设置单独的连接通道和楼梯，供乘客换乘。这种换乘方式称为通道换乘。连接通道一般设于两站站厅之间，也可以从站台上直接设置。

通道换乘方式布置较为灵活，对两线交角及车站位置有较大的适应性，预留工程少，甚至可以不预留，容许预留线位置将来可以少许移动。通道宽度按换乘客流量的需要设计。换乘条件取决于通道长度，一般不宜超过 100m，这种换乘方式最有利于两条线工程分期实施，预留工程最少，后期线路位置调整的灵活性大。

下列两种情况下常采用通道换乘。

(1)当两条轨道交通线路在区间相交时，构成L形，两线上的轨道交通车站均应靠近交叉点设置，并用专用的人行通道相连接。例如上海1号线与2号线的人民广场站呈L形布置，2号线的地下二层站厅层与1号线的地下一层站厅层通过10m宽的地下通道实现换乘。图5-22所示是通道换乘方式的地下换乘站。在位置较高的车站A的站台中心安设双向梯阶或自动扶梯下降到人行隧道平面，该隧道在A站的站线下方穿过。供乘客双向走行的人行隧道，其宽度通常为7～7.5m，长度不应超过100m。人行隧道内应有斜坡，且应朝乘客走行较多的方向下坡。客流交叉的地点，人行隧道的断面应予加宽。此人行隧道在靠近位置较低的车站B的地方，通常分成两个断面较小的隧道，这两个隧道的出口处接有跨越站线的天桥，该天桥端部应设置楼梯通到站台地板面，楼梯则设在车站B的塔柱或立柱之间。在人行隧道分支的地方应设置一间不太大的集散厅，以便在其中将不同方向的客流分隔开来。

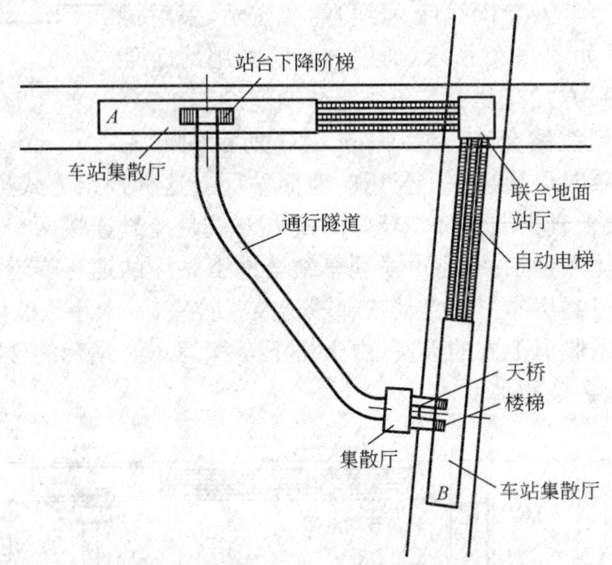

图5-22　通道换乘方式的地下换乘站

在条件许可时，可利用联合式的地面站厅或地下站厅来换乘，联合式地面(或地下)站厅用自动扶梯与两个车站相连接，而在地面只设一个共同出口。为此，两个车站集散厅的端部至线路交叉点的距离都应当与它们的埋置深度相适应。也可以同时采用上述两种方案。这时人行隧道的宽度可减小，并只用于单向通行。反向换乘时可通经自动扶梯隧道。

(2)当一条线路的区间与另一条线路的车站T形交叉时，可按图5-23所示的换乘站形式组织换乘。位置较高的车站A的集散厅可用一个人行隧道与一个地下站厅(前厅)相连接，该地下站厅则经由自动扶梯隧道而与位置较低的车站B相连接。若人行隧道长度不大，则B站乘客可经由A站的自动扶梯出站，但这样对乘客是不便的，因为他们必须先上到一个多余的高度，而后再经由楼梯下降到A站的站台去。若人行隧道很长时，则可使地下站厅直接与地面相连接，以供B站乘客出站之用。这样人行隧道仅供换乘旅客使用，A站的自动扶梯也不致超负荷。

例如，莫斯科的普希金、高尔基和契诃夫3个地铁车站布置呈三角形，参见图5-24。车站的两端通过自动扶梯和3个地面大厅进出口连接。换乘通道都衔接在每个车站的中部，这样可以使客流能在不同方向分配并使客流能按站台长度均匀分布。

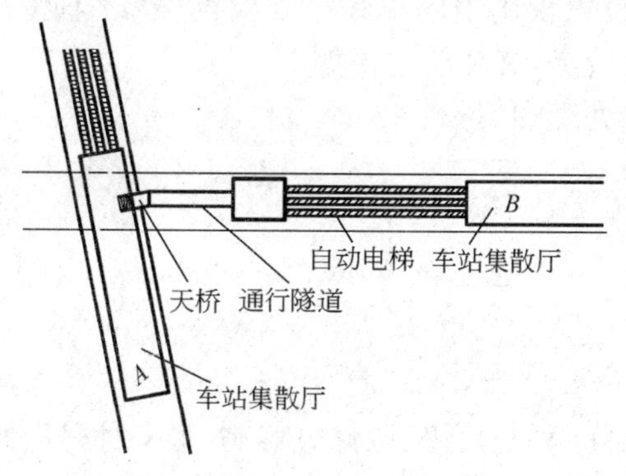

图 5-23 一条线路区间与另一条线路车站 T 形交叉时的换乘站

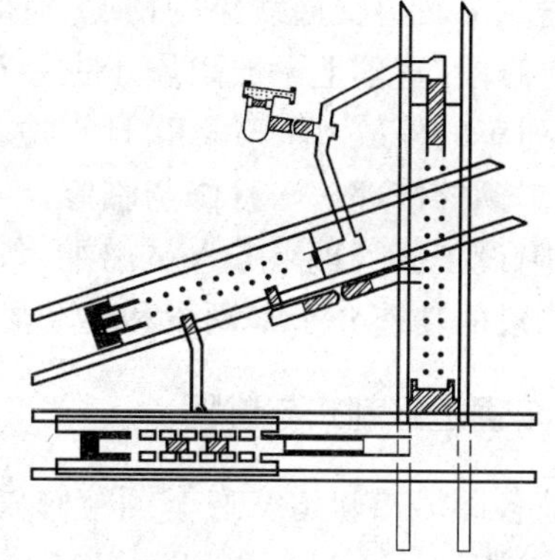

图 5-24 莫斯科的普希金、高尔基和契诃夫地铁站通道换乘示意图

5.其他换乘方式

除了上述 4 种基本的换乘方式之外,还可采用站外换乘及组合换乘来达到换乘目的。

站外换乘是乘客在车站付费区以外进行换乘,实际上是没有专用换乘设施的换乘方式。它出现在下列情况下:

(1)高架线与地下线之间的换乘,因条件所迫,不能采用付费区内换乘的方式;

(2)两线交叉处无车站或两车站相距较远;

(3)规划不周,已建线未作换乘预留,增建换乘设施十分困难。

采用站外换乘方式,往往是事先没有做好轨道交通线网规划所带来的后遗症。由于乘客增加一次进出站手续,步行距离长,再加上在站外与其他人流混合,因而显得很不方便。对轨道交通自身而言,是一种系统性缺陷的反映。因此,站外换乘方式在路网规划中应尽量避免。

在换乘方式的实际应用中,若单独采用某种换乘方式不能奏效时,则可采用两种或多种换乘方式组合,以达到完善换乘条件、方便乘客使用、降低工程造价的目的。例如,同站台换乘方式辅之以站厅或通道换乘方式,使所有的换乘方向都能换乘;结点换乘方式在岛式站台中,必须辅之以站厅或通道换乘方式,才能增强换乘能力;站厅换乘方式辅以通道换乘方式,可以减少预留工程量等。这些组合的目的,是力求车站换乘功能更强,既保证具有足够的换乘能力,又能使得工程便于实施、乘客使用方便。

第二节 车 辆 段

车辆段是车辆的维护修理基地,也是车辆停放、运用、检查、整备和修理的管理单位,其设计的优劣直接影响到轨道交通系统的工作质量和运营效率。

一、功能

车辆段的主要功能有:

(1)列车的停放、调车编组、日常检查、一般故障处理和清扫洗刷、定期消毒。

(2)车辆的修理——月修、定修、架修与临修。

(3)车辆的技术改造或厂修。

(4)车辆段内通用设施及车辆维修设备的维护管理。

(5)乘务人员的组织管理，出乘计划的编制，以及备乘换班等业务工作。

根据城市轨道交通线路的情况，有时可以另外设置仅用于停车和日常检查维修作业的停车场或定修段，管理上一般附属于主要车辆段，规模较小，其功能主要如下：

(1)列车的停放、调车编组、日常检查、一般故障处理和清扫。

(2)车辆的修理——月修与临修。

(3)附设工区管理乘务人员出乘、备乘轮班等。

定修段的功能介于车辆段和停车场之间。

二、车辆检修制式与修程

目前各国城市轨道交通车辆检修采用两种制式，一种是厂修、段修分修制，另一种是厂修、段修合修制。

厂修、段修分修制，就是修建专门的车辆大修厂(不限于1个)，它承担全线网各线车辆的大修任务。车辆的架修、定修及其以下的修理工作，由各线的车辆段承担。

厂修、段修合修制就是不设专门的车辆大修厂，车辆的大修在车辆段内进行。

前一种制式，用于线网规模较大的城市，具有一定的经济性，对于线网规模不大的城市，采用厂修、段修合修制较为经济。

从国内外情况来看，只有莫斯科和北京采用厂修、段修分修制，其他城市均采用厂修、段修合修制。我国国内已经修建和正在修建轨道交通的城市，如上海、广州和香港等基本上采用厂修、段修合修制。

采用厂修、段修分修制的优点是实行专业化生产，形成规模效益，有利于提高修车质量。其缺点是在工程建设起始阶段，必须同时修建车辆大修厂和车辆段，但形成有一定规模的轨道交通线网须经几十年时间，因此大修厂在建成后相当长的时间内，因系统规模小，车辆大修车任务不足，投资效益难以发挥。

采用厂修、段修合修制，就可避免上述缺点。另外，由于车辆进行大修所用的大部分机械设备与车辆进行架修所用的机械设备基本相同。因此，将厂修与段修合并还可减少机械设备的重复投资，提高设备利用率。

城市轨道交通车辆的检修规程通常分为列检、月检、定修、架修和厂修(又称大修)。根据修理规程的规定，各种修程包含的主要检修范围和内容如下。

(1)列检：对容易出现危及行车安全的各主要部件(如轮对、弹簧、转向架、受电弓、控制装置、空气制动装置、车钩及缓冲装置、蓄电池、车门风动开关装置、车体、车灯等)进行外观检查，对危及行车安全的故障及时进行重点修理。

(2)月检：对车辆外观和一般功能进行检查，即对车辆主要部件的技术状态进行外观检查和必要试验，对危及行车安全的故障进行全面修理。

(3)定修：主要是预防性的修理，需要架车。对各大部件的技术状态和作用做较仔细检查，对检查发现的故障进行针对性修理，对车上的仪器和仪表进行校验，车辆组装后要经过静调和试车。

(4)架修：主要任务是检测和修理大型部件(如走行部、牵引电机、传动装置等)，同时，通过架车对车辆各部件进行解体和全面检查、修理、试验，对计量的仪器、仪表进行校验，车体要重新油漆标记，组装后进行静调和试车。

(5)厂修：全面恢复性修理。要求对车辆全面解体、检查、整形、修理和试验，要求完全恢复其性能，组装后要重新油漆、标记、静调和试车。总之，厂修后的车辆基本上要达到新车出厂水平。

城市轨道交通车辆的检修周期及检修时间标准参见表 5-3。

车辆日常维修和定期检修周期 表 5-3

类 别	检修种类	检修周期		检修时间(d)
		里程(万 km)	时间	
定期检修	厂修	100～120	10～12 年	35/32
	架修	50～60	5～6 年	20/18
	定修	12.5～15	1.5 年	8/6
日常维修	月检		1 月	2/2
	列检		每天或双日	

注：①表中检修时间的分子为近期天数，分母为远期天数；

②表中检修时间是按部件互换修理确定的。

三、基本布置图式

车辆段及停车场的平面布置应力求作业顺畅、工序紧凑合理。根据车辆段内所需的各种线路的使用功能和有效长度，并结合地形的具体情况，车辆段的站场形式可分为贯通式及尽端式两种，见图 5-25 及图 5-26。停车场的典型布置形式如图 5-27 所示。贯通式车辆段和尽端式车辆段的站场布置形式特点比较如表 5-4 所示。

贯通式车辆段和尽端式车辆段站场布置形式的特点比较 表 5-4

车辆段的布置形式	优 点	缺 点
尽端式车辆段	①对车辆段的工艺要求相对简单；一般位于城市的边缘，对城区环境污染较小 ②车场只有一个咽喉区，在相同的停车条件下，占地面积小，线路短，铺轨工程量较小	①只能一个方向发车 ②列车出入段灵活性差 ③咽喉区交叉作业多
贯通式车辆段	①可向两个方向同时发车 ②两端列车出入段灵活、方便、迅速 ③段内作业顺畅，咽喉区交叉作业少	①对车辆段的工艺要求相对复杂 ②车场两端都布置咽喉区，占地较大，线路较长，铺轨工程量较大 ③如果车辆段离城区较近，会对城区产生一定的环境污染

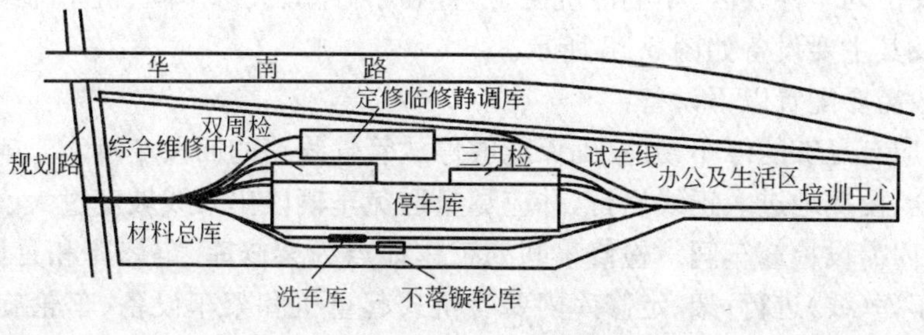

图 5-25 贯通式车辆段平面布置示意

从立面看，车辆段结构形式有平面布置与立体布置之分。我国北京的古城、太平湖及八王坟和上海的新龙华车辆段均采用平面布置形式，国外也有立体布置的车辆段，例如，东京都营地铁 12 号线光丘车辆段是一个三层结构，地面层主要设有转向架作业场所、事务所以及办公

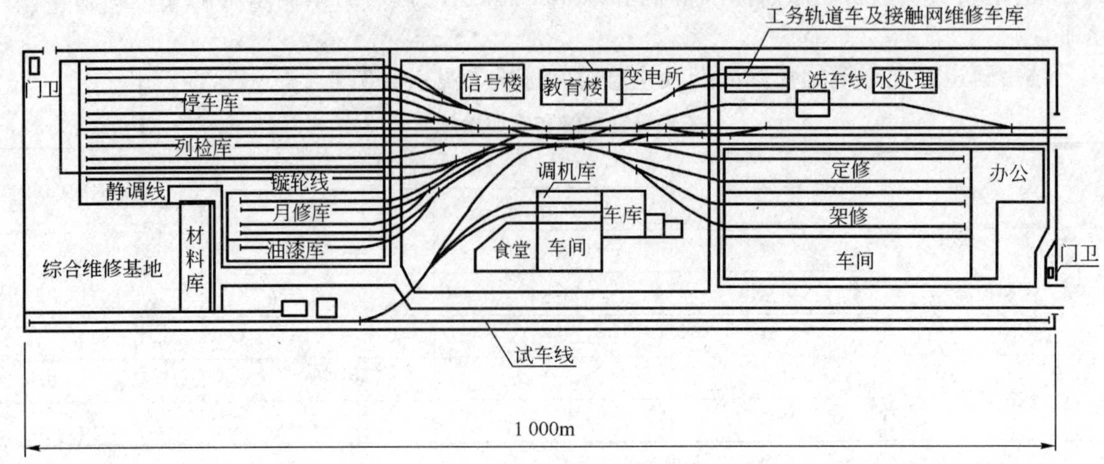

图 5-26 尽头式车辆段平面布置示意

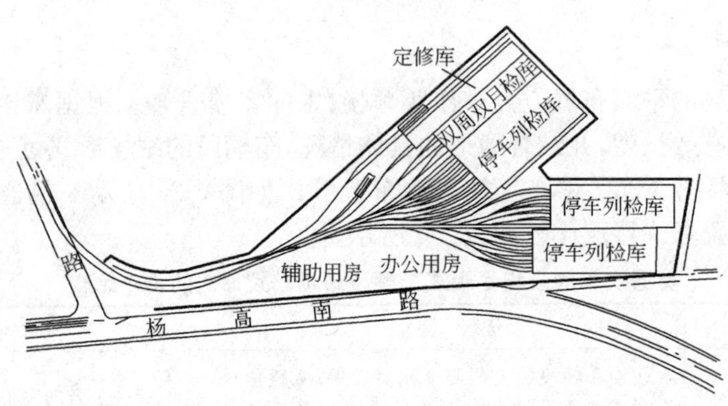

图 5-27 停车场平面布置示意

楼，地下 1 层主要是车辆的检修线，地下 2 层主要是停车线。这种结构形式可以显著节省日益紧张的城市土地资源，对城市轨道交通的可持续发展具有积极意义；但从另一方面看，它会恶化地铁车辆维修职工的工作环境，所以在借鉴时应慎重进行研究，并提出改善工作环境的有力措施。

四、主要设备

车辆段主要由列车停放区、车辆清洗区、检查和小修库、大修车间、机车库组成。车辆段的典型布置形式及其主要设备如图 5-28 所示。

车辆段一般需要配置以下设备：

(1)车辆段应有足够的停车场地，确保能够停放管辖线路的回段车辆。车辆段的位置应保证列车能够安全、便捷地进入正线运行，并应尽量避免车辆段出入线坡度过大、过长。

(2)车辆段内需设检修车间。检修车间的工作地点为架修库、定修库和月修库；列检作业在列检库或停车库(线)进行；架、定修库内要有桥式起重机和架车设备、车轮旋削机床及存轮库，必要时应设不落轮车轮镟床；架、定修库内应有转向架、电机、电器、制动机维修间，应设转向架等设备的清扫装置，单独设立的喷漆库；车辆段内还应有车辆配件的仓库。

(3)根据运营管理模式的要求，多数运营单位在段内设运用车间，车间下辖乘务队、运转值班室、信号楼、乘务员备乘休息室、内燃轨道车班等。

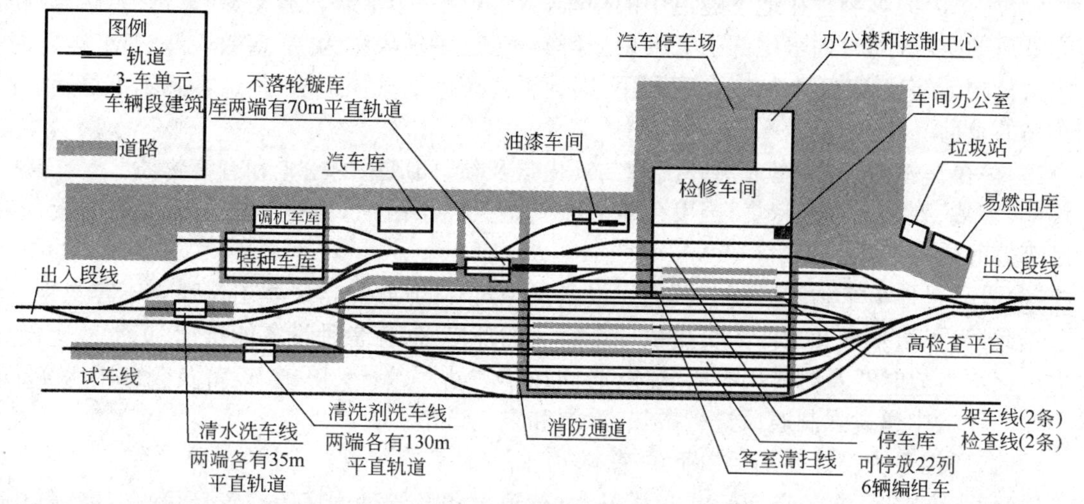

图 5-28 车辆段总体布局示意图

(4)车辆段内还应有设备维修车间,负责段内的动力设施及通用设备维修。

(5)车辆清洗设备,并设专用的车辆清扫线。

(6)车辆段内一般还设有为供电、通信信号、工务和站场建筑服务的维修管理单位。

(7)办公楼与其他服务设施,如培训场地、食堂、会议厅等。

轨道交通车辆段根据生产需要和所担负的任务范围一般应设置下列线路。

(1)连接线路:出入段线。

(2)停放线路:列车停放线。

(3)作业线路:列检作业线、月检作业线、定修线、临修线、架修线(或大、架修线)。

(4)辅助作业线路:外皮清洗线、吹扫线、油漆线、不落轮线。

(5)试验线路:静态调试线、动态试车线。

(6)辅助线路:调机停放线、牵出线、材料装卸线、回转线、干线铁路联络线、救援列车线等。

第三节 环 控 系 统

一、环控系统主要功能

城市轨道交通的环控系统,也称通风空调系统,是采用人工的方法,创造和维持满足一定要求的空气环境。它包括空气的温度、湿度、流动速度和空气质量。

位于地面及高架上的轨道交通线路,其环控问题比较容易解决,而位于地下的轨道交通线路,除了其车站出入口等极少部位与外界相连通外,其他基本上与外界隔绝,只有用人工气候环境才能满足乘客的要求。这里主要讨论地下线路(习惯上称地铁)的环控问题。

当轨道交通车站和线路位于地下时,因环境封闭、湿度大而具有如下的环境特点:

(1)地下线运营中会释放许多热量,例如列车运行时的散热量,乘客人体的散热量和散湿量,以及照明散热量和建筑结构壁面散湿量,还有广告灯箱、自动扶梯等设备的散热量、散湿量等。若不及时排除这些余热、余湿,车站和区间温度将会持续上升,乘客的乘车环境将得不到保证。

(2)地下车站及区间周围土壤的传热作用。

(3)活塞风的影响。在地下隧道中的列车运行就像一个活塞在运动,列车作为“活塞”挤压前方隧道的空气,同时列车尾部引入大量新鲜空气,这种现象称为“活塞效应”。列车运行时会产生大量的活塞风,若不能加以合理利用,则会干扰车站的气流组织,使乘客感到不舒适,并影响车站的负荷。

(4)存在车站内、列车里人员呼出的二氧化碳及新、回风中的粉尘和有害物质。

(5)车站、列车上客流密集,当发生事故尤其是火灾事故时,救援和安全疏散难度大,必须考虑有效的应对措施。

(6)风亭是地下车站和区间空调通风设备集中对外的通风口,风亭出口噪声不容忽视。

据此,为了给乘客和工作人员提供一个舒适的环境,保证各种设备能持续、正常地运行,在发生火灾等事故时能及时排出有害气体,必须在车站站厅、站台、隧道、设备及管理用房 4 个要求不同的环境中通过强制通风进行散热、除湿和空气调节。

因此,环控系统设计要满足以下的基本功能:

(1)列车正常运行时,调节车站站厅、站台、隧道设备及管理用房等空气环境,包括空气中的温度、湿度和空气质量,对新、回风中的粉尘和有害物质及人员呼出的二氧化碳进行过滤和处理。

(2)列车阻塞在区间隧道内时,当列车采用空调时应向阻塞区间提供一定的送、排风量,借以保证列车空调的继续运作,从而维持列车内部乘客能接受的热环境条件。

(3)列车在区间隧道或车站内发生火灾时,应提供有效的排烟,并向乘客和消防人员提供必要的新风量,形成一定迎面风速,诱导乘客安全撤离。

(4)对车站内各种设备管理用房分别按工艺和功能要求提供空调或通风换气,公共区排风系统兼容排烟。

二、环控系统的组成

1. 风系统

风系统指空调、通风系统,包括空调机、风机、风阀与风管路(风道)设备,可分为隧道通风系统、空调大系统和空调小系统。

(1)隧道通风系统分为区间隧道机械通风(兼排烟)和车站隧道通风两部分。隧道机械通风主要设备有隧道风机、推力风机、射流风机及相关的电动风阀;车站隧道通风主要设备为轨道排风机、电动风阀和防火阀。活塞风是列车在隧道内运行过程中强迫气流形成的阵风,通过隧道和隧道活塞风道进、出。

(2)车站站厅、站台公共区的制冷空调及通风(兼排烟)系统,简称空调大系统。由组合空调机,回、排风机,新风机,排烟风机,各种风阀、防火阀等组成。

(3)车站管理及设备用房空调通风(兼排烟)系统,简称空调小系统,由小空调机、排风/排烟风机、风阀、防火阀等组成。

2. 车站空调水系统

车站空调水系统指各站为供给车站大、小系统空调用水所设置的制冷系统,由冷水机组、水泵、冷却塔、水阀与管路等设备组成。

3. 集中供冷系统

集中供冷是指将相邻 3～5 个车站的空调用冷冻水汇集到某一处集中处理。冷冻水再由二次冷冻水泵和管路长距离输送到各车站,以满足车站所需的冷量。集中供冷系统可分以下 3 部分。

(1)制冷系统环路:主要由冷水机组、冷冻水一次泵、冷却水系统及其附属设备组成,主要功能是根据运营要求所编制的时间表和各车站负荷的变化,启动或停止冷水机组的运行,为各车站提供满足空调用水要求的冷冻水。

正常运营时,根据二次环路的实际冷负荷值,同时分析二次环路上的温度测点值及末端比例积分二通阀的开度,确定一次环路中冷水机组的开启台数,并进行相应的连锁控制。冷水机组的主控制器实现冷水机组与一次冷冻水泵联动,一次冷冻水泵与冷水机组成唯一对应关系。

(2)冷冻水二次环路:由二次冷冻泵、变频器、管网等组成,主要功能是实现冷冻水的远距离输送,并通过监视末端的阀门开度和压力差,计算出末端的冷负荷,进而改变二次泵的供电频率(变频)来满足车站实际冷负荷需求;二次泵的变频由末端压差控制。

由于管路长、水网稳定性差,各站的分流管上需要加装水力平衡阀进行水力平衡和减压。

(3)末端设备:主要由各车站的组合空调器、风机盘管及前后的控制阀门组成。组合空调器(或落地式风机盘管)过水量受其出水管上的比例积分二通阀控制。而控制比例积分二通阀开度的信号是由设置在站台、站厅的温度探头,经车站 PLC 计算后发出的。车站 PLC 可将站台、站厅及进出水温度通过网络传给冷站控制室。

三、环控系统的制式

环控系统的制式一般分开式系统、闭式系统和屏蔽门式系统 3 种。

1. 开式系统

开式系统是应用“活塞效应”或机械的方法使地铁内部与外界交换空气,利用外界空气冷却车站和隧道。站与站之间设置通风井,车站内有空气调节。正常运行时,所有通风井全部开启,让外界空气和隧道内空气互相交换。

开式系统多用于当地最热月的月平均温度低于 25℃且运量较小的地铁系统。

开式系统中地铁内部与外界交换空气的方式分活塞通风及机械通风两种。

1)活塞通风

当列车的正面与隧道断面面积之比(称为阻塞比)大于 0.4 时,属活塞效应通风。

活塞风量的大小与列车在隧道内的阻塞比、列车行驶速度、列车行驶空气阻力系数、空气流经隧道的阻力等因素有关。利用活塞风来冷却隧道,需要与外界有效交换空气,因此对于全部应用活塞风来冷却隧道的系统来说,应计算活塞风井的间距及风井断面的尺寸,使有效换气量达到设计要求。实验表明,当风井间距小于 300m、风道的长度在 25m 以内、风道面积大于 $10m^2$ 时,有效换气量较大,在隧道顶上设风口效果更好。由于设置许多活塞风井对大多数城市来说都是很难实现的,因此全“活塞通风系统”只用于早期地铁,现今建设的地铁多设置活塞通风与机械通风的联合系统。

2)机械通风

当活塞通风不能满足地铁排除余热与余湿的要求时,应设置机械通风系统。

根据地铁系统的实际情况,可在车站与区间隧道分别设置独立的通风系统。车站通风一般为横向的送排风系统;区间隧道一般为纵向的送排风系统。这些系统应同时具备排烟功能。区间隧道较长时,宜在区间隧道中部设中间风井。对于当地气温不高,运量不大的地铁系统,可设置车站与区间连成一起的纵向通风系统,一般在区间隧道中部设中间风井,但应通过计算确定。

2. 闭式系统

闭式系统能使地铁内部基本上与外界大气隔断，仅供给满足乘客所需的新鲜空气量。夏季需要空调的季节，整个地下区间及车站除两端隧道洞口、车站出入口和空调有新风外，车站及区间基本与外界相隔绝。车站一般采用空调系统，而区间隧道的冷却是借助于列车运行的“活塞效应”携带一部分空调冷风来实现。该系统仅在车站两端设通风井，因车站内有空调，故正常运行时所有通风井都关闭，以防外界空气从风井流入隧道。

闭式系统的基本特点是车站空调制冷系统不仅承担车站乘客、机电设备热和新风负荷，还必须承担列车运行热(包括列车制动和空调的产热)。因此，车站冷负荷、空调风量、环控设备容量大，从而带来土建规模、环控装机容量、耗电量大等一系列问题。此外，由于车站和区间完全沟通，车站受活塞风影响较大，乘客在出入口、扶梯、站台候车时可明显感觉到活塞风。

这种系统多用于当地最热月的月平均温度高于 25℃、且运量较大，高峰时间内每小时运行的列车对数与列车编组数之乘积大于 180 的地铁系统。

实际工作中，往往采用开式和闭式相结合的环控系统。

(1)区间隧道通风系统，如图 5-29 及图 5-30 所示。活塞通风系统由设于车站两端活塞通风井以及设于站端的迂回通道组成。常用活塞通风井的净面积约为 16m²，迂回风道的净面积约为 30m²。

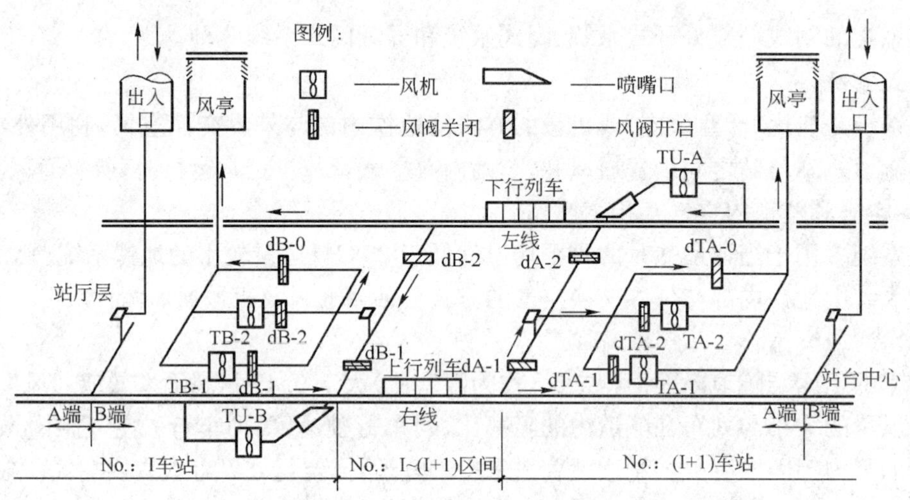

图 5-29　典型区间隧道通风系统

车站两端活塞风道(或中间风井)内通常设置隧道风机，以便区间通风、事故和火灾时运行。由于闭式系统车站和区间相连通，当区间发生事故时，较难在区间形成有效气流，需要较多的风机联合运作，必要时需设置辅助通风设备。此外，地下线路内若设置渡线、存车线、联络线等配线，正线气流较难组织，通常需设置辅助通风设备如射流风机、喷嘴等。

闭式系统夏季采用空调，依靠列车行驶活塞风将车站冷风带入区间，因而希望地铁系统同外界热空气的交换越少越好。区间洞口空气幕系统就是阻隔洞内外气流交换的设备，一般由风机、消声器和喷嘴共同组成，采用该系统之后，距洞口最近的车站空调负荷可降低，站内环境较易控制。

(2)车站空调通风系统(大系统)。车站采用全空气低速送风系统，由组合式空调箱和回排风机组成，气流组织一般采用车站站厅上部均匀送风。站台上部均匀送风，统一由站台设于轨道顶部风管和设于站台板下风管回/排风。列车牵引、制动和空调产热是地铁内第一热源，约

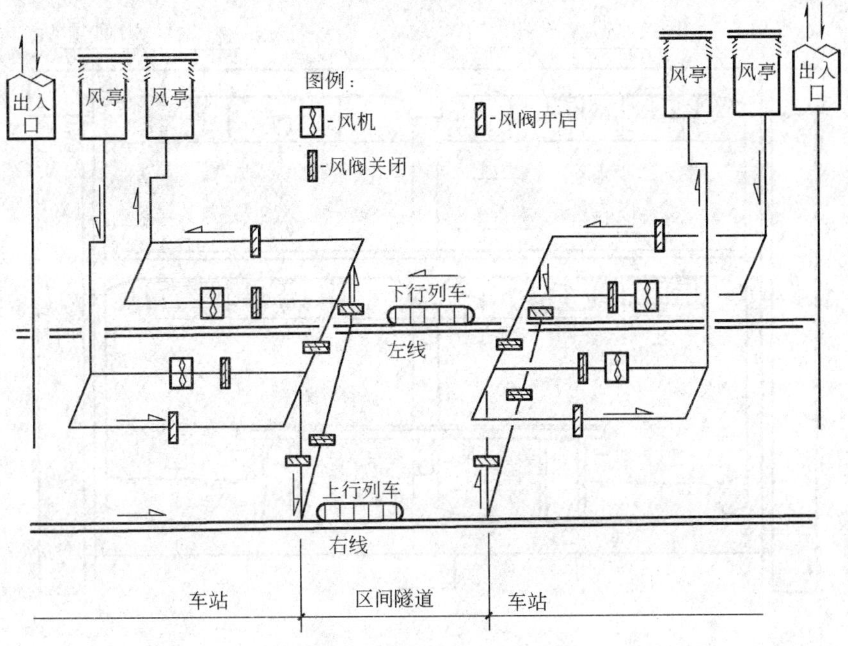

图 5-30　双风亭全活塞通风系统

占总产热量的 60%以上，而列车停站时的列车散热又集中在列车车顶的空调冷凝器和位于车底的发热电阻箱等处，将回/排风管设于此处，并将回/排风口设计成一组组风口正对散热源，有利于将列车产热就近排出，使列车停站产热不参与或少参与车站换热，提高站台舒适度。回/排风系统兼容站厅、站台排烟。此外，在站端列车进站侧设置集中送冷风口，列车进站时伴随着大量的高温区间活塞风，在活塞风冲入站台候车区域之前就和集中送冷风相混合，缓解活塞风对站台的瞬时热冲击，如图 5-31～图 5-33 所示。机房设于站厅层的典型布置如图 5-34 所示。

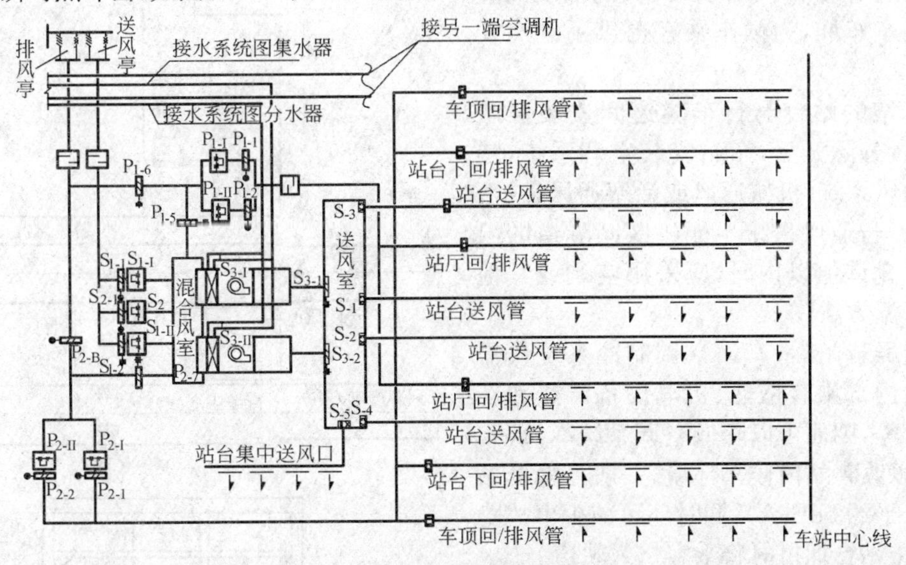

图 5-31　车站空调通风系统

S_1、S_2、S_3、S_4、S_5-送风风阀；$S_{1\text{-}I}$、$S_{1\text{-}II}$-全新风机；$S_{1\text{-}1}$、$S_{1\text{-}2}$-与全新风机联动的风阀；$S_{2\text{-}1}$-与空调新风机联动的风阀；$S_{3\text{-}I}$、$S_{3\text{-}II}$-空调新风机；$S_{3\text{-}1}$、$S_{3\text{-}2}$-与空调新风机联动的风阀；$P_{1\text{-}I}$、$P_{1\text{-}II}$-站厅回/排风机；$P_{2\text{-}I}$、$P_{2\text{-}II}$-站台回/排风机；$P_{1\text{-}1}$、$P_{1\text{-}2}$、$P_{1\text{-}3}$-站厅回/排风阀；$P_{2\text{-}1}$、$P_{2\text{-}2}$、$P_{2\text{-}3}$-站台回/排风阀

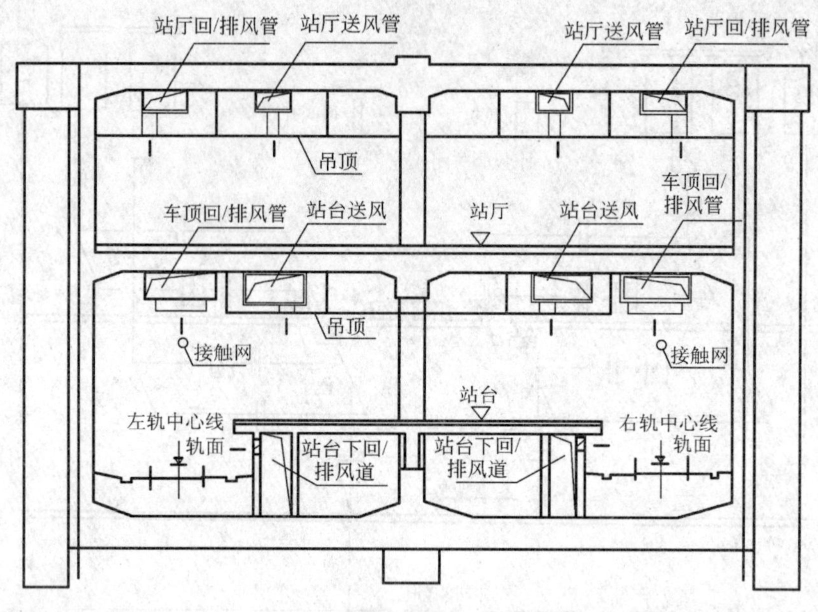

图 5-32　车站典型断面气流流程

3.屏蔽门系统

屏蔽门(Platform Screen Door 简称 PSD)系统是用于地铁站台的防护性系统,在地铁站台边缘与站台顶部之间竖起一排屏蔽门,通过屏蔽门的控制系统和驱动机构,实现列车车门与屏蔽门中的活动门同步操作。列车到站后,乘客可通过与列车车门同步开关的活动门直接出入列车车厢,为候车乘客提供了绝对安全保障。

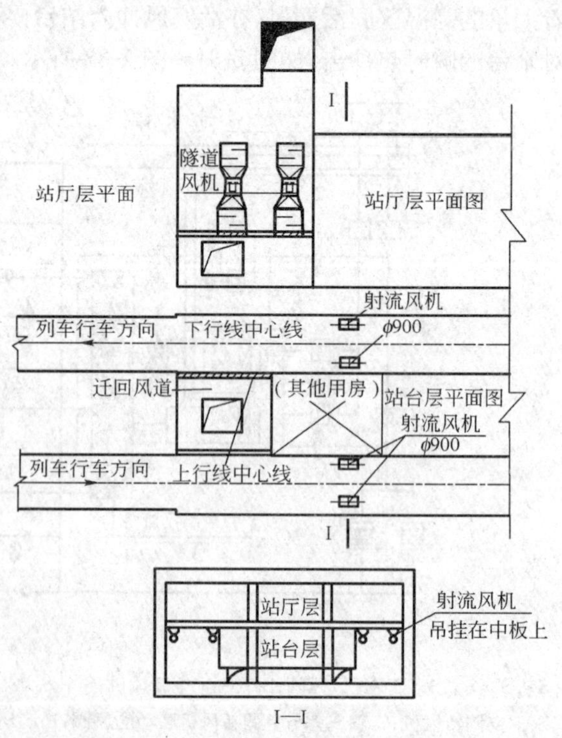

图 5-33　隧道风机加射流风机布置方案

在车站的站台与行车隧道间安装屏蔽门,将两者分隔开后,车站安装空调系统,隧道使用通风系统(机械通风或活塞通风,或两者兼用)。若通风系统不能将区间隧道的温度控制在允许值以内时,应采用空调或其他有效的降温方法。

设置屏蔽门后,车站空调制冷系统仅需承担车站内部乘客散热、机电设备产热和新风冷负荷等,因而可以降低空调系统冷负荷。此外,可以改善站内候车环境,一般可降低站台噪声水平约 5dB(A),同时还可减少事故隐患,并防止站台拥挤时将乘客挤入轨道。

四、环控系统工况

1.车站环控系统

车站环控系统运行分空调运行、全新风

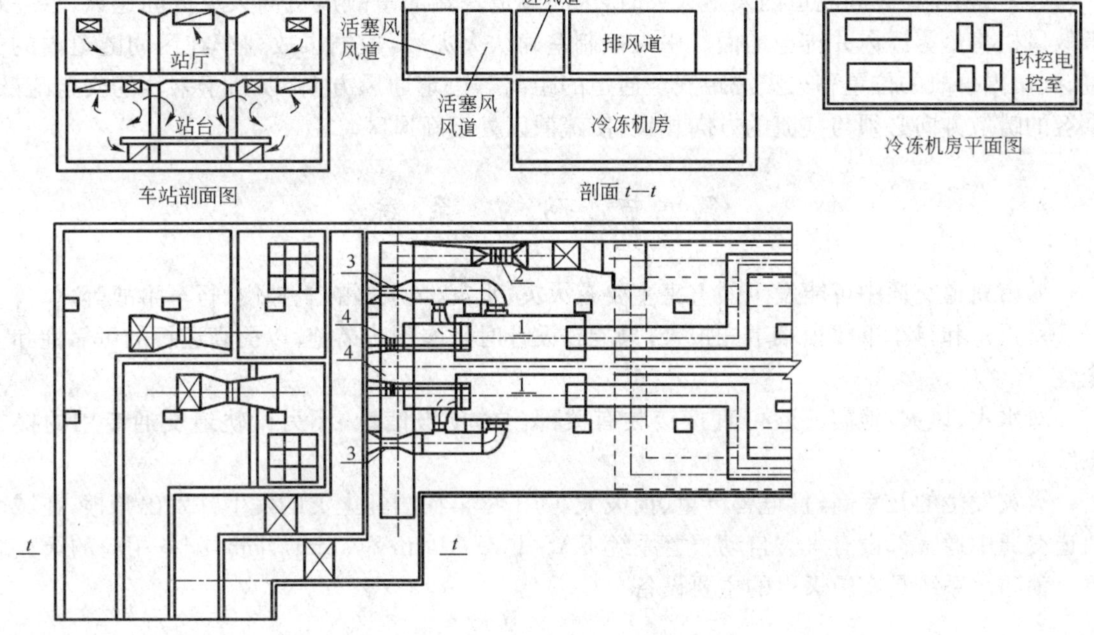

图 5-34 典型机房布置示意图

1-空调机组;2-车站回/排风机;3-全新风风机;4-最小新风机

运行和事故运行 3 种工况。

(1)空调运行。在夏季,站台、站厅的温、湿度大于设定值时,启动空调系统,向站台和站厅送冷风。通过送、回风的温、湿度变化调节新风与回风的比例及进入空调器的冷水量,保证站台、站厅的温、湿度要求。

(2)全新风运行。主要是在春、秋两季,当室外空气的焓低于站内空气的焓时,启动全新风风机将室外新风送至车站。

(3)事故运行。车站事故通风是当站厅层发生火灾时,关闭站台层送风系统及站厅层回/排风系统,启动全新风风机向站厅送风,由站台层回/排风系统将烟雾经风井直接排向地面。

2.车站设备房及管理用房空调及通风系统

车站设备房及管理用房包括站长室、站务室、车站控制室、公安人员室、站台服务室等房间,管理人员较为集中。为提高各房间的空气调节效果,一般采用分体式空调机组,同时另外设置机械送排风系统,提供新风和其他季节的通风换气。除此之外,还要对车站降压变电所、环控机房、车站出入口等地方采用机械送排风的措施。

3.区间隧道通风及机械通风系统

区间隧道的运行主要有正常运行、堵塞运行和事故通风运行 3 种工况。

(1)当列车正常运行时,利用列车在隧道内高速运动产生的活塞效应从车站一端风井引入新风,经过区间隧道由下一站风井排风。列车停靠车站时,列车下部的制动发热量和顶部的空调冷凝发热量由站台排热通风系统进行排放。

(2)堵塞运行是当列车因故滞留在区间隧道时,为使列车空调器正常运转,关闭列车后方事故机房内的旁通风门,事故风机区间隧道送入新风,前方站事故风机将区间隧道内的空气排至地面。区间内的气流方向应与列车的行进方向保持一致。

(3)当列车在区间隧道内发生火灾时，区间隧道一端的事故风机向火灾区间送风，另一端事故风机将烟雾经风井排至地面。中央控制室确认火灾后，根据事故列车在区间隧道内的位置、列车内事故的位置和火灾源距安全通道的距离等决定通风方向，以利于乘客的安全疏散。乘客的疏散方向必须与气流的方向相反，使疏散区处于新风区。

第四节 防灾系统

城市轨道交通中可能发生的灾害主要有火灾、水灾、风灾、雷击、地震、行车事故等。

对雷击和行车事故很难事先报警，只能在设计时采取预防措施，以提高运行的可靠性和安全性。

对水灾、风灾、地震一般可直接接收有关部门的预报信息，不另设轨道交通专用的报警系统。

火灾发生的几率高，且危害严重、损失大，为了尽早探测到火灾的发生并发出警报，在城市轨道交通中通常都设有火灾自动报警系统 FAS(Fire Alarm System)，同时配备相应的灭火装置。消防水系统是实施灭火的主要设备。

一、FAS 系统的组成及主要功能

FAS 系统的设计应贯彻"预防为主，防消结合"的方针，以达到报警早、损失少、保护人身和财产安全的目的。系统应具有可靠性、实用性、先进性、经济性，并应符合国家现行的有关强制性条文的规定。

1. 系统的组成

火灾自动报警系统主要由探测器和控制器及信号线组成。气体自动灭火系统由储气钢瓶组、喷头、释放装置及气体输入管道等组成。

地铁火灾报警系统主要是设置在各车站站厅、站台、区间隧道、车辆段、一般设备用房和管理用房等处所，由中央监控管理级、车站(车站与车辆段)监控管理级和现场控制级三级组成。

2. FAS 系统的功能

城市轨道交通的车站和区间分为地下、地面和高架 3 种形式。对不同形式的轨道交通线，FAS 功能也不一样。地下线的 FAS 系统功能较复杂，地面和高架线的 FAS 系统功能较简单。下面重点对地下线的 FAS 系统功能作介绍。

1)控制中心防灾控制室

(1)应能接收并显示全线各区域控制器送来的火灾报警、故障报警和重要防灾设备的工作状态信号。

(2)当地下区间发生火灾时，协调相邻两座车站的控制工况，手动或自动向车站发布控制指令。

(3)对全线消防设施进行监控。

(4)全线火灾事件、历史资料的存档管理。

(5)防灾控制室的防灾通信设备应能提供与各车站值班员、车辆段(停车场)值班员、列车驾驶员、FAS 检修人员等通话的功能，还应具有直接向市消防部门报警的功能。

(6)对控制中心楼报警和消防设备的监视和控制功能。

2)车站 FAS 控制室

(1)接收车站及其所辖地下区间的火灾报警信号,显示火灾报警、故障报警部位,并即时打印记录。

(2)除自动控制外,还应能手动控制消防水泵、防烟和排烟风机的启、停;应能自动控制防排烟阀的开或关。

(3)控制室在确认火灾后,应能自动启动消防广播,接通警报装置,接通应急照明和疏散指示灯,将电梯全部停于首层;应能手动切断有关部位的非消防电源,开启所有自动检票机闸门和疏散门,控制屏蔽门的开或关。

(4)显示被控设备的工作状态。

(5)显示保护对象的部位、疏散通道及消防设备所在位置的平面或模拟图。当被保护对象分散时,在主变电所等重点保护场所应设置区域显示器。

(6)控制室的防灾通信设备应能提供与列车驾驶员、FAS 检修人员及控制中心、变配电值班室、消防泵房、防排烟风机房、设置气体自动灭火装置房门外、气体自动灭火钢瓶间等处工作人员通话的功能,还应具有直接向市消防部门报警的功能。

(7)必须具有显示气体自动灭火系统保护区的报警、放气、相关风阀状态、手动/自动开关位置,并在确认火灾的部位和信息后,能紧急遥控气体喷放和停止的功能。

(8)防灾控制室还应对消火栓系统、自动水喷淋系统、防火卷帘门等进行控制和显示。

(9)车站 FAS 接收控制中心命令,强制车站设备监控系统将事故风机按指定的火灾工况运行。

二、FAS 系统的配置

FAS 系统一般由网络及传输、报警、控制、防灾通信、时钟、消防电源、接地等子系统组成。

1. FAS 报警系统局域网

FAS 报警系统在各车站、车辆段(停车场)和控制中心应分别设置一台火灾报警控制器和一台专用消防联动控制设备,全线组成局域网。

(1)系统应采用独立的传输网络,网络宜采用环形网,网络传输宜采用光纤,网络节点间的光纤宜与通信系统统一敷设。

(2)控制中心应设置模拟屏,模拟屏宜与其他系统综合设置。

(3)车站宜设置 CRT 显示器,电源宜由 UPS 装置提供。

2. 报警子系统

报警分为自动和手动两类,自动报警采用火灾探测器向控制室报警,手动报警采用手动报警按钮或电话向控制室报警。

(1)控制中心楼的各种设备机房、配电室(间)、电缆通道、电缆竖井、电缆夹层、走廊、会议室、办公室、控制室及其他管理用房应设置火灾探测器。

(2)地下车站的公共区、人行通道、各种设备机房、配电室(间)、电缆通道、电缆竖井、电缆夹层、走廊、办公室、控制室及其他管理用房应设置火灾探测器。

(3)地面和高架车站的各种设备机房、配电室(间)、电缆通道、电缆竖井、电缆夹层、控制室及其他重要管理用房应设置火灾探测器。

(4)车辆段(停车场)的停车库、检修库、变电所、存储可燃物品的库房、信号楼、重要文件档案室应设置火灾探测器。

(5)在车站的走廊、站厅层公共区、站台层公共区，在控制中心的走廊等公共区，在地下区间隧道、超过 60m 长的封闭行人通道，在车辆段(停车场)中设置火灾探测器的建筑物内均设置手动报警按钮。

3. 消火栓泵启动信号的接入

消火栓泵启动按钮的动作信号应接入 FAS 系统，而在车辆段(停车场)的有些建筑物内未设置火灾自动报警，这些建筑物内消火栓泵启动按钮的动作信号可不接入 FAS 系统。

4. 控制子系统

控制分自动和手动两类，自动控制通过模块实现；手动控制通过硬线、开关和继电器实现。

FAS 的控制电源采用直流 24V，为避免在同一瞬间控制电流过大，一般采取以下措施：

(1)软件编制时将控制命令按序分开，尽量不要有太多的控制点同时动作。

(2)当采用一块模块控制几个被控对象时，不宜采用并联动作，应采用串联动作。即当第一个被控设备动作后，用第一动作完成后的反馈信号去启动下一个被控设备的动作，直至最后一个被控设备的动作完成并输出最终的反馈信号。采用串联动作的设备数量不要太多，最好控制在 2～5 个，且分布不宜太散、太远。

5. 防灾通信子系统

防灾通信包括有线电话、无线电话、防灾应急广播、电视监控等。

(1)有线电话应包括防灾调度电话、消防对讲电话和报警的外线电话。

全线防灾调度电话应在控制中心设调度电话总机，在各防灾控制室、防灾直线管理部门应设调度电话分机。

消防对讲电话在防灾控制室内应设对讲电话总机，变配电值班室、消防泵房、防排烟风机房、设置气体自动灭火装置的房间门外、气体自动灭火钢瓶间等与防灾救灾直接相关的场所，应设置对讲电话挂机。手动报警按钮和消火栓按钮处宜设置对讲电话插孔。

控制中心、车站和车场的防灾控制室应设可直接向消防部门报警的外线电话。

(2)无线电话包括控制中心和车站防灾控制室设置的可与列车驾驶员对讲的无线电话分机。

地下车站及区间应设置公安、消防无线引入系统，将公安、消防无线调度专用信号引入地下车站和区间，且满足公安、消防统一调度的要求。

(3)防灾应急广播的扬声器应与车站公共广播合用；广播功放机及控制器宜与车站公共广播合用；防灾控制室内应有强切的功能。

在设置了自动报警设施而未设置防灾应急广播的场所，如车辆段(停车场)的部分建筑物应设置火灾警报装置(一般采用警铃)。

(4)电视监控的要求是防灾系统与行车调度等可共用一套电视监控系统。

在车站防灾控制室内，应能监视站台层乘客上下车、楼梯口和疏散通道的情况。在控制中心的防灾控制室内，可人工选择车站的相关画面显示。

电视监控应与防灾报警系统联动，自动将灾害场面切换到车站和控制中心的防灾控制室的监视器上显示，并自动录像。

6. 时钟子系统

FAS 系统的时钟应与全线其他系统的时钟一致，一般采取控制中心的火灾报警控制器接收全线时钟系统校时信号，并对车站的火灾报警控制器提供时钟校时信号的方式。

7. 消防电源子系统

系统应设有主电源和直流备用电源。系统的主电源应按一级负荷供电，由两个独立的电源在防灾控制室进行自切。直流备用电源宜采用火灾报警控制器内的专用蓄电池。

8. 接地方式

系统接地宜采用共用接地方式，接地电阻值应不大于1Ω。

三、FAS控制装置的要求

FAS控制装置应结合其他控制系统综合设置。

(1)车站FAS控制装置宜与机电设备监控(BAS)等系统同设于车站控制值班室内。FAS系统的专用面积不应小于8m²，在该区域内严禁与其无关的电气线路及管线穿过。

(2)车辆段(停车场)的FAS控制装置宜设于信号楼的调度值班室内，其他要求同车站的FAS控制室。

(3)控制中心的FAS控制装置应设在全线的中央控制室内。

四、消防给水系统

消防给水系统包括消火栓给水系统及自动喷水灭火系统。

1. 消火栓给水系统

消火栓灭火系统主要设置在车站的管理用房、站厅层、站台层、出入口、车站和区间风道内。在区间隧道内每隔一定距离设一个消火箱，消火栓内设置消防按钮。当发生火灾时，用小锤打破消火箱的玻璃，消防按钮不再被玻璃面板压迫成闭合状态(即恢复常开状态)，信号传送到车站综合控制室，由报警控制器主机确认后，自动遥控消防泵启动灭火。

消防水源来自城市自来水系统。

当城市给水管网供水压力不能满足消防用水压力要求时，应设消防泵。在同时设有自动喷水灭火系统时，消火栓泵与喷淋泵宜采用合建泵房。地面和高架车站的消防泵房宜与生产、生活泵房合建，采用配有稳压装置的消防泵组；地下车站消火栓系统一般设2台泵，互为备用，不设稳压装置。

消防吸水管上应装闸阀，出水管上应装止回阀、闸阀(蝶阀)、压力表和直径为65mm的试验放水管及闸阀。

消防进水管应分别从两根城市给水管网上各引出一根进水管在消防泵房内连成环网，确保供水的可靠性。一般不设水池，但当城市给水管网不能满足消防用水量的要求时，则应设消防水池。

地下车站消火栓泵供水范围为本车站及其两相邻区间，地面及高架车站供水范围一般仅为本车站。高架区间不设置消火栓。

消防泵房内应有排水措施。

2. 自动喷淋灭火系统

自动喷淋灭火系统主要设置在车站的票务房、易燃库房、备品库及商业区。当喷淋灭火分区发生火灾时，由于现场温度升高而使闭式喷头上低熔点合金熔化，或玻璃球爆裂，喷头即可喷水灭火，压力开关把信号传送给综合控制室，经确认后自动或遥控喷淋泵启动(消防泵和喷淋泵合用)。

在轨道交通的地下变电所、通信机械室、信号机械室、计算机房及总机房等重要设备用房，不宜采用水和泡沫灭火的部位，需采用其他自动灭火系统。

3. 消火栓系统布置

地下车站及消火栓数量超过 10 个且室内消防用水量大于 15L/s 的地面车站、高架车站及附属建筑等，室内消火栓给水系统必须布置成环网。消火栓干管宜敷设在站厅层、站台层的吊顶内，站台层的消火栓干管也可布置在站台板下面，但需充分考虑到检修的方便性。

地下车站的两端应分别引两根消火栓管到上、下行地下区间，将车站和区间的消火栓系统联网。当一车站消火栓系统发生故障时，相邻车站仍可满足区间消火栓用水量，以确保消防供水的可靠性。该干管应敷设在接触轨的对侧，并固定在隧道的主体结构上。在消火栓干管上每间隔 5 只消火栓设置 1 只检修蝶阀，并在区间隧道变坡的最低点设置泄水阀，最高点设置放气阀。

消火栓的布置应确保有两支水枪的充实水柱，同时到达室内任何部位。消火栓的间距、单口单阀消火栓不应超过 30m；当箱内设置两个单口单阀时，消火栓间距不应超过 50m，地下区间消火栓间距不应超过 50m。

第五节　售检票系统*

自动售检票系统，即 AFC(Automatic Fare Collection)系统是基于计算机技术、网络技术和自动控制等技术，能够实现购票、检票、计费、收费、统计等全过程自动化的票务管理系统。

AFC 系统不仅能为乘客提供方便、快捷的售票服务，同时也是实现轨道交通综合自动化，提高运营管理水平的必要手段。AFC 系统的设置，使城市公共交通“一卡通”和轨道交通网络单程票“一票换乘”成为可能。

在城市轨道交通运营初期，AFC 系统可以缓上，先采用人工售检票方式。

一、票制及票务管理

1. 票制选择

采用单程票和储值票两种基本类型的票种，同时根据运营管理需求，亦可设置计次票、优惠票、纪念票、出站票、员工票、测试票等其他票种。

单程票推荐采用薄卡型非接触式 IC 卡。单程票进站验票，出站检票并回收车票。单程票可反复编码，重复使用。

储值票推荐采用非接触式 IC 卡。储值票进站验票，出站扣除与乘距相对应的票款后返还给乘客。储值票可反复充值，重复使用。

2. 票务管理模式

系统运行初期，可采用控制中心和沿线各车站二级管理模式。控制中心负责全线的票务管理以及与城市公共交通“一卡通”之间的清算工作；车站级负责各车站的票务管理。

当轨道交通路网形成时，应采用轨道交通清分中心、线路控制中心和沿线各车站三级管理模式。轨道交通清分中心负责各轨道交通线之间以及与城市公共交通“一卡通”之间的清算工作；线路控制中心负责本线路的票务管理；车站级负责各车站的票务管理。

二、AFC 系统构架

整个城市轨道交通网络 AFC 系统根据功能可分为三个层面：第一层为由线路中央计算机系统构成的中央层；第二层为由车站计算机系统组成的车站层；第三层为由车站终端设备组成

---

* 本节为选学内容。

的终端层。城市轨道交通 AFC 系统网络构架见图 5-35 所示。AFC 系统采用中央计算机系统、车站计算机系统、车站终端设备及车票三层架构,中央计算机系统将预留与未来城市轨道交通清分系统的接口。AFC 系统的组成详见图 5-36。

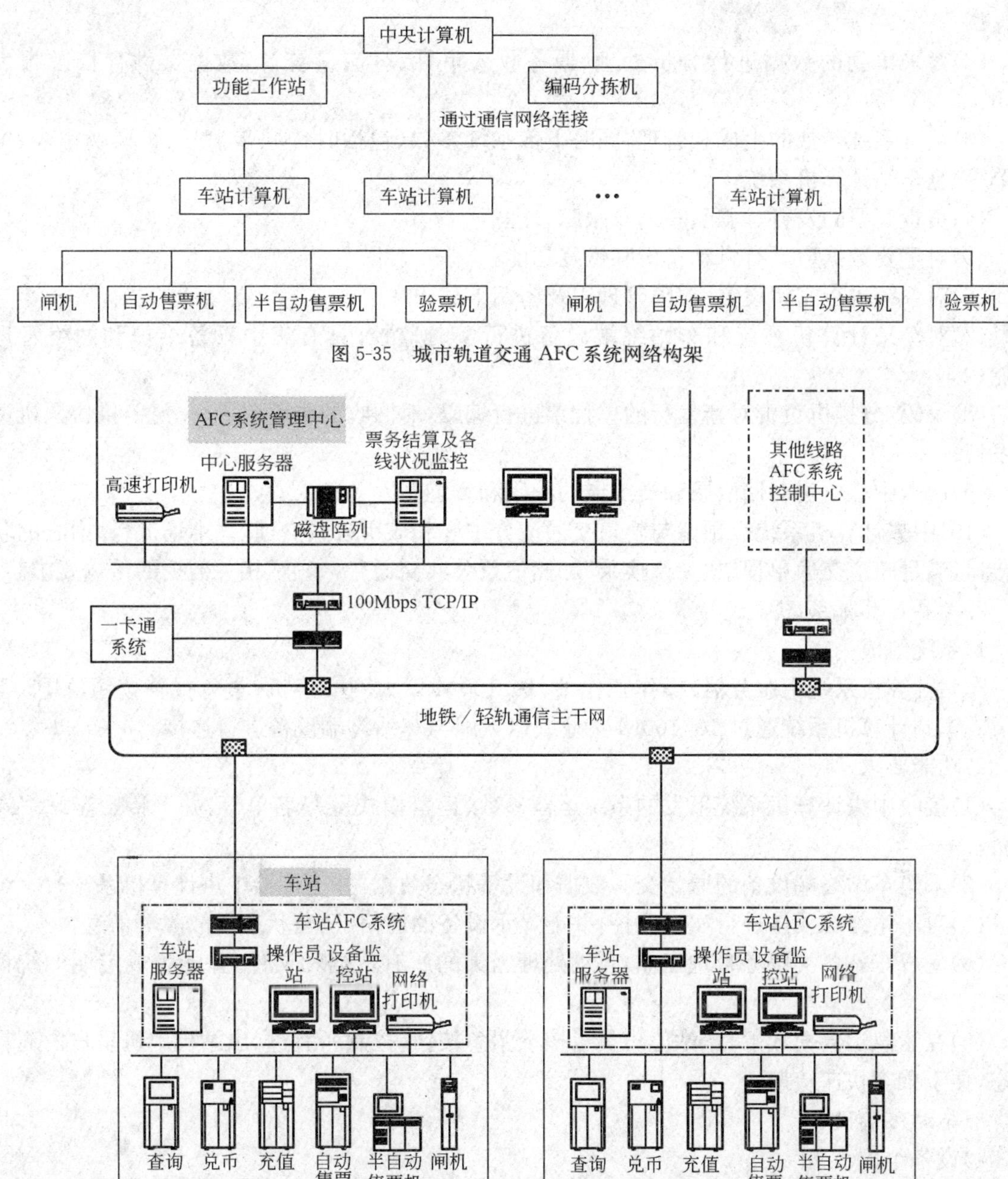

图 5-35 城市轨道交通 AFC 系统网络构架

图 5-36 城市轨道交通自 AFC 系统组成框图

1. 中央计算机系统

1)系统组成

中央计算机系统由 2 台互为热备份的小型机、通信服务器、10/100M 以太网交换机及系统管理、数据库管理、网络管理、系统监控、报表查询、IC 卡查询、制卡等各种功能工作站、编码/分拣机、打印机、UPS 等组成。中央计算机系统通过通信传输系统提供的 10M 以太网通道与车站计算机系统进行通信。

2)功能要求

(1)接收车站计算机系统上传的各类车票的原始交易数据、设备状态数据及设备维修数据等;

(2)对采集到的数据进行分析处理、票务收入审计、客流量统计、数据文件存档及报表打印;

(3)负责系统参数的生成和管理,同时下传系统参数(包括时钟同步信号、车票费率表、黑名单等)至车站计算机系统;

(4)负责车票的发行、调配、查询及跟踪管理;

(5)对重要数据应具有自动备份和恢复功能;

(6)对系统进行密钥设置、权限管理以及密钥下载;

(7)对车站计算机系统和车站终端设备进行实时监控,具有集中设备维护和网络管理功能;

(8)编码/分拣机负责对新发行的单程票进行编码,对回收的单程票进行分拣,供售票机重新发售;

(9)制卡中心负责对储值票和员工卡的编码和查询;

(10)中央计算机系统应预留与轨道交通清分中心和城市公共交通"一卡通"清算中心的联网接口,满足轨道交通单程票"一票换乘"和储值票公共交通"一卡通"相关数据的传输要求。

2. 车站计算机系统

1)系统组成

车站计算机系统由服务器、操作工作站、10/100M 以太网交换机、紧急报警按钮、UPS 等组成。车站计算机系统通过 10/100M 工业级以太网与车站终端设备进行连接。

2)功能要求

(1)接收中央计算机系统下发的系统运营参数、运营模式及黑名单等,并下传给车站终端设备;

(2)采集车站终端设备的原始交易数据和设备状态数据,并上传给中央计算机系统;

(3)对车站终端设备进行实时监控,并能显示设备的通信、运营状态及故障等信息;

(4)完成车站各类票务管理工作,自动处理当天的所有数据和文件,并能生成定期的统计报表;

(5)在紧急运营模式下,车站值班员可按下紧急按钮,控制所有进、出站检票机呈自由通行状态,便于乘客快速疏散。

3. 车站终端设备

1)设备组成

车站终端设备由自动售票机、人工售票(补票)机、进/出站检票机、自动加值验票机、便携式验票机等组成。

2)功能要求

(1)接收车站计算机系统下发的系统运营参数、运营模式及黑名单等信息;

(2)向车站计算机系统上传原始交易数据和设备状态信息;

(3)具有正常运行、故障停用、测试、检修、停止服务以及紧急等工作模式;

(4)当与车站计算机系统通信中断时,车站终端设备应具有单机工作和数据保存能力,应能至少保存 50 000 条交易数据及 7d 的设备数据。

3)自动售票机。

(1)设置在非付费区,接收硬币和纸币,发售单程票;

(2)具有引导乘客购票的相关操作说明和提示;

(3)乘客选择票价、目的地车站、张数,投币后自动发售单程票,一次投币可发售同一目的站的多张票;

(4)能识别 5 角、1 元硬币,并能退出伪币;

(5)能识别第四版和第五版 10 元、20 元、50 元人民币(纸币),并能退出伪币;

(6)具有硬币和纸币找零功能,并显示找零信息;

(7)具有储值票购买单程票功能;

(8)具有票务和财务记录功能;

(9)具有钱箱、票箱管理功能,机内票盒无票或钱箱满时,显示报警;

(10)当自检失效或不正当手段开机时,将报警并记录;

(11)单张车票处理时间小于等于 1.5s;

(12)硬币和纸币检测准确率大于等于 99.9%;

(13)当停电时,能完成最后一次操作,完成系统退出。

4)人工售票机(人工补票机)

(1)设置在非付费区内的人工售票机,负责向乘客发售各种类型的车票,并提供验票服务功能;

(2)设置在付费区内的人工售票机,负责对乘客提供验票和补票服务功能,发售单程票和储值票以及优惠票、纪念票等各种车票;

(3)对储值票进行充值;

(4)对超时、超站单程票进行补票,发售出站票;

(5)对金额不足的储值票进行出站补票;

(6)具有票务记录和每班财务记录;

(7)检验、分析有疑问车票,解决票务纠纷;

(8)具有安全措施,防止非法进入;

(9)具有钱箱、票箱管理功能;

(10)具有车票收费单据打印功能;

(11)具有自检功能,故障报警;

(12)单张车票发售时间小于等于 1.5s;

(13)当停电时,应能完成最后一次操作,完成系统退出。

5)进、出站检票机

进、出站检票机设置在付费区与非付费区的分界处,采用三杆式闸机或门扉式闸机。

(1)进站检票机检验车票有效时,在车票上写入相关进站信息,然后释放闸锁,让乘客通行;当检验车票无效时,锁闭闸锁,禁止乘客通行,同时乘客显示器提醒乘客到人工售票亭进行车票查询。

(2)进站检票机检验车票有效时,在车票上写入相关进站信息,然后释放闸锁,让乘客通行;当检验车票无效时,锁闭闸锁,禁止乘客通行,同时乘客显示器提醒乘客到人工售票亭进行车票查询。

(3)出站检票机检验车票有效时，在车票上写入相关出站信息，对单程票进行回收，对储值票扣除相应的票款，让乘客通行。若出站检票机检验车票无效时，锁闭闸锁，禁止乘客通行，同时乘客显示器提醒乘客到人工补票亭进行车票查询。

(4)应满足系统正常运营模式和降级运营模式下的不同控制要求。

(5)双向检票机应具有进站、出站及双向3种可设置的不同工作模式。

(6)出站检票机应可自动回收单程票，票盒渐满发出报警，票盒满时自动停机。

(7)具有自检功能，故障报警。

(8)出站检票机回收票箱总容量大于等于1 500张。

(9)对公务票、优惠票、黑名单等特殊票的使用应有声光指示功能，以便站务人员监督。

(10)具有紧急开启功能。

(11)当停电时，应能完成最后一次操作，完成系统退出。

6)自动加值验票机

自动加值验票机设在非付费区，接收纸币，负责对储值票的加值和验票工作，自动加值验票机不设找零功能。

(1)具有引导乘客的操作说明和提示；

(2)自动识别第四版、第五版50元、100元人民币，并能退出伪币；

(3)具有分析储值票和自动显示余额功能；

(4)具有钱箱管理功能，钱箱渐满或已满时自动报警；

(5)纸币检测准确率大于等于99.9%；

(6)预留银行信用卡自动划账接口；

(7)当停电时，应能完成最后一次操作，完成系统退出。

7)便携式验票机

便携式验票机供车站工作人员对乘客所持车票进行核查。

对各种车票进行限时、限程信息的有效性核查，显示各种车票内信息，对越站、超时及无效票除有显示外，还具有声音提示。

三、系统运行模式

AFC系统应满足轨道交通人性化的运营管理需求，在正常运行模式和降级运行模式下，应分别采取不同的控制策略。

1. 正常情况下的运行模式

车站设备的运作是通过系统的运作参数进行控制的。AFC系统可以针对每个车站的各类设备设置开启、关闭的时间；同时，根据车站运作的需要，通过计算机临时关闭某些设备。

当设备发生故障时，车站工作人员通过AFC值班员及时进行维修。

2. 特殊情况下的运行模式(降级运行模式)

当车站出现突发客流、火灾等情况，或出行列车晚点、列车运行中断等情况，AFC系统可以采用降级运行模式中的一种或几种的组合来应对发生的特殊情况。

降级运行模式有列车故障模式、紧急模式、进出免检模式、时间免检模式、日期免检模式和车费免检模式。

在紧急模式下，所有进出站检票机的闸锁全部解锁，乘客不需要使用车票就可以快速离开车站。

第六章　城市轨道交通移动设施子系统——车辆

车辆是城市轨道交通系统直接运载旅客的子系统。通过车辆的运送，能充分体现出城市轨道交通特有的快速、正点、安全、舒适和方便。目前我国已建和在建的城市轨道交通有市郊铁路、地铁、轻轨、线性电机系统、跨座式单轨和磁浮系统等不同技术制式。不同的轨道交通制式，所采用的车辆亦有所不同。本章将重点介绍我国目前应用最广泛的钢轮钢轨系统采用标准轨距 1 435mm 的 4 轴车辆，其他类型车辆的技术特点只作简要介绍。

车辆按照有无动力装置，可分为两大类：带牵引装置的动车和不带牵引装置的拖车。在运营中，列车编组可以有多种形式：动车与拖车混合编组或全动车编组。动车、拖车可安装不同的设备；列车编组（动、拖车比例及配置方式）采取什么形式，应根据动力的分配与车下吊装设备重量的均衡确定。

车辆主要由 5 大部分组成：车体（包括车内设备）、车辆走行装置、电传动与控制系统、车钩缓冲装置、制动装置。

第一节　车　　体

一、车辆的组成特点及主要技术参数

城市轨道交通车辆作为城市公共交通的旅客运载工具，不仅要保证车辆运行的安全、准点、快速，而且要为乘客提供良好的内部环境，使乘客乘车时感到舒适、方便，同时还要考虑其外观对城市景观和环境的影响。为了达到这些要求，近代在设计、制造城市轨道交通车辆上采用了大量的高新技术。如车体结构、材料的轻量化，走行装置的低噪声和高平稳性，线性电机驱动，直流斩波调速技术，再生制动技术以及交流变频调压技术等。

不同的城市轨道交通制式所采用的车辆类型之间有很大的差别。但无论地铁车辆、轻轨车辆还是独轨车辆，均为电动车辆编组成列运行，有动车和拖车、带驾驶室车和不带驾驶室车等多种形式。例如，北京地铁 1 号线、环线按全动车设计，4 辆、6 辆为一固定编组，复八线为两辆车一单元，列车可按 2、4、6 辆编挂。

上海地铁采用 A 型车，分为带驾驶室的拖车（A 车）、带受电弓无驾驶室的动车（B 车）和不带受电弓无驾驶室的动车（C 车）3 类。6 节编组时可按 A-B-C-C-B-A 编组。

我国推荐的轻轨电动车辆有 3 种形式：单节的 4 轴车、单铰接的 6 轴车和双铰接的 8 轴车。

1. 城市轨道交通车辆的特点和分类

1）城市轨道车辆特点

（1）较强的载客能力：A 型地铁车辆载客人数可达到 350 人/辆。

(2)良好的动力性能:速度快,加速能力强,制动效果好。

(3)安全可靠:故障率低,设备先进,可靠性、稳定性强,对灾害与突发事件有较充分的预防性措施和应急性措施。

(4)舒适的环境:通过照明、空调、座椅、扶手等的组合,营造比较舒适的乘车环境。

(5)适合的牵引特征:根据不同城市、不同线路,可选择不同的牵引方式。

①动力集中牵引:车辆无动力,编组后由机车牵引,适于长大编组,站距较长,线路长的轨道交通系统(如城市铁路,市郊铁路等)。

②动力分散牵引:部分车辆自身配置牵引动力装置,有利于列车频繁启动加速及制动减速,比较适合于地铁、轻轨、单轨等站距较短、机动性能要求较高的轨道交通方式。

城市轨道交通系统的牵引动力常用电力牵引,部分线路也可采用内燃动车组。

2)城市轨道车辆的分类

(1)按牵引动力配置分类。

①动车(Motor):车辆自身具有动力装置(装有牵引电机),具有牵引与载客双重功能,动车又可分为带有受电弓的动车和不带受电弓的动车。

②拖车(Train):车辆不装备动力装置,需动车牵引拖带,仅有载客功能,可设置驾驶室(有首位车辆),也可带受电弓。

③动车组:动车与拖车的有机组合,根据牵引需要和编组情况决定,一般用符号表示,如广州地铁 2 号线、南京地铁、上海地铁 1 号线的 6 节编组为“$T_C+M_P+M+M+M_P+T_C$”。式中,T_C 为带有驾驶室的拖车,M 为一般动车,M_P 为带受电弓的动车,T 为一般拖车。

动车组根据不同车辆编组数量进行组合,一般列车的动拖比可能采用全动车、2∶1 或 1∶1 的组合,其中有两辆车带受电弓,首尾车节带有驾驶室。如就全动车、2∶1(动拖比 67%)、1∶1(动拖比 50%)3 种列车动拖比加以比较,从零到最高运行速度之间的平均启动加速度基本上与动车数量成正比,全动车接近 1.0m/s^2,动拖比 67%编组的列车可以达到 0.7m/s^2,动拖比 50%编组的列车可以达到 0.5m/s^2。电制动减速度全动车在理论上能达到 1.48m/s^2,动拖比 67%编组的列车可以达到 1.0m/s^2,动拖比 50%编组的列车可以达到 0.74m/s^2。欧洲一些国家较多采用 67%的动拖比;日本则较多采用 50%的动拖比。在我国,采用 A 型车的 6 辆编组列车采用 67%的动拖比;采用 B 型车的 6 辆编组列车较多地采用 50%的动拖比;4 辆编组列车基本上采用 50%的动拖比,而 3 辆编组列车宜采用 67%的动拖比。[4]

(2)按车辆规格分类。

①重型车辆:轴重较大(轴重:车辆总重量与轴数之比,t/轴),载客人数较多,车体尺寸按大(断面)。

②轻型车辆:相对重型车辆各项指标值均较小。

(3)按车辆制造材料分类。

①钢骨车:车底架、车体骨架等受力部分采用钢材制作,其他用木材或合成材料制作。

②新材料车:采用轻质合金材料,如铝合金、钛合金等,降低车辆自重,提高承载能力和运输效率。

2. 城市轨道交通车辆的组成

一般城市轨道交通车辆由以下 7 大部分组成(图 6-1):

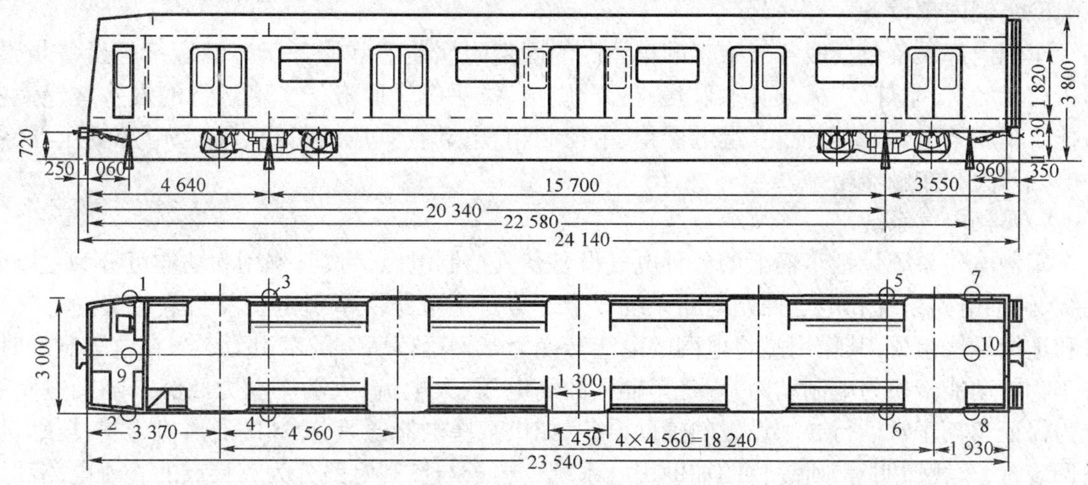

图 6-1 地铁车辆总体结构图(尺寸单位:mm)

1)车体

分为有驾驶室车体和无驾驶室车体两种。它是容纳乘客和驾驶员(对于有驾驶室的车辆)的地方,又是安装与连接其他设备和部分的基础。近代的车辆车体均采用整体承载的钢结构、轻金属结构或复合材料结构,以达到在最轻的自重下满足强度的要求。车体一般均设有底架、端墙、侧墙及车顶等。

2)转向架

它是车辆的走行部分,装设于车辆与轨道之间,用来牵引和引导车辆沿着轨道行驶和承受与传递来自车体及线路的各种载荷,并缓和其动力作用。它是保证车辆运行品质和安全可靠的关键部件。转向架可分为动力转向架和非动力转向架,动力转向架装设有牵引电机及传动装置;转向架一般由构架、弹簧悬挂装置、轮对轴箱装置和制动装置等组成。

3)牵引缓冲装置

车辆编组成列运行必须借助于连接装置,即所谓车钩。为了改善列车的平稳性,一般在车钩的后部装设缓冲装置,以缓和列车冲动。另外,还必须有连接车辆之间的电气和压缩空气的管路。

4)制动装置

它是保证列车安全运行所必不可少的装置。不论是动车或拖车均需设摩擦制动装置,以使运行中的列车按需要减速或在规定的距离内停车。城市轨道车辆制动装置除常规的空气制动装置外,还有再生制动、电阻制动和在轻轨车辆上常用的磁轨制动等。

5)受流装置

从接触导线(接触网)或导电轨(第三轨)将电流引入动车的装置称为受电装置或受流器。受流装置按其受流方式可分为以下 5 种:杆形受流器,弓形受流器,侧面受流器,轨道式受流器(或第三轨受流器),受电弓受流器。地铁与轻轨最常用的为第三轨受流器和受电弓受流器。

在受电制式上,目前世界上地铁发展较早的城市大都采用直流 750V,个别有采用直流 600V 的。北京地铁为直流 750V。上海地铁采用直流 1 500V,它与直流 750V 比较,有以下优点:可提高牵引电网供电质量,降低迷流数值;增加牵引供电距离,从而可减少牵引变电所数量,便于地铁线路实现地下、地面和高架的联运。

6)车辆内部设备

车辆内部设备包括服务于乘客的车体内的固定附属装置和服务于车辆运行的设备装置。属于前者的有:车灯、广播、通风、取暖、空调、座椅、拉手等。服务于车辆运行的设备装置大多吊挂于车底架上,如蓄电池箱、继电器箱、主控制箱、电动空气压缩机组、风缸、电源变压器、各种电气开关和接触器箱等。

7)车辆电气系统

车辆电气系统包括车辆上的各种电气设备及其控制电路。按其作用和功能可分为主电路系统、辅助电路系统和电子控制电路系统3个部分。主电路由牵引电机及与其相关的电气设备和连接导线组成,其作用是将电网的电能转变为车辆运行所需的牵引力。当在电气制动时,将车辆的动能转换为电制动力,它是车辆上的高电压、大电流、大功率动力回路。辅助电路系统为保证车辆正常运行必须设置的辅助设备(如供某些电器通风、冷却的通风机、空气压缩机、空调装置、车辆照明等)所提供的辅助用电系统。电子与控制电路分为有接点的直流电路和无接点的电子电路,控制电路的作用是控制主电路和辅助电路各电器的工作,通过驾驶员操纵主控制器和各按钮使列车正常运行或由列车自动运行控制系统控制运行。

3.城市轨道交通车辆主要技术参数

车辆技术参数是概括地介绍车辆技术规格的某些指标,是从总体上表征车辆性能及结构的一些参数,一般分性能参数与主要尺寸两大类。

1)车辆性能参数

(1)自重、载重及容积:自重为车辆本身的全部质量;载重即车辆允许的正常最大装载质量,均以t为单位。容积以m^3为单位。

(2)构造速度:指车辆设计时,按安全及结构强度等条件所允许的车辆最高行驶速度。车辆实际运行速度一般不允许超过构造速度。

(3)轴重:指按车轴形式及在某个运行速度范围内,该轴允许负担的并包括轮对自身在内的最大总质量。轴重的选择与线路、桥梁及车辆走行部的设计标准有关。

(4)每延米轨道载重:是车辆设计中与桥梁、线路强度密切相关的一个指标,同时又是能否充分利用站线长度、提高运输能力的一个指标,其数值是车辆总质量与车辆全长之比。城市轨道车辆该参数按设计任务书规定。

(5)通过最小曲线半径:指配用某种形式转向架的车辆,在站场或厂、段内调车时所能安全通过的最小曲线半径。当车辆在此曲线区段上行驶时不得出现脱轨、倾覆等危及行车安全的事故,也不允许转向架与车体底架或与车下其他悬挂物相碰。

(6)轴配置或轴列数。例如,1轴动车,设2台动力转向架,则轴配置记为B—B。6轴单铰轻轨车,两端为动力转向架,中间为非动力铰接转向架,其轴配置记为B—2—B。

(7)最大启动加速度,平均启动加速度,最大制动减速度。

(8)每吨自重功率指标,一般在10kW/t~15kW/t。

(9)供电电压,最大网电流,牵引电机功率。

(10)制动形式:有摩擦制动、再生制动、电阻制动以及磁轨制动等多种形式。

(11)座席数及每平方米地板面积站立人数。

2)车辆的主要尺寸

车辆的主要尺寸除车辆全长、车辆定距及转向架固定轴距外,尚有以下几项。

(1)车辆最大宽度、最大高度:车辆最大宽度指车体最宽部分的尺寸;车辆最大高度指车辆顶部最高点离钢轨水平面之间的距离。这两个尺寸均需符合车辆限界的要求。

(2)车体长、宽、高:又有车体外部与内部之别,但车体内部的长、宽、高必须满足货物装载或旅客乘坐等要求。

(3)车钩中心线距轨面高度:简称车钩高。它是指车钩钩舌外侧面的中心线至轨面的高度。列车中机车与各车辆的车钩高基本一致,是保证正常传递牵引力及列车运行时不会发生脱钩事故所必需的。我国铁路规定新造或修竣后的空车标准车钩高为 880mm;其他国家由各自的历史条件决定了其使用的车钩高,如原苏联及欧洲各国的车钩高(或盘形缓冲器的中心线高)定为 1 060mm。城市轨道车辆的车钩高无统一的标准,上海地铁车辆定为 720mm,北京地铁车辆为 670mm。

(4)地板面高度:地板面距轨面的高度与车钩高一样,均指新造或修竣后空车的数值。它将受到两方面的制约,一是车辆本身某些结构高度的限制,如车钩高及转向架下心盘面的高度;另一方面又与站台高度的标准有关,例如,上海地铁车辆地板面高为 1.13m,北京地铁车辆为 1.053m。

(5)车辆定距:车辆两相邻转向架中心之间的距离。

二、车体结构

车体是供乘客乘坐和驾驶员驾驶车辆的场所,是车辆的上部结构。城市轨道交通车辆的车体具有以下特征。

(1)一般为电动车组,有单节、双节和三节式等,可根据运营要求编列运行。有头车(即带有驾驶室车)和拖挂车以及带动力车和不带动力车之分。

(2)由于服务于城市居民的市内交通,在车内的平面布置上有其特征,例如座位少、站位面积大,车门多且开度大,内部设备较简单等。

(3)重量的限制较为严格,特别是对于高架轻轨和独轨车辆。满载和空载的差异较大。

(4)对车体材料的防火要求特别严格,耐火试验时,车体外底部要能承受高于 700℃的高温。特别是地铁车辆运行于地下隧道,一旦发生火灾,后果十分严重。

(5)对车辆的隔声、消声要求严格。

(6)为使车体轻量化,对于车体结构一般采用铝合金中空截面挤压型材,构成整体承载筒形结构。对车体其他辅助设施尽量采用轻型新材料。

(7)由于其用于市内交通,车辆的外观造型及色彩都应与美化环境和城市景观相适应。

车体结构包括车体承载结构、车体内部结构和车内设备。

1. 车体承载结构

由底架、侧墙、端墙和车顶 4 部分组成。

(1)底架:由侧梁、端梁、牵引梁、地板梁、枕梁和横梁组成,各组件沿长度方向拼焊而成。

(2)侧墙:按门、窗的设置分部件构成,与下部底架和上部车顶组装;各部件一般设置纵向或横向的 L 形、U 形或口形型材,作为加强筋。

(3)端墙:一般为型材骨架结构,当车辆之间为较大贯通道时,端墙将简化,以风挡取代;头车驾驶室的前端端墙较特殊,当车辆设置紧急疏散门时,应特殊考虑。

(4)车顶:由复杂形状断面的型材和车顶板组成,预留车顶设备的安装位置。

2. 车体内部结构

内部结构包括:地板、天花板、内墙板、门槛等。内顶板、内墙板和地板应外观平整、颜色一致；地板覆盖层和门槛应耐磨、防滑、易于清洗或清理。

3. 车内设备

主要包括：立柱及扶手、座椅、车窗、车门、客室贯通道、客室空调及驾驶室。

(1)立柱及扶手：合理设置立柱及扶手，材料可用复合不锈钢管或阳极氧化(或粉末喷涂)铝合金管，表面光滑。

(2)座椅：一般采用纵列式布置；座椅材料应具有足够的强度和阻燃性能。

(3)车窗：采用大面积车窗，透明度高、对视线遮挡小；车窗装配良好，密封良好，不允许黏结。玻璃采用双层安全钢化玻璃；驾驶室玻璃采用夹层钢化电热玻璃，可加热除霜。

(4)车门。按照车门开启的方式，可分为：内藏式门，外侧移门，外开塞拉门和外摆式门四种形式。轨道交通车辆一般采用内藏嵌入式和外开塞拉门。

车门按照驱动方式，可分为风动门和电动门。风动门由于受气动元件及密封件的质量条件限制，可靠性较差、门机故障率高，同时产生的噪声较大。因此，目前轨道交通车辆的车门均采用电动门。

车门采用电子控制技术，可根据乘客和驾驶员的不同要求编制程序修改操作过程；具有自动监控、自动故障报警和记录的功能，并设有防夹装置。

(5)客室贯通道：由折篷、机械连挂系统和金属渡板组成。折篷可自由伸缩、防水防尘；折篷内侧为车辆之间的机械连挂系统；渡板外形根据车辆之间相对运动的轨迹进行设计，安装在地板上与车体铰接。

(6)客室空调：设置空气调节装置，合理布置风道，合理组织客室和驾驶室气流。

(7)驾驶室：驾驶室的座椅、控制台等设备按照人体工程学的设计概念，确保驾驶员安全、舒适，有利于降低体力和视觉的疲劳。

三、主要技术标准

(1)在正常运行条件下，车体结构设计寿命至少为30年。

(2)车体结构强度能满足各种架车、起吊、救援、调车、连挂、编组列车回送车辆段等工况条件下所承受的动载荷、静载荷及冲击载荷的要求，且不产生永久变形及损坏。

(3)车体内部结构材料应采用阻燃或不燃性材料，应具备极好的防火性能。

(4)车体的地板、车顶、内侧墙内均需填充阻燃型的隔热材料(例如超细玻璃丝棉或更好的材料)；表面涂以隔声阻尼浆，以确保车辆具有良好的隔热隔声性能。

(5)客室门门框上应设紧急开门装置，供乘客在紧急情况下自行操作打开车门。

(6)车辆之间为贯通道时，该处应具有良好的隔声隔热性能。风挡材料应考虑阻燃、隔声及抗老化能力；渡板应防滑、耐磨，并能承受超员载荷(9人/m^2)的站立条件。

(7)车内应设置安全设备和设施：每个客室宜设2台灭火器，驾驶室设1台灭火器，灭火器适宜电气设备的灭火。地铁车辆还需设置紧急疏散门，紧急脚蹬处应设置扶手，脚蹬防滑。

(8)车内应设置标识牌、警示牌等辅助设备。

四、主要技术参数

根据《城市轨道交通工程项目建设标准》(建标104—2008)中的第四章表5，车辆按不同技术制式划分成A、B、C、D、L与单轨车等类型，分别对应高运量、大运量和中运量的线路运能。车体的有关技术参数见表6-1。表6-1中的A、B型车为地铁车，C型车为铰接轻轨车，D为低地板铰接轻轨车，L 为直线电机车辆。

各类车型车体的主要参数(m)　　表 6-1

项目名称	A 型车	B 型车	C 型铰接车	D 型铰接车	L 型车	单轨车
车长	22.1	19.0			17.08	14.8
车宽	3.0	2.8	2.6	2.6	2.8	2.98
车高	3.8	3.8	3.7	3.7	3.625	3.84/5.3
转向架中心距	15.7	12.6			11.14	9.6
固定轴距	2.5	2.3	1.9	1.9	2.0	2.5
车厢地板高度	1.13	1.10	0.95	0.35	0.93	1.13

五、案例

近代城市轨道车辆的车体金属结构是由侧墙、车顶、端墙以及波纹地板或空腹型材加强的地板所构成的一个带门窗切口的薄壁筒形整体承载结构。为了尽可能地降低车辆的自重(这对于降低高架轻轨和独轨线路的工程造价更具有现实意义)，一般均采用全铝合金结构或不锈钢结构，并广泛采用大型中空截面挤压型材，在保证车体具有足够强度和刚度前提下，使材料得到最充分的利用。

当车辆的车体采用铝合金整体承载筒形结构时，其车体断面结构形式通常如图 6-2 所示。组成车体的底架、侧墙和车顶采用大型空心截面的挤压铝型材拼焊而成。底架地板为上下翼板、斜筋板和复板组成的中空挤压型材，长度可达车体全长。下侧梁、侧墙板、车顶板亦采用形状各异的中空截面挤压铝型材。这样，在制造车体时仅留下少数几条长焊缝，制造工艺大为简化，焊接变形也易于控制，车体的制造精度也大为提高。

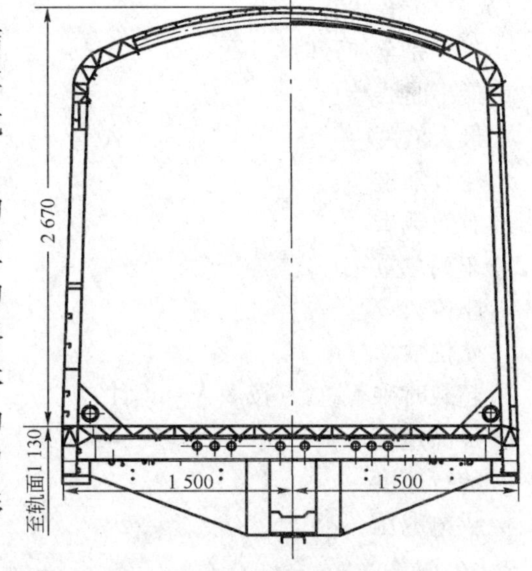

图 6-2　车体骨架结构(尺寸单位:mm)

现以上海地铁车辆的车体为例，分析其结构及组成(图 6-3)。上海地铁车辆有 3 种车型，即带驾驶室的拖车(A 车)、带受电弓的动车(B 车)和不带受电弓的动车(C 车)。在运行中，由 A 车、B 车、C 车固定编组成电动列车组，A 车始终处于列车两端，其他车辆位置可以互换。当为 6 节编组时，可以为 A—B—C—C—B—A，也可以编成 A—B—C—B—C—A 等形式。当为 8 节编组时，可编成 A—B—C—B—C—C—B—A，或 A—B—C—C—B—B—C—A 等多种形式。

上海地铁车辆的重要技术参数为：

两端车钩连接中心线长

　　有驾驶室　　24 140mm

　　无驾驶室　　22 800mm

车体长

有驾驶室	23 540mm
无驾驶室	22 100mm
车体最大外宽	3 000mm
车顶线距轨面高	3 800mm
车内地板面距轨面高	1 130mm
贯通道最小宽度	900mm
车门高	10mm
车门宽	1 300mm
车钩水平中心线距轨面高	720mm
两转向架中心距	15 700mm
转向架轴距	2 500mm
车轮直径(新轮/最小)	840mm/770mm
轨距	1 435mm
轨面至受电弓顶面高度	
折叠状态	3 810mm
完全伸张时	6 370mm
最小曲线半径	300m
最大坡度	35‰
轮对轴重	15.15t
有效载重	24.6t
车辆总重	60.6t
座位数	62
站位数	248
超载时乘客总数(按 8 人/m^2 计)	410
最高速度	80km/h
旅行速度	35km/h
供电电压	1 500VDC

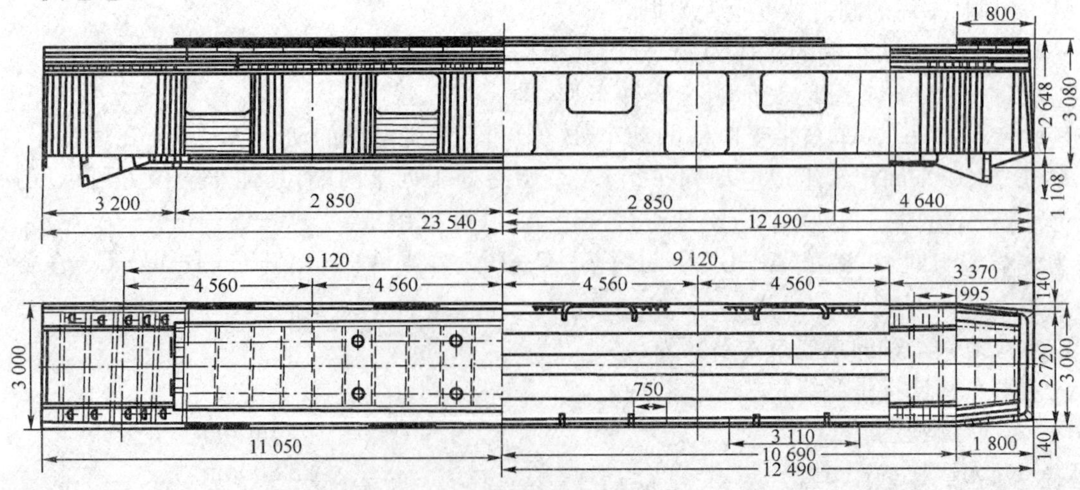

图 6-3　地铁车辆的车体结构及组成(尺寸单位:mm)

车辆底架由地板梁、牵引梁、枕梁、横梁、端梁和侧梁组成。地板梁在其横向由5大块含多个空心三角形的中空截面铝合金挤压型材纵向焊接起来，每块宽度达520mm，高度为70mm，长度可为车体全长。每块地板梁的上下翼板之间有6块斜筋板和2块复板，板厚均为2.5mm。每块地板梁下部还设有两对用来安装车下设备的吊挂座。车底架两端的牵引梁用来安装车钩缓冲装置，连接车辆并传递牵引力和冲击力。底架枕梁用来支承车体下两端的转向架，底架的两端为端梁。底架侧梁为形状复杂的中空截面铝合金挤压型材，在两复板之间有多块斜筋板和隔板，由于侧梁在车体中受力较大，其壁厚为4mm，个别地方达6mm及12mm。

车体的侧墙左右各有5个车门和4个车窗，而门孔和窗孔的上部又与车顶部件组合在一起。所以实际上侧墙被门孔分割成4块带窗框的间壁和两端2块侧壁，全车共12块，分别直接与底架、车顶组装。各间壁与侧壁小部件均有纵向和横向的L形、V形或口形型材予以加强。

车顶由复杂形状断面的两侧小圆弧部分挤压型材和中部大圆弧部分铝合金挤压车顶板组成。

从铝合金的机械性能可知，其比重和弹性模量仅为钢的1/3，为使材料得到最充分的利用，利用铝材可塑性好的特点，常将车体构件根据其受力特点制成中空截面的大型挤压型材，经组焊成车体，其优点为：

(1)与普通钢结构相比，制造时焊缝数量大为减少，焊接工作量可减少40%～60%；

(2)采用大型中空截面挤压型材制造车体，焊接变形易于控制，制造工艺变得简单、规范，从而提高了制造质量；

(3)可根据结构强度要求制成不同截面形状的挤压型材，从而使材料得到更充分的利用；

(4)车体自重可得到大幅度的降低，与钢制车体相比，自重可降低1/4～1/3；

(5)耐腐蚀性优良，使用寿命长，检修维护工作量少。

在制造铝合金车体时，应根据车体不同部位强度和刚度的要求，选取不同材质的铝合金。对于车底架主要受力件，宜选用强度高的A7No1铝合金；对于大型中空截面挤压型材可选用5000系(Al-Mg合金)和6000系(Al-Mg-Si合金)；一般的挤压型材可选取7000系(Al-Zn-Mg合金)；对于侧墙板、车顶板可选耐腐蚀的Al-Mg-Mn合金板材。

在车体的外墙板与车内装饰板之间充填矿渣棉或其他保温材料，在内壁板涂敷隔声涂料，这样保证了车厢具有良好的隔声、隔热性能。在选择材料时必须注意其阻燃性和燃烧无毒性。

在有空调的车辆上，空调机组一般装设于车辆两端顶棚的上方，风道沿车厢顶部两侧配置。客室车门一般采用以压缩空气为动力的风动门，有内藏嵌入式对开拉门、外移式对开拉门和拉塞门等多种形式(图6-4)。由电磁阀控制传动风缸经机械传动部分使车门动作。考虑在紧急情况下乘客疏散的需要，在有驾驶室车体的驾驶室端墙上设有安全疏散门，在紧急情况下可以向前放下到路基上，作为通向地面的人行踏板。车体端部设端门和折棚，车辆连挂后，车辆之间的贯通道可供乘客在各车厢内流动，有利于车厢载荷的均衡。另外，车内还设有座椅、扶拉杆等设施。

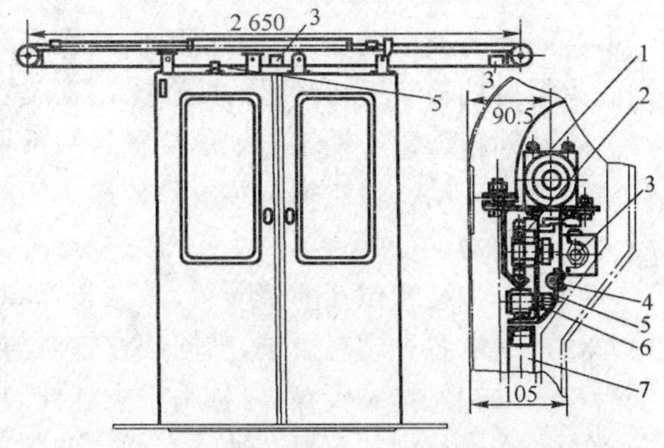

图6-4　车门结构(尺寸单位：mm)

1-风缸；2-滚轮；3-行程开关；4-钢丝绳；5-导轨；6-小滚轮；7-拉门

第二节　走行装置和连接装置

一、车辆走行装置

城市轨道交通车辆的车体一般支承在起承载、走行和导向作用的走行装置上，也称为转向架。它承受车体底架以上各部分的重量，产生轮周牵引力和制动力，缓和冲击，是实现车辆运行的“硬件”部件。车体与转向架之间可以相对转动，便于通过曲线。为了提高车辆运行的平稳性和舒适度，在车体与转向架构架之间或转向架构架与轮对之间设有弹性较大的悬挂装置。为了保证车辆在运行时减速或在规定的距离停车，在转向架上还设有制动装置。转向架通过以下方式实现上述性能。

(1)从结构、工艺和材料三方面实现转向架轻量化，改善车辆振动性能，减小轮轨之间的作用力。

(2)设置弹簧悬挂装置，改善车辆在垂向和横向的动力性能；设置减振阻尼装置，耗散振动产生的能量。

对于动车，在转向架上还设有牵引电机和传动装置，把牵引电机的转矩转化为列车前进的牵引力，这种转向架称为动力转向架。

1.走行装置的结构形式

按照有无动力，走行装置可分为动力转向架和非动力转向架两大类。动力转向架增加了牵引电机及其配套设备。

根据走行副的类型，走行装置可归纳为以下两种类型。

1)钢轮钢轨系统转向架

以钢轮钢轨为走行副，是最常用的类型。按构架的结构形式，它可分为：常规二轴转向架、径向转向架和轻轨低地板车转向架。

2)橡胶轮系统转向架

采用橡胶轮作为走行轮，噪声低，振动和磨耗小。它包括：独轨车、新交通系统车辆和磁悬浮车，均采用橡胶充气走行轮。但通常必须有导向轮和备用钢轮作为辅助部件。

2.走行装置的组成

转向架的类型繁多，结构各异，但其作用原理和基本组成部分又都是十分相近的。一般转向架由轮对轴箱装置、弹性悬挂装置、制动装置、构架和转向架支承车体的装置组成。

轮对轴箱装置。轴箱与轴承装置是联系构架各轮对的活动关节，使轮对的滚动转化为车体沿轨道的平动。轮对轴箱装置除传递车辆的重量外，还传递轮轨之间的各种作用力，包括牵引力和制动力。

弹性悬挂装置包括弹簧装置，减振装置和定位装置等。为了减少线路和轮对沿轨道运动对车体产生的各种动态影响，转向架在轮对与构架之间和构架与车体之间设有弹性悬挂装置。前者称为轴箱悬挂装置，后者称为中央悬挂装置。

为使在运行中的车辆减速或在规定的距离内停车，必须装设制动装置。其作用是传递和放大制动缸的制动力，使闸瓦与轮对之间产生的转向架的内摩擦力转换为轮轨之间的外摩擦力，从而使车辆承受前进方向的阻力，产生制动的效果。

构架是转向架的基础，通过它把转向架各零部件组成一整体，承受和传递各种力的作用。

构架的结构和尺寸应能满足在其上安装弹簧减振装置、轴箱定位装置和制动装置的要求。

转向架支承车体的方式应能满足安全可靠地支承车体，承载并传递各作用力，并使车辆顺利通过曲线。转向架支承车体的方式可以分为心盘集中承载、心盘部分承载和非心盘集中承载3种。

图6-5为现代地铁车辆所采用的具有空气弹簧的动力转向架。它的弹性悬挂装置由人字形层叠式金属橡胶弹簧的一系悬挂(轴箱弹簧)，空气弹簧与并列配置的垂直液压减振器的二系悬挂(中央弹簧)，以及抗侧滚扭杆弹簧和横向液压减振器组成。人字形的橡胶弹簧嵌入构架和轴箱的导槽内，起着轴箱定位和载荷传递作用，并且有利于吸收和衰减轮轨间的高频振动和噪声。由空气弹簧和垂直液压减振器组成的二系悬挂具有较大的相对静扰度，用来承受和传递车体的载荷，缓和并衰减车辆在运行中的振动和冲击，同时还起着消声的作用。空气弹簧空气囊下面的层叠式橡胶弹簧，在空气囊失效时，用来作为应急弹簧维持运行之用。在构架横梁中横穿有一根抗侧滚扭杆弹簧，其两端装有力臂杆和连杆，上端和车体相连。当车体在运行时发生侧摆倾斜时，推动连杆使两力臂杆端部作用一力偶，从而使扭杆弹簧产生扭转变形，达到抑制和衰减车体的侧滚振动，提高车辆横向的稳定性。另外，在转向架的中心座和构架之间设有横向液压减振器，在构架横梁中部还装有横向橡胶缓冲器，限制车体和转向架之间的横向位移，缓和并衰减车辆的横向振动。由于采用了上述多种减振和消声措施，从而保证了车辆运行的平稳性、舒适性和低噪声。

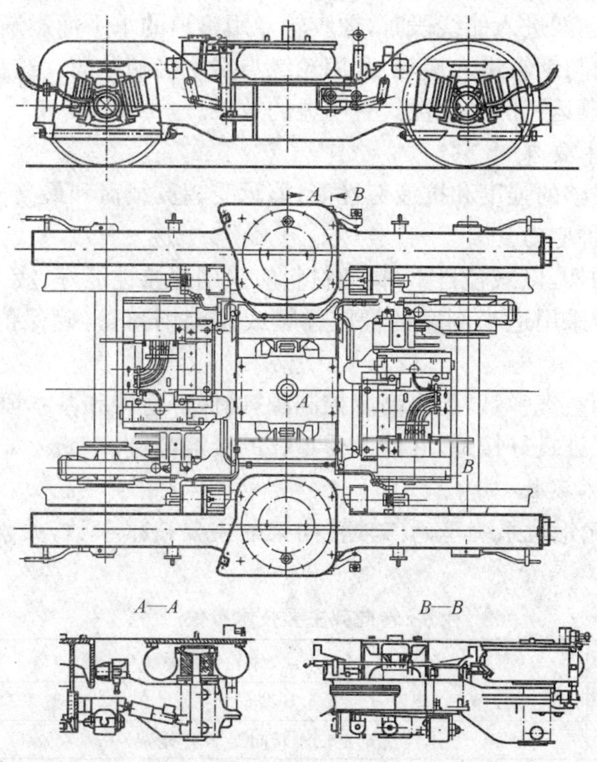

图6-5　地铁车辆的动力转向架

该转向架的构架呈H形，构架侧梁的中部设有空气弹簧安装座。牵引电机横向悬挂于构架横梁的两侧，电机的驱动轴经弹性联轴节、齿轮减速器将扭矩传递给车轴。构架横梁的中央设有中心座，通过中心座中的中心销将车体与转向架接在一起，并可相对回转，以利车辆通过曲线。两根牵引拉杆，一端与车体中心座相连，另一端装于构架横梁上，用来传递纵向力，两根牵引拉杆呈对角配置。

在车体与转向架之间还装有高度调整阀，用来调节空气弹簧空气囊内压缩空气的压力，使车辆地板面距轨面的距离不受车内乘客多少和分布不均的影响，始终保持恒定不变。它是通过车辆在不同载荷情况下，空气弹簧高度变化，使高度调整阀动作，向空气弹簧充气、放气或保压，从而实现保持车体高度的不变。

为了提高城市轨道车辆运行的平稳性，最大限度地降低转向架运行所产生的轮轨噪声，国外已设计制造了带橡胶轮胎的转向架，在法国巴黎和日本札幌的地铁已广为采用。图 6-6 为法国 RX 656 带橡胶轮胎的地铁转向架，其结构特征为，在轮对钢轮的相应部位装设橡胶轮胎，相对应地在线路两钢轨的位置上设有橡胶轮胎的专用滚道，滚道的平面与轨面平齐。在转向架两轮对的外侧装设导向小橡胶轮，在线路两侧垂向装有与线路平行的导向轨。当转向架在直线段运行时，由于橡胶轮直径大于钢轮，橡胶轮胎在专用滚道上走行，承受车体的各种载荷，这时钢轮的踏面与钢轨脱离接触，并保持一定的间隙，利用导向小橡胶轮沿导向轨滚动导向，以保证转向架的横向稳定性。当转向架进入曲线段时，橡胶轮专用滚道的水平面逐渐下降，橡胶轮胎与滚道逐渐脱离接触，而钢轮与钢轨进入接触，利用轮缘与钢轨接触导向。这种转向架在减少车辆运行时的噪声和提高车辆运行的平稳性具有明显的效果。

图 6-6　法国 RX 656 带橡胶轮转向架

3. 转向架主要技术要求

(1)构架应具有足够的强度和抗疲劳性能；能承受超员载荷和最高速度达到 80km/h 的运行工况下所遇到的各种应力。

(2)采用焊接式构架，以减轻自重；构架材料应采用焊接性能好、疲劳强度高的合金钢。

(3)一系悬挂弹簧采用适当刚度的橡胶弹簧或螺旋钢弹簧，确保抗磨耗和优良的过曲线性能。

(4)二系悬挂采用空气弹簧，配以高度控制阀，确保舒适性和基本恒定的车辆地板面高度。

(5)接地装置应保证良好接地，并能承受足够的接地电流。

4. 转向架主要技术参数

表 6-2 所列为钢轮钢轨系统车辆二轴转向架的主要技术参数，关于低地板车的有关参数仅供参考。

转向架主要技术参数　　表 6-2

	钢轮钢轨系统(四轴车)			
车辆类型	A 型车	B 型车	C 型车	低地板车
转向架类型	无摇枕二轴转向架 H 形构架			独立轮转向架
最高运行速度(km/h)	80			
最大轴重(t)	≤16	≤14	≤11	≤11
车轮直径(新轮)(m)	ϕ840		ϕ760	ϕ630
固定轴距(m)	2.2～2.5	2.1～2.2	1.8～1.9	1.8～1.9
平稳性指标 W 值	≤2.5			

二、车钩牵引、缓冲连接装置

车钩牵引、缓冲连接装置是车辆最基本的也是最重要的部件之一，它是用来连接列车中各车辆，使彼此保持一定的距离，并且传递和缓和列车运行中或在调车时所产生的纵向力或冲击力。城市轨道交通车辆一般采用密接式中央牵引、缓冲连挂装置，它集牵引、缓冲和连挂于一体，通过车辆彼此相向缓慢走行相互碰撞，使钩头的连接器动作，实现两车辆的机械、电气和空气的自动连接；在两连挂车钩高度具有偏差，以及在有坡度线路和曲线上都能安全地实现自动连挂；并且能够通过气动和手动实现两钩的分解。

密接式中央牵引、缓冲连挂装置一般由机械连接、电气连接和气路连接 3 部分组成，按其钩头结构的不同具有多种形式。我国制造的地下铁道车辆上采用凸锥和凹锥结构，在欧洲大都采用 Schafenberg 型密接式车钩和 BSI-COMPACT 型密接式车钩，上海地铁采用的也近似于 Schafenberg 型结构的车钩。

1. 我国制造的地铁车辆密接式车钩缓冲装置

我国制造的地铁车辆所采用的密接式车钩缓冲装置如图 6-7 所示，它由密接式车钩、橡胶缓接器、风管连接器、电气连接器和风动解钩系统等几部分组成。

车辆连挂时，依靠两车钩相邻钩头上的凸锥和凹锥孔相互插入，起到紧密连接作用，同时自动将两车之间的电路、空气通路接通，并起到缓和车辆间的冲击作用。在两车分解时，亦可自动解钩，并自动切断两车间的电路和空气通路，图 6-8 为密接式车钩的作用原理。

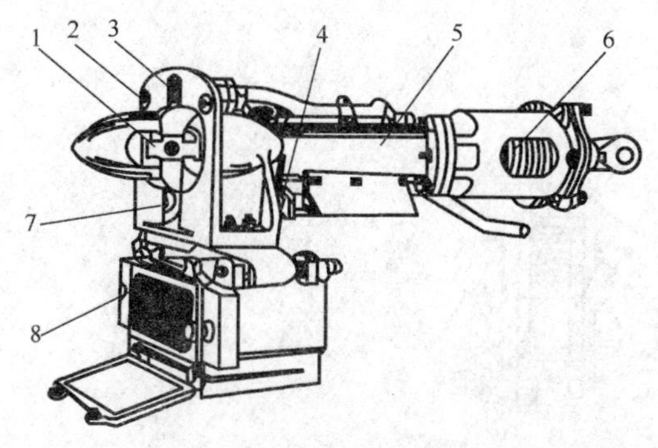

图 6-7　密接式车钩缓冲装置

1-钩舌；2-解钩风管连接器；3-总风管连接器；4-截断塞门；5-钩身；6-缓冲器；7-制动风管连接器；8-电气连接器

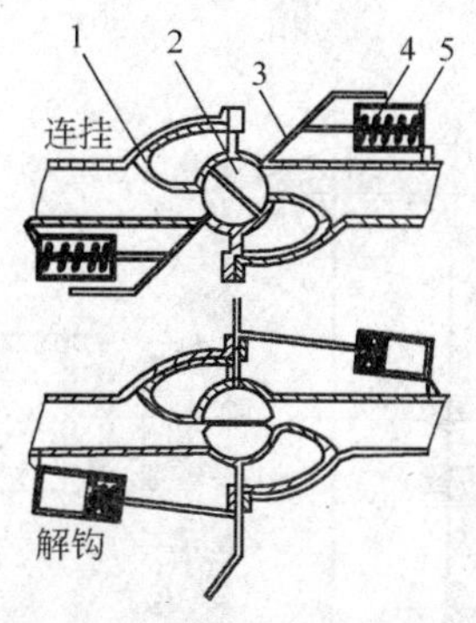

图 6-8　密接式车钩的作用原理

1-钩头；2-钩舌；3-解钩杆；4-弹簧；5-解钩风缸

两钩连挂时，凸锥插进对方的凹锥孔中，这时凸锥的内侧面在前进中压迫对方的钩舌转动，使解钩风缸的弹簧受压，钩舌沿逆时针方向旋转 40°。当两钩连接面接触后，凸锥的内侧面不再压迫对方的钩舌，此时，由于弹簧的作用，使钩舌恢复到原来的状态，即处于闭锁位置，要使两钩分解，需由驾驶员操纵解钩阀，压缩空气由总风管进入前车（或后车）的解钩风缸，同时经解钩风管连接器送入相连接的后车（或前车）解钩风缸，活塞杆向前推并带动解钩杆，使钩舌转动至开锁位置，此时两钩即可解开。两钩分解后，解钩风缸内的压缩空气迅速排出，解钩弹簧得以复原，带动钩舌顺时针转动 40°，恢复到原始状态，为下次连挂做好准备，如果采用手动解钩，只要人力扳动解钩杆，也能使钩舌转动至开锁位置，实现两钩的分解。

在钩身的后部装有橡胶缓冲器，用来缓和列车运行中各车辆之间的纵向作用力，以及车辆在调车时的冲击作用，提高列车运行的平稳性和舒适度，保护车辆不致损坏。缓冲器由橡胶金属片，前、后从板，牵引杆和缓冲器体组成。牵引杆由缓冲器后端，经橡胶金属片中间圆孔插至前端，并用螺栓紧固，置于缓冲器体中。

风管连接器由总风管、制动风管、解钩风管连接器组成，装设于钩头锥体的上、下侧。电气连接器的作用是在两车连接时自动接通两车之间的电路，使驾驶员得以操纵全列车同步工作。电气连接器外形呈箱式，安装于钩头的下部。当两车连接时，风管连接器和电气连接器能自动将空气管路和电路接通。当两车分解时又能将两车间的空气管路和电路切断。

2. 上海地铁车辆的车钩缓冲装置

上海地铁车辆的车钩缓冲装置有 3 种不同的类型，即全自动车钩、半自动车钩和半永久车钩。全自动车钩可以实现机械、气路、电路的自动连接。半自动车钩的机械、气路连接结构与作用原理基本上与全自动车钩相同，但电路需要人工手动连接。半永久车钩的机械、气路、电路的连接都需要人工手动操作，一般只有在车间检修时才进行分解。

图 6-9 为自动车钩结构总图，钩头由机械连接、电气连接和气路连接 3 部分组成。机械连接部分居中，电气连接箱分设在左右两侧，中心轴下方设气路连接。

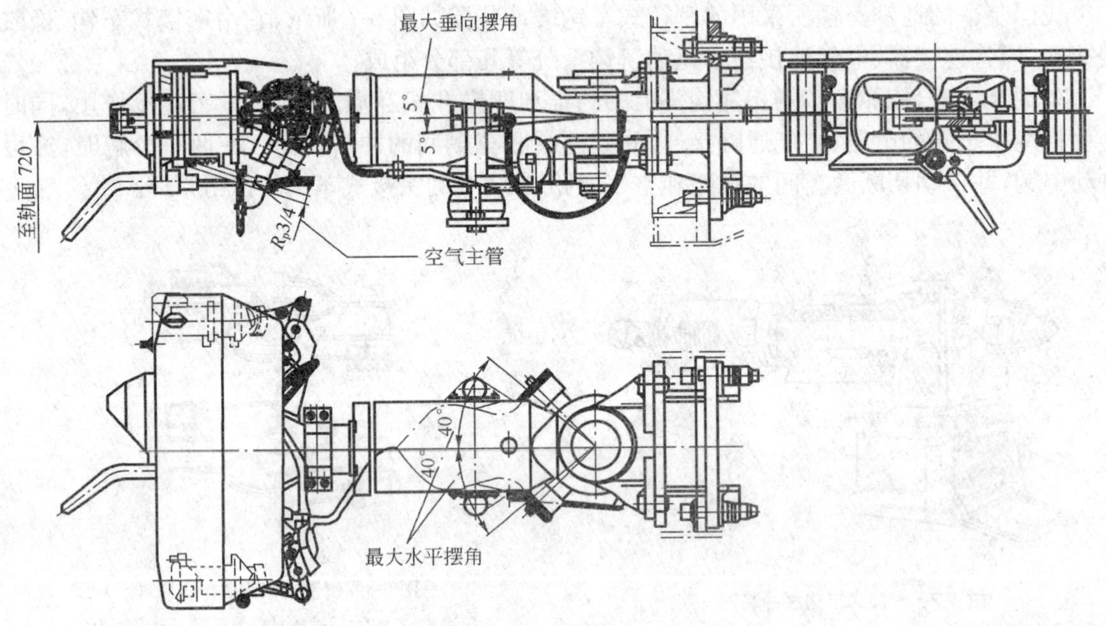

图 6-9 自动车钩的结构

钩头机械连接部分由壳体、中心轴、钩舌、钩锁连接杆、钩锁弹簧、钩舌定位杆及弹簧、定位杆顶块及弹簧和解钩风缸组成。壳体的前部一半为凸锥体，一半为凹锥孔，在连挂时和相邻车钩的凸锥体和凹锥孔互相插入；中心轴上固定有钩舌，钩舌绕中心轴转动可带动钩锁连接杆动作；钩舌呈不规则几何形状，设有供连接时定位和供解钩风缸活塞杆作用的凸舌，以及钩锁连接杆的定位槽、钩嘴等，它是车钩实现动作的关键零件；钩锁连接杆在钩锁弹簧拉力作用下使车钩连接可靠；钩舌定位杆上设有两个定位凸缘，使钩舌定位在待挂或解钩状态；定位杆顶块可以在连接时顶动钩舌定位杆实现两钩的连挂。

自动车钩有待挂、连接和解钩 3 种状态，其作用原理如图 6-10 所示。

(1)待挂状态：为车钩连接前的准备状态，此时钩舌定位杆被固定在待挂位置，钩锁弹簧处于最大拉力状态，钩锁连接杆退至凸锥体内，钩舌上的钩嘴对着钩头前方。

(2)连接状态：相邻车钩的凸锥体入本钩的凹锥孔并推动定位杆顶块，定位杆顶块推动钩舌定位杆离开待挂位置，由于钩锁弹簧的回复力使钩舌作逆时针向转动，带动钩锁连接杆伸进相邻车钩钩舌的钩嘴，完成两钩的连接锁闭。这时连挂两钩的钩锁连接杆和钩舌形成平行四边形，车钩受牵拉时，拉力由钩锁连接杆均匀分担，使钩舌始终处于锁紧位置。当车钩受冲击时，压力通过两车钩壳体连接法兰传递。

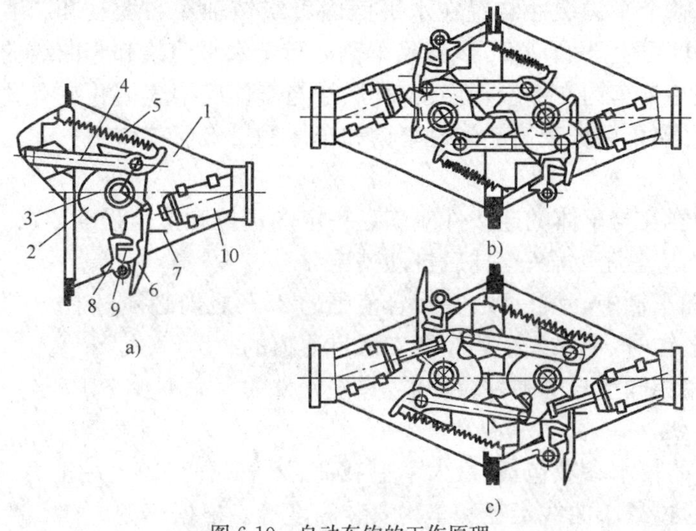

图 6-10 自动车钩的工作原理

a)待挂状态；b)连接状态；c)解钩状态

1-壳体；2-钩舌；3-中心轴；4-钩锁连接杆；5-钩锁弹簧；6-钩舌定位杆；7-钩舌定位杆弹簧；8-定位杆顶块；9-定位杆顶块弹簧；10-解钩风缸

(3)解钩状态：驾驶员操纵按钮控制电磁阀，使解钩风缸充气，风缸活塞杆推动钩舌作顺时针转动，使相邻车钩的钩锁连接杆脱开钩舌，同时使自身的钩锁连接杆克服钩锁弹簧拉力缩入钩头凸锥体内，脱离相邻车钩的钩舌，这时定位杆顶块控制钩舌定位杆，使钩舌处于解钩状态。当两钩分离后，定位杆顶块由于弹簧作用复位，钩舌定位杆回至待挂位，车钩又恢复到待挂状态。

电气连接部分由左右电气箱组成，分设于钩头的两侧，并可前后伸缩，电气箱外装有保护罩，当两钩连接时，电气箱可推出使其端面高于车钩端面，此时保护罩自动开启；当解钩后，电气箱退回至原来位置，保护罩自动关闭。左右电气箱内的电气触点分别为固定触点和弹性触点，保证电气连接时密接可靠。

气路连接部分设有主风管接头和解钩风管接头。主风管配有主风管自动阀，在解钩时可自动切断气路，在连接时可自动接通气路。解钩风管始终处于联通状态，由驾驶员操纵电控阀控制管路的通、断，达到自动解钩或连挂的目的。

钩头的后面为环弹簧缓冲器，它由弹簧盒、弹簧前后座板、外环弹簧(共 7 片)、内环弹簧(由 5 片内环弹簧、且片开口环弹簧和 2 片半环弹簧组成)、端盖、球形支座、牵引杆等组成，其结构如图 6-11 所示。

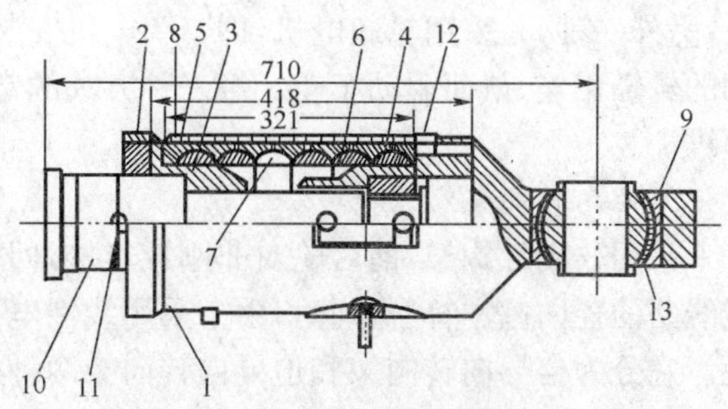

图 6-11 环形缓冲器

1-弹簧盒；2-端盖；3-弹簧前座板；4-弹簧后座板；5-外环弹簧；6-内环弹簧；7-开口弹簧；8-半环弹簧；9-球形支座；10-牵引杆；11-标记环；12-预紧螺母；13-橡胶嵌块

当车钩受冲击时，牵引杆推动弹簧前座板

向后挤压环弹簧；当车钩受牵拉时，拧紧在牵引杆后端的预紧螺母带动弹簧后座板向前挤压环弹簧。所以不论车钩受冲击或牵拉，环弹簧均受压缩作用。由于内、外环弹簧相互接触的接触面均做成V形锥面，受压缩相互挤压时，外环扩张内环压缩，这样就产生轴向变形，起到缓冲作用。同时内外环弹簧接触面相对滑动摩擦力做功消耗了部分冲击能。

环弹簧缓冲器的前端通过一组对开连接套筒与钩头连接，后端的球形支座通过销轴与车钩支撑座相连接。整个车钩缓冲装置在水平面内可绕销轴左右摆动40°，在垂直面内借助于球形轴套嵌有橡胶件可上下摆动5°，以满足车辆运行于水平曲线和竖曲线的要求。

钩尾冲击座前端与车钩支撑座相连接，其后端与车体底架连接并装有过载保护鼓形套筒，当冲击力超过规定值时，保护套筒起到对车钩和车体的过载保护作用。

3. 主要技术要求

(1)车钩、缓冲器及与车体的连接件应满足一定的抗拉和抗压强度要求。

(2)车钩接触面应紧密贴合；连挂后自动锁定。

(3)保持车钩和车辆中心线一致，在接合范围的25%之内必须对中。

(4)在连挂和解钩时，半永久车钩应能支承贯通道的载荷(9人/m^2)。

(5)车钩应采用相同型号的弹性缓冲器，弹性元件的寿命不少于10年。

4. 主要技术参数

车钩及缓冲器的技术参数包括：最大牵引载荷、压缩载荷、最大冲击力、吸收能力、允许最大冲击速度、允许通过最小曲线半径和车钩安装高度等。根据车型、车辆编组及线路条件的不同计算确定。

三、特殊转向架技术简述

1. 独立轮转向架

应用于低地板车的独立轮转向架，轮对无车轴刚性相连，实现相对的独立，因此具有良好的过曲线能力；同时车辆地板面距轨面高度可降至300mm，从而适应车辆运行在路面、方便乘降的要求。它具有以下特点：

(1)转向架取消贯通车轴，采用轮毂电机牵引，实现轻型转向架；

(2)采用较小直径车轮。

驱动独立车轮有三种方法：一是把牵引电机悬挂设置在车体上，通过万向轴和传动齿轮箱，带动车轮；二是把牵引电机纵向设置在转向架侧梁外侧，两端为输出端，驱动前后两个车轮；另外一种，是采用轮毂电机，即牵引电机安装在独立车轮的轮毂部位，电机的转子与轮毂外侧的轮辐相连，从而驱动车轮。第三种方式的牵引电机体积小、结构紧凑，形成全密闭单元，无须维护。

2. 径向转向架

采用非刚性构架，前后轮对非刚性连接，回转定位刚度小；过曲线时，轮对的轴线方向和曲线线路的径向基本符合；同时，由于采用线性电机驱动，更能适应小半径曲线，有效减少轮轨磨耗。它分为自导向转向架和迫导向转向架两种类型。

(1)自导向转向架：依靠轮轨间的蠕滑力进行导向，是应用最普遍的径向转向架结构形式。它采用对角斜撑形式，两根斜撑连接对角的轴箱承载鞍，允许前后轮对产生径向或八字形相对位移。

(2)迫导向转向架，其原理为：在曲线段，利用车体与转向架之间的相对回转运动，通过专门的导向机构使轮对偏转，处于曲线的径向位置。

径向转向架所具有的特点，使之不适用旋转式牵引电机及机械传动系统设备悬挂于构架的方式，而适用于线性电机驱动的形式。

3. 单轨车转向架

单轨车辆有跨座式和悬挂式两种类型，见图 6-12。

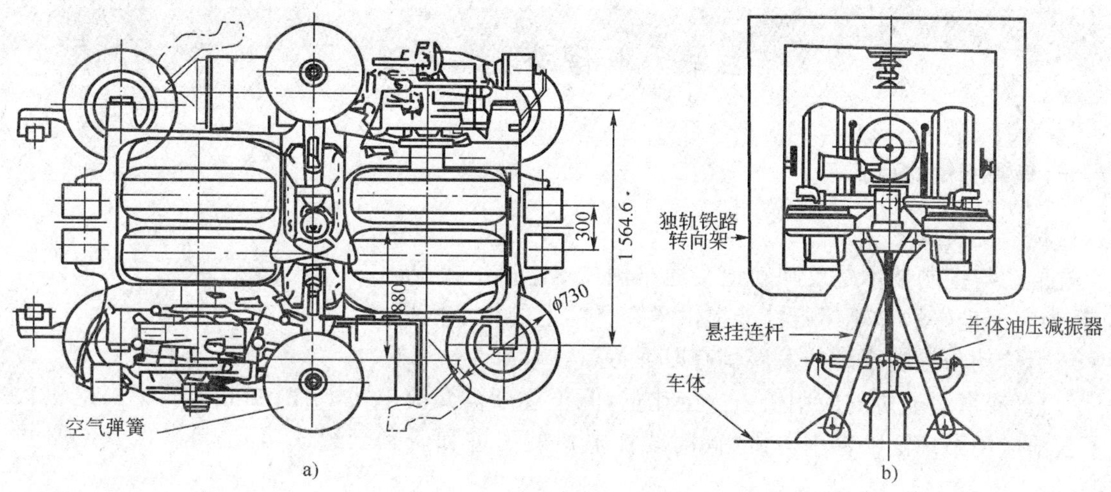

图 6-12 单轨车转向架

a)跨座式；b)悬挂式

前者相对应用较多。结合图 6-12 说明跨座式转向架的结构形式。采用无摇枕二轴转向架结构形式，每根车轴安装两个走行轮，为充氮气的钢套橡胶车轮；车轴两侧上方各设 2 个导向轮，下方各设 1 个稳定轮，均为充入压缩空气的橡胶轮。走行轮、导向轮、稳定轮均带有辅助轮，作为橡胶轮泄气时备用。每个车轴还配置橡胶车轮漏气检测装置。

4. 新交通系统车辆走行装置

采用橡胶走行轮和导轨走行方式。在线路的中央或侧面设导向轨条，车体底架下方设置导向轮，沿着导向轨滚动，橡胶走行轮走行于混凝土结构面。由于橡胶轮的轴重受限制，因此载客量小、运行速度较低。

新交通系统车辆走行装置有中央导向和侧面导向两种形式，见图 6-13。

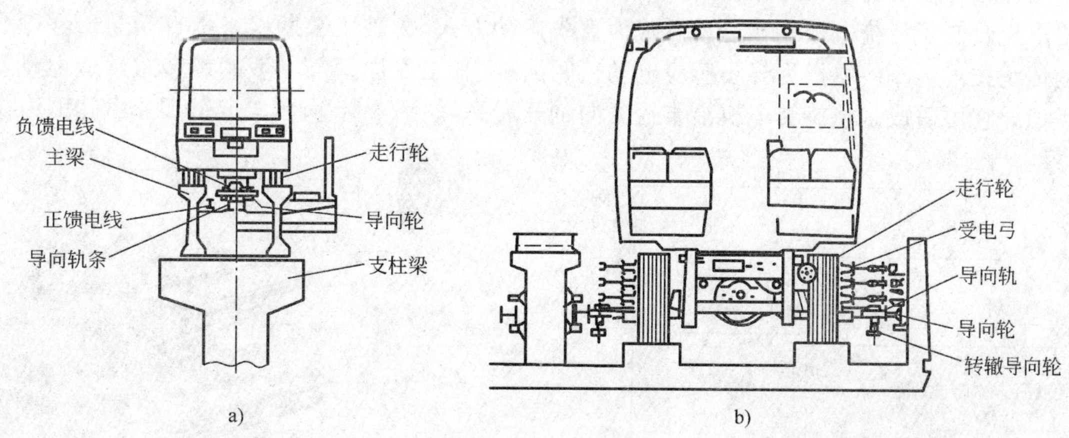

图 6-13 新交通系统车辆

a)中央导向式；b)侧面导向式

5. 磁浮车辆转向架

磁浮转向架的构架主要作用是装载导向电磁铁和悬浮电磁铁；相邻电磁铁的两端搭接在一个转向架上。导向电磁铁在纵向导轨上滑动，并通过橡胶金属弹簧纵向连接。每个磁浮转向架设 4 个空气弹簧，承受车体荷载、减小车体振动。

第三节 电传动及其控制

一、车辆的传动方式

1. 技术发展概述

电传动与控制技术是反映轨道交通车辆技术水准的主要标志。它体现了采用技术的先进程度，为实现良好的车辆运行性能提供了“软件”上的技术依托。

牵引传动与控制系统的发展具有以下特点：

(1)直流牵引电机的应用仍占一定比重，但正逐渐被交流电机取代；交流异步牵引电机代表了目前应用最广泛的牵引方式；同时线性电机的引进和研制已经成功，是将来发展的必然趋势。

(2)控制技术由斩波控制发展为 VVVF 变压变频技术，实现了车辆无级调速，提高了运行可靠性。

(3)微电子控制技术得到广泛应用；确保车辆在牵引、制动、辅助控制、故障信息显示和储存，以及行车安全等方面具有优良的性能。

关于技术的发展过程及先进程度可由图 6-14 表示。

2. 传动方式

电动车辆的动力来自牵引电动机，目前世界各国城市轨道车辆采用的牵引电机有两大类，即旋转电机和直线电机。

旋转电机又可分为直流电机和交流电机。长期以来直流牵引电机在电动车辆上获得广泛应用，目前仍占有极大的比重。随着电气和电子技术的发展，体积小、容量大、可靠性高、维修量小的三相异步牵引电机开始被采用，由于其明显的优点，有逐渐替代直流牵引电机的趋势。直线电机改变了传统电机旋转运动方式为直线运动方式，突破了长期以来依靠轮轨传递牵引力的传统技术。直线电机为异步感应电动机的简称，其工作原理与一般的旋转式感应电动机相类似。它可看成是将旋转电机沿半径方向剖开展平，如图 6-15 所示。定子部分由硅钢片叠

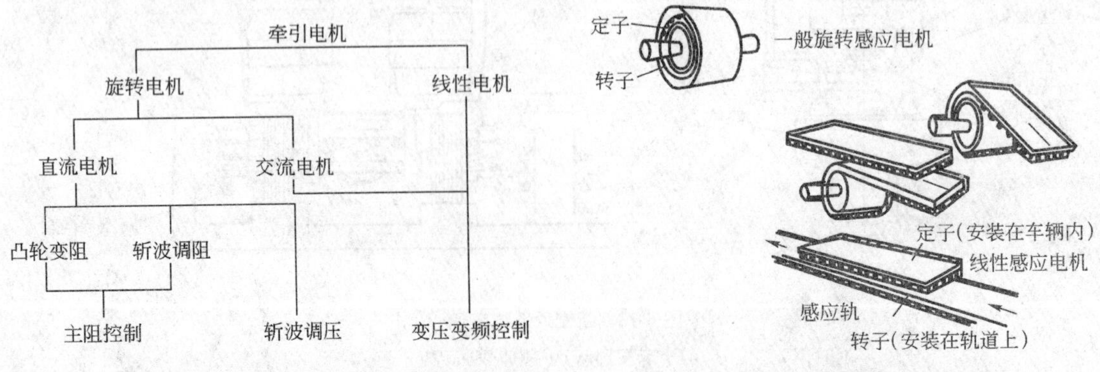

图 6-14 由传动和控制技术发展过程

图 6-15 直线电机工作原理

压成扁平形状的铁芯上放入二层叠绕的三相线圈构成，沿纵向固定安装在转向架下部或车体下部。而转子部分亦展平变为一条感应轨，铺设于走行轨之间，一般由铝合金板制成的外壳和铁芯组成。定子和转子之间应保持 8～10mm 的间隙，当通过交流电时，由于磁场的相互作用，驱动车辆运行或使车辆制动。

采用线性电机的车辆，取消了传统的旋转电机从旋转运动转换成直线运动所必不可少的一系列机械减速传动机构，从而能达到降低噪声、减轻重量，特别是转向架的结构变得十分简单，可采用小轮径向转向架。线性电机的最大缺点是效率低，约为旋转电机效率的 70%，这是由于线圈与感应轨之间的工作间隙较大，导致磁损耗大。另外需铺设一条与线路等长的感应轨，工艺要求高，投资较大，控制技术也较复杂。目前线性电机车辆已在加拿大的温哥华、多伦多，美国的底特律和日本的大版等获得应用，取得良好效果。

3. 传动控制技术

目前电动车辆的传动控制方式有变阻控制、斩波调压控制和变压变频控制 3 种。

(1)变阻控制是一种应用广泛的直流电机传动控制方式，控制简单方便。但由于城市电动车辆频繁起动和制动，采用这种控制方式使 20%的电能消耗在电阻上，变为热散逸到空气中，所以很不经济，特别是在地下铁道中将会导致隧道升温，易产生不良后果。目前，这种传动方式已趋于淘汰。

(2)直流电机的斩波调压控制使用先进的大功率门极可关断可控硅管(GTO)，利用可控硅管的导通和关断把直流电压转换成方波，用以调整直流电机的端电压。GTO 取消了换流装置，体积和重量均有减少，并可实现无级调整，可使车辆平稳启动和制动，实现再生制动，达到节电的效果。目前欧洲、加拿大、日本等国生产的直流电机电动车辆均普遍采用这种传动控制方式。

(3)变压变频控制(VVVF)是近 20 年来最先进的交流电机传动控制方式。它使用逆变器将直流变为交流，以电压和频率的变化控制交流电机，在调速性能和节能上均优于上述两种传动控制方式，已被公认为近代调速系统中性能最优越的一种。它与交流电机配合，无换向部分，运行可靠，过载能力强，结构简单，几乎无须维护和修理。

现将直流电机牵引的变阻车、直流电机牵引的斩波调压车、交流电机牵引的变压变频(VVVF)车以及直线电机牵引的变压变频车在技术性能上列表作一比较(表 6-3)。

各种传动方式电动车辆技术性能 表 6-3

以传动方式区分的车型		直流电机牵引变阻车	直流电机牵引斩波调压车	交流电机牵引变压变频车	直线电机牵引变压变频车
主牵引电机	电机形式	直流旋转电机	直流旋转电机	交流旋转电机	交流旋转电机
	电机效率	较高	较高	较高	低
	调速控制	较易	较易	较难	较难
	结构	复杂	复杂	简单	简单
	重量	较重	较重	较轻	最轻
	体积	大	大	较小	小
	维修量	大	大	小	小
电气传动控制	传动形式	直流传动	直流传动	交流传动	交流传动
	控制方式	凸轮变阻	GTO 斩波调压	VVVF 逆变	VVVF 逆变
	控制技术	简单	较简单	较复杂	较复杂

续上表

以传动方式区分的车型		直流电机牵引变阻车	直流电机牵引斩波调压车	交流电机牵引变压变频车	直线电机牵引变压变频车
转向架	转向架形式	普通型动力转向架	普通型动力转向架	普通型动力转向架	可采用径向转向架
	传动机械	齿轮变速器	齿轮变速器	齿轮变速器	不需传动机构
	转向架自重	6～8t	6～8t	5～7t	5t 以下
	通过曲线能力	较差	较差	较差	较好
	爬坡能力	较弱	较弱	较弱	较强
	噪声	较大	较大	较大	较小
经济性	轨道工程投资	较低	较低	较低	投资大
	车辆造价	较高	较高	较高	较高
	运营耗电量	最大	较小	较小	较大
	维修费用	最大	较大	最大	较小
技术可行性		技术成熟，国内已批量生产	大功率 GTO 斩波调压器已组织攻关，经努力可实现国产化	VVVF 逆变技术，较复杂，引进关键部件可实现国产化	交流传动直线电机，径向转向架，技术难度大，国产化难
技术先进性		已被淘汰，技术上落后	技术较先进	代表当前最先进技术	代表当前最先进技术

二、制动装置

1. 制动装置的组成及功能

车辆制动系统是保障列车安全可靠运行的必要手段。通过驾驶员操纵使列车减速或在规定的距离停车称之为制动，为了施行制动，在机车(多在头车)车辆上装设的由一整套零部件组成的装置，称为制动装置。

要使列车由静止状态启动加速，需对其施行“驱动”。处于运动中的列车为了使其减速或迅速停车，必须对它施行“制动”。另外，为了使有运动趋势的列车保持静止，例如，为了避免停放着的列车因重力的作用或风力的影响而滑溜，亦需对其施行制动。只有当“驱动”与“制动”两者都满足要求时，列车才能控制自如，正常运行。

良好的制动系统应保证具有足够的制动力，使列车在规定的距离内停车。要求制动速度快，作用灵敏可靠，整个列车前后车辆的制动机作用一致。制动与缓解作用迅速、平稳，在制动调速或停车时前后动作应一致，避免列车发生过大的冲动。应设有紧急制动装置，当发生紧急意外情况时，能产生最大制动力，在规定的距离内迅速停车。另外，当列车在运行中发生分离事故时，全列车能自动起到紧急制动作用。整个系统力求结构简单、作用可靠、坚固耐用、检修维护方便。

城市轨道车辆所采用的制动，按制动时列车动能的转换方式或制动力获得的方式，可分为两大类：即摩擦制动和动力制动。

所谓摩擦制动就是利用两物体之间的摩擦把列车的动能转变为热能，散逸到周围大气中去，从而产生制动作用。轨道车辆一种常用的摩擦制动为闸瓦制动(或称踏面制动)，它是利用由铸铁或合成材料制成的闸瓦压紧车轮的踏面，使两者摩擦产生制动作用。还有一种与闸瓦制动相类似的摩擦制动为盘形制动，它是利用合成材料制成的闸片紧固装于车轴上或车轮辐板上的制动圆盘，使闸片与制动圆盘间产生摩擦，实现制动。第三种摩擦制动为磁轨制动，在车体或转向架的下部设有电磁铁，在制动时将电磁铁放下，与钢轨相吸，利用二者之间的摩擦产生制动作用。

所谓动力制动，是把电动车中的牵引电机在制动时使之成为发电机，把车辆运行的动能变为电能。如果把这部分因制动而发出的电能送回到接触网，则称为再生制动；如果把这部分电能消耗在制动电阻上，使之变成热能而释放到大气，则称电阻制动。显然，再生制动优于电阻制动，前者具有节约能源的作用，特别是对于城市轨道交通车辆，制动减速、停车十分频繁，采用再生制动节能的效果更为显著。

由于动力制动的效率随着车辆运行速度的降低而下降，所以一般在高速时施行动力制动，当车辆速度降到一定程度后则采用摩擦制动；另外，在动力制动不足时，需同时施行摩擦制动。在地铁和轻轨车辆上最常用的摩擦制动装置为空气制动机。

空气制动机是以压力空气（压缩空气）作为制动的动力和操纵制动的介质，通过压力空气的变化来操纵制动力的大小。空气制动机可分为：自动制动机、直通制动机和直通自动制动机3种。直通制动机目前已淘汰，当前最常用的为自动制动机。自动制动机的构成及作用原理如图6-16所示。

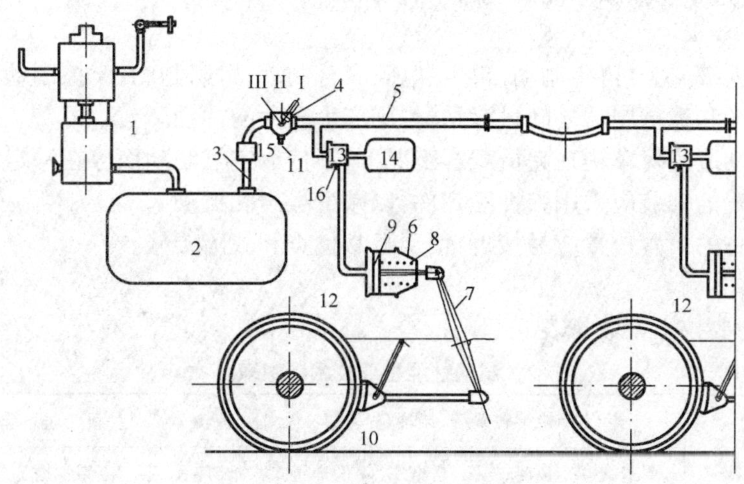

图6-16　自动制动机原理图

1-空气压缩机；2-总风缸；3-总风缸管；4-制动阀；5-列车管；6-制动缸；7-基础制动装置；8-制动缸缓解弹簧；9-制动缸活塞；10-闸瓦；11-制动阀EX口；12-车轮；13-三通阀；14-副风缸；15-给气阀；16-三通阀排气口；I-缓解位；II-保压位；III-制动位

当制动阀4的手柄放在充气缓解位I时，总风缸2中的压力空气经给气阀15、制动阀4送至列车管5。压力空气再由列车管经各三通阀13向副风缸14充气。此时，如制动缸中有压力空气存在，可经三通阀排气口16排入大气。所以充气缓解时，副风缸充气，制动缸排气，制动机缓解。给气阀15是一个限压阀，列车管压力达到给气阀所调整的压力时，它会自动停止充气。而当列车管压力因漏泄等原因低于调整压力时，给气阀会向列车管自动充气。所以，列车运行时，制动阀手柄放在充气缓解位置I，列车管、副风缸总是充满着定压空气，使各制动机处于制动的准备状态。

当行车中需施行制动时，驾驶员操纵制动阀手柄至制动位置III，使列车管与大气相通，列车管5中的压力空气经制动阀4的排气口11排入大气，各三通阀相继发生动作。原储于副风缸 14 的压力空气经三通阀 13 向制动缸 6 充气。制动缸压力上升，推动活塞通过基础制动装置 7 使闸瓦 10 紧贴车轮，制动机发生制动作用。

所以，自动机是通过驾驶员操作列车管内空气压力变化(增压、减压)使三通阀动作，实现列车的制动、缓解或保压的作用。

上海地铁车辆的制动系统由电气制动和空气制动组成。在高速时采用电气制动，在速度降至一定范围或当电气制动不足时需采用空气制动；另外，还设有停车制动。

上海地铁车辆的空气制动装置采用电子模拟控制制动系统，它是由气源、电子控制单元、制动控制单元、基础制动单元以及防止因制动力过大而导致车轮踏面在钢轨上滑行的防滑系统等组成。所谓电子模拟控制制动，简言之就是：变量输入微机，微机控制电磁，电磁控制气路，直通空气制动。

电子控制单元为一电子装置，它输入制动指令、电制动施加与否信号、车体负载信号、空气制动实际值的反馈信号，然后输出电气模拟转换和防滑控制的电信号，由它控制各种电磁空气阀，根据制动的要求和空气制动施加的实际情况不断地调整制动缸的压力。

停车制动实际上是一个弹簧制动器。当停车制动缓解风缸排风后，风缸内的弹簧弹力将活塞杆推出，通过制动杠杆实现将闸瓦推向轮对踏面的动作，达到停车制动的目的。当向缓解风缸充气时，压缩空气推动活塞克服弹簧弹力，使活塞杆、制动杠杆复位，停车制动得以缓解。停车制动也可通过手动操纵电磁阀使停车制动缓解。

2. 主要技术要求

(1)制动优先级应为：再生制动、再生/电阻联合制动、电阻制动、摩擦制动。

(2)电气制动和摩擦制动之间过渡平滑，不产生较大的冲动。

(3)停车制动应确保车辆在超员载客工况下，不依靠空气制动而停在一定的坡道上。

(4)风源装置的安装应采用弹性固定件，以减少噪声和振动。

(5)风源设备的设置位置应易接近，便于日常检查和故障维修。

3. 主要技术参数

制动性能主要技术参数见表 6-4。

制动性能主要技术参数表

表 6-4

轨道交通模式	钢轮钢轨系统(二轴车)				独轨车	新交通系统	磁悬浮系统
车辆类型	A 型车	B 型车	C 型车	低地板车	跨座式	以新加坡为例	TR07 型
最高运行速度(km/h)	≥80		≥70	80	80	51.5	450
常用制动减速度(m/s^2)	1.0		1.1	1.2	1.1	1.0	1.0
紧急制动减速度(m/s^2)	1.2		1.3	>2.73	1.25	>1.3	>1.3

注：详细的技术标准可参照《地下铁道车辆通用技术条件》(GB 7928—87)和《轻轨交通车辆通用技术条件》(CJ/T 5021—95)。

三、综合案例——上海轨道交通 5 号线轻轨车辆

列车 5 节编组：$T_c\ M_p\ M\ M_p\ T_c$。式中 T_c 为有驾驶室的拖车，在驾驶室端有一个半自动机械车钩，在另一端是一个永久性车钩；M_p 为有受电弓的动车，每端一个永久性车钩；M 为没有受电弓的动车，每端一个永久性车钩。乘客载荷如表 6-5 所示。

乘客载荷表 表 6-5

乘客数量	T_c	M_p	M	4 节编组	5 节编组
有座乘客数 AW_1	40	46	46	172	218
站立乘客数 AW_2	160	172	172	664	836
站立乘客数 AW_3	240	259	259	998	1 257
乘客总人数 AW_2	200	218	218	836	1 054
乘客总人数 AW_3	280	305	305	1 170	1 475

表中舒适载荷 AW_1 为满座；额定载荷 AW_2 为 6 人/m^2；拥挤载荷 AW_3 为 9 人/m^2。

车辆主要尺寸：

车身和底架结构	铝合金和部分钢，铆接或焊接
车体的静态抗压强度	1 200kN
带车钩的车辆长度	T_c=19.490m
	M_p=19.440m
	M=19.440m
4 节列车总长	77.860m
5 节列车总长	97.300m
车辆最大高度(轨道表面到车顶)	3.802m
车辆最大宽度	2.606m
地板面距轨面高	1 140mm(新轮)
转向架中心距离	T_c=12.600m
	M_p=12.600m
	M=12.600m

转向架：

轴距	2 000mm

车轮直径：

新轮	840mm
半磨耗轮	805mm
旧轮	770mm

乘客通过门：

滑动外推式电控车门	每边 4 个
宽度，最小净开度	1 300mm
高度，净开	1 950mm

门的开关时间由微处理器软件进行调整。

驾驶室侧门	转动式平板车门或相似的门，手动
驾驶室隔墙门	转动式带玻璃的车门，手动
车内过道门	单叶带玻璃的门，手动
乘客车厢车窗	双层玻璃，带颜色的，一整块长的位于两个门柱之间
车辆载荷	乘客载荷和列车质量

每位乘客质量　　61kg

轴质量　　AW_3 载荷：54.605/4=13.65t±2.5%

列车动态参数

列车速度：

最高运行速度　　80km/h

在旧轮下最大设计速度　　80m/h

线路条件所允许的速度：

列车能够以线路曲线半径和超高(120mm)条件，允许未被平衡横向加速度 $0.4m/s^2$，所允许的运行速度

$$最高速度(m/h)=3.9R^{1/2}$$

其中：R 为曲线半径(m)。

最大牵引和动态制动力：21kN(牵引)和 24kN(制动)。

这些值必须在设计阶段被证实。

直流线路电压范围：

运行电压　　1 500VDC

最大电压　　1 800VDC

最小电压　　1 000VDC

牵引工况：

在 1 500VDC，干燥、平直轨道以及 AW_2 载荷下(例如：6 人/m^2)。

初始加速度(4 节车)　　$0.80m/s^2$(0～30km/h)

黏着限制(4 节车)　　17.4%

平均加速度(4 节车)　　$0.48m/s^2$(0～80km/h)

达到 80km/h 的时间(4 节车)　　46s

初始加速度(5 节车)　　≥$0.95m/s^2$(0～30km/h)

黏着限制(5 节车)　　17.4%

平均加速度(5 节车)　　$0.58m/s^2$(0～80km/h)

达到 80km/h 的时间(5 节车)　　38s

制动模式下的工况：

在干燥、平直轨道以及 AW_3 载荷下(例如：9 人/m^2)。

平均常用减速度　　$1m/s^2$

最大冲动极限　　$0.75m/s^2$

平均紧急减速度　　$1.3m/s^2$

最大黏着限制　　15%

节能：

列车的主要设计目的之一，是尽可能要达到最低的能量消耗，从而使列车在整个的运行寿命期间花费最低的运行成本。

在这方面其最主要的特点是，除减轻重量外，使用再生制动使能量再反馈回线路上。

牵引故障要求：

一列 AW_3 及 4 节编组的列车，当一节动车不能工作时，它仍有能力在 3%的坡度上启动，并行驶到最近的车站，然后空车返回车场。

一列 AW_3 及 5 节编组的列车，当一节动车不能工作时，它仍有能力在 3.5% 的坡度上启动，并行驶到最近的车站，然后空车返回车场。

牵引系统：

每一动车的牵引逆变器和其他元件一起安装在一个单一设备箱内，线路平波电抗器外。

逆变器来自于 ALSTOM ONIX 1500 系列，并使用强制冷却。每个逆变器的功率半导体安装于一个独立的、接地的、铝制散热器上，散热器安装于风道中。散热器的装配包括 IGBT 门极驱动装置和母线。这样，完整的牵引系统是由一组可容易移动的功率模块组成。

电气制动系统由再生制动和电阻制动组成。当架空线不能保证 100% 接受时，电气制动系统利用电阻制动继续确保该性能。

第四节　车 辆 限 界*

限界问题在本书第四章第二节中已有所论述。限界从根本上说，是由于车辆的移动才生出的问题，因此在车辆这一章里加以详述。但限界的计算过程比较复杂，并不要求所有专业的同学都全面掌握，因此在节名后加上了星号。

一、概述

1. 限界的定义

轨道交通列车沿固定轨道在特定的空间中运行。根据各种特性和参数，经计算确定的特定的空间断面尺寸，称为限界。轨道交通的限界是列车安全高速运行的保证，各种建(构)筑物和设备均不得侵入其中。

桥梁、路基和隧道的断面大小尺寸都需要根据限界来确定。限界越大越安全，但工程量和工程投资也随之增加。因此，制定限界的任务和目的，就是确定一个既能保证列车运行安全，又不增大桥隧及路基断面空间的经济合理的断面，以防止车辆在直线或曲线上运行时与各种建筑物及设备发生接触。

限界尺寸合理与否的评价，一般是以有效面积比来衡量的。该比值由限界尺寸断面积除以车辆断面积求得。当该比值为 2～3 时，就认为该限界是比较经济合理的。

限界是确定行车轨道周围构筑物净空大小及管线设备安装相互位置的主要依据，是相关专业间共同遵守的技术规定，它必须经济、合理，且安全可靠。

2. 限界的分类

轨道交通的限界分为车辆轮廓线、车辆限界、设备限界、建筑限界和接触网或接触轨限界。其中起控制作用的是设备限界和建筑限界。限界是根据车辆外轮廓尺寸线及技术参数、轨道特性、各种误差及变形，并考虑列车的运动状态等因素，经科学分析计算而确定的。

下面分别介绍各种限界的基本概念。

1)车辆轮廓线

车辆轮廓线即车辆横断面外轮廓线，是经过分析研究后确定，并作为确定车辆限界及设备限界的依据，是车辆设计和制造的基本数据。

车辆轮廓线的确定需要使用到计算车辆的概念。计算车辆是指认定具有某一横断面轮廓

---

*本节为选学内容。

尺寸和水平投影轮廓尺寸及认定结构的车辆在轨道上运行，并使用该车辆作为确定车辆限界及设备限界尺寸的依据，这种车辆称为计算车辆。实际运行的新车和旧车只要符合车辆限界及其纳入限界的校核，就能通行无阻，不必与计算车辆取得一致。

2)车辆限界

车辆限界是一个限制车辆横断面最大允许尺寸的轮廓图形，无论空车或重车停在水平直线上时，该车所有一切突出部分和悬挂部分都应容纳在车辆限界轮廓之内。

车辆限界应根据车辆的轮廓尺寸和技术参数，并考虑其静态和动态情况下所能达到的横向和竖向偏移量及偏转角度，按可能产生的最不利情况进行组合计算来确定。

3)设备限界

设备限界是车辆限界以外的一个轮廓线，所有固定设备及土木工程(接触轨及站台边缘除外)的任何部分都不得侵入此轮廓线内。设备限界是在车辆限界的基础上，再计入轨道的轨距、水平、方向、高低等出现最大允许误差时，引起车辆的偏移和倾斜等附加偏移量，以及在设计、施工、运营中尚未预计的因素在内的安全预留量。因此，对设备选型和安装都应分别考虑其制造和安装误差，才能满足设备限界要求。

4)建筑限界

建筑限界是设备限界以外的一个轮廓，是行车隧道和高架桥等结构的最小横断面有效内轮廓线，它规定建筑物或设备距轨道中心和轨面有一个最小允许尺寸所形成的轮廓。在设计隧道、高架桥等结构物断面时，必须分别考虑其施工误差、测量误差、结构变形等因素，才能保证竣工后的隧道及高架桥等结构物的有效净空满足建筑限界的要求，以保证列车安全高速地运行。

建筑限界和设备限界之间的空间，应能安排各种电缆线、消防水管及消火栓、动力照明箱、信号箱及信号灯、照明灯、扩音器、通风管、架空接触网及其固定设备或接触轨及其固定设备等。

5)接触网(或接触轨)限界

接触网限界是在隧道内或地面及高架上安装接触网及其支架的尺寸限界。包括受电弓限界和受电弓设备限界，是车辆限界上部的两个轮廓线。接触网限界决定于车辆受电弓升起高度允许值，及可能的偏移、倾斜、允许磨耗量以及接触网安装需要的高度。接触轨(即三轨)限界是为了满足接触轨及其支座与支架安装要求的净空尺寸轮廓限界。

3. 限界的基本内容

限界的基本内容主要包括：基准坐标系、车辆轮廓线、车辆限界、设备限界、建筑限界以及曲线偏移等。

1)基准坐标系

限界的基准坐标系是与线路纵向中心线相垂直的平面内的二维直角坐标。该坐标系的横坐标轴 X 与平直轨道两根钢轨在名义位置且无磨耗时的顶面相切，纵坐标轴 Y 垂直于前者，为车辆横断面的垂直中心线与平直轨道横断面的垂直中心线相重合的一条轴线。X 轴与 Y 轴相垂的交点为坐标系的原点 O_{XY}。

2)车辆轮廓线

车辆轮廓线是指车辆在直线上，且车辆中心线与线路中心线重合时，新造车各部分尺寸标称值所形成的外形轮廓。

目前，我国的轨道交通车辆按车体宽度分主要有 A 型车、B 型车和 C 型车三种类型。上海采用 A 型车和 C 型车；深圳采用了宽 3.1m 的宽体车；南京、广州采用了 A 型车；北京、天津及其他拟新建轨道交通的城市大多采用 B 型车。尽管车型不尽相同，但其制定限界的内容和方法是相同的。同一种车型，因其采用的供电方式不同(主要有接触网供电和接触轨供电两种)，限界也不一致。国内目前采用接触网供电的较多。接触网又分柔性触网和刚性触网两种。刚性相对于柔性而言，可以不考虑受流时导线的抬升、接触线振动以及链型悬挂结构高度占用的空间，因而所占净空相差 100～150mm 左右。但近来由于柔性悬挂技术的进步，隧道断面净空的高低已不是是否使用柔性悬挂的制约因素。在锚段关节和道岔处，柔性悬挂需要设置重力式下锚补偿，占用空间大；而刚性悬挂在锚段关节和道岔处，尤其是复式交分道岔处安装装配要简单得多。刚性悬挂汇流排铜当量截面约为 1 400mm^2，相当于 $9\times150\text{mm}^2$ 硬铜绞线，即使在大容量轨道交通中也可以取代柔性悬挂的承力索和辅助馈线。因此，刚性悬挂结构紧凑简单，能节省隧道内安装净空。本章主要以 A 型车(刚性悬挂接触网供电)为例，说明各种限界的制定方法。

A 型车体长 22 100mm，宽 3 000mm，轨面距车顶最大高度 3 800mm，车辆定距 15 700mm，轴距 2 500mm，车厢地板面距轨顶面高度 1 130mm。

3)车辆限界

车辆限界是基准坐标系中车辆轮廓线框外的一个轮廓，它包容了车辆的动态包络线。车辆限界主要包括地下线车辆限界、地面及高架线车辆限界两个基本类型。

车辆限界计算所要考虑的因素主要有非随机因素和随机因素。非随机因素主要包括：车辆的制造误差、维修限度、转向架轮对处于轨道上的最不利运行位置、线路的几何偏差及因车辆制造、荷载不对称、轨道水平不平顺等引起的偏斜等；随机因素主要包括：轮对相对于构架的横向振动量、转向架构架相对于车体的横向位移量。车辆的空重车挠度差及垂向位移量，一系悬挂侧滚位移量，二系悬挂侧滚位移量等正常状态下运行的各种因素。对于非随机因素按线性相加合成，对随机且按高斯概率分布的因素，采用平方和开根的合成办法进行。两类因素相加形成车辆的动态偏移量。

4)设备限界

设备限界是基准坐标系中位于车辆限界外的一个轮廓。设备限界和车辆限界之间留有一定的间隙，这个间隙主要作为未计及因素的安全留量，按照限界制定时的规定，某些偏移量也计入此空隙，计算车辆平曲线上和竖曲线上的曲线偏移也计入这个间隙内。因此，设备限界在平曲线上需要加宽，在竖曲线上需要加高。

设备限界坐标计算公式如下。

(1)直线段设备限界坐标计算

$$X''_n = X'_n + \sum X \pm Y'_n i + \varepsilon$$

$$Y''_n = Y'_n + \sum Y'_x + X'_n i + \varepsilon$$

式中：X'_n、Y'_n——车辆限界坐标值；

$\sum X$——轨道横向最大可能容许偏差；

$\sum Y'_x$——轨道竖向最大可能容许偏差；

i——轨道倾斜度；

ε——安全量。

(2)圆形隧道圆曲线段设备限界

车辆在圆曲线上的内侧偏移量：

$$e_n = \frac{l^2 + a^2}{8R}$$

车辆在圆曲线上的外侧偏移量：

$$e_v = \frac{L^2 - (l^2 + a^2)}{8R}$$

圆曲线段内侧坐标计算：

$$X_{\alpha n} = (X''_n + e_n)\cos\alpha + Y''_n \sin\alpha$$

$$Y_{\alpha n} = Y''_n \cos\alpha - (X''_n + e_n)\sin\alpha$$

圆曲线段外侧坐标计算：

$$X_{\alpha v} = (X''_n + e_v)\cos\alpha + Y''_n \sin\alpha$$

$$Y_{\alpha v} = Y''_n \cos\alpha + (X''_n + e_v)\sin\alpha$$

$$\alpha = \arcsin\frac{h}{s}$$

以上各式中：X''_n、Y''_n——设备限界坐标值；

L——计算车辆长度；

l——计算车辆定距；

a——计算车辆转向架固定轴距；

R——曲线半径；

α——轨道超高角度；

h——外轨超高值，mm；

s——内外轨中心距离，mm。

5)建筑限界

轨道交通的建筑限界直接决定隧道或桥面断面积的大小。轨道交通的建筑限界主要有隧道内建筑限界、高架桥和地面线建筑限界两种。隧道内建筑限界主要包括圆形隧道、矩形隧道、双圆隧道、马蹄形隧道建筑限界。

盾构法施工的圆形隧道(含双圆隧道)和矿山法施工的马蹄形以及拱形隧道，在车辆顶部控制点范围内，建筑限界以内，设备限界以外即设备限界与建筑限界之间的空间，不宜小于150mm，以满足管线横穿的需要。

6)接触网(轨)限界

接触网或接触轨(又称三轨)限界是供接触网或接触轨工作的一个空间尺寸。受电弓限界确定了受电弓工作的最低高度。受电弓设备限界与受电弓限界之间应留有不少于50mm的安全余量。A型车在隧道内接触网触线底面距轨顶面高度为4 040mm，在地面及高架线上不受净空高度限制，为4 600mm。接触轨限界主要根据受流器的偏移、倾斜和磨耗、接触轨安装误差、轨道偏差、电间隙等因素确定。

7)曲线偏移

在基准坐标系内，车辆横断面上的点，因线路原因或车辆本身原因，在运行中偏离原来在基准坐标中所定义的位置称为偏移，偏移的大小以毫米(mm)为单位称为偏移量。偏移有横向偏移(X轴方向)和竖向偏移(Y轴方向)两种。

车辆纵向中心线上各点在水平投影图上偏离线路中心线的水平垂直距离称为曲线几何偏移，简称曲线偏移。车辆定距以内的车辆纵向中心线上各点向曲线的内侧偏离称为内侧偏移；反之，称为外侧偏移。车辆在竖曲线区段上产生的曲线偏移称为竖曲线偏移。

二、限界制定原则及技术要求

1. 限界制定原则

轨道交通的限界是确定行车轨道周围构筑物净空的大小和各种设备及管线安装相互位置的主要依据，是工程设计和施工中各专业间共同遵守的技术规定，因此，限界应根据以下原则进行制定：

(1)限界应保证列车安全、高速、正常地运行。确定的限界应经济合理，安全可靠，且满足各种设备和管线安装的需要。

(2)限界应根据车辆的轮廓尺寸和技术参数、轨道特性、受电方式、设备及管线安装、施工方法等因素，进行综合分析，计算确定。

(3)限界制定中，对结构施工、测量、变形误差、设备制造和安装误差以及在施工、运营中难以预计的其他因素在内的安全留量等，都应分别进行研究并予以考虑。

(4)限界一般按平直轨道的条件制定。曲线段和道岔区的限界应在直线地段限界的基础上，根据车辆的有关尺寸以及不同曲线半径、超高和不同的道岔类型分别进行加宽和加高。

(5)设备限界与车辆限界之间的间隙主要为安全预留量，应全面考虑横向安全留量和竖向安全留量。

2. 制定限界的主要技术参数

轨道交通的限界是根据有关技术参数制定的。这些技术参数主要分为以下几大类。

1)线路与轨道参数

这类参数主要包括：线路及车站最小曲线半径、辅助线及车场线最小曲线半径、轨距、轨道最大超高值、轨道建筑高度、道岔类型等。

2)车辆参数

包括车体长度、最大宽度、最大高度、车辆定距、转向架轴距、车厢地板面距轨顶面的高度等车体尺寸；在实际计算中，一般采用计算车辆的有关尺寸参数。

3)其他参数

站台装修完成面距轨顶面高度，站台边缘距线路中心线距离，供电方式、接触网触线底面距轨顶面高度(采用接触网供电时)等。

如表 6-6 所示为上海市轨道交通 3 号线二期工程和 5 号线车辆主要技术参数。

确定限界的主要技术参数 表 6-6

序号	项目名称	单位	明珠线二期	莘闵线
1	车型		A 型车	C 型车
2	车体计算长度	m	22.1	19.0
3	车体最大宽度	mm	3 000	2 606
4	车辆最大高度	mm	3 800	3 802
5	车辆定距	mm	15 700	12 600
6	转向架轴距	mm	2 500	2 000
7	客室地板面距轨顶面高度	mm	1 130	1 140
8	站台面距轨顶面高度	mm	1 080	1 050
9	站台边缘距线路中心线距离	mm	1 600	1 403
10	供电方式		接触网系统	接触网供电

3. 限界制定的技术要求

(1)限界制定必须符合现行有关技术规范和标准。

(2)限界制定应包括车辆轮廓线、车辆限界、设备限界和建筑限界以及受电弓(或接触轨)限界。

(3)对于双线轨道交通,当两线间无墙柱及其他设备时,两设备限界之间应有不小于100mm的安全量。

(4)设有屏蔽门的车站,屏蔽门限界应考虑屏蔽门在弹性变形状态下,其最外突出点至车辆限界之间保持不小于25mm安全余量。

(5)竖曲线地段的限界,如在限界计算中已计入竖曲线加高量,建筑限界可不再考虑竖曲线加高,否则应进行加高。

(6)敞开段的限界及设备与管线布设应与结构等有关专业综合考虑,视具体情况布置,但不得侵入设备限界。

三、各种区段及车站建筑限界

1. 区间直线段建筑限界

轨道交通的区间一般分为地下区间、高架区间和地面线区间。各种区间结构有不同的限界断面。

1)地下线建筑限界

地下线区间隧道的建筑限界是根据给定的车辆类型、受电方式、施工方法及地质条件等不同结构形式确定的。根据不同施工方法,可分为矩形隧道、圆形隧道、双圆隧道和马蹄形隧道建筑限界。

区间直线段矩形隧道建筑限界,其计算公式为在设备限界基础上,按下式计算:

线路中心线至隧道侧壁净空=设备限界之半+设备宽度+50mm

受电弓车辆:

建筑限界高度=接触网安装高度+接触网系统高度+轨道建筑高度

≈5 000mm

接触轨车辆:

建筑限界高度=轨道建筑高度+车辆设备限界高度+200mm

对于A型车,直线段单线矩形隧道建筑限界宽度为4 300mm,高度为5 000mm(接触网供电),见图6-17。

单圆隧道建筑限界。盾构法施工的单圆隧道和双圆隧道,在直线和曲线地段只能采用同一直径盾构,直线和不同曲线半径地段无法采用不同直径盾构施工,因此应按全线最小曲线半径选用盾构直径,以满足圆形隧道的建筑限界要求。如对于A型车,线路最小曲线半径R=300m,单圆隧道建筑限界直径宜为ϕ5 200mm,见图6-18。

双圆隧道建筑限界。双圆盾构施工的双圆隧道也需要根据车辆尺寸和全线最小曲线半径来确定盾构直径和线间距。目前国内只有上海M8线和L4线采用了双圆盾构,其线间距为4 600mm,ϕ5 200mm,适用于最小曲线半径R=350m的区间地段,见图6-19。

马蹄形隧道建筑限界。马蹄形隧道断面需根据围岩条件来确定其形式,当围岩条件较好时,可采用拱形直墙式或拱形墙式;当围岩条件较差时,要增设仰拱。仰拱曲率可根据围岩条件、隧道埋深及其宽度、轨道结构高度、排水沟深度等条件确定。马蹄形隧道内部净空尺寸应

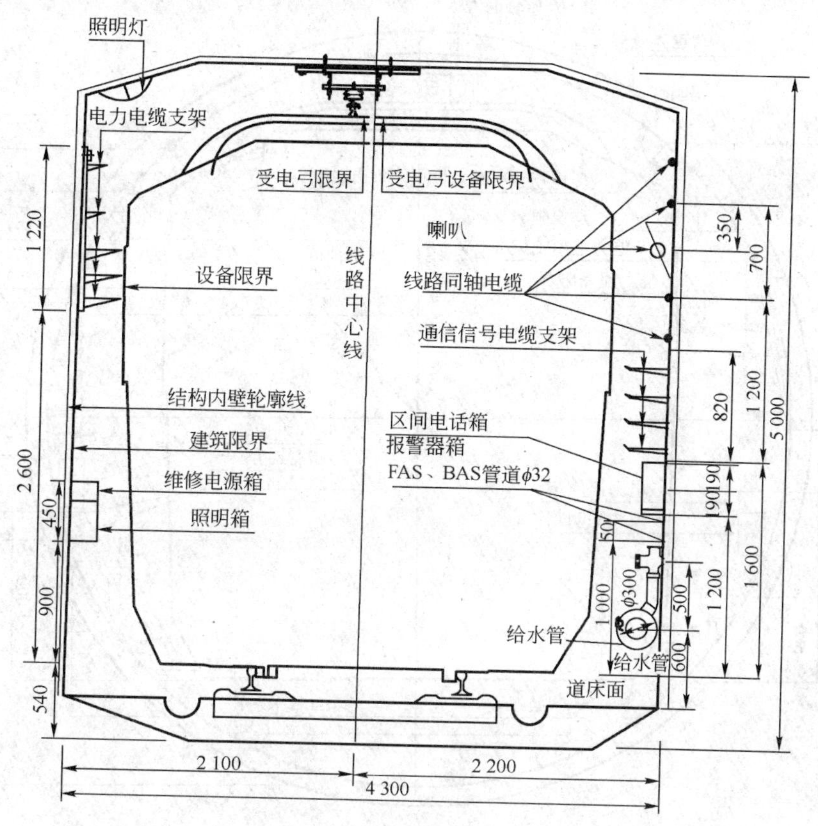

图 6-17 直线段单线矩形隧道建筑限界(尺寸单位:mm)

考虑其施工误差,一般在建筑限界的两侧及顶部各增加 100mm。矿山法施工的浅埋暗挖隧道多采用马蹄形断面。单线马蹄形断面建筑限界最大宽度为 4 820mm,最大高度为 5 160mm。

2)高架线桥面建筑限界

高架区间根据结构形式的不同,有箱梁、槽形梁结构等。其直线段建筑限界宽度为:线间距+线路中心线至护栏柱或防护墙内侧面距离×2。如莘闵轻轨线(C 型车)的桥面建筑限界宽度=3 300+2 150×2=7 600(mm)。建筑限界高度根据车辆高度、供电方式等予以确定,见图 6-20。

3)地面线建筑限界

地面线的建筑限界计算方法与高架线相同。不同的是地面线供电电缆及通信信号电缆一般布设在线路路基两外侧地面上的电缆槽内。

2. 区间曲线段建筑限界

车辆在曲线轨道上运行时,会产生平面偏移。而曲线地段轨道大多设置超高,引起车辆竖向中心线偏离轨道的竖向中心线。因此车辆在轨道平面和立面上都产生一定的偏移量,曲线建筑限界应进行加宽或调整。

1)圆形隧道(含双圆隧道)

曲线段圆形(含双圆)隧道的直径无法调整,其建筑限界采用圆心(即隧道中心线)在曲线

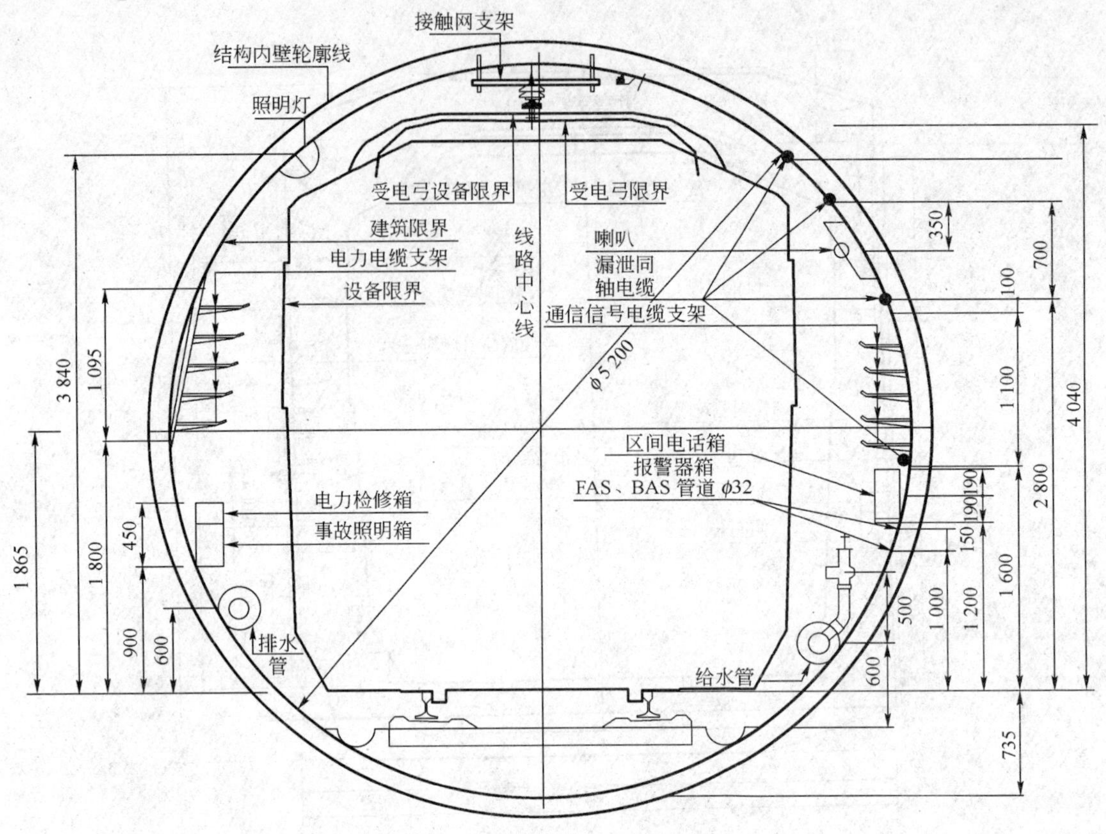

图 6-18 单圆隧道建筑限界(尺寸单位:mm)

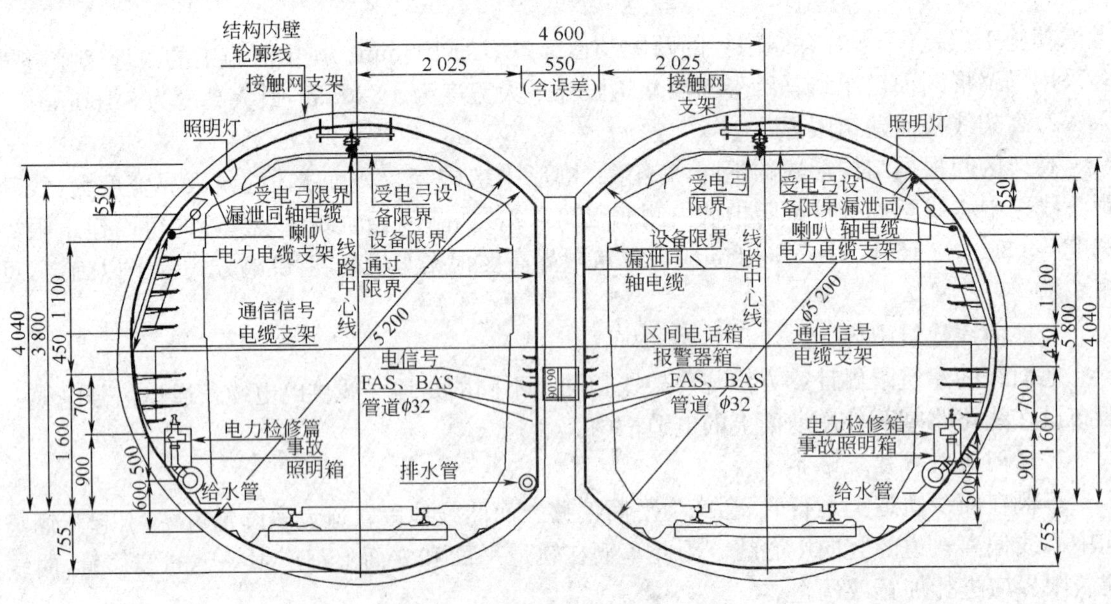

图 6-19 双圆隧道建筑限界(尺寸单位:mm)

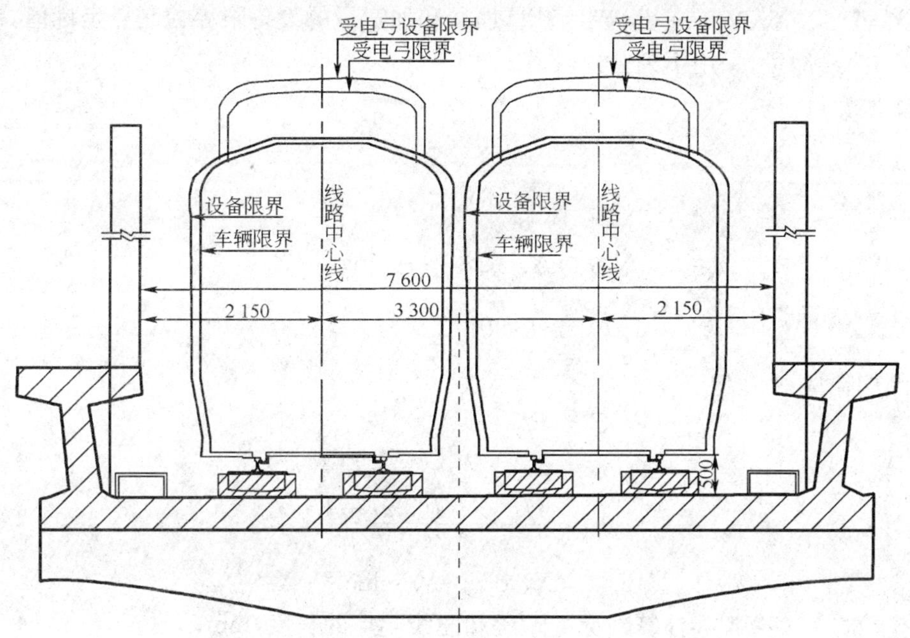

图 6-20 区间直线段双线高架桥面建筑限界(尺寸单位:mm)

超高地段作水平(X 方向)和垂直(Y 方向)移动的办法进行调整,移动量计算公式为:

$$X = h_0 \sin\alpha$$

$$Y = -h_0(1-\cos\alpha)$$

$$\alpha = \arcsin\frac{h}{s}$$

式中:α ——轨道超高角度;

h_0——直线段圆心距轨面高度,mm;

h ——外轨超高值,mm;

s ——内外轨中心距离,mm。

当圆曲线半径 $R \geqslant 300$m 时,圆心做水平和垂直移动;直缓点和缓直点处移动量为 0;圆缓点和缓圆点处移动量为圆曲线移动量;直缓(缓直)点与缓圆(圆缓)点之间移动量为前两处移动量的线性插值。

2)矩形和马蹄形隧道

圆曲线地段矩形隧道和马蹄形隧道建筑限界,按直线地段建筑限界分别进行加宽和加高,其加宽和加高计算公式如下。

(1)曲线内侧加宽:$E_{内}=\dfrac{l^2+a^2}{8R}+X_4\cos\alpha+Y_4\sin\alpha-X_4$

(2)曲线外侧加宽:$E_{外}=\dfrac{L^2-(l^2+a^2)}{8R}+X_8\cos\alpha-Y_8\sin\alpha-X$

(3)顶部加高量:$E_{高}=Y_1\cos\alpha+X_1\sin\alpha-Y_1$

式中:

L——车辆计算长度,mm;

l——车辆定距,mm;

a——车辆转向架固定轴距,mm;

R——圆曲线半径,mm;

$(X_1、Y_1)$、$(X_4、Y_4)$、$(X_8、Y_8)$——分别为计算加高和加宽量的设备限界控制点坐标值。

对于缓和曲线地段，采用下列公式计算。

(1)内侧加宽量：

$$E_{H内} = e_{p内} + N_{h内}$$

$$e_{p内} = \frac{X_2 l^2}{8C}$$

$$N_{h内} = X_4 \cos\alpha_x + Y_4 \sin\alpha_x - X_4$$

$$\lambda_x = \arcsin\frac{h_x}{s}$$

(2)外侧加宽量：

$$C = Rl_0$$

$$E_{H外} = e_{p外} + W_{h外}$$

$$e_{p外} = \frac{(L^2 - l^2)(3X_3 + L)}{24C}$$

$$W_{h外} = X_8 \cos\alpha_x - Y_8 \sin\alpha_x - X_8$$

以上式中：X_2、X_3——分别为计算断面处距缓和曲线起点的长度，mm；

l_0——缓和曲线长度；

h_x——缓和曲线地段计算断面处的超高值，mm。

在实际应用中，可根据车辆所处的不同工况，将建筑限界内外侧加宽量绘制成图，即常用圆曲线和缓和曲线地段建筑限界加宽量图，这样可方便使用。

3.竖曲线地段建筑限界

竖曲线地段建筑限界在直线地段上根据下列公式进行加高。

(1)凹形竖曲线：

$$\Delta H_1 = \frac{l^2 + a^2}{8R_1}$$

(2)凸形竖曲线：

$$\Delta H_2 = \frac{L^2(l^2 + a^2)}{8R_2}$$

式中：R_1、R_2——分别为凹凸形竖曲线的半径，mm。

4.道岔区建筑限界

在道岔区，由于车辆由正线进入侧线或渡线时要产生内外侧偏移，因此，道岔区的建筑限界需在一般直线段的建筑限界基础上，根据不同道岔类型和车辆有关尺寸计算出的加宽量和安装设备所需的加高量，分别进行加宽和加高。加宽分道岔外侧(直股一侧和导曲线外侧)加宽和内侧(侧股的导曲线内侧)加宽。

道岔区导曲线范围内的加宽量根据下列公式计算。

1) 曲线内侧加宽量

$$e_{内} = \frac{l^2 + a^2}{8R_0}$$

2)曲线外侧加宽量

$$e_{外} = \frac{L_0^2 - (l^2 + a^2)}{8R_0}$$

式中：R_0——道岔导曲线半径，mm。

道岔区的建筑限界内外侧加宽量可根据上述公式及车辆和道岔有关尺寸进行计算并绘制成加宽量图。城市轨道交通的正线、辅助线道岔一般采用 9 号道岔。道岔外侧钢轨不设超高。道岔尖轨有曲线型和直线型两种。图 6-21 为 60kg/m 钢轨 9 号曲线尖轨单开道岔($R_0=180\text{m}$)内、外侧加宽量图(A 型车)。

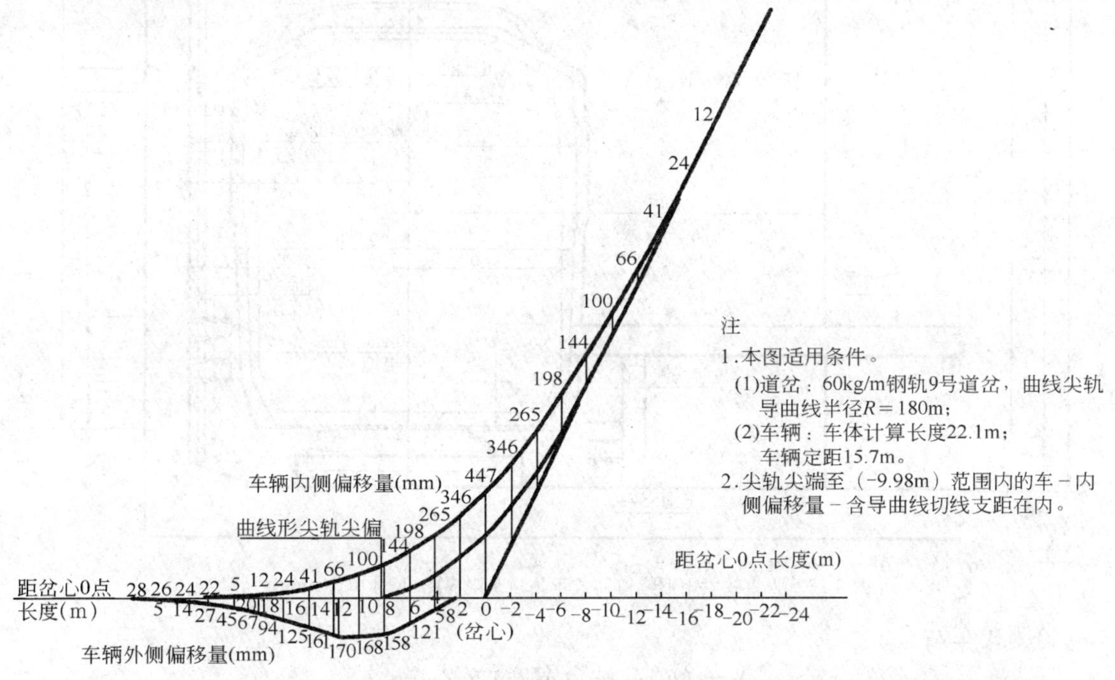

图 6-21　9 号道岔内、外侧加宽量图

5. 车站限界

1)地下车站

轨道交通车站范围的限界与一般区间的限界有所不同,因其列车速度较低,而且大多位于直线段,施工方法也不同,其车辆限界和设备限界都较区间的限界略小。地下车站的建筑限界主要考虑站台边缘至线路中心线间距离、站台面距轨顶面高度、线路中心线至外墙距离及建筑限界高度等。

直线段地下车站有效站台范围内站台边缘距线路中心线距离,根据车辆限界及必要的安全余量确定,但站台边缘和车辆轮廓线之间的净空不大于 100mm,有效站台范围外的站台边缘距线路中心线距离,按设备限界加 50mm 安全余量确定。

车站内线路中心线至隧道边墙内侧面的距离,一般考虑为车辆通行设备限界＋设备支架最大宽度＋安全余量。对于 A 型车为 2 200mm。站台有效长两端以外的所有用房的外墙面距线路中心线的距离宜不小于 1 800mm,且外墙面不能安装各种设备和管线。

地下车站建筑限界的高度,一般与区间相同即能满足设备限界的要求。但由于建筑装修及部分设备与管线(如排热风管等)安装的需要,其建筑限界高度都比区间大。一般需要考虑设备限界高度、接触网高度(接触轨时为 200mm 余量)和排热风管等的高度。

图 6-22 为直线段矩形隧道岛式车站建筑限界图。

2)高架车站

轨道交通的高架车站根据车站形式的不同,分为侧式车站和岛式车站,其中以侧式车站居多。直线段高架车站桥面建筑限界总宽度根据下式计算。

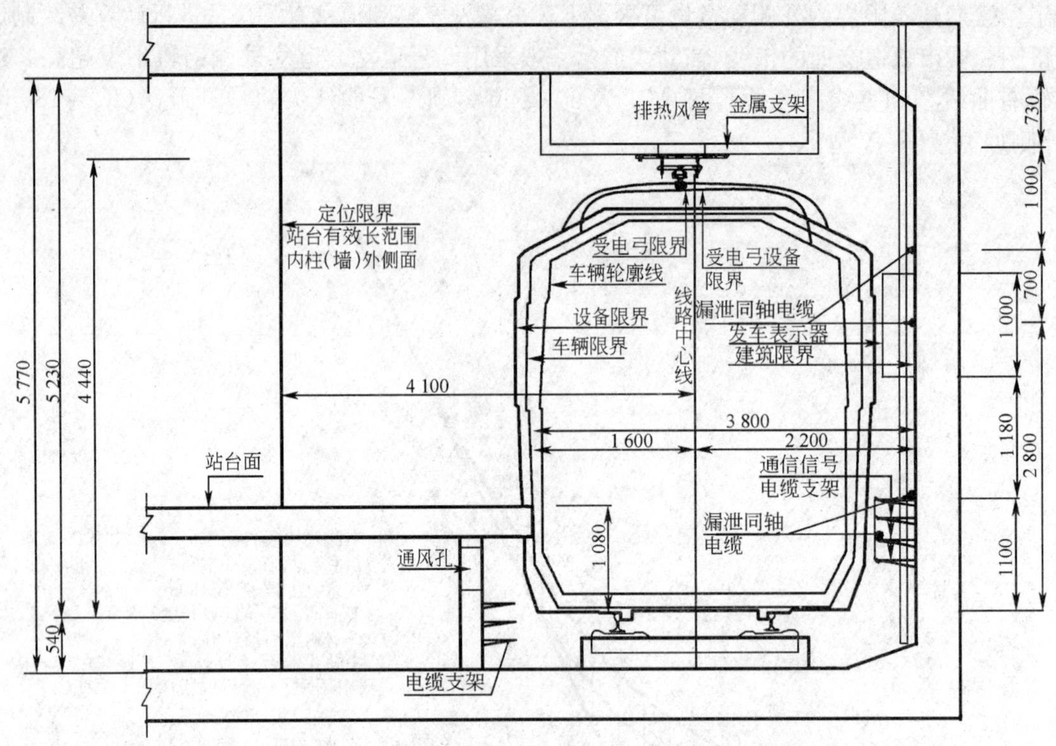

图 6-22　为直线段矩形隧道岛式车站建筑限界图(尺寸单位:mm)

(1)侧式车站

$$A=(a_0+\text{站台宽度})\times 2+l_0$$

(2)岛式车站

$$A=b_0\times 2+l_0$$

式中:a_0——线路中心线至站台边缘距离,mm,A 型车为 1 600mm,C 型车为 1 403mm;

l_0——线间距,mm;

b_0——线路中心线至护栏柱内侧距离。

图 6-23 为直线段高架侧式车站桥面建筑限界(C 型车、接触网供电)。

3)曲线车站

轨道交通的站位由于受到平面条件的诸多限制,部分车站有效站台需要设置在曲线上或受缓和曲线或圆曲线影响的直线范围内。设在曲线上的地下车站和高架车站,都应在直线地段车站的有关限界基础上,根据所选用的车辆有关尺寸、平曲线半径以及轨道超高值进行加宽,有屏蔽门时其立柱则按折线布置,加宽包括曲线内侧加宽和曲线外侧加宽。

曲线段车站计算内侧或外侧加宽时,采用车辆限界,其控制点的坐标高度,在车体倾斜后,计算内侧加宽时不低于站台高度,计算外侧加宽时不高于站台高度。加宽计算中除了考虑平面几何加宽,还要考虑外轨超高和外轨超高顺坡引起的超高加宽。

圆曲线地段站台限界的内、外侧加宽公式如下。

对于凹形站台,其加宽量:

$$\alpha=\frac{l_1^2+a^2}{8R}$$

对于凸形站台,其加宽量:

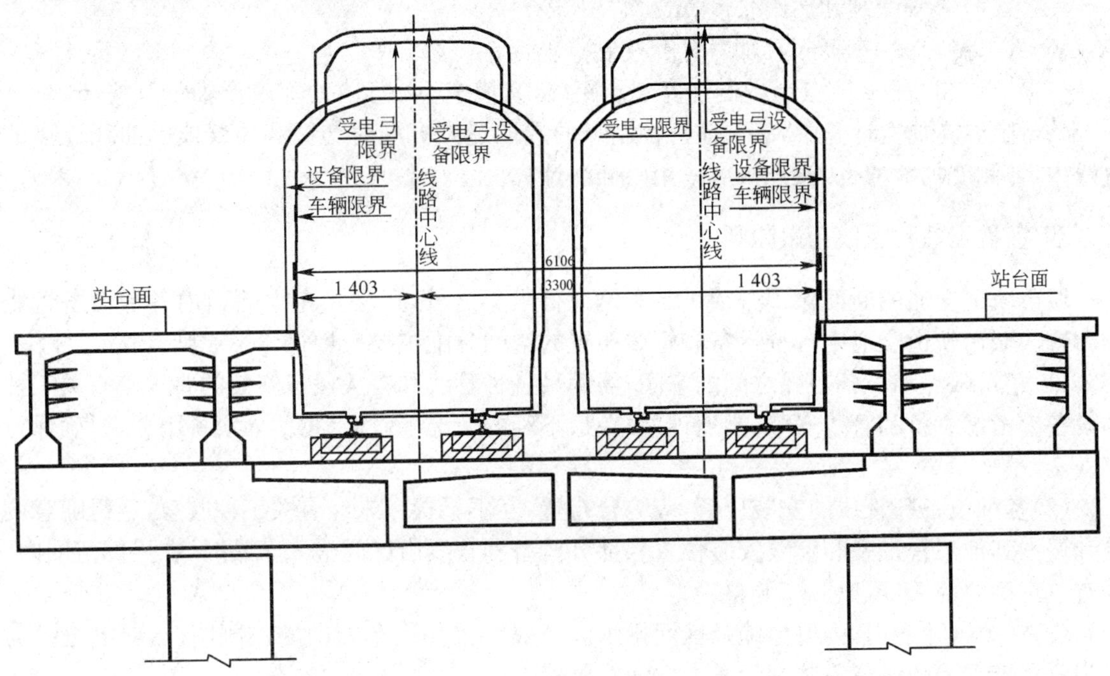

图 6-23　直线段高架侧式车站桥面建筑限界(尺寸单位:mm)

$$\beta = \frac{L^2 - (l_1^2 + a^2)}{8R}$$

式中:R——站台段圆曲线半径;

α、β——分别为凹形站台与到站车辆中部,凸形站台与车辆端部的间隙增加量。

如设轨道超高,还需考虑因超高引起的加宽量。由上式可以看出,不同的车体长度在同样的站台曲线段,车辆与站台的间隙是不同的。车体越长,间隙越大。

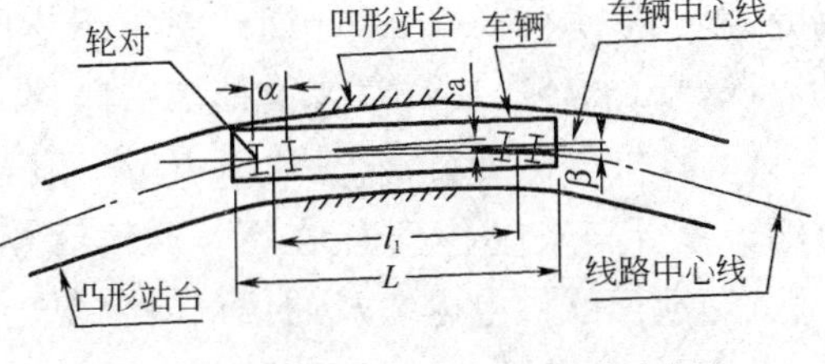

图 6-24　曲线车站站台与车辆间隙示意图

图 6-24 为曲线车站站台与车辆间隙示意图。

缓和曲线地段站台限界的加宽可参考下述公式进行。

内侧加宽:

$$E_{H内} = e_{p内} + N_{h内}$$

其中:

$$e_{p内} = \frac{(x - s_0)l^2}{8Rl_0}$$

$$N_{h内} = X_0 \cos\alpha_x + Y_0 \sin\alpha_x - X_0$$

外侧加宽:

$$E_{H外} = e_{p外} + W_{h外}$$

其中:

$$e_{p外} = \frac{(L^2 - l^2)[3(x - l - l') + L]}{24Rl_0}$$

$$W_{h内} = X'_0 \cos\alpha_x + Y'_0 \sin\alpha_x - X'_0$$

式中:　x——加宽起点至计算点长度,m;

l'——中心销至车端(计算断面)距离,A 型车为 3.2m;

l_0——缓和曲线长度,m;

X_0、Y_0、X'_0、Y'_0——车辆限界加宽计算控制点坐标;

s_0——ZH 点至内侧加宽起点距离,其值按不小于一个车辆全轴距取整,m。

站台限界在加宽计算中,必须注意控制点的选取原则。同时与缓和曲线或圆曲线连接的直线内,外侧变加宽值也需考虑,可采用内插法计算。

四、各种设备和管线布设原则

城市轨道交通的断面除了必须满足车辆通行限界之外,还必须考虑断面内各种设备管线的布置。城市轨道交通中各种设备和管线布置的空间分配主要应遵循以下原则。

(1)建筑限界和设备限界之间的空间,需满足各种管线和有关设备安装的要求。有关工种的设备应考虑设备和管线安装、制造误差,在最不利的情况下,均不得侵入设备限界,以确保行车安全。

(2)各种设备和管线的安装位置,应综合布置,互不干扰。未经有关工种同意,不得随意调换和侵占其他工种设备和管线安装位置。部分设备和管线由区间进入车站时,在局部范围内,经有关工种协商后,可以适当调整。

(3)在单圆隧道内,强电电缆及区间排水管一般布置在行车方向的左侧墙上,弱电电缆与区间给水管和消防设备安装在行车方向的右侧墙上。

(4)双圆隧道内,供电、通信信号电缆及给水消防设备均布设在行车方向右侧的结构上,有接触网设备时将其固定在隧道顶部结构上。维修电源箱和事故照明箱可布设于通信信号电缆支架下方,与排水管消防栓错开设置。

(5)采用接触网供电时,接触网及其固定设施安装在隧道顶部,或高架车站两线顶部的接触网梁架上;采用接触轨供电时,接触轨及其支架安装在两线路中心线之间。区间隧道内一般不允许较粗的管线从行车隧道顶部横穿。

(6)在区间高架桥面上,供电电缆一般悬挂在两线路外侧的护栏柱或防护墙的内侧面,其电缆设置宜高压在上,低压在下。通信信号电缆一般设在两线路外侧桥面上的电缆槽内。

(7)地面线供电电缆及通信信号电缆一般布设于线路路基两外侧地面上的电缆槽内。

第五节　中低速磁浮车辆*

高速磁浮适合于地区性城际交通和中长距离干线交通;而中低速磁浮交通系统属于城市轨道交通范畴,所以本书也加以论述。当然,目前中低速磁浮交通还并非主流模式,因此这一节也加上星号,可作为参阅资料。

一、中低速磁浮交通系统总体结构

作为磁浮交通技术的一种,中低速磁浮交通系统具有低噪声、无污染、转弯半径小、爬坡能力强、空间要求低、环保等优势,是一种非常有发展前景的交通系统。

相对高速磁浮交通系统,中低速磁浮交通系统的技术较简单,容易实现,运量不是很大,适宜于机场、港口、市内繁华区、市郊、卫星城镇、城间的中低速交通。

---

* 本节为选学内容。

中低速磁浮交通系统是采用常导电磁悬浮(EMS)、短定子异步直线电机驱动技术原理构成的磁浮交通系统,由于这种系统列车的速度低于200km/h,所以也称为中低速磁浮交通技术。

中低速磁浮交通系统由轨道、车辆、供电和运行控制系统组成。

1.轨道系统

中低速磁浮的轨道为F形钢板,其构造如图6-25所示。轨道主要有以下功能:

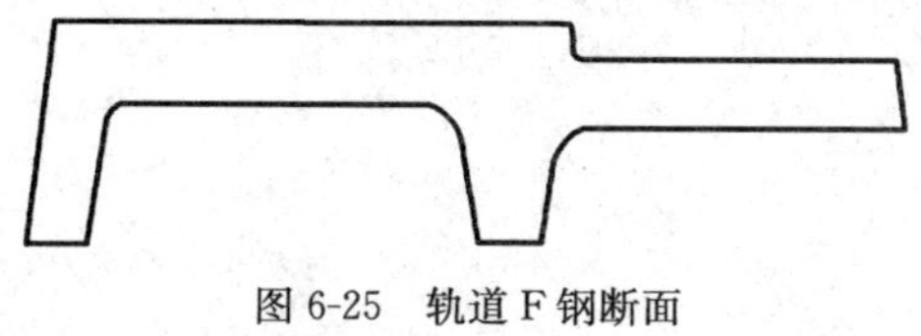

图6-25 轨道F钢断面

(1)提供列车悬浮的磁面。

(2)直线感应电机的次级线圈——铝反应板直接固定于轨道的上表面。

(3)提供车辆滑橇的支承面以及液压制动的摩擦面。

轨道与轨道梁的连接可以采用两种形式,一种是通过轨枕(一般为钢枕)支承于轨道梁上,另一种是通过预埋在轨道梁上的连接件直接与轨道梁连接。

线路主要技术指标如最小平曲线半径、最小竖曲线半径、最大坡度、允许最大横向加速度、平面缓和曲线线形、最大横坡等根据具体的工程项目确定。

轨道与轨道梁连接在一起就形成了完整的轨道结构(图6-26),低速磁浮车辆的轨距(轨道梁两侧F形轨磁极中心线之间的距离)可以根据所选用的车辆类型取1 700mm、1 900mm或2 000mm,日本选用的轨距为1 700mm。

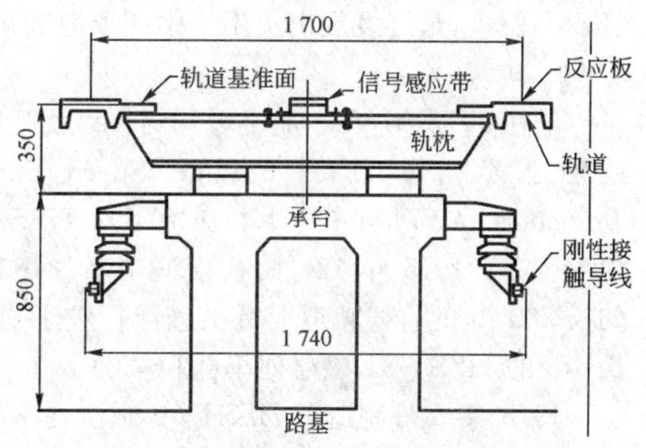

图6-26 轨道结构图(尺寸单位:mm)

2.道岔结构

与常见的轮轨铁路道岔相比,中低速磁浮交通系统使用的道岔(图6-27)有所不同:前者只动尖轨和心轨,基本轨保持不动,而后者则是整个道岔梁一起移动,因此这种道岔需要较为复杂的驱动装置。同时,在道岔移动到位后,不仅应该保证轨道的物理连接,还应该保证电气方面的连接。

3.供电系统

中低速磁浮列车的特点决定了其牵引供电的电流制式,即采用直流电流制,其电压等级选用国家推荐的750V或者1 500V,因此中低速磁浮列车采用交直流牵引变电所,其牵引供电方式与目前地铁、轻轨广泛使用的基本相同,本书不再赘述。

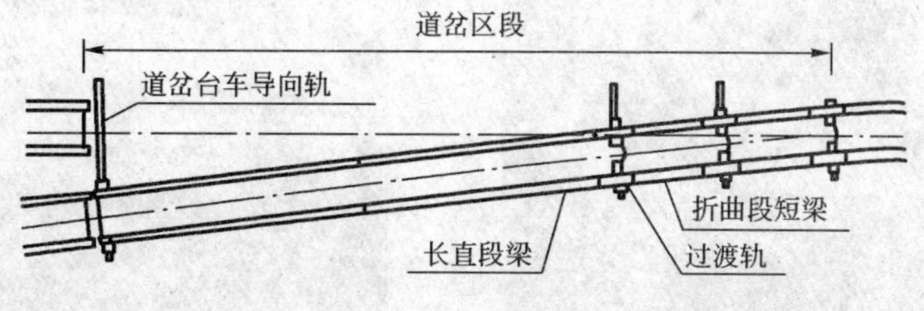

图6-27 磁浮道岔

由于车辆正常运行时处于悬浮状态,车辆与轨道之间没有机械接触,因此磁浮列车无法像地铁、轻轨系统那样可以利用钢轨作为回流线,所以,磁浮车辆的牵引接触网必须由两根相互独立的接触导线(正负两极)构成。考虑到磁浮列车的外包式结构,因此将牵引接触网(又称供电轨)布置在梁体两侧。

4. 运行控制系统

中低速磁浮交通系统的运行控制系统与现有的地铁运行控制系统基本一样,可采用基于无线通信(CBTC)的自动闭塞列车控制系统,系统满足 ATP 子系统的基本功能。为保证行车安全,相关安全设备按照"故障—安全"的原则设计。系统驾驶模式可以为人工驾驶,也可以采用无人自动驾驶方式。

二、国内外磁浮车辆概况

1. 德国

在中低速磁浮交通研究领域,德国、日本进行了一系列的研究,截至目前,日本处于领先的地位。

1969 年,德国制造了一个重 80kg 的磁浮列车模型,在一个车厢底板上直接固定了 4 个电磁铁,使车体在 5m 长的导磁轨道上悬浮,这就是世界上最早的磁浮列车原理模型。随后,德国按照同样的结构原理制造了 TR02、TR04、MBB 三个数吨重的磁浮模型车,推进采用短定子感应式直线电机(LIM)。1979 年德国研制的 TR05 磁浮列车采用的是直线同步直线电机(LSM)驱动,最终发展出了用于中国上海浦东的 TR08 高速磁浮列车。

2. 日本

早在 1972 年,日本航空公司(JAL)就开始关注磁悬浮列车 HSST(High Speed Surface Transport),1974 年初,日本开始了对 HSST 的深入研究。1975 年 12 月,在横滨市新杉田建设的长 200 m 的直线轨道上首次悬浮行驶了重 1t、长 4m 的 HSST-01 磁浮列车(图 6-28)。

图 6-28 日本常导磁浮列车 HSST-01

1978 年 5 月制造了 HSST-02 磁浮列车(图 6-29)。作为载人演示的试验车长约 7 m,装备了二系减振系统,乘坐非常舒适,在 8 人乘坐时以 100km/h 的速度行驶。

1985 年,在筑波市举行的世界科技博览会上,HSST-03 实用型磁浮列车进行了载客运行(图 6-30),其车体的大小与实际的车辆相似,采用了独特的模块组件作为车体机械支承装置。

图 6-29 磁浮列车 HSST-02

图 6-30 HSST-03 实用型磁浮列车

1987 年,日本研制了重 24t、长 1 914m、可容纳约 70 名乘客的 HSST-04 磁浮列车(图 6-31),该车设计速度为 200km/h,它的悬浮、导向和驱动技术与 HSST-03 一样,不同的是新车结构中，车辆走行机构从外侧包住线路。

图 6-31 HSST-04 磁浮列车

1989 年 3 月～10 月，HSST-05 磁浮列车在横滨国际博览会上展示（图 6-32），展示线路长 568m，线路采用单片箱形梁结构，高架梁采用 12m 和 16m 两种跨距，净空高 4.5m，动载荷下梁的挠跨比为 1/3 800，最高速度达到 55km/h。这次 HSST 获得了限制时间的铁路运输许可，第一次被授权为可选择的公共运输系统，取得了营业许可。

HSST-100S 是继 HSST-01～HSST-05 之后研制的、适用于低速运行的磁浮列车（图 6-33）。该车由两节车厢组成，全长 17.55m，横向宽度为 2.6m，车体高度为 3.3m，空车重 18t，最大负载时重 30t，运行速度为 100km/h，最高速度为 110km/h。

图 6-32 HSST-05 磁浮列车

图 6-33 磁浮列车 HSST-100S

1995 年，在 HSST-100S 的基础上，日本又研制了一辆新的样车，称为 HSST-100L（图 6-34）。与 HSST-100S 相比，HSST-100L 模块组件数量由 6 个增加到 10 个，车辆长度由 815m/辆增加到 1 414m/辆。HSST-100L 是一列两辆编组的商业运营样车，从 1995 年开始，在大江的试验线路上进行运行试验。

尔后，在 HSST-100L 型列车的基础上，增加了中间车，列车全长 43.3m（包括连接装置），并将其命名为 Linimo（图 6-35）。2005 年 3 月 7 日，Linimo 磁浮列车在一条长 8.9 km 复线结构的 HSST 低速磁浮线——东部丘陵线上开始营运。该车设计最高速度为 100km/h，最大加速度为 1.1m/s^2。车辆制动采用电油联合制动，常用制动的最大减速度为 1.1m/s^2，紧急制动的减速度为 1.3m/s^2。车体采用铝合金结构，实现了轻量化。车体宽度与其他新型交通系统车辆相同（2.6m），长度与单轨铁道车辆相同，头车长 14.0m，中间车长 13.5m，车体高度为3.445m。

3. 中国

早在 20 世纪的 80 年代初，我国就有人开始关注国际上对磁浮交通技术的研究工作。此后一直到 21 世纪初，我国的一些科研单位，特别是国防科技大学和西南交通大学对基于 HSST 系列磁浮列车的技术进行了深入系统的研究，分别造出了试验样车。经过十几年的研究，我国形成了比较有代表性的国防科技大学和西南交通大学两套系统。

2001 年 4 月，西南交通大学开始在青城山建设中低速磁浮交通实验线；2006 年 4 月，实验线联调成功，西南交通大学青城山磁浮车辆见图 6-36。

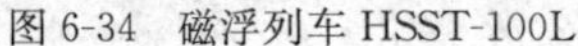

图 6-34 磁浮列车 HSST-100L

图 6-35 日本 Linimo 磁浮车辆

2001 年 7 月，国防科技大学完成了全尺寸磁浮列车的生产制造，并在长沙 204m 试验线上进行试验。从 2003 年开始，国防科技大学又研制了一辆磁浮列车工程化样车，该车于 2005 年 7 月底下线，2005 年 12 月正式在长沙试验线运行，2006 年 2 月成功实现双车编组。

国防科技大学研发的中低速磁浮工程化样车(图 6-37)自重 20～21t，车辆负载 9～10t，极限荷载 15～16t，车辆长度 14～15.5m，车辆宽度 3.0m，最大爬坡度 70‰。

图 6-36 西南交通大学研制的磁浮车辆

图 6-37 国防科技大学研发的中低速磁浮工程化样车

三、中低速磁浮车辆技术特性

鉴于当今世界中低速磁浮车辆所采用的技术都源于日本的 HSST 系列磁浮车辆技术，所以我们以 HSST-100L 列车为例，介绍中低速磁浮车辆的技术特点。

1. 主要技术参数

日本 HSST-100L 列车为三辆编组(图 6-38)；车辆主要参数见表 6-7；车底架设备配置见图 6-39。

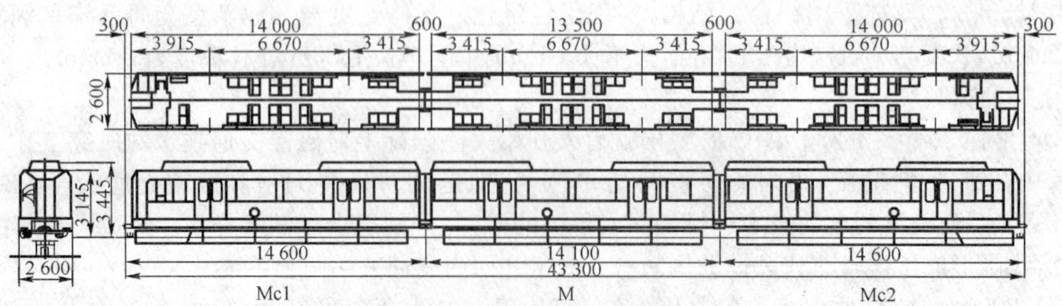

图 6-38 HSST-100L 磁浮列车三辆编组视图(尺寸单位：mm)

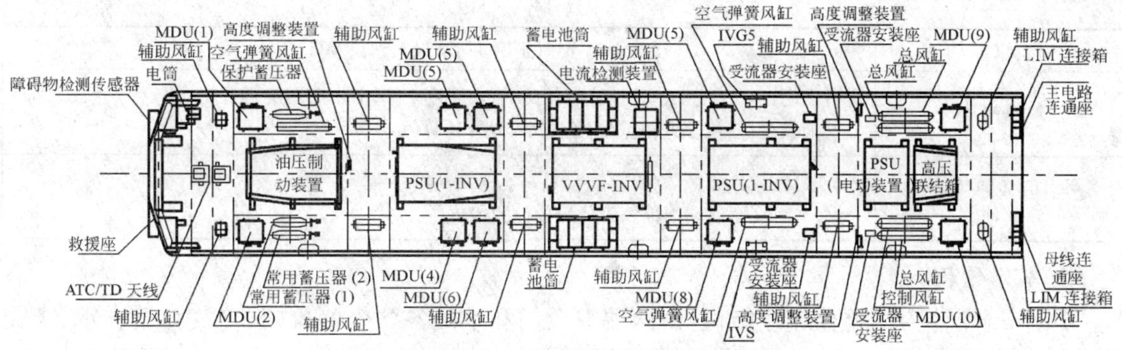

图 6-39　HSST-100L 磁浮车辆底架设备配置

HSST-100L 磁浮车辆主要参数表　　表 6-7

定员(人)	244(坐席 104)(最大超员 402)
主要尺寸(mm)	车体长 14 000(Mc)车,13 500(M 车),高 3 445,宽 2 600; 地板面高 796;车钩高 480;列车编成长度 43 300(包括两端车钩)
车体支承	组件挠性转向架方式
推进方式	牵引电动机:两侧式直线感应电机 控制装置:使用 IGBT 的 VVVF 逆变器
制动方式	常用:直线电机的电制动优先,带空重车控制的电油协调制动 紧急:带安全制动的夹压式油压制动
保护装置	车内信号方式 ATC,位置连续检测,驶进、驶出检测方式 ATO 装置(含定点停车功能)
主要性能	最高运行速度 100km/h,最大加速度 1.11m/s^2 减速度:常用最大 1.11m/s^2,紧急时 1.25m/s^2
最小曲线半径(m)	75
最大坡度(‰)	60
最大超高(°)	<8
受流器	刚性接触导线侧面接触式,弹簧压紧式
油压动力装置	由油压制动装置和紧急滚轮装置的单元油压泵、控制装置、储能电路等组成
空气压缩机	电动回转式螺杆空气压缩机,输入电压:3 相 AC200V,供风量/压力:600L/880kPa,只在 M 车装有 1 组
列车通信	感应无线方式(带紧急发报功能) 复信方式,天线与数据电传共用
空调装置	车顶半集中式,17.4kW(15 000kcal/h,2 台/辆)
取暖装置	客室:铠装线式　Mc1、Mc2 车 DC275V-7 900W/辆, M 车 DC275V-8 800W/辆, 暖风加热器　Mc1、Mc2 车 AC275V-700W/辆 驾驶室:Mc1、Mc2 车 DC275V-200W/辆
换气装置	客室紧急排气扇:2 台/辆,机器间排气扇:2 台/辆
蓄电池	烧结式碱性蓄电池(镍金属) 237.6V-20Ah/2HR(0.5C2A)　198 盒/辆(Mc1、Mc2)
车钩装置	编组两端:带橡胶缓冲器的小型密接式车钩 编组之间:带橡胶缓冲器的固定式车钩

续上表

定员(人)	244(坐席 104)(最大超员 402)
车门	自动门:电气空气式,外挂式双拉门,有效开度 1 200mm,带门夹再开闭功能 前端安全门:位于 Mc1、Mc2 车端墙,外开折页门
每车空车质量(t) 其他	17.3 Mc1、Mc2 车前端下部装有障碍物检测传感器

2. 车体结构

Linimo 车体为铝合金焊接结构,由两端安全门和单侧各 2 个侧拉门、空气弹簧支承、半交叉座椅以及每辆车单侧有 5 个柔性多重组件组成。

3. 悬浮导向系统

安装在组件上的电磁铁从下方吸引轨道而产生的力浮起车体,并通过传感器监测电磁铁和轨道之间的间隙。对于横向偏移,利用在倒 U 字形轨道和 U 字形电磁铁铁芯之间的吸引力作用矫正其偏移方向。悬浮导向系统由悬浮电磁铁、间隙传感器和磁铁驱动单元 MDU (Magnet Driver Unit)组成,将轨道和电磁铁铁芯的间隙控制在 8mm 。悬浮导向系统为非接触性稳定支承结构。

4. 牵引系统

每辆车的牵引装置由 1 个 VVVF 逆变器和 10 个直线电机(LIM)组成。向 LIM 供给交流电时产生推进力,制动指令控制器控制 LIM 产生再生制动力。

(1)LIM 参数:公称推力 3 000N,3 相/8 极,铝线圈,最大电流 380A,2 次导体(轨道侧)为 4mm 厚铝板。

(2)VVVF 逆变器主要参数:电源电压 DC1 500V,最大输出 AC1 100V,最大容量为 2 辆车 1 450kVA,频率范围 0～90Hz,采用电压控制方式(PWM 脉宽调制),冷却为强制风冷方式。

5. 车体支承机构

悬浮导向装置实现车体的 1 次支承,空气弹簧和杠杆机构实现车体 2 次支承。

空气弹簧支承机构。1 辆车由 20 个空气弹簧及其支承装置组成,在垂向和横向支承车体。各组件端部和滑动台之间安装 1 个空气弹簧,将车辆质量传递给各组件的同时,也将它传给车体,抑制组件的运动,从而取得舒适的乘坐平稳性。

6. 横向车体支承机构

每辆车横向支承由 12 个滑动台和横向杆、钢丝绳、钢丝绳臂等组成,各滑动台设在各自组件的前后端。通过曲线时为能与车体随动,滑动台横向可动。

7. 纵向车体支承机构

由安装在车底架下面的线性轴承、滑动台和与之连接的牵引拉杆组成,传递 LIM 的推进力和制动力。

8. 制动系统

制动系统由两个独立部分组成,即:正常运行时使用再生、逆向制动组成的电制动;低于 5 km/h 速度时替换电制动、辅助使用的油压制动。设计考虑电制动出现故障,在全部速度范围内使用油压制动,能够达到紧急制动要求。油压卡钳制动装置通过油压将制动靴夹住轨道凸缘形成摩擦力产生制动。

常用制动以电制动为主,低速时根据空重车修正,电制动、油压制动共同使用。

紧急制动为卡钳制动装置夹住轨面的油压制动。

油压制动的数量为每辆车6个，安装在10个组件的中间6个上。各车辆具有独立的油压系统。油压制动装置由油压制动压力控制部和卡钳制动装置组成。该装置在油压2MPa下作用，使用难燃的合成动作油(Quintolubric 822 series)。油压动力部由油压泵、常用和保护蓄压器、压力开关等组成。

制动压力控制有常用制动压力控制、紧急制动压力控制和保护制动压力控制3个子系统。

9. 组件

HSST-100L车辆单侧装有5个、每车共10个组件，担负悬浮导向、牵引等作用。各组件安装间隙传感器、着地垫、紧急滚轮、LIM、悬浮磁铁、卡钳制动装置等。

10. 紧急滚轮装置

正常情况下，紧急滚轮处于缩回状态，但当悬浮力部分或全部丧失时，可以手动或用油压将紧急滚轮放下，支承车体和组件，可以进行车辆的运行或回送。各组件有4个紧急滚轮，每辆车安装40个，由电磁阀、逆止阀、节流阀、10个自动防漏式接头、40个油压调节器组成。

11. 电源

车辆的电源装置由车载供电单元PSU(Power Supply Unit)、输入接线器、蓄电池等组成。PSU将受流器取得的DC1 500V变换成3种车辆用电：主电源DC275V，浮起、空调用；通用电源AC100V，60Hz；控制、通信用电源DC100V。PSU由高压逆变器(H-INV)和低压变换器(L-INV)组成。

12. 车辆控制装置

车辆控制装置由3个相互配合部分组成：驾驶台、车辆信息管理装置(TIMS)、显示画面(VDT)。

驾驶台配置控制板、监控显示板、辅助操纵盘等。

TIMS采集列车运行基地指挥中心发出的信息和各车辆装置的运行状态信息，并显示到监控画面上。TIMS的控制装置装在每节车上，用高速数据网络相互连接。TIMS采用冗余设计，为二重系结构，具有信息收集、信息处理、各车辆设备的管理整合、整备信息支持等功能。

信息收集、处理功能：TIMS从各车辆设备采集车辆状态信号，为整合管理进行处理。

整合管理：对自动制动、加速度控制、浮起控制、控制显示盘等各车辆的周边设备进行整合管理。

整备信息支持：TIMS自动进行包括运行前检查的所有检查，并收集主要部件定期检查和整备作业的信息。监控显示画面(VDT)的功能是从TIMS控制装置接收各车辆的状态信息，分析数据，并将其结果显示到驾驶台的监控画面上，另外，还显示有关运行的补加信息：浮起状态、车门开闭状态、各系统状况、当前时间。为了进行离线异常数据诊断，还安装了记忆卡。

13. 列车自动控制装置(ATC)

运行保护装置包括列车检测装置(TD)、车上的列车自动运行装置(ATO)、列车自动防护装置。

车上的列车自动运行装置(ATO)具有自动控制车站列车出发功能，通过车站ATO信息传递装置、应答器等，协调完成列车的停止启起动、车门开闭的控制。列车位于车站之间(区间)时，车上ATO装置从道旁的信标接收到ATC限制速度参数，实施列车速度控制的监视。当列车接近下一个车站时，由地面发射器激发定位停止信号，ATO切换到定位停止控制(TASC)，使列车停止在各车站的定点位置。

第七章　城市轨道交通列车运行自动控制子系统

城市轨道交通的基本任务，是安全、准时、高效率、高密度地运送旅客。因此，必须采用可靠的列车运行控制设备来指挥列车，以确保列车的安全运行。从传统的“闭塞、联锁信号设备”，到现代化的列车运行自动控制（ATC）系统，是长期实践经验的积累、技术不断改进和发展的成果。

城市轨道交通的信号系统，统称为列车运行自动控制（ATC）系统，它是列车运行的指挥和控制系统；ATC 系统由列车自动监控（ATS）子系统、列车自动防护（ATP）子系统、列车自动运行（ATO）子系统组成。

第一节　城市轨道交通信号子系统概述

传统的信号系统中，是以设置于轨旁的地面信号机作为“主体信号”，以其不同颜色的灯光显示，向驾驶员发出不同的行车命令，然后由驾驶员来操纵列车的运行；而感应到驾驶室的车载“车载信号”，它只作为“辅助信号”，向驾驶员提供各种用于驾驶的“参考信息”。地面信号机显示“进行”信号，允许列车驶入信号机所防护的轨道区段；信号机显示“禁止”信号，则不准列车驶入信号机所防护的轨道区段。

在城市轨道交通中，由于采用闭环的自动控制系统，所以在 ATC 系统完好的情况下，驾驶员可以不参与列车的运行操纵。因此城市轨道交通的信号系统中，可以不设地面信号机，而根据车载信号——“速度信号”和“距离信号”，自动地控制列车的运行。至于线路上设置的地面信号机，只是对非 ATC 控制的列车，或 ATC 控制列车在 ATC 系统失效时，作为列车的运行指挥系统。

信号系统的第一使命是保证行车安全，当信号技术设备和信号机的控制设备发生故障时，应立即显示“禁止”信号，以阻止列车驶入信号机所防护的轨道区段。这就是信号系统中的“故障导向安全”的原则。

城市轨道交通信号系统由正线列车运行自动控制系统（ATC）、车辆检修基地的计算机联锁系统两大部分组成；无人驾驶信号系统中，正线和停车场出入库的信号系统都必须纳入 ATC 系统。

一、城市轨道交通信号的作用

1. 确保列车运行的安全

城市轨道交通信号系统是指挥列车安全运行的关键设备，只有在列车运行前方的轨道区段没有列车占用（列车进路空闲）、道岔位置正确、敌对或相抵触的信号没有建立等条件满足，才允许向列车发出允许前行的信号，所以列车只要严格遵循信号的指示运行，就能够确保列车的安全运行；反之，如果列车不遵循信号的指示运行（违章运行），将导致事故。所以信号系统担负着确保运输安全的重要使命，有了信号系统的保障，可以杜绝和减少列车运行事故。

2. 提高运行效率

信号设备在轨道交通建设中的投资尽管很少，但是对于提高行车效率起着极其重要的作用。在城市轨道交通中，由于采用了先进的信号系统，使列车的行车间隔大大缩短，可以达到很小的运营间隔，缩短列车停站时分，提高行车密度，根据设定的列车运行时刻表，自动、安全地指挥列车按列车运行图运行。据有关资料统计，单线自动闭塞系统，在组织追踪运行的条件下，可提高通过能力 25％～30％；复线自动闭塞系统，可以提高通过能力 1～2 倍；采用 ATS 子系统，在不增加车站到发线的情况下，提高通过能力 12％～24％。现代化的信号系统，对于提高行车效率有着无可比拟的作用。

3. 信号系统是轨道交通现代化信息技术综合应用的集中体现

城市轨道交通信号系统中，已经普遍采用基于计算机实时控制的列车运行自动控制（ATC）系统。列车运行自动控制系统是自动控制技术、计算机技术和数据通信技术在信号系统中的集中体现，也可以说是现代化信息技术在轨道交通信号系统的综合应用。利用 ATC 系统的列车实时数据信息，可以实现乘客导向系统的列车信息预报、列车和站台实时信息广播，尤其在城市轨道交通网络化运行时，实现全市轨道交通的综合监控，进一步实现网络内轨道交通的统一调度。

世界信息技术的最新成果迅速地在轨道交通信号系统中得到应用。我国城市轨道交通在近 20 年来得到迅速发展，而其信号系统随着信息技术的不断发展也产生了“革命性”的变化，轨旁的“地面信号”已由“车载信号”所替代，其“信号”的内容，已发生根本性的变化，列车接收的“目标速度”、“目标距离”或“进路地图”，由车载计算机处理，直接控制列车的自动运行，实现列车超速防护和车站的程序定位停车。

随着数字编码技术的不断发展，模拟信号系统已被数字信号系统所替代，这一点在信号系统的“轨道电路”技术发展中尤为突出。模拟轨道电路中，只能向列车传送有限的“固定信息”，而利用数字编码轨道电路，可以向列车传送各种不同的“变量”，以实现列车运行的自动控制；光纤传输通信技术和无线通信技术，都在信号系统中得到应用，尤其是近几年，基于无线通信的列车自动控制（CBTC）系统，已在城市轨道交通信号系统中采用，这将对信号系统产生“革命性”的变化，为信号系统中废除传统的“轨道电路”和“地面信号”，为进一步缩短行车间隔，真正实现列车自动运行，奠定了基础。

二、城市轨道交通信号系统的特点

为适应城市轨道交通高密度运行的需求，必须采用现代化的信号设备。城市轨道交通信号系统的特点如下。

1. 城市轨道交通的车载信号是“主体信号”

传统的信号系统，以设置于轨旁的地面信号机作为“主体信号”，以其不同颜色的灯光显示，向驾驶员发出不同的行车命令，由驾驶员操纵列车的运行；而感应到驾驶室的“车载信号”，只作为“辅助信号”，向驾驶员提供各种用于驾驶的“参考信息”。

城市轨道交通信号系统以“车载信号”作为“主体信号”，除正线道岔区域外，一般都不设地面信号机；而道岔区域地面信号机的显示，只对非 ATC 控制的列车起作用。当然，根据各条线路信号系统的结构不同，个别线路也在车站设置“出站”信号机，以用于 ATC 系统失效时，采用“降级信号系统”指挥列车的运行；一般情况下，城市轨道交通无岔站的站台上，设有“紧急停车按钮”和发车时间显示器。

而且地面信号的显示也比较简单。以上海轨道交通地面信号显示为例，三显示信号机的“红色”为“禁止”信号显示；“绿色”表示道岔开通正线“直股”；“白色”表示道岔开通“弯股”；二显示信号机为“红色”和“绿色”或“红色”和“白色”两种显示；另外，折返站朝向站台的信号机，还具有开放“引导信号”的功能。地面信号机显示“进行”信号，允许列车驶入信号机所防护的进路；信号机显示禁止信号，则不准列车驶入信号机所防护的轨道区段。当列车进入信号机控制区内后，应立即显示禁止信号，以防止后续列车进入已有列车占用的轨道区段；另外，当信号控制设备发生故障时，信号机也必须显示“禁止”信号，以防止列车驶入有“故障”的防护区段。

ATC 系统中上述信号机的控制全部都是自动的，也就是说，信号机防护进路的建立、道岔的锁闭和解锁、信号机的开放和关闭等联锁条件控制，都是自动的，不需要行车调度员和车站值班员的介入。

2.城市轨道交通车载信号的内容是具体的目标速度或目标距离

城市轨道交通车载信号的内容，反映了列车运行的“目标速度”或允许前行的“目标距离”。所谓“目标速度”是指列车进入某一个轨道区段时，接收到列车“离开”该轨道区段时的速度，目标点就是该轨道区段的“终点”；“目标距离”，也就是该轨道区段的长度；目标速度的“等级”，根据与先行列车之间的距离来设定。

最先进的 ATC 系统的车载信号反映的是列车前行的“进路地图”。“进路地图”描述了列车运行前方线路的“地图”信息，包括：线路坡度、曲线半径、线路限速、道岔开通状态、精确的位置信息等。列车根据这些信息，计算运行速度，自动控制列车的运行，并保证列车在车站的程序定位停车。

以“进路地图”为车载信号内容的信号系统中，列车位置的精确“定位”至关重要，列车必须自动判断在线路上的位置，为此，在线路的相关地点设置定位“信标”，以向列车传送“绝对位置”，然后，列车根据运行速度和车轮周长算出列车在线路的“相对位置”；列车在到达下一个“定位信标”时进行距离校核，以修正距离的误差。

3.完善的列车运行自动控制系统，自动调整列车运行间隔，实现超速防护

城市轨道交通设置了完整的列车运行自动控制系统，正线列车运行的最小时间间隔，可以达到 1.5～2min，因此要求有更高的安全保证，对列车速度监控的要求极高；闭环控制的 ATC 系统，其核心是确保列车运行时刻表的实施，列车运行轨迹实时跟踪的反馈信息，决定列车时刻表的调整“力度”，如果列车“晚点”，那么可以缩短列车在车站的停站时分，也可以调整列车运行在区间的速度等级。在时刻表偏离较小的前提下，这种“调整信息”由系统自动完成，当然在时刻表偏离较大的情况下，也可以由调度员进行“干预”，进行人工调整。

列车调度信息由控制中心传送至列车，列车接收调度信息以后的执行信息，也要回送至控制中心，这种“车地信息的交换”，早期的 ATC 系统都是在车站的站台区域完成；而在基于无线通信的列车运行自动控制（CBTC）系统中，由于列车和控制中心之间，一直在进行无线信息交换，所以 CBTC 制式的车地双向通信是不间断的，它不受地点的局限，显然，CBTC 系统的“列车调整”更及时、有效，车地信息交换的内容也更丰富。

ATC 系统根据列车运行时刻表和列车运行轨迹，自动排列列车运行进路，指挥列车运行；而且当列车运行的实际速度超过目标速度时，车载 ATP 子系统自动启动超速防护，确保列车

的安全、高速运行；在 ATO 自动运行的情况下，由车载 ATC 系统自动完成超速防护；假如由驾驶员操纵列车，那么列车也必须在 ATP 的保护下运行，也就是说，假如列车 ATP 子系统出现故障，那么，该列车必须退出正线运行，因为 ATP 出现故障，意味着列车不再具备“超速防护”的功能。

第二节　信号子系统的轨旁基础设备

城市轨道交通信号基础设备包括地面信号机、转辙机、轨道电路等设备。信号基础设备的质量和可靠性是信号系统可靠、高效运行的基础。在轨道交通信号系统现代化的进程中，信号基础设备本身也在不断地得到更新和完善。

一、地面色灯信号机

1. 城市轨道交通信号机的设置原则

城市轨道交通的地面信号是列车运行的“辅助信号”，平时这些信号机都由轨旁 ATC 子系统自动控制，设置成“自动信号”或“连续通过信号”，它根据列车运行时刻表和列车实时信息自动动作；只有在人工控制的情况下，才由调度员或车站值班员排列进路、开放信号。地面信号机的设置原则是：

(1)正线有岔站，为了防护道岔和实现联锁关系，设置地面信号机，一般中间站(无岔站)都不设信号机；信号机一般设置于运行线路的右侧。

(2)折返站的折返线出、入口都设置防护信号机。

(3)一般情况下，正线区间都不设通过信号机。

(4)停车场的出入库线应设置出、入库地面信号机，指挥列车的出入库。

(5)停车场内，根据调车作业的需要，设置各种用途的调车信号机。

(6)在 ATC 系统没有同步开通的特定情况下，有些城市轨道交通根据列车运行间隔，设置出站信号机，甚至于还有设置区间通过信号机。这些信号机当 ATC 系统开通以后，就失去作用，只作为后备系统使用。

折返站的地面信号机布置如图 7-1 所示。

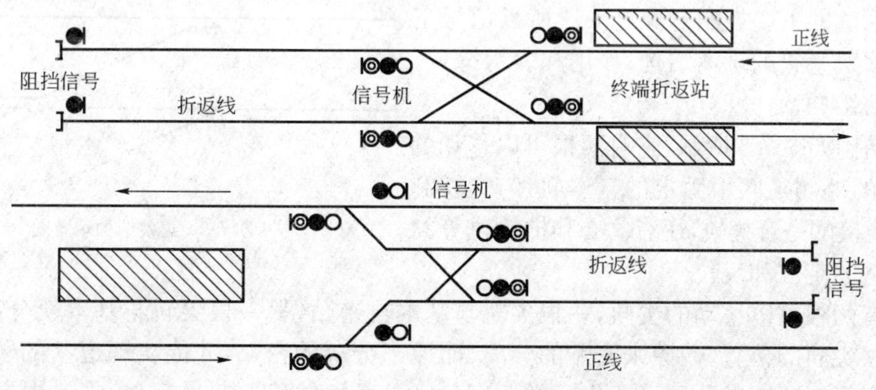

图 7-1　折返站地面信号机布置示意图

2. 透镜式色灯信号机结构原理

透镜式色灯信号机有高柱和矮柱两种类型。高柱信号机的机构安装在钢筋混凝土信号机柱上，矮柱信号机的机构安装在信号机水泥基础上。城市轨道交通的信号机基本上都是矮柱信号机。矮柱透镜式色灯信号机如图 7-2 所示。矮柱透镜式色灯信号机直接用螺栓固定在信号基础上。

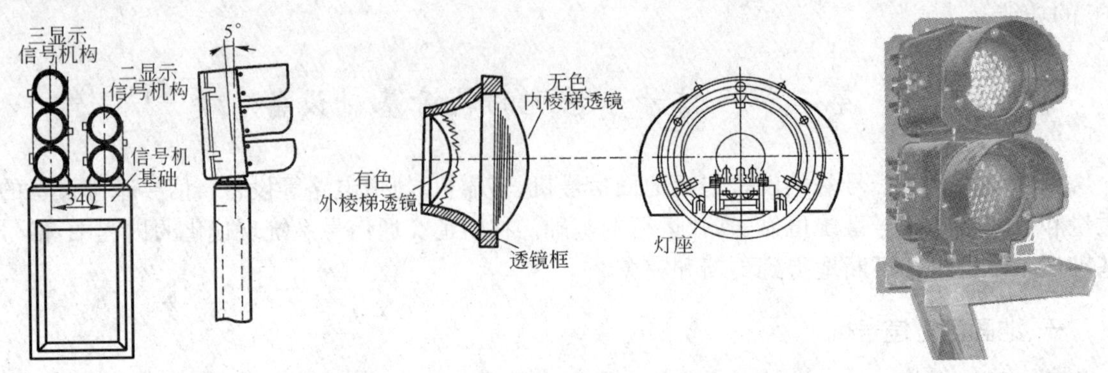

图 7-2　矮柱透镜式色灯信号机和 LED 色灯信号机示意图

城市轨道交通采用二显示和三显示的信号机构。机构的主要部件是透镜组，它由一块外径为 139mm 的有色外棱梯透镜和一块外径为 212mm 的无色内棱梯透镜，通过透镜框组装而成，透镜框上还装有可调灯座。可调灯座在上、下、前、后、左、右六个方向调整，使灯泡的主灯丝位于透镜组主光轴的焦点上，灯丝光源发出的光，经有色外棱梯透镜和无色内棱梯透镜前后两次折射，产生平行的有色光束射向前方，以满足信号显示距离的要求。

随着超高亮度发光两极管(LED)的问世，新型的 LED 信号机已得到广泛应用。LED 信号机是运用近代光电器材和电子稳压技术研制的免维护信号器材。该信号机具有发光强度高、显示距离长、节能、寿命长、消除了灯丝突然断丝和点灯冲击电流等优点，具有小型化、轻量化、色泽一致、光束集中、应变速度快的特点；近年来，城市轨道交通的新建线路及停车场的地面信号机，都选用 LED 色灯信号机。

二、道岔和尖轨转辙设备

1. 道岔的组成

道岔是列车从一个股道转向另一个股道的转辙设备，它是轨道线路中最关键的特殊设备，也是信号系统的主要控制对象之一。所以信号工作人员必须熟悉它的基本结构、作用和表示符号。

1)道岔结构

道岔结构如图 7-3 所示，它有两根可以移动的尖轨，尖轨的外侧是两根固定的基本轨，与尖轨和基本轨相连接的是合拢轨，还有岔心和护轮轨等。

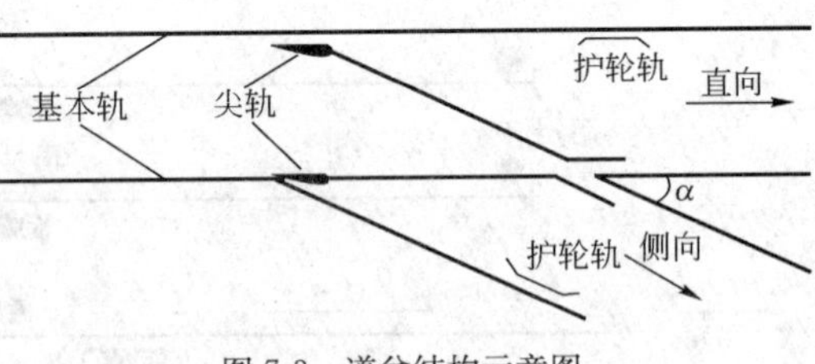

图 7-3　道岔结构示意图

2)道岔的定位和反位

道岔有两根可以移动的尖轨，一根尖轨与基本轨密贴，另一根尖轨与基本轨分离，必须同时改变两根尖轨的位置，使原来密贴的分离，而原来分离的密贴，才能实现道岔的转换。可见道岔有两个可以改变的位置。我们通常把道岔经常所处的位置叫做定位，临时根据需要改变的另一位置叫做反位。为改变道岔的两个位置，在道岔尖轨处安装道岔转辙设备。

尖轨与基本轨密贴的程度如何，对行车安全影响很大，比如列车迎着尖轨运行时，如果尖轨与基本轨不密贴，其间隙超过一定限度(大于 2mm)，则车辆的轮缘有可能撞着或从间隙中挤进尖轨尖端，而造成颠覆或脱轨的严重行车事故。因此，对尖轨和基本轨的密贴程度有严格的标准。为了保证行车安全，当道岔尖轨与基本轨不密贴时，不能锁闭道岔，也不允许开放信号。

3)单动道岔和双动道岔

当按压一个道岔按钮(电动道岔的操纵元件)，仅能使一组道岔转换，则称该道岔为单动道岔，如果能使两组道岔同时或顺序转换，则称为双动道岔。

2. 转辙机

转辙机是控制道岔尖轨动作的信号设备，它的基本任务是转换道岔、锁闭道岔和反映道岔的位置和状态。转辙机除转辙机本身外，还包括锁闭装置和各类杆件及安装装置，它们共同完成道岔尖轨的转换和锁闭。

1)转辙机的作用的要求

(1)转换道岔的位置：带动尖轨作直线往返运动；当尖轨动作受阻，不能与基本轨密贴时，应使尖轨恢复原位；

(2)道岔转至所需位置，应将道岔锁闭，确保在车辆通过道岔时，尖轨不移位；

(3)正确反映道岔状态，给出相应的道岔位置表示；

(4)当道岔被挤，或没有道岔位置表示时，应及时给出报警。

城市轨道交通大部分采用电动转辙机，近年来采用电液转辙机和交流转辙机的线路也不少，另外，由于钢轨重量的增加，正线道岔采用双机牵引的情况也在普及。转辙机的传动机构是将电动机的高速旋转变换成动作杆的低速直线运动，再由动作杆带动道岔尖轨转换。传动机构的另一作用是驱动尖轨的锁闭机构。

2)转辙机的传动机构

转辙机的传动机构有齿轮传动和液压传动两类。

(1) 齿轮传动机构。采用齿轮传动时，必须采用摩擦连接器。其原因之一是，当尖轨转换完毕，而电机还不能立即停转，此时利用摩擦连接器克服电机的转动冲击；另外，当尖轨在转换过程中受阻，而不能继续动作时，摩擦连接器进入摩擦状态，使电机能继续转动而不致烧毁。

(2) 液压传动机构

液压传动机构是由电动机来驱动油压泵，加压的液体注于储能油罐中，使罐内空气压缩，以储存一定能量。在转换道岔时，电动机工作，同时将控制油路的阀门打开，使受压的油液注入油缸中，借助活塞与油缸的相对运动推动油缸，再由油缸带动动作杆，使道岔尖轨转换。

当道岔的尖轨转换到规定的位置，且与基本轨保持一定的密贴力时，转辙机将尖轨机械锁闭在密贴状态，以保证在列车通过道岔时，尖轨不致因受振动而离开基本轨。

3)转辙机辅助设备

道岔转辙机在轨间还设有：连接杆、尖端杆、密贴调整杆和表示杆等转辙设备。

典型的 ZD6-A 型电动转辙机如图 7-4 所示，它由电动机、减速器、摩擦连接器、主轴、动作杆、表示杆、移位接触器、外壳等组成。

三、轨道电路

轨道电路是利用线路的钢轨和电气绝缘节构成的电路。它是信号系统的重要基础设备，它的性能直接影响行车安全和运输效率。轨道电路广泛应用于列车的检测，城市轨道交通中不设轨道电路的情况下，在轨道区段的两端采用计轴器来检测列车。

1.轨道电路的基本原理

轨道电路是以线路的两根钢轨作为导体，两端加电气绝缘节，接上送电和受电设备构成的电路，最简单的交流轨道电路以及城市轨道交通的轨道电路示意如图7-5所示。图7-5a)是设有钢轨绝缘节的交流轨道电路示意图，图7-5b)是无绝缘轨道电路示意图；当轨道区段没有列车占用时，轨道电路发送端的电流经由两根钢轨至接收端的轨道继电器，使轨道继电器工作；当列车占用该轨道区段时，列车车轮将两根钢轨短路，导致轨道电路的大部分电流通过车轮而分流，所以轨道继电器因电流不足而失磁，从而检测列车的到达；列车驶离该轨道区段，车轮的分路取消，轨道继电器又恢复工作；所以轨道电路是检测列车占用轨道区段的专用设备。

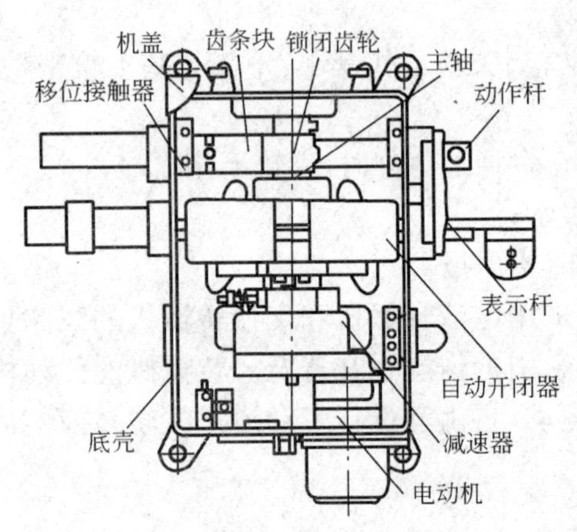

图7-4　ZD6-A型电动转辙机结构

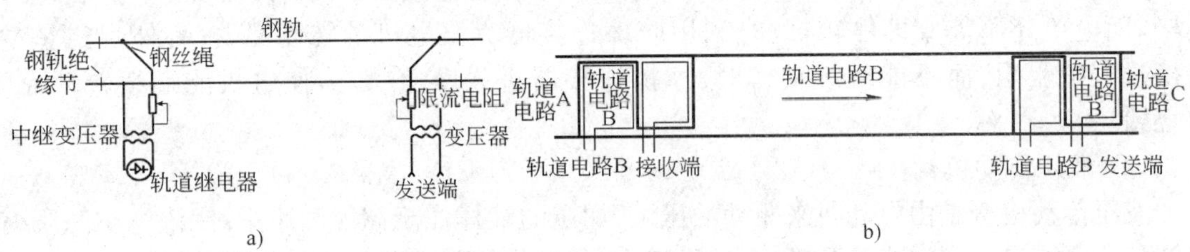

图7-5　交流轨道电路和城市轨道交通轨道电路示意图

城市轨道交通正线的轨道电路都不设绝缘节，一般称为无绝缘轨道电路(图7-5b)，其S形的连接线，是轨道电路的电气绝缘设备，简称S Bond；其发送设备和接收设备都设置于信号设备室，通过电缆引至钢轨。

2.轨道电路的作用

1)检测列车是否占用轨道区段

由轨道电路反映该段线路是否空闲，轨道区段空闲，才能建立进路，开放信号；列车占用信号所防护的进路，信号自动关闭；从而把信号显示和轨道电路状态结合起来。

2)通过轨道电路向列车传递实时信息

城市轨道交通信号系统，通过轨道电路向列车传递行车实时信息；当轨道电路检测到列车已经占用时，其轨道电路的发送端立即通过轨道电路向列车传送“目标速度”、“目标距离”、“运行前方的进路地图”等信息，列车接收到这些信息以后，自动控制列车运行。

第三节　列车运行自动控制(ATC)的系统结构和基本功能

城市轨道交通的信号系统是保证列车运行安全和提高行车效率的重要设施。由于城市轨道交通的行车密度高、站间距离短,对列车运行的安全性和自动化程度也有更高的要求。ATC 系统取消了传统的地面信号,将车载信号作为主体信号,信号的含义发生了质的变化,传递给列车的是具体的速度或距离信息,根据与先行列车之间的距离和进路条件,在车内连续地显示出容许的速度信息,或按设定的运行条件容许列车前行的距离信息,根据上述信息,列车自动地控制运行速度,进行超速防护,以达到自动调整行车间隔的目的,并实现列车在车站的程序定位停车。

ATC 信息的传输,视城市轨道交通制式而异。地铁、轻轨等,可以借助钢轨作为传输信道,用轨道电路来传递速度信息。目前我国已建成的地铁、轻轨,基本上都采用这种方式。对于不敷设钢轨的轨道交通,如跨座式独轨交通、国外的新交通系统,可在运行线路上敷设环线,以连续地检测列车所在的位置和发送各种命令信息。除采用钢轨或设环线来连续地传递信息外,也可以通过设于运行线路的点式传感器(应答器),向车上传递特殊的点式信息。

近年来,随着无线通信技术可靠性的提高和标准的制定,基于无线通信技术的列车运行自动控制系统(CBTC),已被信号界所认可,已在北京、上海、广州、深圳、南京等大城市的城市轨道交通中采用。

列车在车站的程序定位停车方式,根据信号传输方式的不同,分为台阶式和速度模式曲线式两种。在模拟信号时代,基本上都是台阶式停车方式;速度模式曲线式制动的控制方式,是建立在数字编码技术和数字信号处理技术的基础上,它可以缩短列车的运行间隔,也可以改善驾驶条件和提高乘客乘车舒适性。

本文以基于模拟和数字轨道电路的准移动闭塞的 ATC 系统为重点,对 ATC 系统的工作原理、系统结构、各个子系统的功能进行分析,并对基于环线和无线通信的列车控制系统(CBTC)作简单的介绍。

一、ATC 系统的结构

列车自动控制(ATC)系统,包括列车自动监控(Automatic Train Supervision ,ATS)、列车自动防护(Automatic Train Protection,ATP)、列车自动运行(Automatic Train Operation,ATO)三个子系统,它是一套完整的管理、控制、监督系统。位于管理级的 ATS 子系统,较多地采用软件方法实施联网、通信及指挥列车安全运行;发送和接收各种行车命令的 ATP 子系统,确保列车的运行安全,完成列车运行进路控制、速度控制和实现列车间隔控制;车载 ATP 子系统,接收轨旁 ATP 设备传递的指令信息,进行列车运行超速防护,相关信息经校验后,送至车载 ATP 子系统,车载 ATP 子系统和 ATO 子系统配合,实现列车运行速度的自动调整控制和列车在车站的程序定位停车控制。三个子系统既相对独立,又相互联系,以保证列车安全、快速、短间隔地有序运行。

ATC 系统的设备分布于控制中心、车站信号设备室、轨旁及车上。图 7-6 为 ATC 系统的结构图例。

如图所示,指挥列车运行的控制中心,设有作为 ATC 系统中枢的系统控制服务器及其用于调度控制的工作站；数据传输系统，包括通信前置服务器、路由器以及数据通信网等，实现控制中心与全线车站信号设备室之间的实时数据信息交换；调度员通过调度员工作站下达行车控制命令。现场的列车在线信息，车次号信息以及道岔、信号机的状态信息等，由壁式大屏幕显示屏及调度员工作站的 CRT 显示。

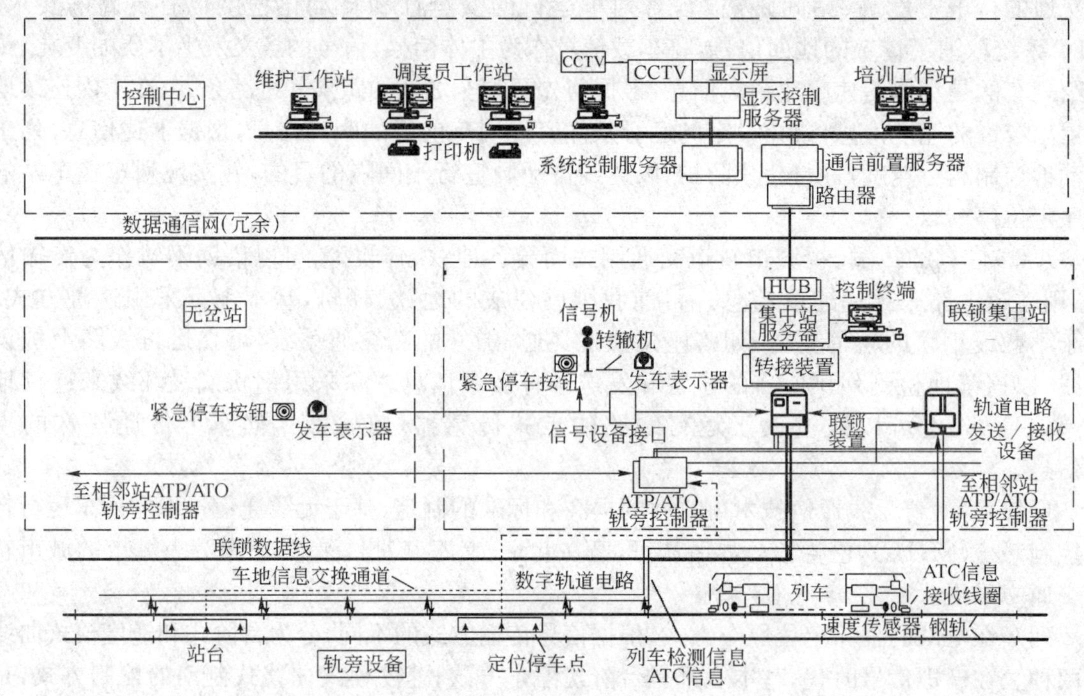

图 7-6 ATC 系统结构图例

设于联锁集中站设备室的服务器，接收调度员的控制指令，通过联锁装置，排列进路、开放信号，并将列车在线信息、信号设备的状态信息等传送给控制中心。通过 ATP 子系统的轨旁设备，发送列车检测信息，以检查轨道区段内有、无列车占用，并向列车发送限速命令或允许运行的目标距离信息、门控命令、定位停车指令等。

车上 ATC 设备，接收并解译地面送来的调度指令和 ATP 速度命令或距离信息，完成速度自动调整和车站程序定位停车，实现列车的自动运行；并将列车的运行状态和设备状态信息，经车站服务器传送给控制中心。

二、ATC 系统功能

下面我们以控制中心、集中站信号设备室和车载三个部分，分析 ATC 系统所完成的主要功能。

控制中心是指挥整条线路列车运行的智囊，由 ATS 子系统来完成这个功能，也可以理解为控制中心只有 ATS 子系统；集中站的信号设备，具体执行控制中心的操纵指令，负责列车的安全运行，完成与列车的信息交换，所以联锁集中站具有 ATC 系统的三个子系统，也就是由 ATS、ATP、ATO 三个子系统相配合，来完成这些功能；车载 ATP/ATO 子系统，接收并执行地面送来的各种指令，确保列车按所排列的进路，按运行时刻表安全、准点地运行，车载 ATC 设备中，ATS 子系统接收的是控制中心的调度指令，可以将其归纳在 ATS 子系统，而将与行车安全相关的速度控制和超速防护，归纳在ATP子系统，车载ATO子系统是列车实现自动速度调整，和确保列车在车站定位停车的重要设施，在设有驾驶员的情况下，ATO子系统可以说是“锦上添花”，国内有的城市轨道交通不设ATO子系统也是基于这个原因。但对于设有站台屏蔽门，或者要实现“无人驾驶”的自动折返，那么必须设置ATO子系统，具有完整的ATC系统。有的文章将车载ATS子系统列在车载ATP子系统之中，或其他的归类方法，这是由于ATC系统的三个子系统是完整的一个整体，相互渗透，严格或孤立地划分也是不合适的，为便于读者理解，本文作以下的功能归纳。

1.控制中心的主要功能

(1)列车运行控制和调整控制；

(2)时刻表的编辑、修改、存储以及时刻表的调整控制；

(3)列车位置的实时监视和列车运行轨迹记录；

(4)运行图管理；

(5)列车运行进路的自动设置，车站联锁状态的监督；

(6)线路监控和报警控制、故障记录等。

2.联锁集中站ATC设备的主要功能

1)ATS子系统

(1)列车的进路控制及其表示；

(2)遥控指令的解译及表示数据的编辑；

(3)折返站折返模式控制；

(4)车—地信息编译和交换；

(5)旅客导向信息、目的地信息的显示；

(6)运行速度等级、停站时分调整等。

2)ATP/ ATO子系统

(1)轨道区段空闲的检测；

(2)列车运行进路和列车安全间隔控制；

(3)列车限速控制；

(4)车站程序定位停车控制；

(5)定位停车校核、列车车门和站台屏蔽门开、闭控制；

(6)停站时间控制及目的地选择等。

3)车载ATC的主要功能

(1)ATS子系统：

①接收非安全控制信息；

②接收运行等级及其目的地调整等数据；

③发送列车状态的自诊断信息；

④车内旅客导向信息的提供等。

(2)ATP/ATO子系统：

①接收和解译限速指令；

②根据限速，对列车进行速度自动调整控制和超速防护；

③测速、测距；

④定位停车程序控制和定位停车点校核；

⑤控制车门开、闭，发送站台屏蔽门开、闭信息；

⑥自动折返和出发控制等。

三、ATC系统的控制模式

城市轨道交通通过ATC系统，在控制中心集中控制列车运行，当遥控发生故障或运行需要的情况下，可以将权力"下放"，由相应的联锁集中站进行控制。而列车的操纵，在设置ATO子系统的前提下，可以实现列车的自动运行、自动折返；也可以由驾驶员进行人工操纵，由ATP子系统进行超速防护。ATC系统的控制模式在各个城市的不同线路有不同的称呼，但其控制方式的内容，基本上大同小异。

1.行车调度的控制方式

1)集中控制模式

(1)全自动模式：ATC系统根据列车运行时刻表，由控制中心自动办理进路，调度全线列车的运行。

(2)自动调度模式：根据运行时刻表自动办理列车进路，但列车在车站的停站时分、运行等级等，由调度员进行调整。

(3)集中人工模式：列车的始发进路，由调度员人工办理，列车运行目的地也由调度员设定。一般车站都设为连续通过进路，由目的地触发的"自动进路"，都处于"自动"状态，列车在各站的停站时间、出发时间、运行等级等都由调度员设定。

2)车站控制模式

上述三种控制均为集中控制方式，在调度员授权下，可将控制权下放给联锁集中站，简称"站控"或"紧急站控"；由联锁集中站的车站值班员对所管辖区段的列车运行进路进行控制，也可以设置"连续通过"信号和"自动"信号。

2.列车操纵模式

列车的操纵模式，因列车而异，一般有以下几种方式。

1)ATO模式

在ATO模式下，驾驶员根据操作规程，关闭列车门，完成出发检查后，按下出发按钮，列车自动启动运行；在区间，根据地面限速指令，自动调整列车运行速度；列车到达下一站，自动完成程序定位停车控制。

2)手动ATP模式

在该模式下，驾驶员关闭车门和执行出发检查后，手动启动列车ATP子系统进行速度控制和超速防护，车站的停车控制由驾驶员负责操纵。

3)慢速前行模式

列车在ATP控制模式下运行时，收不到有效的ATP信号，或显示为零限速，这时驾驶员应注意，按低于20km/h的限速慢行，以使列车寻找ATP信号，当收到有效的ATP信号后，可以转为手动ATP模式，这种模式也称CLOSE IN模式。

4)反向模式

这种情况一般适用于停站超过停车点，列车由驾驶员控制"倒车"运行；该模式下，限制列车以不超过10km/h的速度运行，当速度超过12.5km/h时，车载ATP子系统会施加全常用制动，这不同于反向运行，因为ATC系统在一般情况下都可以实现ATP保护下的反向运行。

5)ATC关闭和旁路模式

该模式下,车载ATC系统可以有电,但其输入、输出均被隔离,不起作用,列车由驾驶员人工驾驶,负责运行安全。若ATP出现某种故障,禁止列车运行,列车也只能以ATC旁路模式,在严格的操作规范下手动运行。

任何模式的转换,必须在停车的情况下进行,而且应取得调度员的同意,如果在列车运行过程中,驾驶员随意改变运行模式,将导致紧急停车。

第四节　列车自动监控(ATS)*

列车自动监控(ATS)子系统,是指挥列车运行的控制、监督设备。它主要完成列车的调度和跟踪,运行时刻表的调整控制和监督,列车进路的控制和表示,系统状况、报警信息的显示和记录,统计汇编、系统仿真和诊断。基于计算机网络的ATS系统由控制中心的ATS设备(CATS)、联锁集中站ATS设备(LATS)和车载ATS设备组成。

一、控制中心ATS系统的硬件、软件结构

设有ATC系统的城市轨道交通线路,平时由控制中心集中控制全线列车的运行,在中心授权下,也可以进行站控,但必须由该车站所对应的"联锁集中站"进行控制;有的ATC系统,除了上述控制中心集中控制外,可由联锁集中站对所管辖的车站进行站控,而且在授权下,也可以由相邻的联锁集中站进行站控,这种方式更为可靠和灵活。下面我们以前者为例,首先对控制中心列车自动监控系统(CATS)的硬件设备及软件系统予以阐述。

1.硬件设备

图7-7为CATS系统的硬件结构图例。CATS的硬件设备主要由以下几个部分组成。

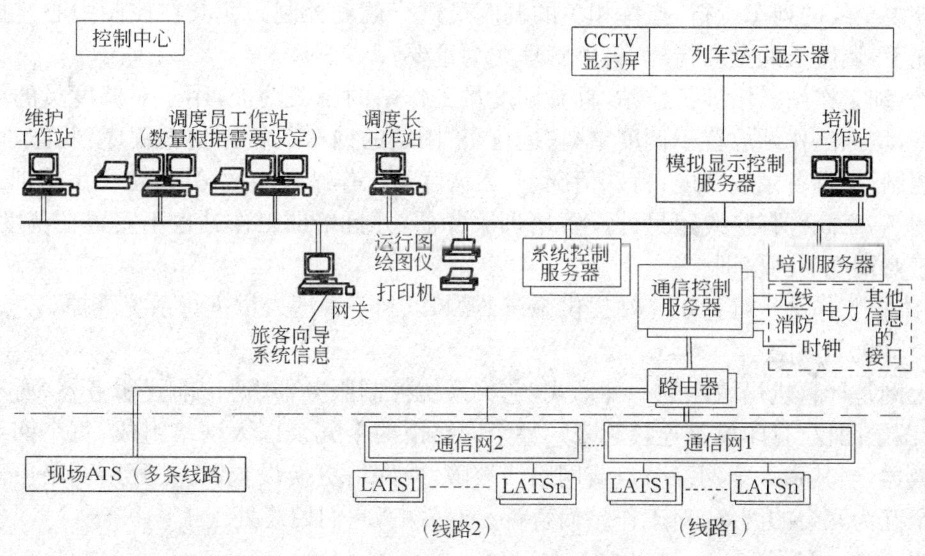

图7-7　CATS系统硬件设备结构图例

1)控制中心计算机系统

(1)系统控制服务器。系统设有两台运行控制服务器,以执行列车控制功能。它完成列

* 本节为选学内容。

车运行管理和列车运行图管理、储存列车数据，并通过转换接口与控制表示盘相连。运行控制计算机的具体作用是：

①列车运行控制。按时刻表的要求或调度员操作指令，产生相应的进路控制命令、调度指令，通过联锁集中站信号设备室的联锁设备及轨旁设备，来控制列车运行进路和调整全线的列车运行。

②处理全线的表示信息。将中心接收到的与列车运行相关的各种表示信息进行处理，然后通过表示盘或CRT，显示全线的进路开通状态和信号设备状态(包括道岔位置、信号机显示及轨道电路状况)，以及列车所处的位置等运行信息和各种报警信息；也可以另外设置模拟显示控制服务器。

③采集、存储运行记录，并产生各种运行报告。

④计算机系统的管理和维护，也用于整个ATS系统的管理和维护。

(2) 通信前置服务器。系统设有两台通信前置服务器，其作用是完成控制中心与各联锁集中站以及与车辆段远程终端数据传输单元之间，控制和表示信息的交换。

系统控制服务器和两台通信前置服务器，为冗余配置，也可以构成独立的两套ATS系统，当主系统故障时，可由人工进行系统转换，使备用系统替代主系统工作。

2)工作站

CATS系统设置不同需求的工作站。其作用是提供系统与行车调度相关人员的人—机对话接口，它包括行车调度员工作站、调度长工作站、维护和培训工作站等。

(1)调度员工作站。根据调度线路的需要，设置不同数量的调度员工作站，一般为2～4个，调度员通过操作界面，向其控制区域内联锁集中站发送控制命令、现场信号设备实时状态、列车运行轨迹等，也显示在对应的调度员工作站界面。

(2)调度长工作站。调度长是全线列车运行控制的负责人，指挥全线的调度控制，其工作站可以纵观全线的列车运行，指挥相关的调度员进行调度控制。尤其在控制中心监控多条线路的情况下，调度长的全局指挥、集中管理尤为重要。

(3)培训工作站。培训工作站，具有调度员工作站的相关功能，用于对调度员的培训。一般情况下，培训工作站放置于调度室，它运行于“固定的列车运行图仿真程序”状态，可以模拟系统的控制，也具备录放功能；特殊情况下，当调度员工作站发生故障时，也可由培训工作站替代。如图7-7所示，有些线路另外设置培训服务器，并且培训工作站也不安置在调度室，这样更有利于对调度员的培训。

(4)维护工作站。维护工作站提供系统监测，以利于管理人员进行系统维护。

3)计算机局域网

以太网是计算机局域网的一种形式，它将系统控制服务器、通信前置服务器、所有的工作站、运行图绘图仪、打印机等连接起来。整个网络由两个冗余以太网络组成，每个网络设有以太网转换器，当其中一个网络节点或网络线故障，或网络更换设置时，其冗余网络可以继续工作。两个互为冗余的网络，对工作站而言都是有效的，它们始终处于工作状态。

4)表示盘

设置于控制中心、行车调度员正面、挂壁式的大表示盘，显示全线的线路及车站布置，它可以监视全线控制区域的列车运行轨迹，显示道岔、信号机、轨道电路等信号设备的状态、站控/遥控状态、终端折返站的折返模式等。其静态信息通过绘于模块的图形、字符来表示，而与行车相关的动态信息用单个或多个组合的彩色LEDS显示。随着计算机技术的发展，近年来，有些线路已利用大屏幕的背投显示屏，来替代模块式拼缀的大表示盘，其实时性更好，也使显示更具灵活性。

5)其他终端及外设

根据需要，系统还配置软件工作终端，用于管理和维护 CATS 软件系统；时刻表维护终端，用于时刻表的建立和维护；运行图绘图仪，用于绘制计划运行图和实际运行图；命令记录打印机，实时打印调度员输入的控制命令和告警信息；报告打印机和维护打印机，用于打印时刻表，各种运行报告及数据文件等。

2. 数据传输系统(DTS)

数据传输系统，用于控制中心与联锁集中站信号设备室之间的双向信息传输，它借助于光缆传送，一般速率不小于 2 400bps。数据传输系统是一个全双工系统，系统包括控制中心和各集中站信号设备室的通信服务器、调制解调器以及车辆段的 ATS 远程终端。ATC 系统的数据传输网络可以是信号系统独立设置，也可以纳入通信的传输系统。图 7-8 为 ATS 数据传输系统示意图。

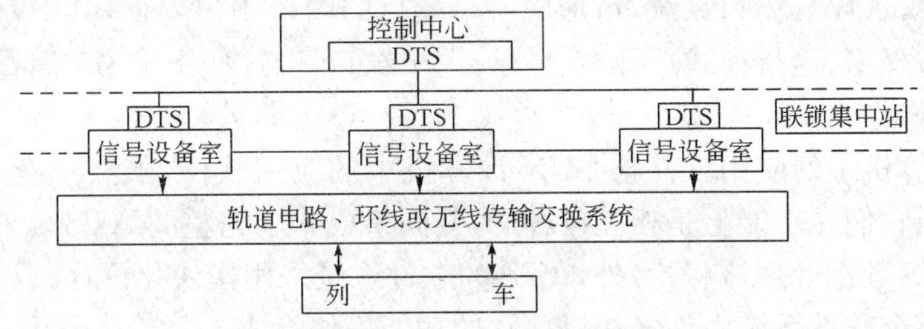

图 7-8　ATS 数据传输系统示意图

DTS 的主要功能是：控制中心向联锁集中站信号设备室发送控制命令，如排列进路、设置信号控制方式、停站时间、目的地号、运行等级、“跳停”命令等；联锁集中站信号设备室向控制中心传送其采集的现场设备状态信息，包括轨道电路、信号机、道岔的状态信息以及列车运行状态信息，控制中心以 1～2s 的扫描周期，更新现场设备和列车运行的状态信息。DTS 还具有数据传输误差检测功能，若在传输中连续出现两个故障，会及时发出报警信息。

DTS 系统一般由一个光纤网络和通信网络接口组成，网络接口包括光纤接线器和用来连接主光纤环的数据单模光纤，以便在中枢网络中同时传输多种数字信号，而且光纤网络构成一个反向旋转冗余环。在集中站信号设备室的网络接点之间，两根单模光纤构成 A、B 两个链路环配置；两个路径以相反方向运行，当一条路径故障，另一条会自动在线；如果两个网络接点之间的两条路径都断开，那么，相邻网络节点会“回绕”，以最大限度地保持网络工作，提高系统的可靠性。DTS 系统在各联锁集中站信号设备室的非安全逻辑处理器之间，提供非安全信息的通信通道，而站间联锁控制器之间，提供安全信息的通信通道；另外它还包括联锁控制器与车—地信息交换单元之间的通信通道，从而确保控制中心与各联锁集中站信号设备室之间、相邻联锁集中站信号设备室之间以及信号设备室逻辑处理器与联锁控制器和“车—地通信控制器”之间的直接通信。

3. ATS 的软件结构

不同的 ATS 系统，其软件结构各不相同，一般分为系统软件和应用软件两大部分。我们以某条实际运用的 ATS 系统为例，介绍其相对应的软件系统。

1)系统软件

(1)VAX 系统控制及通信前置服务器系统，配置了相关公司的操作系统，它是一个实时虚拟存储，并基于硬盘的多用户操作系统，它配置了以 FORTRAN 语言为操作语言的数据库，以及编辑器、编译软件和连接程序等各种软件包。

(2)SUN 工作站，配置了 SUN 公司的 UNIX 操作系统，它是一种分时的、基于硬盘的多用户操作系统，它还配置了 WINDOWS 窗口系统和数据库，同时配置相关的编辑器、编译软件和连接程序等各种软件包。

2)应用软件

(1)VAX 计算机中应用软件的主要部分，是采用一种结构化的 FORTRAN 语言——FLECS 编写，其余部分采用汇编语言编写，同时使用 FORTRAN 数据库，存储列车监控数据，供各种执行程序使用。根据数据的变化属性，分成静态数据库和动态数据库。

(2)SUN 工作站中应用软件，主要采用 C 语言编写，它是一种结构化的程序设计语言，也部分采用汇编语言。用数据库来存储列车监控数据，并通过以太网与 VAX 计算机中的数据库交换信息，使两个数据库中的信息保持一致，而且使各工作站的数据库信息保持一致。

(3)使用 WINDOWS 窗口系统，可形成一个醒目的图形用户界面，其中有站场图形窗、时钟窗、用户等级选择窗、运行模式选择窗、登录/退出窗口等，这些图形窗口都配有中文界面，以便于运行人员的操作。

(4)VAX 计算机中的应用软件与 SUN 计算机中的应用软件，虽然对应于不同的硬件系统和操作系统，但它们在功能上是相互兼容的，共同组成一个完整的 ATS 软件系统，形成一个高效、完整的 ATS 数据处理流程；另外，ATS 的软件系统采用模块化设计，以其功能为模块划分为基础，所以整个软件系统由许多相对独立的功能模块组成。

二、CATS 系统的用户等级、运行模式和功能配置

1. 用户等级

根据需要，CATS 系统可设置系统管理员、系统维护员、调度长、调度员、时刻表管理员和车辆调度员等用户等级。

1)系统管理员

负责整个系统的正常运行，它能选择任何一种用户等级，并能执行所有的功能，在用户等级中级别最高。

2)系统维护员

负责整个系统软、硬件设备的维护，所以其用户等级及执行的功能都类同于系统管理员。

3)调度长、调度员、时刻表管理员以及车辆段管理员

这四类用户都是系统的使用者，以控制列车的运行。根据其担负职责的不同，其功能配置也有所不同。

2. CATS 系统运行模式

CATS 系统主要有三种运行模式：在线控制、模拟运行和运行复示。

1) 在线控制模式

在线控制模式是 CATS 系统的主要运行模式，它监督与控制实际的列车运行，该模式下，系统的主、备控制服务器及通信前置服务器等，都处于工作状态。

2)模拟运行模式

该模式运行于模拟在线运行状态，主要用于系统调试、演示和培训，它模拟在线控制运行

的所有功能，但与现场设备没有联系，也即不能向现场发送控制命令，也不接收现场的设备状态信息。模式运行时，至少需占用一台工作站和一台系统控制服务器，因此该模式的运行，会影响在线控制模式中备机的运行。

3）运行复示模式

运行复示模式下，系统可以重新回访72h之内的全部运行记录，再现系统的运行情况，也可选择其中任一小时和当前时刻的前一小时的运行记录，其速度可以调整，也可按事件回访，或按秒回访。对在线运行和模拟运行的运行记录，均可以回访。运行复示模式只占用一台工作站，所以不会影响在线运行的控制。

3. 功能配置

(1)时刻表功能。时刻表功能的作用是建立和维护时刻表。时刻表管理员有权使用运行时间及运行等级数据库，维护员也可以使用该功能，但它只能维护时刻表功能的正常使用，而不能修改时刻表中的有用数据。

具体的时刻表功能如下：建立基本时刻表，即创建一个基本时刻表，输入时刻表数据；安装基本时刻表，即把一个编辑好的基本时刻表安装到CATS数据库；修改基本时刻表，即打开一个基本时刻表，然后修改表中的数据；恢复基本时刻表，即将现行的时刻表恢复成基本时刻表；传送基本时刻表，将基本时刻表从主机传送到备机或反之；打印基本时刻表，将基本时刻表通过打印机输出；解释基本时刻表，将基本时刻表加上一些注释，说明其特点和用途。

(2)报告功能。报告功能的作用是将系统的运行记录、时刻表数据分类等，按一定的格式打印输出。根据需要可分为：每日运行报告、历史运行报告、时刻表偏差报告、驾驶员运行报告、车辆里程报告、ATP切除报告、时刻表报告、运行时间报告及运行等级报告等。

(3)根据不同的用户等级，其使用的软件工具功能也不尽相同，调度长和调度员只能使用一部分监视系统和列车运行状态的软件工具的功能。而系统管理员及系统维护员能使用全部的软件工具的功能，也有权访问UNIX以及关闭ATS软件系统。

三、ATS系统的在线控制功能

在线控制功能是CATS的主要控制功能，它主要有五个控制内容，即信号控制、列车描述、列车调整、时刻表控制和列车运行图绘制。

1. 信号控制功能

是指对全线所有车站(车辆段除外)信号设备的控制，其主要内容如下。

1)设置控制模式

控制模式是指“遥控”，还是“站控”，它的设定是系统控制的关键。遥控是指由控制中心对全线各联锁集中站进行控制，站控是由控制中心授权，相应的联锁集中站才具有控制权。控制模式的转换，由控制中心和车站双方配合完成。特殊情况下，可由集中站直接执行“紧急”站控。“站控”模式下，经控制中心同意后，才可返回“遥控”模式。

2)设置终端模式

线路两端的折返站以及具有折返功能的中间站都可以设置终端折返模式。终端折返站设有三种终端模式。

模式1，用折返线1进行列车折返；

模式2，用折返线2进行列车折返；

模式 3,用空闲的折返线进行列车折返;优先为折返线 1。

模式 3 为最常用的终端折返模式。当设定了终端模式。车站信号设备根据列车运行的目的地号,自动排列进路,并开放相应的信号。

3)进路控制和信号机控制

进路的建立和取消,以及信号机的开放和关闭,是信号控制功能中涉及行车安全的重要内容。为了确保行车安全,控制中心不能直接单独操纵现场的道岔,也不能直接操纵某个信号机的开放和关闭。ATS 系统在控制中心设有人工进路控制功能,调度员通过工作站的显示屏,操纵鼠标,点击进路的始端和终端,建立或取消进路。信号机随着进路的建立而开放,并根据列车占用进路的情况而自动关闭。"连续通过"信号和"自动"信号不能由控制中心直接开放,控制中心只能设置"连续通过"信号和"自动"信号的信号机工作模式,进而控制进路的工作模式。进路的排列以及相应信号的开放,都由车站联锁设备完成。所谓"连续通过"信号,是指以该信号机为始端的进路,是连续的通过进路,列车通过该进路以后,进路将再次自动排列,该信号机自动开放。"自动"信号是指,该信号机为始端的进路为自动进路,当列车抵达该信号机的接近区段时,车站联锁设备根据列车的"目的地号",自动排列列车进路,并开放信号;当列车进入信号机控制区内方,信号自动关闭,进路解锁;待下一次列车抵达该信号机的接近区段时,信号又一次自动开放。

4)呼叫车站

当控制中心调度员要与车站行车值班员联系时,若电话联系不上,可使用"呼叫车站"功能,使该车站控制台上的铃声响,提醒车站行车值班员与调度员联系。

2. 列车的描述功能

列车描述包括三部分内容,即车次号、驾驶员号和列车号,它们各由五位数组成,当然,根据不同的城市和线路可以有不同的定义。例如:车次号的前三位为运行号,后二位为目的地号。运行号是运行列车的标识,是系统把列车和时刻表相联系的基础,也是系统控制和表示列车的基础。目的地号指明列车运行的终点站,它是系统触发车站信号设备控制的重要参数,据此可以为列车自动排列进路。在运行过程中,系统将各次列车的目的地号传送给车站信号设备,以控制列车进路,所以车次号是列车描述中重要的部分。这里需要说明的是,当列车从停车场出发,列车尚未进入 ATC 控制区域,"目的地号"可以先由驾驶员人工设定,列车抵达非 ATC 控制区和 ATC 控制区的转换区域,在车—地信息交换点,列车就从系统自动地得到正确的目的地号,以后列车在正线每个车站都会自动得到更新的目的地号信息。

驾驶员号由驾驶员在车上人工输入,并通知调度人员,说明哪一位驾驶员在操纵哪一列车。列车号的设置,是为了使系统跟踪列车的运行,从而产生车辆运行里程报告。

上述列车运行的车次号、目的地号、驾驶员号及列车号可以设置、修改和删除。在控制中心表示盘的车号窗中,自动地跟踪相应的车号信息。这里需要指出,上述车号信息设置方式不是固定的,运行管理人员可以根据各地不同线路情况自行设定,但是同一个控制中心的不同线路其设置应相同。

3. 列车运行调整功能

列车运行调整功能的作用是调度和调整列车的运行。

1)系统调度模式的设置

不同的线路其系统调度模式不尽相同,一般有四种模式:自动调整模式、人工调整模式、人工调度模式和全人工模式。不同的调度模式反映了系统自动控制的程度。

全人工模式,系统的自动控制功能不起作用,所有的控制均依赖于调度员指挥。

人工调度模式,是指列车的调度和运行的调整依赖于调度员指挥,但系统具有自动进路功能,也具有时刻表和车号自动管理功能。

人工调整模式,指运行调整要依赖于调度员,系统除具备人工调度模式的自动控制功能外,还具有自动调度功能,即根据时刻表和调度模式,按时自动地调度列车从折返站(或车辆段)出发。

自动调整模式,是调度自动控制的最高级别,系统除具有人工调整模式的全部功能外,还具有自动调整功能,能根据时刻表,自动地调整列车停站时间及运行等级,以保证列车的安全、正点运行。

2)自动调整模式中列车调度方式的设置

自动调整模式中,列车调度方式有两种,一种是按列车运行顺序来调度列车的方式;另一种是按列车的车号来调度列车的方式。

城轨交通中间站设有存车线的车站较少,所以基本上都不在中间站折返;而在终端折返站,也不可能存放多列列车,一般列车到达终端站以后,都经折返后再次出发。目前顺序调度模式是常用的列车调度方式。

折返站存有多列列车的情况下,或者当轨道交通构成网络,有些中间站也会成为折返站,这时,只有当列车的车号与时刻表中下一次车的车号相同时,才能调度该列车,这便是车号调度方式。

3)列车运行的控制

(1)列车进入系统的自动控制。当列车由停车场出库线出发,进入正线运行前,为了使列车纳入 ATC 系统的控制,列车必须在停车场出库线的车—地信息交换点,自动地设置正确的列车号(包括运行号和目的地号),与时刻表相对应的列车,进入正线就成了时刻表列车,接受系统对其的自动控制;对于反向出库的列车,可以先由驾驶员人工设定列车号,当到达下一个车—地信息交换点,可从系统接收正确的列车号。若取消对列车的自动控制,则该列车成为非时刻表列车;当恢复自动控制后,该列车又成为时刻表列车,系统也恢复对它的自动控制。

无人驾驶的情况下,停车场及出入库线也必须受 ATC 系统的控制,所以,列车在停车场的运行控制,也属 ATC 系统的自动控制范围。

(2)站台控制。站台控制包括列车的停站时间设置、列车运行等级设置、扣车和终止停站设置、“跳停”设置等;有的 ATC 系统将“跳停”作为独立的控制项目,这只是归类不同而已。列车在正线运行,除了始发站的发车时间外,正线的运行时间,包括区间运行时间和停站时间两个部分,由于各个区间的长度是固定的,决定其区间运行时间的关键是运行速度,而运行速度又取决于 CATS 向列车发送的运行等级。ATS 运行等级一般分为四级,等级 1 和等级 2 对应的速度较高,而等级 3 和等级 4 对应的速度较低。列车从钢轨收到 ATP 速度命令信息,依据车—地信息交换收到 ATS 运行速度等级,从而由车载 ATO 执行运行速度的自动调整。所以调整运行等级,也即调整列车在区间的运行时间。控制停站时间和调整运行等级,是保证列车按时刻表正点运行的主要方法。

①停站时间的设置。在自动调度模式下,由系统根据时刻表和列车运行的正点误差值,自动调整停站时间,在人工调度模式下,人工设定车站的停站时间。

②运行等级的设置。在自动调度模式下，系统根据列车运行时刻表和列车运行正点误差值，自动调整该列车的运行等级。人工调度模式下，可选择四种运行等级的任意一种，作为列车新的运行等级。在调度员工作站上，可以显示已经设置，并正在执行的停站时间和运行等级。

③扣车和终止停站。在特殊情况下，将列车扣于某站，从而使该站的发车表示器不亮，列车不能出发，扣车功能使原来设定的停站时间不起作用；反之，终止停站功能，使该站的发车表示器立即点亮，列车可以发车。

(3)"跳停"。"跳停"是列车在该站不停车的功能，"跳停"功能可以对单个列车，也可以对全部列车，也可以设定于某个时间段的某个站，一般用于空车或晚点较多的列车。"跳停"功能必须在"跳停"站的前一站发车前，已得到该信息，并在进入"跳停"站时，再次得到确认。

(4)下一车号的设定。选择指定时刻表中，终端折返站下一趟列车的时间和列车号，一般情况下，是根据时刻表由系统自动设定的，也即依据始发站的列车调度和发车数据，系统自动地把时刻表中下一个车号按序推进，当自动功能发生错误时，可人工设定下一趟列车的车号，并在调度员工作站上显示。

4. 时刻表控制功能

时刻表控制功能仅供调度员使用，以管理和调整在线时刻表和计划时刻表。计划时刻表是指准备投入在线控制的时刻表；而在线时刻表是指正投入在线控制的时刻表。调度员选择时刻表管理员所创建的某一种基本时刻表，以进行必要的调整。所以调度员可根据基本时刻表建立计划时刻表，继而建立在线时刻表；当然也可以从系统中删除计划时刻表或在线时刻表，以增加或删减车次；也可以进行时间偏移调整。

5. 列车运行图的绘制功能

系统在"在线控制"情况下，能绘制当天和前一天的列车运行图，也可以绘制其中某一段时间的运行图。列车运行图有计划运行图(即计划时刻表的运行图的形式)、实际运行图(记录列车运行轨迹)以及合而为一的复合运行图。

四、系统操作

当控制中心的维护员启动CATS系统，并开启工作站，调度员便可对系统进行操作。系统操作，一般分正线操作和停车场/测试线操作，这里主要介绍正线操作。正线操作又可以分为正常操作和非正常操作(包括紧急事件)，下面就在线控制的正常操作内容加以阐述。

1. 进入系统

(1)选择语言：即选择中文和英文的用户界面。

(2)登录：输入用户名和口令，以进入系统。

(3)选择运行模式：即选择在线控制模式、模拟运行模式，或运行复示模式。

(4)选择用户等级：当选择在线控制模式或模拟运行模式时，工作站的用户界面将显示站场图形窗、命令菜单窗、告警信息窗、时钟窗及处理器状态窗等。

2. 建立在线时刻表

每天正式运行前，必须先建立在线时刻表。可以先建立计划时刻表，再建立在线时刻表，也可以直接建立在线时刻表。建立计划时刻表和在线时刻表都有复数个选择，选择其中之一，然后再通过加车、减车和偏移功能，对时刻表进行必要的修改。

3.设置系统的工作模式

每天运行开始前,必须设置系统的工作模式。

1)选择系统模式

从全人工、人工调度、人工调整和自动调整四种模式中选择一种。系统在自动控制的情况下,一般选择自动调整模式;在人工控制的情况下,一般选择人工调度模式。

2)设置列车调度模式

系统在自动调整模式下,一般选择列车顺序调度模式。

3)设置系统的控制模式

控制中心控制时,选择“遥控”模式;必要时可以选择“站控”模式,这时,控制中心具备监督功能。“站控”情况下,“终端折返模式”的设置、“通过信号”和“自动信号”的设置等,都由车站值班员完成。

4.停站时间和运行等级的设置

每天运行开始前,应根据时刻表的设定,为每个车站的站台设置停车时间和区间运行等级(运行等级信息,由设于站台区域的车—地信息交换系统送至车载 ATS 系统),以保证列车按时刻表要求正点运行。在人工调整模式下,不必设置停站时间和运行等级。

5.调度列车由车辆段进入正线,投入运行

控制中心调度员与停车场调度员配合,使列车按时刻表的要求,及时到达停车场的出库线信号机外方。在此过程中,驾驶员应对列车进行投入运行前的相关测试,如列车车门循环测试、列车制动测试、列车灯光和空调测试等。

(1)用“显示下一车次”功能,显示时刻表中下一次出库车次的列车号和时间;若不符,用指定下一车次功能,进行调整。

(2)用设置“列车描述”功能,对停在车辆段出口处的列车设置列车号。

(3)自动调度时,由 ATS 系统按时序自动排列进路,指挥列车驶入正线,也可以使用人工调度方法,按时用进路控制方式排列进路,指挥列车驶入正线,投入运行。

6.调度列车从终端折返站发车

(1)列车终端折返后,调度员工作站上显示时刻表下一趟始发列车的运行号(车号)和时间;若显示不符,可用“指定下一车次”功能,指定时刻表中下趟发车的运行号(车号)和时间。

(2)若列车已有运行号(车号),并且系统运行在人工调度模式以上时,系统将自动修改列车的目的地号;若列车无车号,用设置“列车描述”功能,对停在折返线上的列车,设置车号(包括运行号和目的地号)。

(3)自动调度情况下,系统将按时刻表和列车运行轨迹自动排列进路,指示列车进入始发站台,正点发车。人工调度时用进路控制功能排列进路,指挥列车出发。

7.监控列车的运行

(1)监视终端折返站的列车运行,可用“显示下一车次”功能查看各终端站下一趟列车的时间和车号,也可以打开监视窗,连续地监视终端折返站的发车情况和发车车号等。

(2)排列进路:若系统已设置了“连续通过”信号和“自动”信号,列车进路就按列车运行时序自动排列,信号自动开放,调度员监视其执行情况;若设置为“站控”的情况下,由车站行车值班员排列进路和开放信号,控制中心调度员可监视状态表示信息。若在“中控”情况下,设置“进路控制”功能,则由调度员按时排列进路。

(3)停站时间的设置:调度员可用设置停站时间和运行等级功能,调整列车在车站的停站时间和运行等级，以确保列车按时刻表正点运行。若将停站时间调整设置在“自动”状态，系统将根据列车运行的实际，自动调整运行等级，并自动调整列车在车站的停站时间，但任何列车的停站时间不能小于15s。

(4)监视告警信息：调度员应随时掌握列车运行的实际情况和系统设备的故障告警信息，以及时采取措施，确保列车安全、正点运行。

8.调整列车运行

对照列车在线时刻表和列车运行实迹，当列车偏离时刻表，超出了允许的范围，可用下述办法进行调整。

(1)若列车晚点，可用“终止停站”功能，催促列车提前发车。

(2)若列车早点，可用“扣车/终止停站”功能，适当延长列车在车站的停站时分。

(3)若列车晚点太多，需要“赶点”时，可使用“跳停”功能，但必须提前告知乘客，哪个站“跳停”。一般可对始发站的空车使用“跳停”功能；中间站实施“跳停”影响面较大，必须顾及乘客利益，必须与运营组织相配合。

(4)若出现非常情况，导致不能按在线时刻表运行，可用“时刻表控制”功能中，加车、减车及偏移功能，来调整在线时刻表，重建新的行车次序。

9.异常情况处置

(1)当车号跟踪不上列车时，可用“移动车号”功能，将车号从一个“车号窗”移到另一个跟踪的“车号窗”内。

(2)当车号跟踪过程中，发生车号出错时，可用“修改列车描述”功能进行修正。

(3)若终端折返站的下一车次与时刻表不符时，可用“指定下一车次”功能进行调整。

(4)当特殊情况下需要加车、减车时，可用“时刻表控制”的“加车、减车”功能，调整在线时刻表。

(5)当某列时刻表列车故障，无法继续运行时，可用“取消自动控制”功能，将该列车变为非时刻表列车，然后用人工控制手段将该列车退出运行。

(6)当控制中心显示列车ATP模式，与车载列车实际的模式设置(列车实际模式，由车载TWC系统传至控制中心)不一致时，调度员可用列车描述的“设置ATP”功能予以纠正。

(7)为救援故障列车，出现两列车合为一个车号，两车的车号跟踪发生错位时，可重复使用列车描述的“移动车号”功能，使跟踪正常。

10.运行结束后的日报汇总

(1)用“列车运行图”功能，绘制所需的实际运行图等。

(2)用“报告”功能，打印所需的每日运行等报告。

(3)将在线时刻表从系统中删除，以便次日系统建立新的在线时刻表。

(4)调度员下班时，应将工作站从系统退出。

这里需要说明的是，不同线路的ATS系统，因其系统结构不同，系统功能、操作界面以及操作方式也有差异，而且，我国城市轨道交通不同线路的ATS系统，是由不同的厂商所提供，因此上述差异尤为突出，但其基本功能是相同的。在实际使用中，调度人员应根据各条线路ATS系统的操作手册进行调整。除了上述正常操作以外，调度人员对于正线运行的非正常操作，也应熟练掌握，例如：列车在车站或区间发车故障时的操作、ATC系统轨道电路故障时的操作、车—地通信系统故障时的操作、控制中心系统故障时的操作、终端折返站道岔故障时的操作、列车冲出站台停车时的操作等，还有列车在车辆段试车线的在线测试操作、车站值班人员的操作，以及驾驶模式等，调度人员都应有所了解，以便更好地指挥列车的运行。当发生故障时，也能及时妥善处置，把对行车的影响减到最小。

五、联锁集中站 ATS 设备(LATS)

全线各联锁集中站的信号设备室都设有 ATS 设备，一般称其为 LATS。它不仅在控制中心授权下完成进路控制等功能，也是控制中心与列车之间信息交换的中介，控制中心通过数据通信系统与 LATS 系统进行数据交换。

实际线路的 LATS 如图 7-9 所示，控制中心与全线联锁集中站信号设备室之间，通过光纤网络交换数据。我们以图 7-9 所示的 ATC 系统为例，分析 LATS 和 ATC 系统与其他子系统的关系。联锁集中站信号设备室设有两个非安全逻辑服务器(NVLE)，在相应的车站控制室设有车站控制工作站。两台 NVLE 服务器为一主一备，每台服务器都设有控制终端和键盘。NVLE 服务器连至控制中心，以接收控制中心的遥控指令和传送现场信号设备的状态信息；它连至联锁逻辑处理服务器(联锁 MICROLOK)，以控制相关的信号设备(道岔、信号机等)；连至相邻集中站的 NVLE，以提高 ATS 系统可靠性和控制的灵活性；NVLE 服务器与车—地信息交换系统(TWC)相连，以完成车—地的信息交换，将控制中心的 ATS 指令传给列车，并将列车的运行状态信息经 NVLE 服务器传给控制中心。

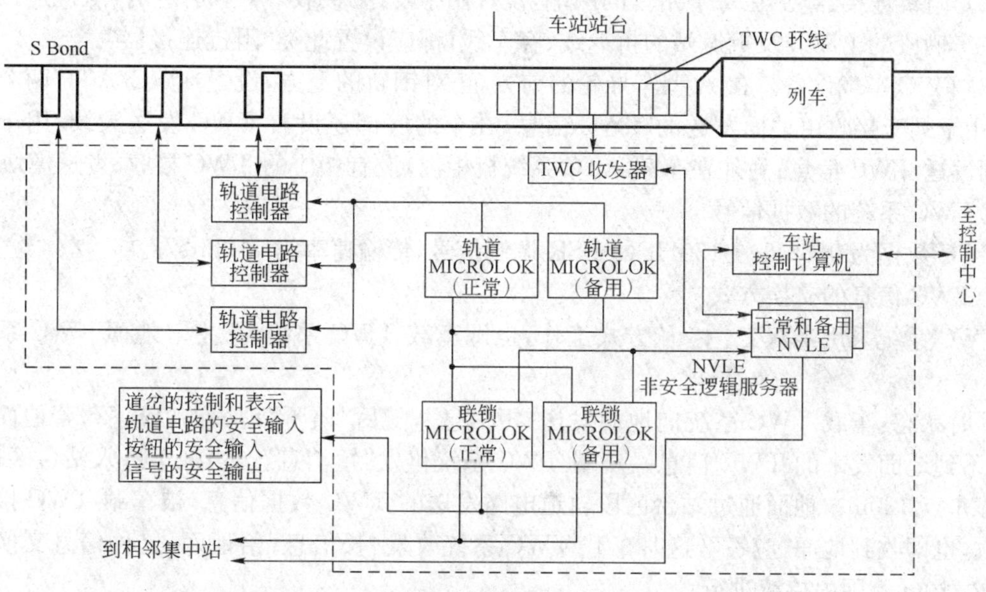

图 7-9　联锁集中站信号设备室功能框图

车站控制工作站，实际为 NVLE 提供用户界面。通常在遥控情况下，车站值班员通过 CRT，监视被控车站的线路及运行状态，在 CATS 授权下，车站行车值班员可以控制被控车站的信号设备，指挥列车运行。在特殊情况下，也可以“紧急站控”。当需要“站控”时，NVLE 向控制中心发出请求，在调度员同意的情况下，CATS 系统可设置“站控”模式。车站值班员得到“站控”指令后，可执行车站控制功能，其中包括进路的排列和信号的开放，临时限速命令控制，站台紧急停车控制，道岔的单独操纵、扣车和催发，引导进路的锁闭，及引导信号的开放控制、终端折返站的折返模式控制、改变运行方向控制等。

六、列车与地面通信(TWC)系统

列车与地面的信息交换系统(简称 TWC 系统),是列车与地面之间的半双工 ATS 信息交换系统。TWC 系统与 DTS 系统相结合,完成控制中心、联锁集中站与列车这三者的信息交换,使三者有机地结合,构成一个完整的系统。需要指出的是,TWC 系统交换的信息,是“非安全”调度信息和列车状态信息;因此,将 TWC 归在“ATS 系统”内讨论,车—地通信系统也是 ATS 系统的重要组成部分;当然,有些文章将车—地通信纳入 ATO 子系统,也是可以的,但是控制中心不含 ATO 的控制功能,而控制中心有些非安全信息(列车运行调整信息)要直接发至列车,所以本文中将车—地通信系统归在 ATS 子系统中介绍。

不同的 ATC 制式,采用不同的 TWC 系统,其传输方式和内容都不相同。下面我们以“站内轨道电路”和“站内轨道区段敷设环线”这两种 TWC 系统为典型,就其轨旁设备、数据内容及交换方式等作分析。

1. 以“站内轨道电路”为载体的 TWC 系统

1)设备布置

(1)车站 TWC 模块。联锁集中站信号设备室,对应所管辖车站的每个站台,分别设置与其相对应的 TWC 模块,以对车—地交换的数据信息进行处理。

(2)“阻抗连接器”。在每个站台的两端,设置用于发送/接收 TWC 信息的“阻抗连接器”,另外在车辆段的出库线及折返站的折返线、存车线,都应设置此类“阻抗连接器”。

(3)TWC 车载设备。在 A 型车导轮的前方,正对钢轨的上方,设置 TWC/ATP 两个接收线圈,用于列车接收由地面发送的 TWC 信息;在车的底部还设有 TWC 发送天线,用于列车向地面发送 TWC 信息;另外在车载 ATC 系统机柜内,设有相应的 TWC 接收、发送模块。

2)TWC 系统的数据信号

TWC 数据为 9650Hz±150Hz 的 FSK 调制信号,传输速率为 110bits/s。

3)TWC 信息的交换方式

TWC 系统采用半双工、主/从方式工作,也即车载 TWC 系统为“主”,地面 TWC 系统为“从”。

平时状态:车载 TWC 系统向地面发送“短信息”,随后“监听”地面的“应答”;若地面不应答(收不到地面发来的 TWC 信息),车载 TWC 系统仍发“短消息”。当列车进入站台区域(至对位停车点 120m),地面通过站台区段轨道电路发送的 TWC 数据信息,被车载 TWC 接收线圈接收,也即收到地面“应答”,这时车载 TWC 系统改发“长信息”给地面,这种信息交换在站台区域 120m 范围内持续进行。

4)信息内容

(1)列车发送“短信息”的内容为:信息字头、列车目的地号、保护信息、信息字尾。

(2)地面发送的信息内容为:信息字头、列车目的地号、车号、ATS 运行等级、“跳停”、保护信息、信息字尾。

(3)列车发送“长信息”内容为:信息字头、列车目的地号、车号、车长、列车对位、列车准备就绪、列车车门打开(关闭)、列车移动检测、驾驶模式(人工/自动)、ATP 切除、保护信息、信息字尾。

上述长信息共有 5 个字节组成,其中:

①列车号由 3 位 BCD 码组成,以供控制中心跟踪列车用。

②运行等级由 1 位 BCD 组成，改变运行等级是由控制中心经地面发送的 TWC 信息送出，列车 TWC 长信息中的运行等级数据，证实车载 ATS 已经收到地面发来的信息。其中运行等级 1，指示列车以最大加速度加速；等级 2，为惰行模式生效；等级 3 和等级 4，表示 ATP 限速不同。等级 3 最高限速为 57km/h，等级 4 最高限速为 49km/h。

③目的地号数据由 2 位 BCD 码组成。

④“跳停”是一位命令，它指示列车在当前站，或下一站的停车程序被取消。在列车接收对位信息之前，任何时间都可以接收此命令。

⑤列车准备就绪，指列车已做好发车准备，控制中心收到该信息，通过地面 ATP 系统向列车发送速度命令。

⑥列车对位信息，说明列车已在站台正确对位停车，列车 ATO 启动全常用制动，并生成“车停站台”信号，随之启动打开车门程序，控制中心收到此信息，可显示列车对位停车，并启动“停车时间”。

⑦列车移动检测、驾驶模式等其他数据都为一位命令。

2.以环线为载体的 TWC 系统

上述车—地通信系统中，地面通过钢轨来发送 TWC 信息，列车通过 TWC 天线送出车载 TWC 信息，它与车站程序定位停车无直接关系。而利用敷设于钢轨之间的环线作为 TWC 信息传输通道的制式中，该环线不仅是车—地信息交换媒介，也作为车站程序定位停车的定位校正设备。关于定位停车，我们在 ATO 系统作为专题分析，下面就利用 TWC 环线进行车—地信息交换加以阐述。

1)地面设备

(1)设置地点：每个车站的站台区域、折返线以及出库线等处，需要与列车交换信息的区域，其钢轨之间都铺设用于信息交换的交叉环线。

(2)环线的设置：环线离两边钢轨 0.429 5m，环线宽度为 0.6m，这样使车载 TWC 接收线圈的接收“信号强度”最强。图 7-10 为车—地通信环线布置示意图。

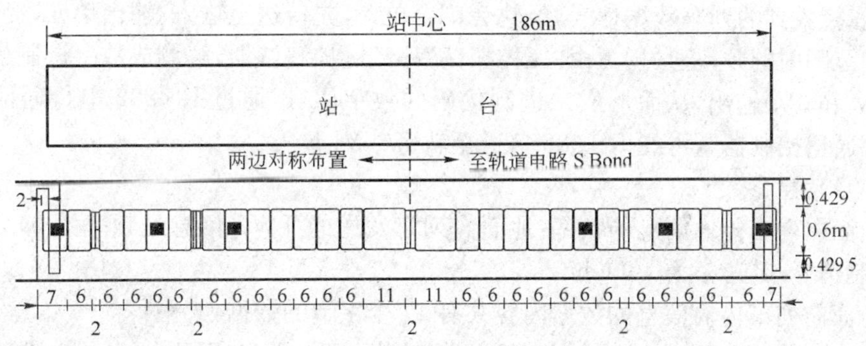

图 7-10 车—地通信环线布置示意图

(3)环线的长度应覆盖整个站台区域，两端为轨道电路 S Bond 中心之间的距离，也即站台的长度(186m)，再加 4m(S Bond 的距离)，所以环线的长度约为 190m。

(4)环线的交叉设置：环线以 11m、7m、6m、1m 等有规则地交叉，以站台中心为基准，两边对称设置，以利于双向运行的停车控制。整个环线设奇数次交叉。

(5)耦合单元：在环线的接入口设有耦合单元(图 7-11)。耦合单元与联锁集中站信号设备室之间用传输线相连。耦合单元使传输线与环线之间的阻抗得以匹配。传输线的另一端，连至联锁集中站信号设备室的“车—地通信控制器”，每个“车—地通信控制器”都有唯一的地址。

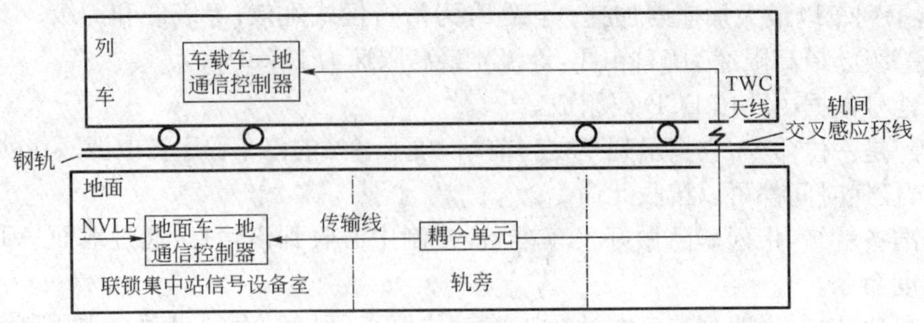

图 7-11　TWC 系统接口示意图

2)车载设备

列车为了与地面进行无线数据通信，在列车头、尾的 ATC 机柜内，都配置有车载“车—地通信控制器”，在其车底，还设有 TWC 接收/发送天线。

3)工作原理

联锁集中站的“车—地通信控制器”，在接收 CATS 发来的有效信息中，提取相关数据，把它压入缓冲，并置于下一次给车载“车—地通信控制器”的响应中。同样，在收到车载“车—地通信控制器”发来的信息中提取相关数据，再加上该站“车—地通信控制器”的数据，压入缓冲后，向 CATS 发送包括上述数据信息的响应。车站“车—地通信控制器”，实际是 TWC 信息的处理单元，它与非安全逻辑控制器(NVLE)，通过 RS-485 接口，收集从 NVLE 传来的信息，这些信息经过缓冲、编码、格式化等处理后，经 RS-232 口传至输入/输出单元，再经过传输线，送至耦合单元。在输入/输出单元，将发送的数据信号格式化，变为键控数字信号后，输出到压控振荡移频键控调制器，再经单稳多谐振荡器，经末级场效应管的推挽输出放大器，把输出电平提升到能满足传输线需要的电平，再由耦合单元的外部升压，驱动环线工作。

由环线接收到的列车数据信号，经轨旁耦合单元，先传送至输入/输出单元，经过带通滤波器，使解调范围内的频率通过，再由“压控振荡”移频键控解调器，解调成数字调制信息，以数字电平(+5V 和 0V)输出，从而形成二进制代码的数字信号，通过 RS-232 串行通信口，送至车站“车—地通信控制器”，再经 RS-485 口送至轨旁 NVLE。

4)TWC 信息参数

(1)地面向列车传输信息的频率：地面向列车发送的 TWC 信息是频率为 64/56kHz 的移频键控调制信号，其速率为 4 900bit/s。

(2)地面向列车传输信息的数据内容共有 17 个字节的数据，其中：

①字节 0～1，二个字节，共 16 位，表示列车的标识号(简称 PVID)，范围为 000～099。

②字节 2～3，二个字节，共 16 位，表示轨道区段的标识号(简称轨道 ID)，范围为 0000～0999，轨道 ID 号是根据 CATS 发来的 TWC 指令信息设置。

③字节 4～5，二个字节，共 16 位，表示目的地号(简称 DID)，范围为 000～999，它不仅表示最终目的地，也反映在哪几个车站停车，并作为列车门控制选择的依据。

④字节 6～11，六个字节，共 48 位，为主时钟，它们分别代表年、月、日、时、分、秒。

⑤字节 12，为 ATP 的其他命令，其中 2 位表示请求静态发车测试和请求门循环测试(门循环测试应在试车线进行)，另外 6 位预留。

⑥字节 13～15；三个字节，共 24 位，分别表示 ATO 的其他命令，其中包括："跳停"当前站、"跳停"下一站、取消"跳停"下一站、运行等级、设置惰行模式、惰行模式取消、关闭车门（发车表示器显示）、车站停车制动率、扣车、扣车取消以及轨旁 TWC 至 NVLE 的连接状态等。

(3)列车向地面传输信息的频率：列车向地面发送的 TWC 信息是频率为 89/79kHz 的移频键控调制信号，其速率为 4 800bit/s。

(4)列车向地面传输信息的数据内容共有 22 个字节的数据，其中：

①字节 0～1，二个字节，共 16 位，表示列车的标识号（简称 PVID），该数据可由驾驶员在车上设置，范围为 000～099，PVID 作为列车的代号，显示在控制中心（OCC），凡与列车号相关的信息，都以此标识号为依据，而且每列车的 4 个 ATP 单元，都必须设置相同的 PVID。

②字节 2～3，二个字节，共 16 位，为轨道区段标识号（简称轨道 ID），范围为 0000～0999，它根据地面 TWC 指令信息而设置。

③字节 4～6，三个字节，共 24 位，为车载 ATP 子系统的报警信息，分别有：紧急制动、空转/打滑检测、制动故障缓解、气制动故障、ATP 故障、列车处于反向模式、非计划中的停车、车载信号丢失、因 ATP 故障列车无法移动、ATP 故障但列车可以移动、开门 W/O 命令（判断有否未经 ATC 命令而打开车门）等。

④字节 7，一个字节，共 8 位，为 ATO 报警信息，其中包括：ATC 模式改变、冲出站台、没有到定位停车点停车、TWC 连接故障、轮径磨损补偿等。

⑤字节 8～13，六个字节，共 48 位，为 ATP 状态信息，其中包括：开门、关门、运行方向（上行或下行）、列车停车（零速）、主/辅 ATP 工作、主时钟更新、扫描下一个频率、主/辅 ATC 遥控串行连接故障、ATC 模式、ATP 缓解保持、ATP 非缓解保持、常用制动等。

⑥字节 14，1 个字节，共 8 位，为 ATP 诊断信息，反映门循环测试的状态和静态测试的状态。

⑦字节 15～16，二个字节，共 16 位，为目的地号，范围为 000～999。

⑧字节 17～18，二个字节，共 16 位，为 ATO 状态表示，其中有：运行等级、车载原始目的地号设置、"跳停"本站、"跳停"下一站、车站停车制动率、惰行模式、列车停站等。

⑨字节 19～20，二个字节，共 48 位，为驾驶员号（即 DRID），驾驶员号由驾驶员在 A 型车，通过 ADU 辅助面板人工设置。

⑩字节 21，一个字节，共 8 位，表示列车长度，这里是指列车编组的车辆数。

第五节　列车自动防护(ATP)*

列车自动防护（ATP）子系统，是 ATC 系统中确保列车运行安全、缩短行车间隔、提高行车效率的重要设备，它是 ATC 系统的核心。ATP 子系统的性能优劣，是判断和选择 ATC 系统的关键。ATP 子系统由轨旁设备和车载设备构成。列车接收由地面 ATP 系统送来的运行于该轨道区段的目标速度，以及达到此目标速度的运行距离等信息，列车只要遵循此目标速度运行，就能保证后续列车与先行列车之间的安全间隔距离。万一列车实际运行速度超过限制速度，那么，列车自动实行超速防护。对于联锁车站，ATP 系统确保只有一条进路有效；系统还具有车门控制功能，以实现列车车门的安全开、闭；设有站台屏蔽门的情况下，ATP 子系统还必须满足列车车门和站台屏蔽门之间的联锁关系。

---

*本节为选学内容。

一、ATP子系统概述

ATP子系统最重要的课题是如何正确、可靠地向列车传递速度命令，这也是在选择ATC系统时，必须首先考虑的问题。

目前，城市轨道交通ATP系统中，主要有点式和连续式两类。

1. 点式ATP系统

所谓点式ATP子系统，它也是利用数字编码轨道电路来检测列车，而向列车传送的“速度命令”等ATP信息，并不是连续的，而是在线路的关键地点，设置地面应答器（无源为主）或应答器加环线，向列车传送速度命令等信息，完成对列车的速度控制；当列车超速时，也可以实施超速防护，确保行车安全。点式ATP系统，由于其成本较低（约为连续式的70%）、安全可靠，对于客流量较小、行车间隔时间较长的线路，这是一种实用的方式。上海轨道交通5号线，就是采用点式ATP子系统。对应于点式ATP子系统的ATC系统，一般不设置ATO子系统，所以，列车驾驶员根据地面信号的指示运行，在地面信号机处，设置有源（无源）应答器，将信息传送至列车。信息包括：信号信息、限速信息等。然而，点式ATP系统难以适应大客流量和运行间隔短的运行线路，国内基本上没有新的线路采用这种方式，所以本文对点式ATP子系统不作详细介绍。

2. 连续式ATP系统

连续式ATP系统，是指向列车传送的ATP信息是连续的，这种制式是城市轨道交通ATC系统的主流。就其信息传输通道而言，可分为轨道电路（以钢轨作为信息传输的通道）方式和环线（在运行线路上敷设专用的信息传输电缆）方式两类。我国凡是铺设钢轨的城市轨道交通，目前除了移动闭塞系统外，基本上都将钢轨作为传输通道，传送ATP信息；以轨道电路为基础的ATC系统，利用轨道电路向列车传送ATC信息的方式，归纳为“轨道电路方式”的ATC系统；“轨道电路方式”的ATC系统，目前主要有模拟轨道电路制式和数字编码轨道电路制式两类，其中绝大多数是数字编码轨道电路制式的ATC系统。而不铺设钢轨的“独轨”交通、国外的新交通系统以及有的移动闭塞线路，它在运行的线路上敷设专用的“交叉感应环线”通信系统，用其检测列车位置和向列车传送ATC信息，我们把它归纳为“环线方式”的ATC系统。下面以轨道电路方式的ATP子系统为主进行分析，在介绍移动闭塞的章节中再对环线方式加以讨论。

二、模拟无绝缘轨道电路的ATP子系统

国内早期的ATC系统，就是采用模拟式无绝缘轨道电路为基础的ATP子系统，它是模拟信号时代一种先进的制式，模拟轨道电路的ATP子系统能使读者很好地理解ATP子系统的原理。我们以上海轨道交通1号线ATP子系统为例加以说明。根据闭塞设计，将线路划分成不同长度的轨道区段（闭塞分区），轨道区段之间，不设绝缘节，而设置“阻抗连接器”加以区分，也即两个“阻抗连接器”之间为一个轨道区段（闭塞分区），“阻抗连接器”作为轨道区段的分割设备，也是轨道电路的发送、接收设备。平时，通过“阻抗连接器”在轨道电路中传送用于检测列车的模拟检测信号，以检测列车是否占用该轨道区段；当检测到列车占用该轨道区段时，通过“阻抗连接器”，在轨道电路中向列车发送速度命令等模拟信号。所以“阻抗连接器”不仅是轨道电路的分割设备，也是轨道电路的发送、接收（相邻轨道区段）设备，同时又是向列车传送“速度命令”的重要设备。由于这种制式的ATC系统只向列车传送“速度命令”，告知列车

离开该轨道区段的"出口速度"，在城市轨道交通闭塞系统的分类中，将其归类为"速度码"制式的 ATC 系统。

1. 轨道电路的频率配置

图 7-12 为轨道电路的频率配置示意图。在每个轨道电路的分界点设有"阻抗连接器"，由它将本闭塞分区的发送器和相邻闭塞分区的接收器耦合至轨道，以检测列车是否占用本闭塞分区，当检测到列车已占用本闭塞分区（轨道电路区段）时，该轨道区段发送端的"阻抗连接器"，将"速度命令"耦合至轨道，迎着列车方向，向列车发送"目标速度"命令信息，可见区间的每个"阻抗联结器"，实际上起着发送/接收检测信息和发送速度命令的作用（在特定的车—地信息交换处，"阻抗连接器"还承担发送地面 TWC 信息的任务，具体请参阅"阻抗连接器"一节）。

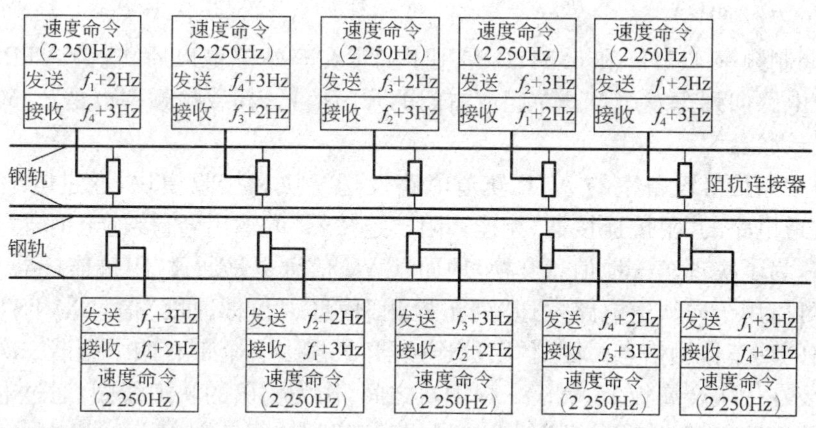

列车检测载频频率：f_1=2 625Hz，f_2=2 925Hz，f_3=3 375Hz，f_4=4 275Hz

列车检测调制频率：2Hz；3Hz

速度命令载频频率：2 250Hz

图 7-12　音频无绝缘轨道电路频率配置图

由图 7-12 可见，相邻轨道电路使用不同的列车检测载频频率和调制频率，四种不同的载频频率交替配置，而且相邻轨道区段的调制频率也不相同，其载频频率分别为 2 625Hz、2 925Hz、3 375Hz和 4 275Hz，调制频率为 2Hz 和 3Hz，这样可以组成八种不同的组合，以防止相邻轨道电路的干扰，也防止邻线的信号干扰。在钢轨上传送的列车检测信息，是经调制的幅度键控 ASK 信号，波形由图 7-13 所示。

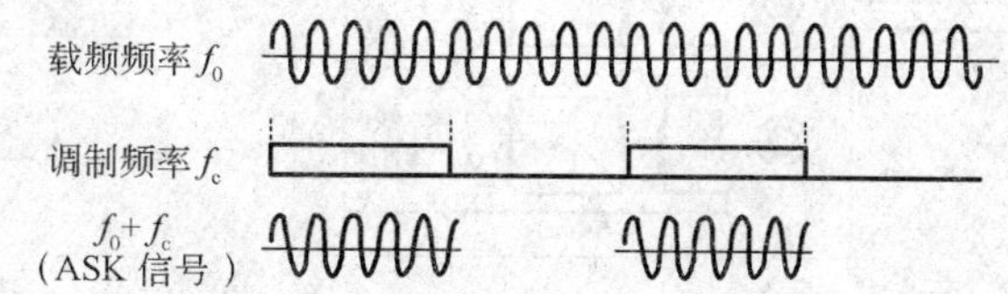

f_0=2 625Hz、2 925Hz、3 375Hz、4 275Hz；f_c=2Hz 或 3Hz

图 7-13　音频无绝缘轨道电路列车检测信号波形示意图

当列车占用轨道电路时，列车检测信息被列车车轮分路，导致该轨道区段接收端收不到列车检测信息，在证实列车已经到达的前提下，该轨道电路发送端"阻抗连接器"开始增发"速度命令"信息，也可以在列车到达本轨道区段前，采取"预分路"方法，提前发送速度命令，确保列车连续、不间断地接收到速度信息；在发送速度命令时，原来的检测信号仍在发送，但接收端收不到而已。“速度命令”信息是指列车运行至该轨道区段出口端的“目标”速度。每个轨道区段的速度命令，根据与先行列车相隔几个闭塞分区(列车间的间隔距离)和线路条件等设定。全线各个轨道区段速度命令信息的载频为 2 250Hz，调制频率根据该线路运行速度挡的等级而定，一般分为 6 挡或 8 挡速度，它们分别对应不同的调制频率。速度命令调制频率与限制速度的对应关系，如表 7-1 所示。

速度命令调制频率与限制速度对应表 表 7-1

调制频率(Hz)	限制速度(km/h)	调制频率(Hz)	限制速度(km/h)
6.83	限速 20	12.43	限速 55
8.31	限速 30	15.30	限速 65
10.10	限速 45	18.14	限速 80

注：载频频率为 2 250Hz。

另外，调制频率 4.5Hz 和 5.54Hz 是用于列车在车站停稳以后，轨旁 ATP 子系统通过站台区段轨道电路向列车发送打开左门或右门的开门信息，其载频频率也是 2 250Hz。

2. 阻抗连接器

联锁集中站信号设备室的 ATP 轨道电路发送模块和接收模块，通过电缆和耦合单元与设于每段轨道电路的“阻抗连接器”相连，“阻抗连接器”的输出，直接连至钢轨；另外，站台区域的轨道电路，为了实现车—地信息交换，地面 TWC 信息也是通过“阻抗连接器”送出，所以“阻抗连接器”可以用于向轨道电路发送“列车检测”信息、“目标速度”信息、ATS“调度”信息、接收轨道电路的列车检测信息。因此“阻抗连接器”最多由一个带有四个调谐二次线圈的变压器构成，它们装在一块金属板上，置于二根钢轨之间，作为输出的轨道线圈，通过电缆直接连至钢轨，构成电气回路。“阻抗连接器”的电气结构示意图，如图 7-14 所示。

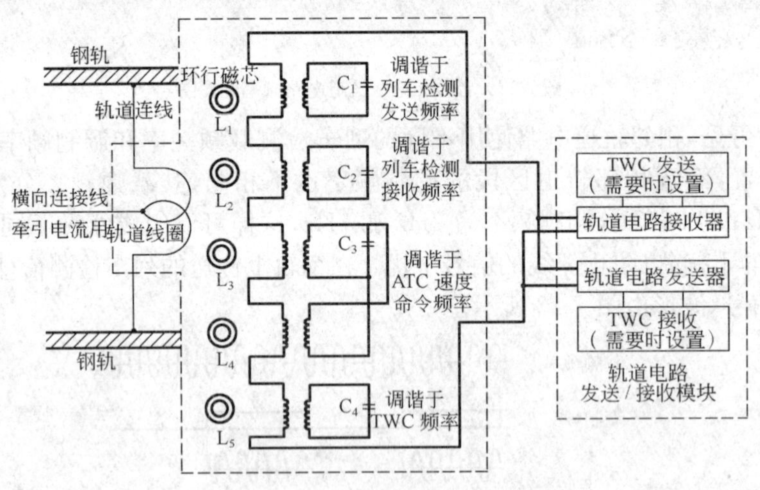

图 7-14 音频无绝缘轨道电路“阻抗连接器”的电气结构示意图

“阻抗连接器”对于牵引电流呈现低阻抗的通路，而对于信号电流呈现高阻抗。其阻抗是通过调谐电容的二次线圈而得到提高，每个二次线圈被调谐在一个特殊的频率，对其他频率有相对低的阻抗，四个调谐电路串接而成。L_1C_1 调谐在列车检测的发送载频频率；L_2C_2 调谐在接收列车检测载频频率；对同一个“阻抗连接器”而言，列车检测的发送频率和接收频率是不一样的，它们分别作用于两个相邻轨道区段；$(L_3L_4)C_3$ 调谐在 2 250Hz(车载信号的载频频率)；L_5C_4 调谐在 TWC 的中心频率 9 650Hz。这里需要再次强调的是，同一个“阻抗连接器”所对应的列车检测信息的发送频率，和列车检测信息的接收频率是不相同的，正如轨道电路频率配置图所示，对应列车检测发送频率 f_1 的“阻抗连接器”而言，其列车检测接收频率不是 f_1，而是 f_4（或其他频率），所以在维护、更换“阻抗连接器”时，必须注意其频率配置，因为“阻抗连接器”不是通用的。

3. ATP 发送、接收模块

轨道电路的发送、接收模块，都设于联锁集中站信号设备室内，每个模块可供两段轨道电路使用，对应每一段轨道电路的发送、接收电路，由四块电路板组成。

(1)轨道电路发送器，有三块独立的电路板，即振荡板、码率板和功放板，ATP 发送器的框图如图 7-15 所示。

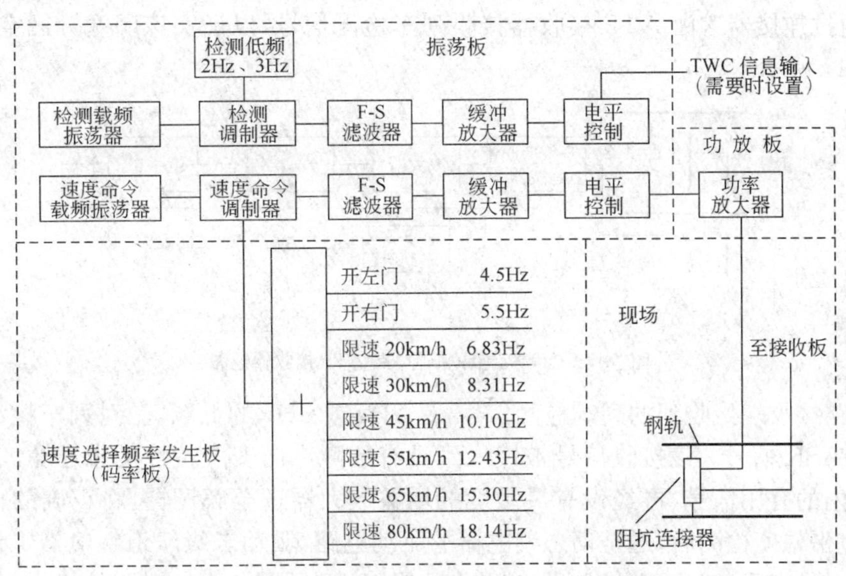

图 7-15　音频无绝缘轨道电路 ATP 发送器框图

其中振荡板用于产生列车检测载频（四种不同的检测载频之一）和车载信号载频（2 250Hz），对于列车检测载频，经本板产生 2Hz 或 3Hz 的调制频率调制以后，形成幅度键控 ASK 信号，输出至功放板。

码率板提供速度命令的低频，以对车载信号载频 2 250Hz 进行调制，调制的车载信号信息经功放输出。码率板也就是速度选择频率发生板，它根据速度选择逻辑的输入，产生不同的低频，速度选择逻辑的依据是 ATP 速度命令控制线。图 7-16 为速度命令控制线示意图。

0　20　30　45　55　65　80

0T　1T　2T　3T　4T　5T　6T　7T　nT

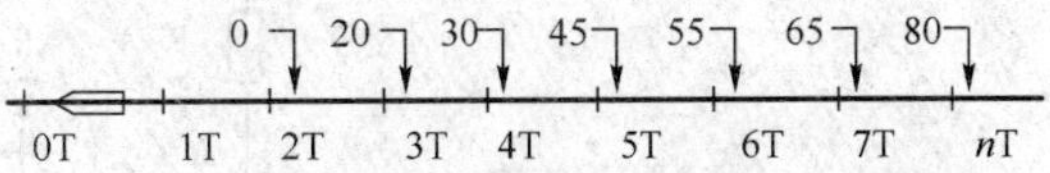

图 7-16　音频无绝缘轨道电路 ATP 速度命令控制线

T-闭塞分区

后续列车根据与先行列车的间隔距离和进路条件，其对应的闭塞分区的限速是不同的。图 7-16 所示，先行列车在 0T 区段，1T 必须空闲，后续列车若在 2T，则后续列车收到的限速应为 0 速，即后续列车在闭塞分区 2T 的出口端必须停车，并有 1T 闭塞分区作为保护距离；若 1T、2T 空闲，后续列车在 3T，那么后续列车接收到的是 20km/h 的速度命令；同理，当 1T、2T、3T、4T、5T、6T、7T 都空闲，运行于 nT 的后续列车，其接收到的速度命令为 80km/h 的信息，可见要使列车运行于最高速度 80km/h，则其前方必须空闲 7 个闭塞分区。当然根据线路情况，车辆性能、轨道电路特性等，应进行闭塞设计，划分合理的闭塞分区，从而产生 ATP 速度命令控制线，作为 ATP 速度命令选择的逻辑依据。

码率板中 4.5Hz 和 5.54Hz 频率，用于向列车发送打开左门(或右门)的开门信息，打开列车门信息也是用车载信号载频(2 250Hz)，它通过站台区段轨道电路，向已停于定位停车点的列车传送。开门信息的传送时机可参阅对位模块一节。

功放板是将列车检测信号的发送功率和车载信号的发送功率进行放大，经传输电缆，接至相应的轨道电路“阻抗连接器”。

(2)ATP 接收器框图

ATP 接收器是轨道电路的接收端，用以接收轨道电路的列车检测信息。当闭塞分区内无车占用时，由 ATP 发送器发送的列车检测信号，通过发送端的“阻抗连接器”，经钢轨传送至接收端的“阻抗连接器”，由 ATP 接收器接收列车检测信号，以证实该闭塞分区空闲，接收器框图如图 7-17 所示。

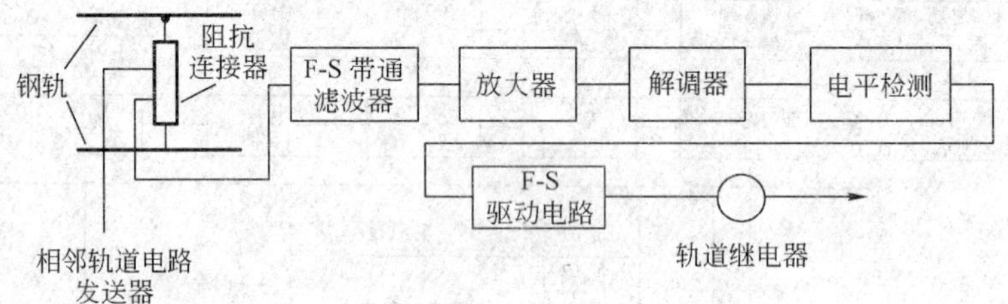

图 7-17 音频无绝缘轨道电路 ATP 接收器框图

轨道电路接收端接收到的列车检测信号，是 2Hz 或 3Hz 的低频，是对列车检测载频进行调制以后的 ASK 信号。该接收信号被馈入到具有故障导向安全特性的带通滤波器，以提取在频带范围内的有用信号，再经设有灵敏度的增益放大器送至解调器，将正确的低频信号解出，经最小电平幅度检测后，送至动态继电器的驱动电路，驱动末级轨道继电器工作。驱动电路实际上是一种安全与门驱动控制器，其电路如图 7-18 所示。驱动电路的输入，是经解调以后的低频输出(2Hz 或 3Hz)，R_1、R_2 的输入是相位差 180°的两个低频信号。当 R_1 有输入，则 M_1 处于开关状态，通过电容 C_1 的充放电，RELAY 输出端产生一个半波直流输出；当 R_2 有输入时，M_2 处于开关状态，通过 C_2 的充放电，RELAY 输出端产生一个与 C_1 相反的半波直流；当 R_1、R_2 均有输入的情况下，RELAY 输出相当于全波整流后的直流输出，从而可以驱动后级继电器电路。这种安全与门驱动后级继电器电路的方式，在信号系统中得到广泛应用，俗称动态继电电路。

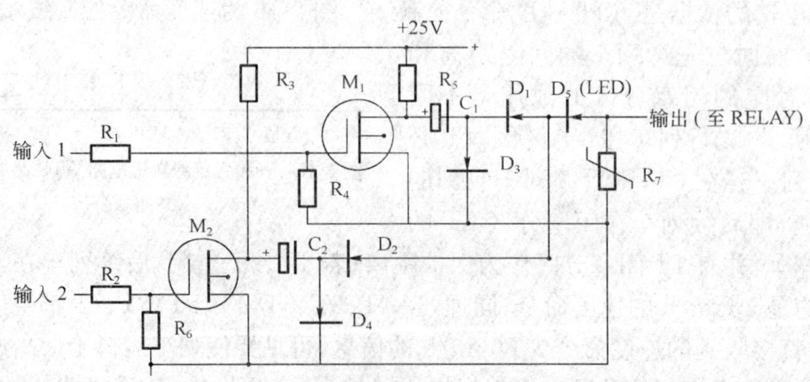

图 7-18 音频无绝缘轨道电路安全与门驱动电路

4. 联锁集中站的道岔区段 4 英尺环线和长导线的设置

有岔站的道岔区段，为了确保道岔的安全动作，在正线和侧线钢轨上都设有绝缘节，这样对于列车检测信号的发送和接收，以及车载信号的发送，都带来了影响。为了更好地检测列车位置和不影响车载信号传输的连续性，在正线的绝缘节处增设“4 英尺调谐环线”和“4 英尺速度环线”；在道岔的渡线区域设置“长导线”。

道岔的正线轨道区段与区间相同，采用音频轨道电路检测列车；而渡线区域，采用相敏轨道电路列车检测。相敏轨道电路是交流轨道电路的一种，其轨道继电器设有两组线圈，其轨道线圈接收经钢轨送来的交流电流，其局部线圈接收局部分频器的供电。而且轨道继电器工作时，从轨道电路获取较小的功率(约 0.57W)，大部分功率是由局部线圈取自局部电源(约 8W)，所以这种轨道电路的抗干扰性能好，在地铁中也得到应用。

道岔区段环线布置如图 7-19 所示。图中 a、b、c、d 为 4 英尺调谐环线，它用于发送列车检测信号和速度命令；E、F、G、H 为 4 英尺速度命令环线，它只用于发送速度命令；M、N 为设于渡线钢轨内侧的长导线，它用于向运行于渡线的列车发送速度命令；S、T 为接收—接收连接器(双接收连接器)，它用于分割联锁区域的轨道电路，并和 4 英尺调谐环线配合，接收列车检测信号，即接收器 S，接收由 a 和 b 发来的列车检测信号；接收器 T，接收由 c 和 d 发来的列车检测信号。

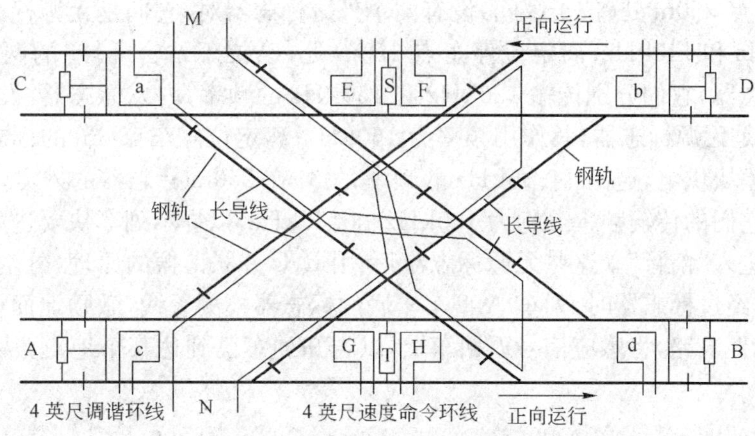

图 7-19　音频无绝缘轨道电路道岔区段环线布置图

各个道岔区段，列车检测信号发送端、接收端配置关系如下：上行线 a、b 为发送端，S 为双接收端，下行线 c、d 为发送端，T 为双接收端；渡线区段为相敏轨道电路。ATP 速度命令的发送，取决于道岔开通的位置，而其发送时机，是检测到列车已到达接近区段轨道电路。我们以列车从 A 口，经渡线，到 D 口运行为例，来说明 ATP 速度信号的发送顺序。列车到达 A 口轨道区段，A 口的“阻抗连接器”，迎着列车运行方向发送速度信号，4 英尺速度环线 G 和长导线 N 也开始发送速度信号；当列车进入绝缘节内方，接收器 T 检测到列车的进入，A 口的“阻抗连接器”可以停发速度命令，而 G 和 N 继续发送速度命令信号，而且 4 英尺调谐环线 b 也开始发送速度命令信息；当列车从正线进入渡线区段，渡线区段的相敏轨道继电器失磁，这时 4 英尺速度环线 G 停发速度命令信号；N 和 b 在发送速度命令信号，根据进路排列，这时 D 口轨道区段的另一端“阻抗连接器”也开始发送速度命令信号(但它处于反向发送状态)；当列车到达 b 口，S 检测到列车已进入上行线，这时长导线 N 停发速度命令信号，而 4 英尺调谐环线 b 仍在发送速度命令信息；当列车进入 D 口，4 英尺调谐环线 b 也停止发送速度命令；列车进入正线，由正线的“阻抗连接器”发送速度命令信号，从而保证列车可以连续、不间断地接收到速度命令信息。

5. 车站程序停车标志器和对位模块

1）标志器的设置

为了实现列车在车站的程序定位停车，在接近车站的区间及站台区域，设置了反映离定位停车点距离的标志器（传感器），它们分别设置于离定位停车点 350m、150m、25m 和 8m 处，另外在定位停车点还设有对位天线。图 7-20 为车站程序定位停车标志器布置示意图。

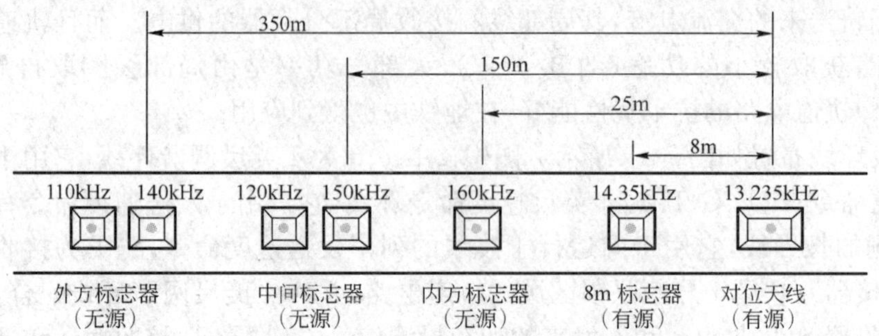

图 7-20　台阶式车站程序定位停车标志器布置图

离定位停车点 350m 处（位于区间）设有两个外方标志器对，它们是无源标志器，其传输频率分别为 110kHz 和 140kHz；离定位停车点 150m 处（已位于站台区域）的两个中间标志器对，也是无源标志器，它们分别传输 120kHz 和 150kHz 的频率；内方标志器，设于离定位停车点 25m 处，它也是无源标志器，其作用频率为 160kHz；离定位停车点 8m 的标志器，是有源标志器，它由对位模块供电，送出 14. 35kHz 的频率；另外在 350m 标志器的外方，还设有“惰行”无源标志器对，它们的传输频率分别为 100kHz 和 130kHz，以提示列车快要进站，列车控制系统停止“牵引”，进入“惰行”。这些无源标志器，利用 L、C 并联谐振的原理，分别谐振于上述固定频率。当列车经过标志器时，列车 A 型车车底的标志器检测天线，激励地面标志器，通过电磁感应标志器谐振电路，将感应信号返回车上，以告知列车已到达某个地点，从而使车载程序停车系统工作。

2）对位模块功能

对位模块完成列车在站台的对位停车控制。每个车站的上、下行站台，共用一块对位模块，模块内有两套完全相同的工作电路，分别对应于不同的站台。对位模块的功能框图如图 7-21 所示。

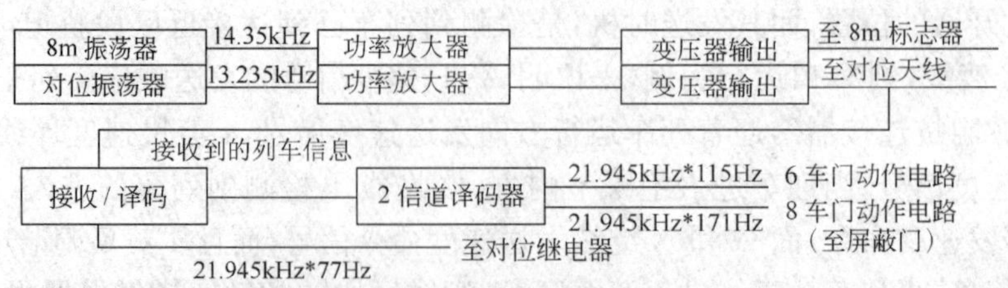

图 7-21　定位停车点对位模块功能框图

用于程序定位停车的 8m 有源标志器和对位天线，其发送的频率，都由对位模块提供；对位模块也接收来自车载对位线圈送来的信息。当列车进入站台区域，站台区段轨道电路的 ATP 接收器检测到列车到达车站，这时通过站台区段轨道继电器的接点和方向继电器的接点，使该运行方向的对位模块工作，其振荡器分别产生 14.35kHz 和 13.235kHz 的频率，经放大后，送至 8m 标志器线圈和对位线圈。列车收到 14.35kHz 信息，进一步修正停车曲线，列车到达停车点，车上对位天线置于站台对位线圈上方时，车辆与地面的天线间感应耦合才发生，这时列车收到地面发送的 13.235kHz 的对位振荡频率，证实列车已到达定位停车点，经列车 ATO 系统确认，向列车控制系统发出列车停站信号，保证列车的制动。当检测到列车的速度为零，证实列车已停稳后，列车向地面送出列车停站信号，其载频为 21.945kHz，调制频率为 77Hz。该信号被车站对位模块接收、解译，使站台对位继电器工作。这时站台轨道电路区段的发送端将打开左门(右门)的调制频率(4.5Hz 或 5.54Hz)，对 2 250Hz 车载信号载频进行调制。经调制的 ASK 开门信号，通过钢轨向列车送出，列车收到此信息，使相应的门控继电器动作，驾驶员按压与门控继电器相对应的门控按钮后，才可打开站台侧的列车车门。

在设有站台屏蔽门的情况下，列车收到打开车门信号后，通过对位天线送出打开屏蔽门信号，该信号的载频频率为 21.945kHz；而调制频率取决于列车长度，6 节编组的调制频率为 115Hz，8 节编组的调制频率为 171Hz，地面对位模块的译码器译出相应信息，驱动屏蔽门控制单元(DCU)，使与列车长度相对应的屏蔽门打开。

当停站结束，站台区段轨道电路停发开门信号，使车载门控继电器失磁，驾驶员可关闭列车门；同时，列车停发打开屏蔽门的信号，屏蔽门控制单元启动，关闭屏蔽门。当列车收到速度命令信号以后，驾驶员按压操纵台上“出发按钮”，列车自动启动并加速。

三、数字编码轨道电路的 ATP 系统

以数字编码轨道电路为基础的 ATP 系统，国内已应用于多条线路，它也是目前城市轨道交通 ATC 系统的主要制式，数字轨道电路取代模拟轨道电路是一种必然趋势。数字式轨道电路的车载信号信息，目前主要以发送“目标速度”信息为主，也有以“距离定位”，发送“数字拓扑进路地图”的模式，这为发展移动闭塞奠定了基础。下面就典型的“目标速度”模式 ATP 子系统及“距离定位”模式的 ATP 子系统分别进行分析。

1.“目标速度”模式的数字 ATP 子系统

此类 ATP 子系统的基础是数字编码轨道电路。

(1)频率配置。在这种模式的数字编码轨道电路中，用于列车检测的数据信息的载频频率与发送给列车的 ATC 数据信息的载频频率是相同的。

图 7-22 为数字编码轨道电路载频频率配置示意图，其数据信息的载频频率为 9.5kHz～

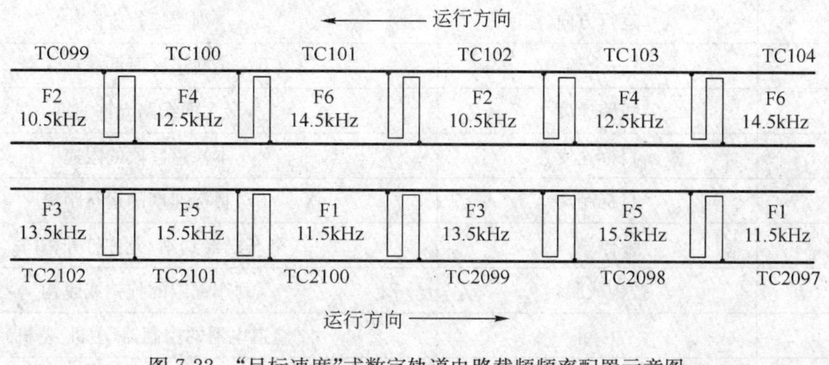

图 7-22 “目标速度”式数字轨道电路载频频率配置示意图

16.5kHz，间隔为1kHz，编号为F0～F7，其中奇数频率F1、F3、F5，分配给下行线，偶数频率F2、F4、F6，分配给上行线，F7用于渡线环线。正线轨道电路遵循三个频率交替配置的原则。

数字轨道电路的频率为±200Hz，例如载频为12.5kHz，则低端频为12.3kHz，高端频为12.7kHz，速率为200bit/s，轨道电路数据信息，以二进制移频键控BFSK方式对载频进行调制，构成不归零反转编码数据(NRZI)。也即轨道电路所传送的信息，是由两个不同频率组合而成的数据编码信息。两个不同频率的间隔为400Hz。数据中，连续上位时间的频率，代表逻辑"1"，而每位时间的频率都改变，代表逻辑"0"，也即每隔5ms，高、低端频率，交替变化，代表逻辑"0"。那么，为了发6个"0"，则在30ms之内，高端频和低端频频率变化6次，第1位数据频率取决于上一个周期最后一位的数据频率，波形变化示意如图7-23所示。

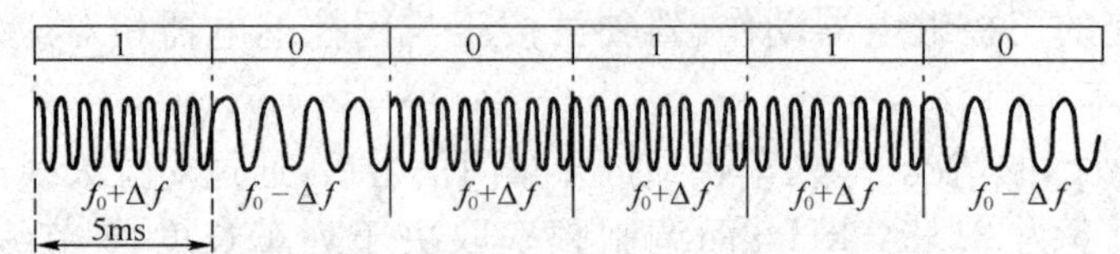

图7-23 "目标速度"式数字轨道电路波形变化示意图

从上述波形变化示意图可以看出，在逻辑"1"的情况，该位的频率与上一位的频率相同，当数据位中出现5个"1"时，必须进行位填充，插入"0"，强制频率跳变，以证实设备工作正常；接收端对数据进行译码时，接收器应将插入的"0"删除。

(2)数据协议。轨道电路信息共有71位，其中8位为标志位，37位为数据位，16位为CRC检验位，还有10位为零插入填充位，以防止在信息中出现非码标志，插入填充字符，以使信息长度固定。典型的信息位、数据位表示的内容及其功能如表7-2所示。

数字编码轨道电路车载信号信息的数据内容表 表7-2

标 志 位	数 据 位	添 加 位	CRC
8位	37位	0～10位	16位

数字编码轨道电路共有37位、10种数据信息(表7-3)，由轨旁设备通过轨道电路发送给列车。智能化的车载系统存储了坡度、长度和轨道电路标识号(ID号)等信息，当列车进入轨道电路区段时，车载系统根据所接收的轨道电路ID号，连续地确认列车位置，确保行车安全。

数字编码轨道电路数据信息 表7-3

位 数	名 称	功 能
12位	轨道电路编号	当前轨道电路的标识号(0～4095)
2位	运行方向	列车运行方向
3位	下一个频率	下一个轨道区段的载频频率
4位	线路速度	最大的线路允许速度
4位	目标速度	本轨道区段的限速
7位	目标距离	至目标速度的运行距离
1位	停站	列车已经到站(允许打开车门)
2位	挂钩或脱钩	列车编组的挂钩或脱钩
1位	主/备	轨道电器的控制器(主机/备机)
1位	分岔点	线路分岔点

2. 轨道电路的系统结构

数字轨道电路是ATP系统的关键设备，它的可靠工作是确保行车安全的前提。它的系统结构与模拟轨道电路有很大不同，图7-24为数字轨道电路系统结构框图。

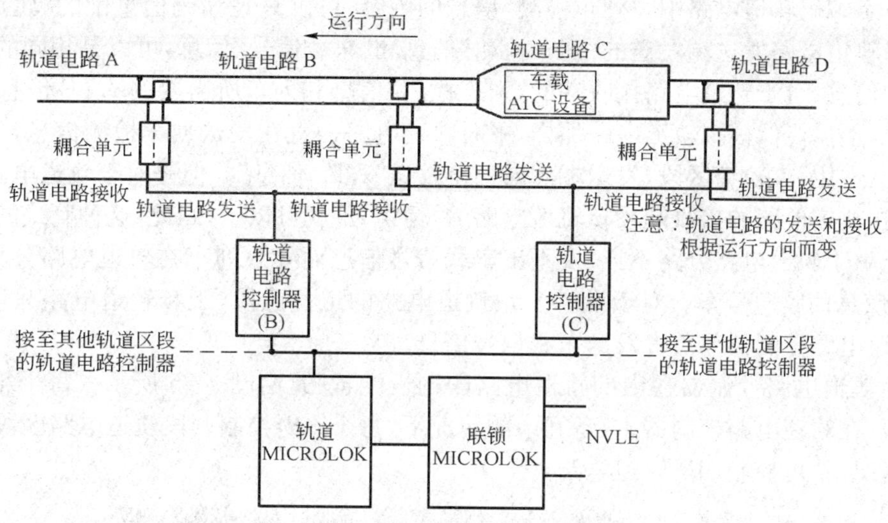

图7-24 “目标速度”式数字轨道电路系统结构框图

由图可知，在每段轨道电路的“分割点”，钢轨之间设有S Bond(也称S形连接器)，在轨旁设置“耦合单元”，只有本轨道区段的传输频率，才能通过耦合单元，然后通过与S Bond平行设置的“环线”，将数据信息耦合至S Bond，再感应至钢轨，在钢轨中传输的数据信息通过感应耦合至列车。信号设备室与轨道耦合单元之间，通过电缆相连，一般最长的电缆长度为1 828.8m。

为了保证轨道电路工作的可靠，数字编码轨道电路设有两套完全相同的轨道电路控制器，即主/备控制器，它们设于信号设备室。轨道电路控制器直接与轨道微机系统MICROLOK相连。MICROLOK是安全软件控制的计算机系统，轨道MICROLOK与联锁MICROLOK具有安全接口，联锁集中站室内设备结构在ATS子系统中已做了介绍，NVLE为非安全逻辑仿真器，LCP为车站控制室的操作控制盘。联锁MICROLOK系统，执行与联锁控制相关的安全功能，包括停车逻辑、联锁进路控制逻辑、道岔控制和位置检测、轨道电路占用表示检测、速度码逻辑的接口等，控制中心的控制或“站控”，都能实现这些功能。联锁MICROLOK系统具有主、备冗余和自动切换特性，它包括MICROLOK的安全输入、安全输出、非安全输入、非安全输出、串行转换器以及电源等单元组件；CPU作为其核心处理器，完成相关的联锁功能。轨道MICROLOK，完成速度码逻辑，执行与轨道电路控制器相关的安全功能，它从NVLE接收控制输入，包括紧急停车复位，出发禁止、速度限制等，并将控制命令的执行状态表示送回控制中心。

基于微处理器的轨道电路控制器，只负责该段轨道电路信息的接收和发送，它与轨道MICROLOK系统，通过RS-485串行连接，以完成轨道电路的列车检测和发送车载信号信息。所以每一段轨道电路，都设有各自的轨道电路控制器，它可以对应八种不同的载频，并将数据信息通过设置于S Bond的“感应环线”，将ATP信息感应耦合至钢轨。

每段轨道电路列车运行的出口端，是轨道电路的发送端，发送列车检测信息和车载信号信息；每段轨道电路列车运行的入口端，为轨道电路列车检测信息的接收端。轨道电路的发送端和接收端，根据列车运行方向而转换；对此，读者要掌握一个概念，列车必须在 ATP 的保护下运行才安全；没有 ATP 保护的列车，或者说 ATP 故障的情况下，列车的安全保证完全依赖于驾驶员。

在数字编码轨道电路中，“列车检测”信息的内容，可以只是编码信息中的“轨道电路标识号”，所以轨道电路发送端发送的“列车检测”信息和“车载信号”信息，可以是相同的内容；发送端发送的信息，对于轨道电路接收端的“列车检测”信息和列车所需要的 ATP 信息，完全是相同的内容，不需要像模拟轨道电路那样，平时轨道电路一直在发送列车检测信息，只有当检测到列车“已占用”本轨道区段，发送端才向列车发送“ATP 信息”。但是对于轨道电路“检测”而言，只要在轨道电路的接收端校核轨道电路的“标识号”就可以了，因此，这种制式的轨道电路，可以防止由于轨道电路分路不良、发不出车载信号信息而导致列车在轨道电路分界点因收不到 ATP 信息而紧急停车。对于设有工频轨道电路的道岔区段，工频轨道电路只用于列车检测，其轨道电路控制器只负责发送车载信号信息。

包括轨道电路控制器在内的轨道电路印刷板配置图，由图 7-25 所示。每个箱笼配置 10 块印刷板，在轨道电路控制器主/备冗余的情况下，每个箱笼控制两段轨道电路区段，在不提供冗余的情况下，可控制四段轨道电路。

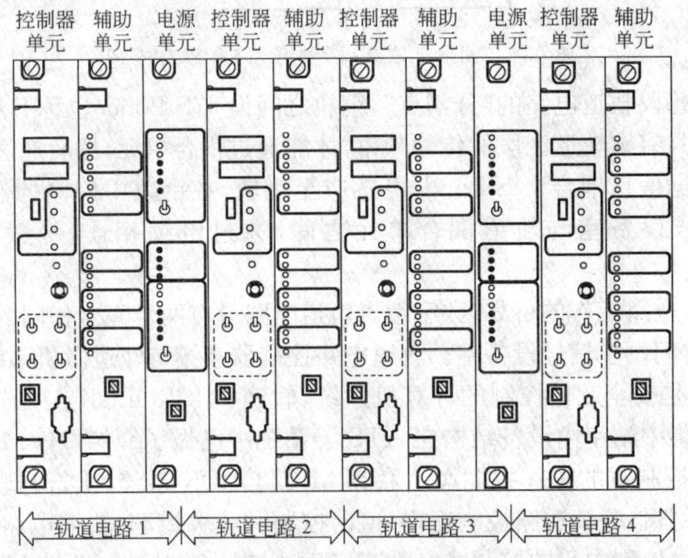

图 7-25　数字轨道电路印刷板配置图

下面以不提供冗余的数字轨道电路为例，对印刷板(PCB)单元加以说明。轨道电路的接/发模块，由三种不同的 PCB 组成，它们分别为轨道电路控制器 PCB，辅助 PCB 和电源 PCB；电源 PCB 含有两组独立的电源系统，可供两段轨道电路所用。由于各个轨道区段的数据编程，已置于插板柜母板的 EEPROM 中，系统调试后，所有轨道电路设置的参数，自动地存于 EEPROM，永久保存。这样，在更换 PCB 时，只需换上新的印刷板，EEPROM 内的有关参数会自动调入新板，不需要再次编程，维护人员只需执行轨道电路校正程序，验证设置和计算新的门限值，而且调整工作也只需通过母板上的跳线来完成，所以对维护带来很大方便。每个轨道电路控制器 PCB 都有自己的 EEPROM，其使用的本地数据，一个是轨道电路的 ID 号(12 位)和一个可能的限速，它是通过控制器 PCB 面板上的开关置入的。另外，其他的单元配置信息，例如载频、轨道电路门限值以及一些半永久性的信息，都存储在 EEPROM 中。如果从轨道 MI-

CROLOK 传来的限速高于本地限速，则使用本地限速；若 MICROLOK 传来的限速小于本地限速，则按 MICROLOK 的请求，发送速度命令。

轨道电路控制器 PCB 面板上，设有四个触发开关，用以输入轨道电路的设置和检查工作过程中所使用的数据。两个千字符的数字显示器，显示该轨道电路所发送数据，包括目标速度、目标距离、下一区段载频等。面板上还有其他一些补充用的 LED 和串行口等，以能实时地检查从轨道 MICROLOK 来的系统数据和监视轨道电路的数据。

辅助 PCB，设有八个系统监视 LED，它指示各种参数的状态，例如条件电源状态、单元在线状态、单元“健康”状态、至轨道 MICROLOK 的链接状态，在轨道区段空闲情况下，信号电平状态和数据信号状态等。另外，还设有 11 个维修测试点，可以快速地检查系统的电压和信号状态。

电源 PCB 为两个独立的电源子系统，所以面板上设有两个电源开关，还分别提供了 6 个电源监视 LED 和 4 个测试点。

每个轨道电路接/发单元，安全地监视一段轨道电路的状态。经调制的数字编码数据，由轨道电路迎着列车运行方向的一端发送，另一端接收，其数据信号不仅用作车载信号的数据，也用作列车检测信号；但列车检测接收器，它只监视接收电平和一部分数字信息（轨道电路 ID），以判断轨道区段是否空闲。当列车进入轨道区段，轨道电路被车辆分路，列车检测接收器的接收信号电平低于一个预置的接收信号门限值时，列车检测接收器识别这种分路状态，并向轨道 MICROLOK 报告轨道电路已被占用；当列车跨越相邻轨道区段时，两段轨道电路都被分路。列车出清轨道区段，列车检测接收器又接收到列车检测信号，轨道电路恢复为空闲状态，轨道电路控制器向轨道 MICROLOK 报告，轨道区段已经空闲。当列车检测接收器检测到一个低于设定的门限电平值，或检测到一个错误的轨道电路 ID 数据，该轨道区段也处于分路状态。

3. 轨旁设备

相比模拟轨道电路的轨旁设备，数字式轨道电路的轨旁设备较为简单，它由耦合单元、S 形连接器（简称 S Bond）及调谐环线等组成。

1）耦合单元

轨道耦合单元，作为轨道电路接收/发送的接口，将轨道信号调谐到该轨道电路的载频。耦合单元装在一个防潮密封箱内，由两个完全独立的耦合电路组成，如图 7 26 所示，每个电路有一个变压器和一个用跳线调节的电容器组成，调谐到轨道调谐环线所需要的频率。耦合单元尺寸为：40. 64cm×20. 32cm×24. 4cm。其电容量根据载频设置，9. 5kHz 为 20uf、10. 5kHz

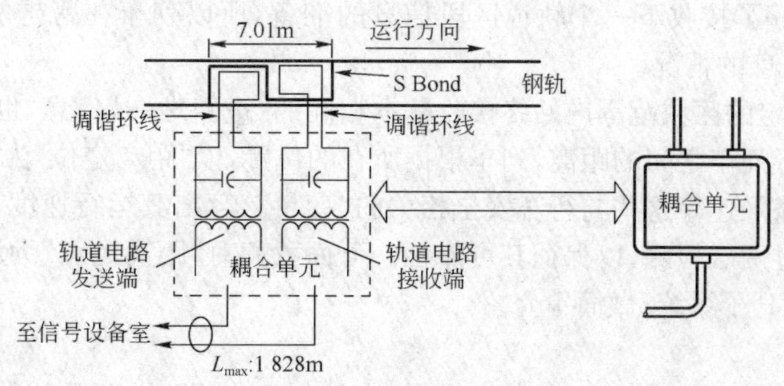

图 7-26 “目标速度”式数字轨道电路轨旁耦合单元示意图

为 17.33uf、11.5kHz 为 15uf、12.5kHz 为 13uf、13.5kHz 为 11uf、14.5kHz 为 9.47uf、15.5kHz 为 8.47uf、16.5kHz 为 7.33uf(各±2.0uf)。

2)S 形连接器(S Bond)

轨道电路的“分割”,是用 S 形铜线连接器来区分,这样不需要设置绝缘节。连接器由几米长的电缆组成,电缆弯成 S 形状态,其两端直接连接到两根钢轨上。调谐单元输出的调谐环线,分别安装在 S 形连接器的上部和下部,以将数据信号通过S Bond耦合至钢轨,每个 S Bond 两端的谐调环线,既可以作接收环线也可作发送环线,这取决于运行方向。发送时,将数据信号通过 S Bond 耦合至钢轨;接收时,将在 S Bond 中的轨道电流感应到接收调谐环线中。钢轨电流也与载频相关,钢轨中额定电流设定如下:9.5kHz 为 105mA、10.5kHz 为 95mA、11.5kHz 为 87mA、12.5kHz 为 80mA、13.5kHz 为 75mA、14.5kHz 为 70mA、15.5kHz 为 65mA、16.5kHz 为 60mA。耦合单元至信号设备室为双绞线电缆,电缆的最大长度为 1 828.8m。

这里还需要说明的是,S Bond 不仅是轨道电路接收和发送设备,也是牵引电流的“回流”设备,由于钢轨也是牵引电流的回流线,对于每一段轨道电路,两根钢轨与两端的 S Bond 构成信号电流回路,所以两根钢轨中的信号电流方向正好相反,但是对于牵引电流而言,两根钢轨中牵引电流方向是相同的,设于 S Bond“中点”的回流线直接连至牵引变电站。当两根钢轨中牵引电流大小相同,也即牵引电流平衡时,牵引电流对信号系统不会有什么影响。但是当牵引电流“不平衡”或回流线的电流“不畅通”,会影响轨道电路的正常工作,现场轨道电路“跳红光带”的故障中,S Bond 的回流线连接是不是“完好”,也是应该检查的要素。

3)联锁区域的车载信号发送环线

道岔联锁区域由于设置绝缘节,采用工频轨道电路来检测列车,所以必须另外设置车载信号的发送环线,它类似于音频轨道电路的“长导线”,而车载信号信息是通过设置于钢轨两侧的环线发送。信号设备室的轨道电路控制器,也是通过轨旁耦合单元连至环线。

4.“距离定位”模式的数字 ATP 子系统

利用轨道电路,向列车传输数字式“目标速度”信息,是我国城市轨道交通 ATP 子系统中普遍采用的制式。从传输信息的内容分析,其核心是连续地向列车发送“目标速度”命令,而且“目标速度”的发送时机,一般是在“检测”到列车已占用该轨道区段,以此为触发条件,这种制式下,平时在轨道电路中传送列车检测信号,列车占用时,发送端才“切换”为发送车载信号命令。上述数字编码轨道电路系统中,将列车检测信息与车载信号信息合一,列车检测的检查内容除了接收电平外,还包括发送给列车的车载信号信息中的一部分内容,这种“非切换”制式,对于列车而言,已经预置了下一个轨道区段的载频频率,在跨越轨道区段时,预先做好了接收下一个轨道区段信息的准备,所以列车在跨越两段轨道区段时,不会发生“中断”信息的情况。

倘若列车在一定的区域范围内始终接收基本相同的“进路地图”信息,也即告知进路的详细信息,以及与先行列车之间的距离,列车根据所在的位置,以“距离定位”为原则,依据列车运行的进路描述、线路限速等这些与行车安全相关的“变量”,算出其运行速度;并且这些安全数据在传输中,要通过两层检测,以保证其可靠性。下面我们对“距离定位”为原则的“数字报文式”轨道电路的 ATP 子系统,做简单介绍。

1)概述

以“距离定位”为原则的数字 ATP 子系统,其列车追踪的间隔不是依赖于闭塞分区的划分,这是由于后续列车的追踪运行,不取决于与先行列车之间间隔的几个闭塞分区,而是取决于与先行列车之间应大于制动距离。当然它还不是移动闭塞，线路也还是划分成不同长度的闭塞分区，但是列车之间的间隔，不是以闭塞分区(轨道电路)的分割为依据，向列车传送的信息是列车前行的“进路地图”，这个数据在同一个线路区段是相同的，所以，列车在每一个轨道电路分割点，万一瞬时收不到ATP信息，也不会导致紧急停车。对后续列车而言，不存在保护用的闭塞分区，也不会产生追尾现象；正是由于列车不依赖于轨道电路(闭塞分区)的划分，从而可以减少轨道电路的数量，有利于今后发展成移动闭塞。不同制式的ATP系统，其轨道电路的数量，如表7-4所示。

不同制式轨道电路数量比较表 表7-4

ATP制式	线路长度(km)	车站(座)	轨道电路数量
模拟“速度码”制式	14.6	13	258个区段
数字“目标速度”制式	17	12	220个区段
数字“目标距离”制式	25	19	160个区段

由表7-4可见，相比“目标速度”制式的数字轨道电路，要得到同样的追踪间隔时间性能，其轨道电路数量减少30%～50%。所以“距离定位”制式的ATP系统，不仅提高设备可靠性，减降生命周期成本，而且今后列车编组发生变化时，也不必对轨道电路的数量进行调整。另外，通过轨道电路向列车传输信息的过程中出现干扰，系统还具有容错功能，它在线路描述时，预先定义了“空间传输间隙”和5s的时间间隔，克服了在速度码制式下，跨越两个轨道区段时收不到信息而造成的不良影响。当然“距离定位”制式的ATP系统，对列车所在位置的“定位”要求严格，所以这种ATC系统，增设了相当数量的“定位信标”(无源)。由于将列车间隔的管理转化为车载智能系统控制，所以列车可以根据安全行驶距离预制行驶命令，从而到达最佳的追踪间隔时间。

2)“距离定位”制式的数字轨道电路

(1)数字轨道电路的结构。“距离定位”数字报文式轨道电路单元和接口框图，如图7-27所示。

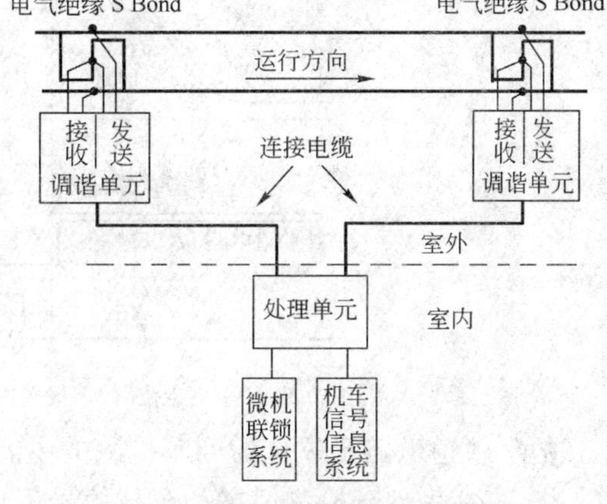

图7-27 “距离定位”数字报文式轨道电路单元和接口框图

轨道电路处理单元设在信号设备室，它通过电缆与室外调谐单元相连，调谐单元的连接线与钢轨直接相连(不另设调谐环线)。

数字报文式轨道电路的基本特性：

轨道电路的载频频率为：9.5kHz、11.1kHz、12.7kHz、14.3kHz、15.9kHz、17.5kHz、19.1kHz、20.7kHz。

轨道电路的长度：20～400m(根据设计而定)。

最大分路灵敏度：0.5Ω。

信号设备室的轨道电路处理单元至轨旁调谐单元的最大距离：4.5km。

列车检测码的传输速率：400bits/s。

车载信号数据码(也称SACEM报文)的传输速率：500bits/s。

电气绝缘节长度(S Bond 两端):7.2m。

(2)轨道电路数据信息的切换。列车跨越两个轨道区段时,轨道电路分路情况如图 7-28 所示。列车从 DT-1 轨道区段驶向 DT-2 轨道区段:列车在 DT-1 区段,轨道电路 DT-1 被分路,轨道电路 DT-2 没有分路;驶入 A 区段,轨道电路 DT-1 被分路,DT-2 可能被分路;列车进入 C 区段,轨道电路 DT-1、DT-2 均被分路;列车驶入 B 区段,轨道电路 DT-2 被分路,DT-1 可能被分路;列车驶出 B 区段,轨道电路 DT-2 被分路,DT-1 没有分路。

由图 7-28 可知,轨道电路接收门限 2 高于门限 1。也即,当 DT-2 接收端的接收电平小于门限 1,判定列车已进入 DT-2 轨道区段,DT-2 轨道电路发送端开始发送 SACEM 信息(车载信号数据信息)给列车;当轨道电路 DT-1 接收端的接收电平高于门限 2,还经一定的延时(大约 2s),才判定列车已出清 DT-1 轨道区段,这时 DT-1 轨道电路的发送端停止发送 SACEM 信息。

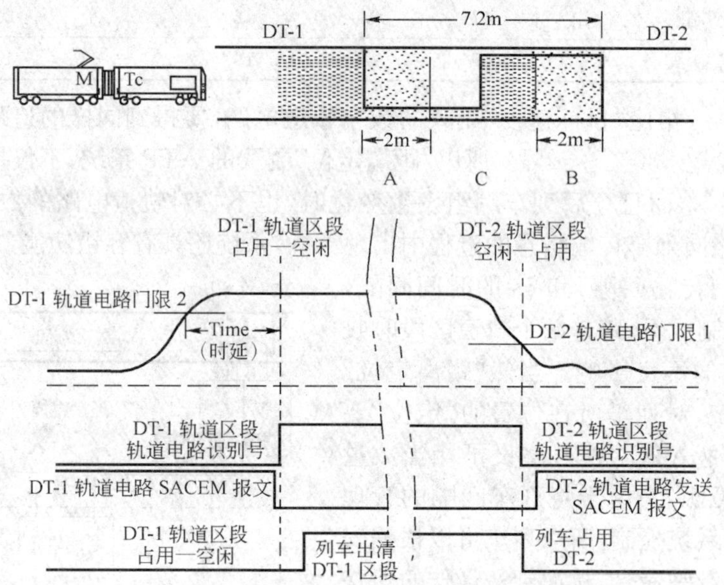

图 7-28 "距离定位"数字报文式轨道电路的列车分路及信息切换示意图

数字轨道电路不仅作为列车检测的主要设备,也是向列车传输"进路地图"数据信息的通道。图 7-29 为列车检测信息和车载信号信息的接口示意图。由图可知,平时在轨道电路中发送的是以轨道电路标识号为主的数据信号。轨道电路的地面接收端在判断接收信息时,不仅检出接收电平,而且要进行数据比较,只有在数据比较"一致"和电平检测"符合"时,才能打开与门,以示该轨道区段空闲。当检测电平低于门限电平要求,与门关闭,说明列车已经进入该

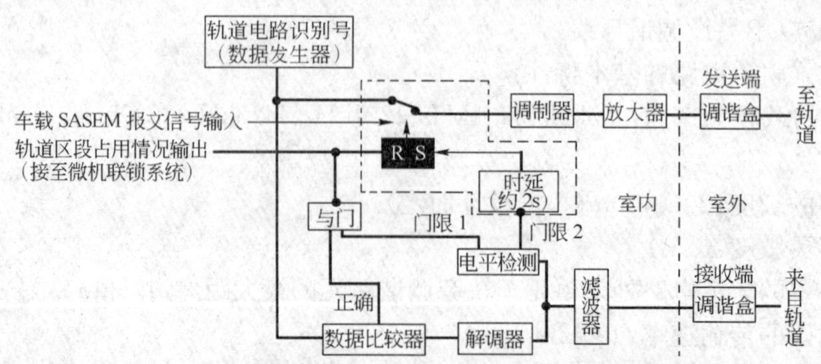

图 7-29 列车检测信息和车载 SASEM 信息的接口示意图

轨道区段，这时，轨道电路发送端开始发送车载信号信息。而当列车出清轨道区段，接收端的接收电平高于门限 2，以证实列车已经出清了该轨道区段，经一定的时延，轨道电路发送端恢复发送列车检测信息。

(3)车载信息的切换。下面我们来分析车载 ATC 系统在“S-Bond”区域的信息切换情况。图 7-30 为车载信息的切换示意图。列车进入电气绝缘区段前，它接收的是第一段轨道电路的信息，其载频为 F1 的车载信号数据信息；随后进入第二段轨道电路，它接收载频为 F2 的车载信号数据信息，在“S-Bond”电气绝缘节区域，信号电平模糊，轨道电路的标识号和车载信号信息的切换也在这个区域发生。所以当列车通过该模糊区时，列车将忽略在这时所接收的信息，我们将这个区域定义为“传输间隙”，所以轨道电路数据通道的切换，不会影响车载设备的工作。列车在到达电气绝缘节的“传输间隙”前 30m 处，收到定位信标信息，车载设备识别此信息，知道再运行 30m，便进入“传输间隙”区域，提前为此做好准备，列车在 t_1 时，还能完整地接收 F1 的信息，然后进入信息模糊区域。

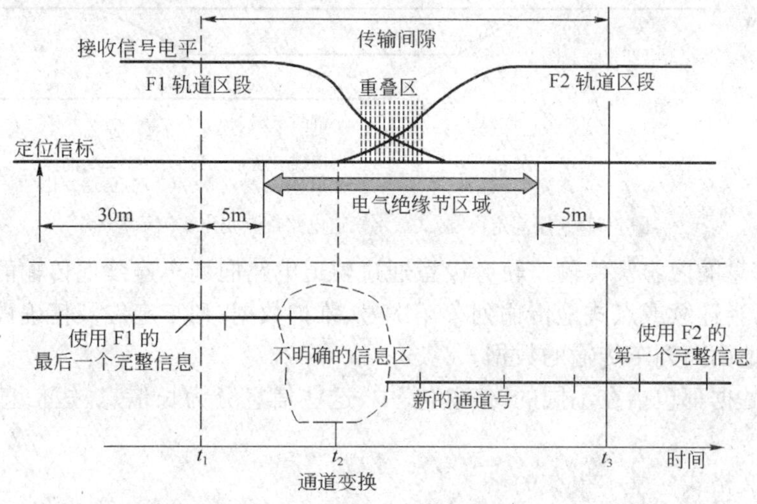

图 7-30 列车跨越两段轨道电路时车载信息的切换示意图

列车在 t_2 时，进行接收通道切换，但直至 t_3 开始，列车才能够完整地接收 F2 的信息。这种接收信息的取消处理——“传输间隙”的原理，是通过接收特殊的“定位信标”信息，并在发送给列车的“进路地图”数据中，定义“传输间隙”的“奇点”来实现。

(4)“奇点”的描述。所谓奇点是指“进路地图”中的变化点。进路地图就是这些“奇点”的描述。

进路地图的作用是用于向列车传输列车进路的“线路描述”，线路转化为二进制树状结构、有交叉点和分支的网络，而网络被划分成不同的区间(称为 Sector)，区间又化为分区(Section)，分区化为分支(Sub-section)，而将分区的起点、坡道、停车点、信标、车站、聚汇点、分散点、信道变化、传输间隙等都定义为描述的奇点。在移动闭塞系统中，将线路单元以数字地图的矢量表示，线路拓扑结构图由一系列的节点和边线表示，线路的分叉、汇合、运行方向的变更以及线路的尽头等位置均由节点(Node)表示，而任何两个节点的线路称为边线，每一个边线有一个从起始节点至终止节点的默认运行方向，一条边线上的任何一点，均由它与起点的距离来表示，成为偏移，因此所有线路上的位置均由“边线、偏移”矢量来定义，而且其标识是唯一的。

这些奇点的信息，都纳入向列车传输的“进路地图”数据之中。“进路地图”的描述实例如图 7-31 所示。

图 7-31a)为“网络的描述”,它将一个分区(Section),分成若干个分支(Sub-section),而沿线的变化点及相关数据,都纳入“奇点”予以描述。图 7-31b)为分区 1 的分支 3 线路奇点的描述实例,由图可以看出,诸如分区起点、汇聚点、信标、信道变化点、停车点等的线路变化点,都用不同的“奇点”予以描述,以告知列车向前运行多少距离,将会到达什么“特殊点”,列车根据车载接收设备接收到的“奇点”信息,进行相应的控制,由此可以看出在这种制式下,列车对于“距离”的精度要求很高。

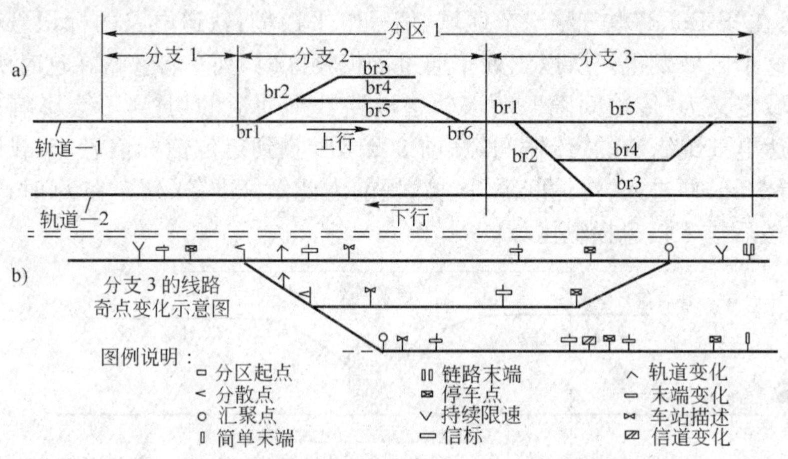

图 7-31 “距离定位”制式数字轨道电路奇点变化实例示意图

(5)数据信息的内容及传输。轨旁设备通过轨道电路向列车连续地传输静态及动态数据;而列车向地面,半连续或点式地传输列车车次号、维护数据、列车定位及精确停车等数据,下面我们主要分析地面向列车传输的数据。

各种传输数据都包括在不同的“信息包”中,这些信息分为长信息、短信息、安全型和非安全型信息。

①基本报文格式。基本报文的格式为:

4 bits	64 bits	6 bits	10 bits C R C
起始/结束位	信息位	解码	第一级检测码

其中 4 bits 的起始/结束位,用于确认接收信息的起始与结束;64 bits 的“信息”部分是应该处理的“有效信息”;6 bits 的“解码”部分包括:报文类型(长报文、短报文)、报文安全性(安全/非安全)、长报文的单元系列等;10 bits 的第一级检测码,用于检测和校正传输中的干扰。

②安全相关的“不变量”报文的描述。安全相关的“不变量”(安全静态信息)报文,包括轨道进路地图(奇点)的描述和一个相关的“检查和”,以保证这些报文信息内容的安全。每个传输分区只有一个这样的报文(小于 512bits)。因此,一个传输区有几个分区,就有几个这样的报文。下面描述的是安全相关“不变量”报文中信息部分的格式:

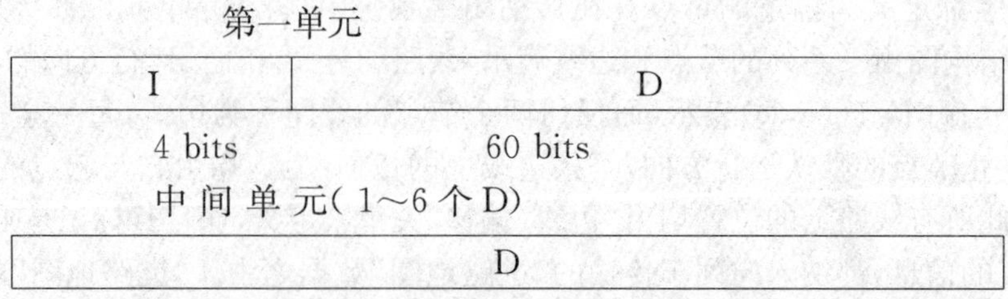

第一单元

I	D
4 bits	60 bits

中 间 单 元(1～6 个 D)

D

:

:

:

D

64bits

最末单元

C	DC
48 bits	16 bits

报文中，第一单元的 I 为识别码，"不变量"报文的识别码为 0；

D 为"进路地图"数据，第一单元为 60 bits，中间单元为 64 bits；

最末单元的 C 为与安全相关的"检查和"，它有 48 bits，这个"检查和"确保对报文中各个"不变量"的保护；

DC 为 16 bits 的第二级检测码，它基于循环 BCH 编码。

③安全相关"变量"(安全动态信息)报文的描述。其格式为：

2 bits	22 bits	20 bits	20 bits
报文类型识别码	变量	第二级检测码认证与"检查和"	

其中，报文类型识别码对应于安全相关变量报文为 0；变量的最大数量为 22 bits，变量的实际数量在每个传输区域专门定义，不用的变量必须限制为 0；40 bits 为第二级检测码认证和"检查和"这两部分的合成。

④临时限速的报文描述。其信息格式为：

第一单元

I	SN	S	TSR(Sub-section1)
4 bits	16 bits	12 bits	32 bits

第二单元

TSR(Sub-section2)	TRS(Sub-section3)
32 bits	32 bits

第三单元

TRS(Sub-section4)	S
32 bits	32 bits

最后单元

C	DC
48 bits	16 bits

临时限速报文的第一单元 I 标识号为 0；SN 为分区号；S 为备用；TSR 为临时限速；

最后单元的 C 为与安全相关的"检查和"，确保对报文里的临时限速数据每个域的保护；DC 为第二级检测码。

⑤非安全变量相关的描述。其统一的格式为：

48 bits	16 bits
数据信息	第二级检测码

其中，数据信息包括一个每类报文不同的识别编码；第二级检测码通过循环编码(CRC)来检测传输错误。

(6)"距离定位"制式的列车定位。以"距离定位"为原则的 ATP 系统中，"列车定位"对安全是至关重要的，所以列车在"进路地图"上的定位，是通过位移测量及通过信标的再定位，来确保列车定位的准确。当列车通过初始信标时，便开始了"列车定位"功能的实现。列车的初始化定位，根据列车通过线路上设置的"初始信标"，或停站时列车通过站台区域设置的"初始信标"来确定。这些初始信标设在线路的特殊位置，而且在向列车连续传输的数据信息中，向列车提供了各类信标的绝对位置，所以这种定位与轨道电路的分界点无关，定位的精确度也更高。

图 7-32 是各类信标的示意图。图 7-32a)为无源信标。当列车经过信标时，信标由车辆的"天线"供电启动，载频为 4.237MHz，以 FSK 方式调制发送。列车经过该信标以后，对列车估算的运行距离进行验证，纠正由于滑行、空转或后退等所造成的误差。

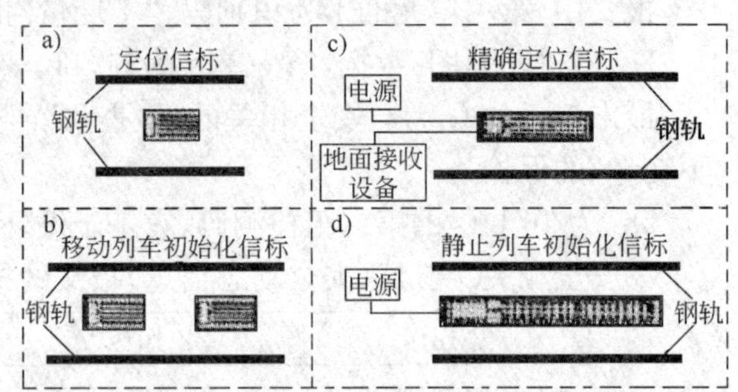

图 7-32 "距离定位"式数字轨道电路的定位信标示意图

图 7-32b)为移动列车初始化信标。列车在区间的定位消失后，用此信标对列车重新初始化；另外，当列车进入 SACEM 系统，为了校准编码里程计数据时，也可以用此信标来初始化系统。由于这两个信标之间的距离是固定的，其中，第一个信标给出信息网络上的定位，并"启动"列车的位移测量系统。来校准编码里程计；第二个信标给出的信息为网络上的定位及关闭列车位移测量系统，来校准编码里程计。

图 7-32c)为精确定位信标，这种信标安装于站台的停车点，它需要外部 220V 的交流电源供电，此信标允许将所需信息传递给运行中的列车或已停车的列车，也就是说，当列车以 45km/h"跳停"站台时，也能保证信息的可靠接收，而当列车停于站台后，用它来进行列车与轨道间的信息传递，进行屏蔽门管理以及授权屏蔽门的门控。

图 7-32d)为静止列车初始化信标。它也是有源信标，一般安装于线路两端的折返线和进入正线的出站信号机前(车辆段的出口)，它能在列车经过或停靠时向列车传递所需的信息，也能执行列车向轨道的信息传递。

这里很重要的是正确地计算列车的位移。编码测速计是测量列车位移的故障安全设备，它能安全地检测内部的电子故障，并且通过与另一路设备的测量数据比较，可以检测出机械故障，最小位移为 3cm，列车实际位置与 ATP 的测量计算位置的误差，在通过下一个再定位信标后，列车被重新准确定位。当发生空转(速度突然增加)或打滑(速度突然降低)时，车载系统可通过"列车定位"予以校正。

所以"距离定位"为原则的 ATP 系统，通过传输信息的管理，按分类接收信息，数据解码后，提供给应用软件，确定新接收部分的进路地图，与以前收到的进路地图相连接，建立新的进路地图，并在新的进路地图上定位列车，计算出列车的位移及加速度和减速度，进行打滑/空转校正，根据接收到的信标信息，确定列车的实际位置。

四、Check 方式 ATP 子系统

城市轨道交通系统中，凡设有钢轨的线路，基本上都利用钢轨构成的轨道电路来传输

ATC 信息，并以此来检测列车是否占用轨道区段和检测钢轨的完整。但对于不设钢轨的城市轨道交通，例如：独轨（单轨）交通系统、新交通系统等，其“走行轮”为橡胶轮，运行在水泥路面，作为大运量的公共交通工具，它又以编组方式运行，行车密度高、编组短，输送能力虽低于地铁，但远远高于公共汽车，爬坡能力强，速度高，噪声也小，国外有不少城市已建成多条这样的线路，我国有的城市也建有跨座式独轨交通。

对于不设钢轨，也即不能用轨道电路作为检测手段的城市轨道交通，其 ATP 子系统中的列车检测方式必须采用独特的方法，这里我们介绍一种“Check 方式”ATP 子系统。

1. 概述

在地铁等利用钢轨作为运行线路的情况下，利用列车车轮分路钢轨来“检测列车”是轨道电路的重要功能，从而可以判断列车在什么区段。当检测到列车已经占用该轨道区段的前提下，再利用钢轨向列车传送 ATC 信息。

而对于没有钢轨，也即不能设置轨道电路的城市轨道交通，只能采用特殊的列车检测的方式。根据轨道交通系统的特点，其列车检测方式也不尽相同。这里我们介绍一种在运行线路上铺设环线的 Check 方式。在其所有的运行线路的中央设置交叉感应环线，其每段环线的长度相当于一个闭塞分区的长度，它根据运行间隔、列车速度、线路情况而计算设定，各个闭塞分区的环线交叉，不仅可以防止干扰，而且也是列车进行重新定位的手段。环线不仅作为向列车传输车载信号信息（数据）的通道，也是地面检测列车和接收列车信息的载体。

地面设备中，除设有向列车发送 ATC 信息的发送设备外，还专门设置了用于接收列车检测信号的设备。车载设备中，在列车头部设有“Check in”信号发送器，在列车尾部设有“Check out”发送器。根据运行方向，头、尾 Check 信号可以切换，而且头、尾 Check 信号必须相互校核，Check in 和 Check out 缺一不可；否则，列车将停止运行。Check 方式列车运行控制系统中，连续式 Check 方式列车控制系统示意图如图 7-33 所示。

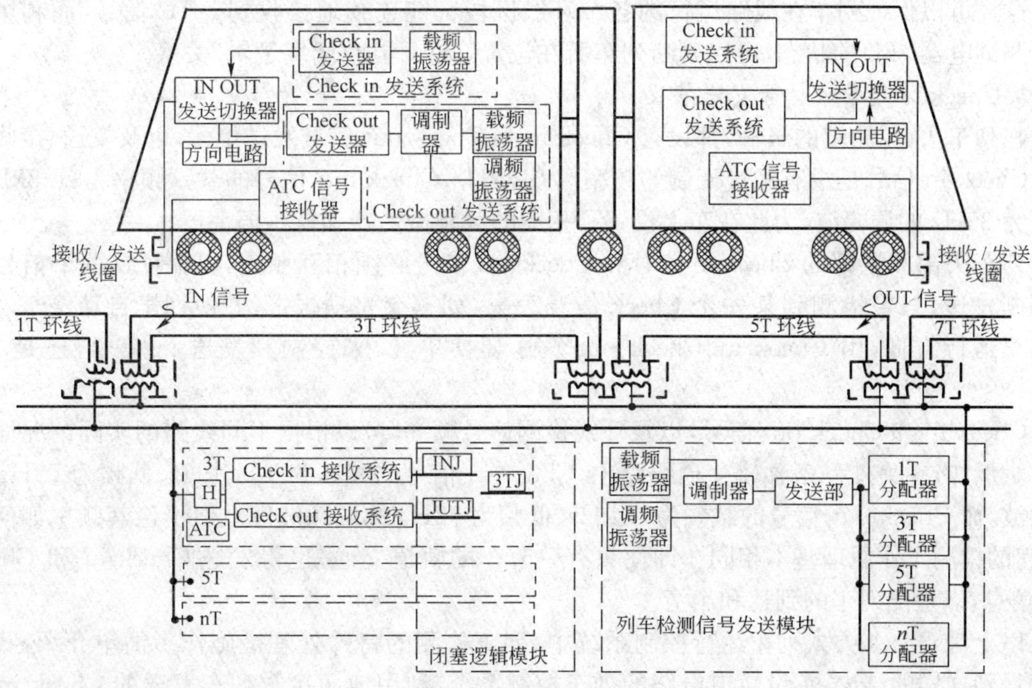

图 7-33　Check 方式列车检测示意框图

2. 检测原理

列车检测系统的地上装置,由照查信号发送部、接收部、闭塞逻辑等单元组成。照查信号是载频频率为 14.92kHz,低频频率为 19Hz 的调频波。平时它通过分配器从环线的一端发送器发送,由环线另一端的接收器接收,当环线接收器接收到上述照查信号时,使该环线(3T)的检测继电器(3TJ)处于励磁状态,这相当于该区段空闲。与 3T 相邻的区段其环线照查信号的载频频率是不同的,相当于轨道电路区段;相邻轨道区段的传输频率是不相同的。

当列车头部输入(3T)环线区段,地面环线接收器接收到由列车头部送出的 Check in 信号,它的频率是 15kHz,使 3T 环线区段的 1N 继电器(INJ)励磁,1NJ 励磁,证实列车已经驶入 3T 环线区段,所以,使该环线的检测继电器(3TJ)失磁,这时 3T 环线的发送端,迎着列车运行方向,开始发送 ATC 信号给列车。

当列车尾部驶入 3T 环线区段,环线接收器接收到由列车尾部发送的 Check out 信号,其载频频率为 11.8kHz,低频频率为 35Hz 的调幅波。从而使 3 T 环线区段的 OUT 继电器(OUTJ)励磁,这时 3T 环线的检测继电器(3TJ)仍处在落下状态。环线发送端继续发送 ATC 信号。

当列车头部进入下一个环线区段(1T),1T 环线区段接收器接收到 Check in 信号,1T 的 IN 继电器励磁。而 1T 检测继电器(1TJ)失磁落下,1T 环线区段发送端开始发送 ATC 信号;3T 环线区段接收器因收不到 Check in 信号,使 3T 的 INJ 失磁,3T 环线区段可以停发 ATC 信号,但 3T 环线区段接收器还在接收 Check out 信号,所以 3T 环线区段的检测继电器(3TJ),仍在失磁状态。

当列车完全进入 1T 环线区段,则 3T 环线区段接收器因收不到列车发来的 OUT 信号,使 OUTJ 失磁落下。而 3T 环线区段的接收器接收到列车检测信息,使检测继电器(3TJ)恢复励磁。

这样可以保证列车在线路运行的各个环线区段都能连续地接收到 ATC 信号,而利用环线检测继电器(TJ)的状态,可以判断列车所在位置,从而构成“闭塞逻辑”关系。

3. Check 方式车载信号发送装置

在列车头、尾两端的车辆,都设有 Check in 和 Check out 信号发送单元,以及发送、接收线圈。Check in 信号是没有经过调制的频率,为 15kHz,Check out 信号的载频频率为11.8kHz,低频为 35Hz 的调幅波,为此在车上设置了相应的载频振荡器和低频振荡器。

列车头部和尾部的 Check in 信号和 Check out 信号必须相互照查,以保证这两个信号的不间断发送,只要检测到某一个 Check 信号丢失,列车会自动报警,并使列车自动停车。根据列车运行方向,由 Check in、Check out 发送切换单元,来控制其发送 in 信号,还是 out 信号。

Check in 和 Check out 信号,以及环线检测信号频率,可以根据不同线路的实际情况而作调整。例如,在另外一条独轨交通线路中,Check in 信号的载频为 13.5kHz、低频为 72Hz 的调频波,而 Check out 信号的载频为 15kHz、低频为 72Hz 的调频波等。但不论其频率如何设定,它的检测工作原理基本相同。即使只有一节车的轨道交通,也得发送 Check in 和 Check out 信息,以检测列车的到达和出清。

以上对 Check 方式列车运行控制系统中,列车检测的特殊处理措施作了简单介绍,我们可以得到这样的结论:不设轨道电路的列车控制系统,利用地面接收列车发送的 Check in 和 Check out 信号来检测列车,所以作为地面接收通道的感应环线的完整性是至关重要的。不用感应环线而用无线(Radio)、基于射频通信技术(RFID)等先进技术来检测列车,也是可行的,而且已经运用于城市轨道交通的列车运行控制系统。这里也给我们一个启示,利用传统的轨道电路来检测列车,不是唯一的方式。

第六节 车载 ATC 设备与列车自动运行(ATO)*

车载 ATC 设备,包括 ATS、ATP 和 ATO 子系统的设备。其中车载 ATS 子系统,通过车—地双向通信链路,接收控制中心发来的调整列车运行等级、目的地号、“跳停”等指令,并向地面发送列车运行的状态信息,经联锁集中站向控制中心转发;车载 ATP 子系统根据地面发来的 ATP 命令,进行超速防护、制动保证,以及车门控制等与安全相关的控制。当 ATP 切除时,由驾驶员负责列车的运行安全;车载 ATO 子系统,顾名思义,是实现列车自动运行的子系统,基本上可以替代驾驶员的操作功能,完成列车在站间的运行速度控制,包括出发加速控制、惰行控制、减速控制以及在车站的程序定位停车控制。城市轨道交通在配备驾驶员的情况下,有些线路为了节省投资,而不设 ATO 子系统也是可以的,但是在设置站台屏蔽门的情况下,为了保证定位停车的精度,还是应该设置 ATO 子系统。所以 ATO 子系统主要是对车载而言,地面主要是程序定位停车设备和对位模块等相关硬件。车载 ATC 设备的归类也不尽相同,由于不少线路都不设 ATO 子系统,所以一般将相互联系紧密车载 ATP/ ATO 子系统归在一起讨论;对于车载 ATS 子系统,它是非安全系统,所以还是相对独立、与其他系统分开讨论为宜。

一、车载 ATC 设备

城市轨道交通列车以编组方式运行,每列车的两端设有驾驶室。车载 ATC 设备,一般都集中设置在该驾驶室和该车辆的底部。

对应于模拟轨道电路“速度码”制式的车载 ATC 设备示意图,如图 7-34 所示。

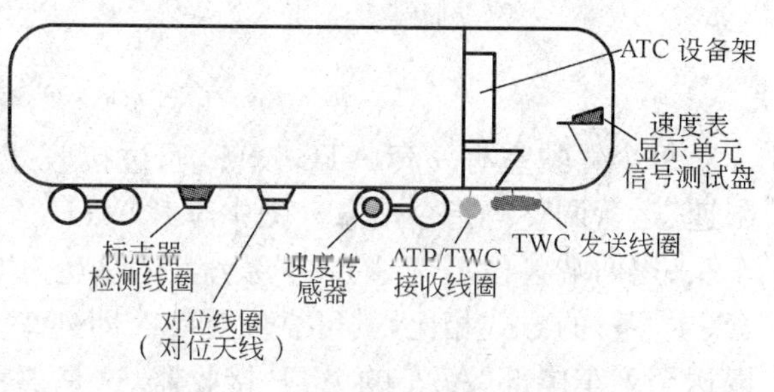

图 7-34 车载 ATC 设备示意图

图 7-34 中,ATC 系统设备架置于驾驶员室左侧,机架与车体连接,防振底座和机架在电气上隔离,机架上设有 ATP 模块、ATO 模块、ATS 模块,直流调压器,安全/非安全继电器(包括开门继电器,紧急、常用制动继电器,驱动继电器等)以及制动保证单元。显示单元及速度表等设于驾驶员操纵台上,显示单元上有各种控制表示灯,包括列车车次号、列车目的地号、列车运行等级、列车长度,还有车次号和目的地号的设定开关,以及启动、停车、程序停车、“跳停”、慢行、超速等指示灯和其他相关的按钮。

ATP/TWC 接收线圈设于第一节车辆的第一个轮对前方,其线圈的中心线对准每根钢轨的中心,两组接收线圈串接,用于接收地面 ATP 速度信息、开门信息以及 TWC 信息,所以车载接收器分别调谐在车载信号载频(2 250Hz)和 TWC 信息的信号频率(9 650Hz)。

速度传感器是车轴脉冲发生器,用它来获取实际的列车运行速度和运行距离信息。一般设置两个速度传感器,分别设在 A 型车的不同轴和不同侧,也有只设 1 个传感器的。

---

* 本节为选学内容。

TWC 发送天线安装在 A 型车底部，第一轮轴前方，其中心对准轨道线路的中心线，通过天线将列车运行状态信息送至地面，经联锁集中站 TWC 模块将信息转送至控制中心。

车载对位天线也置于 A 型车的底部，它沿车辆的纵向中心线安装，用于检测定位停车点的地面"对位线圈"(有源)信息，并通过地面对位线圈和对位模块交换对位信息。

标志器检测线圈也安装在 A 型的底部，沿车辆的纵向中心线设置，位于对位天线的后方。它用于检测地面标志器信息。标志器设于离车站定位停车点的固定距离处(见定位停车控制原理一节)。

车载 ATC 设备视 ATC 系统而异。数字编码轨道电路"目标速度"制式的 ATC 系统，其车载设备中不设标志器接收线圈和对位天线，其显示单元中，增设了至目标速度的距离和冲撞曲线时间(直到若不采取任何措施使车辆减速，而 ATP 系统预期施加全常用制动的时间)表示；另外，速度指示除了模拟式显示外，还有数字式显示。它的车站程序定位停车方式为曲线式制动，所以，它通过接收在站台区域设置的 TWC 环线信息及环线交叉点的定位信息，实现自动定位停车。

接收"进路地图"的车载设备，除了接收车载信号(SACEM 信息)的两个接收线圈外，还有一个信标信息接收天线，接收沿线路铺设的各种定位信标信息，车载设备结构框图如图 7-35 所示。

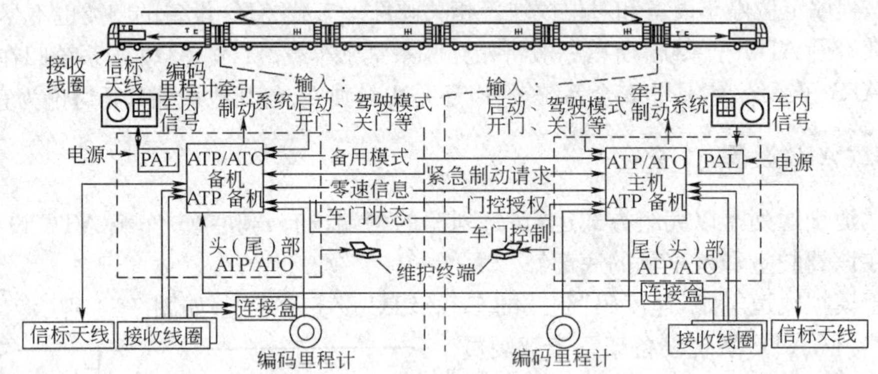

图 7-35　车载设备结构框图

每个驾驶室有一套 ATC 设备，通过接收线圈接收来自轨旁的进路地图、轨道状态、临时限速、运营调整等指令信息。图中车载 ATP 子系统，头部和尾部各设主、备系统，也可以是列车头、尾两端各设一套 ATP 子系统，它们互为冗余，据资料介绍，这种方式与列车头、尾各两套(主/备)的方式相比，其可靠性更高。即列车头部"A"车所接收的 ATP 信息，通过连接盒可以送至列车尾部"A"车的 ATP 接收器，这是很特殊的结构。

当列车通过或停在信标上方时，专用的初始化信标信息，可以对列车位置再定位，初始化结束以后，列车位置由设在车上的编码里程计测量位移更新。在任何情况下，列车必须不时地通过信标定位。作为车站程序定位停车控制，车载设备接收由站台重新定位信标发来的定位信息，控制列车的定位停车。列车的车载编码里程计在列车头、尾各设一个。

二、车载 ATP 子系统功能分析

车载 ATP 子系统是确保列车运行安全的关键设备，它与地面 ATP 设备相配合，完成速度或距离信号的接收和解译，实现超速防护、制动保证、零速检测、车门控制、后退防护等。我们以"速度码"制式 ATP 系统的车载设备为例，对其系统功能进行分析，其车载 ATC 系统功能框图如图 7-36 所示。

1. ATP 信号的接收和解译

地面 ATP 子系统，通过钢轨向列车发送速度命令和门控命令，其载频为 2 250Hz。车载 ATP 接收线圈，以耦合方式，从钢轨接收经低频调制的 ASK 车载信号，通过滤渡器、解调器，提供一个固定的电平方波，送至速度信号译码 CPU，该 CPU 译出的速度或门控命令，再送至系统处理 CPU。

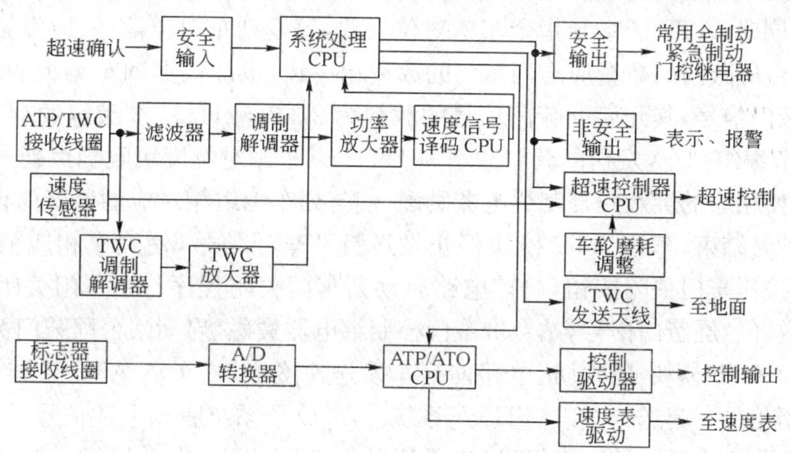

图 7-36　车载 ATP 系统功能框图

2. 超速防护

ATP 子系统的主要功能是实现列车的超速防护，保证列车不会超出“速度命令”所规定的速度，该功能由超速控制器 CPU 来完成。超速控制器的 CPU，接收来自系统处理 CPU 的限制速度信息和来自速度传感器的列车实际信息，如果列车的实际速度超出 ATP 限速，出现超速状态，在自动模式下，列车将自动调整速度，在人工模式时由驾驶员采取措施调速。ATP 超速的“触发”点，一般设定在比限速高 3km/h。在这里，速度传感器对列车实际速度的测量是至关重要的。一般在 A 型车各设两个速度传感器，它们分别设在不同车轴的不同侧，两个传感器，由两个完全独立的软、硬件信道处理，通过计算在固定周期内的脉冲数来计测速度。而轮轴转动的次数与车轮的周长直接相关，而周长的变化取决于车轮的磨损，新的车轮直径为 840mm，完全磨损的车轮直径为 770mm，所以，根据车轮的磨损程度用加强补偿探测信号的办法，对测速精度进行调整，每 5mm 为一档，共设 15 个设定值，因此，测得的列车速度综合了轮径磨耗信息，是较为精确的实际速度。当检出列车超速在 3s 左右时间内，列车以 0.715m/s^2 的减速率，降低速度(上述作用时间和减速率因车而异)。如果在规定时间内达不到最小制动率，系统的制动保证功能将发出指令，施加不可逆转的紧急制动。一旦紧急制动被启动，将保证列车到停车为止。

“零速”检测在所有的操作模式都生效，当列车速度小于 3km/h，ATP 子系统便确认为“零”速度，并由超速 CPU 进行零速检测，当列车实际速度小于零速度设定值，则零速检测信息返送至系统处理器。

3. 车门的关、闭控制

当列车到达定位停车点，列车对位天线检测到由站台对位线圈送出的 13.235kHz 的频率，证明列车已正确地在站台对位，列车 ATO 子系统将指令进行全常用制动，并生成一个列车停稳信号给 ATP 子系统。ATP 子系统接收到该信号后，施加全常用制动，并检测零速度。这时，ATP 子系统生成一个列车对位信号，给车载 ATO 子系统，并通过车载对位天线，送出载频为 21.945kHz,低频为 77Hz 的调制信号。地面对位线圈接收并译出上述对位信号,使车站 ATP 模块通过站台区域的轨道电路,送出打开车门信号,其载频为 2250Hz,调制频率为 4.5Hz(左门)或 5.54Hz(右门)。列车 ATP 接收线圈从钢轨接收到打开车门信号以后,使相应的“门控继电器”励磁,并点亮相应侧的门控表示灯;这时驾驶员按压与表示灯相一致的门控按钮,也即当门控继电器的前接点与车辆门控电路的安全接点相一致时,才能开启站台侧的所有车门;与此同时,ATP 子系统指令车辆对位天线,停发列车对位信号,改发打开站台屏蔽门信号,开启站台屏蔽门的数量应与列车门的数量相一致,也即根据列车编组的不同,而发送不同的开启屏蔽门信号,其开启屏蔽门信号的载频为 21.945kHz,6 节编组的列车,调制频率为 115Hz;而 8 节编组列车,发送的调制频率为 171Hz。车站对位模块收到由列车发来的开启屏蔽门信号后,使相应的屏蔽门控制继电器励磁,使与列车编组相对应的屏蔽门自动开启。

当停站计时结束,车站 ATP 模块停止发送打开车门信号,使列车相应的门控继电器失磁,驾驶员可按压车门关闭按钮,门控电路启动列车门关闭程序。当车门关闭,列车 ATP 子系统中止发送开启屏蔽门信号,站台屏蔽门控制继电器失磁,启动站台屏蔽门关闭程序。

这时地面 ATP 模块通过轨道电路向列车发送速度命令、车辆 ATP 系统译出速度命令,并将车门关闭信号一起送给车载 ATO 子系统。ATO 子系统收到上述信号后,使驾驶员控制台的 ATO 表示灯以 1Hz 的频率闪光,提示驾驶员按压 ATO 启动按钮。驾驶员按压此按钮后,列车按 ATO 自动运行模式,启动加速并自动运行。

在人工模式的情况下,驾驶员必须以人工控制方式将车停于定位停车点,当列车对位表示灯点亮,证明列车正确对位。在确认定位停车后,驾驶员可按压站台侧门控按钮,才能打开车门;关闭车门也由驾驶员控制。

4.后退防护和无意识运行的防护

驾驶员控制台的方向手柄所处的位置,决定了列车的运行方向。如果检测到并确认列车的实际运行方向与方向手柄位置不一致时,则应施加紧急制动予以防护。不论在自动模式还是人工模式,都由超速防护系统提供后退防护。另外,当列车制动停车以后,施加全常制动,在尚未收到速度命令的情况下,列车无意识运行,只要检出车速超过 3km/h,那么,车载 ATP 子系统实施紧急制动予以防护。

5.ATP 的冗余工作

车载 ATC 系统,一般在列车头、尾两端车辆各设两套独立的 ATP 子系统,除车载 ATP 接收线圈和车辆接口的输出继电器共用外,ATP 子系统完全是双套的。二套 ATP 子系统的工作模式有平行模式、ATP1 模式和 ATP2 模式。平行模式是正常工作模式,选择开关置于“平行”位置,两套 ATP 子系统同时工作,但 ATO 子系统只从 ATP1 接收数据,而且 ATP1 的 DC/DC 电源,供车载 ATO/ATS/ATP1 子系统工作,ATP2 的 DC/DC 电源,只供 ATP2 子系统工作;ATP1 模式或 ATP2 模式下,仅被选择的 ATP 子系统工作,另一套 ATP 子系统断电不工作。工作的 ATP 子系统提供 DC/DC 电源给车载 ATO、ATS 模块工作。

三、车载 ATO 子系统的主要功能及工作原理

当列车处在自动(ATO)操作模式下,车载 ATO 子系统才能发挥作用,该系统自动履行驾驶员操作的非安全功能,自动完成列车的加、减速等速度调节控制,并自动完成列车在车站的程序定位停车。

1.速度调节功能

ATO模块的调速器以渐进和恒定的速率,加速列车到达由限速设定的运行速度。当列车到达限定速度后,通过连续比较实际速度和限速,控制列车的牵引和制动系统。它应用闭环控制技术,达到速度调节的目的。

根据ATP速度命令、ATS运行等级及车站停车曲线所决定的最低参考速度,来控制、调节列车的速度,使列车速度保持在上述参考速度的0~5km/h的范围内,速度调节器将列车的实际速度和上述参考速度进行比较,并计算正(提供动力)或负(制动)牵引力。牵引力计算中应考虑列车的实际速度与参考速度间的速度差,以及加速度的大小等因素,以将列车速度尽可能地控制在参考速度的范围内。当新的牵引力计算出来后,被送至ATO接口,将该命令送给车辆牵引系统。车辆牵引系统接口主要是两个继电器和一个浮动电压源。接口的两个继电器组合决定了向列车提供动力(正牵引力)、制动(负牵引力)和惰行(零牵引力)。而电压源的电压大小,规定了最大牵引力的比例。电压由零动力或制动的1V起变化,线性地增大到100%牵引或制动的10V。

2.车站程序定位停车

对运行的列车而言,保证列车在车站的定位停车是很重要的作业之一。在人工操作模式下,通常驾驶员在制动时,全凭直觉“估计”到停车点的距离,根据当时的列车速度来推算减速度,也即完全按“经验模式”操作制动,所以要做到定位停车是相当困难的。而定位停车对于城市轨道交通,尤其是在设置站台屏蔽门的车站尤为重要。定位停车控制方式,一般采用“距离控制”方式为多。所谓“距离控制”,是根据制动动作点到定位停车点的距离,以及列车实际速度、列车重量、天气情况、空走时间、线路条件等算出其制动曲线,并在定位停车点的附近进行阶段缓解,以不断修正与定位停车点之间的误差。阶段缓解点为制动中的列车速度与新的制动模式曲线的交叉点。

根据ATC制式的不同,定位停车方式有曲线式制动和台阶式制动两种。以模拟轨道电路为基础的ATC系统,在距定位停车点规定的距离处,设置定位停车用的标志器。标志器设置的多少和设置的距离,视列车性能而异,一般为3~4个点,也即列车停车用控制信息,就是借助于非连续的几个点的固定信号。这种方式称为台阶式制动。而曲线式制动是基于数字式轨道电路。数字编码轨道电路,可以连续地向列车提供实时信息,而且通过设在站台区域的交叉环线的交叉点或信标,对停车控制进行定位修正,保证停车的精度,也提高了停车制动时的舒适性。下面就上述两种制动模式对定位停车方式加以讨论。

1)台阶式定位停车控制原理

基于模拟轨道电路的ATC系统,为了实现列车在车站的程序定位停车控制,根据列车运行方向,在离定位停车点350m、150m、25m和8m处,分别设有定位停车用标志器,其中8m标志器是有源标志器,其余均为无源标志器。当列车经过上述各点的标志器时,收到不同频率的信息,以告知运行的列车,离定位停车点还有多少距离。

350m标志器是定位停车控制的起始点,为了保证设备的可靠动作,设置了两个标志器,其工作频率分别为110kHz和140kHz,当列车收到上述频率之一,车载ATO子系统便启动车站程序停车控制,产生第一制动模式曲线,并点亮驾驶员操作台上的程序停车表示灯。

列车运行至站台区域,收到距离定位停车点150m处两个中间标志器的信息,它们的频率分别为120kHz和150kHz。之所以设置两个标志器,也是为了保证制动控制的可靠。收到中间标志器的信息以后,车载制动控制系统产生第二制动模式曲线。实际上,第二制动模式曲线是对第一制动模式曲线进行修正，也是对上一次制动的缓解。

列车继续前进，离定位停车点 25m 处，又一次收到由内方标志器发送的信息，其频率为 160kHz，从而列车制动控制系统产生第三制动模式曲线，进行第二次制动修正，相当于第二次缓解。

当列车距离定位停车点 8m 时，接收由有源标志器送来的 14.35kHz 频率信号，列车制动控制系统进行第三次制动修正，再一次制动缓解，使列车准确地停于定位停车点。

当列车收到由地面对位线圈送出的 13.235 kHz 频率信号时，证实列车已在定位停车点停车，车载系统检出此信号后，实施全常用制动。其后进入列车车门开启程序。图 7-37 为台阶式车站程序定位停车原理示意图。

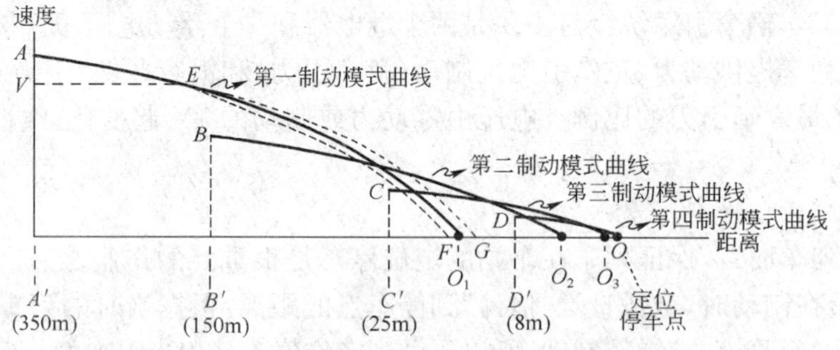

图 7-37 台阶式车站程序定位停车原理图

图 7-37 中，横坐标为距离，纵坐标为速度，O 点为设定的定位停车点，A'、B'、C'、D'分别为制动模式曲线的启动点，也就是标志器的设置位置。列车到达 A'点（收到 350m 的标志器信息），产生第一制动模式曲线 A_{01}，由于列车的实际速度为 V，所以第一制动模式曲线的实际动作点是 E 点，真正的第一制动模式曲线应为 E_{01}，E 点是第一制动曲线的实际动作点。以第一制动曲线 E_{01} 为例，由于天气、线路、车辆性能等因素，第一制动模式曲线应在 EG～EF 的区域内变化，依此类推，第四制动模式曲线 D_O，应在离停车点 O 的±25cm 范围内变化。±25cm 为定位停车精度，它在设计时应予以确定。在车站设有站台屏蔽门的情况下，一般定位停车精度控制在±25cm；不设站台屏蔽门的情况下，停车精度可放宽为±50cm 左右。

2）曲线式定位停车控制原理

曲线式制动模式是基于数字编码轨道电路的发展，相比台阶式制动，其定位停车的启动点离定位停车点更近，而且由于距离定位信息不断校准，所以在不断地修正制动曲线，可以近似地看作只有一条制动曲线。这种制式下，对制动曲线的修正，也不再依赖地面发送的点式信号，主要取决于车载计算机的运算，地面环线交叉点或定位信标信息，作为车载系统里程计算的定位校正，从而使制动性能更好，也使定位停车精度更高。

下面以数字编码轨道电路的 ATC 系统为例，分析车站程序停车控制过程。为了实现车—地间的信息交换和定位停车控制，在站台区域的两根钢轨间，设置了车—地通信环线。站台区段轨道电路的两端“S Bond”的中心，正好对准站台的两个边缘，假如轨道电路的长度为 186m，那么环线的长度为 186m＋(2×2)m＝190m，（见 ATS 一节）。为了实现双向运行和车站定位停车的需要，环线以站台中心为基准，按长度 1m、6m、7m、11m 等，两边对称并有规则地交叉敷设。

通过轨道电路，可以检测到列车由区间进入站台区域前方的接近区段，这时，地面“车—地通信控制器”通过站台区域的环线送出控制中心 ATS 的调度控制信息；列车本身也检测到已经进入站台前方的轨道区段，所以列车的车载“车—地通信控制器”开始向地面发送列车状态信息，但是由于列车还在车站站台的接近区段，车—地之间没有进入信息交换的阶段，双方处于“准备”阶段。

当列车进入车站站台区域，车载“车—地通信控制器”接收到地面送来的控制信息，车载ATO子系统启动程序停车控制，列车不向地面发送信息，列车“连续地”接收由地面送来的调度控制信息，我们把它称为“CTM”模式；同时，列车还接收到地面环线各个交叉点的信息，列车可以精确地测算出到达停车点的距离，连续地修正制动曲线，车载计算机自动地计算出到定位停车的距离。列车运行距离计算的定位，通过环线交叉点来校正。交叉点的设定，可根据需要而调整。车载计算机也已将交叉点的距离信息参数存储，这样可以进行多次校正。地面的车—地通信控制器，通过TWC环线连续地向列车传送，包括车站停车制动率、“跳停”当前站等各种数据信息和环线边界数据；与此同时，站台区域段轨道电路仍在不断地在向列车传送ATP数据信息，其中也包括目标速度和至目标速度的距离。车载计算机根据上述各种相关数据，通过速度传感器运算实际里程，并选择复数个环线交叉点进行定位校正，保证定位停车的可靠和精度。

当列车尾部出清站台接近区段，说明列车已到达定位停车点(对于不同长度的列车编组，定位停车点是不同的，这可以在车载ATO子系统的软件中进行修正)。此时，列车与地面开始进入双向交换阶段，这个过程要持续到列车头部进入站台前方轨道区段。

列车全部都位于车站站台区域，地面“车—地通信控制器”结束向TWC环线的“单向”信息传输，而进入列车与地面之间数据信息交换阶段。车载通信控制器向地面送出列车停站(零速)信息，地面收到“列车停站”信息后，开始停站计时，并通过站台区段轨道电路送出“停站(开门)”信息，允许驾驶员打开车门。至于打开左车门，还是右车门，根据列车运行方向和车站站台布置，完全由车载计算机判别。列车ATP接收线圈收到上述信息，驾驶员可以打开车门；而车载通信控制器将“开门”信息通过TWC环线送至地面。

列车在车站的停站计时结束，轨道电路停发“停站(开门)”信息，地面通信控制器通过TWC环线向列车送出“关闭车门”信息，列车收到上述信息，驾驶员可关闭车门。车载通信控制器通过TWC环线向地面送出关门信息，地面收到此信息证实车门已关闭。站台区段轨道电路向列车送出“目标速度”信息，列车ATP子系统收到“目标速度”等数据信息后，驾驶员室显示单元的“车载信号”表示灯亮绿灯，“停车结束”表示灯亮绿灯，“运行方向”表示灯亮黄灯；驾驶员按压“列车出发”按钮，“自动ATO”表示灯亮绿灯，表示ATC系统以自动(ATO)模式工作，实施列车自动运行，同时ATP实施自动超速防护。

当列车进入站台前方轨道电路，地面环线停止向列车传送信息，列车也停止发送TWC信息。

上述数字编码轨道电路中，采用站台区域设置TWC环线的方式，根据环线“交叉点”来进行列车定位的校正，或称为重新定位。在以“距离定位”为原则的数字报文式轨道电路为基础的ATC系统中，采用在站台区域设置“定位信标”的方法，对执行车站程序定位停车控制的列车进行定位校准。

3. 车载ATC系统的运行模式

车载ATC系统的运行模式和状态显示，因ATC系统制式而异，但其主要性能是相似的。我们曾在前面就列车的操作模式作了简单的介绍，下面我们以基于数字编码轨道电路的车载ATC系统为例，再进一步加以分析。

车载ATC系统支持三种运行模式,自动(ATO)模式、人工(ATP)模式和切断(OFF)模式。车载ATC系统同样也可以被旁路(Bypass)。所有模式均要求驾驶员在任何时间内,在车上进行操作和监视。

1)自动(ATO)模式

驾驶员将驾驶台上的模式/方向手柄置于ATO位置。列车在站间完全自动运行,由ATO子系统进行速度控制调节和车站程序定位停车,由ATP子系统提供超速防护,由车载ATC系统和驾驶员配合,执行列车车门的开、闭操作控制。列车从车站出发,要求驾驶员"启动"。

2)人工(ATP)模式

驾驶员将驾驶台上的模式/方向手柄置于ATP位置。列车在站间由驾驶员根据ATP速度命令完成速度控制,由ATP子系统提供超速防护。到站也由驾驶员完成停车控制。驾驶员在保证安全的前提下,操作列车门的开启和关闭。

3)切断(OFF)模式

驾驶员关闭控制锁开关,ATP/ATO子系统被电气隔离,完全由驾驶员完成所有的运行操作功能。但速度传感器仍然将列车运行的实际速度输入至显示单元,显示列车运行速度。

4)旁路(Bypass)模式

相比切断模式,这是一个特定的模式,它只有在列车模式开关置于"ATC旁路"时才有效。在进入"旁路"模式前,可处在ATC系统正常的操作模式。只要列车进入旁路模式,ATC的输入、输出全被"旁路"隔离,显示单元的"ATC旁路"表示灯点亮,列车完全依赖于驾驶员按操作规程控制。这种模式往往在正线转至出/入库线时,或者转入非运营线路时采用。另外,有些线路在投入运行后,但信号系统仍在调试过程中,这种情况下,即使列车可以收到ATP信息,然而,调试中的ATP信息下不允许控制列车的运行,显然,必须将接收的信息予以"旁路"。

5)反向运行和慢速前行

在人工(ATP)模式下,允许反向运行和慢速前行(CLOSEIN)。列车丢失有效的车载信号信息,或显示为零限速时,列车停车以后,驾驶员以慢速前行模式,控制列车以低于20km/h的车速移动列车,来寻找车载信号。一旦使用人工ATP模式,允许启用慢速前行模式,则CLOSE IN表示灯点亮,当列车重新获取车载信号或非零限速时,该表示灯会熄灭;反之,当列车在慢速前行模式下超速(大于22.5km/h)时,会施加紧急制动,使列车停车,停止慢速前行模式。

至于反向模式,并不是指上、下行线路的反向运行,它是指人工ATP模式下,出现如列车冲出站台停车等不正确的停车,不允许驾驶员打开列车门时要改变列车的位置。这时,驾驶员可在停车的情况下,遵照严格的操作规程,在征得调度员同意以后,将模式/方向手柄置于"反向"位置,列车可以进入"反向运行"模式。一旦要求反向运行,"方向"就丢失,但当列车正确地在站台对位后,方向仍可重新建立(通过TWC子系统实现),并允许打开车门。

上述慢速前行模式和反向运行模式,车载ATP子系统提供20km/h和10km/h限速的超速防护功能,当超出2.5km/h,ATP子系统自动施加全常用制动;若制动保障率没有到达,将施加紧急制动。

列车在移动过程中,不允许任何操作模式的转换,只有当列车在停止状态,并征得调度员同意时,才允许进行操作模式的转换。

4. 车载ATC系统的状态显示单元(ADU)

ADU是车载ATC系统的用户接口,也是与驾驶员的人—机对话装置,ADU为驾驶员提供了列车的实时信息和ATC系统的状态表示，其中包括限速、当前速度、目标速度、列车长度、操作模式表示等，还设有相关的按钮。状态显示单元示例如图7-38所示。

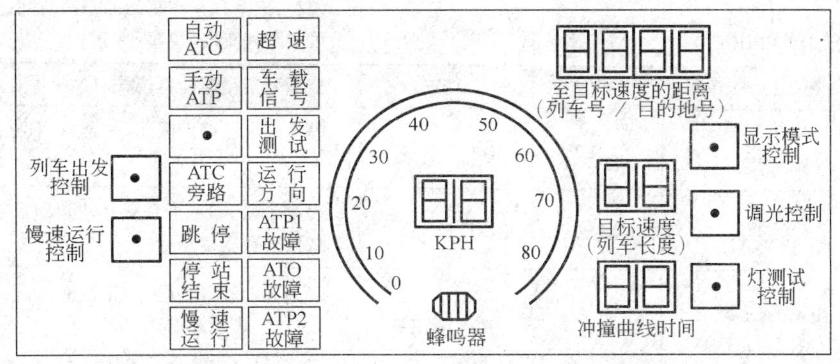

图7-38 车载ATC系统状态显示单元示意图

1)状态显示单元(ADU)

(1)实际速度和限制速度显示。ADU用模拟和数字两种方式显示列车的实际速度，模拟值是一个双色LED环，每个LED代表1.25km/h，绿色LED表示实时速度，红色LED表示当前限速。如果列车工作在关闭和旁路的操作模式，则ATC设备处于电气隔离的状态，这种情况下，模拟速度计环显示红色(或不亮)。数字式速度表示由两个七段数码管显示0～99km/h的即时速度，即使在ATC设备处于电气隔离的情况下，也由速度传感器通过独立的速度输入，提供显示。

(2)声音报警。ADU内部的压电报警装置，在超速和其他报警的情况下，向驾驶员发出报警信息，以提示驾驶员予以注意。在自动和手动模式，当显示单元的表示灯发生变化或ADU辅助盘输入时，会发出0.5s的单音报警。车站停站结束时，发出2s的报警。在人工ATP模式时，一旦出现实时速度超出限速，便会发生报警，直到速度降至限速以下。

(3)表示灯。在显示单元的左侧设有14个表示灯，以反映车载ATC系统的状态和运行模式，表示灯的功能如表7-5所示。

车载信号显示单元表示灯功能表 表7-5

序列	表示灯名称	显示	运行模式	表示灯的显示功能
1	自动ATO (AUTO ATO)	绿色	ATO	①表示灯点亮:表示运行于自动(ATO)模式，由ATO实施自动运行，由ATP实施超速防护；②表示灯闪亮:表示在该运行模式下，出现险情或限制条件，从而禁止移动列车
2	手动(ATP) (MANVAL ATP)	黄色	ATP	①点亮，表示运行于人工(ATP)模式，ATP实施超速防护，有驾驶员执行其他功能；②闪亮，表示在该运行模式下，出现险情或限制条件，禁止移动列车
3	*	黄色	ATP	①空余为预留；②闪亮，表示正在试车线进行门循环测试
4	ATC旁路 (ATC-BYPASS)	红色	旁路	表示ATC系统被电气隔离，其输出被旁路
5	"跳停" (SKIP-STOP)	黄色	ATO/ATP	表示收到来自TWC的"跳停"指令，不在当前站停车

续上表

序列	表示灯名称	显示	运行模式	表示灯的显示功能
6	停站结束 (DWELL-EXPIRED)	绿色	ATO	闪亮,表示列车在车站的停站时间已经结束,驾驶员可关闭列车门、发车
7	慢速前行(CLOSEIN)	黄色	ATP	表示处于慢速前行模式
8	超速 (OVER-SPEED)	红色	ATO/ATP	表示列车已超出限速,并且 ATP 已执行惩罚性制动
9	车载信号 (CAB-SIGNAL)	绿色	ATO/ATP	表示车载 ATP 子系统从轨道电路接收到有效的车载信号数据信息
10	出发测试 (DEPART-TEST)	黄色	ATO/ATP	①闪亮,表示出发测试正在进行; ②点亮,表示测试通过; ③灭灯,表示测试失败或没测试
11	运行方向 CACENTATION	红色	ATO/ATP	①表示 ATP 子系统已明确运行方向; ②列车停站时,ATP 收到"停站(开门)"信号
12	ATP(A)故障 (ATP(A)-FAIL)	红色	ATO/ATP	表示车载 ATP(A)子系统故障: ①点亮表示列车不能移动,ATP(A)正在控制状态和正在接受控制的状态; ②闪亮表示列车还可以移动
13	ATO 故障 (ATO-FAIL)	红色	ATO/ATP	表示 ATO 子系统故障: ①点亮,表示已不能自动运行; ②闪亮,表示仍可以自动运行
14	ATP(B)故障 (ATP(B)-FAIL)	红色	ATO/ATP	表示车载 ATP(B)子系统故障: ①点亮,表示列车已不能移动; ②闪亮,表示列车仍可以移动

(4)达到"目标速度"所运行的距离的表示灯。达到"目标速度"所运行的距离的表示灯,采用4位数码管显示。"0000"表示列车已在目标速度的限制下,允许以当前速度或低于限速运行。当显示不为"0000"时,表示列车必须在所表示的距离(单位:米)内,将速度调整到目标速度。

(5)目标速度数字表示灯。表示"车载信号"数据中目标速度的数值。

(6)冲撞曲线时间表示灯。在超速的情况下,驾驶员若不采取任何动作使车辆减速,而 ATP 子系统预期施加全常用制动的时间(单位:秒),也即在这段时间内,必须施加制动,否则 ATP 子系统将进行超速防护。

2)控制

在显示单元(ADU)的左、右两侧,设置了 5 个控制按钮,以允许驾驶员进行相应的控制功能操作。

(1)列车出发控制(VEHICLE DEPART)。在 ATO 模式下,停站计时结束,表示灯会提示驾驶员按下列车出发控制按钮,驾驶员按下该按钮,列车立即缓慢启动,自动运行。

(2)慢速前行控制。列车在人工 ATP 模式下,丢失车载信号信息,或显示零限速信号,导致列车停车,这种情况下,驾驶员可按压此按钮,列车进入慢速前行模式,并以低于 20km/h 的速度慢速前行,移动列车,以寻找车载信号信息和非零限速信息。在慢速前行模式情况下,相对应的表示灯也同时点亮。一旦获得有效的车载信号信息和非零限速信息时,表示灯会自动熄灭,列车转入人工 ATP 模式。在慢速前行模式下超速(大于 22.5km/h),会导致列车自动停车，并终止慢速前行模式。

(3)显示模式控制。“至目标速度的距离”表示灯，平时显示上述“距离”，该表示灯也可以临时显示“目的地号”，或显示“列车号”；另外“目标速度表示灯”除平时显示“目标速度”外，也可以临时显示“列车长度”(编组)。这种显示的转换，可以通过按压“显示模式”控制按钮进行。平时不按压该按钮时，上述表示灯分别显示“距离”和“速度”；当按压该按钮一次，显示“列车号”和“列车长度(编组)”，显示5s以后，恢复显示“距离”和“速度”；当按压按钮两次(间隔小于5s)，则显示“目的地号”和“列车长度”，临时显示5s以后，仍恢复“距离”和“速度”。

(4)调光控制。允许驾驶员对ADU显示屏和LED在4种亮度等级间进行选择，以改善驾驶员的驾驶条件，平时默认为最高等级。

(5)灯测试控制。该控制按钮的按压，会短暂地引发ADU上各个表示灯和LED器件点亮，以检查设备的完好，LED环会在红色、绿色间变化，声音报警也会同时鸣响，若连续按压该按钮，10s后会自动终止。

3)ADU辅助盘

ADU辅助盘用于驾驶员人工输入驾驶员号和目的地号。“驾驶员号”仅对ATO模式设置。目的地号在ATO和人工ATP模式下输入。“目的地号”一般由控制中心通过TWC环线自动设置，但是在列车出库时，可先由驾驶员输入。

通过ADU辅助盘设置目的地号和驾驶员号，必须遵循以下步骤：

(1)列车处在开启的、可接受辅助盘输入的ATC模式下；

(2)拨入所需的目的地号和驾驶员号号码后，应按压输入按钮(ENTER)；

(3)输入的目的地号，可在ADU单元显示屏上予以显示确认。驾驶员号输入以后，由车载通信控制器通过TWC环线发送，经车站通信控制器送至控制中心，驾驶员也可以通过无线调度电话与控制中心证实。

第七节　基于通信的列车控制(CBTC)*

一、移动闭塞系统工作原理和特点

上面我们介绍的是以轨道电路为传输信道，以传输“目标速度”为主要内容的ATC系统，这是当前我国列车运行自动控制系统的主要模式。从闭塞的概念分析，它们都可以归属于“准移动闭塞”的范畴，后续列车与先行列车之间的行车间隔都与闭塞分区的划分有关，也就是说，后续列车与先行列车不可能运行在同一个闭塞分区，后续列车必须保证在先行列车所占用的闭塞分区的分界点前停车，如图7-39所示。

图7-39中所示速度码制式的图例，可以对应于音频无绝缘轨道电路的ATC系统；准移动闭塞的图例可以对应于目标速度制式的ATC系统，这些制式下为了缩短行车间隔，必须缩小轨道区段的长度，当然要增加轨道电路的硬件设备；对于不同列车编组的运行线路，更是难以实现。

移动闭塞(Moving block)是缩小行车间隔、提高行车效率的有效途径，其列车运行的安全保证，不再依赖轨道电路的划分，而基于列车与地面的双向通信，如图7-39所示，使后续列车与先行列车之间始终保持制动距离加上动态安全保护距离。

---

*本节为选学内容。

移动闭塞系统与现有的 ATC 系统相比，主要有以下特点：

(1)可以缩小列车之间的行车间隔；

(2)车—地之间的信息交换，不再依赖于轨道电路，可以不设轨道电路；

(3)车辆控制中心掌握在线运行各次列车的精确位置和速度；

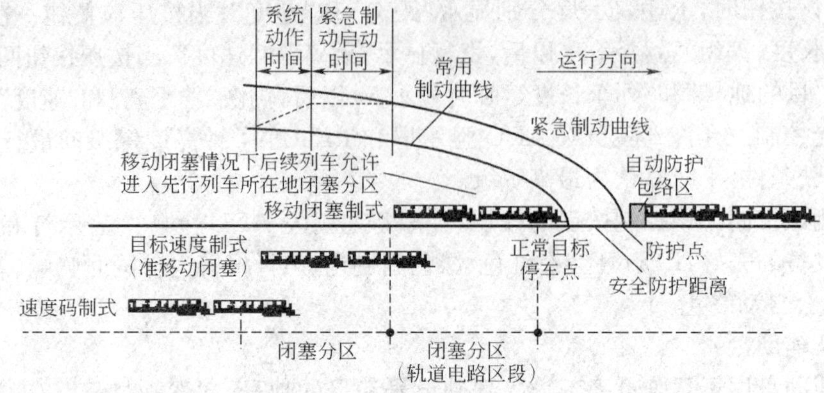

图 7-39　不同闭塞方式的列车运行间隔示意图

(4)列车与控制中心之间，始终保持不间断地双向通信，调度信息可以随时发送；

(5)不同编组(不同长度)的列车，可以以最高的密度，运行于同一线路；

(6)ATC 系统，从一个以硬件为基础的系统，向以软件为基础的系统演变。

基于通信的列车运行控制系统(Communication Based Train Control，简称 CBTC 系统)，便是支持移动闭塞的列车运行控制系统，它不仅适用于新建的各种城市轨道交通，也适用于旧线改造、不同编组运行以及不同线路的跨线运行。近年来，随着通信技术的发展，尤其是无线通信、计算机网络技术和数字信号处理技术的迅速发展，信号系统的冗余、容错技术完善，在信号这个传统领域为 CBTC 的发展奠定了基础，CBTC 系统已逐渐被信号界所认可，基于感应环线通信的移动闭塞 CBTC 系统，在我国也已运用于城市轨道交通；而基于无线(Radio)通信虚拟闭塞的 CBTC 系统，已经在国内多个城市轨道交通中被采用。下面我们先对基于感应环线通信的移动闭塞 CBTC 系统进行一些分析，然后对基于无线(Radio)通信虚拟闭塞的 CBTC 系统作些介绍。

二、基于感应环线通信的移动闭塞系统

移动闭塞系统在城市轨道交通中运用的前提，是实现列车与地面的双向实时通信，而双向通信的地面有线设备，目前主要有两种方式，一种是在全线敷设用于发送微波的波导管，这种制式的移动闭塞，已于 2003 年初，在国外的城市轨道交通中得到运用；另一种是利用敷设于全线的感应环线进行双向通信，这种制式的移动闭塞，在国外早已经得到运用，目前我国至少有两个城市的轨道交通采用这种制式。由于篇幅所限，尽可能结合国内的实际情况，主要介绍基于“感应环线”通信的移动闭塞系统。

移动闭塞原理示意图如图 7-40 所示。

1.移动闭塞系统的基本构成

移动闭塞系统由系统管理中心(SMC)、车辆控制中心(VCC)、车载设备(VOBC)、车站控制器(STC)、感应环线通信系统设备、车场系统设备、车站发车指示器、站台紧急停车按钮、接口等设备组成。如图 7-40 所示，系统管理中心与车辆控制中心进行双向通信，完成对所有列

车的自动监控；车辆控制中心与全线的列车进行不间断地双向通信，所有的列车将其所在的精确位置和运行速度，报告给车辆控制中心；车辆控制中心在完全掌握所有列车的精确位置、速度等信息的前提下，告知各列列车运行的目标停车点；列车接收车辆控制中心发来的目标停车点信息，车载计算机根据允许运行的距离、所在区段的线路条件及列车的性能等，不断地计算运行速度，自动地完成速度控制。

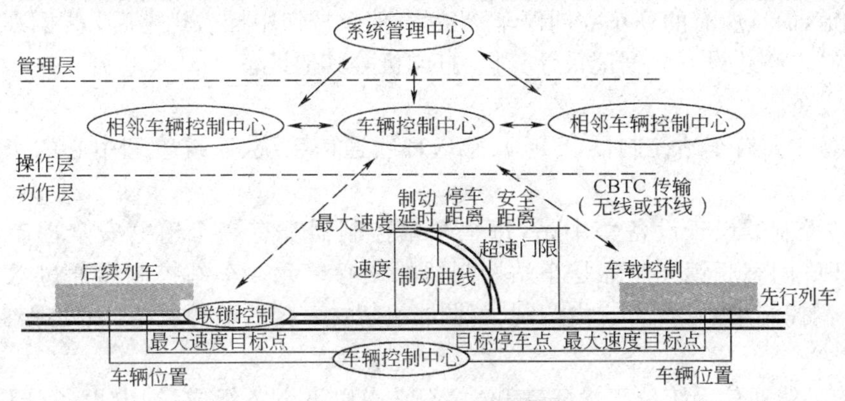

图 7-40　移动闭塞原理示意图

车辆控制中心还与车站联锁装置通信，完成列车进路的排列。

1)系统管理中心(SMC)的构成

系统管理中心，对系统进行全面的协调管理，完成所有的列车自动监控功能。其设备设于运营控制中心(OCC)，系统的软、硬件都按模块化的原则设计。其主要硬件部分包括：

(1)系统管理中心工作站。除系统服务器外，还配置调度员工作站、调度长工作站、模拟显示工作站、系统维护工作站、运行图编辑工作站及车场监视工作站。

(2)运行图调整服务器(SRS)。冗余的运行图调整服务器，通过系统管理中心 I/O 与车辆控制中心相连，以实现运行图调整服务器与车辆控制中心的通信，运行图调整服务器还与SCADA、时钟、无线等系统接口相连。

(3)数据日志服务器冗余配置，它可以保留两个月以上的运行数据。

(4)网络通信设施，包括：系统管理中心的双局域网、冗余交换机、与光纤传输通道的冗余接入设施、与培训中心及综合维修基地连接的通信设施等。

(5)车站控制器紧急通路(SCEG)，当车辆控制中心出现故障，不能对系统进行控制时，管理中心通过车站控制紧急通路，直接与车站控制器(STC)进行通信连接，实现对在线列车和轨旁设备的监控。车站控制器紧急通路由紧急通路切换开关设备、协议转换单元(PCU)组成，每台协议转换单元可与两台车站控制器进行通信连接。

(6)系统管理中心 I/O 机架。

(7)显示系统，包括：模拟显示控制工作站及背投模拟显示屏。

还有车场系统管理中心工作站、综合维修基地监测工作站、仿真及培训远程终端设备等。

2)车辆控制中心(VCC)的构成

车辆控制中心位于运营控制中心，它由以下主要部分构成：

(1)车辆控制中心的中央计算机。中央计算机采取三取二的配置，它包括三台工业级计算机，以及相关的输入/输出接口；三个中央处理单元通过显示/键盘选择开关，来共享一个显示和键盘；还有通用接口盒、电缆分线盒等。

(2)车辆控制中心的I/O机架。主要设备有:多路复用输入设备,中央同步设备,电源、定时器、熔断丝等。

(3)车辆控制中心的数据传输架。

(4)车辆控制中心的调度员终端。

(5)中央紧急停车按钮(CESB)。它与车辆控制中心接口相连,当调度员按下该按钮,将封锁所有的轨道,而且所有的列车立即停车;当紧急停车按钮中插入钥匙后,才可以解除。

车辆控制中心还设有数据记录计算机、打印机等其他设备。

3)轨旁设备

轨旁设备主要有车站控制器(STC)、感应环线通信系统、系统管理中心的车站工作站等设备。

(1)车站控制器设于设备集中站,每个车站控制器都有一个道岔安全控制器,其中,带冗余的双CPU固态联锁控制器是车站控制器的核心单元。车站控制器通过双共线调制解调链路与车辆控制中心通信,它由调制、解调器机架,接口盘,电源机架,预处理器及其机架等组成。

(2)感应环线通信系统位于设备室和轨旁,它由以下设备组成:馈电设备(FID)入口馈电设备(EFID)、远端环线盒、感应环线电缆、支架等。感应环线电缆由扭绞铜制线芯和绝缘防护层组成,环线敷设于轨道之间,每25m交叉一次。

(3)系统管理中心的车站工作站由工业级计算机和接入设备组成,其接入光纤通信环网,实现与系统管理中心的远程通信。它与车站控制器接口相连,实现车站的本地控制,还与旅客信息向导系统等设备接口相连。

轨旁设备还包括:站台紧急停车按钮、站台发车指示器、车站现地控制盘及信号机、转撤机等现场设备。

4)车载设备

ATC车载设备主要包括:车载控制器(VOBC)及其外围设备。

(1)车载控制器由电子单元(EU)、接口继电器单元(IRU)、供电单元等组成。

①电子单元包括天线滤波器、高频接收器、数据接收器、数据发送器、高频发送器、定位计算机、双CPU处理单元、输出/输入端口、发送/接收卡、车辆识别卡、输出继电器、距离测量控制、转速表放大器等。

②接口继电器单元包括:继电器面板、滤波/防护模块、电子单元与接口继电器单元的互联电缆等。

(2)车载控制器的外围设备包括天线(每个车载控制器设两个接收天线和两个发送天线)、速度传感器,每个车载控制器设两个速度传感器;驾驶员显示盘(TOD)每列车设置两套。

(3)接口。

①信号系统内部接口包括:与信号监测子系统的接口,与电源子系统的接口,与模拟显示屏的接口,与发车指示器的接口,与中央紧急停车按钮的接口、与信号机、转辙机等继电器控制电路的接口,与车站现地控制盘及站台紧急停车按钮的接口,与车场的接口,人机接口,主系统内部间的接口等。

②信号系统外部接口包括:与无线通信系统的接口,与时钟系统的接口,与通信传输系统的接口,与旅客信息系统(包括车上)的接口,与车辆的接口,与车辆管理系统的接口,与电力SCADA系统、FAS系统、BAS系统等的接口等。

2. 系统功能

基于感应环线通信的移动闭塞系统，能实现 90s 的最小运行间隔。后续列车与前一列车的安全间隔距离，根据列车当前的运行速度、制动曲线，以及列车在线路上的位置而动态计算出来。由于列车位置的定位精度高，因此，后续列车可以在该线路区段以最大允许速度，安全地接近前一列车最后一次确认的尾部位置，并与之保持安全制动距离，如图 7-41 所示。

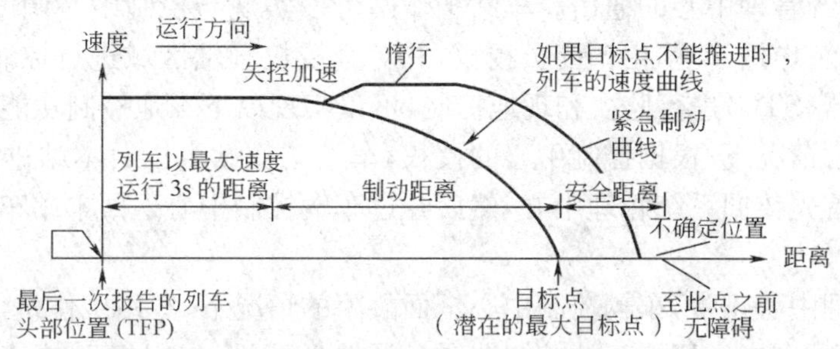

图 7-41 移动闭塞目标点示意图

该"安全距离"是指后续列车的指令停车点(目标点)与前一列车尾部位置之间的一个固定距离，它是以最不利情况发生时，仍能保证安全间隔为前提计算而得。假如列车采用常用制动，列车可以停在目标点；当常用制动失效，实施紧急制动时，除了紧急制动所需时间外，必须增加系统作用时间和牵引停止到紧急制动启动的延时时间，这种情况下列车真正的停车点并不是目标点，而是远于目标点，但必须停在安全距离的范围内。

为了确保列车的安全运行，列车必须连续不断地接收目标点的更新信息，系统设定列车在 3s 内收不到信息，就判断为通信发生故障，迫使列车紧急停车，保证列车运行安全。目标停车点的周期性前移，主要取决于前一列车向前移动和其他限制被解除。在车辆控制中心，接收来自列车和现场设备的输入报文，当确认输入报文有效后，才产生相应的指令报文。

系统管理中心对整个系统内的列车进路、运行图/时刻表进行管理，并向负责联锁及道岔控制的车辆控制中心发出排列进路的请求，完成道岔联锁功能。一旦车辆控制中心确认道岔已锁在规定位置，才允许列车通过该道岔。在车辆控制层，车载控制器对来自车辆控制中心的报文，校核其冗余性、一致性、合理性，然后解译并执行该报文。当然它只对该列车(识别号)为报头的报文作出反应，如果报文不是特定选址某一列车，那么车载控制器只从该报文提取环线识别号，以识别从一个环线段至下一个环线段的转换。

1)管理层——系统管理中心(SMC)

系统管理中心负责列车运行自动控制系统的全面管理。它起着系统与中心调度员及系统其他用户间接口的作用，它除了监控和显示列车位置、调整列车运行、排列列车进路、实现停站时间控制等外，还具备以下功能：调度列车投入运营(增加或减少投入运营的列车)，运行图/时刻表管理(包括时刻表的生成、指定和取消)，自动调整列车运行(调整列车速度和停站时间)，监测列车性能的状况并收集 ATO 数据，自动跟踪列车，监督列车位置、速度、运行方向，指挥列车操作和排列进路(联锁控制)，优化折返作业，列车及线路的报警等。

(1)系统管理中心的中央工作站。

①系统维护工作站。所有工作站都由系统维护工作站管理，也即系统维护工作站对网络中的计算机系统进行维护，该工作站主要监视 SMC 网络性能，进行记录和对整个系统进行诊断和维护。

② 运行图/时刻表编辑工作站。可以在离线情况下对运行图/时刻表进行编辑，完成的运行图/时刻表文件通过局域网传送到系统管理中心，也可以进行在线编辑。

③ 调度员工作站。调度员和调度长工作站实时监督在线列车的运行，并可实现列车运行的人工控制。

(2)系统管理中心的车站工作站。所有系统管理中心的车站工作站，都接入光纤通信环网，实现与中央系统管理中心的通信。车站工作站可以实现与控制中心调度员工作站相同的功能，受系统维护工作站管理，由调度员授权，并对其授权管辖区域进行控制和监视。车站工作站对车站控制器(STC)进行监视和现地控制，可以实现以下本地控制功能。

①系统在正常情况下，根据控制中心的授权，车站工作站可以对本站进行控制，控制命令通过光纤骨干网首先传回系统管理中心，然后经过车辆控制中心返回本站车站控制器，执行相关命令。

②当系统管理中心正常，车辆控制中心全面故障的情况下，车站工作站仍将控制命令首先传回系统管理中心，在中心切换车站控制器紧急通路(SCEG)，通过车站控制器紧急通路传递至本站车站控制器，以实施有关控制。

③在特殊情况下，由中央授权，车站值班员进行转换操作，车站工作站可以直接与本地车站控制器通信，这时车站工作站可作为现地控制盘使用。

④当系统管理中心、车辆控制中心全面故障，车站工作站实现对车站控制器及室外设备等车站设备的控制。

⑤车站工作站通过光纤通信网向系统管理中心传输所管辖范围内的表示信息。

⑥车站工作站还作为旅客向导系统的接口。

(3)运行图/时刻表调整服务器(SRS)。该服务器的主要功能是为系统管理中心提供运行图/时刻表调整和自动排列进路。时刻表调整服务器还可以提供列车运行预测引擎，也即可以预测当前时间之后的一个时间段内，列车运行情况，以便为旅客向导系统提供准确的信息。

当系统管理中心的时刻表调整服务器与车辆控制中心的主连接发生故障(包括时刻表调整服务器故障)时，自动切换开关，将通信连接切换到备用的时刻表调整服务器计算机。

该服务器还完成与其他系统(SCADA、时钟、无线、消防等)进行接口的功能，并实现与车站工作站的通信。

(4)局域网。网络交换机是冗余的，所以单台网络交换机的故障不会造成通信的丢失。网络交换机为系统管理中心工作站、服务器、打印机等提供局域网连接。

系统管理中心的调制解调器连接到车辆控制中心的数据传输架的调制解调器，对来自在线时刻表调整服务器的串行请求报文进行调制，对来自车辆控制中心的响应报文信息进行解调，转换成串行数据格式后，提供给通信处理器使用。

(5)车站控制器紧急通路(SCEG)。当车辆控制中心发生严重故障，调度员可以避开车辆控制中心，从控制中心对道岔进行人工控制，通过系统管理中心直接与车站控制器通信。

车站控制器紧急通路由转换盒和调制解调器等单元组成，转换盒位于运行控制中心的两台协议转换单元(PCU)之间(每台协议转换单元与车站控制器进行通信)。协议转换单元与系统管理中心的数据记录服务器有一个串行连接。这些组件使中央调度员可以转移车辆控制中心对道岔的控制，并可在系统管理中心输入命令直接与车站控制器通信。

在运行控制中心激活车站控制器紧急通路开关，从物理上断开了车辆控制中心与车站控制器的通信连接，并将系统管理中心与车站控制器连接起来。来自车站控制器的信息从车辆控制中心改变路线到协议转换单元。协议转换单元对信息进行解码，解码后的信息传送到数据记录服务器，并转发至时刻表调整服务器进行处理。

中央调度员可以在系统管理中心输入道岔转动的请求。请求被送到协议转换单元，协议转换单元发送请求至车站控制器，车站控制器确保道岔安全转换。

2)运营层——车辆控制中心(VCC)

车辆控制中心提供列车自动防护(ATP)功能，具体如下。

(1)车辆控制中心子系统完成集中联锁功能和排列进路功能，也即车辆控制中心接收调度员的指令并按照联锁条件排列进路。

(2)保证列车的自动运行安全间隔和控制列车自动运行。车辆控制中心保证整个系统中列车的安全间隔。车辆控制中心以"前一列车尾部"最后一次确认的位置为基础，考虑道岔故障、区段封锁等影响安全制动的因素，向后续列车传送与先行列车之间的最小的安全间隔距离信息，也即后续列车运行的目标点。所以列车自动运行而无需驾驶员或调度员干预，是通过列车跟踪和移动授权这两个功能实现的。车辆控制中心通过连续地轮询各个车载控制器，实时地得到列车位置信息来跟踪所有列车；移动授权是通过车辆控制中心连续地向车载控制器发送下一个安全停车位置(目标点)信息来实现的。

对列车的控制，由车辆控制中心与车载控制器的通信完成，车辆控制中心可以发出实施牵引或制动，设置速度限制和制动率、停车站以及开、关车门等命令。车辆控制中心根据最后一次报告的列车车速和位置、行驶方向，前一列车最后一次被证实的位置、限速、停站和地面设备状态等实时信息，生成一个包含有目标点、最大允许速度和其他指令的报文。

(3)车辆控制中心还负责对中央紧急停车按钮、车站站台紧急停车按钮、车站现地控制盘的状态进行监督，并作出反应，这些设备的状态信息，由车站控制器向车辆控制中心提供。

3)动作层——加强型车站控制器、车载控制器、感应环线等的功能

(1)车载控制器。

①确保列车安全运行。车载控制器负责完成车载 ATP/ATO 功能。车载控制器不断地与车辆控制中心进行通信，在 ATP 保护下进行牵引、制动及车门控制。对超速、目标点冒进及车门状态进行安全监督，以确保列车在允许的包络线内运行；当无法继续安全运行时，自动实施紧急制动。

车载控制器负责列车在车辆控制中心控制区域的自动运行，每列车装有主、备两套车载控制器，每端一套，车辆控制中心命令其中一套激活工作，另一套处于备用模式。备用车载控制器监督工作中的车载控制器单元是否正常工作，如果出现故障或车辆控制中心命令切换时，立即接管工作；激活的车载控制器负责车载 ATP/ATO 的功能。正常情况下，激活工作的 ATP/ATO，与列车前部驾驶员显示单元通信，当车载控制器故障时，备用车载控制器激活，并与列车前部显示单元通信。

②车载控制器确保列车的定位精度。车载控制器的定位，以敷设于轨道间的感应环线上的信息和安装于车辆轮轴的速度传感器的信息为基础，每段感应环线都有对应的环线编号，也即车载控制器通过感应环线编号，计算从每个环线起点开始的环线交叉点，给线路上的列车初步定位；更进一步的精确定位，要通过速度传感器来测量列车从上一个交叉点起所走行的距离来实现。车载控制器传送到车辆控制中心的列车位置分辨率为 6.25m。它是根据感应环线 25m 交叉一次，以 25m 除以 4，作为车载控制器向车辆控制中心传送列车所在位置的数据。车载控制器与安装在列车底部的加速计、速度传感器、天线等配合能识别和处理列车车辆的打

滑、空转,并进行车轮轮径的补偿。

③解码与编码。车载控制器对发自车辆控制中心的命令进行解码,并控制列车不超出车辆控制中心指令的速度和距离界限;同时向车辆控制中心传送列车位置、速度、行驶方向及车载控制器状态等数据。车载控制器的校核冗余微处理器,通过冗余性、合理性和一致性校核,测试来自车辆控制中心的报文,然后进行解码,车载控制器只对发给自己的报文作出反应。

(2)感应环线通信系统。感应环线数据通信是车辆控制中心和车载控制器之间交换信息的手段。为了进行准确和可靠的数据通信,保证被干扰的数据不被接受,也即通过在所有包含安全信息的数据信息中,使用循环冗余校验(CRC)来实现。另外,传输的数据被周期性更新。

交叉感应环线与车载控制信息之间进行双向数据通信。车辆控制中心呼叫区域内的每一列车,并从每一个车载控制器得到信息,通过"通信安全性测量"来保障车—地通信的可靠性和安全性。

①车—地通信频率。

车到地的通信使用的频率为56kHz;

地到车的通信使用的频率为36kHz。

②车辆控制中心到车载控制器命令报文。

报头:用于确定报文的开始部分;

冗余:CRC码,提供信息质量/完整性的检查。

信息内容包括:车载控制器所在环路编号,列车运行目标点,运行方向(上行、下行),车门控制(开、关,左、右),最大速度,车载控制器编号,车载控制器命令启动、备用,用于慢行区的目标速度,使用非安全码向车载控制器传递特殊数据,制动曲线,停车,列车编号,车载旅客广播信息号,下一个目的地(车站或轨道区段),紧急制动控制,当前位置的平均坡度,来自系统管理中心的特殊ATC机车显示信息等。

③车载控制器到车辆控制中心的状态报文。

报头:用于确定报文的开始部分;

冗余码:CRC提供信息质量/完整性的描述。

信息内容包括:车载控制器编码,列车操作模式,紧急制动状态,列车门状态(开、关),列车完整性状态,车载控制器启动/备用,车载控制器所在地实际环路的编号,运行方向(上行、下行),列车所在环路的位置,实际速度,故障报告(例如:自动门切换位置、ATP倒车状态、无人驾驶状态)等。

(3)车站控制器。车站控制器的控制功能由来自车辆控制中心的指令报文启动,车站控制器采集所有轨旁设备的状态信息,并报告给车辆控制中心。

①正常运营情况下,所有联锁功能都由车辆控制中心完成。车站控制器可在现地操纵模式下,完成道岔转动。也即在中央授权下,将车站控制器所在地的车站工作站与车站控制器相连,选择现地操纵模式。而当车辆控制中心与系统管理中心故障时,车站控制器自动转为现地操纵模式。当车站控制器处于现地操纵模式时,车站工作站就可以向车站控制器发送指令,并接收车站控制器的状态信息。

②一旦车站控制器处于现地操纵模式时,道岔的职能由车站工作站转换,而不是由车辆控制中心操纵。处于现地操纵模式下的道岔,不允许自动运行模式的列车和ATP防护人工模式的列车通过,只有限制人工模式及非限制模式的列车通过。

③ 带冗余的双 CPU 的固态联锁控制器(INTERSIG)是车站控制器的主要单元。

通过双共线调制解调器链路与车辆控制中心通信,车站控制器为车辆控制中心提供联锁逻辑信息;而车辆控制中心将联锁逻辑命令发送给车站控制器,车站控制器执行车辆控制中心的命令,对相应的轨旁设备进行控制。

所以车站控制器所提供的功能可以归纳为:道岔控制和表示采集;监督并报告中央紧急停车按钮、车站现地控制盘上紧急停车按钮及站台紧急停车按钮的状态;信号机的点灯和灯丝报警;与车辆控制中心通信;与车站工作站通信等。

三、基于无线通信的虚拟闭塞 CBTC 系统

上面我们介绍了基于感应环线的移动闭塞系统,近年来随着微处理器技术的发展,促使 ATC 系统从一个以硬件为基础的系统向以软件为基础的系统演变;移动通信技术的发展,尤其近几年来,无线局域网(WLAN)技术的成熟,开放的、标准的数据通信系统接口标准的制定,极大地推进了无线 CBTC 系统的发展进程。无线通信可靠性技术的提高,以及通信协议和国际标准接口的制定,基于无线(Radio)通信的 CBTC 系统,已在我国得到超常规的发展,几乎新建的城市轨道交通线路都采用基于无线通信的 CBTC 系统,然而有些城市的 CBTC 系统其"系统"还没有调试出来,当然也不可能提供详细的技术资料。下面只能就作者仅有的资料加以汇总,简单地介绍基于无线(Radio)通信的列车控制系统的系统结构。

1. CBTC 系统与前面介绍的 ATC 系统的不同之处

CBTC 系统和基于轨道电路的 ATC 系统主要区别如下。

1)由列车自己检测在线路的位置,不再依赖于轨道电路检测

线路不设置轨道电路,列车位置的检测,是由列车通过接收设置于线路不同地点的信标(传感器)信息,车载计算机计算运行距离,判断并不断修正本列车在线路的精确位置,按扫描周期,及时向控制中心报告其精确的实时位置信息;当然对于非通信列车和故障列车的位置检测,还是采用由地面检测的方式,可以设置轨道电路,也可以在线路的关键地点设置计轴器来完成列车检测,实现联锁和进路控制。

无线 CBTC 系统是指通过无线通信方式(而不是轨道电路),来确定列车位置和实现车地双向实时通信,从而实现自动控制列车运行的信号系统。列车上的车载控制器,通过探测轨道上的应答器,查找它们在数据库中的方位,确定列车绝对位置,而且列车本身自动测量、计算自前一个探测到的应答器起,已行驶的距离,确定列车的相对位置。

2)列车与地面始终保持不间断的双向无线通信

CBTC 系统中,列车与地面的通信是采用无线的方式,而控制中心与联锁集中站之间还是采用有线传输,所以不再像前面介绍的 ATC 系统中车—地通信,只能在车站站台区域进行,CBTC 的通信列车和地面的区域控制器之间通过无线信道,一直保持双向通信,这样,控制中心调度信息可以随机发送,这对于调度是极为有利的。

3) 列车接收的是"移动授权极限距离"和"进路地图"

列车车载控制器通过列车与轨旁设备的双向无线通信,向轨旁 CBTC 设备报告本列车的精确位置。轨旁联锁集中站的区域控制器,根据各列车的当前位置、运行方向、速度等要素,同时考虑列车运行进路、道岔状态、线路限速以及其他障碍物的条件,向列车发送"移动授权极限距离"和"进路地图",即向列车传送运行的距离、最高的运行速度,以及列车运行前方的线路状态,从而保证列车间的安全间隔距离。

上面将主要的不同点加以分析，下面我们用列表的方式加以全面的比较，也许更能完整地反映其不同之处(表 7-6)。

CBTC 系统和基于轨道电路的 ATC 系统的比较 表 7-6

比较内容	基于无线通信的列车控制(CBTC)系统	基于轨道电路的列车自动控制(ATC)系统
闭塞分区的划分	通常以数字地图的方式，将全部线路划分为较短长度的逻辑闭塞分区，没有物理的区段分界； 逻辑闭塞分区的长度可以根据要求的运营间隔长短灵活设计，可以从 100m(与固定闭塞相当)到几十米(接近于移动闭塞)，一般来说，10m 左右就可以称为"移动闭塞"	全部线路被划分为闭塞分区，其长度为 150～250m，有物理的区段分界(物理绝缘或"无绝缘节")，因此也称为"固定闭塞"； 一般情况下，列车须在一个闭塞分区的长度内以紧急制动停车；在两个闭塞分区的长度内以常用制动停车。列车运行间隔越小，分区长度也越短
列车定位	列车借助通信手段定位，随时知道自己的精确位置； 控制中心借助通信手段接收列车报告，随时知道所有列车的精确位置。根据需要，对逻辑闭塞分区占用的分辨率可达到 10m 以下(移动闭塞)，或几十米(逻辑闭塞)	列车可能通过识别手段知道自己较精确的位置，但是没有向控制中心报告的手段； 控制中心只能通过轨道电路的占用知道列车大致位置，分辨率为一个闭塞分区长度
速度控制方式	目标—距离，一次曲线控制方式(无论是逻辑闭塞或移动闭塞)	模拟轨道电路是台阶式、多次制动方式； 数字轨道电路是目标—距离，一次曲线控制方式
移动授权的更新	以闭塞分区为单位更新； 因为逻辑/移动闭塞的长度较短，通信及时，表现为渐进、更频繁的更新	以闭塞分区为单位更新； 由于固定闭塞分区较长，表现为跳跃式更新
车地通信	不依赖于钢轨的通信手段，包括感应环线、漏缆、波导、无线等； 载频从几十千赫兹(36kHz 以上)到几 G 赫兹(2.8GHz 或更高)； 速率从每秒 600 位 到几兆位； 列车与地面(轨旁)的全程双向通信	依赖于钢轨、道床与车载接收天线的传统手段； 载频为几千赫兹； 速率为每秒几十到 500 位； 只有列车至地面(轨旁)的单向连续通信
运营的灵活性	列车运行间隔更小，运行图打乱后较易恢复； 可以全双向运行，反向运行的 ATP/ATO 性能可以和正向相同； 借助与列车的实时通信、控制，实现调整； 不同编组、不同性能的列车，可以在同一条线路上和谐运行，充分发挥系统潜力	列车运行间隔较大，运行图打乱后较难恢复； 反向运行受设备限制；增加设备可以做到反向 ATP； 列车在区间时，无法对列车进行实时调整； 列车编组及性能不同时，闭塞分区长度须按最不利条件设计，通过能力受限
其他优势	抗牵引电流谐波干扰的性能较好； 钢轨不再是传输信号信息的信道，对牵引电流回线的设计、设置完全没有限制，有利于平衡回流、减少迷流以及对地下导电体(管道)的电腐蚀； 采用无线时，可以附加增值服务(车内 CCTV 监视、多媒体广告业务等)	易受牵引电流谐波干扰； 对牵引电流回线的设计、设置有限制，不利于平衡回流、减少迷流，可能对地下导电体(管道)有电腐蚀； 由于带宽受限，无法附加增值服务

续上表

比较内容	基于无线通信的列车控制(CBTC)系统	基于轨道电路的列车自动控制(ATC)系统
旧线改造	利用逻辑闭塞的概念，将原闭塞分区根据要求的运行间隔进一步细分(不需要物理上的重新划分)，增设区域控制器、无线设施时，而不需要废除原有微机联锁(增加接口)就可以实现无扰升级； 过渡时期，新、旧列车可以和谐运行，新、旧系统可以共存，直到旧车全部更新或废弃	如果运行间隔需要在旧线改造时缩短，轨道电路必须重新设置(重新进行牵引计算)，通常硬件设备数量要增加
新线扩容或升级	由于其模块化设计理念，系统扩容时只需增加软、硬件功能模块，而不致废弃原有设备； 同样理由，模块设计对技术而言是相对透明的。随着计算机、通信技术的发展，可以方便地用新模块/子系统替代老模块/子系统，而不致造成废弃	系统扩容时只需增加软、硬件功能模块，而不致废弃原有设备
互联互通	CBTC特别是基于无线的CBTC，可以通过叠加方式实现在保留原有信号系统的条件下实现互联互通； 基于无线的CBTC，可以在遵循符合公认国际标准结构开放、接口开放的条件下，做到互联互通	可以以通用机车信号的方式相对地做到兼容； 不同厂商的ATC系统，如果统一载频、调制频率和信息定义，也可以做到ATP的通用，但是ATO系统还是很难统一
发展趋势	由于其不依赖于钢轨，对于无线通信、车载设备、联锁都可以根据需要做到双套全冗余，因而其可靠性、可用度、可维护性、灵活性都比较高； 由于轨旁设备最少，维护成本和全生命周期成本较低	基于轨道电路特别是基于数字轨道电路的列车控制系统，可以满足目前运营需求，可是由于轨旁设备较多，可靠性较低，灵活性较差，兼容性较差，又不可能做到冗余配置，其性能几乎已经到了极限；实际应用中，轨道电路的调试复杂、故障也较多； 由于维护成本高，导致全生命周期成本较高

2. 无线CBTC系统设备

无线CBTC系统主要的子系统有列车自动监控(ATS)系统、数据通信系统(DCS)、区域控制器(ZC)、车载控制器(VOBC)及驾驶员显示等。子系统之间的通信基于开放的、标准的数据通信系统。地面与移动的列车之间，都是基于无线(Radio)通信进行信息交换。

图7-42为CBTC系统设备的典型配置，它包括控制中心、车辆段、轨旁以及车载设备。

1)控制中心内的ATS设备

两套冗余ATS服务器；一台网络时钟服务器；三台调度员工作站(每个工作站配有两台LCD显示器)；一台调度员工作站，用于车辆段监控；两台调度员打印机；两台冗余配置的数据日志记录器；两台冗余配置的数据记录器；一台维护工作站和打印机；一台运行图编辑器和彩色激光打印机；一台打印服务器；一台绘图机；两台高速网络激光打印机。

控制中心设备还包括数据存储单元DSU，这是一个安全设备，它具有三台处理器，为冗余的三取二配置。

2)数据通信系统(DCS)设备

所有设备都和数据通信系统(DCS)相连。DCS设备包括：轨旁光纤骨干网，轨旁无线设备接入点(AP),车载无线设备,连锁站和控制中心室的网络和交换机。

3)分布式的轨旁设备

在具有连锁功能的车站,配有区域控制器(ZC)和其他相关设备。区域控制器具有三台处理单元,为冗余的三取二配置。而且区域控制器是模块化结构,具有可再配置、可再编程和可扩展性。所有区域控制器设备和数据通信系统骨干网的连接都是冗余(双)连接。

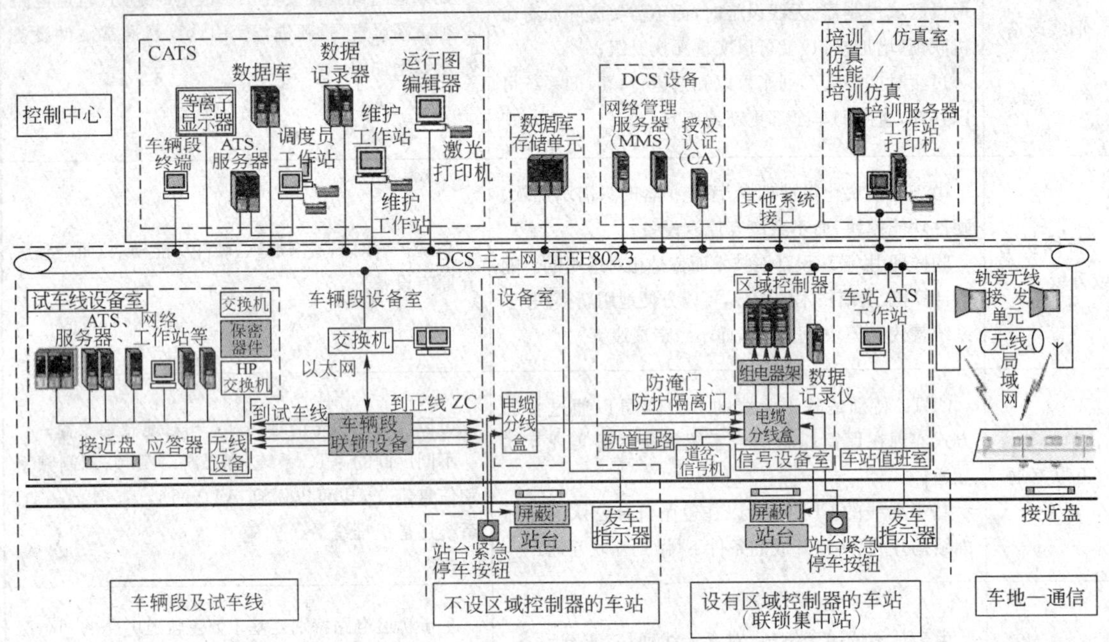

图 7-42　CBTC 系统设备示意图(例)

每个连锁车站设有一个 ATS 工作站,该工作站与数据通信系统冗余连接。在中央 ATS 故障时,可以进行本地控制。每个联锁车站都有一台数据记录器,记录区域控制器之间传送和接收的网络信息。

4)车载设备

列车上的设备包括:一个车载控制器(VOBC),两个移动无线设备和两个驾驶员显示器(TOD)。车载控制器具有三台处理单元,为冗余的三取二配置。车载控制器也是模块化结构,具有可再配置、可再编程和可扩展性。

驾驶员显示与车载控制器接口给出以下显示:

(1)对驾驶员的信息显示。最大允许速度、当前运行速度、到站距离、列车运行模式、停站时间倒计时、系统出错信息等。

(2)驾驶员输入信息。输入驾驶员身份、列车运行模式及其他开关、按钮的输入。

3. CBTC 系统的系统结构

CBTC 系统结构概念示意图如图 7-43 所示。从该图可以看出,CBTC 的主要组成部分有:ATS、列车自动监控子系统 DSU、数据库存储单元 ZC、区域控制器 VOBC、车载控制器 DCS、数据通信系统(包括骨干网、网络交换

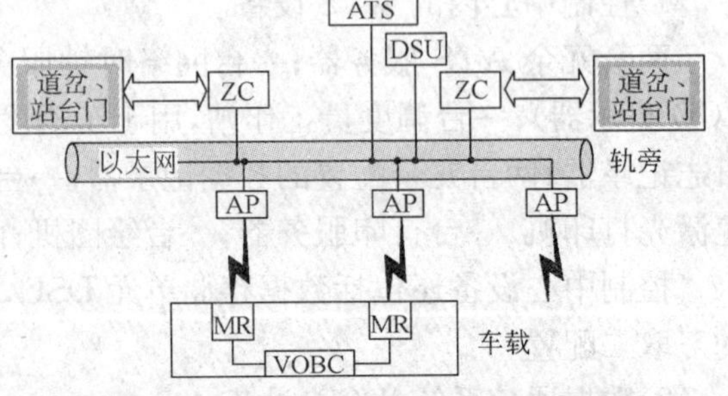

图 7-43　CBTC 系统结构概念示意图

机、无线接入点及车载移动无线设备)。

系统的安全型组成部分,是列车上的车载控制器(VOBC)、轨旁区域控制器(ZC)和位于中央的数据库存储单元(DSU)。

列车控制子系统之间的逻辑接口有:列车自动监控(ATS)与区域控制器、ATS与车载控制器、ATS与驾驶员显示、ATS与数据通信系统(DCS)、区域控制器与车载控制器(本区域内的列车)、区域控制器与区域控制器、车载控制器与驾驶员显示、车载控制器与车载控制器(同一列车)。

1)车载控制器(VOBC)

车载控制器通过检测轨道上的应答器,从数据库中检索所收到的数据信息,以建立列车的绝对位置;车载控制器测量应答器之间的距离,并测量自探测到一个应答器后,列车所行驶的距离。数据库包括了所有相关的轨道信息,包括道岔位置、线路坡度、限速、停站地点等。

车载控制器具备列车自动防护(ATP)子系统和列车自动运行(ATO)子系统的所有功能。车载控制器主动开始与区域控制器(ZC)的通信。这意味着当列车进入区域控制器的控制区域时,无论是刚刚进入系统,或从一个区域控制器区域转移至另一个区域,列车会向区域控制器发送信息,表示列车已经进入该区域控制器的管辖区域。车载控制器通过数据通信系统与控制中心ATS直接通信。ATS周期性地接收到从各列车发来的列车所在位置和列车状态报告。

2)区域控制器(ZC)

区域控制器接收其控制范围内列车发出的所有位置信息;根据控制中心列车自动监控子系统ATS的进路请求,控制道岔、信号机,并完成联锁功能;并根据所管辖区域内轨道上障碍物位置,向所管辖区域的所有列车提供各自的移动授权;所谓"障碍物"包括列车、关闭区域、失去位置表示的道岔,以及任何外部产生的因素,如紧急停车按钮、站台屏蔽门、防淹门和隔离保护门的动作等;区域控制器还负责对相邻ZC的移动授权请求作出响应,完成列车从一个区域到另一个区域的交接。

3)列车自动监控子系统(ATS)

列车自动监控子系统(ATS)是一个非安全子系统,它为控制中心调度员提供人机界面。ATS的线路显示屏上,显示线路状态、信号设备状态、各列车位置、列车工作状态;同时也提供调度员的各种调度命令功能,如临时限速、车站"跳停"、关闭区域等。

ATS还具有远程控制系统所具有的设备诊断功能,包括列车的车载ATC设备的状态检测。ATS发出排列列车进路指令。它向区域控制器发送对应于每列车的排列进路指令,排列进路的指令必须和列车所接收的进路相一致。如果排列的进路不正确(如列车A分配到列车B的进路),相应的车载控制器将会检测到道岔设置和本列车的运行进路不符,从而阻止列车通过该道岔。

中央ATS(CATS)设备位于控制中心,车站ATS(LATS)设备位于区域控制器所在的联锁集中站的信号设备室。

4)数据库存储单元(DSU)

数据库存储单元是一个安全型设备,它包含了其他列车控制子系统使用的所有数据库和配置文件。区域控制器和车载控制器之间,使用一个安全的通信协议,从数据库存储单元下载线路数据库。线路数据库都有一个版本号,在每个区域控制器和数据库存储单元之间,每隔一定时间,就会对版本号进行交叉检测。当列车第一次进入系统时,以及之后每隔一定时间,在车载控制器和区域控制器之间也会进行相同的检测。

5)线路示意图的数据库表示

基于无线通信的CBTC系统,轨旁定向天线与车载天线之间,通过无线基站蜂窝网进行信息交换。无线蜂窝网采用重叠方式布置,保证信息的不间断交换。

轨旁区域控制器向列车发送的数据信息中,主要是至目标停车点的“进路地图”信息,即线路的拓扑结构。线路示意图由一系列的节点和边线来表示,包括轨道的分叉、运行方向的变更以及线路尽头等位置,这些都归纳为“节点”。不同节点的位置是数据库的主要内容。而连接两个“节点”的线路称为“边线”(Edge)。每个边线均有一个从起始节点到终止节点的默认运行方向,“边线”上的任何一点均由其与起始节点的距离来表示,这称为“偏移”(Offset)。所以线路上的位置均由“边线”、“偏移”矢量来定义,包括车站站台、道岔、应答器、速度区域边界、不同坡度的线路段等。

这些距离信息对于列车定位至关重要,因此,这种方式的CBTC,在轨旁还设有用于定位校正的信标。

6)数据通信系统(DCS)

数据通信系统开放性的系统设计原则是:对所有列车控制子系统提供IEEE 802.3(以太网)接口;对列车控制子系统是透明的;符合实时和吞吐量要求。列车控制子系统之间发送和接受IP报文,其中大多数列车控制子系统是移动的。数据通信系统对于这些传输的信息是完全透明的。

数据通信系统传送的是安全控制信息,但它本身不是一个安全系统。

IEEE802.3以太网标准用于整个局域网(LAN);IEEE802.11跳频、扩频技术的无线标准,用于网络内的所有无线移动通信。

与数据通信系统相连的任何两个节点之间,可以相互通信。数据通信系统可以在下列设备之间传送信息:区域控制器和相邻的区域控制器;区域控制器和车载控制器;ATS和区域控制器;ATS和车载控制器;ATS和数据库存储单元;数据库存储单元和车载控制器;数据库存储单元和区域控制器。

(1)数据通信系统(DCS)结构。数据通信系统对所有的列车子系统都是透明的,子系统之间的通信采用UDP/IP协议,数据通信系统完成报文通路。由于列车控制数据只占用不到10%的数据通信系统带宽,所以允许系统实现其他附加功能,如旅客广播系统(站台和车内)、旅客向导系统(站台和车内)、远程SCADA设备,以及车载视频监视系统等。

数据通信系统的系统结构图7-44所示。

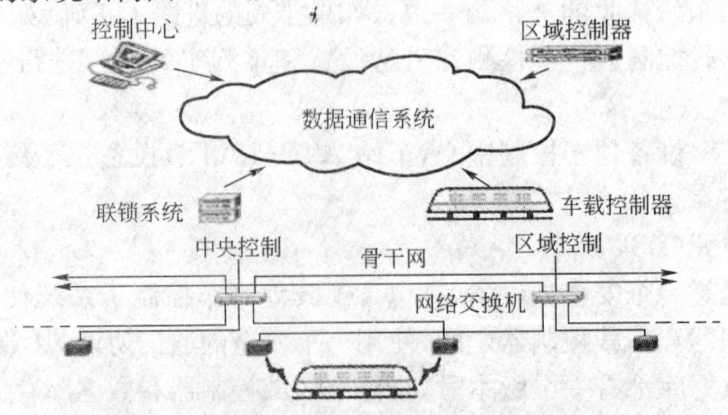

图7-44 无线CBTC的数据通信系统结构框图

(2)如何保证数据通信安全。由于采用无线通信，所以使数据通信公开化，如何保证数据通信的安全是个难题，为此采用以下解决方案。

DCS 安全系统使用标准的通信协议和动态的密钥管理，确保报文认证和编码的保密性，认证授权支持 IKE 协议，以便管理所有的密钥(证书)信息。也即所有对数据通信系统的接入，都要经过一个保安器件，所有收到的无效报文都由保安器件识别抛弃；中央认证机构向保安器件发布认证授权证书，如图 7-45 所示。

通信协议由三个核心部分组成。真实性报头(AH)：证实一个信息包的发送身份，并证实该信息包的真实性；封装的保安有效报文(ESP)：在传输前，将一个包加密和证实；因特网密钥交换(IKE)：管理发送器和接收者保安密钥的传送(动态密钥，不断更新)。所以一个基于开放标准的数据通信系统，提供了单一无缝隙的 IP 网络，有良好的 IEEE 802.3 接口功能，一个符合 IEEE 802.11 接口标准的无线局域网，并向下兼容，有充裕的带宽，可用于先进的列车控制和辅助车载性能。

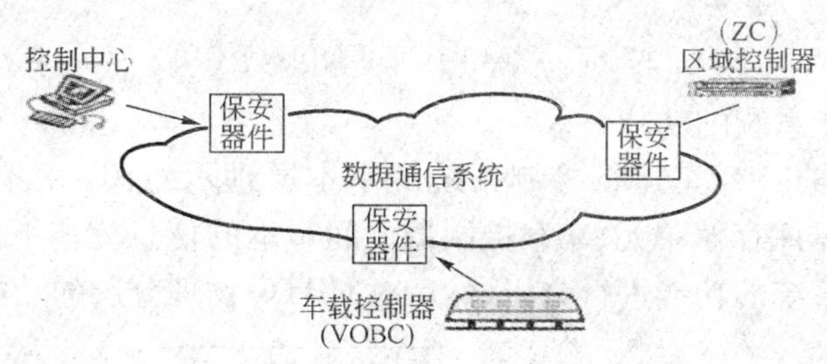

图 7-45　无线 CBTC 数据通信系统安全结构示意图

(3)采用开放标准接口。作为列车控制子系统间的接口标准为 IEEE 802.3，作为无线通信接口标准为 IEEE 802.11。IEEE 802.3 和 IEEE 802.11 均支持互联网协议 IP。

(4)列车与轨旁间采用两条数据通道。两套车载无线设备均与车载控制器连接(冗余)，所以区域控制器通过两个轨旁无线设备向车载控制器传送报文。车载控制器也分别通过两个车载无线设备向区域控制器发送应答信息。

(5)无线通信技术。IEEE 802.11 其指定 FHSS(跳频扩频)的运营频率范围为：2.4～2.485GHz，带宽为 79MHz。FHSS 采用正交跳频序列，以防干扰，支持分段序列传输，支持多个 WLAN 蜂窝，具有桥接能力。

轨旁无线蜂窝，以 100%的重叠率进行设计，保证在一个无线基站故障时，列车信号不丢失。至于车载无线设备与哪一个轨旁无线基站进行通信，取决于对信号强度的计算。如果本蜂窝区域的无线信号强度低于某一门限值，车载无线设备会自动转换到下一个有可接收信号强度的轨旁无线电蜂窝。

4. 无线 CBTC“虚拟闭塞”的主要功能

1)虚拟闭塞概念

基于 Radio 通信的 CBTC 与上述基于感应环线通信的 CBTC 移动闭塞方式，主要区别在于通信方式的不同。后者两个列车的间隔虽然也是动态的，但这与感应环线的长度及交叉有关，在一定程度上它受硬件设备的物理限制。而无线 CBTC 可以理解为虚拟闭塞系统，它不是由物理上的闭塞分区定义的，而是由区域控制器内数据库来定义。虚拟闭塞分区的设计是根据对行车间隔的需要而进行划分，而且没有实际硬件设备来限制边界，虚拟闭塞分区的边界很容易进行动态调整。当然其虚拟闭塞分区的数量和长度也不受硬件的物理限制，如图 7-46 所示。

区域控制器根据占用虚拟分区的前行列车位置，对后续列车发出移动授权，允许运行至虚拟闭塞分区的边界点，这一点便是后续列车运行的目标点。我们把这目标点称为正常运行停车点。该目标点与前行列车尾部还留有安全距离(Safety Distance)。它包括最不利情况下，列车启动紧急制动所需的安全距离和附加的防护距离。防护距离是后续列车在最不利情况下的运行距离，在车上通过计算而得，其中还包括列车的不确定因素，如打滑、空转、轮径补偿等。因而这个防护距离既是固定的，也是动态的。移动授权极限点由区域控制器传给车载控制器。当列车接近移动授权极限点时，降低速度，缩短安全距离。

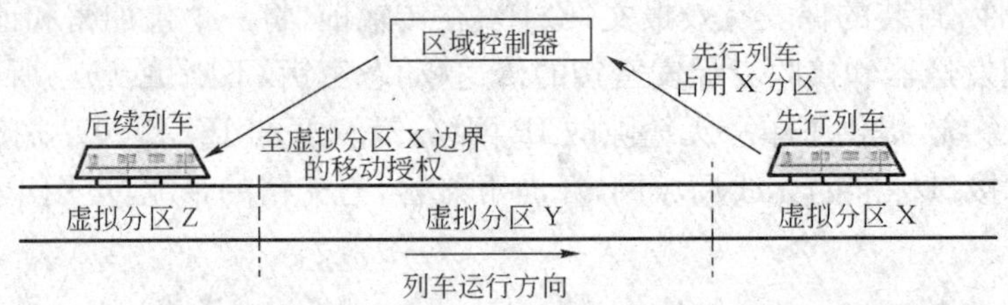

图 7-46　无线 CBTC 的虚拟闭塞示意图

2)列车运行控制子系统的功能

图 7-47 所示为 CBTC 列车运行控制系统的基本原理示意图。由图可以看出控制中心 ATS、区域控制器、数据库存储单元、车载控制器之间基本的信息流。下面我们先对列车运行自动控制系统三个子系统的功能进行分析，然后对 CBTC 物理分层的功能进行分析。

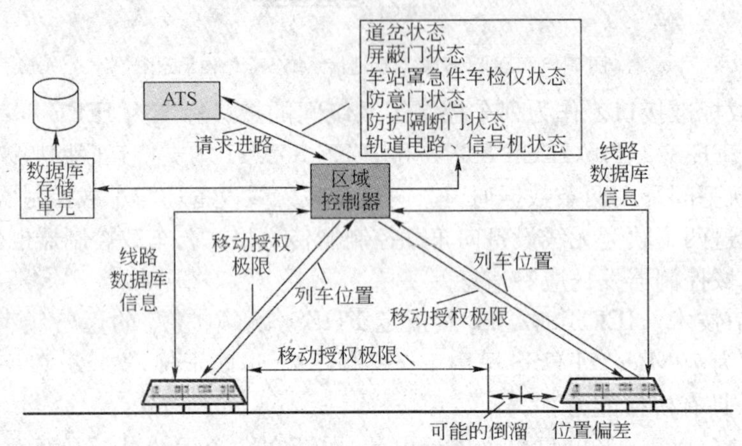

图 7-47　CBTC 列车运行控制系统的基本原理图

(1)ATS 子系统功能。ATS 子系统为中心调度员提供用户操作界面，ATS 的功能主要包括：显示全线线路及系统设备状态；列车运行轨迹；时刻表的生成和执行；列车进路的自动分配；调整列车间隔；时刻表调整；不同运行类型的速度曲线选择；交叉点优先权；站台或者线路区域封锁；为发车指示器设置停站时间；执行临时限速；设置乘客信息系统文本；事件记录以及报告生成；重放等。其功能可以归纳为：

①监视和显示功能。列车位置及功能的监视；列车控制子系统功能状况的监视；道岔、站台、屏蔽门及侵入轨道障碍物的监视和显示。

②列车运行调整控制功能。基于运行线分配的列车进路排列；根据系统延迟或调度员要求，调整列车运行参数，按时刻表要求对列车运行进行调整，以保证运行间隔和运行图的实施。

③管理、维护。为管理报表、维护及运营分析收集数据，提供完善的人机界面。

④接口。提供站台乘客广播系统接口，提供站台旅客向导系统界面、SCADA 命令和状态显示，并与远程 SCADA 单元接口相连。

⑤车站程序停车。实现车站的程序定位停车，包括车门操作、站台屏蔽门控制命令与轨旁通信，实现停站时分控制；车载广播的触发、报警监督；并向 ATS 报告等。

(2)ATP 子系统功能。基于车—地间无线“通信”，连续地检测整个系统内的列车位置；根据必须的最小安全停车距离，控制列车间的安全间隔；在证实道岔位置正确，并已锁闭的前提下，才允许列车进入该道岔区域；根据安全运行要求，按驾驶模式规定的速度，限制列车运行速度，也可以临时进行速度限制；定位停车点的核准和“零速”检测；实现制动和牵引的联锁；提供车门安全联锁；实现屏蔽门和列车门的联锁；监督所有列车的运行方向；监督列车的倒溜，监督车辆非预期的运动；列车完整性监督；轮径校准，空转/打滑检测和补偿；防淹门和防护隔离门监督；紧急停车按钮监督；关键报警和事件的记录。

(3)ATO 子系统功能。ATO 子系统，根据 ATS 所提供的运行类型，提供符合乘客舒适度标准的列车运行速度；为列车在区间运行，提供相应的速度曲线；确认启动坡度；实现车站“跳停”。

当车站“扣车”功能启用时，驾驶员可以开/关列车门。

实现车站程序定位停车，使停车精度达到±0.25m；并提供列车将会打开哪侧门的信息；只有在列车停于定位停车点，并且施加了停车制动的条件下，才能打开车门；关列车门。

给驾驶员显示单元(TOD)发送信息；“报警”信息的监控并向 ATS 报告。

3)CBTC 系统物理分层的功能分析

从物理位置而言，基于无线通信的 CBTC 系统包括三个功能层次：中央、轨旁以及车载，如图 7-48 所示。

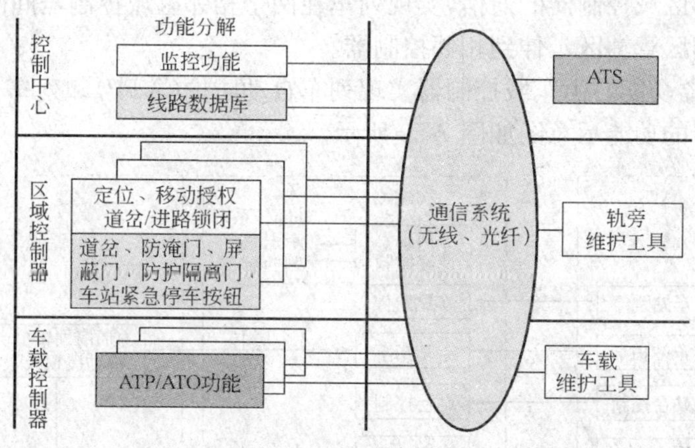

图 7-48　CBTC 系统功能结构示意图

(1)区域控制器的功能。区域控制器是故障导向安全的轨旁子系统。每个联锁区设置一个区域控制器，而且以三取二的冗余配置。由区域控制器实现与所控制区域内所有列车的安全信息通信，完成联锁功能，并向所管辖区域内每列车发送移动授权。区域控制器功能示意图如图 7-49 所示。

①跟踪列车和发出移动授权。区域控制器基于来自列车的位置报告而跟踪列车，从而为所控制区域内的每列车确定移动授权。列车在 3s 内接收不到移动授权信息，也即连续 6 次失去安全通信，则列车会紧急制动。

②排列进路。由 ATS 完成选路，区域控制器对道岔实施控制和状态监视，当列车通过和接近道岔时，防止道岔的转换，而且在确保道岔转到正确的位置、锁闭之后，才允许列车进入道岔区域。

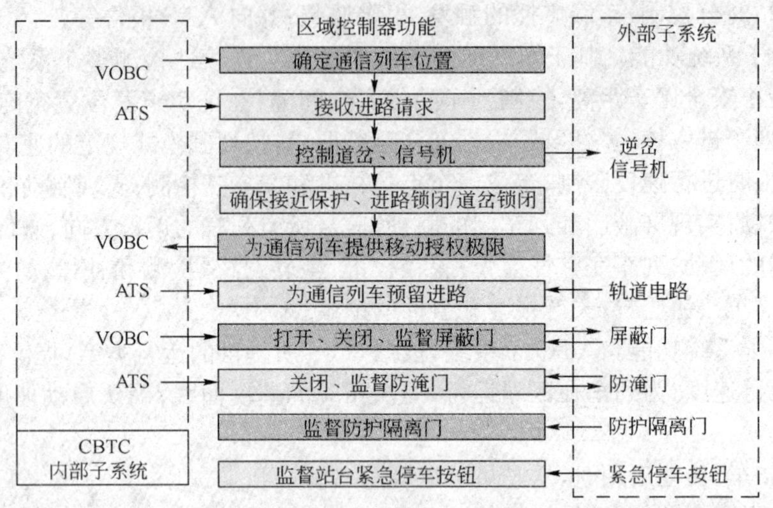

图 7-49 CBTC 区域控制器功能框图

③与 ATS 通信。处理来自 ATS 的列车进路命令，向 ATS 报告道岔状态和轨道占用情况，以及告警、出错信息。

④站台屏蔽门的控制和状态监视。

⑤侵入轨道的障碍物的监视和检出。

⑥实现与相邻区域控制器的通信，实现列车在两个相邻区域控制器间的交接，并将列车移动授权由一个控制区管辖区延伸到相邻控制器。

(2)车载控制器功能。由车载控制器实现列车自动防护(ATP)和列车自动运行(ATO)的功能。车载控制器的功能示意图如图 7-50 所示。

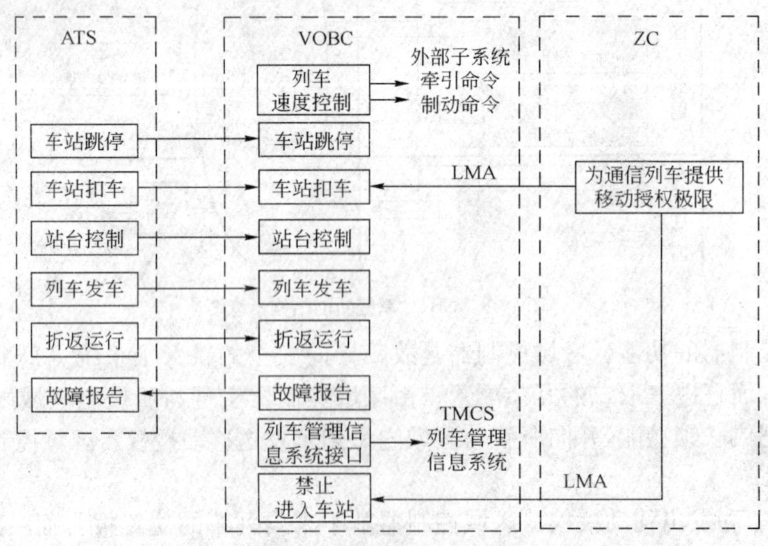

图 7-50 CBTC 车载控制器功能

①确定列车位置。列车在线路上检测到两个相邻的应答器,便实现列车位置定位的初始化。然后列车根据测速传感器和加速度计,对运行过程的距离进一步细化定位,由于线路数据库唯一地定义了线路上的所有位置,所以运行过程中检测到轨道应答器(信标)所提供的同步点信息,实现列车的定位校正。而列车实际定位位置,应根据列车向区域控制器报告的列车车头和车尾位置,加上车头、车尾的不确定误差和在报告传输过程中的运行距离(估计),还应该考虑先行列车尾部潜在的倒溜距离,所以真正的列车"定位"原理示意,如图 7-51 所示。

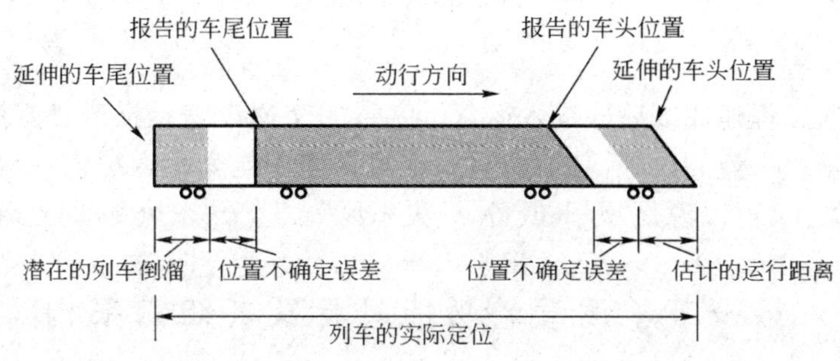

图 7-51　CBTC 列车定位原理示意图

②强制执行移动授权控制。根据区域控制器对列车的移动授权命令,由车载控制器执行移动授权控制,动态计算安全距离,以确定列车目标运行速度,监督由测速传感器测得的实际速度不超过到达目标点的目标速度,并进行防倒溜监督和障碍移动监督(在自动模式下)。在安全运行速度限制范围,调整列车速度。

③车门控制和安全联锁。只有当列车到达定位停车点,才允许相应侧的车门开启。

④列车完整性的检测和根据乘客舒适标准控制列车移动。

第八章　城市轨道交通运营管理

城市轨道交通工程建成以后即投入运营。完善的交通设施是提供良好服务的物质基础，但光有硬件还不够。一流的设施，必须加上一流的管理才能为乘客提供一流的服务。城市轨道交通工程顺利竣工，可以说是“万事俱备，只欠东风”。这个“东风”就是运营管理。

第一节　运营的功能目标及其组织架构

管理活动开始于确定最终目标。那么，城市轨道交通运营管理的最终目标是什么？

从运营功能角度，城市轨道交通大致可以分为三个子系统：列车运行系统、客运服务系统和检修保障系统。这三个子系统的总目标就是不间断地运送乘客，让他们安全、准时地抵达目的地。运营企业在提供客运服务的同时，也在不断地产生城市轨道交通唯一的产品——客运周转量，而为社会提供这一产品的同时，运营企业也有了主要的经济来源。

一、城市轨道交通运营的功能要求

城市客运交通系统的功能可以描述为“利用可能的交通形式，在最短的时间内，将城市内某一位置的服务对象，送达其所希望到达的另一位置。同时，服务对象要求这种服务安全、舒适、经济”。这就是城市客运交通应当具备的“快速性、可达性、安全性、舒适性、经济性”五项基本功能。城市轨道交通作为城市客运交通的一个重要子系统，显然这五项基本功能也是乘客对城市轨道交通系统的基本需求。

围绕这一功能目标，城市轨道交通网络的设计者、运营者以及城市管理者承担着不同的责任和义务。对于网络设计者，应该进行人性化设计，设计和建设要贯彻一切服务运营的理念，把满足运营需求作为设计的出发点和归宿，最大限度地方便未来的运营管理，提高运营效率。线路设计要充分考虑乘客的需要，努力增强线路的吸引能力，提高列车旅行速度和服务频率，方便乘客乘车、换乘，降低乘客出行成本，以提供舒适、快捷、安全的运输服务，实现以人为本的运营功能。

要求运营者加强交通管理，搞好交通服务，保障交通安全；优化配置运输设备，为乘客提供良好的运输环境。

要求城市管理者正确把握城市轨道交通的社会功能，倡导公交优先，引导城市科学发展；建设轨道交通不是以盈利为主要目的，而是为了实现缓解城市交通压力，安全、快捷地输送城市内部客流和城际客流，支持城市乃至整个区域的经济和社会发展。

二、城市轨道交通运营管理架构

系统的结构决定系统的功能。系统功能的实现，需要有组织机构来提供保证。

1.运营组织构架的设置原则

运营的组织构架是指，在运营组织内部，为完成运营目标和功能而确定的其构成要素以及它们之间的相互关系，主要涵盖组织内部各部门的机构设置及其功能定位、权限划分(控制机制)以及组织内部的协调等。

轨道交通线路运营组织的构架设置，应按照“精简高效、设置合理、权责分明、统一协调”的原则，对运营组织构架和职责进行分析；在进行管理层次和跨度的设计时，应考虑到地铁运营的特点；组织内部各部门的架构设置，要做到在公司整体运营目标下，能够充分发挥各部门的功能和积极性；各部门的岗位职责、权利和义务必须明确，这样才有助于内部协调和人力资源管理；随着组织内外互相交往和渗透的扩大和深化，为了适应组织运营活动和条件的变化，应建立起灵活的组织构架，使组织能够得到重新整合和加强。

2.运营组织构架设置的总体思路

为实现轨道交通服务城市交通的社会功能，运营组织构架设置的总体思路如下。

(1)参考国内外地铁行业运营构架的成功经验，结合本市轨道交通线网的构成和规模，提出符合本市轨道交通运营特点的组织构架方案。

(2)运营组织构架必须与公司的发展战略相匹配，符合轨道交通各线路运营实际，精简高效、设置合理，保持适度的管理层次，充分考虑公司资源状况、经营管理水平、技术差异、运营模式等因素。

(3)遵循公司一体化经营的管理理念，运营组织构架必须充分发挥公司一体化运作优势。

(4)设置富有弹性或灵活性的运营组织构架，根据城市轨道交通的发展，组织构架设置需要结合线网建设时序，近远结合、统筹规划，充分考虑不同线路技术资源和管理资源的共享。

(5)组织构架既要考虑其科学性、合理性，又要考虑到可操作性和可控性。

3.运营管理架构特征分析

1)运营管理与基础设施(维修)的关系

(1)运营和维修不分开，并为国有制的独立自主的地铁企业(如莫斯科地铁、纽约 MTA、纽约 PATH、东京 TRTA、东京 TOEI、新德里 DMRC)。

(2)运营和维修不分开，公私合资的独立地铁企业(如香港 MTR 地铁)。

(3)运营和维修分开，运营部分体制为公有制的独立自主的地铁企业(如伦敦地铁)。

(4)运营和维修分开，运营部分体制为私有制的地铁企业(如新加坡 SMRT 地铁)。

基础设施(维修)和运营管理(运营)分离，这种理论上理想的地铁组织模式始于 20 世纪 90 年代。基础设施属于国家和市政府所有，由一个或多个企业负责维护保障(大部分是以公私合营的方式，如伦敦 INFRACO)，并由一个或多个企业(公有的，PPP，或者甚至是私有的)经营该系统(如伦敦 LUL)。目前上海、南京等城市也采用该模式。

2)线网规模与运营管理体制的联系

(1)小规模网络：小于 5 条线路的轨道交通网络系统。

小规模网络一般为中小城市的城市轨道交通网络系统，或大城市轨道交通网络系统的初始阶段。其特点是线路间依赖性小，呈现单线运营特点，即线路是以相对自给自足的方式运营。

大城市发达网络系统处于小规模网络运营阶段时，必须根据所有线路完成后的最终情况，从总体上来规划系统，必须为正在发展中的更多的线路逐步结合做好准备。

图 8-1 为小规模网络运营管理的构架图，其地铁系统只有直接的组织结构，各条线路单独

管理。由各条线路经理或由一个独立运营的公司负责重要的运营职能，负责所有的承包者的职责（运营、维修、管理、安全，职工），并完成这些工作。

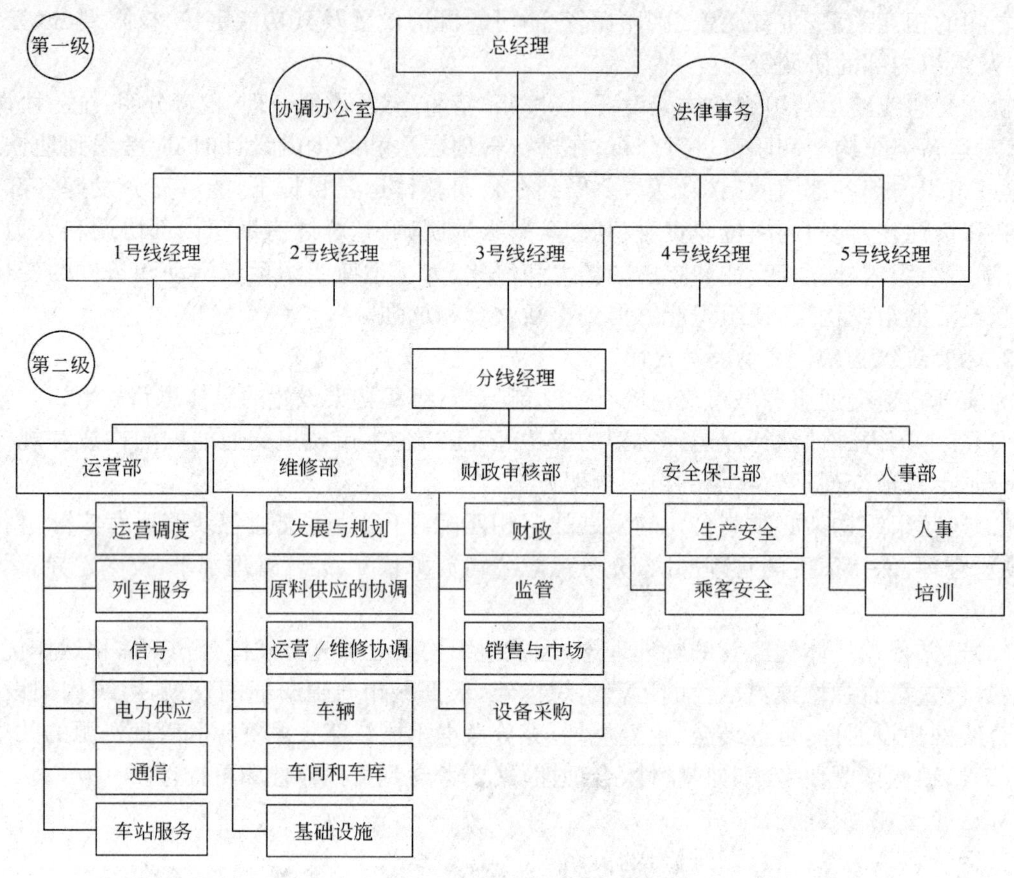

图 8-1　小规模网络运营管理构架

(2)中等规模网络：大于等于 5 条、小于 10 条线路的轨道交通网络系统。

对于中等规模的地铁企业而言，应建立一个中央组织结构，以便使财政、运营（运营、维修、安全）、人力资源等功能发挥整体效用。这样做的目的是从运输和经济的角度最有效地利用规模经济学。

如图 8-2 所示，中等规模网络必须强调系统的网络功能（从交通方面和技术方面），因为网络的进一步延伸将直接影响现存的地铁线路，这样就要求进行运营调整，这些调整只能以合作方式和进行中央管理才能实现。

(3)大规模网络：大于等于 10 条线路的轨道交通网络系统。

如图 8-3 所示，大规模网络需要通过多种经营和专业化来扩大中央组织结构。

①运营（运营部门，维修部门）；

②财务（管理、营销与销售的权能中心）；

③人力资源的权能中心；

④安全与保卫的权能中心。

而且，考虑到技术或运营主要条件方面现存的差异，运营部门可以根据分工而再细分。网络中大数量的连接和换乘的客流需要整个系统全盘考虑，以便通过最经济的、协调的服务提供取得最可能好的业绩。

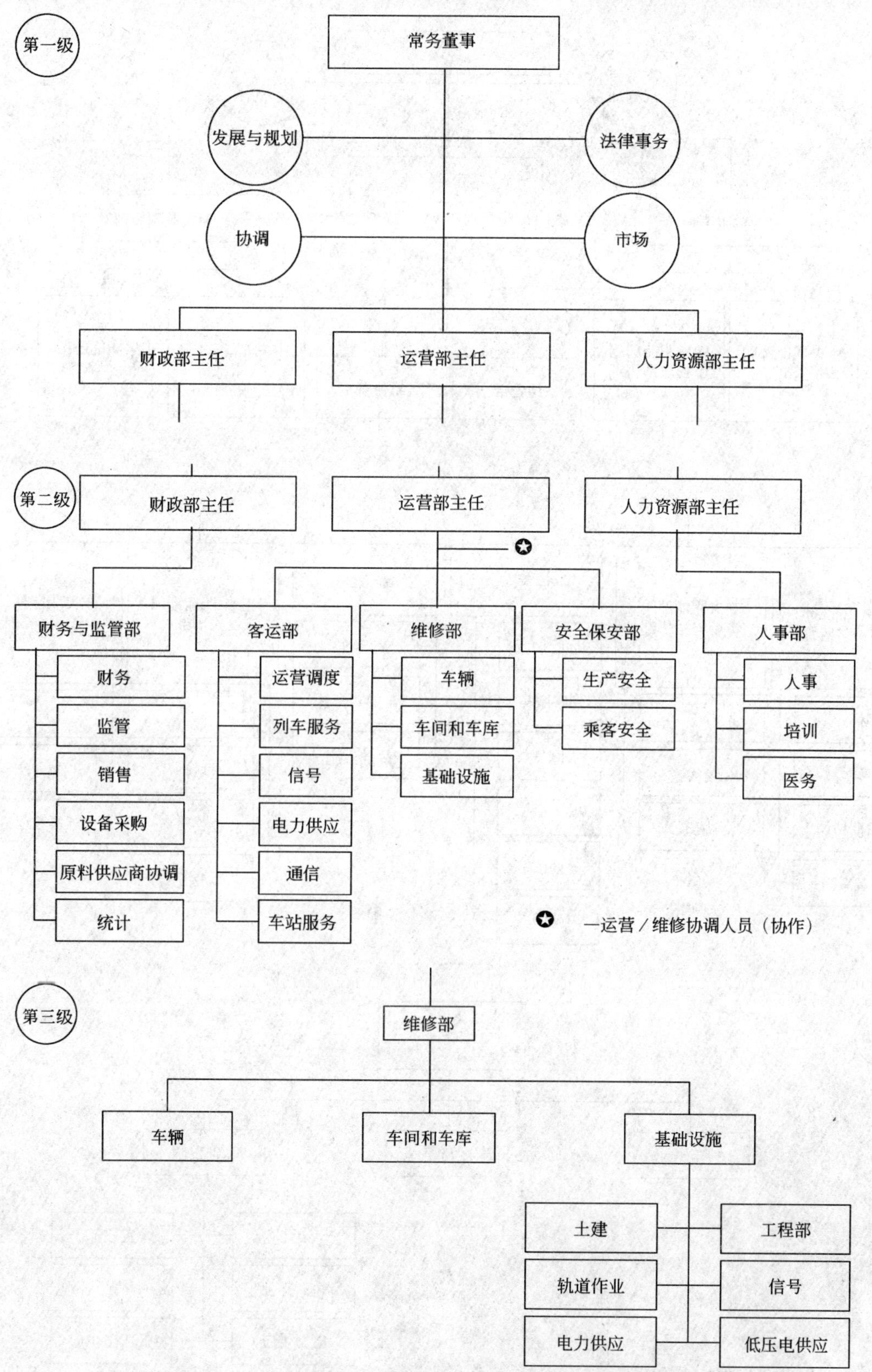

图 8-2　中等规模网络运营管理构架图

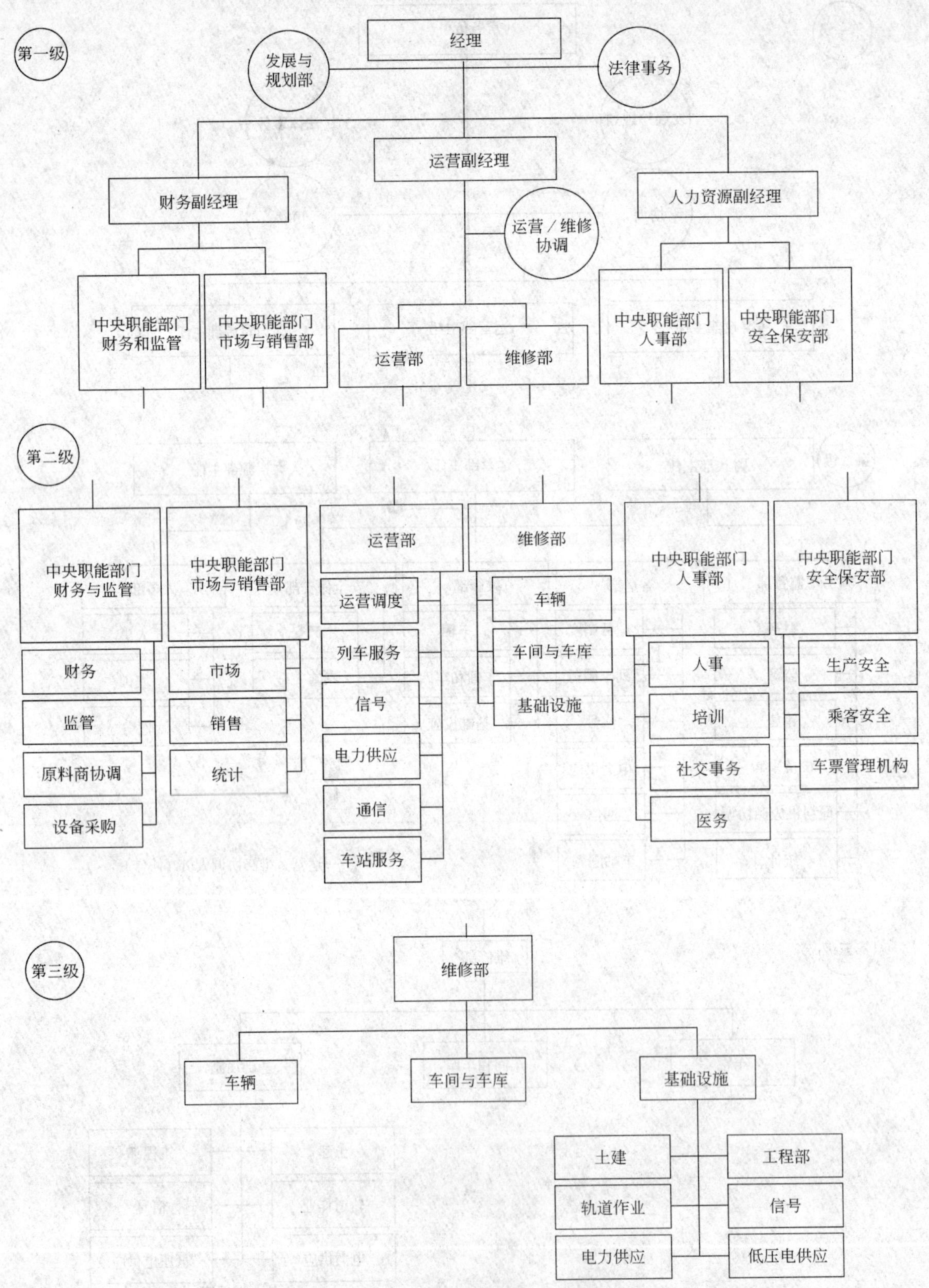

图 8-3　大规模网络运营管理构架图

3)运营管理的相对集中性

对于线路交通线路数目较多的城市轨道交通网络，运营企业将整个轨道交通网络作为一个整体进行运营管理和协调优化。对于中型、大型网络规模的轨道交通运营管理，其经营相对集中，主要采用由一家独立经营，或以一家为经营主体、其余辅助的管理模式。

例如，日本的地铁线路由两家公司联合运营，且以负责8条地铁线路运营的东京地下铁株式会社(Tokyo Metro Co. Ltd.)为主；巴黎的巴黎运输自治公社(RATP)负责运营整个巴黎地区的地铁网络，而法国国有铁路公司(SNCF)只负责部分RER线路的运营；伦敦地下铁道公司(London Underground)负责所有地铁线路的运营；纽约的地铁系统都在纽约市运输局(MTA)的管理下运营。

相对集中的经营管理，有利于整个城市轨道交通的资源整合、系统协调，更好地发挥地铁网络的优越性。

(1)综合系统经营提高效率，在各条线之间和与其他交通工具(如电车、公共汽车、短途及长途的铁路交通，需要停车及乘车机动化私人交通工具等)之间的多种换乘关系产生了必然的高客流量，满足了乘客短而复杂的出行要求。各条线路经营者可能抱有的利己主义就被排除在外，确保在服务提供、服务间隔、执行质量上得到最佳匹配。

(2)统一的地铁系统形象，统一的质量和服务标准，能够提高乘客满意度。

(3)有助于在整个网络中创建和巩固统一的收费系统。

(4)整个系统的运营和维修标准化，互相协调。

第二节　行　车　组　织

一、列车运行组织

1. 运行方式

目前城市轨道交通的运行方式有如下两种。

1)独立运行

指一条轨道交通线自成系统，独立组织列车在本线路上运行，与其他轨道交通线路间只有乘客的换乘，无列车的跨线运行。在国内外的轨道交通运营中，大多数线路采用独立运行方式。

2)共线运行

共线运行是指在相邻的两条或多条轨道交通线路中，运营列车交路从一条线路跨越到另一条线路，存在着两条或多条列车交路共用某一区段的情况。共线运营的部分线路称为共线段。

共线运行方式在欧美和日本的城市轨道交通系统中被广泛推广应用。尤其在日本，参与共线运行的轨道交通公司总数占日本所有轨道交通公司总数的55%。除香港外，目前国内唯一投入运营的共线运行线路在上海，如图8-4所示，轨道交通3、4号线在宝山路站～虹桥路站的9站8区间内共线运行。

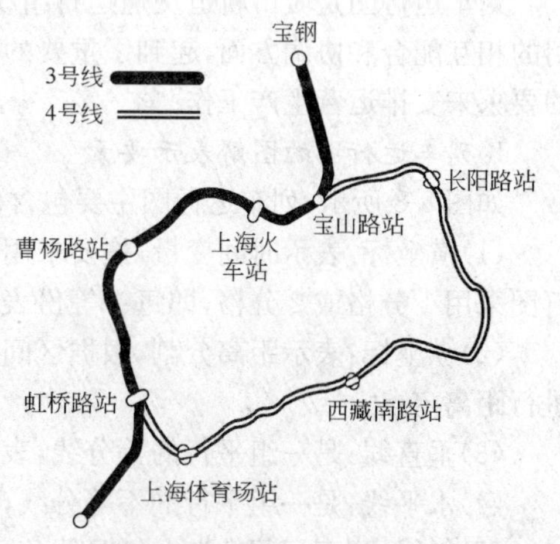

图8-4　上海轨道交通3、4号线线路示意图

2. 行车交路

列车运行方案主要有三种形式：大小交路运行方案（图 8-5）、交错运行交路方案（图 8-6）、分段运行交路方案，如市区线和郊区线分段运营（图 8-7）。在对这三种交路方式进行运营方案设计时，需要对不同交路的起终点、不同交路内列车开行对数进行合理设置，尽可能减少乘客的换乘次数和候车时间，充分发挥线路的通过能力，满足各区段不同的输送能力需求。

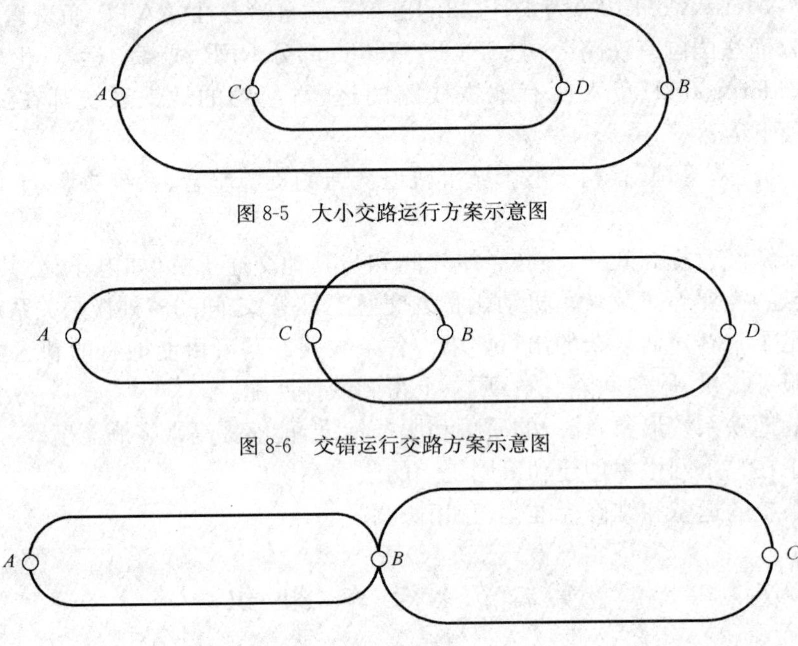

图 8-5　大小交路运行方案示意图

图 8-6　交错运行交路方案示意图

图 8-7　分段运行交路方案示意图

二、列车运行图

列车运行图是利用坐标原理表示列车运行状况的一种图解方式。它规定了各次列车占用区间的顺序、列车在一个车站的到达和出发（或通过）的时刻、列车在区间的运行时分、列车在车站的停站时分、折返站列车折返作业时间及列车出入场时刻等行车信息。

列车运行图是城市轨道交通运行组织的综合性计划，在保证城市轨道交通线路运营各部门的相互配合和协调方面，起到了重要的组织作用，各业务部门都需要根据列车运行图所规定的要求来安排运营生产工作。

1. 列车运行图的图解表示要素

如图 8-8 所示，列车运行图主要包含 7 个要素。

(1)横坐标：表示时间变量，按要求用一定的比例进行时间划分，一般城市轨道交通列车运行图采用 1 分格或 2 分格，即每一等份表示 1min 或 2min。

(2)纵坐标：表示距离分割，根据区间实际里程，采用规定的比例，以车站中心线所在位置进行距离定点。

(3)垂直线：是一组平行的等分线，表示时间等分段。

(4)水平线：是一组平行的不等分线，表示各个车站中心线所在的位置。

(5)斜线：列车运行轨迹（径路）线，一般以上斜线表示上行列车，下斜线表示下行列车。

(6)在列车运行图上，列车运行线与车站的交点即表示该列车到达、出发或通过的时刻。

(7)在列车运行图上,每个列车均有不同的车号与车次。一般按不同的列车类别规定代号与列车号。

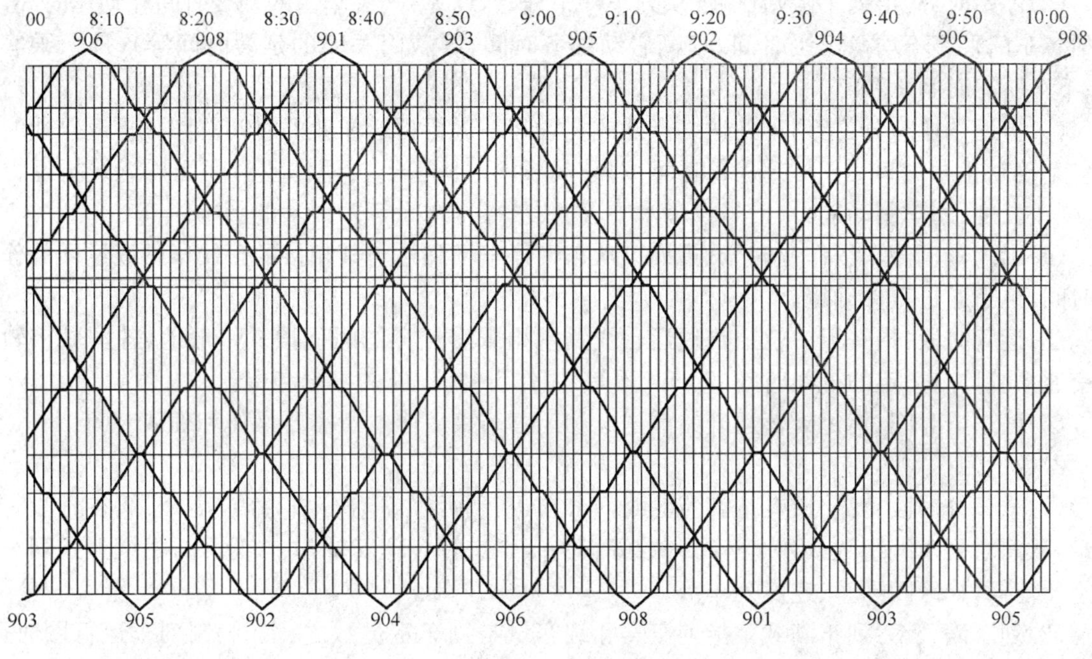

图 8-8 列车运行图

2.列车运行图的格式与分类

1)列车运行图的格式

(1)一分格运行图:它的横轴以 1min 为单位,用细竖线加以划分,10min 格和小时格用较粗的竖线表示。主要在编制新运行图和调度指挥时使用。

(2)二分格运行图:它的横轴以 2min 为单位,用细竖线加以划分,常用于市郊铁路运行图的编制。

(3)十分格运行图:它的横轴以 10min 为单位,用细竖线加以划分;半小时格用虚线表示,小时格用较粗的竖线表示,主要用于调度在日常指挥中绘制实绩运行图。

(4)小时格运行图:它的横轴以小时(h)为单位,用竖线加以划分,主要在编制旅客列车方案图和机车周转图时使用。

(5)在列车运行图上,以横线表示车站中心线的位置,一般以细线表示中间站,以较粗的线表示换乘站或有折返作业的车站。

2)列车运行图的分类

(1)按区间正线数分:单线运行图和双线运行图。

(2)按列车之间运行速度差异分:平行运行图和非平行运行图。

(3)按上下行方向的列车数分:成对运行图和不成对运行图。

(4)按同方向列车运行方式分:连发运行图和追踪运行图。

(5)按使用范围分:日常运行图、节假日运行图、其他特殊运行图。

城市轨道交通系统的列车运行图因其系统特征所致,一般均为双线成对追踪平行运行图。

3.列车运行图的组成要素

城市轨道交通列车运行图组成要素在内容上有时间要素、数量要素、相关要素三类。

1)时间要素

(1)区间运行时分:指相邻车站之间的运行时分,需经列车牵引计算和实际查标后确定。

(2)停站时分:指列车停站作业(从列车停车开始,计算开、关车门的预警时间和动作时间,包括各车门乘客不均衡延缓时间,车辆启动准备时间,屏蔽门关闭的延缓时间等),加上乘客上、下车所需时间总和。

(3)折返作业时分:指列车到达终点站或在区间站进行折返作业的时间总和。折返作业时分包括确认信号时间、出入折返线时间、驾驶员换岗时间等。折返作业时间受折返线折返方式、列车长度、列车制动能力、信号设备水平、驾驶员操作水平等多因素的影响。

(4)出入车辆停车场作业时分:指列车从车辆停车场到达与其相接的正线车站或返回的作业时间,也需通过查标确定。

(5)运营时段:指一天中轨道交通运营线路承担载客任务的时间段。一般地,各国城市轨道交通系统均有一定的夜间时间(2~6h 不等)用作设备、设施的维修和保养。

(6)停送电时间:指每天营运开始前送电和运营结束后停电所需要操作和确认时间。

2)数量因素

(1)全日分时段客流分布:按客流的时间分布进行预测、调查分析,确定高峰、低谷时段客流量,从而对列车编组数或列车运行列数等相关因素进行合理安排,并作为开行不同形式列车的主要依据,如区间列车、连发列车等。

(2)列车满载率:列车满载率指列车实际载客量与列车定员数之比。编制列车运行图时,既要保证一定的列车满载率,又要留有一定余地,以应付某些不可测因素带来的客流量波动,同时也要考虑乘客的舒适水平。

(3)出入库能力:由于车辆基地与线路车站之间的出入库线有限,加之出入库列车插入正线受正线通过能力的影响,因此,每单位时段通过出入库进入运营线的最大列车数,即出入库能力,是编制列车运行图的一个重要因素。

(4)列车最大载客量:列车最大载客量即一个编制列车按车厢定员计算允许装载的最大乘客数,分为定员载客量和超载客量。

3)相关因素

(1)与其他交通方式的衔接:包括大交通系统,如铁路、港口、机场、公路交通枢纽等;城市交通方式如公交线路、车站布置、自行车停放、其他车辆停放等。

(2)与大型体育场所、娱乐、商业中心的衔接。这些场所会有突发性的客流冲击城市轨道交通,造成车站一时运力和人力安排的困难。

(3)列车检修作业:为保证列车状态完好,需均衡安排列车运行与检修时间,即使每个列车均有日常维护保养时间,又使各列车日走行公里数较为接近。

(4)列车试车作业:检修完的列车除了在车辆基地试验线试车外,某些项目有可能在正线上试车,此时需在运行图编制时考虑周全。

(5)驾驶员作息时间:根据驾驶员作息制度、交接班地点与方式、途中用餐等因素,均衡安排各个列车的运行线。

(6)车站的存车能力:线路上的车站大多数无存车线,在终点站、区间个别车站设有停车线,可存放一定数量列车,在日常运行时可作为停车维护用,在夜间可存放列车减少空驶里程,均衡早上运营发车秩序。

(7)电动列车的能耗:在计算、查定电动列车的各区间运行时分时,要协调区间的运行等级、限速与给电时间的关系,尽可能使之达到最佳。同时也要使同一区段同时启动的列车最少。

三、行车计划编制

1. 车站中心线的确定方法

1)按区间实际里程比率确定

按整个区段内各车站间实际里程的比例来画横线。采用这种方法时,列车运行图上的站间距完全反映实际情况,能明显地表示出站间距离的大小。但由于各区间的线路和纵断面不一样,使列车运行速度有所不同,这样,列车在整个区段的运行线往往是一条斜折线,既不整齐,也不易发现列车在区间运行时分上的差错,所以一般不采用这种方法。

2)按区间运行时分比率确定

按整个区段内各车站间列车运行时分的比例来画横线。采用这种方法时,可以使列车在整个区段运行线基本上是一条斜直线,即整齐,又美观,也容易发现列车在区间运行时分上的差错,故多被采用。

列车运行图上的列车运行线与车站中心线的交点,即为列车到、发或通过车站的时刻。根据列车运行图的不同格式,将其所有这些表示时刻的数字或符号,都填写在列车运行线与横线相交的钝角处。

2. 列车运行图的编制原则

(1)在保证安全可靠的条件下,通过提高列车运行旅行速度、压缩折返时间、减少出入库作业时间等方式,提高系统的运行效率和服务水平。

(2)编制低谷运行(早发车、晚收车时段)方案时,列车的最大运行间隔不宜超过 15min。在平峰时段,为避免乘客长时间等待,列车的最大运行间隔不宜超过 6min,见《城市轨道交通工程项目建设标准》(建标 104—2008)。

(3)充分利用线路的能力和车辆的能力,在折返能力较为紧张时,尽可能安排平行折返作业。当车辆周转达不到运营要求时,要通过改变交路方式等措施,合理安排车辆解决高峰客流组织。

(4)在保证运量需求的条件下,综合考虑高峰时段列车运行速度、折返时间、列车开行方式等要素,使运营列车数量达到最少,从而降低系统的车辆保有量与运营成本。

3. 列车运行图的编制步骤

在新线开通或线路客流量、技术设备和行车组织方式发生变化时,都需编制列车运行图。其编制步骤如下:

(1)按要求和编制目标确定编图的注意事项;

(2)收集编图资料,对有关问题组织调查研究和试验;

(3)对于修改运行图应总结分析现行列车运行图的完成情况和存在问题,提出改进意见;

(4)确定全日行车计划;

(5)计算所需运用列车数量;

(6)计算所需运用列车与草图;

(7)征求调度部门、行车和客运部门、车辆部门的意见,对行车运行方案进行调整;

(8)根据列车运行方案铺画详细的列车运行图、列车运行时刻表和编制说明;

(9)对列车运行图的编制质量进行全面的检查,并计算列车运行图的指标;

(10)将编制完毕的列车运行图、时刻表和编制说明报有关部门审核批准执行。

4. 制订全日行车计划

1)确定小时开行对数

根据全日分时段断面客流量资料，计算营业时间内最大客流断面每小时应开的列车数，注意设有短交路的线路，其长短交路相邻断面的列对也须予以计算。计算公式如下：

$$n = \frac{P_{max}}{q_{列} \times \beta_{线}} \tag{8-1}$$

式中：n——分时开行列车数，列或对；

P_{max}——最大单向断面客流量，人；

$q_{列}$——列车计算载客量，人/列；

$\beta_{线}$——线路断面满载率，%。

2)计算行车间隔时间，公式如下：

$$t_{间隔} = \frac{3\,600}{n} \tag{8-2}$$

3)编制全日行车计划

在高峰时段(一般为早晚)，可以按计算所得的列对数安排行车计划。编制非单一交路行车计划时，要注意不同交路列车的匹配比例，做到各区段内行车间隔的均衡性。

轨道交通各设计年限的列车运行间隔，应根据各设计年限预测客流量、列车编组及列车定员、系统服务水平、系统运输效率等因素综合确定。与高峰时段相比，非高峰时段列车的行车间隔可以有所增加。

第三节　线路运输能力

一、线路输送能力

输送能力是指在一定的车辆类型、信号设备、相关的配套设备和行车组织方式等条件下，轨道交通线在单位时间内(小时、日、年)所能运送的乘客量。轨道交通线路的设计运输能力，应满足预测的远期单向高峰小时最大断面客流量的需要。

高峰小时单向断面客流输送能力是一个很重要的指标，计算公式如下：

$$P = N \times q_{列} \times \beta_{线} \tag{8-3}$$

式中：P——高峰小时单向断面输送能力，人；

$q_{列}$——列车额定载客量，人；

$\beta_{线}$——线路断面满载率，%；

N——高峰小时单向通过的列车数，列/小时。

当 N 用线路最大通过能力代入时，计算结果即为线路最大断面输送能力 P。当 N 用不同设计年份的列车对数代入时，计算结果为相应年代的实际输送能力 P。在线路设计初期，必须考虑 P 应大于预测的高峰小时单向最大断面客流量 P_{max}，并留有适当的余地，以满足客流的波动。

二、折返能力

1. 折返方式

列车折返有站前折返、站后折返和混合折返三种。

(1)站前折返。站前折返是列车经由站前的渡线完成折返，列车无空车走行，折返时间较短，旅客乘降在同一站台进行，缩短了停站时间；此外，站线和折返线相结合，节省了工程投资。但由于侧向进(出)站，列车受到限速，乘客舒适度差；列车到发存在进路交叉，影响行车安全；上下车乘客同时上下车，在客流量大的情况下，站台乘客秩序会受到影响。

列车到发作业产生交叉干扰的条件是进路有交叉，并且占用进路的时间相同，两个条件必须同时具备才构成真正的进路交叉。在行车密度很大的情况下，采用站前折返方式要完全消除到发列车的干扰难度较大。所以站前折返方式宜用于起(终)点站和工程分期中的临时折返站，其主要站型如图 8-9 所示。

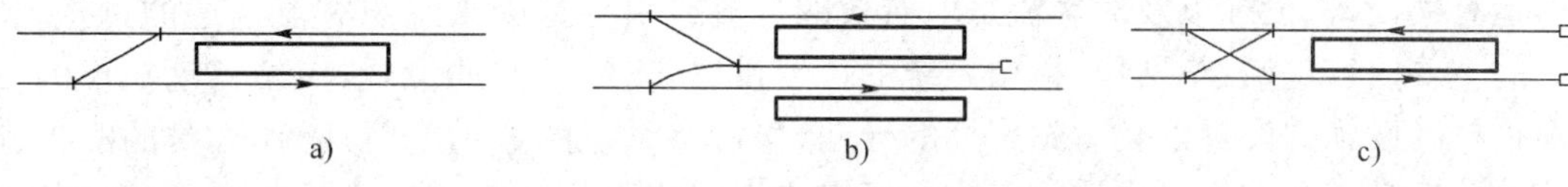

图 8-9　站前折返站型示意图

(2)站后折返。站后折返是列车先停站下客，然后经由站后的渡线或尽端式折返线完成折返，再在另一站台上客。

站后折返方式列车到发无交叉，行车安全，直向进出站速度高、乘客舒适、站台固定使用秩序好。站后折返的主要缺点是列车折返时间较长。所以站后折返在中间站和起终点都可采用，其主要站型如图 8-10 所示。

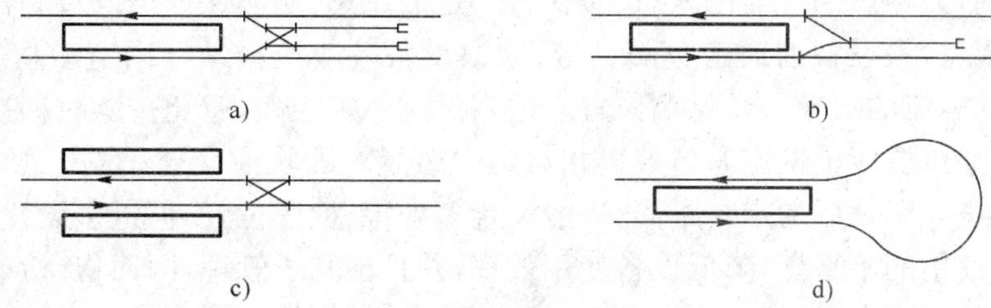

图 8-10　站后折返站型示意图

(3)混合折返方式。混合折返方式是在一个折返站上可进行站前和站后两种折返作业，其折返能力较大，但工程投资也较大，所以只有当在能力要求很大的起终点折返站上，或有另一条轨道交通线引入的折返站可以采用，其站型如图 8-11 所示。

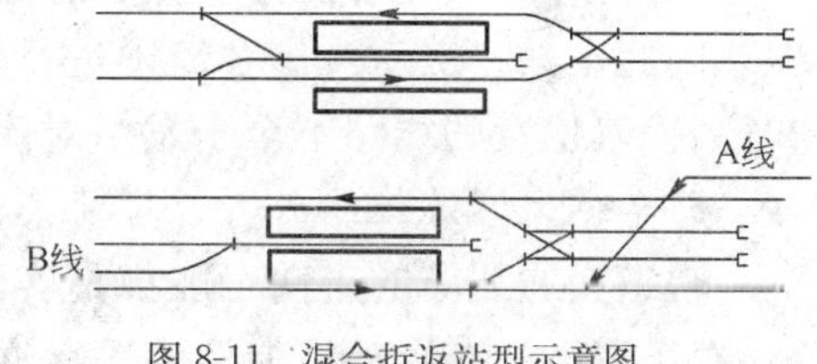

图 8-11　混合折返站型示意图

2. 折返能力计算

折返能力可按下式计算：

$$N_{折} = \frac{3\,600}{T_{折}}(对) \tag{8-4}$$

式中：$N_{折}$——折返站能力；

$T_{折}$——列车的折返间隔时间，s。

提高折返能力主要从以下几个方面着手：

(1)采用先进的信号系统，减少办理进路的时间和缩短安全距离。

(2)缩短道岔区长度，加大道岔的导曲线半径，提高列车的侧向过岔速度，可缩短侧向进出站和侧向进出折返线的时间。

(3)选用运行性能好的车辆，缩短驾驶系统换向的时间，使其不大于办理进路的时间。

(4)加强车站管理，优化客运组织，缩短上下客停站时间。

第四节　客 运 管 理

一、客流组织

1. 客流组织主要内容

轨道交通主要通过合理的客流组织来完成其大容量的客运任务。客流组织是通过合理布置客运有关设备、设施以及对客流采取有效的分流或引导措施来组织客流运送的过程。客流组织的主要内容包括：车站售、检票系统的位置设置，车站导向的设置，车站自动扶梯的设置，隔离栏杆等设施的设置以及车站广播的导向、售检票系统的数量配置、工作人员的配备、应急措施等。轨道交通客运工作的特点决定了客流组织应以保证客流运送的安全、保持客流运送过程的畅通、尽量减少乘客出行的时间、避免拥挤、便于大客流发生时的及时疏散为目的。

在运营管理中如何正确设置售、检票系统的位置，合理布置付费区，进行合理的导向对客流组织起着很重要的作用。在布置时一般要以符合运营时最大客流量、保持客流的畅通为原则，因此一般按以下要求进行布置。

(1)售、检票设备的位置与出入口、楼梯应保持一定距离。售、检票设备位置一般不设置在出入口、通道内，并尽量保持与出入口、楼梯有一定的距离，从而保证出入口和楼梯的畅通。

(2)保持售、检票设备前通道宽敞。售、检票设备一般选择站厅内宽敞位置设置，以便于售、检票设备前客流的疏导，售、检票位置应适当保持一定距离，避免排队时拥挤。

(3)售、检票位置应根据出入口数量相对集中布置。因轨道交通车站一般有多个出入口，为了减少乘客进入车站后的走行距离，一般设置多处售、检票位置，但过多设置售、检票的位置容易造成设备使用的不平衡，降低设备使用效率，并且不利于管理，因而售、检票位置应根据车站客流的大小相对集中布置。

(4)应尽量避免客流的对流。客流的对流减缓了乘客出行的速度，同时也不利于车站的管理。因此车站一般对进出客流须进行分流，进出车站检票位置分开设置，保持乘客经过出入口和售、检票位置的线路不至于发生对流。

2. 车站大客流组织

轨道交通线路的走向一般都是客流集中的交通走廊，连接着重要的客流集散点，如铁路车站、汽车客运站、航空港、航运港等交通枢纽，大型商业经济活动中心、体育场、博览会、大剧院等重要文体活动中心，以及规模较大的住宅区等。正因如此，某些特殊车站会不定期的遇到大客流。为了保证乘客的安全和正常的运营秩序，这些车站在客流组织方面应备有完善的运营组织方案和措施。在一定程度上，这些方案、措施补救了硬件设施的缺陷。

1)大客流的定义

大客流是指车站在某一时段，集中到达的客流量超过车站正常客运设施或客运组织措施所能承担的流量时的客流。大客流一般在大型文体活动散场时或重要枢纽节假日期间发生。

2)大客流的组织

大客流的组织应在保证疏散客流安全的前提下，尽快地疏散客流，大客流组织的主要措施包括：

(1)增加列车运能。根据大客流的方向，在大客流发生时，利用就近的折返线、存车线组织列车运行方案，增加列车运能，从而保证大客流的疏散。列车的运能是大客流组织的关键。

(2)增加售、检票能力。售、检票能力是大客流疏散的主要障碍，车站在设置售、检票位置时应考虑提供疏散大客流的通道。在大客流疏散时，可采取事先准备足够的车票，在地面、通道、站厅增加设置售票点，增设临时检票位置来疏散大客流。

(3)采取临时疏导措施。在大客流组织中，临时合理的疏导对客流方向进行限制是一项很重要的组织措施。主要包括出入口、站厅的疏导，站厅、站台扶梯以及站台的疏导。出入口、站厅的疏导，主要是根据临时售、检票位置的设置，限制客流的方向，来保持通道的畅通和出入口、站厅客流的秩序。站厅、站台扶梯以及站台疏导，主要是为了尽量保证客流均匀上下扶梯和尽快上下列车，保证站台候车的安全。疏导措施主要有设置临时导向、设置警戒绳、采用人工引导以及通过广播宣传引导等措施。

(4)关闭出入口或进行进出分流。大客流往往是难以预测的，因此，为了保证大客流发生时疏散客流的安全，在难以采用有效的措施及时疏散客流时，可采用关闭出入口或对某部分出入口限制乘客进入车站的措施，来阻止一部分客流或延长大客流疏散的时间。

(5)换乘枢纽站遭遇大客流。要及时通知控制中心及网络运营监控中心，必要时要控制邻线客流的换入，并及时启动枢纽站大客流处置预案，利用车站广播、车站乘客信息系统等及时告知乘客。

3.客流的特征与调查分析

客流是规划轨道交通网络、安排工程项目建设顺序、设计车站规模和确定车站设备容量的依据，也是轨道交通系统安排运力、编制运输计划、组织行车和分析运营效果的基础。因此，我们要抓住客流变化的特征，通过调查分析，将得出的结果运用到工作中，不断地完善、不断地改进，使我们的工作计划更贴近实际情况，取得最佳的效果，同时也减少了资源的浪费。

1)客流的特征

客流是动态流，它随天、时、地的变化而改变，这种变化是城市社会经济活动和生活方式以及轨道交通系统本身特征的反映。

(1)一日内各小时的客流变化。小时客流随人们的生活节奏和出行特点而变化。一般清晨与夜间的乘客最少，上班和上学时段客流达到最高峰，高峰过后渐渐进入低谷，傍晚下班和放学时段客流进入次高峰，午夜客流逐渐趋于均衡。

(2)一周内每日客流的变化。由于人们的工作与休息是以周为循环周期进行的，这种活动规律性必然要反映到一周内每日客流的变化上来。例如在双休日，上、下班的两次高峰就不明显，全日客流往往也有所减少。而在连接商业网点、旅游景点的轨道交通线路上，双休日的客流又往往会有所增加。另外，周一与节日后的早高峰小时客流量和周末与节日前的晚高峰小时客流会比一般工作日早、晚高峰小时客流要大。

(3)季节性或短期性客流的变化。客流还存在着季节性的变化。例如每年的六月份和学生复习迎考时期，客流通常是全年的低谷。另外，在旅游旺季，城市中流动人口的增加会使轨道交通线路的客流也随之增加。而短期性客流的激增，通常是因举办重大活动或遇天气骤变引起的。

除了从客流的时间分布上找到客流的特征外，还可以从空间分布上抓住客流的特征。

(1)各条线路客流的不均衡。各条线路客流的不均衡包括现状客流分布的不均衡和客流增长的不均衡两个方面，它们构成了整个轨道交通网客流分布的不均衡。

(2)各个方向客流的不均衡。在轨道交通线路上由于客流的流向原因，各个方向的客流通常是不相等的。在放射状的轨道线路上，早、晚高峰小时的各个方向客流的不均衡尤为明显。

(3)各个断面客流的不均衡。在轨道交通线路上由于各个车站乘降人数不同，线路单向各个断面的客流存在不均衡现象是不可避免的。

(4)各车站乘降人数的不均衡。在少数线路上，全线各站乘降量总和的大部分往往是集中在少数几个车站上办理。此外，新的居民住宅区形成规模和新的轨道交通线路投入运营，也会使车站乘降量发生较大的变化及带来不均衡的加剧或新的不均衡。

2)客流的调查分析

客流是动态变化着的，但这种动态变化又是有规律的，可以在实践中了解它、掌握它，并根据客流的动态变化，及时配备与之相适应的运输能力，给乘客提供良好的服务。在运营过程中，要掌握客流在时间、空间上的动态变化规律，必须经常进行各种形式的客流调查。

客流调查问题涉及客流调查的内容、调查地点和时间的确定、调查表格和设备的选用以及调查方式的选择等事项。根据不同的情况和不同的需要，运营轨道交通系统的客流调查种类主要有：

(1)全面客流调查。全面客流调查是对全线客流的综合调查，通常也包括了乘客情况抽样调查。这种类型的客流调查时间长，工作量大，需要较多的调查人员。但通过调查及对调查资料进行整理、统计和分析，能对客流现状及出行规律有一个全面清晰的了解。

(2)乘客情况抽样调查 。乘客情况抽样调查通过问卷方式进行，内容包括乘客构成情况调查和乘客乘车情况调查两项。乘客构成情况调查在车站进行，被调查人数取全天在车站乘车人数的一定比例，调查表内容有年龄(老、中、青)、性别(男、女)、居住地(本地、外地)、出行目的(工作、学习、购物、游览、访友、就医、其他)等。该项调查的时间可选择在客流比较正常的运营时间段。

某类乘客乘车情况调查可在月票发售点或其他地点进行，如对持月票乘客进行调查。被调查人数取某类乘客总数的一定比例，调查内容有年龄、性别、职业、家庭住址、到达车站的方式(步行、骑自行车、乘电汽车)和时间、上下车站、下车后到达目的地的方式(步行、骑自行车、乘电汽车)和时间、乘坐列车比过去乘坐电(汽)车节省的时间等。

(3)断面客流目测调查。断面客流目测调查是一种经常性的客流抽样调查，根据需要，可选择一个或两个断面进行调查，一般是对最大客流断面进行调查，调查人员用目测估计各车辆内的乘客人数。

(4)节假日客流调查。节假日客流调查是一种专题性客流调查，重点对春节、元旦、国庆节、双休假日和若干民间节日期间的客流进行调查。调查的内容包括机关、学校、企业等单位的休假安排，都市旅游业、娱乐业的发展程度，城市居民生活方式的变化等。该项调查一般是通过问卷方式进行的。

二、客运服务

1.客运服务流程

服务可定义为具有无形特征的一种或一系列活动，通常发生在顾客同服务提供者及其有形的资源、商品或系统相互作用的过程中，以便解决消费者的有关问题。城市轨道交通的服务是为广大乘客提供安全、便利、舒适、快捷的乘车、候车环境。

(1)引导乘客进站：在地铁各出入口设立明显的导向标志，方便乘客识别并根据导向指示进站乘车。在一些轨道交通比较发达的城市，几乎每隔 500m 即有一个明显的导向标志，便于乘客选择各出入口进站。

(2)问讯服务:车站的问讯服务可分为有人式服务和无人式服务。车站的工作人员应向问讯的乘客提供服务,但随着时代的发展,车站的问讯服务向自助式服务方向发展,车站设置计算机查询平台,可供乘客对出行线路、票价以及各类票卡的金额查询等。在一些城市,已经采用了用自动售票机实现售票和部分问讯功能一体化的设备。

(3)售检票服务:目前,世界各国城市提供售票服务的主要形式是人工发售或自动为主、人工为辅的方式,而且后者已经成为轨道交通售票服务的主流形式。采用自动售检票系统替代人工,可以提供更为准确的售票服务,提高服务效率和水平,并从长远发展角度来看,也可以提高企业的经济效益。

(4)组织乘降:站台应设有明显的候车安全线,提示乘客在列车未进站停稳、车门未完全打开之前,不要越过安全线,以防发生意外事件。目前,个别城市已经采用屏蔽门技术,既可以为乘客提供一个舒适的候车环境,又能保障乘客的候车安全。另外,车站还提供广播,为乘客预报下次进站列车的方向,已经有两种新的方法投入运用,一是自动广播系统,当后续列车踏入接近区段时,广播系统自动工作;另一种是在站台设置同位显示器,向乘客预告列车运行情况及还需几分钟到站。

(5)出站验票:乘客到达目的站后,持票卡验票出站,车站应有各类向导标志,引导乘客从所需的出入口出站。对所购票卡票款不足的乘客,车站应提供补票服务。如使用自动售检票系统,车站还须提供票卡分析服务。

2.客运服务质量控制

轨道交通是一个技术密集型的大联动机,整个系统工作状态的好坏,直接表现在是否能安全、舒适、快捷地运送乘客。客运服务工作是反映轨道交通运营管理企业管理水平的重要标志,而且服务质量对于一项服务产品的设计相当重要,服务质量是判断一家服务业公司好坏的最主要的依据,因此,服务质量的控制对于提高轨道交通运营管理企业的服务及管理水平有着重要的意义。

1)服务质量模式

服务质量模式是一项综合质量体系,是对轨道交通运营管理理念的研究和探讨,它由三个部分组成。

(1)企业形象:指公司的整体形象以及其整体魅力。城市轨道交通由于其面向大众、服务大众的社会特征,决定了轨道交通运营管理企业不仅要讲究经济效益,更要考虑社会效益,企业文化的发展以及企业良好的社会形象同样是企业管理水平的体现。

(2)技术性质量:即提供的服务是否具备适当的技术属性,这是服务质量技术上的保证。通过采用新技术,提高轨道交通运行安全的保障力度,并为乘客提供一个舒适的乘车、候车环境。

(3)功能性质量:研究服务是如何提供的。对客运服务的整个流程进行分析研究,不断完善各项服务设备及辅助性服务设施,增强各类设施、设备的功能性和简便实用性,以更好地满足乘客的需求。

2)质量控制

首先,要对客运服务制定目标和各种规章制度及各岗位的工作标准。这个目标的确定直接影响着客运服务的质量,决定了客运服务质量的水准。

其次,要对客运服务进行现场管理。这是客运服务质量管理的实施、落实的有效手段。服务质量的现场管理，是以满足乘客的出行需求和精神需求为目的的。也就是要尽可能满足乘客对功能性、经济性、安全性、时间性、舒适性和文明性的要求。为了满足这些要求，就要对人、设备、设施、方法和环境等五大因素进行控制。可以从以下几个方面来开展服务现场的质量管理工作。

(1)安全管理：对于任何一个行业来说，安全总是最根本的。离开了这个前提来谈服务质量就毫无意义。因此，我们必须把安全管理纳入到服务质量管理的范畴之中。

(2)操作管理：车站的服务主要是通过服务人员在现场的操作来体现。服务人员的操作水平直接反映了服务质量，所以操作管理就显得格外重要。

(3)设备管理：我们在强调服务质量的同时，相对忽视了处于静态的设施状况。这样的服务质量，肯定不会是高水平的服务质量。设备管理的好坏与服务质量的高低密切相关。

(4)卫生管理：卫生水平对车站来说确实是十分重要的。卫生管理的好坏直接影响到企业的形象。

最后，要对客运服务进行跟踪，这是对车站客运服务质量管理的有效保障。因为即使在完成了对客运管理模式地建立和加强了服务质量的现场管理之后，全面服务质量管理的体系仍然尚未彻底形成。虽然现场管理可以从一个局部来保证服务的质量，但从客运服务的整个流程来看，还需要建立起一种有效的机制，来全面地考察服务质量的整体状况。

3. 投诉及客伤处理

城市轨道交通业作为一个服务性的行业以及公共交通的手段，投诉及客伤的处理是不可避免的。妥善接待、处理投诉及客伤，是良好的企业形象、企业管理水平的体现。

1)投诉的处理

城市轨道交通运营管理企业应建立相应的投诉处理制度，并可指定运营服务主管部门受理，也可设立服务热线接待乘客的咨询和投诉。投诉处理应按照认真受理、有理有节的原则。在发生乘客投诉后，应认真核实情况，做好投诉回复工作。

投诉可分为有责投诉和无责投诉两类。作为管理部门应认真对待乘客的两类投诉，妥善进行处理。投诉的接待处理作为企业的一个服务窗口，工作人员应具有一定的轨道交通运营管理专业知识和经验，了解企业的有关规章制度，语言得体，思维敏捷。

2)客伤的处理

客伤是指乘客在轨道交通管辖的运营区域内发生的人身伤害及伤亡事件的总称。

能否妥善处理好客伤事件，直接影响到企业的对外形象。企业应制订客伤处理的规则，指定专门部门和专人负责处理客伤事件。处理客伤的工作人员要了解企业的各项规章制度、设施设备的工作状况和使用要求，并掌握一定的法律知识。

三、票务管理

1. 票务管理系统概述

1)定义及功能

轨道交通票务系统：通过车票制作、车票出售、入站检票、出站检票和补票、罚款等营收信息进行有效管理，实现轨道交通票务策略的运作。

随着系统功能外延的不断扩展，票务系统也承担起对营运状况进行实时监控管理的职责。此外，轨道交通票务系统还具有制定票价费率、监控营运质量和监控线路运营模式等管理功能。

轨道交通的网络化运作对票务系统产生以下需求。

(1)统一车票制式,实现"一票换乘"。网络票务系统是实现线路之间换乘的基础条件。如果没有网络票务系统,各条线路票务系统的建设可能导致系统和车票介质的互不兼容,各线路系统将无法实现互联,不能实现信息的共享,进而也无法进行换乘交易数据的清分。

"一票换乘"是指乘客在轨道交通网络中,一次购票即可在换乘站收费区内进行线路间的换乘,可在整个轨道交通网络中实现统一的分段计程票价,乘客在连续乘坐不同线路时,将按所乘坐的里程累计,而不需要多次购票。"一票换乘"按网络收费,计费将更合理,降低了乘客的出行费用,减少了乘客换乘购票过程,节省了乘客的时间,提高了出行效率,进而轨道交通也可吸引更多的客流。

(2)有利于轨道交通运营管理体制的改革和发展。由于城市轨道交通的发展和建设速度很快,轨道交通的投资体制、建设方式和运营模式呈现多样化形式。多家运营单位之间出现有序竞争,促进管理体制的改革和发展。各线路业主通过线路的票务系统掌握运营的详细收支信息,使公司间的竞争更具公平性和客观性。

(3)充分发挥轨道交通的效益。通过轨道交通网络票务系统的实施,在满足上海轨道交通网络规划需求的基础上,充分发挥轨道交通的效益。

2)网络票务系统架构

根据票务系统功能,轨道交通全路网系统一般采用分级集中式结构,主要分为五个层次:第一层是全网络票务系统的汇集层;第二层是各线路票务系统的线路中央层;第三层是各线路票务系统下属的车站层;第四层是终端设备层;第五层是车票层,如图 8-12 所示。

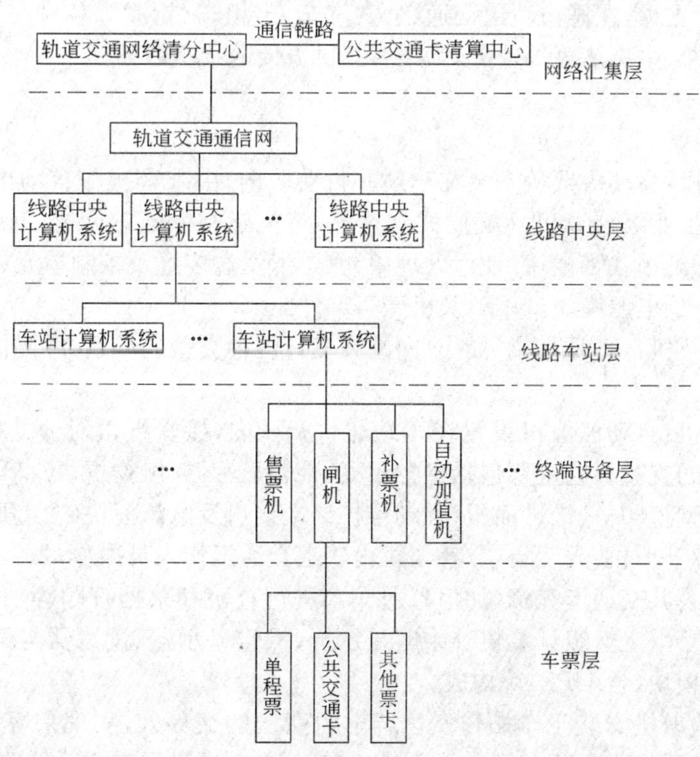

图 8-12　轨道交通网络票务系统架构图

(1)网络汇集层:为清分系统,负责交易数据的清分、票卡的管理以及票款和客流的统计与分析。它的主要组成包括数据库服务器、清分应用服务器、网络设备、发卡管理服务器、清分应用工作站、管理工作站、数据备份设备、通信处理机以及清分算法软件，同时还须构建必要的灾备体系。

(2)线路中央层：为线路中央计算机系统，负责交易数据的接收和分析、与清分系统的数据交换以及应用的管理等。它的主要组成包括数据库服务器、工作站、网络设备、通信处理机、数据备份和应用系统软件等。

(3)线路车站层：为车站计算机系统，负责收集交易数据、监控运行状况等。它的主要组成包括自动售票机、半自动售票机、进出站检票机、验票机和补票机等。

(4)终端设备层：包含售票机、补票机、闸机等，用于乘客出入站时对车票进行检验，并完成一定的数据读写工作，便于车票的统计和分析。

(5)车票层：作为轨道交通自动售检票系统中进出站的消费凭证。

3)票务收费系统

(1)人工售检票方式：主要分为进站检票、出站检票、进出站都需检票三种方式。前面两种方式只适用于单一票价的轨道交通系统，第三种方式适用于计程票价的轨道交通系统。人工售检票方式的主要优点是设备投资低，缺点是需要雇佣大量的检票人员，支付较多的人工费用，该方式往往在新线开通初期，客运量较小的线路上采用。

(2)自动售检票系统(Automatic Fare Collection，简称 AFC)：是基于计算机技术、网络技术、自动控制等技术，能够实现购票、计费、统计全过程的自动化系统，为目前多数轨道交通系统所采用。

(3)联网结算：以非接触智能卡为车票载体，以计算机和各种电子收费终端为核心，以局域网和远程网络作为支撑，在城市轨道交通、公共汽车、出租车、轮渡等各种交通方式中，实现计费、收费、统计、汇总、中央清算等业务，为乘客提供方便的乘坐服务。

2. 票务设备

1)主要票务设备

(1)自动售票机：自动售票机安装在车站非付费区内，由乘客操作自动出售单程票。它主要包括主控单元(工业级计算机)、触摸式乘客显示屏、运行状态显示器、IC 车票读写器及天线、纸币处理单元、纸币找零模块、硬币处理单元、票卡发送装置及控制单元、维护面板/移动维护终端接口、打印机、电源模块(UPS)及机壳等部件。

(2)半自动售票机：由售票人员操作，向乘客发售各种类型的车票，并提供验票服务。

(3)进、出站闸机。

(4)自动加值机：自动加值机设置在车站非付费区内，接受纸币对公共交通进行充资(加值)和对各种车票的查验。它主要包括主控单元、乘客显示器、触摸屏、IC 车票读写器及天线、纸币处理单元、微型打印机、维护面板/移动维护终端接口及电源模块(含 UPS 或电池)部件。

(5)人工售票/补票机：人工售票/补票机由轨道交通工作人员操作，发售各种类型的车票，同时兼有补票、对公共交通卡充资(加值)、对车票进行查验和票据打印等功能。人工售票/补票机主要由主控单元(工业级计算机)、乘客显示屏、操作显示器、读写器与天线、票据打印机、键盘、鼠标及电源模块(含 UPS)等构成。

(6)检票机：检票机安装于车站付费区与非付费区的交界处，实现乘客自助式进/出站检票。检票机应能接受轨道交通专用车票和公共交通卡，并满足乘客右手持票快速通过的需求。检票机主要由主控单元、乘客显示器、方向指示器、警示灯和蜂鸣器、读写器及天线、通道阻挡装置、票卡传送/回收装置、维护键盘/移动维护终端接口，电源模块(含 UPS 或电池)等组成。

(7)便携式验票机:便携式验票机由车站工作人员随身携带,对乘客所持车票进行核查,为及时解决票务纠纷提供帮助。

2)主要票务设备的选型及布置

在设备选型和布置时,应对车站布局、地理环境、客流走向、投资成本能够做综合分析,一般应考虑以下几个方面:

(1)每 0.3～0.4 万人次配置一台进站和出站闸机。

(2)在车站场地较小,不同时段的进出站客流走向明显时,宜采用双向式检票机。

(3)进出站检票机应根据出入口位置分开安装,但同一类型的设备如出站检票机应集中布置,以便于管理。

(4)每组进站和出站闸机不应少于 2 台。

(5)日客流量超过 10 万人次的车站,宜采用门式闸机,以提高通行速度。

(6)在乘客携带行李较多的车站,宜采用门式闸机。

(7)对于免费乘坐的乘客,检票机上应设有明显导向标识及专人控制装置,让起通行并具有统计、记录功能。

3.票价方案

1)单一票制

单一票制是指不论运营里程的长短,都实行同一价格。其优点是票制单一,易于管理和操作,服务人员相对较小。其缺点也很突出,长短途客流在费用支出上不合理,票价制定时既不能过高也不能过低,经济效益体现得不够充分。

2)多级票制

多级票制是指按运营里程的长短实行不同的票价。其优点是充分考虑了长短途客流的不同需求,价格较为合理,缺点是增加了管理难度。随着自动售检票系统的逐步推广和投用,多级票制也趋于易于管理,便于操作。

制定多级票制有三种方案,第一种是计程,第二种是计站,第三种是按照区域进行划分。

对于刚开通投入运营、客流较小的线路,可以考虑采用单一票制,且票价取较低位,以吸引客流。而对于客流较大、趋于成熟的线路,以及具有一定规模的轨道交通网络,宜采用多级票制,尽可能达到经济效益最大化。

4.车票种类

1)按车票介质划分

可以分为磁卡类车票和非接触式 IC 卡车票。

2)按车票使用范围划分

在上海,轨道交通网络采用的车票分为轨道交通专用票和公共交通卡两类,目前的储值票采用公共交通卡。由于使用的需要,两类车票还会派生出多种功能的票种。

3)轨道交通车票种类

(1)单程票:指在轨道交通网络中只能使用一次的车票,票卡内保存有车票金额信息。乘客持票旅行时,车站的出站检票机根据费率判断购票金额是否足够这次的旅行费用(即车费)。如够,则允许乘客出站,并回收票卡;如不够,则不允许乘客出站,待补足车费后才能正常通过检票机出站,并回收票卡。单程票在整个网络中是循环使用的,在购买后的有效时段内有效。单程票按用途还可以分为普通单程票和预赋值应急票两种。

(2)应急票:为缓解大客流时车站的售票压力而预先赋值的车票,发行时的预赋值票应写入进口线路和车站的编号、使用时段和票价等信息。预赋值票进站时，检查应急票的入口站点是否是本车站，不是本车站不得进站。线路发行赋值应急票须事先向清分中心申请。

(3)计次票:被赋予固定信用额(乘次)，在有效期内可以一次或多次使用，该车票在使用时只计次数，不考虑程距。车票内信用额使用完后由出站检票机回收。

(4)优惠票:包括老人、学生、儿童及非高峰时段的各种票，根据需要给予特定乘客一定的折扣优惠。

(5)纪念票:包括普通纪念票、旅游纪念票，赋予一定的面值，在有效期内可以一次或多次使用，扣款方式与单程票类似，使用完后还给乘客留作纪念。

(6)出站票:出站补票使用，在发售当天当站有效，出站时由检票机回收。

(7)公务票:由清分中心发行和管理，仅限公务使用，可分为全网络乘行和在指定线路上乘行 2 种，并具有有效时间限制。

(8)测试票:测试票由清分中心统一发行和管理，用于轨道交通网络运行时对系统的测试、维修测试和新系统开发测试等，并具有有效时间限制。测试票应包括回收和不回收型两种，以满足设备测试的要求。

(9)预留票种:轨道交通将预留若干票种供今后定义和开发使用。

(10)储值票:储值票是指车票内预存一定金额，每次旅行均根据费率表扣费，票内金额不足时根据具体规定可以透支使用一次，然后必须进行充值才能继续使用车票。目前，储值票采用公共交通卡。

(11)赠票:是一种特殊形式的储值票，在有效期内，乘客持该票可在轨道交通网络内乘坐一次，出站车票回收。赠票一般仅在运用发生不正常需要办理退票时才发放。

5. 票务清分中心

1)票务清分中心的基本职责

轨道交通实行"一票换乘"后，必须统一全网络的票务规则，各线路必须严格执行票务规则;票务清分必须公正、合理，提供信息必须客观、透明，提供服务必须准确、及时。因此，轨道交通票务清分中心应定位是服务型、非盈利的独立机构，其基本职责如下:

(1)合理分配收益，妥善协调各种增值服务;

(2)负责全网轨道交通专用票的初始化、调配、回收等工作;

(3)为系统安全保障提供关键的技术服务;

(4)及时、安全、准确地提供统计数据信息。

2)票务清分中心的功能

(1)统一发行和管理各类票卡:清分中心作为网络唯一具有票卡发行权的单位，对全网络各类票卡(不含公共交通卡)按有关采购流程进行统一的采购、制作、发行和管理，负责所有票卡的编码初始化、调配、发放、回收以及注销等工作。

(2)统一清分票务收入:清分中心为网络信息的汇集地，必然承担中心的功能，统一清分轨道交通网络中所有的票务收入。清分中心从各运营线路中央系统接受所有交易和票务数据，根据票务清分规则，及时对各线路的票务收入进行清分。同时清分中心还将统一全网络对交通卡清算中心的数据交换接口，及时与公共交通卡进行相关交易数据的交换处理，实现各线路票务收入公正、合理、快速、高效的清分。

(3)统一进行网络售检票系统的安全管理:由于轨道交通票务体系涉及面广，且直接关系到各个利益方的收益，因此，必须建立统一的安全体系，进行集中管理。

(4)提供有关的统计信息:清分中心将及时对客流、票务收入、车票使用等信息进行统计分析,提供有关的统计信息,同时对各类数据(含费率表、黑名单等)进行维护管理。

(5)其他功能:在实现车票实行、票务清分、信息管理、安全管理、账务管理等功能的基础上,清分中心至少还应实现以下功能。一是接入测试,根据网络各线路的分别接入,及时进行接入测试,保证合格线路按时投入运营;二是监督功能,作为全网络票务系统的上层机构,监督核实各线路客流和票务信息。

3)清分系统功能分类

核心功能:票卡发行、信息管理和账务管理。

基本功能:票卡使用管理、票务数据管理、参数管理、模式管理、运用监督、报表统计、系统维护和接入测试等,如图 8-13 所示。

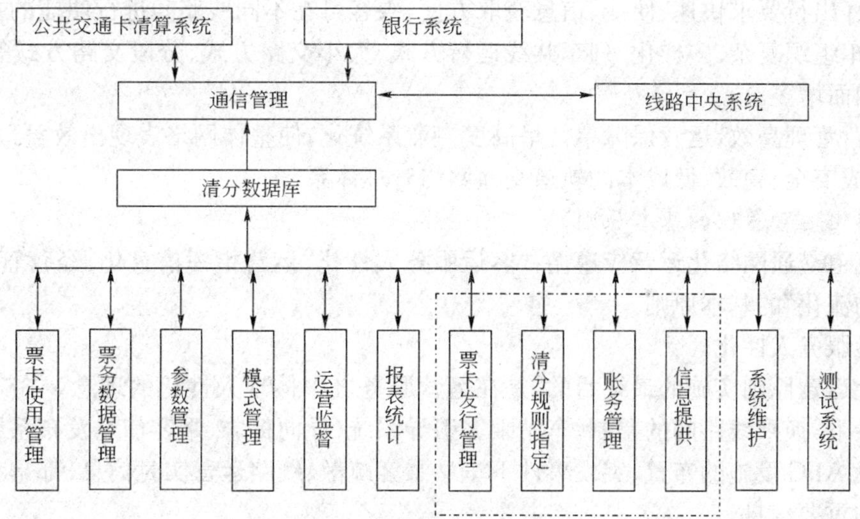

图 8-13 票务清分系统功能分类图

第五节 网络化运营管理

一、网络化运营管理的基本概念和特征

随着管辖线路里程和线路数量的不断增加,轨道交通系统由简单的单线系统逐步形成网络化系统。随着城市轨道交通线网的不断发展和完善,城市轨道交通运营将告别目前的单线运作模式,迈入网络化运营管理新时代,随之也带来了紧缺人才培养和储备、换乘枢纽的管理、系统互联互通、设施设备资源共享、线路间运力协调、运营组织配合等管理新问题。

1. 网络化运营管理的概念

城市轨道交通网络广义是指多条线路通过换乘衔接组成网络系统。

这里,我们将轨道交通网络定义为:由多条轨道交通线路组成的一个综合、大容量、快速客运城市公共交通运输系统,这些线路通过轨道交通车站相互衔接和连接,形成一个规模大、功能强的客运网络。在这样的网络上,线路、车辆及信号等制式往往多样化,设有大型的换乘枢纽、折返系统、车辆段等大型基础设施,通过这些设施使线路之间实现互联互通、资源共享,从而满足城市交通和乘客出行的需求。

轨道交通网络化运营是指针对轨道交通形成网络后产生的运行组织多样化、设备制式多样化的特征，通过建立安全、高效、系统的轨道交通网络运营管理体系，统筹安排既有资源，统一协调线、网间的关系，实现线、网运营有效性、安全性和可靠性，实现网络运营社会效益、经济效益最大化。

2. 网络化运营管理的基本特征

轨道交通的网络化运营主要体现在网络功能的完善和高效灵活的运营管理体系，充分体现协调性、网络性、整体性的显著特征。

(1)线路互联互通，不同线路之间的建筑结构空间、线路轨道、供电和接触网可实现联通。

(2)设备制式兼容统一，车辆、通信、信号、供电、AFC 等关键运营设施设备要求具有较好的兼容性和扩充性。

(3)乘客出行要求快速、便捷、信息获取方便，乘客可在不同线路间进行便捷的一票换乘。

(4)行车组织复杂、多样化，列车共线运行方式、大小交路方式、分段交路方式等随着线路长度的增加而增多。

(5)经营管理高效，运营保障单位呈高度专业系统化，使整体网络表现出效益最大化、成本最小化，形成安全、高效、低成本的轨道交通网络管理体系。

3. 网络化运营管理的基本原则

城市轨道交通网络化运营应遵循：“客运服务人性化、运营指挥信息化、经营管理现代化、设备管理物流化”的基本原则。

1)客运服务人性化

网络化运营原则实施的最终目的，是在运营服务之中体现人性化的理念。在未来网络化运营的背景下，换乘线路间的票制、车站乘客引导系统(导向标志、乘客信息发布系统)、换乘车站收费区及 AFC 设施的布置、突发事件下车站乘客疏散、线路运营实时信息，都是有利于乘客出行决策的重要信息。

2)运营指挥信息化

结合公司信息化系统总体建设，建立运营计划决策、运营安全、客运服务信息、客流状态跟踪分析等监控系统，实现对客流、车辆、线路、信号、电网和列车运行状态的全面监测、预警及安全管理，实现线路运营服务信息共享，为运营指挥信息化、客运服务人性化提供必不可少的手段。

3)经营管理现代化

在轨道交通网络化发展的背景下，通过研究确定未来公司运营管理体制，以满足线路网络化、运行组织多样化的需求，实现资源的共享，平衡资源的投入，统一协调线、网间的关系，实现线、网运营有效性、安全性和可靠性的统一。

4)设备管理物流化

建立运营企业的物流管理部门，承担物资采购、仓储、配送以及成本预算、成本控制等方面的职能，并建立相应的网络物流管理信息系统，为地铁运营提供优质服务和保障。

二、枢纽站运营管理

轨道交通已经进入网络化运营阶段后，轨道交通网络中枢纽站的重要性日益凸现。为了适应网络化对于车站客运服务的人性化要求，以及行车组织多样化的要求，达到减少管理幅度、减少管理接口和界面、减少基层间协调沟通环节，精简人员、提高应急处置效率，枢纽站必须实行统一、集中、规范的管理。

1. 城市轨道交通枢纽的特点

1)规模大、结构复杂

与单线车站和一般的换乘站相比，城市轨道交通枢纽往往具有更大的规模、更复杂的结构，这既包括了枢纽站的站台数、出入口数目、换乘通道等土建设施，也包括了自动扶梯、屏蔽门、售检票系统、防火卷帘门等机电设备。要从系统整合的层面上对枢纽站进行高效、有序、可靠、安全的管理。

2)换乘量大

城市轨道交通枢纽一般位于三线及其以上轨道交通交汇点，或位于城市公共中心区、交通枢纽区，能给乘客提供更为便捷的换乘服务，因此，枢纽的换乘客流量较大，换乘客流在整个枢纽站的客流量中所占的比例也较大。如人民广场站的日均换乘量超过 20 万人次。

3)地位突出

城市轨道交通枢纽站点一般也是整个城市的交通枢纽，与其他交通工具有机结合成客流的集散场所。此外，枢纽站是线路管理的重点，一方面是由于客流量较大，其次是一旦发生突发事件，枢纽站就是传播故障的节点，某条线路上的延误将通过枢纽站波及其他相关线路，甚至影响整个城市轨道交通网络，运营调整的难度将很大。因此，在城市轨道交通网络中，枢纽的地位应高于一般车站。

4)运营管理复杂

城市轨道交通网络化对枢纽站的运营管理提出了更高的要求。行政管理方面，要求由一个运营主体对枢纽站进行集中管理，并与其他相关运营主体进行业务协调；设施设备方面，要求能够统一监控、资源共享；行车管理方面，枢纽站可能对应不同的运营控制中心，要求通过网络综合监控中心进行综合协调管理；客运组织上，要对车站广播、导向标志以及各类车站信息统一整合；在非常规的运营状态下，要求通过对枢纽站的高效、可靠、安全的管理，来调整相关线路的运营状态等。

2. 城市轨道交通枢纽的设置要求

(1)客运服务人性化：通过系统规划客运服务设施，提供人性化的客运服务，提高乘客满意度，真正体现“以人为本”，是枢纽站管理的重点。

(2)设备资源共享：包括对枢纽站的土建、机电、行车、客运服务设施等资源进行共享及合理布置。

(3)行车指挥系统化：在日常运营和突发事件情况下，调度系统要系统地指挥运营和应急处置，这是高效、安全行车的关键。

(4)应急处置高效化：枢纽站的应急处置要做到统一指挥、信息共享、协调一致，高效、准确、及时地处置各类突发事件。

3. 城市轨道交通枢纽的管理模式研究

对于设备布置统一、共享的枢纽车站，车站管理宜采用集中化的行政管理架构，如图 8-14 所示。

1)人员的设置

对于行车作业简单、运行方式单一、行车设备布置集中、分线设置控制终端的城市轨道交通枢纽，行车工作人员可以适当合并(图 8-15)；对于行车作业复杂、运行方式 、行车设备分散的，则必须按线独立配置行车管理人员(图 8-16)。

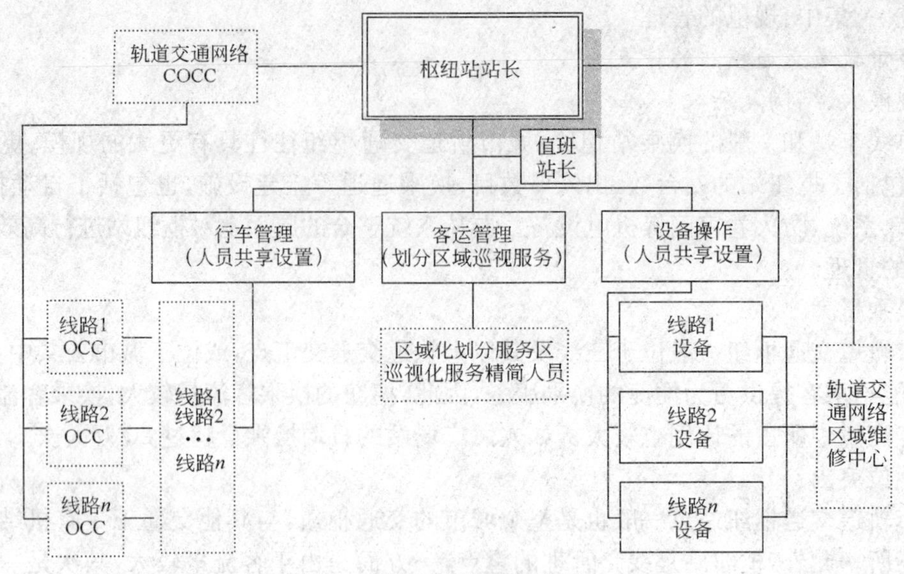

图 8-14　枢纽站的行政管理架构

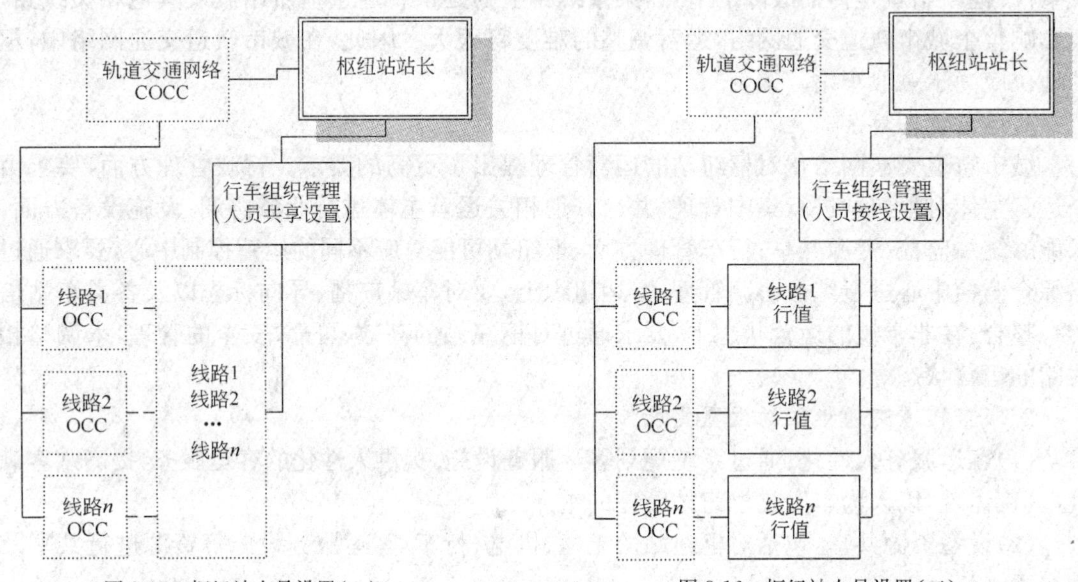

图 8-15　枢纽站人员设置（一）

图 8-16　枢纽站人员设置（二）

2）行车组织指挥

枢纽站日常行车组织遵循“属地管理”的原则，按线路分别由本线控制中心（OCC）指挥、组织行车，不论枢纽站行车人员设置是否共享。

遇突发事件、波及整个网络的事件行车组织时，事发线路 OCC 为处置主体，提出处置方案，快速处置。轨道交通网络运营监控中心总体协调处置，向其他线路 OCC 发布相应处置命令，协调各线路、OCC 间的行车组织，将网络影响降到最低。

三、网络运营监控中心

1.功能定位

轨道交通网络化后，除了要做好各条线路自身的运营组织优化外，还应充分考虑线路间的相互协调优化，发挥网络整体运营效率，体现城市综合效益。

网络运营监控中心主要承担各条线路间行车组织、客运组织等相关业务的协调优化工作。

2.工作职责

(1)负责审核线网运力配置计划,并监督执行;

(2)负责组织研究制订线网调度规则;

(3)负责线网突发事件应急处置的协调指挥;

(4)负责审查各运营主体突发事件应急处置预案,组织制订线网各运营主体间突发事件应急处置配合预案;

(5)负责线网运营情况的信息汇总、统计分析,并向市政府相关部门报送;

(6)负责组织制订轨道交通线网乘客信息的发布规则;

(7)负责组织制订与各线路控制中心的通信接口、设备要求、配置方案,审核线路控制中心的工程建设方案及系统招标文件;

(8)负责向市政府应急指挥中心及政府相关部门报送突发事件应急处置工作信息。

3.工作流程

网络运营监控中心从有效性、安全性、可靠性、各线路运营的相互协调性等诸多方面对全网络的运营组织工作进行协调管理,以适应线网的发展,最大限度地满足客流的需求,充分发挥系统的整体能力和综合效益。

如图 8-17 所示,网络运营监控中心在日常工作中重点对各线路的运营组织方案进行必要的审查协调、运营信息的汇总以及网络内的有关问题的迅速处理,在出现突发事件时,将配合应急中心对网络列车运行组织进行统一调度指挥。同时,在突发事件的情况下,网络运营监控中心是领导组织应急救援的现代化平台,承担本市轨道交通网络重大突发事件的应急处置职能,如图 8-18 所示。当有重大事件发生时,有关人员可根据预案,在应急中心通过专用的通信设施,了解、汇总有关场所的语音、视频和数据信息,并按照预案要求实施应急处理。在有关专家和数据库的协助下,还可根据处置过程的进展情况,适时进行修改、调整和优化,以提高应急处置的时效性和科学性。

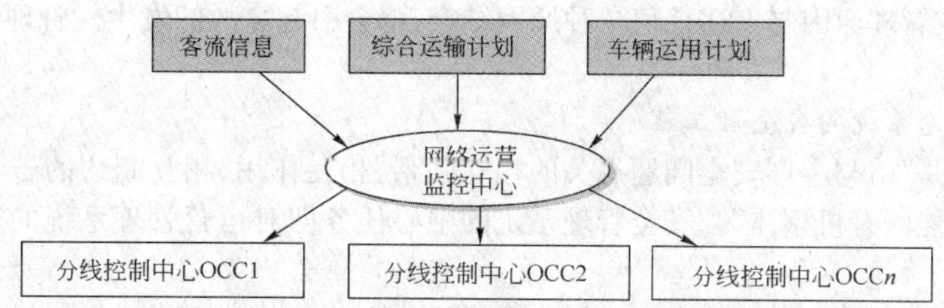

图 8-17　网络运营监控中心日常运营工程流程

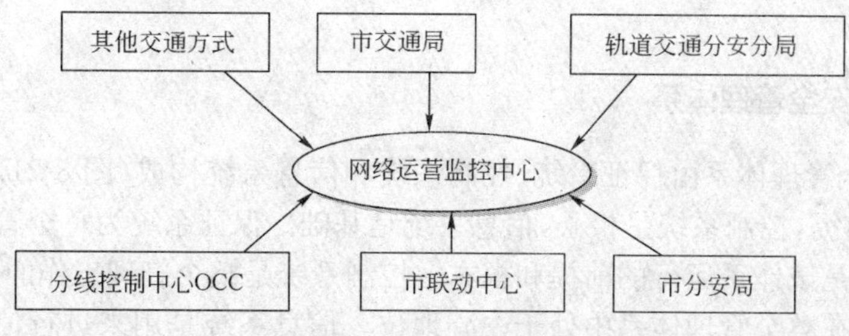

图 8-18　网络运营监控中心对外联系网络图

第六节 安全管理

城市轨道交通的安全性要远远高于其他交通方式，但仍应重视安全生产。安全防范工作没有做好，轻则扰乱运营生产秩序，重则设备受损甚至危及乘客的生命财产安全，给社会带来重大损失。安全是城市轨道交通运营管理的头等大事，运营必须安全，只有安全才能保障运营。

“安全第一、预防为主”是城市轨道交通企业永恒的主题。

一、轨道交通安全系统工程

运营安全是一项系统工程，因此应该从系统工程的角度考虑安全问题。

1.系统构成

安全运营是运营企业各项管理工作的重中之重，是公司“立身之本”。把轨道交通作为一个大系统进行分析，可把人、设备、环境3个因素作为事故发生的直接原因，而管理缺陷是造成事故的间接原因。这4种因素和事故发生存在着必然的逻辑关系，借助事故树中的条件或门，运用布尔代数原理可写出如下公式：

$$T=X_1(X_2+X_3+X_4) \tag{8-5}$$

式中：T——轨道交通运营事故；

X_1——事故的管理原因；

X_2——事故的人为原因；

X_3——事故的设备原因；

X_4——事故的环境原因。

由上述公式看出：事故发生的原因可归结到管理、人为、设备和环境4大因素。这4大因素中的任何一种因素运行不良，都会引起事故发生。而管理因素随时随地制约着其他3种因素，管理原因或管理原因与上述任何一种原因结合，都会引起事故的发生。管理缺陷是诱发事故的关键原因。

2.轨道交通系统的安全性工程

安全系统是“由与生产安全问题有关的相互联系、相互作用、相互制约的若干因素结合成的具有特定功能的有机整体”。安全管理系统的中心任务即对运营管理系统的安全状况进行管理和控制。

安全性工程的内容可以用图8-19所示的框图表示。

从图8-20可看出，通过既定的工作流程和控制方法来提高生产系统的安全系数，最终达到减少事故的目的。

二、轨道交通安全管理体系

轨道交通安全管理体系由保证系统、控制系统和信息系统构成(图8-21)。在这3个系统中，保证系统是前提，控制系统是核心，信息系统是基础。保证系统为整个管理工作提供组织保证和制度保证，是该体系运行的前提和根本。控制系统是整个管理工作的核心，是实现有效管理的关键环节，在整个管理体系中处于中心地位。信息系统是用来进行信息的收集、加工、转换并利用信息进行预测和控制的，是整个安全管理工作的基础。

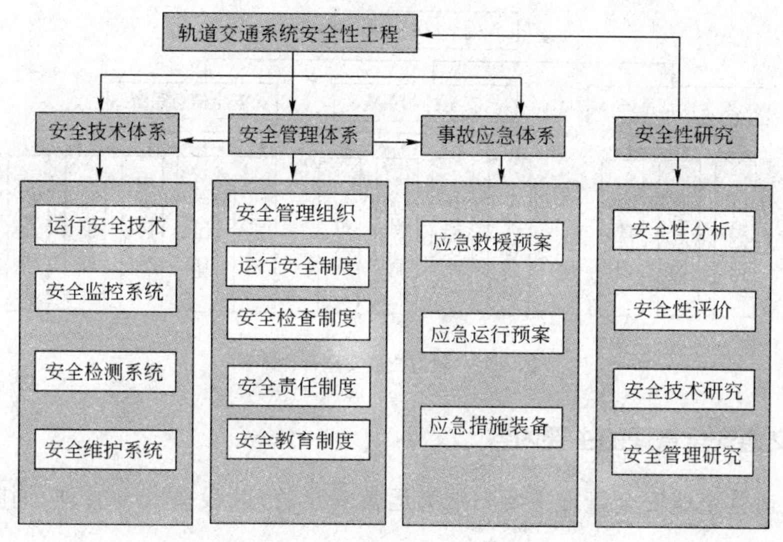

图 8-19　轨道交通系统的安全性工程框图

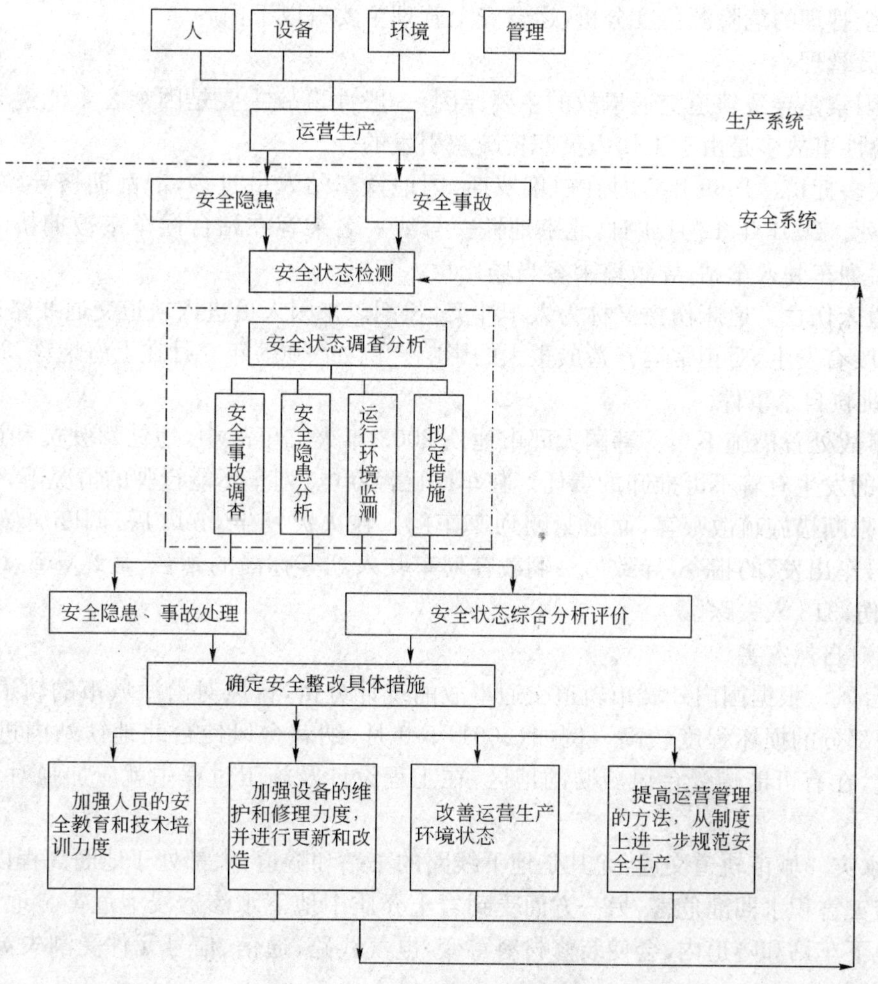

图 8-20　安全系统运行机理示意图

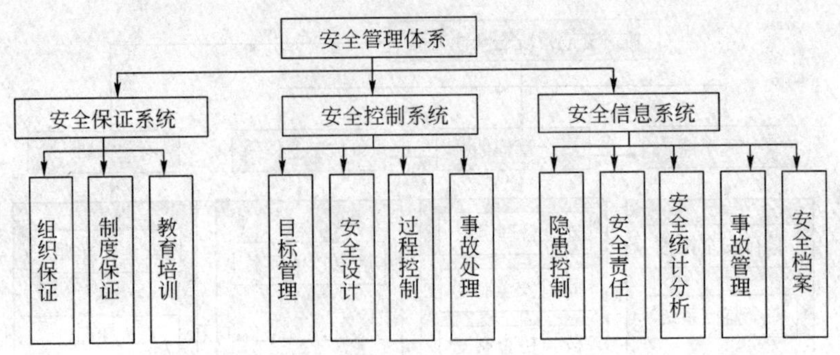

图 8-21　轨道交通安全管理体系

三、轨道交通安全管理的主要内容

轨道交通运营企业安全管理主要归纳为运营安全管理、设备安全管理、消防安全、治安防范 4 个方面。

1. 运营安全管理

从安全管理的危险源角度分析，运营安全管理主要有以下内容。

1）人员管理

人员因素是导致轨道交通事故的主要原因，一般性事故主要是因乘客未能遵守安全乘客规则，而险性事故多是由于工作人员职责疏忽引发的。

(1)人多拥挤。1999 年 5 月在白俄罗斯，因地铁车站人员过多，混乱拥挤导致 54 名乘客被踩踏致死。2001 年 12 月 4 日，北京地铁一号线一名乘客在站台候车室被拥挤的人流挤下展台，此时列车驶入车站，导致该乘客当场死亡。

(2)道床伤亡。道床伤亡又称为人车冲突，长期以来因人员进入轨道交通线路造成列车延误的时间屡有发生，对正常运营造成很大的影响。例如，2005 年 6 月在上海地铁，3d 内发生了 2 起人员跳轨自杀事件。

(3)事故处置措施不当。韩国大邱市地铁 2003 年火灾事故中，地铁驾驶员和调度有关人员对灾难的发生有着不可推卸的责任。在车站已经断电、列车不能行驶的情况下，驾驶员没有采取任何果断措施疏散乘客，而是紧闭列车车门。在火灾发生 5min 后，调度居然还下达“允许 1080 号车出发”的指令，导致另一辆载客列车驶入烟雾弥漫的站台，最终导致 126 人死亡，146 人受伤，318 人失踪。

2）应对自然灾害

(1)台风。根据国内外城市轨道交通事故的统计分析，台风对沿海城市的轨道交通，特别是高架桥部分的损坏程度较高。例如，2001 年 9 月，纳莉台风使台北地铁站内进水，乘客受阻。因此，在有可能遭受台风威胁的地区，在工程设计及施工过程中就应加强对台风危害的防范。

(2)水灾。城市轨道交通，尤其是地下线路的车站和隧道，大都处于地面高程以下，一方面受到洪涝灾害积水回灌危害，另一方面受到岩土介质中地下水渗透浸泡危害。地下会或地表水进入地下车站和隧道内，会使装修材料霉变，电气线路、通信、信号元件受潮失灵，并且危及行车安全。

(3)地震。地下线路的车站和隧道包围在周围的地理介质中，地震发生时地下构筑物随着围岩一起运动，与地面结构不同，围岩介质的嵌固改变了地下构筑物的动力特征。一般认为，地震对地下结构影响较小。但1995年绊神地震后，人们更加重视地下结构的地震设计。

(4)暴雪。暴雪天气对轨道交通线路的影响也较大。寒冷天气下，需要注重对设施的维护修理力度。特别是钢轨，会发生断裂或出现裂纹，从而严重威胁行车安全。

3)施工控制

(1)不良自然条件。各类不良地质条件，如暗河、古河道，地下人防设施，地下不明障碍物，承压水底层，复杂地貌条件等不良地质条件及施工方法不当等方面的原因，都会隐藏着塌方、异常涌水、有害气体堆积等安全隐患。

(2)施工管理。被拆迁建筑的外接管线，特别是与电源、燃气等有关的管线；施工人员携带火种、打火机等可引起火灾的物品进入隧道；施工机械振动噪声过大，会妨碍信息的传递，甚至影响信号联络，还会影响作业人员的身体健康。

4)恐怖事件

自从美国"9.11"事件发生以来，恐怖活动在世界各地频频发生，西班牙马德里、俄罗斯莫斯科、英国伦敦等城市地铁相继遭遇爆炸、毒气、火灾等社会灾害。城市轨道交通车站及列车是人流密集的公众聚集场所，一旦发生爆炸、毒气、火灾等突发事件，造成群死群伤或重大损失，严重影响了社会秩序的稳定。例如，1995年3月20日，日本东京地铁遭受邪教组织"奥姆真理教"释放沙林毒气，夺走了10余条生命，5 000多人受伤，让全世界震惊。

2.设备安全管理

随着城市轨道交通线路逐渐增多，设备的种类和型号也呈多样化，合理运用现代化手段，引进先进的管理方法对做好设备管理工作具有重要意义。这就要求运营企业在设备管理方面要积极拓展思路，寻求合理的管理方式。采用依靠本企业自身力量与社会专业力量广泛合作相结合的运作方式将有助于提高设备运行质量，保持先进的管理水平。

1)车辆系统

车辆故障通常是影响线路运营的主要原因，日常运营中以车门故障、主回路故障居多，其中以车门故障率受客流变化影响较大。

列车失控，尤其在地下线路车辆事故发生后，较难进行事故救援和人员疏散，会造成严重的人员伤亡和经济损失；列车出轨所产生的影响非常大，例如，在2000年3月发生的日本日比谷线地铁列车脱轨，造成了3死44伤的惨剧。在2003年1月25日，一列8节编组地铁列车在行经伦敦市中心一车站时脱轨并撞在隧道侧壁上，导致3节车厢在站台区域倾倒，32名乘客受轻伤。

2)通信信号系统

通信系统的电源发生故障或通信设备本身发生故障等问题时，不能保证各种行车信息及控制信息不间断地可靠传输，从而引起事故的发生。

由通信信号引起的故障以车载故障最为频繁；出现SACEM故障后需用电话闭塞法行车，在行车密度较大的线路上，对运营仍有较大影响；列车收不到速度码、车站停车后发车表示器不亮、中央ATS故障、CBTC系统中的计轴受扰等常见的信号故障，需要调度员和列车驾驶员共同监控，对此类故障做到尽早发现，尽快处理。

3)通风/排烟系统

对通风系统管理的缺陷，如对风亭、风道设置不合理，会妨碍通风系统的正常工作。如在城市轨道交通系统内，在地下线路内发生火灾，不仅火势蔓延快，而且积聚的高温浓烟很难自然排除，给人员疏散和灭火抢险带来了极大的困难，严重威胁乘客、员工和抢险救援人员的生命安全。

4)电气系统

接触网高压电，一旦发生接触网断线或绝缘子损坏，接触到金属结构物就会使其带电，危及人身安全；由于电气设备损坏和使用不当常发生触电伤亡事故；变电所、配电室中的电器设备由于短路、过载、接触不良、散热不良、照明、电热器具安置或使用不当、违章作业等均会引起电器火灾、触电事故；杂散电流会给城市轨道交通以外的金属管道、金属结构造成电蚀伤害；列车的高压电器设备的安全防护措施不当，也可能会引起人员伤亡事故。

5)给排水系统

给排水管道的防腐、绝缘效果不佳会发生泄漏；隧道内排水系统不完善，隧道防火设计等级过低，会导致涝灾或地表水侵入；地面车站的地坪高度低于洪水设防要求；排水系统设置不完善，污水乱排以及污水、垃圾的排放会影响运营环境卫生。

四、轨道交通事故和故障

1.城市轨道交通运营状态

按照运营安全的要求，城市轨道交通系统运营状态可以分为正常运营、非正常运营和紧急运营3类，如图8-22所示。

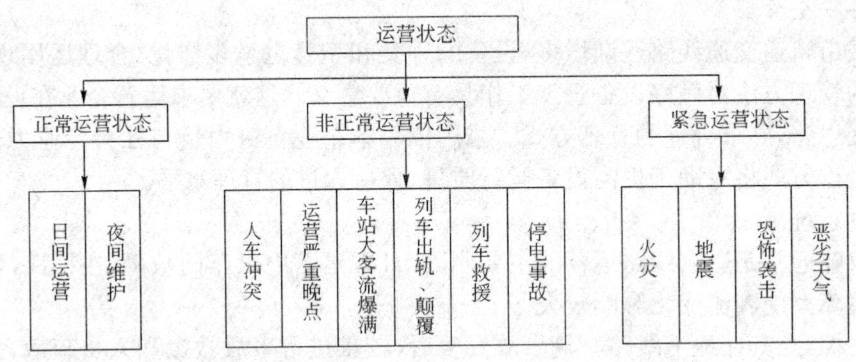

图8-22 轨道交通运营状态示意图

2.轨道交通事故和故障的定义

影响城市轨道交通系统运营安全和可靠性的因素统称为事件。根据其发生的原因、特点以及造成的后果和影响，可分为事故和故障两类。

轨道交通系统故障：因设备质量原因或人员操作不当，导致设备无法正常使用，须人工干预或维修的事件，根据表现和影响程度可分为轻微故障、一般故障和严重故障。按照设备类型和故障原因，也可分为车辆故障、线路故障、通信信号故障、供电故障、环控设备故障、车站客运设施故障等。

轨道交通事故是指故障或人员操作不当，或管理人员指挥不力而造成人员伤亡、设备损坏，影响可靠性或危及运营安全的事件。根据事故的表现、影响程度和范围，可分为一般事故、险性事故、大事故、重大事故等；按专业性质可分为行车事故、客运组织事故、电力传输事故等。

不同的城市轨道交通系统可根据各自的运营实践制定不同的事故等级标准，判定轨道交通事故的标准主要有以下几方面：

(1)轨道交通线路中断运营时间；

(2)人员死亡和重伤人数;

(3)直接经济损失金额;

(4)需要紧急疏散乘客,或需紧急解困人员;

(5)发生在轨道交通路网内,需要相关部门处置和协调;

(6)需要政府机关处置和相应协调。

3.轨道交通安全事故的等级划分

安全生产事故是指生产经营单位在生产经营活动(包括与生产经营有关的活动)中,突然发生的伤害人身安全和健康或者损坏设备设施或者造成经济损失,导致原生产经营活动暂时中止或永远中止的意外事件。

轨道交通安全生产事故等级划分大致有以下几种方式。

1)行车事故

按照人员伤亡、财产损失、对正常运营的影响,行车事故分为一般事故、险性事故、大事故和重大事故。

(1)一般事故:包括调车冲突、调车脱轨;调车作业冒进信号;列车运行中因其他原因损坏行车设备;行车有关人员因漏乘、漏接、出乘迟延耽误列车运行;错误办理行车凭证发车等。

(2)险性事故:凡事故性质严重,但未造成损害后果或者损害后果不够认定为大事故的行车事故,定性为险性事故。如列车冲突、列车脱轨、列车分离、载客列车错开车门、运行途中打开车门、车未停稳开车门、载客列车车门夹人车动时;列车冒进信号等。

(3)大事故:发生冲突、脱轨、爆炸、火灾、恐怖袭击等事件,造成下列情况之一时。

①人员死亡或重伤2人及其以上者;

②双线中断行车90min及其以上者;

③根据机车、车辆破损规定,电动客车小破一辆(直接经济损失为现值的10%以上)。

(4)重大事故:发生冲突、脱轨、爆炸、火灾、恐怖袭击等事件,造成下列情况之一时。

①人员死亡3人或死亡、重伤25人及其以上者;

②双线中断(某一站或某一区间及以上下行行车中断)时间在150min及其以上者;

③根据机车、车辆破损规定,电动客车中破一辆(直接经济损失为现值的40%以上)。

2)设施设备事故

凡是设施和设备的操作人员在工作中因违章操作、失职或设备隐患等原因,造成设备损坏损失达到一定程度或对列车运行造成严重影响的,均属设施设备事故。

(1)故障和障碍:因违章操作、失职或设施设备隐患等原因造成直接经济损失低于5万元。

(2)一般事故:因违章操作、失职或设施设备隐患等原因造成直接经济损失5~10万元。

(3)大事故:因违章操作、失职或设施设备隐患等原因造成直接经济损失10~30万元。

(4)重大事故:因违章操作、失职或设施设备隐患等原因造成直接经济损失高于30万元。

3)客伤事故

客伤事故指在城市轨道交通运营区域范围,包括运营企业管辖的附属设施如出入口、自动扶梯、通道等区域内,因乘客受伤构成的事故。

4)因工伤亡事故

因工伤亡事故指企业从业人员在劳动过程中发生的人身伤害、急性中毒等。按照事故伤害的严重程度分为轻伤、重伤、死亡事故。

5)严重晚点事件

在行车过程中，因违章操作、技术设备不良及其他原因而造成一定时间标准的晚点，如10min、15min、30min以及以上晚点。

第七节　经济技术指标的分类及计算方法*

城市轨道交通的运营管理水平可以通过各类运营、服务技术指标的计算来衡量，随着国内部分城市轨道交通网络的逐步成网，网络化后的运营管理要求对经济技术指标进行更为深入的统计和分析。本章对城市轨道交通主要的技术指标进行汇总介绍，通过对各类技术指标的掌握，可帮助我们对运营、服务、安全质量进行分析研究，从而为改善运营服务质量和提高运营管理水平提供科学的依据。

一、基本统计指标

1. 运营线路条数

定义：为运营列车设置的固定运营线路总条数。

单位：条。

2. 单线运营线路长度

定义：提供客运服务的单条运营线路的长度。

计算公式：

$$\text{单线运营线路长}=\sum\frac{1}{2}\left[\left(\begin{matrix}\text{上行起点}\\\text{至终点长度}\end{matrix}\right)+\left(\begin{matrix}\text{下行起点}\\\text{至终点长度}\end{matrix}\right)\right] \tag{8-6}$$

单位：km。

3. 运营线路总长度

定义：全部运营线路的长度之和。

计算公式：

$$\text{运营线路总长度}=\sum\text{各条运营线路的长度}=\sum\text{单线运营线路长度} \tag{8-7}$$

单位：km。

4. 运营线网长度

定义：地铁运营线路网所通过的线路净长度，有线路重复、共线运营的，线路重复部分不重复累计。

计算公式：

$$\text{运营线网长度}=\text{运营线路总长度}-\sum\text{重复的线路长度} \tag{8-8}$$

单位：km。

5. 车站数

定义：运营线路的车站数。

计算方法：2条或更多线路相交处的换乘站，计作2个(或更多)站；2条线路的共线段车站只计1次。

单位：座。

6. 配属车辆数

定义：由地铁公司拥有的/承租的所有旅客列车的车辆数。

---

*本节为选学内容。

单位：节。

7. 开行列次

定义：统计期内，地铁列车为完成运营生产任务在正线上行驶的次数，分为载客列次和空驶列次两部分。

计算方法：地铁列车在运营线路上行驶一个单程，不论线路长短，是全程或是区间，均作一列次计算。

单位：列次。

8. 载客里程

定义：统计期内，地铁列车为完成运营生产任务在正线上载客行驶的全部里程。

计算方法：载客列车的里程总和。

单位：车公里。

9. 总行驶里程

定义：统计期内，地铁列车为完成运营生产任务所行驶的全部里程。

计算公式：

$$\text{总行使里程}=\sum\text{载客里程}+\text{空驶里程}+\text{调试车里程}+\text{救援车里程}+\text{科学实验里程} \tag{8-9}$$

单位：车公里。

10. 旅行速度

定义：地铁列车在运营线路上运载乘客时的速度。

计算公式：

$$\text{运营速度}=\frac{2\times\text{运营线路长度}}{\text{往返行驶时间}+\text{上下行折返时间}} \tag{8-10}$$

单位：km/h。

11. 技术速度

定义：地铁列车在运营线路上自起点至终点不计停站时间的运行速度。

计算公式：

$$\text{技术速度}=\frac{\text{运营线路长度}}{\text{单程行驶时间}-\text{中途停站时间}} \tag{8-11}$$

单位：km/h

12. 平均编组数

定义：每列车平均连挂的车辆数。

计算公式：

$$\text{平均编组数}=\frac{\text{车辆数}}{\text{列车数}} \tag{8-12}$$

单位：节/列。

13. 图定最小行车间隔

定义：按照运行图计划，两个相邻载客列次之间的最小时间间隔。

计算方法：从运行图中计算得出，上下行分开统计。

单位：s。

14. 图定平均行车间隔

定义：在运行图计划中，运营期间的平均行车间隔。

计算公式：

$$平均行车间隔=\frac{单向运营总时长}{单向计划载客列次} \tag{8-13}$$

备注：单向计划载客列次是运行图中的上行或下行的计划载客列次，单位为列次。上下行分开统计。

单位：min。

二、客流统计指标

1. 单线客运量指标统计体系

1)单线客运量

定义：统计期内，某条轨道交通运营线路统计期内实际运送乘客人数。

计算公式：

$$单线客运量=单线进站人数+换入人数+途经人数 \tag{8-14}$$

单位：乘次。

2)单线日平均客运量

定义：统计期内，某条轨道交通线路平均每天的客运量。

计算方法：通过 AFC 设备自动统计得出。可以细分为单线的工作日平均客运量、双休日平均客运量、周五平均客运量、最高日客运量等指标。

单位：乘次/d。

3)单线换乘客流

定义：在统计期内，某条轨道交通运营线路经由本线路换至其他线路，或经由其他线路换入本线路的实际乘客乘次。

计算公式：

$$单线换乘客流=本线换入人数+途经人数+本线换出人数$$

单位：乘次。

4)单线客运周转量

定义：某条轨道交通运营线路，在统计期内乘客出行里程之和。

计算公式：

$$单线客运周转量=\sum 乘坐距离 \tag{8-15}$$

单位：人·km。

5)高峰小时断面客流

定义：在高峰时段，某条轨道交通运营线路高峰小时内在同一方向通过某区间断面的乘客数量。

计算方法：通过 AFC 设备自动统计得出。

单位：人/h。

6)线路小时客流

定义：某条轨道交通线路所有车站在 1h 内通过闸机进站的人数总和。

计算方法：通过 AFC 设备自动统计得出。

单位：人/h。

7)高峰小时最大满载率

定义:一个高峰小时时段内,某条轨道交通运营线路在同一方向通过某区间断面的列车车厢的平均载客情况。

计算公式:

$$高峰小时最大满载率=\frac{高峰小时最大断面客流}{高峰断面的小时运力}\times 100\% \tag{8-16}$$

单位:%。

8)运能利用率

定义:统计期内,某条轨道交通线路所提供运能的利用程度。

计算公式:

$$运能利用率=\frac{客运周转量}{额定运能}\times 100\%=\frac{客运周转量}{载客里程\times 每节车厢定员人数}\times 100\% \tag{8-17}$$

单位:%。

9)单线平均运距

定义:某条轨道交通运营线路,在统计期内所有乘客乘坐距离的平均值。

计算公式:

$$单线平均运距=\frac{\sum 单线客运周转量}{\sum 单线客运量} \tag{8-18}$$

单位:km/人。

10)单线运营收入

定义:某条轨道交通运营线路,按照票价体制,在统计期内乘客因乘坐轨道交通而需要支付的货币金额之和。

计算公式:

$$单线运营收入=\sum 每乘次所获得的收入 \tag{8-19}$$

单位:元。

11)单线平均票价

定义:某条轨道交通运营线路,在统计期内平均每位乘客在乘坐该线路时所需要花费的货币金额。

计算公式:

$$单线平均票价=\frac{单线运营收入}{单线客运量} \tag{8-20}$$

单位:元。

2.网络客流量指标统计体系

1)网络客流量

定义:统计期内,整个轨道交通网络范围内实际运送乘客的总人数。

计算公式:

$$网络客流量=\sum 单线进站人数 \tag{8-21}$$

单位:人次。

2)网络日平均客流量

定义:统计期内,整个轨道交通网络平均每天的客流量。换乘客流不重复累计。可以细分为网络的工作日平均客流量、双休日平均客流量、周五平均客流量、最高日客流量等指标。

计算公式:

$$网络日平均客流量=\frac{网络客流量}{统计期实际天数} \tag{8-22}$$

单位：人次。

3)网络客运总量

定义：管辖的轨道交通网络范围内，统计期内实际运送乘客的乘车次数。换乘客流重复统计。

计算公式：

$$网络客运总量=\sum单线客运量 \tag{8-23}$$

单位：乘次。

4)网络日平均客运量

定义：统计期内，整个轨道交通网络平均每天的客运量。可以细分为全网络的工作日平均客运量、双休日平均客运量、周五平均客运量、最高日客运量等指标。

计算公式：

$$网络日平均客运量=\frac{网络客运总量}{统计期实际天数}=\sum单线日平均客运量 \tag{8-24}$$

单位：乘次。

5)网络换乘客流总量

定义：统计期内，轨道交通网络范围内换乘客流的总和。用以表示轨道交通线路中换乘量的规模，衡量轨道交通网络连通性强弱。

计算公式：

$$网络换乘客流总量=\sum单线换出客流 \tag{8-25}$$

单位：人次。

6)单线换乘客流比例

定义：某条轨道交通运营线路，在统计期内其单线换乘客流在单线客运量中所占的比例。

计算公式：

$$单线换乘客流比例=\frac{单线换乘客流}{单线客运量}\times100\% \tag{8-26}$$

单位：%。

7)网络换乘客流比例

定义：管辖的轨道交通网络范围内，统计期内网络换乘总乘次占网络客运总量的比例，用以表示轨道交通线路中换乘量的规模，衡量轨道交通网络内部连通性、乘客出行便捷性强弱。

计算公式：

$$网络换乘客流比例=\frac{网络换乘客流总量}{网络客运总量}\times100\% \tag{8-27}$$

单位：%。

8)网络人均乘坐次数

定义：管辖的轨道交通网络范围内，统计期内人均乘坐次数。衡量轨道交通网络内部连通性、乘客出行便捷性强弱。数值越大，表明网络的连通性越强。

计算公式：

$$网络人均换乘次数=\frac{网络客运总量}{网络客流量} \tag{8-28}$$

单位:乘次/人次。

9)网络客运周转量

定义:管辖的轨道交通网络范围内,统计期内各单线客运周转量之和。

计算公式:

$$网络客运周转量=\sum单线客运周转量 \tag{8-29}$$

单位:人·km。

10)网络平均运距

定义:管辖的轨道交通网络范围内,统计期内平均每个乘客所乘坐的距离。

计算公式:

$$网络平均运距=\frac{网络客运周转量}{网络客流量} \tag{8-30}$$

单位:km/人。

11)网络运营收入

定义:管辖的轨道交通网络范围内,统计期内各条运营线路运营收入的总和。

计算公式:

$$网络运营收入=\sum单线运营收入 \tag{8-31}$$

单位:元。

12)网络平均票价

定义:管辖的轨道交通网络范围内,统计期内每位乘客在利用轨道交通出行花费的货币金额。

计算公式:

$$网络平均票价=\frac{网络运营收入}{网络客流量} \tag{8-32}$$

单位:元。

3.其他客流统计指标

1)乘距分布比例

定义:根据多级票价,不同票价对应的乘距范围内乘客乘坐比例情况。用以研究各个乘距客流分布,便于研究运力利用情况,调节客流。

计算方法:通过 AFC 设备自动统计得出。

单位:%。

2)票种使用比例

定义:轨道交通线路(单线或网络)中,各种制式票卡使用的比例。

计算方法:通过 AFC 设备自动统计得出。

单位:%。

3)票卡流失率

定义:统计期内,单程票的流失量占发售量的比例。

计算方法:

$$\begin{aligned}票卡流失率&=\frac{票卡流失量}{票卡发售量}\times100\%=100\%\times\frac{发售与进站流失量+进出站流失量}{票卡发售量}\\&=\frac{(发售量-进站数)+(进站数-出站数)}{票卡发售量}\times100\%\end{aligned} \tag{8-33}$$

单位:%。

三、运营质量统计指标

1.正点率

定义:统计期内,列车运行正点列次,与运行图计划总开行列次之比,用以表示运行图计划时刻表执行情况。

计算公式:

$$正点率=\frac{图定计划总开行列次\times 2-晚点数(列次)}{图定计划总开行列次\times 2}\times 100\% \tag{8-34}$$

单位:%。

2.兑现率

定义:运行图计划执行过程中,根据计划实际开行的列次与运行图计划总开行列次之比,用以表示运行图计划执行情况。

计算公式:

$$兑现率=\frac{实际开行列次}{总开行列次}\times 100\% \tag{8-35}$$

单位:%。

3.晚点

定义:图定计划列次在执行过程中,列车在始发站出发或到达终到站的时刻与运行图计划时刻表相比绝对值大于2min均统计为晚点。分为始发晚点和终到晚点两部分。

单位:列次。

4.5min延误

定义:图定计划列次在执行过程中,列车在全程或某个车站/区间的延误时间的绝对值大于等于5min。

计算方法:若同一列次全程及某个车站/区间的延误时间的绝对值均大于等于5min,仅统计一列次,不重复计算。

单位:列次。

5.运休

定义:在运行图计划执行过程中,图定运行计划因故无法得到执行的,均统计为运休。

单位:列次。

6.清客

定义:在运行图计划执行过程中,已进行载客的列车因故无法继续执行载客业务,需要在车站、区间将乘客由车厢中清出至站台的,均统计为清客。

单位:列次。

7.严重晚点事件

定义:在运行图计划执行过程中,当列车因故停止行驶,造成某条线路的某站或某区间计划相邻载客列次间时间间隔延长,当减去该时段运行图计划行车间隔后,间隔时间大于等于15min的均统计为严重晚点。上海地铁将严重晚点以间隔时间的长短分为15min严重晚点和30min严重晚点。

单位:个。

8. 严重晚点发生频率

定义：每行驶 100 万车·km 的运营里程，严重晚点的发生频次。上海地铁细分为 15min、30min 严重晚点发生频率。

计算公式：

$$严重晚点发生频率=\frac{\sum 严重晚点}{\sum 列车运营里程} \tag{8-36}$$

单位：个/百万车·km。

9. 掉线

定义：在运行图计划执行过程中，因故无法按照列车出库计划继续执行图定计划列次，需要退出至正线上折返线、存车线或车库的，均统计为掉线。

单位：列次。

10. 换表

定义：在运行图计划执行过程中，因故需要将出库列车所执行计划列次顺序调整的调整措施称之为换表，换表涉及列车数量即为换表次数。

单位：列次。

四、客运服务指标

1. 客运服务质量

定义：在地铁客运服务中，安全、迅速、准点、方面、舒适、文明等方面的优劣程度。

2. 服务质量评价指标

服务质量评价指标一般分为自我测评指标和委托第三方测评指标两种。较常用的有乘客投诉率、乘客投诉回复率、乘客满意度指数。

(1)乘客投诉：乘客通过一定方式或途径，对客运服务质量表示的不满或批评。

乘客投诉率定义：指一定时期内，乘客投诉的发生数与客流量之比，即：

$$乘客投诉率 = 乘客投诉发生数/客流量\times 100\% \tag{8-37}$$

(2)乘客投诉回复率：指在受理乘客投诉后 3 个工作日内处理完毕并回复乘客的执行率，即：

$$乘客投诉回复率 = \left(\begin{matrix}受理后3个工作日内\\乘客投诉回复数\end{matrix}\right)\div\left(\begin{matrix}乘客投诉\\受理数\end{matrix}\right)\times 100\% \tag{8-38}$$

(3)乘客满意度：乘客认为所得到的出行服务已达到或超过他的期望的一种感知。

乘客满意度指数：运用计量经济学的理论处理多变量的复杂总体，全面、综合地度量乘客满意程度的一种指标。通过委托第三方机构进行满意度指数测评，能够比较客观、全面地了解服务情况。

参考文献

[1] 周翊民.不同功能定位的轨道交通线路及其相互衔接[J]. 城市轨道交通研究,2009(6):I.

[2] 沈景炎.城市轨道交通多种制式的特征与评价大纲[J]. 城市轨道交通研究,2003(5)(6):1-6,7-16.

[3] 彭辉.城市轨道交通系统[M].北京:人民交通出版社,2008.

[4] 王曰凡.城市轨道交通车辆选型[J]. 城市轨道交通研究,2009(4):1-7.

[5] 周翊民,孙章,季令. 城市轨道交通市郊线的功能及技术特征[J]. 城市轨道交通研究,2007(8):1-5.

[6] 冈田宏(日).东京城市轨道交通系统的规划、建设和管理[J]. 城市轨道交通研究,2003(3):1-7.

[7] 周庆瑞,金锋.新型城市轨道交通[M].北京:中国铁道出版社,2005.

[8] 顾保南,叶霞飞.城市轨道交通工程[M].武汉:华中科技大学出版社,2007.

[9] 陆化普,朱军,王建伟.城市轨道交通规划的研究与实践[M].北京:中国水利水电出版社,2001.

[10] 邵伟中,刘瑶,陈光华,等.巴黎市域轨道交通线路及车站布置特点分析[J]. 城市轨道交通研究,2006(1):62-64.

[11] 上海市城市规划管理局.上海市轨道交通网络线路控制中心规划课题研究[R],2007.

[12] 邵春福.交通规划原理[M].北京:中国铁道出版社,2004.

[13] 叶霞飞,顾保南. 城市轨道交通规划与设计[M]. 北京:中国铁道出版社,1999.

[14] 上海市城市规划设计研究院,上海申通轨道交通研究咨询公司.上海市轨道交通网络车辆段停车场布局规划[R].2007.

[15] 上海市城市规划管理局,上海市城市规划设计研究院,上海申通轨道交通研究咨询公司.上海市轨道交通网络线路控制中心规划研究[R]. 2007.

[16] 张振森. 城市轨道交通车辆[M].北京:中国铁道出版社,1998.

[17] 何宗华,汪松滋,何其光.城市轨道交通运营组织[M]. 北京:中国建筑工业出版社,2003.

[18] 季令,张国宝.城市轨道交通运营管理[M]. 北京:中国铁道出版社,2000.

[19] 邵伟中,朱效洁,徐瑞华,等.城市轨道交通事故故障应急处置相关问题研究[J]. 城市轨道交通研究,2006(1):3-6.

[20] 周淮,朱效洁,吴强.上海轨道交通网络化运营管理问题研究[J].城市轨道交通研究,2006(6):1-5.

[21] 何静.城市轨道交通运营管理[M]. 北京:中国铁道出版社,2007.

[22] 中国可持续交通课题组.城市交通可持续发展——要素、挑战及对策[M]. 北京:人民交通出版社,2008.

[23] 孙章.城市轨道交通百年回眸[J].科学,2003(1):6-10.

[24] 周国春编译.2007 年世界地铁知名度排名[J].城市轨道交通动态,2008(3):33-38.

[25] 孙章,何宗华,徐金祥.城市轨道交通概论[M].北京:中国铁道出版社,2000.

人民交通出版社公路类教材一览

（◆教育部普通高等教育“十一五”国家级规划教材 ▲建设部土建学科专业“十一五”规划教材）

一、交通工程教学指导分委员会规划推荐教材

1. ◆交通规划（王　炜） …… 33 元
2. ◆道路交通安全（裴玉龙） …… 36 元
3. 交通系统分析（王殿海） …… 31 元
4. 交通管理与控制（徐建闽） …… 26 元
5. 交通经济学（邵春福） …… 25 元

二、21 世纪交通版高等学校教材

（一）交通工程专业

1. ◆交通工程总论（第三版）（徐吉谦） …… 36 元
2. ◆交通工程学（第二版）（任福田） …… 38 元
3. ◆交通管理与控制（第四版）（吴　兵） …… 35 元
4. ◆道路通行能力分析（陈宽民） …… 27 元
5. ◆交通工程设计理论与方法（马荣国） …… 40 元
6. ◆公路网规划（裴玉龙） …… 27 元
7. 交通工程专业英语（裴玉龙） …… 28 元
8. ◆交通运输工程导论（第二版）（姚祖康） …… 23 元
9. 交通流理论（王殿海） …… 21 元
10. 交通系统仿真技术（刘运通） …… 26 元
11. 停车场规划设计与管理（关宏志） …… 30 元
12. 交通工程设施设计（李峻利） …… 35 元
13. ◆智能运输系统概论（第二版）（杨兆升） …… 25 元
14. 智能运输系统概论（第二版）（黄　卫） …… 24 元
15. ◆运输经济学（第二版）（严作人） …… 44 元
16. ◆道路交通工程系统分析方法（王　炜） …… 28 元
17. 交通调查与分析（第二版）（严宝杰） …… 38 元
18. ◆交通运输设施与管理（郭忠印） …… 33 元
19. 道路交通安全管理法规概论及案例分析（裴玉龙） …… 29 元
20. 交通地理信息系统（符锌砂） …… 31 元
21. 公路建设项目可行性研究（过秀成） …… 27 元
22. 交通工程专业生产实习指导书（朱从坤） …… 7 元

（二）城市轨道交通系列教材

1. 城市轨道交通概论（孙　章） …… 30 元（估）
2. 城市轨道交通系统（彭　辉） …… 32 元
3. 轨道工程（练松良） …… 36 元
4. 城市轨道交通设备系统（周顺华） …… 32 元
5. ◆地铁与轻轨（第二版）（张庆贺） …… 40 元

（三）土木工程专业（路桥）/道路桥梁与渡河工程专业

I. 专业基础课教材

1. 土木工程概论（项海帆） …… 32 元
2. 道路概论（第二版）（孙家驷） …… 20 元
3. 土质学与土力学（第四版）（袁聚云） …… 30 元
4. 公路工程地质（第三版）（窦明健） …… 23 元
5. ▲道路工程制图（第四版）（谢步瀛） …… 36 元
6. ▲道路工程制图习题集（第四版）（袁　果） …… 26 元
7. ◆道路建筑材料（第四版）（李立寒） …… 35 元
8. ◆测量学（第三版）（许娅娅） …… 36 元
9. ◆基础工程（第三版）（王晓谋） …… 33 元
10. 结构设计原理（第二版）（叶见曙） …… 51 元
11. 公路经济学教程（袁剑波） …… 23 元
12. 专业英语（第二版）（李　嘉） …… 33 元

II. 专业核心课教材

13. ◆路基路面工程（第二版）（邓学均） …… 52 元
14. ◆道路勘测设计（第三版）（杨少伟） …… 42 元
15. 道路结构力学计算（上、下）（郑传超、王秉纲） …… 50 元
16. 水力学（王亚玲） …… 19 元
17. ◆桥梁工程（第二版）（姚玲森） …… 62 元
18. 桥梁工程（第二版）（土木、交通工程）（邵旭东） …… 52 元
19. ◆桥梁工程（第二版）（上）（范立础） …… 42 元
20. ◆桥梁工程（第二版）（下）（顾安邦） …… 38 元
21. 桥梁工程（陈宝春） …… 45 元
22. ◆桥涵水文（第四版）（高冬光） …… 28 元
23. ◆预应力混凝土结构设计原理（第二版） …… 28 元（估）
24. ◆现代钢桥（上）（吴　冲） …… 34 元
25. ◆钢桥（徐君兰） …… 16 元
26. ◆公路施工组织及概预算（第三版）（王首绪） …… 32 元
27. ▲桥梁施工及组织管理（第二版）（上）（魏红一） …… 39 元
28. ▲桥梁施工及组织管理（第二版）（下）（邬晓光） …… 39 元
29. ◆隧道工程（第二版）（上）（王毅才） …… 65 元

III. 专业方向选修课教材

29. ◆道路工程（严作人） …… 40 元
30. 道路工程（土木工程专业）（凌天清） …… 32 元
31. ◆高速公路（第二版）（方守恩） …… 21 元
32. 高速公路设计（赵一飞） …… 38 元
33. 城市道路设计（吴瑞麟） …… 22 元
34. GPS 测量原理及其应用（胡伍生） …… 28 元
35. 公路测设新技术（雒　应） …… 36 元
36. 公路施工技术与管理（廖正环） …… 40 元
37. 土木工程造价控制（石勇民） …… 30 元
38. 公路工程定额原理与估价（石勇民） …… 36 元
39. 道路桥梁检测技术（胡昌斌） …… 31 元
40. 特殊地区基础工程（冯忠居） …… 29 元
41. 道路与桥梁工程计算机绘图（许金良） …… 31 元
42. ◆公路小桥涵勘测设计（第四版）（孙家驷） …… 31 元
43. 路基设计原理与计算（李峻利） …… 40 元
44. 路基路面工程检测技术（李宇峙） …… 46 元
45. 公路土工合成材料应用原理（黄晓明） …… 22 元
46. 水泥与水泥混凝土（申爱琴） …… 32 元
47. ◆环境经济学（董小林） …… 32 元
48. 公路环境与景观设计（刘朝辉） …… 30 元
49. 桥梁工程概论（第二版）（罗　娜） …… 27 元
50. 桥梁检测与加固（王国鼎） …… 27 元
51. 桥梁钢—混凝土组合结构设计原理（黄　侨） …… 26 元
52. 桥梁结构试验（章关永） …… 22 元
53. 桥梁抗震（叶爱君） …… 15 元
54. ◆桥梁建筑美学（第二版）（盛洪飞） …… 30 元
55. 大跨度桥梁结构计算理论（李传习） …… 18 元
56. 隧道结构力学计算（夏永旭） …… 29 元
57. 公路隧道运营管理（吕康成） …… 22 元
58. 隧道与地下工程灾害防护（张庆贺） …… 45 元
59. 土木规划学（石　京） …… 38 元

IV. 实践环节教材及教参教辅

60.《道路勘测设计》毕业设计指导（许金良） …… 30 元
61. 桥梁计算示例丛书—桥梁地基与基础（第二版）（赵明华） …… 18 元

62. 桥梁计算示例丛书—混凝土简支梁(板)桥(第三版)(易建国) …………………… 27 元
63. 桥梁计算示例丛书—连续梁桥(邹毅松) …… 20 元
64. 结构设计原理计算示例(叶见曙) …… 40 元

V.研究生教学用书

道路与铁道工程

1. 现代加筋土理论与技术(雷胜友) …… 24 元
2. 道路规划与几何设计(朱照宏) …… 32 元

桥梁与隧道工程

1. 高等桥梁结构理论(项海帆) …… 35 元
2. 高等钢筋混凝土结构(周志祥) …… 27 元
3. 结构分析的有限元法与 MATIAB 程序设计(徐荣桥) …… 28 元
4. 工程结构数值分析方法(夏永旭) …… 27 元
5. 箱形梁设计理论(第二版)(房贞政) …… 32 元

(四)公路工程管理专业

1. ◆工程项目融资(赵 华) …… 29 元
2. 管理信息系统(李友根) …… 31 元
3. 公路工程定额原理与估价(石勇民) …… 36 元
4. 工程风险管理(邓铁军) …… 21 元
5. ◆工程质量控制与管理(邬晓光) …… 29 元
6. 公路工程造价编制与管理(第二版)(沈其明) …… 43 元
7. 工程项目招标与投标(周 直) …… 30 元
8. 高速公路管理(王选仓) …… 35 元

(五)工程机械专业

1. ◆施工机械概论(王 进) …… 35 元
2. ◆公路施工机械(第二版)(李自光) …… 43 元
3. 现代工程机械发动机与底盘构造(陈新轩) …… 38 元
4. 工程机械维修(许 安) …… 38 元
5. 工程机械状态检测与故障诊断(陈新轩) …… 29 元
6. 工程机械底盘设计(郁录平) …… 36 元
7. 公路工程机械化施工与管理(第二版)(郭小宏) …… 37 元
8. 工程机械设计(吴永平) …… 38 元
9. 工程机械技术经济学(吴永平) …… 23 元
10. 工程机械专业英语(宋永刚) …… 36 元
11. 工程机械机电液系统动态仿真(王国庆) …… 18 元

三、普通高等学校规划教材

1. 理论力学(东南大学) …… 29 元
2. 材料力学(东南大学) …… 25 元
3. 工程力学(东南大学) …… 29 元
4. 交通土建工程制图(第二版)(和丕壮) …… 38 元
5. 交通土建工程制图习题集(第二版)(和丕壮) …… 20 元
6. 画法几何与土建制图(第二版)(林国华) …… 39 元
7. 画法几何与土建制图习题集(第二版)(林国华) …… 25 元
8. 土木工程制图(丁建梅 周佳新) …… 36 元
9. 土木工程制图习题集(丁建梅 周佳新) …… 18 元
10. ◆土木工程计算机绘图基础(尚守平) …… 39 元
11. 工程经济学(李雪淋) …… 22 元
12. 工程测量(胡伍生) …… 25 元
13. 交通土木工程测量(张坤宜) …… 33 元
14. 结构设计原理(毛瑞祥) …… 26 元
15. 路基路面工程(何兆益) …… 45 元
16. 道路勘测设计(第二版)(孙家驷) …… 46 元
17. 道路与桥梁工程概论(黄晓明) …… 32 元
18. 道路经济与管理 …… 16 元
19. 公路施工组织与管理(赖少武 李文华) …… 35 元
20. 公路工程施工组织学(第二版)(姚玉玲) …… 38 元
21. 公路施工与组织管理(廖正环) …… 22 元
22. 公路养护与管理(许永明) …… 18 元
23. 水力学与桥涵水文(叶镇国) …… 38 元
24. 桥位勘测设计(高冬光) …… 20 元
25. 道路规划与设计(李清波) …… 46 元
26. 道路交通环境工程(张玉芬) …… 19 元
27. 公路实用勘测设计(何景华) …… 19 元
28. 公路计算机辅助设计(符锌砂) …… 30 元
29. 公路工程预算与工程量清单计价(雷书华) …… 35 元
30. 公路工程造价(周世生) …… 42 元
31. 软土环境工程地质学(唐益群) …… 35 元
32. 公路与桥梁施工技术(盛可鉴) …… 30 元
33. 桥梁美学(和丕壮) …… 40 元
34. 桥梁结构理论与计算方法(贺拴海) …… 58 元
35. 钢管混凝土(胡曙光) …… 38 元
36. 隧道施工(于书翰) …… 23 元
37. 公路隧道机 电工程(赵忠杰) …… 40 元
38. ◆道路交通管理与控制(袁振洲) …… 40 元
39. 交通工程学(第二版)(李作敏) …… 28 元
40. 交通项目评估与管理(谢海红) …… 36 元
41. 工程项目管理(周 直) …… 20 元
42. 测绘工程基础(李芹芳) …… 36 元
43. 工程机械运用技术(许 安) …… 40 元
44. 现代工程机械液压与液力系统(颜荣庆) …… 39 元
45. 水泥混凝土路面施工与施工机械(何挺继) …… 30 元
46. 现代公路施工机械(何挺继) …… 45 元
47. 工程机械机电液一体化(焦生杰) …… 28 元

四、高等学校应用型本科规划教材

1. 结构力学(万德臣) …… 30 元
2. 道路工程制图(谭海洋) …… 28 元
3. 道路工程制图习题集(谭海洋) …… 24 元
4. 道路建筑材料(伍必庆) …… 37 元
5. 土木工程材料(张爱勤) …… 39 元
6. 土质学与土力学(赵明阶) …… 30 元
7. 结构设计原理(黄平明) …… 47 元
8. 结构设计原理学习指导(安静波) …… 35 元
9. 结构设计原理计算示例(赵志蒙) …… 40 元
10. 工程测量(朱爱民) …… 30 元
11. 基础工程(刘 辉) …… 26 元
12. 道路勘测设计(张维全) …… 32 元
13. 桥梁工程(刘龄嘉) …… 45 元
14. 公路工程试验检测(乔志琴) …… 47 元
15. 路桥工程专业英语(赵永平) …… 44 元
16. 水力学与桥涵水文(王丽荣) …… 27 元
17. 工程招标与合同管理(刘 燕) …… 33 元
18. 工程项目管理(李佳升) …… 32 元
19. 公路施工技术(杨渡军) …… 64 元
20. 公路工程机械化施工技术(徐永杰) …… 32 元
21. 公路工程经济(周福田) …… 22 元
22. 公路工程监理(朱爱民) …… 33 元
23. 道路工程(资建民) …… 38 元
24. 道路工程 CAD(许金良) …… 23 元
25. 路基路面工程(陈忠达) …… 46 元